WITHDRAWN

HARVARD LIBRARY

WITHDRAWN

Ferhad Ibrahim

Konfessionalismus und Politik in der arabischen Welt

Die Schiiten im Irak

LIT

Gedruckt mit Unterstützung der
Deutschen Forschungsgemeinschaft

Diese Publikation ist eine
Habilitationsschrift, die vom
Fachbereich Politische Wissenschaft
der Freien Universität Berlin
im Jahre 1994 angenommen wurde.

Die Deutsche Bibliothek – CIP-Einheitsaufnahme

Ibrahim, Ferhad
Konfessionalismus und Politik in der arabischen Welt : Die Schiiten im Irak /
Ferhad Ibrahim . – Münster : LIT, 1997
   (Konfrontation und Kooperation im Vorderen Orient ; 2.)
   ISBN 3-8258-3350-x

NE: GT

© LIT VERLAG
   Dieckstr. 73   48145 Münster   Tel. 0251–23 50 91   Fax 0251–23 19 72

INHALT

Einleitung 7

I. DIE SCHIITEN UNTER DER MONARCHIE

1. Historische und soziale Hintergründe 27
2. Die Position der Schiiten im Staatsbildungsprozeß 53
   Staatsgründung und Konfessionalismus 65
   Die Rolle der Schiiten im politischen System 1921-1958 77
   Exkurs: Die Schul- und Kulturpolitik Sati`al-Husris 100
3. Die Intervention der Armee und der Wandel des Systems 107
4. Die schiitische Elite: Von Ausgrenzung zu Partizipation 123
5. Die schiitische Gesellschaft in der letzten Dekade der Monarchie:
   Politisierung als Folge sozialer Marginalisierung 142
6. Die schiitische Gesellschaft und die Opposition:
   Nationalismus, Kommunismus und Islamismus 154

II. DIE SCHIITEN NACH 1958

7. Die irakische Revolution von 1958 177
8. Die Herausbildung der schiitisch-islamistischen Bewegung 189
9. Qasim, die Kommunisten und die arabischen Nationalisten 204
10. *Exkurs:* Die Debatte über *al-Shu`ubiya* 213
11. Die Schiiten zwischen den beiden *Coups d'état* der Ba`th-Partei 220

III. DIE SCHIITEN IM BA`TH-STAAT

12. Der Putsch von 1968 und die Entwicklung des Ba`th-Staats 239

13. Die Schiiten zwischen dem Putsch von 1968
    und dem Ausbruch des irakisch-iranischen Kriegs 1980 259

14. *Exkurs:* Die Debatte der Ba`th-Partei über Religion 286

15. Der irakisch-iranische Krieg und die schiitische Position 295

16. Die Revolte von 1991 319

IV. SCHLUSSBEMERKUNGEN 337

ANHÄNGE

Abkürzungsverzeichnis 349

Namens- und Ortsregister 350

Register der Parteien, Organisationen und Staatsorgane 354

Stichwortregister und Glossar der Begriffe 356

Literaturverzeichnis 361

VERZEICHNIS DER TABELLEN

1. Die Repräsentanz der Schiiten im irakischen Parlament (1925-1958)..... 126
2. Ethnischer und konfessioneller Hintergrund der politischen Führung 1920-1958.. 133
3. Schiitische Ministerpräsidenten 1947-1958.. 134
4. Schiitische Minister unter der Monarchie 1921-1958............................. 135
5. Die schiitische Elite unter der Monarchie... 139
6. Mittelklassen im Irak im letzten Jahr der Monarchie (1958) 158
7. Konfessioneller Hintergrund der irakischen Ba`th-Führer vor dem Sturz der Monarchie 1958.. 162
8. Ethnisch-konfessionelle Zusammensetzung des ZK der KP Irak 1949-1955... 166
9. Die KP-Mitglieder in den irakischen Provinzen 1953-1954................... 168
10. Mitglieder des Komitees der Freien Offiziere 1958 183
11. Mitglieder des Gründungskomitees der *hizb al-da`wa al-islamiya* 1958 192
12. Mitgliederzahlen der KP und von ihr beeinflußter "Massenorganisationen" 1959 208
13. Ethnisch-konfessioneller Hintergrund der KRR-Mitglieder 1963 224
14. Die wichtigsten Ba`th-Offiziere 1963 225
15. Ethnisch-konfessioneller Hintergrund der politischen Elite im Irak 1948-1968 228
16. Ethnisch-konfessioneller Hintergrund der KP-Führung 1965-1967 236
17. Ethnisch-konfessionelle Zusammensetzung des KRR 1968-1977 247

18. Die Repräsentation der Takritis im KRR 1969-1992 249

19. Sozialer Hintergrund der Aktivisten der islamistischen Bewegung 272

20. Anteil der schiitischen Intelligentsia an den Gefallenen
    und Hingerichteten (nach Nachrufen 1982-1990) 273

21. Die irakischen schiitischen Organisationen Ende 1980 304

22. Mitglieder des Obersten Rats der Islamischen Revolution
    im Irak (ORIRI) 307

EINLEITUNG

*"Im heutigen Orient haben viele
Gruppen Angst um ihre Existenz."*
Theodor Hanf

Wie Hanf[1] stellt auch Ghassan Salamé in einer Studie über Staat und Gesellschaft im arabischen Osten fest, daß die Angst vor möglichen Bürgerkriegen sowie die Angst vor dem modernen postkolonialen autoritären Staat die Gegenwart dieser Region bestimmt: "Der Libanese will einen Staat haben, der Syrer ist nicht sicher vor seinem Staat, und der Iraker erträgt den Druck seines Staates nicht mehr... Der erste sucht nach dem Staat, die anderen wollen ihn loswerden. Der erste suchte einen Staat, damit die blutigen Auseinandersetzungen ein Ende finden, die letzteren wollen einen Staat haben, der sie repräsentiert..."[2]

Das problematische Verhältnis zwischen Staat und Gesellschaft, das hier offenbar wird, hat mit Sicherheit mehr als eine Ursache; die Tatsache aber, daß diese Staaten eine multiethnische Struktur aufweisen bzw. Vielvölkerstaaten[3] sind, ist ein Hauptfaktor der gewaltsamen Auseinandersetzungen der letzten drei Jahrzehnte in der Region.

Multiethnische Strukturen müssen nicht *eo ipso* Gewalt hervorrufen, sie sind aber unter der Voraussetzung inegalitärer politischer und sozioökonomischer Strukturen in Zeiten des politischen und sozioökonomischen Wandels besonders virulent für die Gewalt. Angst, Konflikt und Gewalt sind in vieler Hinsicht Ergebnisse der Grenzziehungen im Vorderen Orient nach dem Ersten Weltkrieg. Zwar herrschte im Vorderen Orient in der präkolonialen Phase kein Zustand eines *Orient Felix* vor; die ethnischen und religiösen Gruppen, zumindest in dem arabischen Teil des Osmanischen Reiches lebten aber in fast völliger Autonomie getrennt voneinander.

Die Entstehung der modernen Staaten, der Platz, den die einzelnen Gruppen schon in der Phase des *state building* zugewiesen bekamen, und die daraus resultierenden ungleichen Möglichkeiten der politischen und sozioökonomischen Partizipation derselben bestimmten den Grad der "nationalen" Integration und Desintegration. Die Revision dieser von außen getroffenen Entscheidungen und der Strukturen in diesen Staaten ist zweifellos bis in die Gegenwart das Hauptproblem der multiethnischen Staaten des Vorderen Orients.

Die multiethnischen Strukturen dieser Gesellschaften wären wahrscheinlich nicht zu einem Problem geworden, wenn die politischen Vorentscheidungen der Kolonialmächte die gewachsenen Strukturen beachtet hätten oder wenn zumindest das politische System nach Gründung der Staaten nicht nach dem Prinzip des "divide et

---

1   Hanf, 1989, S. 20.
2   Salamé, 1987, S.10.
3   Dies ist ein von Hanf aktualisierter Begriff.

impera" gestaltet worden wäre. Die ethnischen Konflikte als Resultat des Versuchs, die Inegalität der herrschenden Ordnung zu revidieren, machten und machen sich seit vielen Jahrzehnten in allen Staaten des Nahen Ostens und Nordafrikas bemerkbar. In 13 Staaten dieser Region werden gewaltsame Konflikte ethnisch oder konfessionell legitimiert.[4] Daß die Konflikte sich gleichermaßen sowohl in den *jakobinischen*[5] Staatssystemen als auch im Libanon, dem einzigen ethnisch-pluralen Staatsmodell, bemerkbar machten, zeugt von der Fragilität der nach dem Ersten Weltkrieg konstruierten Staaten im Orient. Der Irak und Libanon verkörperten dennoch grundlegend unterschiedliche Modelle. Die Furcht vor der Revision dieser Modelle durch Gruppen, die eine periphere Position im Staat und in der Gesellschaft hatten, führten in beiden Staaten zu gewaltsamen Konflikten und Bürgerkriegen. Während es im Libanon trotz des Rufs nach Beendigung des politischen Konfessionalismus um die Modifikation des Systems und um neue Machtverteilung geht, lehnen die beiden arabischen Hauptgruppen des Irak, die Sunniten und die Schiiten, andere Staatskonzepte ab, die mehr Raum für den ethnisch-konfessionellen Pluralismus lassen.[6]

Die irakischen Schiiten hatten seit der Gründung des Staats kein anderes Ziel, als selbst im Irak zu regieren und die arabisch-sunnitische Minderheit von ihrer Machtposition zu verdrängen. Die Gründe dafür, daß sie siebzig Jahre lang seit der Staatsgründung dieses Ziel nicht erreichten, ist sicherlich auf ihre spezifische Geschichte, auf die Machtstruktur innerhalb ihrer Gesellschaft und schließlich auf die politische Dominanz der arabischen Sunniten zurückzuführen, die ebenfalls ein Ergebnis der Geschichte der Region und der irakischen Geschichte ist. Dieses Dreieck von Ursachen scheint auch genuin für die vielfältigen Konflikte zu sein, die die Integration der irakischen ethnischen und sozialen Gruppen im neuen Staat verhinderte, wie sie den eigentlichen state-buildern, den Briten, und dem ersten Herrscher des modernen Irak, König Faisal I., vorschwebte. Die Versuche der irakischen Herrscher von Faisal I. bis zu Saddam Husain, einen starken zentralistischen Staat zu etablieren, basierte auf einer rigiden ethnisch-konfessionellen Stratifikation, die dem pluralen Grundmuster der irakischen Gesellschaft widersprach.

Gerade wegen der Fragmentierung der irakischen Gesellschaft und vor dem Hintergrund des Umstandes, daß die irakischen Hauptgruppen, die Schiiten, die arabischen Sunniten und die Kurden, wie Hanna Batatu schon in seinem großen Werk "*Old Social Classes and the Revolutionary Movements of Iraq*" eindrucksvoll dargestellt hat,[7] in der präkolonialen Phase keine gemeinsamen

---

4 In sieben Staaten (Irak, Sudan, Syrien, Israel, Algerien, Iran und der Türkei) sind die Konflikte ethnisch, in acht Staaten (Ägypten, Syrien, Libanon, Israel, Kuwait, Bahrain, Saudi-Arabien, Iran) religiös-konfessionell artikuliert. In Irak, Sudan, Syrien, Iran und Israel sind die Konflikte sowohl religiös bzw. konfessionell als auch ethnisch legitimiert.

5 Theodor Hanf definiert in diesem Kontext den Jakobismus als Haltung einer Gruppe, die ihre Herrschaft gegenüber den anderen Gruppen mit universalistischen Ideologien rechtfertigt, vgl. Hanf, 1989, S.52.

6 So lehnten sowohl die irakische Regierung als auch die Gruppen der schiitischen Opposition den Föderalismus, der von dem kurdischen Regional-Parlament 1992 ausgerufen worden war, ab.

7 Vgl. Batatu, 1978, S. 13-50.

Strukturen aufwiesen, könnte die Berücksichtigung der besonderen Strukturen der einzelnen Gruppen und eine angemessene Partizipation derselben im neuen Staat zur Kohäsion der Gruppen führen. Der zentralistische Staat entsprach u.E. aber den Interessen der sunnitischen Elite, die den Staat von den Briten ererbt hatte und gerade durch den starken Staat, der eine Ballung der Macht erforderte, eine gewaltsame Integration zu erzielen versuchte. Mit Sicherheit veränderten sich in der siebzigjährigen Geschichte des modernen Staats Irak die sozioökonomischen Strukturen. Der sozial und kulturell fragmentierte Irak der zwanziger Jahre gehörte schon in der letzten Dekade der hashimitischen Monarchie der Vergangenheit an. Auch wenn in dieser Zeit bereits einige Ansätze zum Wandel der ethnischen Stratifikation erkennbar waren, wurde weder während der Monarchie noch nach der Revolution von 1958 die ethnische Machtstruktur, die 1921 festgelegt worden war, prinzipiell angetastet.

Der Wandel der sozialen und kulturellen Strukturen seit der Revolution führte zwar zur Herausbildung neuer Eliten und einer politischen Neugewichtung ethnischer und konfessioneller Gruppen, die nicht an der Herrschaft teilhatten. Gerade dies war aber eine der Ursachen für die Kontinuität der ethnischen und konfessionellen Konflikte. Denn während unter der Monarchie Konflikte noch aus dem Versuch des Staats herrührten, seine Macht auf die traditionellen Gesellschaften der irakischen Peripherie auszudehnen, resultierten seit den sechziger Jahren die Konflikte aus dem Versuch der neuen schiitischen Eliten, ihre Partizipation gegen den immer noch von den Sunniten dominierten Staat durchzusetzen.

Im Zusammenhang mit der Position der Schiiten im Irak in den letzten siebzig Jahren erscheint uns die Frage nach den Ursachen des Scheiterns ihrer Bestrebungen, als die Mehrheit der irakischen Bevölkerung eine angemessene Partizipation durchzusetzen, als zentral. Das Machtmonopol der arabisch-sunnitischen Gruppe kann nicht der einzige Grund sein. Die adäquate Antwort auf diese Frage muß u. E. mehrere Faktoren berücksichtigen. Dabei sollen die historische Entwicklung der Schiiten im Irak und ihre sozialen Strukturen berücksichtigt werden. Wie wir schon erwähnten, geht Hanna Batatu davon aus, daß die irakische Gesellschaft bis zur Gründung der Monarchie multidimensional fragmentiert war. Dies galt aber vor allem für die schiitische Gesellschaft. Neben den allgemeinen Fragmentierungen, die Batatu nennt, Stadt-Land und Nomaden-Seßhafte, war die schiitische Gemeinschaft auch ethnisch fragmentiert. Ein großer Teil der Geistlichkeit und ein Teil der Bevölkerung in al-Najaf, Karbala und Kazimiya bestand aus Iranern.[8] Auch wenn das Gros der schiitischen Bevölkerung Araber war, hatte die persische Geistlichkeit einen großen Einfluß auf die Gemeinschaft. Diese Tatsache korrespondiert mit drei wichtigen Faktoren. Die Geistlichkeit war bis in die dreißiger Jahre hinein die einzige - wenn auch traditionell gebildete schiitische Elite. Dies ist vor dem Hintergrund zu verstehen, daß das Osmanische Reich anders als die arabischen Sunniten nach der Einführung der Tanzimat-Reformen und des modernen Schulsystems den Schiiten den Zugang zur modernen Erziehung verweigerte.

8   Vgl. hierzu Litvak, 1991.

Der ethnische Hintergrund der Geistlichkeit erwies sich politisch als problematisch, weil die irakischen Regierungen seit den zwanziger Jahren die ethnische Abstammung politisch in den Vordergrund stellten. Als wohl wichtigster Faktor erscheint uns die religiöse Organisation des Schiitentums im Irak. Neben der religiösen Institution des Schiitentums *al-Marja`iya*, die gemäß der Nachahmungstradition (*al-Taqlid*) einen religiösen und weltlichen Anspruch erhebt, können noch immer kaum politische schiitische nichtreligiöse Parteien entstehen.[9] Die Entstehung von nicht-religiösen schiitischen Parteien ist allerdings eine hypothetische Frage. Sie veranschaulicht aber das Dilemma einer auf Konfessionalismus basierenden Gruppe, und zwar in einer Gesellschaft, in der der politische Konfessionalismus die Hauptursache der Konflikte ist. Einerseits streben die schiitischen Eliten eine angemessene ökonomische und politische Partizipation der Schiiten an, andererseits lehnen sie ein konfessionelles Proporzsystem nach dem libanesischen Vorbild ab. Ghassan Salamé hat dieses Dilemma präzise zum Ausdruck gebracht: "Sollte eine konfessionelle schiitische Bewegungen im Irak entstehen, wird sie mit der nationalistischen Ideologie des Staates konfrontiert sein."[10] Eine schiitisch-irakische Bewegung wird aber zwangsläufig, welche Legitimation sie auch immer hat, eine konfessionalistische Bewegung sein, es sei denn, sie verzichtet auf eine, wie bislang von den islamistisch-schiitischen Bewegungen gefordert, angemessene politische Beteiligung im Irak. Der konfessionelle Aspekt kann aber zu weiteren Komplikationen führen. Schiitische Bewegungen versuchen durch islamistische Legitimation, den Wandel der ethnisch-konfessionellen Stratifikation zu verändern. Dies kann einerseits zur Verstärkung der konfessionllen Solidarität bei den Sunniten führen, andererseits kann der politische Konfessionalismus nicht alle sozialen Gruppen der Schiiten mobilisieren.

Diese Studie versucht nicht primär, Lösungen für das offensichtliche Dilemma des politischen Konfessionalismus anzubieten. Im Mittelpunkt steht vielmehr die Frage nach den Ursachen, die im Verlauf einer siebzigjährigen Geschichte zu der gegenwärtigen Situation führten. Warum bestimmte der politische Konfessionalismus das politische Handeln? Warum konnte die schiitische Mehrheit den ihr zugewiesenen Minderheitenstatus nicht überwinden? Inwieweit steht die Gewalt im Inneren und nach außen im Zusammenhang mit dem politischen Konfessionalismus? Es soll gezeigt werden, daß nicht der ethnisch-konfessionelle Pluralismus die Ursache des Konfliktes ist, sondern der Unwille der herrschenden sunnitischen Elite, die anderen Gruppen am System zu beteiligen.

---

9   Bis in die sechziger Jahre wurden auch religiös-schiitische Parteien von der Geistlichkeit nicht erlaubt, vgl. Kapitel II.2 dieser Arbeit.
10 Salamé, 1987, S.95.

Ethnizität und Konfessionalismus

Die "Ethnizität"-Ansätze, die seit den frühen siebziger Jahren stärker ins Zentrum der sozialwissenschaftlichen Diskussion gerückt sind, stehen in einem engen Zusammenhang mit den zunehmend in Bedrängnis geratenen Modernisierungstheorien und deren normativem Begriff des *nation-building*. Die in den siebziger Jahren zu diesem Thema erschienenen Publikationen versuchten, die Gründe für die ethnischen Konflikte in den Gesellschaften multiethnischer Staaten, insbesondere in der Peripherie, erklärbar zu machen. Ein Blick auf die Studien der letzten zwei Dekaden zeigt, daß zum einen unter den Begriffen "Ethnizität" und "ethnische Konflikte" verschiedenartige Konflikte subsumiert wurden, die sich national, rassisch oder religiös artikulierten; zum anderen werden kaum Unterschiede hinsichtlich des Grades der sozialen Differenzierung und der herrschenden politischen Systeme gemacht. Der Hintergrund für diese Betrachtungsweise war der vielbeachtete Beitrag von Frederik Barth *"Ethnic Groups and Boundaries"*[11], in dem er bei seinen Betrachtungen, wie schon Max Weber[12] lange vor ihm, die Subjektivität in den Mittelpunkt stellte.[13] Für Barth sind somit nicht die objektiven Kriterien für die Gruppenabgrenzung maßgeblich, sondern die Subjektivität, die in einem Wechselverhältnis zur Zuschreibung durch die anderen steht. "The critical focus of investigation from this point

---

11 Barth, Frederik (Hrsg): Ethnic Groups and Boundaries. The Social Organization of Culture Difference. Boston 1969.

12 "Wir sollen...Menschen Gruppen", schreibt Weber "welche auf Grund von Ähnlichkeiten des äußeren Habitus oder der Sitte oder beider oder von Erinnerungen an Kolonisation und Wanderung einen subjektiven Glauben an eine Abstammungsgemeinsamkeit hegen, derart, daß diese eine 'Sippe' darstellen, 'ethnische' Gruppe nennen, ganz einerlei, ob eine Blutsgemeinsamkeit objektiv vorliegt oder nicht." Weber, 1980, S. 237.

13 Die primordialen und soziobiologischen Ethnizitätserklärungen, aber auch linguistischen Ansätze sind für unseren Kontext unbrauchbar. Die Primordialität kann u. E. vor dem Hintergrund der sozialen Differenzierung der Gesellschaften des Nahen Ostens kaum eine überzeugende Erklärung bieten. Van den Berghe geht in seiner Kritik darüber hinaus auf die Schwächen des Ansatzes ein: Er stellt fest daß, "...primordialist position on ethnicity [is] vulnerable on two scores: 1. It generally stopped at asserting the fundamental nature of ethnic sentiment without suggesting any explanation of why that should be the case...What kind of mysterious and suspicious force was this 'voice of blood' that moved people to tribalism, racism and ethnic intolerance? 2. If ethnicity was primordial, then was it not also ineluctable and immutable? Yet, patently, ethnic sentiments waxed and waned according to circumstances. How is all this circumstantial fluidity reconcilable with the primordialist position?", Van den Berghe, 1981, S. 17-18. Der primordiale Ansatz von Shils und Geertz beruht allerdings auf "cultural identity". Doch hat die Primordialität bei Geertz deshalb eine Bedeutung weil sie Grundelement der Ethnizität ist, die er als eine signifikante Erscheinung der kulturellen Identität betrachtet. Vgl. Geertz, 1967; Shils, 1957, Thompson, 1989, S. 49-71. Die Studien über die Rasse als Grundlage der Ethnizität blieben im Rahmen der Ethnizitätsdebatte der siebziger und achtziger Jahre bedeutungslos. Ethnizität und ethnische Solidarität und Bindungen verhüllen hier die Rassismustheorien. Siehe zum soziobiologischem Ansatz: Wilson, 1978; zur Kritik: Van den Berghe, 1981, S.175-83, Thompson, 1989, S. 21-48. Die linguistischen Ansätze, die in der arabischen Welt viele Anhänger fanden, haben bei den Gruppen mit unterschiedlicher Sprache eine Relevanz (z.B. Kurden, Berber, Südsudanesen). Zum Einfluß der Sprachtheorien in der arabischen Welt: siehe Tibi, 1971.

of view", schreibt Barth, "becomes the ethnic boundary, that defines the group, not the cultural stuff that it encloses."[14]

Kulturelle Eigenschaften werden bei Barth als Signale der Abgrenzung betrachtet und können von Situation zu Situation variieren, ohne daß der Gruppenzusammenhang zerbrechen muß. Barth nennt vier askriptive Kriterien der Gruppenidentität - Territorialität, die Vorstellung gemeinsamer Abstammung, Sprache und Religion -, stellt aber fest, daß die Anwesenheit eines dieser Kriterien zur Grenzziehung ausreiche, ohne daß indessen damit jede auf einem dieser Merkmale basierende Identität notwendig eine "ethnische" sein müsse, denn entscheidend sei das subjektive Bewußtsein von askriptiver Loyalität. Die Kritik an der radikalen Subjektivität des Barth'schen Ansatzes richtet sich auf zwei wesentliche Aspekte: Zum einen wird der Ansatz kritisiert, weil er unpräzise sei, denn andere Gruppendifferenzierung - z.B. Klassen - könnten darunter gefaßt werden;[15] zum anderen kritisiert beispielsweise P. L. van den Berghe, daß die radikale Subjektivität keinen Platz für analytische Kategorien lasse. So schreibt van den Berghe: "The problem for those of us who try to formulate scientific propositions, is that natives do not always agree with each other, even within cultures, and that therefore a science of human behavior based exclusively on native opinion tends to be shaky."[16]

Georg Elwert stimmt dem von Barth vertretenen Hauptdifferenzierungsfaktor der Subjektivität zu, stellt aber dennoch die Frage: "...wenn man die Barth'sche Definition wörtlich nimmt, (könnten) auch politische und religiöse Gruppen als Ethnien gesehen werden."[17] In der Tat kann bei Barth die Religion als askriptiver Faktor konstitutiv für die ethnische Grenzziehung sein. Die von Elwert als ein zusätzliches Definitionskriterium herangezogene Verwandtschaft ("Man wird hineingeboren")[18] ist bei den religiösen Gruppen die Regel. Gerade das Kriterium des "Hineingeboren-werdens" gehört, wie wir noch darstellen werden, nach den Ansätzen der Religionssoziologie zu den konstitutiven Merkmalen der "Religion". Die Konversion läßt zwar neue Mitgliedschaften in einer religiösen Gruppe zu; dies ist aber auch nach Elwert bei dem Verwandtschaftsverband möglich ("ethnische Konversion").[19]

Trotz der am Barth'schen Ansatz geübten Kritik werden seine Hauptkategorien nicht in Frage gestellt; vor allem seine Grundkategorie, nämlich daß es durch soziale Interaktion zur ethnischen Grenzziehung kommt, erfährt allgemeine Zustimmung. In unserem Kontext stellt sich die Frage, ob man eine

---

14 Barth, 1969, S.11.
15 Vgl. Elwert, 1989, S. 24.
16 van den Berghe, 1981, S.18. In einem anderen Beitrag plädiert van den Berghe für die Berücksichtigung von objektiven und subjektiven Kriterien: "Ethnicity is both an objective an a subjective phenomenon, the interrelation between these two aspects being, once again, an empirical question. Any conception of ethnicity which reduces either the objective or the subjective side of it to an insignificant role distorts reality. (Currently, extreme subjectivist views of ethnicity have supplanted the older objectivist standpoint.)" Van den Berghe, 1975, S.72.
17 Elwert, 1989, S. 24.
18 Ebd.
19 Ebd.

Gruppe wie die Schiiten im Irak als eine ethnische Gruppe im Sinne von Barth betrachten kann, der, wie wir gesehen haben, die Sprache, Abstammung etc. nicht zu einer *conditio sine qua non* macht.

Da das verbindende Element bei solchen Gruppen wie den Schiiten ursprünglich das Glaubenssystem war, sollen hier die Kategorien Religion, Konfession und Sekte näher betrachtet werden. Grundsätzlich soll hier bemerkt werden, daß in der klassischen Religionssoziologie von Gegenüberstellungen ausgegangen wird: Kirche und Sekte, Konfession und Sekte. Eine Einteilung in Religion, Konfession und Sekte ist in der christlichen Tradition unbekannt. Eine differenzierte Typologie Kirche - Sekte geht auf Ernst Troeltsch zurück, der die Kirche als "konservative, relativ weltbejahende, massenbeherrschende und darum ihrem Prinzip nach universale d.h. alles umfassen wollende Organisation" beschreibt.[20] Die Kirche sei eine staatstragende Organisation, deren Mitglieder in die Kirche hineingeboren werden. Der "anstaltliche" Charakter der Kirche ergebe sich aus der Notwendigkeit der Objektivierung ihrer Strukturen (Priestertum, Sakramente).

Eine Sekte dagegen sei eine voluntaristische Gemeinschaft - man wird also nicht in die Sekte hineingeboren - sie stehe der staatlichen Gewalt und den herrschenden Schichten ablehnend gegenüber, verbinde sich mit den unteren Klassen und nimmt die Bibel wörtlich. Diese idealtypische Unterscheidung von Kirche und Sekte wurde von Max Weber übernommen,[21] und auch Niebuhrs Betrachtungen liegen nicht weit von der Typologie Troeltschs entfernt. Nach Niebuhrs Ansicht paßt sich die Kirche des Christentums den sozioökonomischen Strukturen an,[22] während eine religiöse Sekte entweder eine Aussöhnung mit der Gesellschaft erzielen muß oder von Auflösung bedroht sein wird. Aus Sekten entstehen Kirchen.

Wenden wir uns jetzt der Frage der islamischen Religion und Sekten zu. Michael Cook versucht, die idealtypische Klassifikation von Troeltsch mit der historischen Entstehung und Entwicklung sowie dem jetzigen Zustand der islamischen Sekten zu konfrontieren.

Cook zweifelt an der Richtigkeit des Kriteriums "Freiwilligkeit" als Organisationsprinzip der Sekten. Als Beispiel nennt er die Drusengemeinschaft.[23] Weiter kritisiert Cook die Unsicherheit Webers bezüglich der Einordnung der aus dem islamischen Kontext stammenden Kategorien und religiösen Phänomene. Das Schiitentum erscheint als Kirche und zuweilen als Sekte. Da Weber, nach Cooks Meinung, im Rahmen seiner Betrachtungen über das Schiitentum unsicher war, versucht Cook anhand dieses Beispiels den Sektenbegriff Webers in bezug auf den Islam zu kritisieren. Zum einen sei die Mitgliedschaft bei den Schiiten - die frühislamische Zeit ausgenommen - nicht freiwillig, und die Frage von Auserwählten habe zumindest seit dem 16. Jahrhundert im Iran keine Bedeutung. Außerdem passe weder der sunnitische noch der schitische Islam in

20 Vgl. Troeltsch, 1964, S. 267.
21 Ebd., S.276-7.
22 Niebuhr, 1957, S. 25.
23 Cook, 1987, S. 336.

die Kategorie der "Kirche", und zwar zum einen, weil der sunnitische Islam "vielleicht ein bißchen zuviel Gemeindecharakter"[24] habe, um eine glaubwürdige Kirche im Weber'schen Sinne zu sein, zum anderen, weil die Geistlichkeit im Schiitentum zu hierarchisch sei, um eine Sekte zu sein. Wolfgang Schluchter unterstellt Cook, die Weber'sche Methodik bei der Behandlung der erörterten Phänomene mißverstanden zu haben. Zum einen unterscheidet Schluchter Klassenbegriffe und genetische Begriffe bei Weber: "Anders als Klassenbegriffe sind genetische Begriffe keine Durchschnittsbegriffe, sondern Grenzbegriffe...Genetische Begriffe heben das Eigenartige, das Besondere, als wesentlich heraus und basieren auf Wertbeziehung."[25]

Schluchter kommt zu dem Resultat, daß Webers Sektenbegriff genetisch sei. Weber interessiere sich für den "Geist innerweltlicher Berufsklasse" und versuche, bei den islamischen Sekten herauszustellen, wie sie zu diesem Merkmal stehen.[26] Außerdem kann, wie wir schon bei Troeltsch feststellten, eine Klassifikation wegen der möglichen Transformation einer Sekte zu einer Kirche nur idealtypisch sein.

Da Weber bekanntlich keine eigenständige, systematische Studie über den Islam verfaßt hat, wie er es über das Judentum und die Religionen Indiens und Chinas tat, können wir uns nur aufgrund der erwähnten einzelnen Bemerkungen im Rahmen seiner "Religionssoziologie" ein Bild über seine Vorstellungen zum Thema islamische Sekten machen. Wir glauben - und dies wird auch von Cook betont - daß das Schiitentum, auch wenn es keine Sekte ist, historisch in der Phase der Formierung mit den von Troeltsch und Weber genannten Sektenkriterien große Gemeinsamkeiten aufweist. Die Mitgliedschaft war natürlich voluntaristisch, die Auslegung des Koran und der Sunna wörtlich; daher wurden Persönlichkeiten, wie Abu Dharr al-Ghafari,[27] die Ali nahe standen und die auf der Basis des Korans gegen die politische Herrschaft agierten, aus Madina verbannt. Die Hierarchisierung der Geistlichkeit vollzog sich, wie wir wissen, viel später. In anderen Punkten weist das Schiitentum (Zwölfer-Schia) in der Tat keine Übereinstimmungen mit dem Idealtyp von Weber auf. Hierzu gehört die weltbejahende Einstellung des Schiitentums und der Relationsmodus zu den Mitgliedern, der nicht anders geartet war und ist als im Sunnitentum. Entscheidend ist in diesem Zusammenhang die Beziehung zwischen der religiösen Gruppe und dem Staat. Das Schiitentum hielt jede Herrschaft im Zeitalter der Verborgenheit des zwölften *Imam* für illegitim. Daß ein sunnitischer Staat per se als illegitime Herrschaft angesehen wurde, bedarf keiner weiteren Erläuterung. In einem vollständig von Sunniten beherrschten Staat wie dem Osmanischen Reich und Saudi-Arabien oder einem sunnitisch dominierten Staat wie dem Irak erhalten die Schiiten durch ihre Position zum Staat, zur herrschenden Konfession und wegen ihrer Position in der sozialen Stratifikation die Position und Funktion einer Sekte. Diese Sekte kann sich unter Voraussetzungen sozia-

---

24 Vgl. Schluchter, 1987, S. 96.
25 Ebd.
26 Ebd.
27 Siehe zur Position Abu Darr al-Ghafaris: Momen, 1985, S. 20.

ler und politischer Inegalität zu einer ethnischen Gruppe entwickeln. Auch wenn Individuen oder Gruppen existieren, die sich nicht mit der Sekte qua Religion identifizieren wollen, war oder ist die Religion die Grundlage der Identität und der ethnischen Grenzziehung.

Fuad Ishaq Khuri versucht in seiner Studie *"Imams and Emirs"*[28], die religiösen Gruppen in der arabischen Welt nach soziologischen Kriterien und vor dem Hintergrund der Identifikation der Gruppen zu unterscheiden. Khuri unterscheidet nämlich zwischen "Religion" (*din*), "Sects" (*ta'ifa*) und "Religious Minorities" (*aqalliyat diniya*). Religion in der arabischen Welt ist für ihn identisch mit dem Sunnitentum, Sekten mit den islamischen nicht-sunnitischen Gruppen und religiöse Minderheiten mit nicht-islamischen Gruppen.

Dabei findet bei ihm die Selbstzuschreibung - also die subjektive Identität von Angehörigen einer religiösen Gruppe, einer Religion, Konfession oder Sekte - anders als bei unserer Definition des Konfessionalismus keine große Berücksichtigung. Das Verhältnis zur politischen Macht ist ausschlaggebend für seine Klassifikation. Sekten (*tawa'ifa*) sind für Khuri "...instruments of moral control, operating in peripheral territories lying outside the domain of state authority."[29] Nach dieser Definition können sowohl islamische Gruppen, wie die Schiiten, Ismailiten etc., als auch nicht-islamische Gruppen, wie die Maroniten und andere christliche Gruppen des Vorderen Orients, als Sekten betrachtet werden. Bei Subsumierung aller Gruppen unter den Begriff "Sekte" ist deren Kriterium das Verhältnis zur politischen Macht. Die Macht ist bei ihm der Gradmesser für die historische, ökonomische und politische Entwicklung der religiösen Gruppen. Bevor wir auf die Unterscheidungskriterien Khuris kurz eingehen, sei hier angemerkt, daß die von Khuri nicht berücksichtigte Entstehungsgeschichte einer Gruppe und ihr Anspruch, eine partikularistische oder universalistische Lehre zu vertreten, ebenfalls eine wichtige machtpolitische Frage ist, die kaum thematisiert wird.

Khuri nennt mehrere Elemente, die den Unterschied zwischen "Religion" und "Sekte" deutlich machen sollten: der Grad der Integration religiöser und kultureller Traditionen; die Zentralität von Religion und die Randständigkeit von Sekten; die territoriale Konzentration von Sekten; die Dualität religiöser Sektenorganisationen; die Übernahme rebellischer Ideologien, die den Staat sowie jegliche zentralisierte Staatsautorität ablehnen.[30]

Die Einordnung der Schiiten unter den Begriff der Sekte scheint uns problematisch zu sein. Für die Klärung der Frage, ob die Schiiten eine Sekte oder eine Konfession sind, sollen hier drei von Khuri behandelte zentrale Elemente kritisch betrachtet werden. Beim ersten Element (integrative Momente) geht Khuri davon aus, daß der Begriff Religion aufgrund der Wahl des Khalifen, der Vielfalt der juristischen Schulen (*madhahib*) und der Integration der gesamten Tradition des Islam eher für die Sunniten gilt als für die partikularistischen Sekten. Khuri hat zweifellos im Zusammenhang mit den sog. extremen Sekten

---

28 Khuri, 1990.
29 Ebd., S. 17.
30 Ebd., S. 35.

(*Ghulat*)³¹ recht; ihr religiöses System sonderte sie sozial von der Mehrheit der sunnitischen Bevölkerung ab. Diese These wird aber dann problematisch, wenn die Zwölfer-Schia mit dem Sunnitentum verglichen wird. Selbstverständlich hat die Zwölfer-Schia einige Besonderheiten, die von den Sunniten nicht akzeptiert werden. Die Zwölfer-Schia-Richtung des Islam ist aber in ihrem Selbstverständnis universal.

Das zweite Element ist die Zentralisierung der Religion, die sich in der Urbanität ihrer Anhänger bemerkbar macht. Die Urbanität und die Kontrolle über den Staat durch die Sunniten wird von Khuri durch den Wandel der religiösen Herrschaft im islamischen Staat hin zu einer weltlichen Herrschaft seit der Zeit der Umaiyaden erklärt.³² Dies ist ein interessanter Aspekt, der allerdings aus dem politischen Kampf um die Macht resultierte. Die Politisierung und Mobilisierung der "Provinz" in den letzten Jahrzehnten haben zu einem stetig wachsenden Anteil nicht-sunnitischer Gruppen in den Städten und damit zu einer veränderten städtischen Bevölkerungsstruktur geführt. Die ehemals sunnitischen Städte Bagdad, Damaskus und Beirut waren das Ziel der Binnenmigration kommunalistischer, nicht-sunnitischer religiöser und ethnischer Gruppen.³³

Der dritte wichtige Punkt bezieht sich bei Khuri auf die Rolle der religiösen Ideologie bei der soziologischen Einordnung der Sekten. Die Ideologie in diesem Kontext wird von ihm verstanden als "...beliefs and ideas about man and the universe which a person holds to be true *a priori* without needing validation. These are the givens that people manipulate in order to identify themselves as groups and then distinguish between their group and others."³⁴ Er fügt hinzu, daß Religion, sozialer Status, Ethnizität oder Sprache Grundlage der Identität sein können.³⁵ Diese Identität sei bei den Sunniten mit dem Staat verbunden, weil die religiöse Gemeinschaft der Sunniten sich stets mit dem Staat identifiziert habe.³⁶ Dieser Umstand, so Khuri weiter, habe zur Konsequenz gehabt, daß zum einen Religion und Staat bei den Sunniten verzahnt wurden und zum anderen das Gebot der Einheit der Gemeinschaft einen hohen Stellenwert hat.³⁷ Bei den Sekten und den Schiiten ist dagegen die Unabhängigkeit von der politischen Ordnung und die Autorität des Imam maßgeblich.³⁸ Die Nichtidentifikation mit der politischen Ordnung hat laut Khuri zu einem ambivalenten Verhältnis zur Politik geführt. Bei den Schiiten sind seiner Ansicht nach zwei Positionen zu beobachten: "...first, the continuous tendency to oppose sultanic governments even if they are controlled by Shi`a people, thus reinforcing the rebellious character of Shi`a religious ideology; and second, the oscillation of

---

31 Siehe zu den *Ghulat*-Gruppen: Moosa, 1988.
32 Ebd., S. 50-51.
33 Vgl. Salamé, 1987, S. 246.
34 Khuri 1990, S. 98.
35 Ebd.
36 Ebd., S. 99.
37 Ebd. S. 100-105.
38 Ebd., S. 105-6.

Shi'a political behaviour between two extremes, the *taqiya* and the *ta'bi'a* (mobilization) positions."[39]

Die schiitischen Imame hatten also sowohl die eine als auch die andere Position gegenüber der politischen Herrschaft bezogen; dies erklärt für Khuri, daß sowohl politisch aktive als auch quietistische Positionen religiös legitimiert wurden.[40] Diese Frage hängt u.E. damit zusammen, ob die Konfession nur eine religiöse oder eine mobilisierende politische Bedeutung hat.

Die Begriffe "Konfessionalismus" und "politischer Konfessionalismus" müssen jedoch nach ihrer Funktion differenziert werden. Unter *Konfessionalismus* verstehen wir die Gruppenidentifikation von Gemeinschaften, deren Identität auf religiösen Bindungen basiert. Sie unterscheiden sich entweder von den herrschenden Religionen ihrer Umwelt - wie die Maroniten im Libanon - oder sind Spaltungen derselben Religion - wie bei den Sunniten und Schiiten. Die Unterschiede im Glaubenssystem waren zwar ursprünglich politischer Natur,[41] denn die Frage der Nachfolge des Propheten war am Anfang rein politisch. Mit der Zeit entwickelten sich jedoch grundlegende Unterschiede, so daß trotz Bemühungen um Annährung semi-selbständige Religionen entstanden. Unter dem Begriff politischer Konfessionalismus verstehen wir im Unterschied zum "religiösen" Konfessionalismus, der keine politische Bedeutung haben muß, die Beeinflussung politischen Handelns von Gruppen und Individuen nach konfessionalistischen Kriterien. Wir stimmen in diesem Zusammenhang mit der Definition von Sad al-Din Ibrahim überein: "Der Begriff deutet auf die Instrumentalisierung des religiösen Pluralismus für die Erreichung von politischen, ökonomischen und kulturellen Zielen hin. Er steht für die Aufrechterhaltung von vorhandenen Privilegien oder wird als Vehikel zur Erlangung von ähnlichen Privilegien für Mitglieder einer Gruppe benutzt. In der Regel wird die Religion ein Instrument zur Erreichung von profanen Zielen."[42] Nach dieser Definition ist der politische Konfessionalismus in seiner Funktion deckungsgleich mit Nationalismus oder Ethnizität.

Mobilisierung entlang ethnischer Grenzen kann u.E. nicht nur vor dem Hintergrund der religiösen Geschichte einer Konfession oder Sekte gesehen werden. In der modernen Geschichte der irakischen Schiiten beggnen wir in derselben Zeit zwei Phänomenen: einerseits einer politisch aktiven Geistlichkeit, die die Bevölkerung politisch nicht mobilisieren konnte, zum anderen einer quietistisch orientierten Geistlichkeit gegenüber einer politisch mobilisierten Bevölkerung.[43]

---

39   Ebd., S. 124.
40   Ebd.
41   Khuri, 1990, S. 17-21.
42   Ibrahim, 1992, S.37. Burhan Ghaliun definiert den politischen Konfessionalismus ähnlich: "Konfessionalismus deutet nicht auf Religion oder Religiösität hin. Ganz im Gegenteil, unter diesem Begriff ist das Primat der Politik gegenüber der Religion zu verstehen. Er begünstigt die Interessen einer Gruppe auf Kosten einer anderen Gruppe." Ghaliun, 1979, S. 20.
43   So z.B. gelang es der Geistlichkeit um Muhammad Baqir al-Sadr nach 1968 nicht, die Schiiten zu mobilisieren. Im Gegensatz dazu nahm das Oberhaupt der Schiiten Ayatullah Yazdi eine passive Haltung gegenüber der Revolte der Schiiten in al-Nagaf 1918 ein, siehe Kapitel 1 dieser Studie.

Ethnische Mobilisierung

Vor allem der Ethnizitätsansatz von Barth kann der Ausgangspunkt sein für weitere Überlegungen hinsichtlich der Bedingungen, die das Phänomen ethnische Grenzziehung umgeben. Unsere Grundannahme basiert darauf, daß die ethnische Grenze als Ergebnis sozialer Interaktion nicht unbedingt politische Bedeutung haben muß; d.h. die Grenzen sind nicht *per se* politisch.[44] Eine entsprechende Relevanz gewinnen sie erst dadurch, daß bei einem Konflikt um Ressourcen die jeweilige Konfliktpartei ihre jeweilige vertikale Gruppenzugehörigkeit dazu benutzt, ihre Position in der "horizontalen Dimension",[45] d.h. in der gesellschaftlichen Hierarchie, zu verbessern. Gleichzeitig kann über die Mobilisierung der ethnischen Gruppe ein politisches und soziales System aufrechterhalten bzw. eine Gruppe in der ethnisch-sozialen Stratifikation aufgewertet werden.[46] Die Korrelation der Ethnizität mit sozialen Interessen wurde schon in den Diskussionen der sechziger und siebziger Jahre thematisiert. Der von Gordon[47] geprägte Begriff "Ethclass" steht für eine Kontamination der Begriffe "Ethnie" und "Class". Immanuel Wallerstein gibt der möglichen Politisierung eine erweiterte Dimension, wenn er auch andere Kategorien in die Diskussion bringt, indem er die Korrelation von Rasse, Nation und ethnischer Gruppe mit der "objektiven Klasse" für möglich hält.[48]

Die ethnischen Bewegungen im Nahen Osten zeigen keine Kontinuität der Führung innerhalb einer sozialen Gruppe.[49] Hierbei spielen die sozioökonomischen Bedingungen, das jeweilige politische System und der Grad der Kohäsion der einzelnen Gruppen eine wesentliche Rolle. Diese Bedingungen bestimmen, welche soziale Gruppe in der Lage und willens ist, entlang ethnischer Grenzen zu mobilisieren.[50] Die Klassiker der Elitentheorie Pareto[51] und Mosca[52] gingen von einem Machtkampf zwischen Eliten bzw. zwischen "politischen Klassen" aus, die jeweils ihre sozialen Gruppen repräsentieren. Eine Elite ist nach Pareto immer Teil einer sozialen Schicht oder Klasse, und zwar deren aktivster, leistungsfähigster und zuweilen auch der skrupelloseste Teil.[53] Mosca geht bei seinem zentralen Begriff "politische Klasse" ebenfalls von der Kategorie

---

44 Wir meinen hier nicht den in der politischen Anthropologie vertretenen Standpunkt, daß jede soziale Organisation politisch ist (siehe Balandier, 1976), sondern wir sind der Auffassung, daß die politische Mobilisierung der Gruppen zur Aufrechterhaltung oder Veränderung der ethnischen und sozialen Stratifikation dient.
45 Vgl. hierzu Heine/Stipek, 1984, S. 17.
46 Vgl. hierzu Shibutani/Kwan, 1965.
47 Gordon, M.W.: Assimilation in American Life. New York, 1964.
48 Wallerstein, 1988, S. 105.
49 Hanf, 1989, Ajami, 1986, Gunter, 1990, Yalcin-Heckmann, 1991.
50 Hanf geht davon aus, daß Führungsgruppen, "Aufsteigergruppen benachteiligter Gemeinschaften" sowie "priviligierte Gemeinschaften, die sich vom Abstieg bedroht fühlen", für die Mobilisierung von Gemeinschaftsgefühlen verantwortlich sind. Hanf, 1989, S. 55.
51 Pareto, Vilfredo: Algemeine Soziologie. Tübingen 1955.
52 Mosca, Gaetano: Die Herrschende Klasse. München 1950.
53 Vgl. Herzog, 1982, S. 13.

"Macht" aus, unterscheidet aber zwischen der politischen Klasse als herrschender Minderheit und der Mehrheit der Beherrschten.

Der von Evers und Schiel konzipierte Begriff "strategische Gruppen" geht nicht von der Elite aus. Eine "strategische Gruppe" weist keine wesentlichen Unterschiede zu den Eliten Paretos oder zur "politischen Klasse" Moscas auf. Evers und Schiel definieren strategische Gruppen folgendermaßen:

"Strategische Gruppen bestehen aus Personen, die durch ein gemeinsames Interesse an der Erhaltung oder Erweiterung ihrer gemeinsamen Aneignungschancen verbunden sind. Diese Appropriationschancen beziehen sich nicht ausschließlich auf materielle Güter, sondern können auch Macht, Prestige, Wissen oder religiöse Ziele beinhalten. Das gemeinsame Interesse ermöglicht strategisches Handeln, d.h. langfristig ein 'Programm' zur Erhaltung oder Verbesserung der Appropriationschancen zu verfolgen."[54]

Strategische Gruppen bilden sich, wenn neue Appropriationschancen durch technologischen, wirtschaftlichen, theologischen oder religiösen Wandel ermöglicht werden.[55] Das Modell einer strategischen Gruppe wird von den "nicht-strategischen Gruppen", die bei den Elitentheorien als "Gegenelite" bezeichnet werden, nachgeahmt: "Eine strategische Gruppe, die durch strategisches Handeln das politische, ökonomische und soziale Umfeld in ihrem Sinn ändert, setzt damit nolens volens zugleich Parameter für die Aktionsmöglichkeiten anderer sich später entwickelnder Gruppen. Die Hegemonie einer Gruppe kann für lange Zeit das politische und wirtschaftliche System bestimmen."[56]

Evers und Schiel erheben nicht den Anspruch, auch nicht-strategische Gruppen zu erfassen, zeigen aber Perspektiven auf für die Erweiterung ihres Ansatzes um die "(...) Erklärung von Phänomenen wie 'little tradition', Ethnizität, Regionalismus (...) Bauern und Arbeiterklasse (...)".[57]

Nicht jede Gruppe, die die Macht anstrebt, kann als *Elite* bezeichnet werden. Der Grund hierfür liegt nicht in erster Linie darin, daß sie sich aus ideologischen oder politisch-legitimatorischen Gründen nicht als solche betrachten würde, sondern darin, daß sie keine elitären Qualitäten vorweisen kann. Sie ist zumindest in der Phase der Machtanstrebung strategische Gruppe. Ein Grund, der für uns den Begriff der strategischen Gruppe adäquater erscheinen läßt als den der Elite, ist die Möglichkeit der Erweiterung auf die Gruppen, die Evers und Schiel *"little tradition"* nennen. Die objektiven und subjektiven sowie die quantitativen und qualitativen Gegebenheiten einer strategischen Gruppe können, wie bei allen sozialen Phänomenen, erklären, warum eine Gruppe Erfolg hat oder nicht.

Unter welcher Voraussetzung ethnische Grenzen politisch relevant werden ist abhängig von den konkreten sozialen Bedingungen. Die Bedeutung ethnischer Grenzen hat sich mit der Modernisierung keineswegs verringert, sondern sogar

---

54 Evers u. Schiel, 1988, S. 10.
55 Ebd.
56 Ebd., S. 12.
57 Ebd., S. 13.

noch zugenommen wie Shibutani und Kwan[58] sowie Melson und Wolpe[59] schon in den sechziger Jahren am amerikanischen Beispiel bzw. am Beispiel der ethnischen Gruppen in Nigeria belegt haben. Der soziale Wandel kann eher die Ethnizität verstärken. Die beteiligten Gruppen versuchen durch Politisierung der ethnischen Grenzziehung im Kampf um Ressorcen ihre Gruppen zu mobilisieren.

Islamismus und politischer Konfessionalismus

Bis jetzt erörterten wir den von uns angenommenen Nexus zwischen den Begriffen *religiöser* Konfessionalismus und *politischer* Konfessionalismus und stellten fest, daß der politische Konfessionalismus zunehmend islamistisch artikuliert wird. Auch wenn die Konfession die bedeutendste ethnische Grenzziehung in den multikonfessionellen arabischen Gesellschaften ist, artikulierte sich der politische Konfessionalismus nicht immer religiös. Die religiöse Artikulation des politischen Konfessionalismus ist vor allem abhängig von der Glaubwürdigkeit der ideologischen Legitimation des herrschenden politischen Systems selbst, aber auch von den regional vorherrschenden Ideologien. Hierfür stehen die seit den sechziger Jahren in die Krise geratene politische und ideologische Legitimation der politischen Systeme in der arabischen Welt und der synchron dazu aufkommende Islamismus. Dies war der Nährboden für den religiös artikulierten politischen Konfessionalismus. Dies erklärt auch, warum gerade in den sechziger und siebziger Jahren der politische Konfessionalismus mehr an Terrain gewann. Die religiöse Legitimation in den multikonfessionellen Gesellschaften ist wahrscheinlich deswegen wirkungsvoll, weil die Religion im allgemeinen die sozialen und politischen Realitäten "mit einer äußersten und obersten Wirklichkeit verknüpft".[60] Die sozialen und politischen Realitäten, die durch die religiöse Legitimation sakralisiert werden, betreffen die sozialen Bedingungen und die politische Ordnung, die religiös für illegitim betrachtet werden.[61]

Die religiöse Artikulation des politischen Konfessionalismus tritt mit der scheinbar auf *égalité* beruhenden Ideologie des Staates in Konkurrenz.[62] Von zentraler Bedeutung ist die von Hanf gemachte Feststellung, daß einerseits die jakobinische Ideologie in den pluralen Gesellschaften die Privilegien der herrschenden Minderheiten verhüllen kann und andererseits die beherrschten

---

58 Shibutani/Kwan, 1965.
59 Melson/Wolpe, 1972.
60 Vgl. Berger, 1973. Berger geht davon aus, daß die Religion als Legitimationsmedium deswegen wirkungsvoll ist, weil sie auf die jenseitige Autorität verweist: "...sie gibt den zerbrechlichen Wirklichkeiten der sozialen Welt das Fundament eines heiligen *realissimum*, welches *per definitionem* jenseits der Zufälligkeiten menschlichen Sinnens und Trachtens liegt." Ebd, S. 32.
61 Vgl. hierzu Kaefer, 1977, S. 171-2.
62 Hanf, 1989, S.46ff.

Mehrheiten ihre Interessen "... in der Regel ebenfalls jakobinisch (artikulieren)."[63]

Die herrschenden Gruppen zweier Staaten des arabischen Ostens mit einer heterogenen religiösen Bevölkerungsstruktur, Irak und Syrien, aber auch das nasseristische Ägypten, legitimierten ihre Herrschaft durch den "jakobinischen" arabischen Nationalismus. Die "konfessionelle" Opposition dagegen artikuliert sich in den letzten zwei Dekaden durch die islamistische Ideologie. Von ihrem Legitimationsanspruch her stehen sich zwei "integrierende" Ideologien gegenüber. Die Artikulation über religiöse Symbole resultiert einerseits aus dem Umstand, daß gegen eine "jakobinische" Ideologie, nur eine andere Ideologie mit allgemeinem Anspruch, hier der Islam, mobilisierend und legitimierend wirken kann. Der politische Konfessionalismus in seiner religiösen Erscheinung war mit Sicherheit nicht genuin für das Phänomen Islamismus. Er ist, wie der Islamismus selbst, ein Produkt der historischen Entwicklung der arabischen Gesellschaften in den letzten drei Jahrzehnten.

Er ist in zweifacher Hinsicht eine Erscheinung der Gegenwart. Zum einen, weil er eine Reaktion auf die politischen, sozialen und kulturellen Krisen der islamischen Welt, ist und zum anderen, weil dies, was die Islamisten als die islamische Lösung (*al-hall al-islami*) verstehen, keine authentische, sondern eine in Wirklichkeit nicht existierende, islamische Lösung ist.[64] Sie ist eher ein Entwurf für eine selektive Anpassung an die Moderne.[65]

Von Bedeutung in diesem Kontext ist die Frage, ob dem Islamismus in den ethnisch und konfessionell pluralen Gesellschaften eine integrierende Funktion zukommt. Vorweg soll hier festgestellt werden, daß die Funktion der Religion auch im Zusammenhang mit Integration und Identität spezifiziert werden muß. In der Theoriebildung zeigen sich in diesem Kontext zwei extreme Positionen: das von Geertz entworfene Funktionsmodell, das auf allgemeinen sinn-vermittelnden Symbolsystemen basiert[66], und die von Niklas Luhmann im Rahmen seiner funktionalistischen Systemtheorie herausgestellte Abhängigkeit der Funktion der Religion von den Bezugsproblemen.[67] Die Definition des Bezugsproblems ist entscheidend dafür "...welche Sinnformen und Verhaltensweisen als funktionale Äquivalente für Religion in Betracht kommen."[68]

Diese Frage ist wiederum mit der integrativen Funktion der Religion überhaupt verwoben. Clifford Geertz schreibt in seiner Definition der Religion eine interpretierende Funktion zu. Eine Religion sei:

63　Ebd., S.57.
64　Für den 1965 hingerichteten einflußreichsten Denker des Islamismus Sayid Qutb war die Praxis der islamischen Gemeinschaft (*umma*) zur Lebzeit des Propheten das Vorbild für die "islamische Lösung". Qutb, Ma`alim fi al-tariq. Kairo 1989.
65　Vgl. Tibi, 1992.
66　Vgl. Geertz, 1991.
67　So schreibt er: "Religiöse Erfahrungen können gegebene soziale Ordnungen stützen oder in Frage stellen, können den Einzelnen zu bejahenden oder zu verneinenden Haltungen führen, können konstruktiv oder destruktiv wirken oder sich auch vom einen zum anderen wandeln." Luhmann, 1982, S. 11.
68　Luhmann, 1982, S. 45.

(1) ein Symbolsystem, das darauf zielt, (2) starke, umfassende und dauerhafte Stimmungen und Motivationen in den Menschen zu schaffen, (3) indem es Vorstellungen einer allgemeinen Seinsordnung formuliert und (4) diese Vorstellungen mit einer solchen Aura von Faktizität umgibt, daß (5) die Stimmungen und Motivationen völlig der Wirklichkeit zu entsprechen scheinen.[69]

Bevor Geertz auf den zentralen Begriff *Symbolsystem* eingeht, beschreibt er zunächst *Symbole* als Vorstellungen, die einen Bezug zur Realität haben, ihr aber nicht entsprechen.[70] Symbole sind gedankliche Enwürfe oder Modelle. Hierbei unterscheidet Geertz zwischen "Modellen von etwas" und "Modellen für etwas".[71] Das erstere entspricht sehr weitgehend der Wirklichkeit, das zweitere bezieht sich auf abstrakte Theorien zur Erfassung der Wirklichkeit.[72] Die Religion hat, wie Geertz im Laufe seiner Darstellungen über die "Religion als kulturelles System" darlegt, eine über die Symbole interpretatorische Funktion.

Niklas Luhmann kritisiert die Auffassung von Geertz, daß die Religion über das Symbolsystem eine interpretierende Funktion habe.[73] "Hier," schreibt er, "wird der Interpretationsbedarf, das Vorkommen von unklaren Sachverhalten, schlicht und unanalytisch vorausgesetzt. Das wird dem Horizont des täglichen Lebens und auch dem Horizont des Interpreten gerecht."[74]

Die Kritik Luhmanns ist vor dem Hintergrund zu verstehen, daß Geertz seine Überlegungen über die Religion, obgleich er seine Beispiele aus den segmentären Gesellschaftsmodellen bezieht, nicht spezifiziert. Die Religion als Symbolsystem hat, trotz der von Geertz eingeräumten unterschiedlichen Artikulationsmuster, dieselbe sinngebende Funktion.[75]

Luhmann selbst, auch wenn er Bezug auf die segmentären Gesellschaften nimmt, um zu verdeutlichen, daß dort keine Differenzierung nach System-Umwelt zu treffen ist,[76] geht von den differenzierten Gesellschaftstypen aus. Die Religion kann, wie alle Teilsysteme in einer ausdifferenzierten Gesellschaft, nicht mit der Gesellschaft schlichthin identifiziert werden. Dies ergibt sich aus

---

69 Geertz, 1991, S. 48. Kaefer führte die einzelnen Elemente der Geertz'schen Definition auf folgende Autoren zurück: Max Weber (Religion und Sinnfrage), Bronislaw Malinowski (Religion und Individuum), Sigmund Freud (Religion und individuelle Bedürfnisse), vgl. Kaefer, 1977, S. 137. Die im Geertz'schen Modell angedeutete Dichotomie von Sinngebung-Chaos (s. ed, S. 60-62) wurde von Yinger weiter zugespitzt. Im Anschluß an Geertz stellt Yinger fest, daß das Chaos den Menschen bedroht, aber durch Religion zurückgehalten wird. Vgl. Yinger, 1971.
70 Vgl. Geertz, 1991, S. 49-54.
71 Ebd., S. 52.
72 Ebd., S. 52-53.
73 Luhmann, 1982, S. 11.
74 Ebd.
75 Vgl. Geertz, 1991, S. 94.
76 Er schreibt: "Die Religion interpretiert die Umwelt für die Gesellschaft, und es gibt innerhalb des Gesellschaftssystems noch keine elaborierte 'systeminterne Umwelt', die der Religion eigene Bedingungen der Leistung und der Anpassung stellte. Die Religion braucht deshalb nicht als System und als Adressat für funktionsspezifische Kommunikationen ausdifferenziert zu sein." Luhmann, 1982, S. 38.

dem Umstand, daß kein System seine Elemente und Relationen genau und vollständig auf diejenigen der Gesamtumwelt beziehen kann.[77] Da soziale Systeme sich von ihrer Umwelt abgrenzen,[78] müssen die Teilsysteme sich auf eine bestimmte Funktion der Umwelt oder Gesamtsysteme spezialisieren.[79] Luhmann reduziert die Funktion der Religion vor dem Hintergrund der sozialen Differenzierung auf ihre Eigenschaft als Teilsystem einer Gesamtheit, die die Gesellschaft ausmacht. Dieses für differenzierte Gesellschaftssysteme beschriebene Modell gilt nicht für "archaische Gesellschaften" mit fehlenden stratifizierten Gesellschaftssystemen.[80]

Obgleich die arabischen Gesellschaften der Gegenwart als "vorindustrielle Kulturen" bezeichnet werden,[81] ist der Grad der sozialen Schichtung und funktionalen Ausdifferenzierung in den arabischen Gesellschaften zu weit vorangeschritten,[82] um den Widerstand gegen die Reduzierung der Religionsfunktion auf ein Teilsystem, als Ergebnis der Einheit des Sakralen mit dem Politischen auffassen zu können.[83] Zudem kann das Phänomen des religiösen Fundamentalismus nicht nur auf den Islam reduziert werden.[84] Im islamischen Kontext scheint sich die religiöse Bewegung nicht auf eine interpretierende Funktion zu reduzieren; sie erhebt den Anspruch, über die Funktion als Teilsystem hinaus, eine integrative Ideologie zu sein.

Vor diesem Hintergrund ist es angebracht, den Islam qua Religion von der islamistischen politischen Bewegung der Gegenwart zu unterscheiden. Trotz der gedanklichen Kontinuität der islamistischen Bewegung seit Ende des 19. Jahrhunderts beruht die Renaissance der islamistischen Bewegungen der letzten drei Dekaden auf den sozialen und politischen Problemen der Gegenwart, die Burhan Ghaliun in den folgenden drei Interpretationstendenzen erfaßt.[85]

Die erste Tendenz zeigt den Zusammenhang zwischen dem Scheitern der von den arabisch-nationalistischen Regimen unternommenen Modernisierung und dem daraus resultierenden Legitimationsschwund und der Formierung einer religiös-legitimierten Opposition. Die Niederlage der arabischen Armeen im arabisch-israelischen Krieg von 1967 habe diesen Regimen den Rest an Glaubwürdigkeit genommen. Die islamistische Bewegung habe dann das ideologische Vakuum gefüllt. Die zweite Tendenz stellt einen Zusammenhang her zwischen der Vergeudung von Ressourcen, der Korruption und dem Sinken des Lebensstandards der breiten Bevölkerungsschichten einerseits und der Stärkung der islamistischen Opposition andererseits. Die letzte Interpretationstendenz bei der Erklärung des Islamismus geht von der Rückständigkeit der islamischen Kultur

---

77 Ebd., S. 14.
78 Luhmann, 1991a, S. 171ff.
79 Luhmann, 1982, S. 50-51.
80 Vgl. Luhmann, 1982, S. 36ff, 8ff.
81 Vgl. Tibi, 1991.
82 Vgl. Richards/ Waterbury, 1989, S. 401-429, Owen, 1992, S. 47-58.
83 Vgl. Tibi, 1991, S. 179.
84 Vgl. hierzu Kepel, 1991.
85 Ghaliun, 1991, S. 194-206.

und ihrer Unfähigkeit aus, den sozialen und kulturellen Wandel zu bewältigen.[86]

Als zusätzlicher Faktor könnte der politische Konfessionalismus hinzugefügt werden. In diesem Kontext unterscheiden wir drei Ebenen. In den multikonfessionellen Gesellschaften der arabischen Welt manifestierte sich das islamistische Phänomen nicht gleichermaßen und in der gleichen Intensität bei allen Gruppen. Im Libanon, in Syrien und im Irak machte sich der Islamismus in den Reihen der politisch peripheren oder peripherisierten ethnisch-konfessionellen Gemeinschaften eher bemerkbar. Eine sunnitisch-islamistische Bewegung im Libanon, wo Vertreter der Sunniten die politische Macht mit den Maroniten teilten, trat erst Anfang der achtziger Jahre und zwar regional in Erscheinung.[87] Eine alawitische religiöse Bewegung in Syrien trat niemals auf; dies liegt nicht an der Sektenstruktur[88] der syrischen Alaviten, denn in der Türkei begann in den achtziger Jahren eine religiös-alavitische Bewegung sich gegenüber dem für sie immer bedrohlicher werdenden sunnitischen Islamismus zu wehren.[89] Schließlich hatte der sunnitische Islamismus im von den Sunniten beherrschten Irak seit der Gründung der Gesellschaft der Muslimbrüder 1948 nur mäßigen Erfolg.[90]

Dieser Umstand korrespondierte, wie wir schon erwähnten, mit der Legitimation der politischen Systeme durch "jakobinische" Ideologie. Demgegenüber ist der Islamismus in den peripheren Gemeinschaften der multikonfessionellen Staaten zu beobachten. Die ideologische Legitimation gegenüber dem Staat und die Tatsache, daß der Islamismus in seiner Formel, der Islam sei "Religion und Staat" (din wa dawla)[91], die Kontrolle über den Staat für unabdingbar hält,[92] führte zur Verwischung der getrennten Erscheinungsformen des politischen und religiösen Konfessionalismus. In den multikonfessionellen arabischen Staaten wurde daher die islamistische Bewegung, trotz der ideologischen Legitimation, ein Sammelbecken für politische konfessionalistische Kräfte, die den politischen Wandel durch die Herstellung der islamischen Ordnung anstreben.[93] Dieser Wandel kann, abgesehen von der religiös-ideologischen Legitimation, primär die Veränderung der ethnisch-konfessionellen Stratifikation sein. Der Islamismus kann daher in den konfessionell fragmentierten arabischen Gesellschaften kaum ein Integrationsfaktor sein. Er ist selbst das Ergebnis der gesellschaftlichen Fragmentierung.

---

86 Bassam Tibi verbreitete im deutschsprachigen Raum in mehreren Schriften diese Ansichten: vgl. Tibi, 1985, 1991, 1992, 1992a.
87 Vgl. Khuri, 1990.
88 Khuri nennt sein Kapitel über das Alawitentum "God and Caesar", um die Trennung zwischen dem Sakralen und Profanen bei dieser Sekte zu beschreiben. Einen alavitischen *Fundamentalismus* kann es demnach nicht geben, weil die *Religion* keinen totalen Herrschaftsanspruch hat. Khuri, 1990, S. 197-210.
89 Vgl. hierzu Krisztina Kehl-Bodrogi: Die "Wiederfindung" des Alevitums in der Türkei. In: Orient, 37. Jg., H. 2, 1993, S. 267-282.
90 Die Organisation hat nie einen legalen Status bekommen; sie wurde aber anders als die schiitischen Gruppen auch nicht verfolgt.
91 Vgl. Rizq, 1985.
92 Vgl. al-Aiyubi, 1992.
93 Vgl. zum Irak: Wiley, 1992; zu Syrien: Lobmeyer, 1990 und 1991; zum Libanon: Norton, 1987, Hanf 1990.

ERSTER TEIL

DIE SCHIITEN UNTER DER

MONARCHIE

HISTORISCHE UND SOZIALE HINTERGRÜNDE

Kein anderes Land ist mit dem Schiitentum enger verbunden als der Irak. Hier fand der erste Imam der Schiiten, `Ali, seine Anhänger, und von der Lagerstadt al-Kufa aus, wo er Zuflucht und Beistand fand, leitete er den Kampf gegen den Gouverneur von Syrien, den Umaiyaden Mu`awiya, der ihm das Khalifat streitig machte. Im Irak begann im Jahre 661 mit der Ermordung des ersten Imam der Schiiten deren Leidensgeschichte; hier in Karbala´ fiel im Jahre 680 der dritte Imam der Schiiten, al-Husain, im Kampf gegen die Truppen des Umaiyaden Khalifen Yazid. Die Verbundenheit des Irak mit dem Schiitentum fand dadurch kein Ende. Der "ewige Unruheherd Kufa"[1] blieb bis zum Ende des Umaiyaden Reiches im Jahre 749 Ausgangspunkt schiitischer Aufstände. Aber auch unter den Abbasiden, die Bagdad zum Zentrum des islamischen Reiches machten, blieb die Anhängerschaft der alidischen Imame im Irak verwurzelt. Während den Imamen der Schiiten bis zum "Entrücken" (ghaiba) des zwölften Imam nie Erfolg vergönnt war, beherrschten mit zunehmender Schwäche der Abbasiden schiitische Statthalterdynastien (die Buyiden[2] 945-1055 und die Hamdaniden 934-1011) das islamische Reich, dessen Bewohner auch im Irak mehrheitlich sunnitisch blieben. Im buyidischen Bagdad blühte auch die schiitische Gelehrsamkeit. Halm schreibt:

> Es waren die Bagdader, die das von den Imamiten fortan benutzte Instrumentarium der Prinzipien der Jurisprudenz (usul al-fiqh) schufen und dabei der Ratio (`aql) eine wesentliche Rolle zuwiesen; ihre Übernahme des raisonnierenden Argumentierens (kalam) in Jurisprudenz und Theologie stellte die Weichen für die künftige Entwicklung der Schia bis hin zur Islamischen Republik des Ayatullah Khomeini.[3]

Die unter den Buyiden begonnene schiitische Gelehrsamkeit wurde unter den sunnitischen Seldschuken (1040-1194) fortgeführt.[4] Insbesondere unter der Herrschaft der Mongolen, die von den Schiiten als Befreier von der Herrschaft der Abbasiden empfunden wurden, konnten die Schiiten - als Verbündete der neuen Herrscher - eine wichtige politische Rolle spielen.[5] Einen bedeutenden Abschnitt, der über vier Jahrhunderte dauerte, stellten die Entstehung des schii-

---

1 Halm, Heinz: Die Shia. Darmstadt 1988, S. 27.
2 Vgl. zu den Buyiden: Heribert Busse: Chalif und Grosskönige. Die Buyiden im Iraq (945-1055). Beirut 1969.
3 Halm, 1988, S. 62.
4 Für eine ausführliche Darstellung siehe: Halm, 1988, S. 73-78.
5 Zu näheren Angaben siehe R. Strothmann: Die Zwölfer-Schia. Zwei religionsgeschichtliche Charakterbilder aus der Mongolenzeit. Leipzig 1926.

tischen Safawiden-Staates und der langwierige Streit mit dem sunnitischen Osmanischen Reich im Zusammenhang mit der Herrschaft über Mesopotamien dar. Bei diesen Rivalitäten erlangte der konfessionelle Faktor große Signifikanz.

Die safawidische Eroberung Mesopotamiens 1507 war ohne Zweifel unter anderem dadurch begründet, daß der neu entstandene schiitische Staat aus legitimatorischen Gründen die heiligen Orte der Schiiten, Karbala' und Najaf, unter seine Kontrolle bringen wollte. Der Verlust Mesopotamiens nach dem erfolgreichen Feldzug Sultan Sulaimans des Prächtigen 1534 war eine schwere Niederlage für die Safawiden, beendete aber die safawidisch-osmanischen Rivalitäten um Mesopotamien nicht.[6]

Anders als die nach der Schlacht von Chaldiran 1514 an die Osmanen übergegangenen Gebiete Ostanatoliens wurde Mesopotamien für fast drei Jahrhunderte zum Streitobjekt zwischen den beiden Reichen. Das Wiedererstarken der Safawiden unter Schah Abbas I. (1587-1629) hatte die Wiedereroberung Mesopotamiens zur Folge. Der irakische Sozialhistoriker `Arif al-Wardi geht in dieser Frage davon aus, daß Abbas in der ersten Phase seiner Regentschaft bemüht war, die Stadt Tus mit dem Grab des schiitischen Imam `Ali bin Musa al-Rida zum Zentrum des persischen Schiismus zu machen, da er eine baldige Eroberung Mesopotamiens mit den heiligen schiitischen Grabstätten nicht bewerkstelligen konnte.[7] Sein Ziel dabei war, die Pilgerfahrten der persischen Schiiten zu den heiligen schiitischen Orten *(al-`atabat al-muqadasa)*[8] in der osmanischen Provinz Bagdad zu reduzieren.[9] Im ersten Jahrzehnt seiner Regentschaft war Persien jedoch neben seinen traditionellen Feinden, den Osmanen, auch von den Usbeken bedroht. In den ersten Jahren seiner Regierungszeit überfielen die Usbeken Ostiran, was Abbas 1590 dazu zwang, mit den Osmanen, die nach dem Einfall der Usbeken die westlichen Gebiete des persischen Reiches okkupiert hatten, Frieden zu schließen.

Erst nach diesem Frieden gelang es Abbas, Tus und die anderen Gebiete aus den Händen der Usbeken zu befreien.[10] Die Stabilität des Reiches nach dem Zurückdrängen der Usbeken ermöglichte Abbas nun, die an die Osmanen gefallenen Gebiete zurückzugewinnen. 1602 eroberte er Tabriz. Die Stoßrichtung der safawidischen Eroberung blieben jedoch die heiligen schiitischen Stätten Mesopotamiens. 1623 fielen Bagdad und die heiligen Orte Karbala' und Najaf in die Hände der Safawiden.

Inzwischen war Murad IV. (Regierungszeit 1623-1640) zum neuen osmanischen Sultan ausgerufen worden. Murad wollte bei der Vorbereitung eines neuen Krieges gegen die Perser in Mesopotamien alles tun, um ein Scheitern wie

---

6 Vgl. zur Eroberung Mesopotamiens unter Sulaiman: Shakir `Ali, 1985, S. 19ff.
7 Al-Wardi,`Ali: *Lamahat ijtima`iya min tarikh al-`Iraq al-hadith* (Soziale Aspekte der neueren irakischen Geschichte). Bagdad 1969, S. 66.
8 Mit *al-`atabat al-muqadasa* (wörtlich: heilige Schwellen) meinen die Schiiten die Grabstätte `Ali bin Abi Talibs (in Najaf) und Husain bin `Ali bin Abi Talibs (in Karbala).
9 Ebd.
10 Al-Wardi, Bd. III, 1972, S. 66-67. Bei diesem Frieden mußte Abbas Teile Aserbaidschans, Georgiens und Luristans an die Osmanen abtreten. Er erklärte sich bereit, in Persien das Verfluchen der ersten drei Khalifen, Abu Bakir, Umar und Utman, zu verbieten.

bei den Feldzügen von 1625 und 1629 zu verhindern. Er führte selbst die osmanische Armee an und befahl den osmanischen Walis von Ägypten und von anderen arabischen Wilayaten des arabischen Ostens, an diesem Kriegszug teilzunehmen. Mesopotamien hatte nicht nur für die Schiiten eine besondere religiöse Bedeutung. In Bagdad liegen auch die Grabstätten des Imam Abu Hanifa und des Begründers des im Zentrum des Reiches weit verbreiteten sunnitischen Ordens *al-Gailaniya*, Shaikh Abd ul-Qadir al-Gailani, die von den Safawiden nach der Eroberung durch Abbas zerstört worden waren.[11]

Murad gelang es bei seinem Kriegszug 1637/38, ein Jahrhundert nach der ersten osmanischen Eroberung unter Sulaiman im Jahre 1534, die Perser wieder aus Mesopotamien zu vertreiben. Der Beginn des Niedergangsprozesses unter den Nachfolgern Abbas' erleichterte es den Osmanen, die Safawiden erneut aus Mesopotamien zu vertreiben. Nach der Unterzeichnung des Vertrags von Zuhab 1659 kam es bis zum Aufstieg Nadir Schahs zu keinem nennenswerten Konflikt zwischen beiden Reichen.

Der Einfall der Afghanen in Persien 1722 war der Auftakt eines erneuten osmanischen Versuchs, die "Herrschaft der *al-rauafid*"[12], wie es in dem Rechtsspruch des Mufti von Istanbul, Shaikh Abd ul-Allah, hieß, zu beenden.[13] Es scheint, daß der osmanische Sultan für die Intervention in Persien nicht genügend Truppen bereitstellen konnte, daher wurde der mächtige Wali von Bagdad, Hasan Pascha, beauftragt, den Kriegszug zu führen. Den osmanischen Truppen von Bagdad, unterstützt von der beduinischen Stammeskonföderation *al-Khaza'il*, war es 1723 gelungen, Kermanschah zu erobern. Der neue Wali von Bagdad, Ahmad Pascha, führte den von seinem Vater Hasan Pascha begonnenen Kriegszug fort. Er eroberte 1724 Hamadan, mußte aber 1727 mit den afghanischen Truppen unter Ashraf Khan nach einer verlustreichen Schlacht Frieden schließen. Die Ablehnung des Friedens durch den Sultan und der Erfolg Nadir Qulis, die Afghanen endgültig aus Persien zu vertreiben, ebneten den Weg für einen neuen Krieg zwischen den osmanischen Truppen von Bagdad und dem vorletzten safawidischen Herrscher Tahmasp II. Die Niederlage Tahmasps führte zu seiner Absetzung durch Nadir Quli, der 1733 Bagdad belagerte. Der erbitterte Widerstand der osmanischen Garnison von Bagdad sowie die Überlegenheit der osmanischen Artillerie veranlaßten Nadir Quli, die Belagerung zu beenden.

Nach dem Tod des minderjährigen Abbas III. wurde Nadir Quli zum neuen Schah von Persien ausgerufen. Obwohl Nadir im Sold der Safawiden stand,

---

11 Für die Osmanen, die Hanafiten waren, hatte Abu Hanifa eine besondere Bedeutung, weil Sultan Salim nur deswegen die Würde eines Khalifen tragen konnte, da Abu Hanifa - im Gegensatz zu allen anderen sunnitischen Rechtsschulen - nicht auf der quraischitischen Abstammung der Khalifen bestand.

12 *Rauafid* (Singular: *rafid*, Ablehner) ist eine sunnitische Bezeichnung für die Schiiten, die die Rechtmäßigkeit der ersten drei Khalifen ablehnen.

13 Zum vollständigen Text des Rechtsspruchs siehe: Rasul al-Karkukli, 1963, S. 17. `Ali Shakir `Ali ist der Ansicht, daß der osmanische Sultan Ahmad III. nach der afghanischen Eroberung Isfahans die östlichen osmanischen Wilayate gefährdet sah. Um dieser Gefahr zuvorzukommen, versuchte er einerseits, 1722 mit Rußland ein Abkommen über die Teilung Persiens zu schließen, andererseits legitimierte er den Kriegszug des Walis von Bagdad bei dessen Eroberung Kermanschahs, um eine Expansion der Afghanen in Richtung Mesopotamien zu verhindern. Siehe Shakir `Ali, 1985, S. 174-76.

konnte er sich als Angehöriger des turkmenischen, sunnitischen Afschar-Stammes mit den Riten der *shi`a* nicht identifizieren. Er versuchte - gegen den Widerstand der schiitischen *mujtahids* - den Schiismus in eine fünfte islamische Rechtsschule umzuwandeln. Diese Rechtsschule, *al-Ja`fariyya* (nach dem sechsten Imam Ja`far bin Muhammad al-Sadiq benannt[14]), sollte für den sunnitischen Islam annehmbar werden, indem die für die Sunniten provozierenden Gepflogenheiten (wie das Verfluchen der ersten drei *khulafa`*, das sogenannte *sabb*) sowie die Passionsspiele verboten wurden.[15]

Der Versuch Nadir Schahs, die Annäherung zwischen Schiiten und Sunniten voranzutreiben, wurde jedoch von dem osmanischen Sultan Mahmud I. (Regierungszeit 1730-1754) abgelehnt. Der Sultan bestand auf den Rechtssprüchen Hamza Saru Görez' (1512) und Kemal Pasazades (1533), die die Anhänger der Safawiden, die *qizelbash*, für ungläubig erklärten.[16] Die osmanische Ablehnung führte 1747 zu einem erneuten Einfall Nadir Schahs in Mesopotamien. In Najaf versuchte Nadir Schah, die Annäherung zwischen Schiiten und Sunniten mit Hilfe des Wali von Bagdad, Ahmad Pascha, voranzutreiben. Chibli Mallat stellt mit Recht fest, daß die Haltung der schiitischen und sunnitischen Gelehrten bei dem Kongreß in Najaf noch für die gegenwärtigen Beziehungen zwischen Sunniten und Schiiten von großer Relevanz ist.[17] `Ali al-Wardi unterstreicht ebenfalls die Bedeutung dieses Kongresses, indem er schreibt: "Es ist möglich zu sagen, daß dies der erste Kongreß seiner Art in der islamischen Geschichte war, und wahrscheinlich der letzte".[18]

Eine detaillierte Aufzeichnung der Diskussion der schiitischen und sunnitischen *`ulama'* wurde von dem Führer der sunnitischen Delegation Shaikh Abdullah al-Suwaidi gemacht.[19] Die versammelten *`ulama'* einigten sich auf folgende Punkte:
1. Die Einwohner Persiens beenden *al-sabb* (Verfluchen der ersten drei Khalifen) und *rafid* (Ablehnung der Rechtmäßigkeit der ersten drei Khalifen)

---

14   Der Imam Ja`far bin Muhammad as-Sadiq, einer der gelehrtesten Imame der *shi`a*, war der Urenkel des ersten Khalifen Abu Bakir.

15   Der Versuch einer Annäherung zwischen den beiden Richtungen des Islam hatte, auch wenn er nicht von Erfolg gekrönt war, eine lange Tradition. Neben dem Imam Ja`far bin Muhammad al-Sadiq versuchte auch der direkte Nachkomme des siebten Imams, Musa al-Kazims, al-Sharif al-Murtada, unter dem Abbasiden-Khalifen al-Qadir bi `l-allah, den Schiiten einen legalen Status in Form einer fünften Rechtsschule zu geben. Siehe al-Wardi, 1969, S. 120 und Halm, 1988, S. 64ff.

16   Pasazade stellte in seinem *fatwa* über die *qizelbash* fest: "... their status is that of the apostates, and once conquered ... their possessions, women and children should be considered spoils; as for their men, they should be killed unless they become Muslims. ... It is the duty of the Sultan of the Muslims to fight these unbelievers in accordance with the Qur'anic verse: `O Prophet! Strive hard against the unbelievers and hypocrites, and be firm against them. Their abode is Hell, an evil refuge indeed." Zu den *fatwas* siehe: Allouche, Adel: The Origins and Development of the Ottoman-Safavid Conflict (906-962/ 1500-1555). Berlin 1983, S. 110-12, 170-73; auch Eberhard, Elke: Osmanische Polemik gegen die Safawiden im 16. Jahrhundert; nach arabischen Handschriften. Freiburg am Breisgau 1970.

17   Mallat, Chibli: Religious Militancy in Contemporary Iraq: Muhammad Baqer as-Sadr and Sunni-Shia Paradigm. In: Third World Quarterly. Vol.10, No.2, April 1988, S. 701.

18   Al-Wardi, 1969, S. 131.

19   Abdullah al-Suwaidi: *Al-hijjaj al-qat`iyya li itifaq al-firaq al-islamiyya* (Die entscheidenden Beweisführungen beim Übereinkommen der islamischen Gruppen). Kairo 1903.

2. Den Anhängern der ja`faritischen Rechtsschule ist es erlaubt, nach ihren Riten in der Großmoschee von Mekka zu beten.
3. Der persische Staat ernennt einen Pilger-Führer (amir al-hajj), der vom osmanischen Staat anerkannt werden soll.

Die beiden Staaten sandten ihre Repräsentanten in den jeweils anderen Staat. Das Abkommen stellte die Besonderheiten der jeweiligen Rechtsschule und deren Respektierung fest.[20] Al-Wardi macht im Zusammenhang mit diesem Abkommen auf einen sehr wesentlichen Gesichtspunkt aufmerksam. Abgesehen von den religiösen Überzeugungen Nadir Schahs war die Anerkennung der Ja`fariya für die Stabilität seiner Macht von enormer Wichtigkeit. Die Truppen Nadir Schahs bestanden zum größten Teil - anders als die safawidischen qizilbash - nicht aus Schiiten, sondern aus sunnitischen turkmenischen und afghanischen Stämmen.[21] Dies wurde auch bei seiner Ansprache gegenüber der sunnitischen Delegation deutlich, als er sagte: "In meinem Königreich sind zwei Gruppen (firqatin), die die Perser als Ungläubige bezeichnen. Die Ungläubigkeit ist schmählich (qabih). Es ziemt sich nicht, daß in meinem Königreich zwei Gruppen existieren, die sich gegenseitig für ungläubig erklären..."[22]

Es scheint, daß der Kongreß von Najaf keine positiven Resultate hinsichtlich der Annäherung der beiden islamischen Richtungen gebracht hat. Nadir Schah selbst hatte allem Anschein nach die Intention, die Spannungen zwischen seiner vorwiegend aus Sunniten bestehenden Armee und den iranischen Schiiten abzubauen.[23] Die Situation der irakischen Schiiten spielte offensichtlich keine relevante Rolle. Bezeichnend ist, daß Nadir Schah die `ulama' in Najaf und Karbala´ bei seinem Vorhaben nicht konsultierte. Die schiitische `ulama'-Delegation bestand ausschließlich aus Persern.

Die Zustimmung der schiitischen Delegation hinsichtlich des Verzichts auf essentielle Grundsätze der shi`a, vor allem bezüglich der Frage der Rechtmäßigkeit der ersten drei Khalifen, kann nicht ohne Druck seitens Nadir Schahs geschehen sein.[24] Diese unter dem Schwert Nadir Schahs oktroyierte Annäherung (taqrib) hatte jedoch auf das Zusammenleben der Schiiten und Sunniten im Irak - anders als Mallat behauptet[25] - keine bleibenden Auswirkungen. Das osmanische Reich selbst war an diesem Prozeß kaum beteiligt. Erst nach dem Frieden von 1747 gab Sultan Mahmud I. bekannt, daß er die Rückkehr der Perser von bid`a, d.h. von dem Islam widersprechenden Grundsätzen, und die "... Rückkehr (`auda) zur Rechtsschule (madhab) der Sunna ..." wahrgenommen habe.[26] Diese Annäherung blieb nach dem Tode Nadir Schahs eine Episode in der Geschichte der Schiiten.

20 Vgl. al-Wardi, 1969, S. 133-34.
21 Al-Wardi, 1969, S. 123; siehe auch L. Lockhart: Nadir Shah. A critical study based mainly upon contemporary sources. London 1938. S. 96.
22 Al-Wardi, 1969, S. 132.
23 Siehe zu dieser Frage: Lockhart, 1938, S. 233.
24 Lockhart geht davon aus, daß Nadir Schah den Wortführer der schiitischen `ulama', den Mulla Bashi `Ali Akbar, zu einem Übereinkommen gezwungen habe. Ebd.
25 Mallat, 1988, S. 704.
26 Siehe al-Wardi, 1969, S. 143.

Obwohl die Qajaren-Dynastie eine Annäherung zwischen den beiden Richtungen des Islam nicht anstrebte, hat sich der Schiismus unter den Qajaren sowohl theologisch als auch institutionell weitestgehend konsolidiert.[27] Die Verbreitung des Schiismus im Irak scheint jedoch erst unter der Herrschaft der Mamluken (1743- 1831) ein großes Ausmaß erreicht zu haben. Zu den ersten Historikern, die die Reziprozität zwischen der Entwicklung des sozioökonomischen Systems, der Einwanderung der Stämme und der Verbreitung des Schiismus festgestellt haben, gehört der irakische Sozialhistoriker ʿAli al-Wardi.[28]

Al-Wardi meint, daß die Schiiten - im Gegensatz zu den Sunniten - dem Staat gegenüber nicht zum Gehorsam verpflichtet gewesen seien.[29] Dies und der schiitische Brauch, die Erinnerung an die Ermordung des dritten Imam Husain bei den sogenannten *mauakib husainiya* (Prozession zum Gedenken an Imam Husain) wachzuhalten, sowie die Passionsspiele und *majalis taʿziya* (Trauersitzungen) beeindruckten die an das freie Leben gewöhnten Beduinen am meisten. Al-Wardi schreibt:

Sobald die Beduinenstämme in den Irak kommen, geraten sie unter den Einfluß der sehr starken schiitischen Propaganda, die über sehr wirkungsvolle Mittel verfügt, die empfindlichen Seiten der Stämme genau kennt und ganz genau weiß, wie sie anzusprechen sind und wie sie für das Schiitentum gewonnen werden können.[30]

Dabei werden das Unrecht, das der Prophetenfamilie zuteil wurde, und die Geschichte der Ermordung Husains hervorgehoben.
Al-Wardi schreibt über die Wirkung der Propaganda bei den Beduinen:

Einerseits ... bietet ihnen diese Propaganda wunderbare Erzählungen vom Wert des Heldenmuts, der Kühnheit, des Ehrgefühls, des Stolzes und der *muruʾa* (Fairneß) und erweckt in ihnen die in ihrem Herzen schlummernden Werte der beduinischen Wüstenkultur zu neuem Leben, andererseits bietet sie ihnen Berichte voller Trauer und Leiden, bei denen sie sich von den Schmerzen, dem Unglück und den Schicksalsschlägen, die sie in ihrem Leben erleiden müssen, befreien können.[31]

Trotz der scharfsinnigen Beobachtung ʿAli al-Wardis bleibt die Frage nach den Anfängen der Schiitisierung der eingewanderten arabischen Stämme unbeantwortet.[32] Denn der Zustand, den al-Wardi schildert, scheint sich auf die Be-

---

27 Siehe zu dieser Frage Fragner, Bert G.: Von den Staatstheologen zum Theologenstaat: Religiöse Führung und historischer Wandel im schiʿitischen Persien. In: Wiener Zeitschrift für die Kunde des Morgenlandes, 1983, S. 73-98.
28 Siehe al-Wardi: Soziologie des Nomadentums. Neuwied 1972, S. 261-74.
29 Ebd.
30 Al-Wardi, 1972, S. 173.
31 Ebd.
32 Al-Wardi bemerkt in seiner Studie "Soziologie des Nomadentums", daß die Schiitisierung der arabischen Stämme im Irak ein langwieriges und schwieriges Unterfangen war. Al-Wardi, 1972, S. 261.

duinen zu beziehen, die sich im Transformationsprozeß zur Seßhaftigkeit befinden. Diese sind daher für diese "ablehnende" Religiosität, die ihre alten Freiheitsideale reflektiert, viel empfänglicher als die beduinischen Stämme. Religiosität zeigt sich insofern als ein Phänomen, das bei den seßhaften Stämmen zu beobachten ist. Ibrahim al-Haidari schreibt in diesem Zusammenhang:

> Die Umwandlung von beduinischer Lebensweise zum seßhaften Landbau brachte wesentliche Veränderungen auf allen Gebieten des Lebens mit sich, sowohl auf dem Gebiet der materiellen Kultur als auch auf dem sozialen und religiösen Gebiet.[33]

Dabei geht er davon aus, daß die Veränderung der wirtschaftlichen und sozialen Verhältnisse der ehemaligen Beduinen zur Veränderung ihrer Wertvorstellungen führte.[34] Folgende Veränderungen sind nach al-Haidari festzustellen:
- Das Verhältnis des Stammes*shaikhs*, der sich im neuen Milieu zum Großgrundbesitzer entwickelt hat, zu den Stammesmitgliedern, die nun als Pächter für ihn tätig sind, gewinnt eine neue Qualität. Der Stammes*shaikh* ist nicht mehr Anführer der gleichberechtigten Stammesmitglieder.
- Die ehemaligen Beduinen übernehmen - unter dem Druck der neuen ökonomischen Verhältnisse - mehr und mehr Werte, die zu ihren ursprünglichen Werten im Widerspruch stehen.

Die Beispiele, die al-Haidari zur Untermauerung seiner These anführt, geben uns allerdings keine Erklärung dafür, weshalb Seßhaftigkeit zur Konvertierung zum Schiitentum führen mußte. Am Beispiel der Konvertierung des Stammes Shammar-Tuqa versuchen wir, dieser Frage kurz nachzugehen.[35] Die Auswanderung des Shammar-Stammes nach Syrien und Mesopotamien begann Mitte des 17. Jahrhunderts.[36] Zuerst scheint Syrien das Ziel der Shammar gewesen zu sein. Oppenheim schreibt hierzu:

> Kurz nachdem die Schammar sich in Syrien einigermaßen festgesetzt hatten, erschien eine neue Völkerflut aus Arabien: das große Volk der Aneze... . Zwischen den Aneze und den Schammar kam es zu blutigen Kämpfen, die damit endeten, daß die Schammar, welche zweifellos schon früher die fruchtbaren Gefilde von Mesopotamien auf ihren Raubzügen kennen gelernt hatten, den Aneze Syrien überließen und selbst eine zweite Wanderung antraten.[37]

---

33 Al-Haidari, Ibrahim: Zur Soziologie des schiitischen Chiliasmus. Freiburg i.B. 1975, S. 100.
34 Ebd.
35 Die Shammar-Tuqa waren nicht die einzigen Beduinen, die zur *shi'a* konvertierten. Teile der Jubur und Dulaim wurden ebenfalls im 18. und 19. Jahrhundert Schiiten. Vgl. hierzu Batatu, Hanna: The Old Social Classes and the Revolutionary Movements in Iraq. Princeton 1978, S. 41.
36 Siehe zur Auswanderung der Shammar: Oppenheim, Max Freiherr von: Vom Mittelmeer zum Persischen Golf. Berlin 1900, S. 53ff.
37 Ebd.

Die zweite Auswanderung des großen Shammar-Stammes aus seinem ursprünglichen Siedlungsgebiet im Najd Ende des 18. Jahrhunderts hängt mit der Entstehung und Verbreitung des Wahhabitentums zusammen. Die Shammar waren, wie Oppenheim schreibt, nicht nur ein Stamm, sondern ein Reich.[38] Mit der Entstehung der Wahhabitenbewegung und vor allem nach der Übernahme der neuen Lehre durch die al-Sa'uds bekamen die Herrscher des Shammar-Reiches, die Dynastie Ibn Rashids, ernsthafte Konkurrenz. Nach der entscheidenden Schlacht von Adua eroberten die Wahhabiten 1787 Jabal al-Shammar, das Kerngebiet des Shammar-Reiches.[39] Ein Teil des Shammar-Stammes, die Shammar-Jarba, wanderte daraufhin nach Mesopotamien aus.[40] Schon im 19. Jahrhundert gab es zwei Shammar-Stämme in Mesopotamien: die Shammar-Jarba in al-Jazira und die Shammar-Tuqa im Süden. Während feststeht, daß die Shammar-Jarba nach der Niederlage von Adua nach Mesopotamien auswanderten, kann nicht mit Sicherheit gesagt werden, ob die Shammar-Tuqa nach der Vertreibung aus Syrien in den Irak emigrierten oder sich als ein Segment von den Shammar-Jarba abspalteten.[41] Für unseren Zusammenhang scheinen zwei Aspekte wichtig zu sein. Zum einen sind die Shammar-Tuqa seit dem 19. Jahrhunder seßhaft oder Halbnomaden, zum anderen sind sie - im Unterschied zu anderen Shammar-Stämmen im Irak, Syrien und Saudi-Arabien - Schiiten.[42] Aus der Beobachtung einiger seßhafter irakischer Stämme zieht al-Haidari die Schlußfolgerung, daß viele sunnitische Beduinenstämme, nachdem sie seßhaft geworden waren, zum Schiitentum konvertierten.[43] Dem kann allerdings nur mit Einschränkung zugestimmt werden. Der seit den vierziger Jahren stattfindende Übergang der im Irak lebenden Shammar-Jarba vom Nomadentum zur Seßhaftigkeit veränderte, wie Stein in seiner Studie darstellt, ihre Haltung zur Religion nicht. Ihre Beziehung zur Religion im Handeln und Denken blieb oberflächlich.[44] Es ist unerläßlich, im Zu-

---

38 Oppenheim, Max Freiherr von: Die Beduinen., Bd. III. Wiesbaden 1952, S. 37.
39 Ebd.
40 Siehe Stein, Lothar: Die Shammar Jarba, Beduinen im Übergang vom Nomadismus zur Seßhaftigkeit. Berlin 1967.
41 Es ist durchaus vorstellbar, daß die Shammar-Tuqa ein Segment der Shammar-Jarba waren. Durch enge Beziehungen der Shammar-Tuqa zu den schiitischen Stämmen des südlichen Iraks entfremdete sich dieses Segment von der "Muttergemeinschaft". Nach Max Weber spielt die ständige Beziehung zu der "Muttergemeinschaft" eine essentielle Rolle bei der Aufrechterhaltung des "ethnischen Gemeinschaftsgefühls". Siehe Weber, 1980, S. 238.
42 Über die Shammar-Tuqa siehe: Oppenheim Bd. III, 1952, S. 360-68.
43 Al-Haidari, 1975, S. 104.
44 Vgl. Stein, 1967, S. 28. Die Autoren, die sich mit dieser Frage beschäftigt haben (Oppenheim, al-Wardi, al-Haidari, Stein), geben keine genauen Angaben über den Inhalt der Religiosität. Richard Tapper versucht, durch folgende vier Kategorien den Begriff der Religiosität auszudifferenzieren: "First, how orthodox or orthoprax they are in their knowledge of and adherence to prescribed Islamic duties and legal provisions - we can summarize this in the term 'orthodoxy'. Second, how far they are preoccupied with religious (especially eschatological) ideas as reasons for their behaviour - this can be termed the scale of 'religiosity' or 'piety'. Third, what kind of communal religious rituals do they practise, in particular how far ecstatic and emotional behaviour is involved in formal religious rites - this I shall call the 'mosque' dimension. Fourth, what is the role of informal or peripheral religion, especially pilgrimage to shrines, spirit possession, beliefs and practices

sammenhang mit der Konvertierung der sunnitischen Stämme zum Schiitentum die historischen, sozioökonomischen und geographischen Aspekte zu betrachten. Es scheint, daß insbesondere diejenigen Stämme zum Schiitentum konvertierten, deren Weidegebiete geographisch nicht weit von den schiitischen Gemeinden Südiraks entfernt waren.[45] Diese mischten sich mit der autochthonen Bevölkerung und übernahmen, wie Oppenheim am Beispiel der Shammar-Tuqa feststellt, Ackerbau und Viehzucht, die in dieser Region vorherrschten - gleichzeitig aber auch die Riten der herrschenden islamischen Konfession.

Hanna Batatu bringt die Konvertierung der arabischen sunnitischen Stämme des Irak zum Schiitentum mit der Abwesenheit staatlicher Administration außerhalb der Städte in Zusammenhang:

During the greater part of the Ottoman period the writ of the authorities ran precariously outside the main towns, so that the mobile tribal confederations were in the countryside more often than not a power unto themselves. The conversions may have even come about on account of the government: the tribes' intolerance of government - any government - and their association of government with oppression, plus the fact that the government was Sunni, may have eased the task of the mumans[46] and the transition to Shi`ism.[47]

Der Konvertierungsprozeß dürfte allerdings langsam vor sich gegangen sein. Al-Haidari beobachtete im Gebiet von Khanaqin religiöse Mischformen. So gab beispielsweise die Bevölkerung an, sunnitisch zu sein, obwohl ihre religiösen Riten eher schiitisch waren.[48] Zusammenfassend kann festgestellt werden, daß die schiitische Bevölkerungsgruppe in Mesopotamien bis zu den Auswanderungen der Stämme von der arabischen Halbinsel in der Zeit vom 17. bis zum 19. Jahrhundert eine Minderheit ausmachte. Erst die Einwanderung und die Konversion dieser Stämme zum Schiitentum hatte zur Folge, daß Schiiten die Bevölkerungsmehrheit bildeten.

---

associated with evil eye - such 'shrine' religion generally involves personal approaches to the problem of misfortune. The four terms are of course far from ideal summations of the four categories, and the categories are neither clearly discreate nor necessarily related to each other; they will be of use primarily for heuristic and descriptive purposes.", Tapper, Richard: Holier than Thou: Islam in Three Tribal Societies. In: Ahmad, Akbar S./ Hart, David M. (Hrsg.): Islam in Tribal Societies. London 1984, S. 244. Tapper macht gleichzeitig darauf aufmerksam, daß die unterschiedlichen Traditionen der Sunniten und Schiiten zu unterschiedlichen Variationen kommen können. Ebd. Muhammad Bahr al-`Ulum bewertet die Finanzierung der Pilgerreisen nach Najaf und Karbala sowie der Opfertiere bei einigen Beduinen durch Diebstahl als Zeichen oberflächlicher Religiosität. Interview mit Bahr al-`Ulum, London, 24.3.89.

45 Siehe zu dieser Frage Batatu, 1978, S. 41.
46 *Muman* (von *mu'min*, Gläubiger) sind schiitische Wanderprediger.
47 Batatu, 1978, S. 42.
48 Al-Haidari, 1975, S. 105-6.

Die Relevanz der Mamluken-Herrschaft im Paschlik[49] Bagdad ergibt sich nicht nur aus ihrer Herrschaft über verschiedene religiöse, lokale und ethnische Gruppen, die sich später im neuen irakischen Staat wiederfanden, sondern auch aus der Entwicklung der Beziehungen des Iran zu diesem Gebiet im 19. Jahrhundert. Zunächst soll die Frage erörtert werden, ob das Paschlik Bagdad mit dem neuen Staat Irak identisch war und ob der "Irak" unter den Mamluken tatsächlich eine politisch selbständige Einheit darstellte. Uns erscheint es problematisch, den Irak, der die osmanischen Provinzen Bagdad, Basra, Shahrazur und Mosul umfaßte, als einen historischen Vorläufer des 1920 entstandenen Staats zu betrachten.[50]

Anläßlich der Untersuchung der historischen, geographischen und ethnischen Aspekte der Mosulfrage stellte die Kommission des Völkerbunds 1925 nach einem sehr detaillierten und umfangreichen Quellenstudium fest, daß der Begriff Irak zu keiner Zeit die Provinzen Kurdistan und al-Jazira umfaßte. Seit der islamischen Eroberung betrachten die Quellen höchstens das Gebiet zwischen Basra und der Linie Hit-Takrit als den Irak.[51] Daß die Provinzen Mosul, Basra und Shahrazur im 18. und 19. Jahrhundert dem Großpascha von Bagdad unterstanden, ist eine historische Tatsache, die dahinterstehende Verwaltungspraxis stellte jedoch im Osmanischen Reich keineswegs eine Ausnahme dar: Sofern es ihm opportun erschien, beauftragte der osmanische Sultan aus unterschiedlichen Gründen einen Pascha mit der Verwaltung einer Nachbarprovinz. So war Mosul bis Ende des 16. Jahrhunderts dem Wilayat Diyar Bakr unterstellt, anschließend Bagdad, und 1879 wurde es selbst zu einem Wilayat.[52] Die osmanische Verwaltung kannte vor den Tanzimat-Reformen keine große Kontinuität. Vielfach erreichten die Paschas durch große Abgaben an die osmanische Regierung, daß sie ihre Herrschaftsgebiete auf die benachbarten Provinzen ausdehnen konnten.[53] Trotz der nominellen Herrschaft des Paschas von Bagdad vermittelten die Provinzen Mesopotamiens und Südkurdistans im 18. und 19. Jahrhundert ein Bild äußerster Desintegration. Die kurdischen Fürstenhäuser standen wegen Erbstreitigkeiten in ständigem Streit mit dem Osmanischen Reich. Die arabischen Stämme rebellierten ständig gegen das Reich und waren Ziel kontinuierlicher Strafexpeditionen des Paschas von Bagdad. Die schiitischen Städte Karbala', Najaf, Hilla und Kazimiya waren Enklaven, die faktisch weder vom Osmanischen Reich regiert wurden, noch sich zu diesem

---

49 Paschlik ist der Sitz eines Großpaschas. Das Abzeichen der Würde eines Großpaschas waren drei Roßschweife (tug), die ihm vorangetragen wurden. Vgl. Birken, Andreas: Die Provinzen des Osmanischen Reiches. Wiesbaden 1976, S. 8.
50 Ghassam Salama macht in seiner Studie al-mujtama` wa al-dawla auf das Problem der historischen Legitimation des neuen Staats Irak aufmerksam. Für ihn liefert die Geschichte Mesopotamiens bis zur britischen Okkupation 1914-1918 Argumente sowohl für diejenigen, die von der historischen Kontinuität ausgehen, als auch für diejenigen, die die Grenzen ändern wollen. Siehe Salama, Ghassan: Al-mujtama` wa al-daula fi al-mashriq al-`arabi (Gesellschaft und Staat im arabischen Osten). Beirut 1987, S. 30-31.
51 Siehe League Report, S. 25-29.
52 Siehe Birken, 1976, S. 203.
53 Siehe zu dieser Frage Yusuf `Izz al-Din, 1964, S.5-6.

zugehörig fühlten. Bezeichnend für diese Phase ist die Tatsache, daß allein die Herrschaft der Mamluken die Provinzen zusammenhielt und sie vor einer persischen Invasion bewahrte.

Im folgenden soll kurz der Aufstieg der mamlukischen Herrscher sowie die Struktur ihrer Herrschaft skizziert werden.[54] Wegen der ständigen Auseinandersetzungen und Rivalitäten mit dem Safawiden-Reich und wegen der sozialen, religiösen und ethnischen Struktur gehörte das Paschlik Bagdad zu den turbulenten Provinzen des Osmanischen Reiches. In der Zeit zwischen der Wiedereroberung Bagdads durch Sultan Murad im Jahre 1638 und dem Ende des 17. Jahrhunderts regierten in Bagdad nicht weniger als 30 Walis. In dieser Phase begann auch die Einwanderung der mächtigen arabischen Stämme Shammar und ʿAniza in das Zweistromland.[55] Bis zur Ernennung Hasan Paschas zum neuen Wali von Bagdad übten die Stämme *de facto* die Herrschaft im Paschlik Bagdad aus. Longrigg bemerkt zur Ernennung Hasan Paschas: "With appointment of Hasan Pascha to the Pashaliq of Baghdad in 1704, its history enters upon a fresh era."[56] Der neue Wali mußte die Macht der Stämme, die in der zweiten Hälfte des 17. Jahrhunderts immer mehr zunahm, einschränken. Nach einigen bewaffneten Auseinandersetzungen gelang es Hasan Pascha 1708, die Koalition der arabischen Stämme (Shammar, Zubaid, Khazaʿil etc.) unweit von Basra zu besiegen. Damit war das Haupthindernis für den Aufbau staatlicher Institutionen im Paschlik Bagdad beseitigt.

Hasan Pascha begnügte sich beim Aufbau staatlicher Institutionen mit der osmanischen Garnison in Bagdad, die zeitweilig die einzige osmanische Präsenz im Paschlik Bagdad war. Nieuwenhuis weist darauf hin, daß das Osmanische Reich - aufgrund der zunehmenden Schwierigkeiten im europäischen Teil des Reiches - unfähig war, seine Präsenz im Paschlik Bagdad zu verstärken.[57] Der neue Wali Hasan Pascha sah sich daher veranlaßt, sowohl die Janitscharen-Verbände in Bagdad und Basra als auch die Verwaltungsbeamten selbst zu rekrutieren. Das in Bagdad unter Hasan Pascha gegründete Amt *iç dairesi* (Innenverwaltung) diente als Rekrutierungs- und Ausbildungsstelle georgischer, zum Islam konvertierter Mamluken.[58]

Mit der Ernennung von Ahmad Pascha zum neuen Herrscher nach dem Tod seines Vaters Hassan Pascha im Jahre 1723 war der Grundstein für die Konsolidierung der Mamlukenherrschaft gelegt. Ahmad Pascha machte sich, wie zuvor sein Vater, dem osmanischen Sultan unentbehrlich, indem er das Paschlik Bagdad gegen das persische Reich verteidigte und die Sicherheit der osmanischen Besitztümer im arabischen Osten (*al-mashriq al-ʿarabi*) durch Strafexpeditionen gegen die rebellierenden Stämme gewährleistete. Während Hasan und Ahmad Pascha, die sich als die Förderer der Mamluken im Paschlik Bag-

54 Zur Rolle der Mamluken im Irak siehe: Nawar, ʿAbd ul-ʿAziz Sulaiman: *Dauud pasha wali Baghdad*. Kairo 1968; Nieuwenhuis, Tomas: Politics and Society in Early Modern Iraq. The Hague 1981.
55 Al-Wardi 1972, S. 146-47.
56 Longrigg, S. H.: Four Centuries of Modern Iraq. Oxford 1925, S. 123.
57 Nieuwenhuis, 1981, S. 34.
58 Siehe al-Wardi, 1969, S. 150.

dad hervorgetan hatten, ethnisch gesehen Türken waren, führte die Ernennung des ersten in Bagdad erzogenen Mamluken-Paschas Sulaiman - genannt Abu Laila - 1747 zur Ausdehnung der Macht der Mamluken im Paschlik Bagdad. Longrigg schreibt:

> Under Abu Lailah the use of Georgian freedom in important posts was much increased. The stream more copiously from Tiflis to Baghdad since a Georgian held the Government. The machinery of their education became more elaborate. Two hundred boys were regularly under training. Different grades of teachers instructed in reading and writing, horsemanship and swimming. A young man graduated from this school became apprentice or esquiree to one of the "Gediklis", thereafter to be admitted as an Agha of the Household. Of the trained Georgians, Abu Lailah not only formed a small reliable fighting force, but used them widely in public offices - writers, collectors, garrison commanders - as well as on his own staff.[59]

Diese Politik führte zu Unbehagen unter den Angehörigen der anderen sunnitischen Eliten von Bagdad.[60] Die Mamluken bildeten, wie Nieuwenhuis darstellt, die führende Gruppe in der sunnitischen Hierarchie, die aus der arabischen religiösen Aristokratie und türkischen Beamtenfamilien bestand.[61] Diese ethnische Stratifikation wurde, wie Batatu feststellt, bis ins 20. Jahrhundert hinein aufrechterhalten.[62] Es scheint, daß das Osmanische Reich die mamlukische Herrschaft in Bagdad nur im Hinblick auf die persische Gefahr geduldet hat. Unter den Nachfolgern Sulaiman Paschas - `Ali Pascha (1762-1763), Omar Pascha (1763-1776) und Abdallah Pascha (1776-1778) - kam es zu ständigen Rebellionen der arabischen und kurdischen Stämme, die teils durch Strafexpeditionen und teils durch Intervention der Mamluken in Erbstreitigkeiten niedergeschlagen werden konnten. Bedeutender noch war der erneute Konflikt mit Persien. Zweifelsohne spielten viele Faktoren eine Rolle bei der iranischen Invasion in Basra und in das Fürstentum Baban. Der unmittelbare Grund scheint aber die Flucht des Baban-Fürsten Muhammad Pascha nach Persien gewesen zu sein, nachdem er mit Unterstützung des Walis von Bagdad, Omar Pascha, entmachtet worden war. Der Herrscher Persiens, Karim Khan Zand, versuchte den Pascha von Bagdad zu veranlassen, daß Baban wieder in seinem Fürstentum (*imara*) eingesetzt würde.[63] Seine Aufforderung wurde jedoch abgelehnt. Daraufhin versuchte die persische Armee, unterstützt von den Anhängern Babans, das Fürstentum zu besetzen und diesen wieder als Pascha einzusetzen. Das Scheitern des Kriegszugs beendete die Feindseligkeiten nicht. Im gleichen Jahr überfielen die Perser und ihre kurdischen Alliierten das gesamte ehemalige Wilayat Shahrazur. Eine zweite Armee unter der Führung von Karim Khans

---

59 Longrigg, 1925, S. 170.
60 Ebd.
61 Nieuwenhuis, 1981, S. 59.
62 Batatu, 1978, S. 215.
63 Siehe zu dieser Frage Longrigg, 1925, S. 177ff.

Bruder, Sadiq Khan, belagerte Basra und eroberte nach kurzer Belagerung die Stadt und nahezu das gesamte Wilayat.[64]

Der Abzug der Perser aus Basra 1779, nach dem Tode Karim Khans, beendete den Konflikt mit dem Pascha von Bagdad – und folglich mit dem Osmanischen Reich – nicht. Die Unruhen im kurdischen Wilayat Shahrazur und die Situation der Schiiten, insbesondere nach dem Beginn der wahhabitischen Angriffe um 1790, überschatteten die Beziehungen Persiens zu den mamlukischen Herrschern in Bagdad. Anders als im Iran stand die Entwicklung des Schiismus im Osmanischen Reich außerhalb des politischen Lebens des Reiches. Hanna Batatu stellt im Zusammenhang mit der Situation der schiitischen Gruppe im Irak unter den Osmanen fest, daß die Schiiten in ihren Wohngegenden religiös weitestgehend frei waren.[65]

`Ali al-Wardi vertritt in seinem großen Werk "*lamhat ijtima`iya*" eine andere Meinung:

> Die bekannten schiitischen Riten von Kondolenzversammlungen und husainitischen Prozessionen und ähnlichem, die von den Safawiden im Iran seit dem 16. Jahrhundert eingeführt und dort verbreitet worden waren, fanden im Irak nicht statt, weil die osmanischen Walis deren Praktizierung im Irak verboten hatten. Das Verbot blieb, bis der Wali `Ali Rida (Regierungszeit 1831-1842, F.I. ) sie erlaubte. Die Walis vor `Ali Rida betrachteten diese Riten als Teil der Methoden der Iraner, Einfluß auf den Irak zu nehmen ....[66]

Es ist unbestreitbar, daß die Osmanen die Schiiten aus politischen und religiösen Gründen kaum als Teil des Staatsvolkes betrachteten.[67] Erst im Zeichen des Abklingens der osmanisch-persischen Rivalitäten und mit den Tanzimat-Reformen, die sogar den nicht-muslimischen Gruppen große Freiheiten gaben, wurden auch die Schiiten weitgehend toleriert. Aber schon in der Prä-Tanzimat-Phase und auch unter den Mamluken existierte eine Art tolerierte Autonomie der Schiiten. Unter den Mamluken hatte die Präsenz der staatlichen Institutionen in den schiitischen Orten nur symbolischen Charakter. In Najaf und Karbala' residierten *hakime*, die vom Pascha von Bagdad ernannt wurden. Diesen stand eine kleine Garnison zur Seite. Die Moscheen und andere religiöse Einrichtungen wurden hingegen von persischen Wächtern bewacht.[68]

Die Beziehungen der irakischen Schiiten zu der schiitischen Gemeinschaft Irans und zum iranischen Staat waren seit der safawidischen Reichsgründung stets inten-

---

64 Zur Invasion der Perser in Basra siehe Nawras, 1975, S. 192ff; auch Longrigg, 1925, S. 180.
65 Siehe Batatu, 1978, S. 42.
66 Al-Wardi Bd.II, 1971, S. 109-10
67 Die Position des Mamluken-Chronisten Ibn Sanad den Schiiten gegenüber, die von Mißtrauen und Spott gekennzeichnet war, war mit Sicherheit kein Einzelfall. Ibn Sanad und die anderen sunnitischen *`ulama'* konnten sich schwer mit dem Gedanken anfreunden, die Schiiten als eine islamische Gruppe zu betrachten. Siehe Shaikh `Utman bin Sanad al-Basri al-Wa'ili: *Matali` al-su`uud bi-tibi akhbari al-wali Dauud* (Die glücklichen Nachrichten der Regierung Wali Dauud). Kairo 1951.
68 Siehe Nieuwenhuis, 1981, S. 31.

siv gewesen. Mit Sicherheit waren die Konflikte zwischen den Safawiden - und später dann den Qajaren - und den Osmanen unter anderem religiös motiviert. Unter den Qajaren ließ allerdings die protektionistische Haltung des persischen Staates den Schiiten im Irak gegenüber nach. Dagegen intensivierten sich die Beziehungen zwischen den religiösen Führungen der beiden Gemeinschaften um so mehr. Die Auswanderung der iranischen ʼulamaʼ in die heiligen schiitischen Stätten Mesopotamiens - Najaf, Karbalaʼ und Kazimiya -, die nach der afghanischen Invasion in Persien in den zwanziger Jahren des 18. Jahrhunderts stattfand, gab diesen Städten eine größere Bedeutung als Zentren schiitischer Gelehrsamkeit.[69] Dies führte auch dazu, daß die schiitische Geistlichkeit nun von Najaf und Karbalaʼ aus die religiöse Führung aller Schiiten übernahm.[70]

Im Irak selbst zeigte sich der Staat unter den Mamluken den Schiiten gegenüber wohlwollend, trotz der Kriege mit dem Iran. Eine ernste Gefahr bahnte sich für die Schiiten jedoch mit dem Aufstieg der Wahhabiten im Najd an. Die Schiiten mit ihren Riten und ihrem Kult um das Haus des Propheten verkörperten die höchste Steigerung dessen, was die Wahhabiten *bidaʻ*[71] nannten. Nachdem die Wahhabiten die Schiiten des al-Ihsaʼ Gebietes unter ihre Herrschaft gebracht hatten, begannen sie ab 1780, die schiitischen Stämme im Irak anzugreifen.[72] Die Unfähigkeit der Mamluken, die Wahhabiten abzuwehren, führte zu weiteren Angriffen derselben. 1801 besetzten die Wahhabiten unter Führung Saʻud bin ʻAbd al-ʻAzizʼ die Stadt Karbalaʼ, was zu scharfen Protesten der iranischen Regierung führte. Der Qajaren-Schah Fath ʻAli drohte sogar mit der Besetzung Bagdads, falls die Mamluken keine ernsthaften Anstrengungen zum Schutz der schiitischen heiligen Stätten unternehmen würden.[73] Die anhaltenden Angriffe der Wahhabiten und die Passivität und Unfähigkeit des sunnitischen Staates, die schiitischen Gebiete zu schützen, hatten einerseits die Segregation der Schiiten zur Folge, andererseits wurde deutlich, daß Iran sich trotz des Niedergangs der Safawiden und des Aufstieges der Qajaren, die nicht den missionarischen Eifer ihrer Vorgänger hatten, immer noch als Protektor der Schiiten im Osmanischen Reich betrachtete. Dennoch versuchte der iranische Staat zu keiner Zeit - abgesehen von dem geschilderten Versuch Nadir Schahs - das Osmanische Reich dazu zu bewegen, Konzessionen hinsichtlich der Situation der Schiiten im Irak zu machen. Anderseits waren die irakischen Schiiten, im Gegensatz zu den Kurden, kein militärischer Faktor bei den osmanisch-persischen Rivalitäten. Erst in der letzten Phase der mamlukischen Herrschaft versuchten die Schiiten, die Verteidigung der Städte Najaf und Karbalaʼ selbst in die Hand zu nehmen.

Nach der Entmachtung des letzten Mamluken-Paschas Dauud 1831 versuchte der neue osmanische Pascha ʻAli Rida, die staatliche Macht auf diejenigen Gebiete auszudehnen, die sich unter den Mamluken der Kontrolle des Staates entzogen hatten. Die schiitischen Orte Karbalaʼ und Najaf gehörten zu diesen

---

69 Zur Auswanderung der iranischen schiitischen ʼulamaʼ in den Irak siehe: Murtada Mudarisi: *Tarikh-i rauabit-i Iran va ʻIraq* (Die Geschichte der irakisch-iranischen Beziehungen). Tehran 1972.
70 Siehe Fragner, 1983, S. 93-94.
71 Erneuerungen, die dem Geist des Islam widersprechen.
72 Zu den wahhabitischen Kriegszügen gegen die irakischen Schiiten siehe: al-Wardi 1969, S. 178ff.
73 Siehe Nawras, 1975, S. 38.

Regionen. Um eine Intervention des Iran zu vermeiden, mußten ʿAli Rida und seine Nachfolger zunächst den autonomen Status dieser Städte anerkennen. Außerdem spielten schiitische Milizen, die sich als Reaktion auf die wahhabitischen Einfälle herausgebildet hatten, eine nicht unwesentliche Rolle. So stand Karbalaʾ unter dem Schutz der sogenannten *yaramaz*, die auch *garatiya* genannt wurden.[74] In Najaf hießen sie *zuqart*.[75] Diese Selbstschutztruppen entzogen sich in der letzten Phase der mamlukischen Herrschaft der Kontrolle der religiösen Führung und zwangen die schiitischen Pilger zur Zahlung von Schutzgeldern.[76] Der neue türkische Pascha von Bagdad, Nagib, wollte die Beschwichtigungspolitik seiner Vorgänger gegenüber den schiitischen Städten nicht fortführen: Nach einer Abstimmung mit dem iranischen Vertreter in Karbalaʾ, Zul al-Sultan, einem Sohn Fath ʿAli Schahs, und den schiitischen *ʿulamaʾ* beschränkte er die Macht der *yaramaz* und *zuqurt* erheblich und brachte diese Städte erneut unter die Kontolle des Reiches.[77]

Die Existenz der schiitischen Geistlichkeit, die ihren Einfluß auch im Iran hatte, war die andere Seite der Medaille. Es ist zutreffend, daß die Schiiten einen Quasi-*millet*-Status im Osmanischen Reich hatten, was den Vorteil hatte, daß die Geistlichkeit nicht unter staatlicher Kontrolle stand. Sie blieben dadurch jedoch - und wahrscheinlich auch wegen ihres eigenen Mißtrauens dem osmanischen Staat gegenüber und der Haltung der osmanischen Verwaltung - von den Tanzimat-Reformen, die der bedeutende osmanische Reformer Midhat Pascha während seiner Regierungszeit (1869-1872) durchsetzte, ausgeschlossen. Vor allem das moderne Schulwesen, das dieser in Bagdad gründete, war eine Domäne der sunnitischen Gruppe.[78] Die Absolventen dieser Schulen übernahmen nach der Gründung des modernen Staats Irak 1920 führende Positionen.[79]

74　*Yaramaz*, was im türkischen etwa unnütz bedeutet, wurde von den Mamluken als Bezeichnung für die *garatiyya* (arabisch: Angreifer) gebraucht.

75　*Zuqart* (arab. Falke) wurde als Zusammenschluß zu einer schiitischen Bürgerwehr gegen die Wahhabiten 1801 von Shaikh Jaʿfar al-Khafaji gegründet. Siehe Nawras, 1975, S. 93.

76　Siehe ʿAbbas al-ʿAzzawi: *Tariqh al-ʿIraq baina ihtilalaiyn*. Bagdad 1954, S. 287-88.

77　Siehe Nawras, 1975, S. 90ff; auch al-Wardi, 1971, S. 112ff.

78　Zur Entstehung des modernen Schulwesens in Bagdad unter Midhat Pascha siehe Nawras, 1975, S. 382-87. Für die Nicht-Beteiligung der irakischen Schiiten am modernen Schulwesen spielten mehrere Faktoren eine Rolle. Zum einen wurden die staatlichen osmanischen Schulen in Bagdad und Mosul gegründet, also in Städten, die sunnitisch waren oder von den Sunniten dominiert wurden, zum anderen verhinderte die Existenz der schiitischen religiösen Schulen in Najaf, Karbala und Kazimiya die Entsendung der schiitischen Kinder in die osmanischen Schulen. Dies wäre selbst dann der Fall gewesen, wenn die Osmanen den Schiiten wohlwollend gegenüber gestanden hätten. Die schiitischen *mujtahids* betrachteten die modernen osmanischen Schulen als Verderbnis für die Religion. Zudem spielte ein anderer Faktor in diesem Kontext eine wichtige Rolle. Die Familien der ersten Gruppe der irakischen Offiziere, die in Istanbul ausgebildet worden waren, stammten größtenteils aus den unteren Rängen der osmanischen Bürokratie. Teilweise waren sie, wie die Familien Mustaq und Hikmat Sulaimans und viele andere, arabisierte Türken, die als Beamte in den Irak kamen und sich dort niederließen. Daß solche sozialen Schichten, die das Bildungswesen als Vehikel zum sozialen Aufstieg erkannten, bei den Schiiten nicht existierten, ist selbstverständlich. Erst später gründeten urbanisierte schiitische Händler in Bagdad ihre eigenen modernen Schulen. Jaʿfar Abu al-Timman gründete 1908 die erste schiitische säkulare Schule, *maktab al-traqi al-jaʿfari al-ʿutmani*" (Schule des Osmanisch-Jaʿfaritischen Fortschritts), die nach

Diese Tatsache war von großer politischer Brisanz für das persische Reich. Das *fatwa* des *marja` ul-taqlid* Hasan al-Shirazi während der Tabak-Revolte legitimierte die Forderungen der iranischen Opposition. Der Anlaß für die sogenannte Tabak-Revolte war die Vergabe des Tabakmonopols an den britischen Staatsbürger Gerald Talbot. Der Protest der *`ulama`* führte Ende 1889 zu einer landesweiten Protestbewegung gegen die Entscheidung des Nasir al-Din Schah. Bei der religiösen Legitimation spielte das Gutachten des in Samarra` residierenden Aiyatullah Hasan al-Shirazi eine wichtige Rolle.[80]

Bei der iranischen Konstitutionellen Revolution unterstützten die *mujtahids* von al-Najaf, wie Hibat ul-Allah Shahrastani und Mulla Kazim al-Khurasani, trotz der Vorbehalte des *marja` al-a`la* Abdallah Mazandarani und seines Nachfolgers Kazim Yazdi (1907-1919 *marja` al-a`la* der Schiiten) die Opposition.[81]

Das Fehlen einer religiösen Zentralinstanz begünstigte die periphere Position der Schiiten im Irak und verhinderte bis zur Etablierung der *marja`iya* im 19.Jahrhundert, daß diese zu einem politischen Machtfaktor wurden. Die Etablierung der *marja`iya* als eine politische Institution war eng mit dem Sieg der *usuli*-Schule über die bis zum 18. Jahrhundert vorherrschende *akhbari*-Schule verbunden. Diese Entwicklung hing mit den Veränderungen und Umwälzungen im persischen Reich nach dem Niedergang der Safawiden-Herrschaft zusammen.

Vor allem Nadir Schah (Regierungszeit bis 1747) zerstörte durch die Enteignung der religiösen Stiftungen (*awqaf*) die religiöse Institution des *sadr*. Die von ihm geschaffene religiöse Funktion des Mulla Bashi hatte eher einen repräsentativen Charakter. Unter Karim Zand (Regierungszeit 1750-1779) wurde diese Entwicklung nicht rückgängig gemacht. Die Etablierung der Macht der *mujtahids* neben der staatlichen Herrschaft im Iran wie im Irak fand ihre Vervollkommnung im Rahmen des Qajaren-Reichs. Bert Fragner verknüpft den Machtzuwachs der *mujtahids* unter den Qajaren mit dem Verzicht der Herrscher dieser Dynastie auf eine umfassende Kontrolle der Geistlichkeit.[82]

Dieser Verzicht war nur natürlich, wenn man bedenkt, daß die zentralen Institutionen unter den Qajaren im allgemeinen nur einen rudimentären Charakter hatten.[83] Da der Streit zwischen der *usuli*- und *akhbari*-Schule eine essentielle Bedeutung für die Etablierung der Macht der *mujtahids* im Iran wie auch im Irak hatte, soll diese Frage im folgenden skizziert werden. Bert Fragner resümiert den Streit zwischen den beiden Schulen folgendermaßen:

1918 in *al-madrasa al-ja'fariya* (Ja'faritische Schule) umbenannt wurde. Siehe al-Darraji, Abd al-Latif: *Ja`far Abu Timman wa daurahu fi al-haraka al-wataniya fi al-`Iraq*. (Jafar Abu Timman und seine Rolle in der nationalen Bewegung im Irak). Bagdad 1980, S. 31.

79 Siehe Pool, David: From Elite to Class: The Transformation of Iraqi Political Leadership. In: Abbas Kelidar (Hrsg.): The Integration of Modern Iraq. London 1979, S. 63-87.
80 Siehe al-Rahimi, Abd al-Halim: *Al-haraka al-islamiya fi al-`Iraq. Al-judhur al-fikriya wa al-waqi` al-tarikhi 1900-1924* (Die islamische Bewegung im Irak: Geistige Wurzeln und historische Realität 1900-1924). Beirut 1985, S. 128-29; zur ausführlichen Darstellung der Tabak-Revolte siehe: Halm, 1988, S. 145-149.
81 Ebd.
82 Siehe Fragner, 1983, S. 88.
83 Ebd.

Die osulis verteidigten das Prinzip der Anwendung der Vernunft in der Rechtsfindung, die ahbaris wollten demgegenüber ausschließlich die Überlieferung des Propheten und der ersten elf Imame gelten lassen. Der Jahrhunderte alte, aber jetzt zugespitzte Streit entzündete sich an dem von den osulis vorgetragenen Konzept von der konkreten politischen Rolle der mogtaheds, das frühere diesbezügliche Vorstellungen schärfer formulierte. Dieses Konzept, gegen Widerstand der ahbaris schließlich durchgesetzt, bewirkte eine erhebliche Stärkung der Autorität der mogtaheds bei den Gläubigen.[84]

Die Stärkung ihrer Autorität begründteen die *mujtahids* mit ihrem Anspruch, die Sachwalter des verborgenen zwölften Imam zu sein. Die Gläubigen waren nach dieser Lehre verpflichtet, einen zeitgenössischen *mujtahid* nachzuahmen (*taqlid*). Die *mujtahids* ihrerseits ahmten einen großen *mujtahid* nach, der seit Mitte des 19. Jahrhunderts den Titel des *marja` ul-taqlid* (Quelle der Nachahmung) trägt. Fragner stellt hierzu fest:

Das Konzept der marja`e taqlid lieferte die Voraussetzung für eine weithin respektierte, nicht-staatliche Institution, die den Ausbau einer zentralen, vielleicht sogar der einzigen zentralen Autorität im qagarischen Herrschaftsbereich ermöglichte.[85]

Obwohl die Situation der Schiiten im Irak im großen und ganzen unter dem Einfluß des politischen und religiösen Geschehens im Iran stand, fand der Streit zwischen den beiden theologischen Schulen und die Etablierung der Macht der *mujtahids* in Mesopotamien unter anderen Bedingungen statt. Die Entwicklung im Irak war keine Konsequenz des Wandels staatlicher Macht, es ging vielmehr um die Konkurrenz der beiden Schulen bezüglich der Kontrolle über die schiitische Gemeinschaft und deren heilige Stätten in Najaf und Karbala´. Es scheint, daß der Irak sich bis Mitte der fünfziger Jahre des 18. Jahrhunderts zur Hochburg der *akhbaris* entwickelt hatte. Unter dem Einfluß ihres großen `alim Shaikh Yusuf al-Bahrani versuchten die *akhbaris*, die im Iran begonnenen Umwälzungen der theologischen Institutionen in Mesopotamien zu verhindern.

Juan Cole schreibt über die Situation in Karbala´ vor dem Niedergang der *akhbaris*:

Al-Bahrani's neo-Akhbaris considered Usulis to be ritually impure, touching Usuli works with handkerchiefs to shield their fingers from any polluting effects. More serious, anyone walking in the street with Usuli literature beneath his arm risked violent assault. The power structure in the shrine cities consisted of an Arab landholding elite, a number of mafia-type gangs and the leading clerics. Any important figure among the

84 Ebd.
85 Ebd.

`ulama' would have to make alliances with the Sayyid landholders and with the chief gangsters who ran protection rackets in the baazars. At this point, the Akhbaris had the important gangster or *lutis* contacts, and could employ these to intimidate Usuli rivals.[86]

Der *usulitische* Widerstand gegen die *akhbaris* wurde von dem aus dem Iran zugereisten Aqa Muhammad Baqir Behbahanis (1706-1793) geführt. Abgesehen von der Bedeutung Behbehanis als ein bedeutender *usuli-`alim* - denn er galt als Erneuerer (*mujaddid*) des wahren Glaubens und als Begründer (*mu'assis*) der schiitischen Orthodoxie[87] - scheinen, wie Cole es darstellt, seine Verbindungen zu den schiitischen Händlern im Iran und in Indien dazu geführt zu haben, daß er bedeutende Geldspenden für religiöse Einrichtungen erhielt und so viele Anhänger in `ulama'-Kreisen und sogar unter den sogenannten *lutis* gewonnen hatte.[88]

In den 70er Jahren des 18. Jahrhunderts war die Macht der *akhbaris* endgültig gebrochen, und diese waren zu einer häretischen Gruppe degradiert worden. Halm schreibt hierzu:

Bedenkenlos hat Behbehani seinen Gegnern die Zugehörigkeit zum Islam bestritten, indem er sie für ungläubig erklärte (*takfir*).... Auch vor physischer Gewalt schreckte er nicht zurück; umgeben von seiner Knüppelgarde, den `Gebietern des Zorns' (*mirgadab*), beherrschte er die Straßen von Karbala´ und ließ nach eigenem Urteil Leibesstrafen vollstrecken; neben den Ahbaris waren die Derwische seine bevorzugten Opfer.[89]

Es ist ersichtlich, daß mit dem Sieg der *usulis* die wesentliche Bedingung für die Institutionalisierung des *taqlid* geschaffen war. In Mesopotamien hatte die *taqlid*- Institution eine enorme politische Bedeutung, weil dadurch die schiitische Gemeinschaft eine Art zentrale Instanz erhielt. Wegen der religiösen und politischen Signifikanz der obersten Instanz der *taqlid*-Institution, des *marja` ul-taqlid*, soll an dieser Stelle kurz auf die Entwicklung dieser Institution eingegangen werden. Ahmad Kazemi Moussavi stellt fest, daß die schiitischen Gelehrten die Ansicht vertreten, alle prominenten schiitischen *ulama* von Kulayni bis Khomeini seien *maraji`* gewesen.[90] Aber abgesehen von den formalen Bedingungen, die zum Aufstieg eines *mujtahid* führen und zur Bekleidung der Funktion eines *marja` ul-taqlid* befähigen,[91] stellt sich die Frage, ob diese Insti-

---

86   Cole, 1985, S. 19.
87   Siehe Kazimi Moussavi, Ahmad: The Establishment of the Position of Marja`iyyat-i Taqlid in the Twelver-Shi`i Community. In: Iranian Studies, Vol. 18, No. 1, Winter 1985, S. 37; auch Halm, 1988, S. 131.
88   Vgl. Cole, 1985, S. 20.
89   Halm, 1988, S. 131.
90   Vgl. Kazemi Moussavi, 1985, S. 35. Auch Muhammad Bahr al-`Ulum vertritt diese Auffassung. Interview mit Bahr al-`Ulum, London, 24.3.1989.
91   Kazemi Moussavi schreibt über die formalen Bedingungen: "A marja` has to be learned in Arabic, logic, theology, exegesis, traditions, and jurisprudence, or more precisely fiqh and usul al-fiqh. He

tution in dem prä-qajarischen Zeitalter existierte. Die Frage nach der historischen Festlegung wird kontrovers diskutiert.[92] Bedeutend wichtiger erscheint die Frage, daß die Funktion des *marja` ul-taqlid* nicht immer von einem einzigen *mujtahid* beansprucht wurde. Es gibt zwar Beispiele für Zeiten, in denen ein *marja`* allgemein als solcher bezeichnet wurde, in der Regel existierten aber mehrere *maraji`*. Die Existenz mehrerer *maraji`* hatte zweifellos politische Brisanz, weil die Meinungsverschiedenheiten die Zentralisierung der religiös-politischen Institution behinderten.

Als einer der interessantesten Vorschläge erwies sich die Ansicht Ayatullah Mahmud Taliqanis, der auf einem Gelehrtenkonzil die Übertragung der *marja`iya* (*shawra-yi fatwa'i*) vorschlug.[93] Die Etablierung der *marja`iya* war für die Situation der irakischen Schiiten, wie ihre Rolle in der Revolte von 1920, aber auch die Etablierung der schiitischen Opposition nach 1958 zeigten, von enormer Wichtigkeit, denn diese Institution war lange Zeit die wichtigste integrative religiöse und politische Instanz der irakischen Schiiten. Obwohl im allgemeinen der Beginn der *nahda*- Bewegung auf die letzten Jahrzehnte des 19. Jahrhunderts datiert wird,[94] war die Verbreitung der Bewegung nicht in allen Regionen des arabischen Ostens gleich. Es ist evident, daß die *nahda*-Bewegung aus vielfältigen Gründen im sogenannten *bilad al-sham* (Syrien, Libanon und Palästina) früher in Erscheinung trat als im Irak.[95] Wegen der besonderen Struktur der Bevölkerung, vor allem aufgrund der Tatsache, daß die Schiiten die Mehrheit der Bevölkerung bildeten, stellte der Irak für das Osmanische Reich eine Art *"Turkish Siberia"* dar, wie Ireland feststellt.[96]

Die ethnisch-religiöse Struktur in Mesopotamien war aber nicht die alleinige Ursache für den späten Anschluß an die *nahda*-Bewegung. Die sozioökonomische Struktur im Irak war "steiniger Boden"[97] für die Erneuerungsbewegung und insbesondere für die Idee des arabischen Nationalismus. Ireland schreibt:

> Landlords sought only relief from taxation. Shaikhs desired individual freedom for themselves and their tribes. Merchants, principally Jews ... had little deep feeling for either Turk or Arab except as productive of order, stable finance and equity in the courts, essential for their commerce. There were few

must have demonstrated his knowledge and established for himself a scholarly reputation through a number of licenses, held from reputable `ulama', and through his teachings, lectures, and writings. These qualifications, in addition to certain personal features such as maturity, intelligence, belonging to the male sex, legitimate birth, piety, and a just nature were necessary to attain this prestigious position." Kazemi Moussavi, 1985, S. 44.

92 Ebd.
93 Lambton, Ann K. S.: A Reconsideration of the Position of *Marja` al-Taqlid* and their Religious Institution. In: Studia Islamica, Vol. 20, 1964, S. 127.
94 Siehe z.B. al-Jabiri, Muhammad Abid: *Al-khitab al-`arabi al-mu`asir, dirasa tahliliya naqdiya* (Der gegenwärtige arabische Diskurs, eine analytische, kritische Studie). Beirut 1985. S. 5.
95 Wahrscheinlich waren die Veränderungen nach dem napoleonischen Feldzug im Orient, die auf Ägypten und *bilad al-sham* beschränkt blieben, sowie die Missionsschulen der Hauptgrund dafür, daß die *nahda*-Bewegung in *bilad al-sham* ihren Ausgangspunkt fand.
96 Siehe Ireland, Phillip: Iraq. New York 1970 (Reprint), S. 227.
97 Ebd.

professional men, such as doctors, lawyers, teachers and civil officials, who formed the backbone of the movement across the desert.[98]

Die Reaktion der arabischen Bevölkerung des Irak auf die *nahda*-Bewegung war je nach Konfession unterschiedlich. Die sunnitische Elite, die *sada*,[99] die während der gesamten Herrschaft der Osmanen in den drei großen urbanen Zentren des Irak - Bagdad, Basra und Mosul - die einflußreichste arabische Gruppe darstellte, war bis zum Untergang des Osmanischen Reiches resistent gegenüber der Erneuerungsbewegung. Ihre Privilegien waren mit dem alten System verbunden. Sie hatten hohe religiöse Positionen inne[100] und fungierten als Vermittler zwischen der Bevölkerung und den osmanischen Autoritäten.[101] Im Rahmen seiner panislamischen Politik (1876-1908) wurden die sunnitischen *sada* von Abd al-Hamid verstärkt als Stütze seines Regimes in Mesopotamien unterstützt. Die in dem Erlaß Abd al-Hamids aus dem Jahre 1894 amtlich als *ashraf* anerkannten *sada* nutzten ihre Rechte und brachten die meisten *waqf*-Ländereien unter ihre Verwaltung.[102]

Die sunnitischen Erneuerer, wie Nu'man al-Alusi, Mahmud al-Alusi und Muhammad Faidi al-Zahawi, bildeten nur eine kleine Minderheit, die insbesondere unter Sultan Abd al-Hamid von einflußreichen *shaikhs* der Orden bekämpft wurden.[103] Eine reformistische islamisch-sunnitische Bewegung, wie es sie beispielsweise in Ägypten gab, konnte im Irak wegen der schwachen Position dieser Gruppe nicht formiert werden.

Die schiitischen *mujtahids* waren - im Vergleich zu den sunnitischen *sada* - den Ideen der Erneuerung gegenüber eher aufgeschlossen. Als Nebenprodukt der Zulässigkeit der *ijtihad* durch die *usulis* setzten sich die schiitischen *mujtahids*, anders als die staatstreuen sunnitischen *sada*, kritisch mit den politischen Fragen ihrer Zeit auseinander, und so konnten die Ideen der Erneuerungsbewegung nicht *a priori* als *bid`a* abgewertet werden. Anders als die sunnitischen `*ulama'* des Irak ignorierten die schiitischen *mujtahids* Najafs und Karbala´s die Ideen und Impulse der Erneuerungsbewegung aus dem arabischen Osten nicht. `Ali al-Wardi berichtet darüber, daß die *mujtahids* regelmäßig die ägyptische

---

98 Ebd.
99 Batatu definiert die irakischen *sada* folgendermaßen: "The Sadah (plural of Sayyid), also known as ashraf (plural of sharif), claimed to be, as already mentioned, of the Prophet's blood. They were, in a theoretical sense, a caste, that is a closed group. To belong to them was presumably a matter of birth and heredity." Batatu, 1978, S. 153
100 Siehe Batatu, 1978, S. 167ff.)
101 Siehe hierzu al-Rahimi, 1985, S. 65. Die sunnitischen *sada* bekamen 1870 das Recht, permanente Mitglieder des *majlis al-idara* (Verwaltungsrat) von Bagdad zu werden. Obwohl der Rat eine beratende Funktion hatte, konnten die *sada* stets Einfluß auf die Entscheidungen des Wali nehmen. Siehe hierzu Batatu, 1978, S. 169.
102 Vgl. Batatu, 1978, S. 154-55.
103 Siehe al-Rahimi, 1985, S. 121. Albert Hourani ist der Ansicht, daß die Ideen al-Alusis sich von denen al-Afghanis nicht unterschieden. Siehe Hourani, Albert: Arabic Thought in the Liberal Age 1789-1939. Cambridge 1962, S. 247.

Zeitung *Al-muqtataf* erhielten und sich mit den Artikeln des Aufklärers Shubli al-Shimail (1850-1917) auseinandersetzten.[104]

Dennoch standen die schiitischen *mujtahids* Mesopotamiens wegen der vielfältigen Verbindungen zu Persien eher unter dem Einfluß der dortigen Ereignisse. Die von al-Afghani, einem Absolventen der Schulen von Najaf, herausgegebene persischsprachige Zeitschrift *Qanun* war nach al-Wardi in Karbala´ und Najaf weit verbreitet.[105] Die politische Entwicklung im Iran und die Position der schiitischen `ulama' seit der Tabak-Revolte konnten nicht ohne Auswirkung auf die irakische `ulama' bleiben, zumal seit Behbehani die *marja`* im Irak und nicht im Iran residierten. Wegen der gemeinsamen religiösen Instanz (*marja`iya*) war der Einfluß der politischen Entwicklung auf die Schiiten Mesopotamiens wahrscheinlich relativ groß. So löste die Konstitutionelle Revolution einen Disput zwischen Befürwortern der Verfassung und deren Gegnern aus. Mit der Übernahme der Position der *marja` al-a`la* durch den Gegner der Verfassung Kazim Yazdi wurde in den Reihen der *mujtahids* im Irak eine Debatte über den Islam und die Regierungsform eröffnet. Muhammad Husain al-Na`ini, der sich zusammen mit Hibat al-Allah al-Shahristani als Befürworter der *mashrutiyat* (Konstitutionelle Revolution) hervortat, veröffentlichte sein Buch "tanbih al-umma wa tanzih al-milla", in dem er die Position Yazdis, die Demokratie sei eine westliche *bid`a*, als falsch bewertete. Er untermauerte sein Befürworten der *mashrutiyat* mit dem Argument, daß das islamische Prinzip *shura* der Ursprung der Idee der westlichen Demokratie sei.[106]

Die Revolution der Jungtürken löste unterschiedliche Reaktionen bei den Sunniten und Schiiten im Irak aus. Die sunnitische Elite, die der treueste Verbündete der Osmanen war, ging in die Opposition. Sie war, wie Ireland feststellt, zu konservativ, um sich aus der Bindung an Abd al-Hamid zu lösen.[107] In allen sunnitischen Zentren riefen sie zum Widerstand auf.[108] Ghassan Attiya berichtet über eine *lajnat al- mashura*, die ein Ableger der in Istanbul von den `ulama' gegründeten konterrevolutionären *jam`iya al-muhammadiya* gewesen sein soll.[109] Diese Organisation, wie auch die 1911 von Bagdader *sada* gegründete *hizb al-hur al-mu`tadil* (Freie Gemäßigte Partei) und die von Sayid Talib al-Naqib in Basra gegründete *hizb al-hurriya wa al-i'tilaf* (Freiheits- und Koalitionspartei), war eher antireformistisch und zielte darauf ab, die Privilegien ihrer Mitglieder nach der Revolution der Jungtürken zu schützen.[110]

---

104 Al-Wardi Bd. III, 1972, S. 9.
105 Siehe al-Wardi Bd. III, 1972, S. 300. Al-Afghani begegnete bei seinem Besuch in Bagdad 1891 den schiitischen `ulama' al-Shahristani und al-Habubi. Siehe al-Qasab, `Abd al-Muhsin al-: *Zikra al-Afghani fi al-`Iraq* (Gedenken an den Aufenthalt von [Jamal al-Din] al-Afghanis im Irak). Bagdad 1945, S. 85.
106 Siehe al-Rahimi, 1985, S. 155-56.
107 Siehe Ireland, 1970, S. 227.
108 Siehe al-Rahimi, 1985, S. 140-41.
109 Attiya, Ghassan R.: Iraq 1908-1921: A Political Study. Beirut 1973, S. 43.
110 Zu weiteren Angaben siehe Ireland, 1970, S. 230-38; al-Jubburi, Abd al-Jabbar Hasan: *Al-ahzab wa al-jam`iyat fi al-qutr al-`iraqi, 1908-1958* (Die politischen Parteien und Vereine im Irak, 1908-1958). Bagdad 1977, S. 20-23.

Batatu kommentiert die Ablehnung der Revolution der Jungtürken durch die *sada* und ihre Hinwendung zum arabischen Nationalismus mit dem Satz: "Eventually, however, Arab `nationalism' in its incipient form proved to be the palladium of their class - the last dyke of the old order, so to say."[111]

Demgegenüber begrüßten die schiitischen *mujtahids* die Revolution der Jungtürken. Es ist bezeichnend, daß die schiitischen *mujtahids* die erste arabische Zweigstelle der *al-itihad wa al-taraqi* in Najaf gründeten.[112] Sie standen somit in krassem Widerspruch zu ihren sunnitischen Landsleuten in Bagdad, Mosul und Basra.[113]

Schließlich muß noch ein Aspekt hervorgehoben werden, nämlich wie die Initiatoren der *nahda*-Bewegung die Schiiten und ihre Geschichte bewerteten. Mit ihrer Bewertung der islamischen Geschichte, insbesondere mit der positiven Beurteilung der Umaiyaden, stießen die sunnitischen *nahda*-Männer, wie Rafiq al-`Azm und Muhammad Kurd `Ali, auf den erbitterten Widerstand der schiitischen Gelehrten.[114] Ende schreibt: "Die Umaiyadenbegeisterung arabischer Nationalisten sunnitischer Herkunft brachte mit sich, daß schiitische Autoren, die zeitweilig gewisse Hoffnungen in eine Annäherung zwischen Sunna und Schia gesetzt hatten, nun wieder zur Polemik griffen."[115] Dies beeinträchtigte auch mögliche Impulse, die die *nahda*-Bewegung in Mesopotamien hätte haben können, und das Verhältnis der Schiiten zur Idee des arabischen Nationalismus.

Zusammenfassend kann gesagt werden, daß die arabische *nahda*-Bewegung bis zur Revolution der Jungtürken wenig Einfluß auf die sunnitische und schiitische Bevölkerung des Irak gehabt hat. Die sunnitische *sada*, die die privilegierte soziale Gruppe bis zur Revolution darstellte, verhielt sich ablehnend gegenüber jeder Veränderung; die schiitischen *mujtahids* waren, wahrscheinlich wegen der regen Beziehungen zwischen den schiitischen Gemeinschaften, eher Iran–

---

111 Batatu, 1978, S. 171.
112 Asadi, Hasan: *Thawrat al-Najaf dida al-ingliz*. (Die Revolution von al-Najaf gegen die Briten). Bagdad 1974, S. 61-62.
113 Trotz der wohlwollenden Haltung der irakischen Schiiten gegenüber der Revolution der Jungtürken kam es zu keiner nennenswerten Veränderung der Haltung des Staates ihnen gegenüber. Die irakischen Schiiten blieben als einzige bedeutende irakische ethnisch-religiöse Gruppe von der Vertretung im osmanischen Parlament ausgeschlossen. Für die schiitischen Regionen ernannte die Regierung weiter sunnitische Persönlichkeiten. So vertraten folgende Abgeordnete den Irak bei der letzten Abgeordnetenernennung (1912) vor dem Zusammenbruch des Reiches:
Bagdad (konfessionell gemischt): Murad Sulaiman: Sunnit, Fu'ad Afandi: Sunnit, Muhi al-Din al-Gailani: Sunnit, Sasun Hasqil: Jude
Basra (vorwiegend schiitisch): Talib Pascha Naqib: Sunnit, `Abd Allah al-Zuhair: Sunnit `Abd al-Wahab Pascha al-Qirtas: Sunnit, Ahmad Nadim: Sunnit
Karbala' (schiitisch): Fu'ad al-Daftari: Sunnit, Nuri al-Baghdadi: Sunnit
Diwaniya (schiitisch): Isma`il Haqi Baban: Sunnit, Jamil Sidqi al-Zihawi: Sunnit, `Abd al-Majid al-Shawi: Sunnit
`Ammara (schiitisch): Ma`ruf al-Rusafi: Sunnit, `Abd al Razaq al-Mir: Sunnit
Siehe al-`Alawi, 1990, S. 59-61.
114 Siehe zur Frage der Auseinandersetzung zwischen Schiiten und Sunniten im *nahda*- Zeitalter Ende, Werner: Arabische Nation und islamische Geschichte. Die Umayyaden im Urteil arabischer Autoren des 20. Jahrhunderts. Beirut 1977.
115 Ende, 1977, S. 123.

orientiert. Der Widerstand der iranischen *mujtahids* gegen die Qajaren während der Tabak-Revolte und der Konstitutionellen Revolution politisierte die *mujtahids* auch in Mesopotamien. Daß sie die Revolution der Jungtürken unterstützten, war vor dem Hintergrund der Ereignisse im Iran nach 1905 und ihrer inferioren Stellung im Osmanischen Reich nur folgerichtig. Die Idee des arabischen Nationalismus, die die *nahda*-Bewegung mit sich brachte, fand bei den Schiiten, anders als bei den sunnitischen *sada*, die ihre gefährdete soziale Stellung stabilisieren wollten, erst viel später Eingang.

Die Aufteilung der schiitischen Gemeinschaft in Stämme und in einen detribalisierten seßhaften Bevölkerungsteil war keine Besonderheit der Schiiten. Die sunnitische Gemeinschaft hatte eine ähnliche Struktur. Es geht aber hier vielmehr darum, ob die erwähnte Auffassung al-Khuris über die "*ta'ifa* qua organisatorische Ordnungssysteme" auch für das Verhältnis der schiitischen *mujtahids* zu den schiitischen Stämmen zutrifft. Grundsätzlich ist bezüglich der irakischen schiitischen Stämme der von Oppenheim beobachteten "Nichtfrömmigkeit" der Beduinen zuzustimmen.[116] Es kommt bei vielen irakischen schiitischen Stämmen hinzu, daß sie erst seit 150 Jahren konvertiert sind.[117] Es gibt Beispiele für den Zusammenschluß der schiitischen urbanen Schichten und der Stämme, wie bei der Revolte von 1920, aber auch Negativbeispiele, wie bei der Abschiebung der *mujtahids* aus dem Irak 1923, nachdem sie zum Boykott der Parlamentswahlen aufgerufen hatten und die Stämme sich weigerten, gegen den Staat zu rebellieren.[118] Mitte der 30er Jahre dann waren jedoch die Stammesfürsten diejenigen, die, nachdem sie ihre Parlamentssitze verloren hatten, gegen den Staat rebellierten und bei den *mujtahids* nur wenig Unterstützung fanden.

Nach dem Zweiten Weltkrieg setzte sich die Landflucht aus dem schiitischen Süden in die Städte Bagdad und Basra fort. Es ist zwar eine Tatsache, daß ein Teil der Großgrundbesitzer im Südirak, die die Bauern, wie Batatu beschreibt, bis zum äußersten ausbeuteten, Sunniten waren, doch waren auch viele der Großgrundbesitzer ehemalige schiitische Stammes*shaikhs*. Es ist nicht zu verifizieren, ob Großgrundbesitz und Landflucht, wie al-Khafaji es beschreibt, zum Zerfall der schiitischen Gesellschaft geführt haben.[119] Die Landreform nach 1958 beschnitt die wirtschaftliche Macht der Stammes*shaikhs* empfindlich. Dennoch beruht die Stammesorganisation nicht auf der ökonomischen Macht der *shaikhs*. Die schiitische Opposition meinte während des irakisch-iranischen Krieges - wahrscheinlich vor dem Hintergrund des Modells der Revolte von 1920 -, daß eine Revolte der Stämme die Ba`th-Regierung empfindlich treffen

---

116 Oppenheim, Bd. I, 1952, S. 31. Muhammad Bahr al-`Ulum ist der Auffassung, daß überhaupt die Tradition des Schiitentums im Iran viel verwurzelter sei als im Irak. Interview mit Bahr al-`Ulum, London 24.3.1989.

117 Siehe Batatu, Hanna: Iraqi Underground Shia Movements: Characteristics, Causes and Prospects. In: Middle East Journal, Vol. 35, Nr. 4, 1981, S. 584.

118 Siehe al-Ha`iri, `Ali: *Min injazat al-marja'iya ba`da thawrat al-`ihsrin*. In *Al-shahada*, 22. November 1988.

119 Al-Khafaji, `Isam: *Al-dawla wa al-tataur al-ra'smali fi al-`Iraq, 1068-1978*. (Der Staat und die kapitalistische Entwicklung im Irak). Kairo 1983, S. 174.

könnte.[120] In der Tat wirkte sich die Fragmentierung der irakischen Gesellschaft auf die politische Bewegung der Schiiten aus. Die schiitische Opposition nach 1958 war ein urbanes Phänomen. Auch nach der Konfrontation mit der Ba`th-Partei 1979/80 blieb sie auf die Städte konzentriert.

Ein weiteres Fragmentierungsmoment in der schiitischen Gemeinschaft des Irak ergibt sich aus der Konkurrenz der heiligen Städte. `Ali al-Wardi schreibt hierzu: "In der Osmanenzeit kam es nicht selten zu Kämpfen zwischen den Städten. Besonders wenn die Entfernung zwischen zwei benachbarten Städten nur gering war, konnte es wegen irgendwelcher Angelegenheiten sehr leicht zu Streitigkeiten kommen, die sich zu einer blutigen Schlacht oder zu einer langdauernden Feindschaft entwickelten... ."[121]

Die Führung und Anhängerschaft der gegenwärtigen schiitischen Oppositionsparteien weisen, wahrscheinlich nicht ganz zufällig, starke regionale Bindungen auf.[122]

Viel krasser und auffälliger ist die ethnische Fragmentierung der Gemeinschaft der irakischen Schiiten. Neben den arabischen urbanisierten Schiiten, die seit Jahrhunderten in Najaf, Karbala´ und Kazimiya wohnen, und den arabischen schiitischen Stämmen des Südens machen die Perser, die arabisierten Perser sowie die Inder einen beachtlichen Prozentsatz besonders in den urbanen Zentren aus. Die Migration der schiitischen *mujtahids*, aber auch weiterer persischer Bevölkerungsschichten zu den *'atabat*, den heiligen schiitischen Stätten, wurde durch den Zerfall des Safawiden-Reiches forciert und hat bis zur Gründung des modernen Staates Irak nie aufgehört.

Natürlich integrierte sich ein Teil der Einwanderer in die schiitische irakische Gemeinschaft. Die Bagdader Tageszeitung *Al-`arab* (Die Araber) berichtete vor der Gründung des Irak, daß es in Kazimiya anläßlich der `ashura` zwei schiitische Hauptprozessionen gab: eine Prozession der Araber und eine der Perser, Inder und anderer Nationalitäten.[123] Vielleicht hat sich die Gründung des Staates Irak und die periphere Rolle der Schiiten im Rahmen dieses Staates kohäsiv auf die Schiiten ausgewirkt, denn es hat seit dem Zweiten Weltkrieg keine getrennten Prozessionen mehr gegeben.[124] Dennoch spielte die persische Gruppe eine nicht zu unterschätzende Rolle für die schiitische *marja`iya*. Die persische oder persischstämmige Bevölkerung bestand nicht nur aus armen Bevölkerungsschichten, wie den kurdischen *failiya*[125]; die Händlerschicht von Shurja, die bis in die 70er Jahre hinein den irakischen Großhandel kontrollierte,

---

120 Siehe al-Shaikh, Tawfiq: *An al-`Iraq wa al-haraka al-islamiya. Hiwarat maa al-allama Muhammad Taqi al-Mudarisi* (Über den Irak und die islamische Bewegung. Dialoge mit dem Gelehrten Muhammad Taqi al-Mudarisi). London 1988, S. 35.
121 Al-Wardi 1972, S. 220.
122 *Hizb al-Da`wa* wurde in Najaf gegründet und wird von najafitischen Familien geführt, während *Munazamat al-' Amal* in Karbala gegründet wurde und von den aus Karbala stammenden Familien (Shirazi und Mudarisi) geführt wird.
123 *Al-arab* Nr. 675, Bagdad 8.10.1919, nach al-Haidari, 1975, S. 68.
124 Interview mit Bahr al-'Ulum, London 24.3.1989.
125 Die kurdischen *failiya* kamen im 19. und 20. Jahrhundert aus dem iranischen Luristan.

bestand ebenfalls aus Persern.[126] Diese Händlerschicht zahlte einen beträchtlichen Teil der Ausgaben der schiitischen *marja`iya*. Ein wesentliches Problem, das durch die kontinuierliche Einwanderung iranischer Studenten und *mujtahids*[127] entstanden war, war deren Iran-Orientierung. Seit dem Ende des 18. Jahrhunderts ließen sich persische Studenten und *`ulama'* u.a. wegen der politischen Instabilität im Iran in den beiden heiligen schiitischen Städten Najaf und Karbala' nieder.[128]

Das Ergebnis war nicht nur eine "Persifizierung" der *`ulama'*-Gruppe in Mesopotamien (vgl. Tabelle 1), sondern darüberhinaus bildeten die aus Iran stammenden *`ulama'* die wichtigsten theologischen Autoritäten ihrer Zeit,[129] eine Tendenz, die bis heute ihre Auswirkungen im Irak hat. Die Tatsache, daß sie aus dem Iran stammten und daher primär Iran-interessiert waren, beeinflußte die Entwicklung der irakischen schiitischen Gemeinschaft. So wurden die religiösen Institutionen kaum ausgebaut.[130] Der erste arabische *marja` al-a`la* Muhsin al-Hakim (1899-1970) mußte große Anstrengungen unternehmen, um die entstandenen Defizite zu beseitigen. Politisch stand ebenfalls der Iran im Zentrum des Interesses dieser *mujtahids*. So waren die Gründer der ersten politischen Vereine nicht persische, sondern arabische *mujtahids*, wie Murtada al-`Askari, Muhammad Mahdi al-Hakim, Ni`mat al-Jaza'iri, die eine Minder-

---

126 Al-Shurja wurde bis 1947 von den irakischen Juden kontrolliert. Erst nach der Auswanderung der Juden übernahmen die Perser die jüdischen Unternehmen. Siehe hierzu al-Barrak, Fadil: *Al-madaris al-yahudiya wa al-iraniya fi al-`Iraq. Dirasa muqarina.* (Die jüdischen und die iranischen Schulen im Irak: Eine vergleichende Studie). Bagdad 1984, S. 147-50.

127 Für 1957 macht al-Nafisi folgende Angaben über die Studenten der Schulen von al-Najaf:

Nationalität	Zahl d.Studenten
Iran	896
Irak	326
Pakistan	324
Indien	71
Libanon und Syrien	47
Saudi-Arabien und Bahrain	20

Al-Nafisi, Abdallah Fahd: *Dawr al-shi`a fi tatauwr al-`Iraq al-siyasi al-hadith.* (Die Rolle der Schiiten in der neuen politischen Entwicklung im Irak). Beirut 1973, S. 51.

128 Siehe mit ausführlichen Angaben: Litvak, Meir: *The Shi`i `ulama' of Najaf and Karbala, 1791-1904: A Sociopolitical Analysis.* Cambridge, Mass. 1991. Für das 19. Jahrhundert macht Litvak folgende Angaben zum ethnischen Hintergrund der wichtigsten *mujtahids* in Najaf und Karbala': 14 Iraker, 46 Perser, 6 Türken und 2 Libanesen. Ebd., S. 330.

129 Litvak schreibt hierzu: "The most prominent mujtahids in Najaf during the second half of the Century [19. Jahrhundert, F.I.] e.g., Murtada Ansari, Mirza Hasan Shirazi, Fadil Sharbiyani, Akhund Khorasani and Kazim Yazdi were all immigrants." Litvak, 1991, S. 323.

130 Batatu ist der Ansicht, daß die Interaktion der persischstämmigen *mujtahid*-Gruppe im Irak mit den Irakern mit Schwierigkeiten behaftet war. Er schreibt: "The tenuous authority of the maraji' over the bulk of the Shi'i peasants was also connected with the fact, that, unlike the peasants, most of the Shi'i `ulama' and students of religion in Iraq were non-Arabs. This is a fact that is freely admitted by Shi'i fundamentalists and strongly deplored by them. Iraqis still remember an anecdote from 1920 about Abu al-Qasim al-Kashani, one of the prominent religious leaders of the day. He had been sent from Karbala' to a district in the mid-Euphrates to persuade its tribal chiefes to rise up in arms, but his Arabic was so poor that no one present could make out what he intended." Batatu, Hanna: *Iraqi's Shia, their Political Role, and their Integration into Society.* In: Stowasser, Barbara F. (Hrsg.): *The Islamic Impulse.* London usw. 1987, S. 205.

heit bildeten. Die irakische Regierung nutzte ihrerseits seit der Staatsgründung die Tatsache, daß viele *mujtahids* iranischer Abstammung waren, um die schiitischen Oppositionellen als *dukhala'*[131] (Fremdlinge) zu diskreditieren. Der Chronist der irakischen Regierungen, al-Hasani, schreibt über die Deportation von al-Shaikh Mahdi al-Khalisi, der zum Boykott der Wahlen zur irakischen Konstituierenden Versammlung 1923, die den Mandatsvertrag mit Großbritannien ratifizieren sollte, aufrief: "...König Faisal überlegte seit Mai 1923, die Geistlichkeit, die gegen seine Politik opponierte, aus dem Irak abzuschieben. Seine Berater rieten ihm von diesem gewagten Schritt ab. Nachdem sich der Boykottaufruf verbreitet hatte, legte er der loyalen Presse nahe zu propagieren, daß die Boykott-Idee eine fremde Idee und gegen den arabischen Nationalismus gerichtet sei und daß die Boykott-Befürworter nicht das Recht hätten, sich in die Angelegenheiten der arabischen Nationalisten einzumischen..."[132]

Diese Einstellung hat sich bis heute gehalten. *Hizb al-da`wa* und die anderen schiitischen Oppositionsbewegungen seien, wie Saddam Husain bei seiner Rede vor der "Islamischen Konferenz" in Ta`if 1981 verkündete, ein Machwerk der Perser (*sani`at al-furs*).[133]

---

131 *Al-dakhil* war ursprünglich die Bezeichnung für eine Person, die im Falle eines Konfliktes mit seinem eigenen Stamm bei einem anderen Stamm Schutz suchte. *Al-dakhil* hatte nicht das Recht, sich in die inneren Angelegenheiten seiner Beschützer einzumischen. Die arabischen Nationalisten, vor allem die Ba`th-Partei, werten ihre politischen Gegner als *dukhala* ab.
132 Al-Hasani, Abd al-Razaq: *Tarikh al-wizarat al-`iraqiya* (Geschichte der irakischen Regierungen). Bagdad 1988, Bd. I, S. 175.
133 Husain, Saddam: "Rede des Staatspräsidenten der Republik Irak, Saddam Husain, auf der Islamischen Gipfelkonferenz" (Ende Januar 1981 in Taif, Saudi Arabien). Hrsg. Presseabteilung der Botschaft der Republik Irak. Bonn, 1981a.

DIE POSITION DER
SCHIITEN IM STAATSBILDUNGSPROZESS

It was a real puzzle that the British should have chosen to operate through an inappropriate monarchical institution. Not only was monarchy a British notion philosophically, one that could be grafted easily enough on to a Turkish sultanate, but that Arabs felt was foreign to all their traditions. Iraqis had had reason to ask also why Britain had arbitrarily imposed a monarchy after the model of George III rather than of George VI.[134]

Daniel Norman

Die Haltung der schiitischen Gemeinschaft in Mesopotamien gegenüber der britischen Okkupation und den Bestrebungen der Briten, einen neuen Staat Irak zu gründen, bestimmte die anschließende Stellung dieser Gemeinschaft im politischen und sozioökonomischen Gefüge dieses Staates. Wie wir schon ausführten, stand die von Persern dominierte schiitische *marja'iya* in Mesopotamien in engem Kontakt mit dem politischen Geschehen in Persien.

Aber zusätzlich zum theologischen und politischen Gegensatz zwischen den Schiiten und den Sunniten einerseits und dem sunnitischen osmanischen Staat andererseits schaffte der Beginn der britischen Invasion in Mesopotamien konkrete Tatsachen, die die schiitische *marja'iya* zum Handeln zwangen. Die schiitische Geistlichkeit, die stets den Einfluß der Briten im Qajaren-Reich bekämpft hatte, konnte in Mesopotamien, zumal *dar ul-islam* vor einer unmittelbaren Bedrohung stand, nicht anders handeln.[135] So war nicht nur der *marja' al-a'la* der Schiiten, Kazim al-Yazdi, bereit, dem Wunsch der osmanischen Regierung nachzukommen, den *jihad* gegen die britische Okkupation zu erklären, sondern darüberhinaus führten schiitische *mujtahids* wie Muhammad Sa'id al-Habubi, Ali al-Damd, Mahdi al-Khalisi, Mustafa al-Kashani selbst die schii-

---

[134] Daniel, Norman: Contemporary Perceptions of the Revolution in Iraq on 14 July 1958. In: Robert A. Fernea/Wm. Roger Louis (Ed.): The Iraqi Revolution of 1958. The Old Social Classes Revisited. London usw. 1991, S. 6.

[135] Der schiitische Autor Abbas Muhammad Kazim ist der Ansicht, daß die schiitischen *mujtahids* sich bewußt waren, daß der osmanische Staat nicht auf den Grundsätzen des Islam aufgebaut war. Die Herrschaft könne sich nicht einmal nach dem sunnitischen *ahl al-aqd wa al-hall* (Leute, die die Entscheidungen treffen) legitimieren. Die *mujtahid* mußten aber trotz der Illegitimität der osmanischen Herrschaft den *jihad* erklären, weil "...sie [die *mujtahids*, F.I.] vor zwei Übeln standen. Das eine Übel, nämlich die Herrschaft der westlichen Ungläubigen (*al-garb al-kafir*) über die Muslime, war größer als das relative Übel, nämlich die despotische türkische Herrschaft." Kazim, Abbas Muhammad: *Al-haraka al-islamiya fi al-'Iraq, thawrat al-'ishrin.* (Die islamische Bewegung im Irak, die Revolution von 1920). London o.J., S. 79.

tischen Stämme gegen die *Indian Expeditionary Force*, die im November 1914 Basra besetzte.[136]

Nach der Niederlage der osmanischen Armee und der schiitischen Stämme in der Schlacht von al-Sha'iba 1915 bröckelte jedoch der gemeinsame Widerstand der Osmanen und der Schiiten gegen die Briten. Moderne schiitische Autoren führen den Zusammenbruch des schiitisch-osmanischen Bündnisses auf das Mißtrauen der Osmanen gegenüber den Schiiten zurück, das sich nach der Niederlage noch verstärkte.[137]

Obwohl die Phase zwischen dem Beginn des Krieges und dem Beginn der irakischen antibritischen Revolte 1920 zu den meistuntersuchten Phasen der Geschichte der irakischen Schiiten gehört, herrscht kaum Klarheit über die Rolle der *mujtahids* bei der Führung der schiitischen Stämme an der Seite der Osmanen. Die angeführte Begründung der schiitischen Autoren, die einerseits von der absoluten Loyalität der Stämme gegenüber der *marja'iya*, andererseits von der Aufgabe des Widerstandes durch die Stämme ausgehen (trotz des *fatwa* der *mujtahids*), ist in sich nicht schlüssig. Wahrscheinlich betrachteten die schiitischen Stämme den von der *marja'iya* ausgerufenen *jihad* als *ghazua*, also als einen traditionellen Stammeskrieg von kurzer Dauer. Die Niederlage der osmanischen Armee in der Schlacht von al-Sha'iba und die für die Stämme ungewöhnlich lange Dauer des Krieges sind vermutlich die wesentlichen Ursachen für deren Beendigung des Krieges. Nach bewaffneten Auseinandersetzungen mit den Einheimischen mußten die osmanischen Truppen die urbanen schiitischen Zentren, vor allem Najaf, Karbala und 'Amara, schon vor der vollständigen britischen Besetzung Mesopotamiens räumen.[138]

Von entscheidender Bedeutung für die Stellung der Schiiten im neuen Staat waren neben der Haltung der Bevölkerung gegenüber der Besatzung auch die Pläne der Besatzer. Es ist zutreffend, daß die Briten die von den Osmanen hinterlassenen ethno-politischen Strukturen aus pragmatischen Gründen übernahmen. Von der Phase des Aufbaus der Besatzungsverwaltung bis zur Übernahme der *marja'iya* durch Muhammad Taqi Shirazi 1919 scheint die Haltung der schiitischen Geistlichkeit gegenüber den Briten nicht einheitlich gewesen zu sein. So scheint *marja'ul-taqlid* Kazim al-Yazdi bis zu seinem Tode 1919 eine wohlwollende Haltung gegenüber den Briten gezeigt zu haben.[139] Es ist jedoch

---

136 Vgl. al-Rahimi, 1985, S. 166; al-Nafisi, Abdallah Fahd al-: *Dawr al-shi'a fi tataurr al-'Iraq al-siyasi al-hadith* (Die Rolle der Schiiten in der neuen politischen Entwicklung im Irak). Beirut 1973, S. 84-85.
137 Vgl. al-Rahimi, 1985, S. 174ff.
138 Longrigg, S.H.: Iraq 1900 to 1950. London 1953, S. 95. Der schiitische Autor Abbas Muhammad Kazim vertritt die Auffassung, die "Erniedrigung" der arabischen Stämme durch die türkischen Offiziere, die die Araber für die Niederlage verantwortlich machten, habe zum Angriff des Stammesverbandes "Bani Lam" gegen die türkische Garnison in Nasiriya geführt. Vgl. Kazim, o.J., S. 70. Den tieferen Grund für die Auseinandersetzung zwischen den schiitischen arabischen Stämmen sieht al-Kazim in der jeweiligen ideologischen Orientierung der Araber und der Türken. Die arabischen Stämme waren nach seiner Meinung religiös, die Türken nationalistisch orientiert. Als Beweis führt er eine nicht belegte Kampagne der angeblich unter dem Einfluß der Juden stehenden türkischen Presse gegen das Arabertum an. Ebd.
139 Siehe al-Rahimi, 1985, S. 192.

nicht ganz ersichtlich, ob Yazdi diese Haltung im Hinblick darauf eingenommen hat, daß sowohl die sunnitische Geistlichkeit als auch die moderne sunnitische Elite in Bagdad die britische Besatzung hingenommen hatten, und er nun befürchten mußte, daß eine radikale Haltung der Schiiten unweigerlich zu deren Benachteiligung im neuen Staat führen mußte. Ende 1918 machte er gegenüber dem *Acting Civil Commissioner* in Bagdad, Sir Arnold Wilson, folgende Bemerkung:

> I speak for those who cannot speak for themselves. Whatever Government do, let them consider well the interests involved at large of Shias in particular and especially the masses of the inarticulate and helpless. The people are not civilised; the installation of Arab officials will cause anarchy. They have not yet learnt honesty; until they have done so they must remain under the orders of Government. No man can be found who would be accepted as Amir.[140]

Die Position des *marja` ul-a`la* Yazdi wurde nicht von allen schiitischen *mujtahids* mitgetragen. Vor allem der spätere *marja` ul-a`la*, Muhammad Taqi Shirazi, und Shaikh ul-Shari`a Fath ul-allah Isfahani sowie deren Anhänger in den unteren Rängen der *mujtahids*, aber auch die ersten Vertreter der schiitischen "Laienbewegung", (wie Ja`far Abu Timman, Muhammad Baqir al-Shabibi und Muhammad Rida al-Shabibi), scheinen eine militantere Haltung eingenommen zu haben, wie die Revolte von Najaf 1918 zeigte. Diese abweichenden Meinungen waren keineswegs neu, denn schon bezüglich der Haltung der *mujtahids* gegenüber der Konstitutionellen Revolution im Iran spalteten sich die in Mesopotamien residierenden *mujtahids* in zwei Lager. Vor allem der 1907 zum *marja` ul-a`la* aufgestiegene Yazdi machte sich zum Wortführer der antireformistischen *mujtahids*, die, wie der Mashrutiat-Befürworter Hibat ul-Allah Shahristani darstellt, in den Untergrund gehen mußten.[141]

Es ist bezeichnend, daß die ersten schiitischen politischen Vereine in Najaf und Karbala, wie *jam`iyat an-nahda al-islamiya*, *al-hai'a al-`ilmiya* und *hizb an-najaf as-sirri*[142] keineswegs die Zustimmung der führenden *mujtahids* fanden. Die konservative politische Einstellung einiger *mujtahids* - allen voran Yazdi - kann die Haltung der obersten *mujtahids* nur partiell erklären. Diese Haltung bedarf, vor allem weil sie bis zur Gegenwart die Position der schiitischen Geistlichkeit im Irak bestimmt, einer näheren Betrachtung. Die schiitischen Autoren gehen bei der Analyse der Position der schiitischen *mujtahids* unter der Herrschaft der Osmanen davon aus, daß *at-taqiya* (Glaubensverleugnung) die einzige Möglichkeit der *mujtahids* gewesen sei, den Auswirkungen der diskriminierenden Politik zu begegnen.[143] Diese Haltung trug offensichtlich der herrschenden Realität Rechnung und war nicht in allen Epo-

---

140 F.O. 371/4148/ 13298. From Political Officer. Bagdad December 14th 1918; zitiert nach Attiya, 1973, S. 273.
141 Siehe al-Asadi, 1974, S. 11.
142 Siehe al-Rahimi, 1985, S. 197.
143 Siehe al-Rahimi, 1985, S. 87, 99.

chen der schiitischen Geschichte das allgemein gültige Prinzip. Fu'ad Ishaq al-Khuri geht, wie wir schon ausführten, in diesem Zusammenhang davon aus, daß die Ablehnung der *al-hukm al-sultani*, also der sultanischen Herrschaft, in Abwesenheit des Imams zur Oszillation der Schiiten - je nach herrschenden politischen Verhältnissen - zwischen *al-taqiya* und *ta'bi'a* (Mobilisierung) führte.[144] Yazdi ging wahrscheinlich davon aus, daß eine extreme Position der Schiiten - bei gleichzeitiger wohlwollender Haltung seitens der Sunniten der britischen Herrschaft gegenüber - zwangsläufig zur Isolation der schiitischen Gruppe vom politischen Geschehen im neuen Staat führen mußte. Zudem mußte Yazdi die Tatsache berücksichtigen, daß die schiitische Gruppe keine klaren Vorstellungen bezüglich der Zukunft des Irak hatte. Dieses Faktum zeigte sich deutlich bei dem Versuch der britischen Administration, sich 1918 durch Volksbefragung ein Bild über die Vorstellungen der Bevölkerung über die Zukunft des Irak zu machen.

Bei der von Yazdi (auf Aufforderung Wilsons) abgehaltenen Versammlung der schiitischen Notabeln waren folgende Meinungen vertreten: Eine Gruppe forderte die Angliederung des Irak an den Iran, eine zweite Gruppe war für die Errichtung einer Republik, eine dritte für die Gründung eines Königreiches unter einem arabischen Prinzen, während eine vierte der britischen direkten Herrschaft den Vorzug gab.[145]

Unter dem Einfluß des bis 1918 in Samarra' residierenden antibritisch orientierten Ayatullah Hasan Shirazi setzte sich jedoch die Meinung durch, daß die britische Herrschaft mit den Grundsätzen des islamischen Glaubens unvereinbar sei.[146]

Nach dem Tode Yazdis 1919 und der Übernahme der *marja'iya* durch Shirazi waren die Weichen für eine militante schiitische Opposition gestellt. Das *fatwa* Shirazis gegen die Mitarbeit in der britischen Administration[147] war der Beginn der größten Widerstandsbewegung der irakischen Schiiten gegen die britische Präsenz in Irak. Wegen der Relevanz dieser Bewegung für die weitere politische Entwicklung des Irak, wegen ihres Einflusses auf die Bestimmung der britischen Schiitenpolitik und wegen der Bedeutung, die die gegenwärtige schiitische Opposition dieser Revolte beimißt, versuchen wir, die politischen und sozialen Hintergründe und die an der Revolte beteiligten Akteure näher zu betrachten. Wichtig in diesem Zusammenhang ist die Frage, ob die Revolte eine islamisch-schiitisch orientierte war[148] oder ob die Bewegung eine arabisch-nationalistische Identität hatte.[149] Mit Sicherheit war das Zögern der britischen Besatzungsmacht, eine politische Entscheidung über die Zukunft des Irak zu treffen, einer der wichtigsten Faktoren, die zur Revolte von 1920 füh-

---

144 Khuri, Fuad Ishaq, 1990, S. 123-130.
145 Al-Wardi, 1977, S. 72; Kazim, o.J., S. 225-26.
146 Siehe al-Rahimi, 1985, 203-4.
147 Siehe al-Nafisi, 1973, S. 133.
148 Diese Auffassung wird von den schiitischen Autoren mit Nachdruck vertreten, siehe z.B. al-Rahimi, 1985; Kazim, o.J.; al-Katib, Ahmad: *Tajribat al-thawra al-islamiya fi al-'Iraq mindhu 1920 hata 1980* (Die Erfahrung der islamischen Revolution im Irak von 1920 bis 1980). Teheran 1981.
149 Zu dieser Auffassung tendiert Nazmi, siehe Nazmi, 1984, S. 392.

ten. Diese zögernde Haltung, die durch den Streit zwischen dem *India Office* und der Regierung in London keine konkreten Perspektiven für Mesopotamien eröffnete, trug zur Entstehung einer gefährlichen Situation bei. Es kam hinzu, daß der Verwaltungsapparat, der von Wilson von 1918 bis 1920 in Mesopotamien aufgebaut wurde, weitestgehend auf die Einbeziehung der einheimischen ehemaligen osmanischen Beamten verzichtete.[150] Die indischen und die aus Indien delegierten britischen Beamten gerieten durch ihre Verhaltensmuster in Konflikt mit den arabischen Stämmen.

Die rigorose Steuerpolitik, die aus der Notwendigkeit entstand, einen Teil der Besatzungskosten zu decken, stieß, wie Longrigg feststellt, bei allen Irakern auf Ablehnung.[151] Konfessionell gemischte politische Vereine, wie *haras al-istiqlal* (Wächter der Unabhängigkeit) und *jam'iyat al-shabiba al-'iraqiya* (Vereinigung der irakischen Jugend) agitierten in den Städten für die vollständige Unabhängigkeit des Irak.[152] Die Ausrufung Faisals zum König von Syrien im März 1920 gab den irakischen Vereinen die Hoffnung, sich mit dem neuen Königreich vereinen oder einen scharifischen Prinzen als König des Irak gewinnen zu können.[153] Das *fatwa* des schiitischen *marja' ul-a'la* Shirazi, der jede Art von Beschäftigung in der britischen Verwaltung verbot, gab der antibritischen Bewegung, vor allem in den Reihen der Schiiten, die nötige religiöse Legitimation, obwohl Yazdi und eine Reihe von schiitischen *mujtahids* der oppositionellen Bewegung ihre Unterstützung versagten.[154]

Nach der Bekanntgabe der Ergebnisse des San Remo-Kongresses, der u.a. Großbritannien das Mandat über den Irak einräumte, wurden die Hoffnungen der Iraker auf baldige Unabhängigkeit enttäuscht. Es scheint, daß die Unabhängigkeitsbewegung, die nur begrenzten politischen und sozialen Einfluß hatte, nun versuchte, wie Nazmi es ausdrückt, mit der religiösen schiitischen Führung zu koalieren.[155] Anders als der schiitische Widerstand gegen die britische Okkupation 1914/15 scheint die Zahl der schiitischen *mujtahids*, die sich an der Revolte von 1920 beteiligten, verschwindend klein gewesen zu sein. Eine zentrale Rolle spielte der Sohn des *marja' ul-a'la* Shirazi, Muhammad Rida. Nicht ganz unbegründet war die Einschätzung der britischen Administration, daß der neunzigjährige neue *marja'* unter dem Einfluß seines Sohnes stand.[156] Muhammad Rida scheint vor dem Ausbruch der Revolte als Bindeglied zwischen

---

150 Siehe zu dieser Frage Nazmi, 1984, S. 328-29.
151 Siehe Longrigg, 1953, S. 113.
152 Siehe hierzu Nazmi, 1984, S. 334ff.
153 Siehe al-Nafisi, 1973, S. 134.
154 Ein Bericht der britischen Administration von al-Shamiya und al-Najaf (C.O.696 1, "Administration Reports of Shamiyah and Najaf, 1918", Appendix 2, pp. 106-108) klassifizierte die folgenden *mujtahids* als loyal: Shaikh Ali Kashif al-Ghita', Shaikh Hasan Sahib al-Jawahir, Shaikh Mahdi Asad Allah, Ja'far Bahr al-'Ulum, Shaikh Mahdi al-Kashmiri, Ahmad al-Behbehani. Vgl. Nazmi, 1984, S. 338-39. Die schiitischen Autoren versuchen allerdings, die Position Yazdis als eine Art *taqiya* zu rechtfertigen und seine versöhnliche Haltung gegenüber den Briten, über die Wilson berichtet hat, als falsch darzustellen. Schließlich habe Yazdi 1914 den *jihad* gegen die Briten erklärt. Vgl. z.B. Kazim. o.J., S. 235.
155 Nazmi, 1984, S. 364.
156 Siehe Nazmi, 1984, S. 352.

seinem Vater und den antibritischen schiitischen Politikern, wie Muhammad Mahdi al-Sadr, Ja`far Abu Timman und Muhammad Baqir al-Shabibi und ihren sunnitischen Alliierten in Bagdad, die in der Revolte eine führende Rolle spielten, fungiert zu haben. Abgesehen von Shirazi scheint zumindest in der Phase unmittelbar vor dem Ausbruch der Revolte kein namhafter *mujtahid* an der Vorbereitung der Bewegung beteiligt gewesen zu sein.[157] Ali al-Wardi berichtet über die zögernde Haltung Shirazis, als dieser von Baqir al-Shabibi, einem Delegierten der *haras al-istiqlal*, gebeten wurde, den Widerstand gegen die Briten in Form eines *fatwas* religiös zu legitimieren.[158] Shirazi teilte der Delegation mit: "Ich fürchte, daß die Ordnung (*al-nizam*) gestört und die Sicherheit (*amn*) beeinträchtigt wird. Dadurch könnte das Land in Unordnung geraten. Sie wissen, daß die Aufrechterhaltung der Sicherheit wichtiger ist als die Revolution. Sie ist sogar eher zu befolgen."[159] Nachdem die Delegation ihn daraufhin bedrängt, die Bedeutung des Widerstands für die Unabhängigkeit des Landes deutlich gemacht und darüber hinaus die Garantie für die Aufrechterhaltung der öffentlichen Ordnung übernommen hatte, erklärte der *marja`* lapidar: "Sollte dies eure Absicht sein [gegen die Briten zu rebellieren, F.I.] und wenn die Sicherheit [für die Muslime, F.I.] gewährleistet ist, so möge Gott euch helfen".[160] Die gleiche distanzierte Haltung legte Shirazi auch bei seiner Aufforderung der Stämme, sich der Bewegung anzuschließen, an den Tag: "Eure muslimischen Brüder in Bagdad, Kazimiya, Najaf und Karbala haben sich auf friedliche Demonstrationen geeinigt, um ihren legitimen Rechten hinsichtlich der Unabhängigkeit Nachdruck zu verleihen. Alle Gemeinden sollen ihre Forderungen an Bagdad richten."[161] In der Annahme, die Widerstandsbewegung habe einen friedlichen Charakter, beteiligten sich einige *mujtahids* bei einer Unterschriftensammlung und der Aufstellung von Delegierten der Städte Najaf und Karbala.[162]

Die Verhaftung der Delegierten der Stadt Karbala sowie eines einflußreichen Stammes*shaikhs* der al-Rumaitha-Region im Juni 1920 stellte den Beginn des bewaffneten Widerstands dar. Shirazi versuchte unmittelbar nach dem Ausbruch der Revolte, Wilson zu beschwichtigen und die Stämme zur Ruhe zu mahnen. Das Scheitern seiner Bemühungen veranlaßte ihn, eine "Selbstverteidigung" zu befürworten.[163] Es ist bemerkenswert, daß das *fatwa* Shirazis von keinem der führenden *mujtahids* unterstützt wurde.[164]

Nach dem Tode Shirazis am 14.8.1920 und dem Aufstieg Isfahanis zum neuen *marja` al-a`la* der Schiiten distanzierte sich dieser von allen Entscheidungen Shirazis hinsichtlich der Legitimierung des bewaffneten Wider-

---

157 Al-Rahimi gibt lediglich Abu al-Qasim al-Kashani als Befürworter der Revolte an. Siehe al-Rahimi, 1985, S. 211.
158 Siehe al-Wardi, Bd. V, 1977, S. 128.
159 Ebd.
160 Ebd.
161 Nazmi, 1984, S. 375.
162 Ebd.
163 Siehe Nazmi, 1984, S. 380.
164 Ebd.

stands.[165] Angesichts der distanzierten Haltung der schiitischen *mujtahids* stellt sich die Frage, ob es gerechtfertigt ist, die Revolte von 1920 als eine schiitische zu bezeichnen. In der gegenwärtigen Irakforschung zeichnen sich zwei Positionen ab. Die eine Position, die in Studien schiitischer Autoren, aber auch in denen ehemaliger britischer Offiziere in Mesopotamien deutlich wird, geht davon aus, daß die Revolte von den Schiiten initiiert und durch die *mujtahids* legitimiert wurde.

Die andere Position charakterisiert die Revolte als eine arabisch-nationalistische und mißt dem schiitisch-islamischen Faktor eine untergeordnete Bedeutung bei. Die Studie Nazmis *"Al-judhur al-siyasiya wa al-fikriya wa al-ijtima`iya li- 'l-haraka al-qaumiya al-`arabiya fi al-`Iraq"* (Die politischen, geistigen und sozialen Wurzeln der arabischen Nationalbewegung im Irak) ist als ein Versuch zu bewerten, den regionalistischen und ethnisch-religiösen Aspekt der Revolte zu relativieren und die Revolte als einen Teil der arabisch-nationalistischen Widerstandsbewegung gegen die Präsenz der Briten darzustellen. Dabei unternimmt Nazmi den Versuch, die Bemühungen eines Teils der in Syrien anwesenden irakischen Offiziere, ihre Rückkehr in den Irak mit der Unterstützung der arabisch-sunnitischen Stämme durch Überfälle auf die britischen Truppen zu erzwingen, als Beginn der Revolte darzustellen.[166] Anders als seine Einschätzung hinsichtlich der Rolle der irakischen Offiziere in Syrien kann Nazmis Einschätzung, die arabisch-nationalistische Gruppe *haras al-istiqlal*[167] habe der Revolte ein politisches Programm gegeben, zutreffend sein. Die Forderungen der *haras al-istiqlal* nach uneingeschränkter Unabhängigkeit des Irak und nach Ausrufung eines Sohnes des Scharifen von Mekka als König des Irak[168] wurden in allen Unterschriftensammlungen, die im Sommer 1920 bei der britischen Administration in Mesopotamien eingereicht wurden, wiederholt. Der Einfluß der *haras al-istiqlal* blieb nicht hierauf beschränkt. Wie wir schon erwähnt haben, standen die schiitischen Mitbegründer Abu Timman und Shabibi in enger Verbindung mit dem Sohn des

---

165 Die Erklärung Isfahanis wurde in der Bagdader Tageszeitung *Al-`Iraq* am 31. August 1920 veröffentlicht. Siehe Nazmi, 1984, S. 394.

166 Hinter den Überfällen der Stämme auf die britischen Truppen in Dair al-Zaur und Al-Bu Kamal stand ein Teil der irakischen Gruppe *al-ahd al-iraqi*. *Al-ahd*, die vor dem Ersten Weltkrieg vor allem arabisch-nationalistisch orientierte irakische Offiziere umfaßte, reorganisierte sich 1919 in Damaskus. Sie forderte die Bildung einer arabischen Regierung im Irak und die Rückkehr der irakischen Offiziere in den Irak. Während Nuri al-Sa`id und Ja`far al-Askari die Gründung einer arabischen Regierung und ihre Rückkehr in den Irak über Verhandlungen mit der britischen Regierung durchsetzen wollten, versuchte die Gruppe um Yasin al-Hashimi, Naji al-Suwaidi und Maulud Mukhlis ihre Rückkehr gewaltsam zu erzwingen. Amir Faisal, der Einfluß auf die Gruppe hatte, verurteilte die Überfälle und versagte nach seiner Ausrufung zum König von Syrien der Gruppe jedwede Unterstützung. Siehe Nazmi, 1984, S. 418-19, al-Wardi, Bd. V, 1977, S. 133-34.

167 *Haras al-istiqlal* wurde 1919 von folgenden Personen gegründet: Shakir Mahmud (sunnitischer Offizier), Mahmud Ramiz (sunnitischer Offizier), Arif Hikmat (sunnitischer Offizier), Ali Bazirgan (Sunnit, Schulrektor), Jalal Baban (kurdischer Sunnit, Rechtsanwalt), Baqir al-Shabibi (schiitischer Dichter), Ja`far Abu Timman (schiitischer Händler), Abd al-Ghafur al-Badri (sunnitischer Offizier). Siehe Nazmi, 1984, S. 334-35.

168 Siehe hierzu Nazmi, 1984, S. 336.

marja` ul-a`la Shirazi, Muhammad Rida, der sich in seinen Schreiben an König Faisal in Syrien und an den Kronprinzen Ali in al-Hijjaz kurz vor der Revolte mit dem Ziel der *haras* identifizierte.[169] Auch wenn man davon ausgeht, daß die arabisch-nationalistischen Vorstellungen der *haras* Einfluß auf die Revolte hatten, bleibt die Frage unbeantwortet, warum die Revolte auf die schiitischen Gebiete beschränkt blieb und die Anführer der *haras* sich um eine Legitimierung durch den schiitischen *marja`* bemühten. Nazmi geht davon aus, daß die nationalistische Bewegung Kenntnis von der dramatischen Verschlechterung des Verhältnisses der britischen Administration zu den schiitischen Stammesführern hatte und daher versuchte, über die schiitischen Mitglieder die Beziehungen zu den Schiiten zu intensivieren.[170] Die sunnitischen Notabeln und Führer zeigten dagegen wenig Neigung, die Bewegung zu unterstützen. Weder die einflußreichen Persönlichkeiten wie Talib al-Naqib aus Basra[171] noch der von den Briten nach der Revolte ernannte *naqib al-ashraf*, Abd al-Rahman al-Ghailani, waren bereit, mit der Bewegung zusammenzuarbeiten.[172] Die Stämme der sunnitischen Region al-Dulaim zeigten keine andere Haltung als die führenden städtischen sunnitischen Notabeln.[173] Nazmi geht zwar davon aus, daß die Revolte nur in der schiitischen Region möglich war, nicht weil die schiitischen *mujtahids* und Stammes*shaikhs* arabisch-nationalistisch orientiert waren, sondern weil die sozioökonomischen Bedingungen, die die britische Administration in Mesopotamien verursachte, und die rigorose Steuerpolitik extreme Spannungen zur Folge hatten. Dennoch hebt er die Rolle der *haras* hervor und relativiert damit die Rolle der *mujtahids* in der Revolte. Als Beweis führt er die Situation von 1915 an. Während die *mujtahids* an der Seite der Türken kämpften und den *jihad* gegen die Briten erklärten, rebellierten viele schii-

---

169 So schrieb Muhammad Rida an Faisal und den Kronprinzen Ali im Hijaz Briefe, in denen er ihr Eintreten für die Freiheit der Araber huldigte und sie um Unterstützung bat. Siehe al-Wardi, Bd. V, 1977, S. 200-201.
170 Siehe Nazmi, 1984, S. 353.
171 Talib al-Naqib stellte bei den Verhandlungen mit dem führenden Mitglied der *al-haras*, Yusuf al-Suwaidi, kurz vor dem Ausbruch der Revolte im Juli 1920 für seine Beteiligung folgende Forderungen: "1. Der Staatspräsident muß ein Iraker sein ... 2. Gründung eines Komitees von Personen mit gutem Ruf. 3. Unterbindung der politischen Agitation und Aufwiegelung zur Revolution. 4. Beteiligung der Notabeln Bagdads und anderer Gebiete, die der Partei Yusuf Afandis (al-Suwaidi, F.I.) nicht angehören, am Komitee." F.O.371 /5230/E.1/753, Dated 28. July 1920. Nach Nazmi, 1984, S. 361. Die Nationalisten lehnten die Forderungen Talibs ab. Siehe ebd.
172 Abgesehen von den städtischen Führern zeigten sich die sunnitischen Stämme seit der britischen Okkupation stets loyal gegenüber den Briten. Gertrude Bell berichtet in ihren Briefen enthusiastisch von dem probritischen Shaikh Ali Sulaiman, Chef des mächtigen Stamm al-Dulaim. Vgl. Burgoyne, Elizabeth (Hrsg.): Gertrude Bell, from her personal papers. London 1961, S. 194-95, 250-51. Sie zog sogar in Erwägung, ihn 1922 mit einem hohen politischen Amt zu belohnen. Ebd., S. 294. Derselbe Ali Sulaiman erklärte mit weiteren 40 sunnitischen Stammesführern bei einem Gespräch mit König Faisal während der Debatte über den irakisch-britischen Vertrag von 1922, daß sie "... had sworn allegiance to him [Faisal, F.I.] on condition that he accepted British guidance." Great Britain, (Secret), Intelligence Report No. 9 of May 1922, para. 263; zitiert nach Batatu, 1978, S. 90.
173 Siehe hierzu al-Nafisi, 1973, S. 145-46.

tische Stämme gegen die Türken.[174] Auch während der Revolte leisteten die Stämme Widerstand gegen die Briten, obwohl der neue *marja'* Isfahani sich von der Bewegung distanzierte.[175] Es wäre folgerichtig, wenn Nazmi auch den nationalistischen Aspekte relativieren würde. Stattdessen betont er wegen der Agitation der *haras* den nationalistischen Aspekt.[176] Nazmi selbst bemerkt die Schwäche seiner Argumentation, indem er schreibt:

> ... die Nationalisten betrachteten den Islam als einen nützlichen Schirm ... der Islam war aber für die Nationalisten 1920 eine politische und keine religiöse Bewegung (*haraka diniya*) ....[177]

Zudem sei die Bewegung nicht schiitisch orientiert gewesen, weil die beteiligten Schiiten keinen schiitischen Staat gründen wollten.[178] Der letzte Teil der Argumentation wird aber von keiner Seite bestritten. Die schiitischen Autoren gehen auch von dem überkonfessionellen Charakter der Revolte aus, allerdings mit der Betonung der führenden Rolle der *mujtahids* und der schiitischen Stämme.[179] Der besonderen Hervorhebung der Rolle der Nationalisten bei Nazmi steht die Übertreibung der Rolle der *mujtahids* bei schiitischen Autoren gegenüber. Vor allem wird die Rolle des *marja' ul-a'la* Shirazi, der, wie wir ausführten, widerwillig und erst nach dem Ausbruch der Revolte dem Widerstand zustimmte, in übertriebener Form dargestellt. So schreibt al-Rahimi:

> Zwar übernahm eine Gruppe von *'ulama'* aus Karbala, Najaf und Kazimiya eine führende Rolle bei der Vorbereitung der Revolution von 1920, die Hauptrolle blieb aber dem Imam al-Shirazi vorbehalten, der neben seiner Position als *marja' ul-a'la* auch über persönliche politische Fähigkeiten verfügte.[180]

Nichtsdestotrotz war seine Zustimmung tatsächlich ein relevanter Faktor für die religiöse Legitimation der Revolte. Wie kann das Drängen der Nationalisten und ihrer schiitischen Vertreter, sich intensiv um die Erlaubnis und Zustimmung des *marja'* zu bemühen, anders verstanden werden? Sie waren sogar mit einem halbherzigen *fatwa* zufrieden. Eine äußerst wichtige Frage bleibt die nach der Haltung der schiitischen Stämme. War wirklich die nationalistische Agitation oder das *fatwa* des *marja' ul-a'la* maßgeblich bei der Mobilisierung der Stämme? Es ist nicht auszuschließen, daß die großen Stammes*shaikhs* des schiitischen Südens, wie al-Nafisi feststellt, die Revolte, zumal sie die Zustimmung des großen *marja'* fand, als eine Möglichkeit betrachteten, der neu entstandenen Macht der von den Briten begünstigten *shaikhs* ein Ende zu set-

---

174 Siehe Nazmi, 1984, S. 394.
175 Ebd.
176 Ebd.
177 Nazmi, 1984, S. 395.
178 Nazmi, 1984, S. 393.
179 Siehe z.B. al-Rahimi, 1985; Kazim, o.J.
180 Al-Rahimi, 1985, S. 210; auch Kazim, o.J. S. 249ff.

zen.[181] Die sozioökonomischen Bedingungen, die die britische Besatzung im schiitischen Süden geschaffen hatte, waren in der Tat von erheblicher Relevanz für die Struktur der schiitischen Stammesgesellschaft. Zunächst tasteten die Briten die Landbesitzverhältnisse, die durch die Einführung des Landbesitzgesetzes (*tapu*-Gesetz) unter Midhat Pascha (Regierungszeit im Irak 1869-1872) im Irak entstanden waren, nicht an.[182]

Während im Osmanischen Reich die Ansprüche der *tapu*-Besitzer vorwiegend nominell geblieben waren, setzte die britische Administration die Anteile Ende 1918 fest. Dabei hatten die Bauern lediglich ein Anrecht auf 50% ihrer Produkte, während die Regierung 20% als Steuern erhob, weitere 20% den *tapu*-Besitzern zusprach und die übrigen 10% den Stammes*shaikhs* zuschlug.[183] Da die schiitischen Bauern, einschließlich der schiitischen Stammes*shaikhs*, zur Zeit der Erstellung der *tapus* in der Regel leer ausgegangen waren - unter anderem wegen der konfessionalistischen Politik der osmanischen Verwaltung in Mesopotamien - traf die Festlegung durch die Briten und das konsequente Festhalten daran die schiitischen Stämme schwer. Die britischen Verwaltungsbeamten vor Ort wurden schnell auf das Gefahrenpotential, welches das Festhalten an vorgefundenen Verhältnissen in sich barg, aufmerksam. Aus der Region Nasiriya berichtete der Militärgouverneur, daß, falls Ruhe und Ordnung aufrechterhalten werden sollten, die Stämme unterstützt werden müßten. Würden jedoch die Eigentümer (*tapu*-Besitzer) unterstützt werden, so seien dauernde Unruhen zu befürchten.[184] 1919 senkte die britische Administration die Abgaben der Bauern auf 30%,[185] dennoch blieben die Besitzverhältnisse unangetastet. Verändert wurde dagegen die Stammesstruktur, denn die britische Administration öffnete durch die Einsetzung von einigen Stammes*shaikhs* als Steuereinnehmer gewaltsamen Rivalitäten zwischen den konkurrierenden Stammesführern Tür und Tor. Marion Farouk Sluglett schreibt über die Motive der britischen Besatzungsmacht:

> Auf diese Weise ersparte sich Großbritannien allerdings nicht nur den Aufbau eines teuren Verwaltungsapparates, sondern es gelang ihm auch, die mit ihm kooperierenden Scheichs durch ihre Beteiligung an den ein-

---

181 Siehe al-Nafisi, 1973, S. 153-54.
182 Midhat Pascha hoffte, mit der Einführung des *tapu*-Systems, d.h. mit der Registrierung des Landes auf die Bauern, die Stammesorganisation, die vom Staat kaum kontrolliert werden konnte, zu zerstören. Bei der Umsetzung des Systems tauchten große Hindernisse auf, die zu großen Unregelmäßigkeiten führten. Einerseits waren die Bauern finanziell nicht in der Lage, die Gebühren für die *tapu*-Dokumente zu zahlen, andererseits fürchteten sie auch, mit dem Erwerb des Dokuments behördlich registriert und dadurch zu Steuerzahlungen verpflichtet und zum Militärdienst eingezogen zu werden. Die korrupte Bürokratie hatte so die Möglichkeit, entweder selbst die Dokumente zu erwerben oder sie an städtische Händler zu verkaufen. Siehe hierzu Nazmi, 1984, S. 53-54.
183 Vgl. Nazmi, 1984, S. 269.
184 Siehe Nazmi, 1984, S. 267.
185 Ebd.

gezogenen Beträgen von Anbeginn an in weitem Maße an der britischen Herrschaft über das Land zu interessieren.[186]

Die Revolte war daher für die Bauern, die unter der Last der großen Abgaben an den Rand des Existenzminimums gedrängt worden waren, und für die deklassierten *shaikhs* primär eine soziale Bewegung. So wurden im Mittleren Euphrat, dem Kerngebiet der Revolte, zuallererst die von den Briten eingesetzten Steuereinnehmer vertrieben.[187]

Die britische Administration war kurz vor der Revolte zu der Erkenntnis gelangt, daß die Landbesitzverhältnisse und die Steuerpolitik neu durchdacht werden müßten.[188] Diese Erkenntnis war allerdings, wie die Berichte der britischen Militärverwaltung zwischen 1918 und 1920 belegen,[189] nicht neu. Da aber die britische Administration in Mesopotamien in dieser Phase die Besatzungskosten zu einem beträchtlichen Teil durch Steuern decken mußte, sollte zum einen durch Einsetzung der *shaikhs* als Steuereinnehmer ein kostspieliger bürokratischer Apparat ersetzt und zum anderen die Steuern effektiver als unter osmanischer Herrschaft eingezogen werden. Die britische Administration argumentierte zwar, daß die Steuern prozentual nicht über den unter der osmanischen Herrschaft üblichen Satz erhöht werden sollten.[190] Dennoch kann diese Behauptung irreführend sein, weil die Steuern vor der britischen Besatzung nie in vollem Umfang eingezogen worden waren.[191] Die Steuereinnahmen des Osmanischen Reiches in Mesopotamien in den Jahren 1910/1911 betrugen nach Haider 1.653.075 Britische Pfund, während sie unter der britischen Herrschaft in den Jahren 1919/1920 auf 3.795.500 Britische Pfund anstiegen.[192] Diese drastische Erhöhung kann kaum als Ergebnis erhöhter Produktivität der irakischen Wirtschaft interpretiert werden.

Die Steuerpolitik traf mit Sicherheit sowohl die schiitischen als auch die sunnitischen Bauern. Die sunnitisch-arabische Region nördlich und westlich von Bagdad hatte eine andere sozioökonomische Struktur. Es war hier wegen der Begrenztheit des landwirtschaftlich nutzbaren Bodens nie Großgrundbesitz entstanden. Fremde, d.h. städtische *tapu*-Besitzer gab es hier nicht. Die überwiegende Mehrheit der freien Bauern mußte keine großen Abgaben an die *shaikhs* leisten. Sie konnten daher die Steuerlast eher tragen. Hinzu kamen historische Faktoren, die allerdings mit dem Konfessionalismus verflochten waren: Zum einen wurde die sunnitische Region von den Osmanen aus konfessionellen Gründen anders behandelt als der schiitische Süden,[193] zum anderen

---

186 Omar Farouk-Sluglett, Marion: Der Wandel der Produktionsweise und Machtverhältnisse auf dem Lande im Irak unter der britischen Kolonialherrschaft, Diss., Berlin 1974, S. 82.
187 Siehe Nazmi, 1984, S. 285.
188 Einige Wochen vor der Revolte machte Wilson das India Office auf "...die Notwendigkeit einer gerechten Lösung des Landbesitztums und einer vernünftigen Steuerpolitik..." aufmerksam. F.O. 371/ 5227/ E.7725, "Dated 20. June 1920, No. 7825". Nach Nazmi, 1984, S. 250.
189 Eine ausführliche Darstellung dieser Berichte siehe Nazmi, 1984, S. 217ff.
190 Siehe Wilson, Arnold T.: Mesopotamia 1917-1920: A Clash of Loyalties. Oxford 1931, S. 312.
191 Siehe hierzu Nazmi, 1984, S. 224.
192 Haider, 1942, S. 702.
193 Vgl. al-Khafaji, 1983, S. 172-73.

blühte hier - vor allem in den kleinen Städten am Euphrat - wegen der günstigen Verbindungen das Textilhandwerk. Auch wenn seit Ende des 19. Jahrhunderts das Handwerk mit den industriell angefertigten importierten Waren nicht mehr konkurrieren konnte, war es bis in die dreißiger Jahre hinein nicht ganz verschwunden.[194] Da die Bauern selbst die Eigentümer des Bodens waren, waren sie, abgesehen von den von den Briten festgelegten zwanzigprozentigen landwirtschaftlichen Steuern,[195] zu keinen weiteren Abgaben verpflichtet. Dies erklärt auch zum Teil, warum sich die Revolte nicht über die schiitische Region hinaus ausdehnte.

— Um auf unsere Ausgangsfrage zurückzukommen, nämlich ob die Revolte von 1920 einen schiitischen oder einen arabisch-nationalistischen Charakter hatte, müssen folgende Aspekte berücksichtigt werden:

— Die Revolte war Ausdruck des sozialen Protests der schiitischen Stämme gegen die ökonomische Politik der britischen Besatzungsmacht, insbesondere gegen die Aufrechterhaltung des landwirtschaftlichen Großgrundbesitzes und der Steuerpolitik. Dieses sozusagen revolutionäre Potential korrespondierte mit den Interessen der sunnitischen Offiziere und Beamten, die bis zur Revolte an der Rückkehr in den Irak gehindert worden waren. Ihre politischen Organisationen - *haras al-istiqlal* im Irak und *al-`ahd al-`iraqi* in Syrien - hatten allerdings keine andere Möglichkeit, ihre Ziele zu erreichen, als den Versuch zu unternehmen, die schiitische religiöse Führung als Bündnispartner zu gewinnen. Ihre Rolle beschränkte sich auf die agitatorische Vorbereitungsphase.

— Die schiitischen Mitglieder der *haras al-istiqlal* beeinflußten zwar die Entscheidungen des *marja` al-a`la* Shirazi, ihr Einfluß endete jedoch mit dem Ausbruch der Revolte. Obwohl sich die Revolte auf das gesamte Gebiet des schiitischen Mittleren Euphrats ausdehnte, war sie als eine Stammesrevolte schwer zu kontrollieren und zu steuern. Die Darstellungen schiitischer Autoren über verschiedene von *mujtahids* gebildete Führungsgremien, die durch Shirazi koordiniert wurden, erscheinen wenig glaubhaft. Dies soll aber nicht bedeuten, daß nicht einige *mujtahids* an der Revolte teilnahmen. Dies geschah allerdings erst, nachdem die Revolte ein *fait accompli* geworden war.

— Daß die Revolte, wie al-Nafisi mit Recht feststellt, eine schiitische Revolte war, ergibt sich nicht nur aus der Behauptung, auf die einige schiitische Autoren insistieren, daß sie eine von *mujtahids* organisierte und angeführte Bewegung war, sondern aus der Tatsache, daß sie das Ergebnis der britischen Politik in der schiitischen Region darstellte. Diese Politik korrelierte mit dem Wunsch der Mehrheit der irakischen Araber nach nationaler Unabhängigkeit. Daß die Revolte von 1920 zur Beschleunigung der Entstehung des Staates Irak und zum Ausschluß der Schiiten von einer angemessenen Repräsentation in den Institutionen dieses Staates führte, wie Kedourie treffend feststellt,[196] mit dem Konzept des *state-building* und der Position der *state-builder* zusammen.

---

194 Ebd.
195 Siehe Nazmi, 1984, S. 269.
196 "The Rebellion was", schreibt Kedourie, "a throw of the dice that they lost, and consequences of the failed gamble have dogged the Shi`is of Iraq ever since." Kedourie, Elie: The Iraqi Shiis and their Fate. In: Kramer, Martin (Hrsg.): Shiism, Resistance and Revolution. Boulder 1987, S. 149.

Staatsgründung und Konfessionalismus

Während der Aufbau des Staates Irak mehr als zwei Jahrzehnte in Anspruch nahm, beschränkt sich die für dieses Kapitel relevante Phase auf die Zeit zwischen der Bildung des Staatsrates Ende 1920 und der Wahl der Konstituierenden Versammlung 1924, denn in diesen Jahren fiel die Entscheidung darüber, wer künftig den Irak regieren würde. Die Frage, ob die ethnisch-religiösen Gruppen Iraks bereit waren, sich mit der britischen Besatzungsmacht zu arrangieren, dürfte für die Beteiligung der jeweiligen Gruppe an der politischen Macht im neuen Staat von großer Bedeutung gewesen sein. Es scheint, daß die Schiiten durch ihre Revolte und ihre Forderung nach vollständiger Unabhängigkeit (*al-istiqlal al-tamm*) den Briten keine Möglichkeit ließen, sie im neuen Staat an der Macht zu beteiligen. Obwohl die irakischen arabischen Sunniten nicht *en bloc* als eine kollaborationsbereite Gruppe zu betrachten sind, darf nicht verschwiegen werden, daß sie aufgrund ihrer Tradition während des Osmanischen Reiches dazu neigten, die durch die Briten entstandene Ordnung zu akzeptieren, zumal diese Ordnung zumindest die ökonomischen Interessen der sunnitischen Elite, wie wir ausführten, nicht beeinträchtigte. Nicht ohne Grund wird von den gegenwärtigen schiitischen Autoren in der Phase der Staatsgründung die Position und Rolle des *naqib al-ashraf* von Bagdad (Oberhaupt der Abkömmlinge des Propheten al-Sada), Abd al-Rahman al-Ghailani, als ein negatives Pendant zur Rolle der schiitischen *mujtahids* hervorgehoben. Hasan al-`Alawi geht sogar davon aus, daß "... al-Naqib [al-Ghailani, F.I.] in seiner Eigenschaft als einer der Gründer des Staates unter Berücksichtigung der britischen Vorgaben die wichtigste Rolle in der modernen Geschichte des Irak spielte."[197] Auch wenn wir diese Bewertung nicht ganz teilen, da al-Ghailani nur die Phase zwischen der Gründung des Staates 1920 und der Ausrufung Amir Faisals zum König von Irak 1921 mitgestaltete,[198] muß eingeräumt werden, daß er kein Anhänger der vollständigen Unabhängigkeit war. Anders als die schiitischen *mujtahids*, die aus religiösen Gründen die Zusammenarbeit mit der britischen Administration verboten, machte al-Ghailani unmißverständlich klar, daß er sich dem Gesetz des Siegers unterwerfen würde. So erklärte er ge-

---

197 Al-Alawi, 1990, S.144. Hasan Al-Alawi ist der Ansicht, daß Abd al-Rahman al-Ghailani und der Hochkommissar Sir Percy Cox die Paten des Staates Irak waren. Unter dem "Cox/al-Naqib-Konzept" (Titel al-Ghailanis) versteht al-Alawi eine bewußte Peripherisierung der Schiiten. Ebd.

198 Al-Ghailani war zwar bis 1922 Ministerpräsident, hatte aber in Wirklichkeit nach dem Eintreffen Faisals im Irak seine politische Bedeutung verloren. Er änderte 1922 während der Kontroverse über den Mandatsvertrag seine Haltung gegenüber den Briten. Zur Überraschung Faisals und der Briten erklärte er als amtierender Ministerpräsident im Februar 1922, daß er weder britisches "Protektorat noch Mandat" befürworte. Vgl. C.O. 10405, 4. March 1922, Minute; zitiert nach Ni`ma, Kazim: *Al-malak Faisal al-auual wa al-ingliz wa al-istiqlal*. (König Faisal I., die Briten und die Unabhängigkeit). Bagdad 1988, S. 105. Die Aussage al-Ghailanis war für Faisal, der in einem Schreiben an Cox, gestützt auf die Aussagen al-Ghailanis, die Änderung des Vertrags verlangte, ein *deus ex machina* Vgl. C.O. 1359, 23. Februar 1922, Faisal to Cox; zitiert nach Nima, 1988, S. 106.

genüber Gertrude Bell, einer der wichtigsten Ratgeberinnen der britischen Regierung in Mesopotamien:

Khatun, your nation is great, wealthy and powerful: where is our power? If I say that I wish for the rule of the English and the English do not consent to govern us, how can I force them? ... I recognize your victory. You are the governors and I am the governed.[199]

Wie wichtig al-Ghailani für die Stabilisierung der politischen Verhältnisse nach der schiitischen Revolte war, wurde nach der Ernennung von Percy Cox zum neuen *High Commissioner* im Irak deutlich.[200] Cox versuchte, alles zu unternehmen, um - nach dem Prinzip der *indirect rule* - eine arabische Regierung im Irak zu gründen. Diese Entscheidung war das Ergebnis einer langen Debatte zwischen Befürwortern einer direkten britischen Herrschaft und Befürwortern einer von den Briten kontrollierten arabischen Regierung, d.h. eines Staates, der von einem "Mohammedaner" angeführt und von den Briten geleitet würde, wie Lord Curzon vorschlug.[201] Nicht anders als zu erwarten klammerte Cox bei seinen Bemühungen, eine irakische Regierung zu gründen, die schiitische Gruppe aus. Sein Entschluß im Oktober 1920, al-Ghailani als Vorsitzenden eines Staatsrats zu ernennen, war der Beginn der Dominanz der arabisch-sunnitischen Minderheit im neuen Staat. Die schiitische Mehrheit erhielt in diesem wichtigen Gremium, das bis zur Bildung der ersten Regierung 1921 formal den Irak regierte, ebenso wie die Juden lediglich einen einzigen Sitz.[202]

Die ethnisch-religiöse Zusammensetzung des Staatsrats und die Ernennung von sunnitischen Politikern zu Gouverneuren in den schiitischen Distrikten wurde von den Schiiten, allen voran von den schiitischen ʿulamaʾ in Najaf, mit Skepsis und Mißbehagen aufgenommen.[203] Zu Recht weist al-Nafisi darauf hin, daß die Unterrepräsentation der Schiiten im Staatsrat kaum durch die Argumentation begründet werden kann, die Schiiten verfügten nicht über geeignete Fachleute, denn auch von den anderen Ratsmitgliedern war, abgesehen von dem

---

199 Wilson, 1931, S. 338.
200 Al-Ghailani gehörte zu den Befürwortern der Wiederernennung von Cox, der bis 1918 britischer Hochkommissar in Mesopotamien war und 1918 zum Botschafter im Iran ernannt wurde. Siehe Wilson, 1931, S. 338.
201 Vgl. Stivers, William: Supremacy and Oil: Iraq, Turkey and Anglo-American World Order, 1918-1930. Ithaca, N.Y. 1982, S. 29.
202 Muhammad Bahr al-ʿUlum wurde nachträglich zum Erziehungsminister ernannt. Die von al-Ghailani bei Cox eingereichte Ministerliste enthielt keine schiitischen Persönlichkeiten. Auf Aufforderung von Cox schlug al-Ghailani Bahr al-ʿUlum vor. Siehe Hasan al-Alawi, 1990, S. 148ff. Der Staatsrat hatte folgende Persönlichkeiten als Mitglieder: Abd al-Rahman al-Ghailani (Vorsitzender, arab. Sunnit), Talib Pascha al-Naqib (Innenminister, arab. Sunnit), Sasun Afendi Hasqil (Finanzminister, Jude), Mustafa al-Alusi (Justizminister, arab. Sunnit), Jaʿfar Pascha al-ʿAskari (Verteidigungsminister, arab. Sunnit), ʿIzat Pascha (Minister für öffentl. Unternehmen, turkmenischer Sunnit), Muhammad Mahdi Bahr al-ʿUlum (Erziehungsminister, arab. Schiit), Abd al-Latif Pascha al-Mandil (Handelminister, arab. Sunnit), Muhammad Ali Fadil (Minister für religiöse Stiftungen (*auqaf*), arab. Sunnit). Von den 11 Ministern ohne Portefeuille gehörten vier zur schiitischen Gemeinschaft. Siehe al-Hasani Bd.I, 1988, S. 19-21.
203 Al-Nafisi, 1973, S. 167.

Finanzexperten Sasun Hasqil, niemand ein Fachmann seines Ressorts. Zudem machte der *Judical Secretary* in der britischen Administration in Mesopotamien, Edgar Bonham-Carter, der schon 1919 ein Konzept für die Bildung einer arabischen Regierung entworfen hatte, deutlich, daß den Mitgliedern des Staatsrates nur repräsentative Aufgaben zukommen sollten. Die britischen Berater in den Ministerien sollten dagegen die einzelnen Ressorts leiten.[204] Al-Nafisi schreibt: "Cox wußte nur zu gut, warum sich die Führer der Schiiten kritisierend und ablehnend zeigten. ... Er wußte, daß der einzige Weg, ihre extreme Forderung nach vollständiger Unabhängigkeit zu umgehen, die Majorisierung der Sunniten im Staatsrat war."[205] Dies dürfte nicht der einzige Grund gewesen zu sein, der zur Peripherisierung der Schiiten führte. Es gibt keinen Grund anzunehmen, daß schiitische Persönlichkeiten sich in der Regierung al-Ghailanis nicht beteiligt hätten.[206] Es muß davon ausgegangen werden, daß viele schiitische Persönlichkeiten genau wie der Erziehungsminister Muhammad Bahr al-`Ulum einer Ernennung nicht abgeneigt gewesen wären. Wie wir schon erwähnten, war die schiitische Gemeinschaft seit der britischen Okkupation kein monolithischer Block, der der *marja`iya* in allen religiösen und politischen Fragen gehorsam war. Aufgrund der Tradition des *taqlid*, die einen gewissen Meinungspluralismus duldet, machten einige *mujtahids* keinen Hehl daraus, daß sie nicht unter allen Umständen die Zusammenarbeit mit den Briten verweigern würden. Die Position des *marja` ul-a`la* Yazdi war, um ein Beispiel zu nennen, keineswegs antibritisch.[207] Die politische Peripherisierung der Schiiten fand mit Sicherheit nicht statt, weil die Briten die einflußreiche schiitische Elite nicht zur Zusammenarbeit hätten bewegen können, sondern vielmehr deshalb,

---

204 Siehe zum Entwurf Bonham-Carters Ireland, 1970, S. 183-84.
205 Ebd.
206 Muhammad Bahr al-`Ulum antwortete auf die Aufforderung al-Ghailanis, das Ressort des Erziehungsministers zu übernehmen, in einer Ansprache: "Meine Hände sind heute durch Eure Aufforderung vom 14, Gimade Al-Awal 1339 (Hijri, d.V.) beehrt worden. ... Ich fühle mich geehrt der Heimat und dem Volk gegenüber, dessen Führer Sie geworden sind, zu dienen. Wenn diese Aufgabe sich allein auf den Empfang von Euren Befehlen reduzieren würde, wäre dies mir Ehre genug...". Siehe al-Hasani Bd. I, 1988, S. 20.
207 Nazmi macht die Andeutung, daß einige *mujtahids* als Empfänger des *waqf awadh-waqf* (Abgaben der schiitischen Bevölkerung in Indien, die seit 1825 von der britische Regierung an einige *mujtahids* in Karbala und Najaf vergeben wurden) Interesse daran hatten, mit der britischen Besatzungsmacht zusammenzuarbeiten. Siehe Nazmi, 1984, S. 123-25. Diese Meinung kann aber nicht generalisiert werden. Aus den Reihen der Empfänger der *awadh-waqf* können sowohl Beispiele für britenfreundliche *mujtahids* als auch für antibritisch eingestellte angeführt werden. Während der *marja` al-a`la* Yazdi, ein Empfänger von Zuwendungen des *waqf `auda*, bis zu seinem Tode keine antibritische Haltung zeigte, war Shaikh ul-Shari`a al-Isfahani, ebenfalls ein Empfänger der *waqf `auda*, einer der Unterstützer der Revolte von 1920. In seiner Studie über den schiitischen Staat von Awadh macht Cole genauere Angaben über die religiösen und finanziellen Verbindungen der Schiiten in Awadh mit den *`ulama'* der schiitischen heiligen Stätten al-Najaf und Karbala. Nach Cole flossen die *khums* der Schiiten des Awadh-Staates in der Regierungszeit Muhammad `Ali Schahs (1837-42) in die beiden erwähnten Städte. Vgl. Cole, Juan Richard Irfan: Roots of North Indian Shi'ism in Iran and Iraq. Religion and State in Awadh, 1722-1859. Berkeley usw. 1988, S. 195. Die Schiiten aus der Awadh-Region gaben schon 1780 große Geldsummen für den Bau eines Wasserkanals nach al-Najaf (al-Hindiya-Kanal) aus. Ebd. S. 159.

weil der Widerstand seitens der schiitischen Mehrheit und der kurdischen Minderheit gegen eine Angliederung ihrer Gebiete an den neuen Staat Irak für die Briten die Übergabe der politischen Macht an die kleine sunnitisch-arabische Gruppe, die nicht mehr als 19 Prozent der Gesamtbevölkerung ausmachte, notwendig machte.

Die zweite wichtige Entscheidung der britischen Regierung, die die britische Präsenz im Irak konsolidieren sollte, war die Einigung der Teilnehmer an der Konferenz von Kairo 1921[208] auf die Kandidatur Amir Faisals als künftiger König des Irak. Die Kandidatur Faisals hatte denselben Grund wie die Ernennung al-Ghailanis zum Vorsitzenden des Staatsrats. Beide waren keine ausgesprochenen Gegner der britischen Präsenz in Mesopotamien. Zudem war Faisal von allen Kandidaten, die von den Briten ernsthaft in Betracht gezogen worden waren, nämlich Talib al-Naqib und der Amir des Khaza`ila-Stammes (Khusistan) Shaikh Khaz`al, der am besten geeignete Kandidat, zumal die Schiiten, wie schon erwähnt, sowohl bei der Volksbefragung 1918/19 als auch während der Revolte von 1920 die Ernennung eines der Söhne des Scharifen von Mekka zum König eines unabhängigen Staates Irak gefordert hatten. Nazmi beschreibt treffend, warum Faisal, der einige Monate nach seiner Thronbesteigung von den Franzosen aus Syrien vertrieben worden war, für die Briten eine Ideallösung darstellte: "Faisals Politik versprach die britische Präsenz zu garantieren und gleichzeitig eine arabische Regierung zu gründen. Dies war die akzeptable Version...".[209]

Beide Bedingungen waren konform mit den Zielen der Briten, nämlich das Mandat über den Irak zu bekommen und die britischen Truppen aus finanziellen Gründen zu reduzieren. Als sich dann die Schiiten im Mittleren Euphrat mit den britischen Truppen mehrere Schlachten lieferten, erhielt der neue Hochkommissar in Mesopotamien, Cox, im August 1920 die Anfrage, ob es möglich wäre, Faisal von einem repräsentativen irakischen Gremium als Kandidaten vorzuschlagen, und ob dieser außerdem bereit wäre, dem britischen Mandat über den Irak zuzustimmen.[210] Daß die erste Frage den Briten keine Probleme bereiten würde, wurde schon bei der Entscheidung 1920, einen Staatsrat zu gründen, bewiesen. Von großer Signifikanz war die Zustimmung zum britischen Mandat. Die Briten waren sich jedoch bewußt, daß Faisal - anders als die anderen Kandidaten[211] - keine andere Wahl hatte, als ihre Bedingungen zu ak-

---

208 Die Konferenz von Kairo, die unter dem Vorsitz von Churchill vom 12.-24. März 1921 stattfand, hatte Entscheidungen über folgende Fragen zu treffen: 1. Die zukünftigen Beziehungen zu dem neuen Staat Irak; 2. Der Thron-Kandidat für den Irak; 3. Die Gründung einer irakischen Armee; 4. Zukunft der kurdischen Gebiete (Mosul-Wilayat). Siehe Ireland 1971 (Reprint), S. 311-12; auch Sluglett, Peter: Britain in Iraq: 1914-1932. London 1976, S. 48-50.
209 Nazmi, 1984, S. 461.
210 F.O.371/5229/5140, "Appointment of Sir Percy Cox as High Commissioner, Instructions of H.M.G. Dated 28. August 1920, India Office". Nazmi, 1984, S. 417.
211 Talib al-Naqib wurde vor der Bekanntgabe der Kandidatur Faisals von den Briten ins Exil geschickt. Der Anlaß waren kritische Äußerungen zur britischen Politik im Irak, die er gegenüber dem Korrespondenten des Daily Mail gemacht hatte. In Wirklichkeit existierte die Absicht, ihn als gefährlichen Gegenspieler gegen die Kandidatur Faisal ins Exil zu schicken, schon vorher. So wurde Anfang 1921 in einem "Intelligence Report" festgestellt: "... The High Commissioner will pro-

zeptieren. Faisal war buchstäblich ein König ohne Land, der das Angebot der Briten, ihm ein Königreich zu geben, unter keinen Umständen ablehnen wollte. Percy Cox, Gertrude Bell und T.E. Lawrence hatten ein leichtes Spiel, die Mitglieder des Colonial Office auf der Konferenz in Kairo davon zu überzeugen, daß Faisal der geeignete Kandidat sei.[212] Faisal war - anders als der gescheiterte irakische Kandidat Talib al-Naqib - erpreßbar, weil er kein Iraker war und sich, zumindest in der ersten Phase, auf keine autochthone Gruppe stützen konnte. Eine Woche vor seiner Krönung am 16. August 1921 machte Faisal in sehr eindruckvoller Weise deutlich, was er den Briten schuldig war:

> I am an instrument of British policy. His Majesty's Government and I are in the same boat and must sink or swim together. ... Having, so to speak, chosen me, you must treat me as one of yourselves and I must be trusted as His Majesty's Government trust you and if you wish me and your policy to succeed, it is folly to damn me permanently in the public eye by making me an obvious puppet as might be. ... Much more is it to your interests to show at once that I am really King, that I am trusted, and that you are ready to support me. I undertake to be guided by your advice in all important matters.[213]

Schon vor dem Eintreffen Faisals in Basra im Juni 1921 rückten die schiitischen *mujtahids* von ihrer Unterstützung für dessen Kandidatur ab.[214] Die Zustimmung der Teilnehmer der Kairoer Konferenz für Faisals Kandidatur erhöhte ihre Befürchtungen, daß die uneigeschränkte Unabhängigkeit (*al-istiqlal al-tamm*) in weite Ferne gerückt sei.[215] Die Aufstellung Faisals als Thronkandidat durch den irakischen Staatsrat am 11. Juli 1921 wurde zwar von einigen *mujtahids* wie Muhammad Mahdi al-Khalisi und Muhammad al-Sadr begrüßt, andere einflußreiche *mujtahids* um die *maraji` al-a`la* Abu al-Hasan al-Isfahani und Muhammad Husain al-Na'ini verweigerten jedoch die Unterstützung für den Fall, daß eine eindeutige Ablehnung der britischen Präsenz seitens Faisals nicht vorliegen sollte.[216]

Al-Khalisi machte allerdings bei einer Begegnung mit Faisal 1921 deutlich, daß seine Unterstützung für ihn nicht bedingungslos sei:

---

bably have to exile him. He is too capable, energetic and intriguing a character to be left a loose end." Minute by Bullard on Intelligence Report of 30. December 1920; Minute dated 4th March 1921. Co 730/1/9829; zitiert nach Sluglett, 1976, S. 44.

212 Siehe zur Kairoer Konferenz Sluglett, 1976, S. 48-50.
213 Great Britain, FO 371/6352/E 9483/100/93, parapherse telegram No. 397 of 17. August 1921 from the High Commissioner, Mesopotamia, to the Secretary of State for the Colonies; zitiert nach Batatu, 1978, S. 324.
214 Siehe al-Nafisi, 1973, S. 178.
215 Ebd.
216 Siehe al-Rahimi, 1985, S. 241.

Er möge gerecht sein, die Herrschaft soll konstitutionell-parlamentarisch sein, und die Souveränität des Irak soll unter seiner Regenschaft von keiner ausländischen Macht eingeschränkt werden.[217]

Insbesondere dem letzten Punkt konnte Faisal nicht nachkommen. Es war evident, daß Faisal dem britischen Mandat als Gegenleistung für seine Kandidatur zustimmen würde. Die unter britischer Regie inszenierte Wahl Faisals zum König des Irak im Juli 1921 verdeutlichte nur, daß Großbritannien seinen Einfluß langfristig im Irak zu sichern beabsichtigte.[218] Die Art und Weise, wie Faisal das britische Mandat über den Irak thematisierte, schien kurz nach seiner Wahl zu einem Hindernis für seine baldige Krönung zu werden.[219] Als Kompromiß erwähnte er in seiner Rede, daß nach den Wahlen zu einer Konstituierenden Versammlung ein Vertrag über die Regelung der britisch-irakischen Beziehungen geschlossen werden sollte.[220]

Die Erklärung Faisals und der Beschluß der Regierung al-Ghailani, den von dem Hochkommissar Percy Cox vorgelegten Mandatsvertrag vor der Wahl der Konstituierenden Versammlung zuzustimmen, führten zur Vereinheitlichung der Position der schiitischen *mujtahids*, die bald die Unterstützung der neugegründeten schiitischen Partei *hizb al-nahda* (Renaissance-Partei) und der interkonfessionellen panarabischen Partei *al-hizb al-watani* (Nationale Partei) fanden.[221] Die Übereinstimmung der Ziele der beiden Parteien mit der Forderung der *mujtahids* nach vollständiger Unabhängigkeit des Irak sowie deren Verbindungen mit den *mujtahids* schufen eine ähnliche Situation wie die vor der Revolte von 1920. Die Regierung und der Hochkommissar Cox versuchten durch

---

217 Al-Rahimi, 1985, S. 243.
218 König Faisal war sich bewußt, daß die Wahlpropaganda ihm nur eine Scheinlegitimation verschaffte. Er war aber der Meinung, daß die Phase nach den Wahlen wichtiger sei. Siehe al-Nafisi, 1973, S. 182. Bei den Wahlen wurde die Bevölkerung von den britischen Offizieren und ihren irakischen Mitarbeitern aufgefordert, in Form von Protokollen (*madabit*) ihre Meinung über die Kandidatur Faisals, aber auch über die britische Präsenz zu äußern. Es wurde daher in den meisten Protokollen die Zustimmung zur Kandidatur Faisals von der weiteren Präsenz der Briten abhängig gemacht. Siehe al-Hasani Bd. I, 1988, S. 58-60.
219 Das Colonial Office gab Cox vor der Krönung zu verstehen, daß Faisal seine Zustimmung für das Mandat in der Thronrede erwähnen sollte. Faisal war jedoch bereit, auf seine Absicht, einen Vertrag mit Großbritannien zu schließen, aufmerksam zu machen. Er fürchtete dagegen, daß die explizite Erwähnung des Mandats seine Glaubwürdigkeit untergraben könnte. Siehe Ireland, 1970, S. 335.
220 Siehe den vollständigen Text der Rede Faisals in al-Hasani Bd. I, 1988, S.66-68.
221 *Al-hizb al-watani* wurde im Juli 1922 von den folgenden Personen gegründet: Ja'far Abu Timman (Schiit), Shaikh Ahmad al-Dauud (arab. Sunnit), Bahjat Zainal (arab. Sunnit), Maulud Mukhlis (arab. Sunnit), Abd al-Jafur al-Badri (arab. Sunnit), Muhammad Mahdi al-Basir (arab. Schiit), Hamdi al-Pachachi (arab. Sunnit). Die Mehrheit der Begründer der Partei waren ehemalige Führer der panarabischen Organisation *haras al-istiqlal*. Die schiitische Partei *hizb al-nahda* wurde durch Amin al-Charchafchi, Ahmad al-Zahir, Abd al-Rasul Kuba, Mahdi al-Charchafchi, Asif Wiqa'i, Muhammad Hasan Kuba, Mahdi al-Bir, Abd al-Razaq al-Uzri, Asadallah al-Hasan und Abd al-Jalil 'Auni gründet. Siehe Hasan Shubbar, 1989, S. 90-95.

die Auflösung der beiden Parteien und die Internierung ihrer Führer, dieses gefährliche Potential zu neutralisieren.[222]

Diese Maßnahmen waren von äußerster Wichtigkeit, weil die Publikationen der beiden Parteien und des Vertreters der *hizb al-watani* in der Regierung al-Ghailani, Ja'far Abu Timman, die Einschränkung der Souveränität des Irak in den meisten Artikeln des Vertrags und die unbestimmte Dauer der britischen Präsenz im Irak zum Hauptthema ihrer Agitation machten.[223]

Die unnachgiebige Haltung der Opposition und ihre Zusammenarbeit mit der schiitischen *marja'iya* machten Unterdrückungsmaßnahmen notwendig. Faisal mußte die Äußerungen der Briten ernst nehmen, die ihn im Zusammenhang mit dem Vertrag deutlich vor dem Taktieren warnten. Churchill verkündete nach dem Beginn der Debatte über den Vertrag: "Faisal should be under no delusions in this matter. He will be a long time looking for a third throne."[224]

Die Briten erwarteten eine schnelle Entscheidung über den Vertrag, auch wenn ersichtlich war, daß diese Entscheidung die Glaubwürdigkeit Faisals stark beeinträchtigen würde. Cox und Bell scheinen einen Schlag gegen die schiitischen *mujtahids* für unabdingbar gehalten zu haben. Der folgende Bericht Bells über die Sitzung des Kabinetts, in der Abu Timman seine Einwände vortrug, - spiegelt die Haltung der Briten gegenüber den Schiiten wider:

> The Treaty was read, Abdul Muhsin [as-Sa'dun, F.I.] (Justice) urged its acceptance, Taufiq Beg (Interior) said he agreed the question was urgent but 95 per cent of the country wold be against the treaty cum mandate. ... The Naqib [al-Ghailani, F.I.] asked Ja'far Pasha [al-Askari, F.I.] whether his army would put down disturbance. He replied that no Arab would fight against an Arab. ... Then Ja'far Abu Timman (Commerce), who ist the villain of the piece (sic), spoke. He had sat silent like one who was taking evidence to report to his superiors the Shi'a Divines. ... He said this was a matter the Council could not settle - it must go to Congress. The holy saiyids and pillars of Islam were against a treaty at all ....[225]

Es ist nicht unwichtig zu erwähnen, daß die *hizb al-watani* und ihr Vertreter Ja'far Abu Timman - anders als die *mujtahids* - nicht *en bloc* jedwede Verbin-

---

222 Siehe al-Hasani Bd. I, 1988, S. 170-71.
223 Aus Artikel 18 des Vertragsentwurfs geht hervor, daß die Dauer des Vertrags auf 20 Jahre festgelegt war. Er sollte aber mit Zustimmung beider Parteien verlängert werden können. Zum Text des Vertrags siehe al-Hasani Bd. I, 1988, S. 142-46.
224 Minute by Churchill, April 1922, C.O. 730/21/18047; zitiert nach Sluglett, 1976, S. 77. Bis August 1922 scheinen die Briten Faisal mit der Absetzung gedroht zu haben. In einem Konzept über die Zukunft des Irak zog Sir Hubert Young u.a. die Absetzung Faisals und die Ausrufung seines Bruders Abdallah oder al-Ghailanis zum neuen König des Irak in Betracht. C.O. 37397, 3. August 1922, Minute. Nach Nima, 1988, S. 116. Faisal wollte, wie sein Biograph Nima berichtet, seitdem er zum Kandidat ernannt worden war, unter keinen Umständen zulassen, daß die Ereignisse sich so negativ entwickelten wie in Damaskus, so daß er abdanken müßte. Überhaupt scheint das Trauma seiner Flucht aus Syrien 1920 alle seine Handlungen im Irak überschattet zu haben. Siehe Nima, 1988, S. 98-102.
225 Burgoyne, 1961, S. 276.

dung mit Großbritannien ablehnten. Wie auch aus dem Bericht von Bell hervorgeht, traten sie vielmehr für den Abschluß eines Vertrages mit Großbritannien nach der Zustimmung der zu wählenden Konstituierenden Versammlung ein. Ein Mandat Großbritanniens über den Irak wurde allerdings kategorisch abgelehnt.[226] Hätte aber Großbritannien dieser Forderung zugestimmt, wäre seine Präsenz im Irak gefährdet gewesen.

Nach der Verfolgung der Oppositionsparteien waren die *mujtahids* die einzige Gruppe, die sich gegen die Regierung stellte. Nachdem deutlich geworden war, daß Faisal nicht bereit war, mit der britischen Regierung neu zu verhandeln, einigten sich Isfahani, Khalisi und Na'ini 1922 auf den Boykott der Wahlen zur Konstituierenden Versammlung, die den Mandatsvertrag bestätigen sollte. Das *fatwa* des *marja` ul-a`la* al-Isfahani gegen die Wahlen, die für den 1.5.1922 ausgeschriebenen worden waren, bedeutete praktisch die Unmöglichkeit ihrer Durchführung.[227] In einem gemeinsamen *fatwa* unterstützten al-Na'ini und al-Khalisi das *fatwa* al-Isfahanis und vertraten darüberhinaus die Meinung, daß die Teilnahme an den Wahlen den Austritt aus dem Islam bedeute.[228] Al-Khalisis Widerruf seines persönlichen Treueeids (*bai`a*) Faisal gegenüber[229] war ein persönlicher Affront gegen denselben.

Die *mujtahids* errangen mit der Verhinderung der Wahlen einen partiellen Sieg über die Regierung. Diese mußte wegen ihres Scheiterns, die Wahlen durchzuführen, zurücktreten. Die neue Regierung Abd al-Muhsin al-Sa`duns versuchte, die schiitische Opposition rechtlich und politisch in die Enge zu treiben. Sie konnte jedoch wegen der religiösen Stellung der *mujtahids* zunächst deren strafrechtliche Verfolgung - auf der Grundlage des Wahlgesetzes - nicht durchsetzen.[230] Al-Sa`dun wußte wahrscheinlich, daß noch nicht die Voraussetzungen gegeben waren, um den schiitischen Widerstand brechen zu können. In seiner Regierungserklärung machte er dennoch keine Konzessionen und beharrte auf der Abhaltung der Wahlen und der Ratifizierung des Mandatsvertrags.[231] Al-Sa`dun nahm die seit Oktober 1922 in Lausanne geführten Verhandlungen über die Zukunft des ehemaligen Wilayats Mosul zum Anlaß, in der irakischen Öffentlichkeit den Eindruck zu erwecken, daß die Verhinderung baldiger Wahlen - und so der Ratifizierung des Vertrages mit Großbritannien - die irakische Position und die Ansprüche Iraks auf Mosul schwächen würde.[232]

226 Siehe al-Darraji, 1980, S. 177.
227 In seinem *fatwa* verkündete al-Isfahani: "Diese Wahlen töten die islamische Gemeinschaft ...". Siehe al-Rahimi, 1985, S. 260.
228 Auf eine Anfrage antworteten al-Khalisi und al-Na'ini: "... Ja, wir verbieten gegenwärtig die Abhaltung der Wahlen. ... Wer sich beteiligt oder dazu Hilfe leistet, ist wie einer, der Krieg gegen Gott und seinen Propheten ... erklärt hat." Siehe al-Rahimi, 1985, S. 261.
229 Al-Khalisi erklärte: "Wir haben zugestimmt, daß Faisal unter bestimmten Voraussetzungen König von Irak wird. Er hat diese Voraussetzungen nicht erfüllt. Wir und das irakische Volk haben ihm gegenüber keine Pflichten mehr." Siehe al-Rahimi, 1985, S. 261.
230 Das kurz vor der Wahlausschreibung verabschiedete Wahlgesetz sah gemäß den Paragraphen 64, 65 und 66 die strafrechtliche Verfolgung von Personen, die zum Wahlboykott aufriefen, vor. Siehe al-Rahimi, 1985, S. 263.
231 Siehe den Text der Regierungserklärung al-Sa`duns in al-Hasani Bd. I, 1988, S. 155-56.
232 Ebd.

Die Bemühungen der Regierung al-Sa'dun, die schiitische Opposition zu schwächen, beschränkten sich nicht auf die Betonung der Mosul-Frage. Das Hauptargument der schiitischen Opposition, daß nämlich der Vertrag den Irak auf unbegrenzte Zeit unter britischen Einfluß brächte, mußte entkräftet werden. Al-Sa'dun sah sich gezwungen, mit der britischen Regierung über die vertraglich vereinbarte Dauer der britischen Präsenz neu zu verhandeln. Das Ergebnis der Verhandlungen, das Protokoll vom 30.4.1923, sah zwar die Beendigung des Mandats vier Jahre nach der Unterzeichnung eines Friedensvertrages mit der Türkei - und somit die Lösung der Mosulfrage - vor, enthielt aber einen Passus über die Regelung der britisch-irakischen Beziehungen nach der Unabhängigkeit des Irak und nach dessen Beitritt zum Völkerbund.[233] König Faisal leistete mit seiner Erklärung vom 4. Mai 1923 der Regierung Schützenhilfe.[234] Er verkündete: "Unsere Regierung konnte diese Ergebnisse (die im Protokoll enthaltenen Bestimmungen, F.I.), trotz der Verleumdungen und der Zwischenfälle nur erzielen, weil sie das Vertrauen des Volkes genießt."[235]

Da das Protokoll einen deutlichen Hinweis auf die weitere Präsenz Großbritanniens im Irak beinhaltete, war die Hauptforderung der schiitischen Opposition nicht erfüllt. Die Erklärung deutete auf einen Konfrontationskurs der Regierung hin, falls die *mujtahids* auf dem Wahlboykott beharrten. Um mögliche Reaktionen der schiitischen Stämme gegen die von der Regierung geplante Aktion gegen die *mujtahids* zu verhindern, versuchte Faisal, von der Erkenntnis geleitet, daß die *fatwas* der *mujtahids* für die Regierung keine Gefahr darstellen würden, die *mujtahids* und die Stämme zu spalten. Er berichtete schon im November 1922 in einem Brief an den Hochkommissar Cox über diese Möglichkeit:

> I am fully confident that if we succeed in winning over these shaikhs and separating them from the 'ulama' who think that they are blindly obedient to them we shall attain our desire to make a success of the elections and to ratify the Treaty without any trouble.[236]

Faisal hatte in dieser Hinsicht eine günstige Ausgangsposition. Die britische Administration und die irakische Regierung beraubten durch ihre Bodenpolitik nach der Revolte von 1920 die *mujtahids* ihres bewaffneten Arms. Die Stämme folgten al-Khalisi diesmal nicht - anders als bei der Revolte von 1920. Der König hatte im Konkurrenzkampf um die Gunst der Stammes*shaikhs* durch die Möglichkeit der Verteilung von Privilegien bessere Karten als al-Khalisi. Der

---

233 Siehe zum Text des Protokolls al-Hasani Bd. I, 1988, S. 164-65.
234 Diese Strategie wurde nach Angaben von al-Sa'duns Biograph, Faraj Abdallah, von al-Sa'dun konzipiert. Siehe Abdallah, Lutfi Ja'far Faraj: *Abd al-Muhsin al-Sa'dun wa dauruhu fi tarikh al-'Iraq al-siyasi al-mu'asir* (Abd al-Muhsin al-Sa'dun und seine Rolle in der modernen Geschichte des Irak). Bagdad 1988, S. 86ff.
235 Siehe Abdallah, 1988, S. 165.
236 King Faisal to Sir Percy Cox, 30. November 1922, Delhi, BHCF, 23/15/1, Vol.I.; zitiert nach Sluglett, 1976, S. 83.

Autorität der *mujtahids* waren deutliche Grenzen gesetzt. Wir stimmen Batatu zu, wenn er über die Beweggründe des polititischen Verhaltens der *shaikhs* schreibt:

> Political behavior is rarely unicausal. However, the pliancy of the tribal chiefs to British policies or their subservience to king or regent, or their participation in nationalist endeavours, were often at bottom no more than bids for the support of their private ambitions in land, that is, of their desire to preserve or add to their holdings, or to pull down land rivals, or to reverse unfavorable land decisions, or to secure preferential treatment in land revenue, or to escape revenue altogether.[237]

Nachdem deutlich geworden war, daß die *mujtahids* nicht bereit waren, ihre *fatwas* rückgängig zu machen, entschloß sich die Regierung mit der Unterstützung des Hochkommissars Cox zu einer Maßnahme, die in der Geschichte der mesopotamischen Schiiten beispiellos war, nämlich zur Verhaftung und Deportation der führenden *mujtahids* aus dem Irak.[238] Dies wurde nicht ohne deutlichen Hinweis auf die nicht-arabische Abstammung einiger *mujtahids* durchgeführt.[239] Der Chronist der irakischen Regierungen der haschemitischen Monarchie, al-Hasani, schreibt hierzu:

> König Faisal erwog seit April 1923 die Verhaftung der oppositionellen `ulama´ und ihre Deportation aus dem Irak. Seine Berater warnten ihn, diesen gewagten Schritt zu tun. Nach der Verbreitung des Boykotts (der Wahlen, F.I.) brachte er die loyale Presse dazu zu propagieren, daß die Idee des Wahlboykotts eine fremde, dem arabischen Nationalismus feindlich gesinnte Idee sei, daß die Boykottbefürworter Fremdlinge seien und somit kein Recht hätten, sich in die Angelegenheiten der arabischen Nationalisten einzumischen. Der Hochkommissar (Percy Cox, F.I.) drängte dezidiert darauf, Maßnahmen gegen jeden, der den Wahlboykott propagiere, zu ergreifen.[240]

---

237 Batatu, 1978, S. 116.
238 Al-Sa`dun in seiner Position als Ministerpräsident und Innenminister plante mit dem Beginn des Protestes die Verbannung der *mujtahids* aus dem Irak. Der König selbst war diesem Schritt nicht ganz abgeneigt. Vgl. al-Bazirgan, `Ali: *Al-waqai al-haqiqiya fi al-thawra al-`iraqiya* (Die wahren Ereignisse der irakischen Revolution). Bagdad 1954, S. 177. Eine dritte Seite, die al-Sa`dun zu diesem Schritt ermutigte, war die britische Regierung selbst. Vgl. Ireland, 1937, S. 392.
239 Zur Zeit der Deportation der *mujtahids* existierte kein irakisches Staatsangehörigkeitsgesetz. Das Gesetz wurde erst 1924 verabschiedet. Die Regierung al-Sa`dun ging *a priori* davon aus, daß die Bewohner des Irak, die vor der Gründung des Staates 1920 die osmanische Staatsbürgerschaft hatten, als Iraker zu betrachten seien. Diejenigen, die jedoch die persische Staatsbürgerschaft besaßen - dies waren in der Regel persische und arabische Schiiten -, galten als Ausländer. Um die Deportation der *mujtahids* formaljuristisch zu begründen, verabschiedete al-Sa`dun kurz vor der Deportation ein Gesetz, das erlaubte, Ausländer bei politischen Delikten abzuschieben. Vgl. Abdallah, 1988, S. 88.
240 Al-Hasani Bd. I, 1988, S. 175. Es ist nicht auszuschließen, daß der britische Hochkommissar Percy Cox und vor allem seine Beraterin Gertrude Bell aufgrund der Erfahrungen der britischen

Der ethnisch-konfessionelle Aspekt nahm in der Tat in allen Erklärungen der Regierung einen wichtigen Platz ein.[241] So beschloß die Regierung al-Sa`dun am 17.6.1923, daß "... die unnachgiebige Bestrafung des illegalen Widerstands; die Deportation der Ausländer aus den Reihen des Volkes und daß irakische Straftäter vor Gericht gestellt werden."[242]

Al-Sa`dun wurde in seiner Regierungserklärung vom 25. Mai, nach der Deportation der *mujtahids*, noch deutlicher:

> ... einige Fremdlinge (*dukhala'*), die keine Beziehung zu der arabischen Sache (*al-qadiya al-arabiya*) haben und den wirklichen Interessen des Volkes und des Landes keine Wichtigkeit beimessen, erfinden Aussagen, die aus religiösen Gesetzen stammen sollen. Sie beabsichtigen dadurch nur die Störung der Wahlabhaltung und Irreführung der öffentlichen Meinung. ... Die von der Regierung gezeigte Geduld und Zurückhaltung gegenüber diesen Aktionen ermutigte diese verblendeten Fremden (*al-ghuraba' ul-mutahauassin*), weiter irrezuführen. ... (Die Regierung, F.I.) kann die ausländischen Neigungen unter dem Vorwand der religiösen Autorität nicht dulden.[243]

Im Gegensatz zu der Mehrheit der *mujtahids*, die iranischer Abstammung waren und daher als Fremdlinge (*dukhala'*) und Fremde (*ajanib*) bezeichnet wurden und die schon lange vor der Gründung des Staates Irak in den heiligen schiitischen Städten Mesopotamiens ansässig waren, gehörte der deportierte Shaikh Mahdi al-Khalisi - dies wußten Faisal und al-Sa`dun, die selbst aus dem Hijaz stammten und keine autochthonen Iraker waren,[244] nur zu gut - zu den wenigen arabischen Groß*mujtahids* im Irak.[245]

Die Instrumentalisierung des ethnisch-konfessionellen Aspektes in der politischen Auseinandersetzung durch die Regierung war ein bewußter Versuch Faisals und der sunnitischen Elite, die Hauptgegner der im Entstehen begriffe-

---

Administration zur Zeit der Revolte von 1920 die Deportation der *mujtahids* empfohlen hatten. Ireland schreibt hierzu: "It was maintained in British official circles that the only remedy lay in vigorous action against the leaders themselves. Only by their suppression would the opportunity be afforded of intimidating the rank and file to the extent that the elections could be continued without further active opposition." Ireland, 1970, S. 392.

241 Die geheimen Berichte der Regierung al-Sa`dun thematisierten schon lange davor den konfessionellen Aspekt. Es hieß in einer Lagebeurteilung: "Der schiitische Einfluß auf die Angelegenheiten des Landes geht auf die `ulama´, die konfessionelle Interessen haben, zurück. Diese [die `ulama´, F.I.] berücksichtigen nationale Interessen nicht." Abdallah, 1988, S. 87-88.

242 Al-Hasani Bd. I, 1988, S. 172.

243 Al-Hasani Bd. I, 1988, S. 174-75.

244 In einer Erklärung an die ausländischen Vertretungen in Bagdad, die von 400 schiitischen Persönlichkeiten unterschrieben wurde, wurde u.a. festgestellt: "If the King pretends that the `ulama´ are 'aliens', then this epithet must be applied also to him because he is a Hijazi by origin and his Prime Minister - Abd-ul-Muhsin as-Sadun - although a Muntafiqi is a Hijazi. ... Moreover, all the King's suite are aliens." Zitiert nach Batatu, 1978, S. 326.

245 In einem Schreiben an al-Sa`dun forderte Faisal: "Wenn diese Maßnahme gegen Shaikh Mahdi (al-Khalisi, F.I.) unabdingbar ist, dann wünsche ich ein ehrenvolles Verhalten ihm gegenüber ...". Al-Hasani Bd. I, 1988, S. 173.

nen politischen Ordnung zu diffamieren. Auffallend ist, daß die schiitischen Gegner der Staatsgründer, die *al-nahda*-Partei und die *mujtahids*, in dieser Phase den konfessionellen Aspekt im Rahmen ihrer politischen Argumentation ausklammerten. Sie versuchten eher, überkonfessionell zu sein und aus dieser Position heraus gegen das von Großbritannien oktroyierte System Widerstand zu leisten. Immer wieder bestand die schiitische Opposition auf der Beendigung der britischen Intervention in die politischen und administrativen Angelegenheiten des Irak, auf der Gründung einer nationalen Regierung, die das Volk repräsentierte, und auf der Ablehnung der Unterzeichnung des Vertrags mit Großbritannien vor dem Abhalten freier Wahlen.[246] Die Schiiten mußten erkannt haben, daß die Erfüllung der oben erwähnten Forderungen ihre politische Peripherisierung verhindern würde. Diese drei Aspekte stehen in der Tat in einer kausalen Relation. Seit der Gründung des Staatsrats 1921 war deutlich geworden, daß die britische Besatzungsmacht nicht daran interessiert war, die schiitische Mehrheit am Aufbau der staatlichen Institutionen zu beteiligen. Eine nationale Regierung, wie die Opposition sie forderte, mußte bei ihrer Zusammensetzung auch die Mehrheit der Bevölkerung berücksichtigen. Freie Wahlen zur Konstituierenden Versammlung waren ebenfalls wichtig, weil die Schiiten - nicht ganz unbegründet - fürchten mußten, daß Großbritannien und die irakische Regierung alles daran setzen würden, um wie bei der Kandidatur Faisals und bei dem Referendum über seine Kandidatur ein für sie akzeptables Ergebnis zu erzielen. Der Aufruf zum Wahlboykott war daher, vor allem nachdem die Regierung die beiden erwähnten oppositionellen Parteien sowie die oppositionelle Presse verboten hatte, wirkungslos geblieben.

---

246 Dies war auch der Inhalt einer gemeinsamen Erklärung der oppositionellen interkonfessionellen *hizb al-watani al-`iraqi* und der schiitischen *hizb al-nahda* anläßlich des Jahrestages der Krönung Faisals zum König vom Irak am 21. August 1922. Siehe Shubbar, 1989, S. 94.

Die Rolle der Schiiten im politischen System der haschemitischen Monarchie 1921-1958

Bevor die Position der Schiiten unter der haschemitischen Herrschaft 1921-1958 behandelt wird, scheint es wichtig zu sein, der Frage nachzugehen, welche sozialen Schichten als *state-builder* fungierten und welche im Verlauf der Entwicklung maßgeblich beteiligt waren.

Obwohl die Regierung al-Ghailani in der Zeit zwischen der Gründung des Staatsrats 1921 und der Ablösung der zweiten Regierung, die al-Ghailani unter Faisal als Ministerpräsident leitete, wichtige politische Entscheidungen traf und in ihrer ethnisch-konfessionellen Zusammensetzung eine Dominanz der sunnitisch-arabischen Minderheit aufwies, war sie nicht mehr als eine Interimslösung zwischen der Entscheidung der britischen Regierung, einen neuen Staat Irak zu gründen, und der Bildung der Regierung Abd al-Muhsin al-Sa`duns[247] im November 1922. Mit dem Auftrag Faisals an al-Sa`dun, eine neue Regierung zu bilden, trat zum ersten Mal ein ehemaliger irakischer Offizier der osmanischen Armee an die erste Stelle des neuen Staats. Dies war der Beginn einer langen Phase, in der diese Gruppe die Aufgaben einer politischen Elite übernahm und eine Koalition der mächtigsten sozialen Kräfte unter der haschemitischen Monarchie - bestehend aus den arabischen Stammes*shaikhs*, den kurdischen *aghas*, den Großhändlern und den *sadahs* - anführte.[248]

Für die Betrachtung der Stellung der Schiiten unter der haschemitischen Monarchie ist die Tatsache, daß die ehemaligen irakischen Offiziere der osmanischen Armee ausschließlich Sunniten waren und daß sie bis zum Sturz der Monarchie 1958 ihre führende Stellung behaupten konnten, von großer Bedeutung. Die mächtigste Gruppe unter den ehemaligen Offizieren waren zweifellos die sogenannten ex-scharifischen Offiziere. Diese Gruppe wies zwar eth-

---

247 Abd al-Muhsin al-Sa`dun (1879-1929) spielte nach seinem Eintreffen im Irak 1921 bis zu seinem Freitod 1929 die Hauptrolle in der irakischen Politik. Al-Sa`dun, ein Abkömmling der sunnitischen Shabib-Sa`dun-Emire der Muntafiq-Region, absolvierte die osmanische Militärakademie "*Harbiya*" und wurde 1905 am Hofe des Sultans Abd al-Hamid eingestellt. Al-Sa`dun vertrat von 1910 bis zum Zusammenbruch des Osmanischen Reiches die Muntafiq-Region im Parlament. Er hatte - anders als Nuri al-Sa`id, Yasin al-Hashimi und Taufiq al-Suwaidi - keine Verbindungen mit den Vereinen der arabischen Nationalisten. Er galt, nachdem er 1922 Innenminister und im Oktober des gleichen Jahres Ministerpräsident geworden war, als probritisch. Es ist möglich, daß König Faisal ihn in diese Rolle gedrängt hatte, um seine Rolle als unnachgiebiger Verhandlungspartner gegenüber den Briten in der irakischen Öffentlichkeit zu propagieren. Siehe hierzu Batatu, 1978, S. 189-192. Ende der zwanziger Jahre geriet al-Sa`dun, der begonnen hatte, einen härteren Kurs gegen die Briten zu fahren, in eine politische und persönliche Krise. Politisch sah er sich nicht in der Lage, die Interessen des Irak bei dem anstehenden neuen Vertrag mit Großbritannien durchzusetzen. Nach seinem Freitod 1929 war der Weg für Nuri al-Sa`id, einem Verfechter der irakisch-britischen "Partnerschaft", frei. Vgl. zu al-Sa`dun: `Abdallah, 1988.

248 In dieser Studie wird der Versuch unternommen, die politische und soziale Struktur im Zusammenhang mit der Situation der irakischen Schiiten darzustellen. Zur detaillierten Analyse der irakischen Gesellschaft unter der haschemitischen Monarchie siehe: Batatu, 1978, S. 6-361.

nisch-konfessionelle und regionalistische Gemeinsamkeiten auf,[249] ihre Formierung als Gruppe verdankten sie jedoch vor allem dem Ersten Weltkrieg sowie dem Aufstand des Scharifen von Mekka 1916. Die überwiegende Mehrheit der ex-scharifischen Offiziere geriet im Ersten Weltkrieg in britische Gefangenschaft und stand vor der Alternative, entweder weiter in Gefangenschaft zu bleiben oder sich Scharif Husain im Hijaz anzuschließen.[250] Die irakischen Offiziere in der osmanischen Armee, die die Mehrheit der arabischen Offiziere ausmachten, waren, abgesehen von einer kleinen Minderheit, nicht gewillt, nach der Revolution der Jungtürken an der Gründung arabischer Vereine mitzuwirken. Von den 113 in Istanbuler arabischen Vereinen aktiven arabischen Nationalisten kamen lediglich 18 aus dem Irak.[251] Nazmi vertritt die Auffassung, daß die soziale Abstammung der irakischen Offiziere - als Angehörige der nicht wohlhabenden irakischen Schichten - erklärt, warum diese, da sie auf ihr Einkommen als Offiziere angewiesen waren, loyal zum Osmanischen Reich blieben.[252] Dies erklärt auch, warum sich ein beachtlicher Teil der irakischen Offiziere nach ihrer Gefangenschaft weigerte, sich der Revolte von Scharif Husain anzuschließen und warum hohe Offiziere und Politiker, wie `Ali Rida al-`Askari, Tahsin al-`Askari, Yasin al-Hashimi und `Abd al-Muhsin al-Sa`dun, um nur einige Beispiele zu nennen, bis zum Fall von Damaskus 1918 die osmanischen Truppen anführten.[253] Die unklare politische Situation vor der osmanischen Kapitulation 1918 ließ alle Möglichkeiten offen.

Nach dem Fall von Damaskus blieben die ex-scharifischen Offiziere in der Gefolgschaft Faisals. Die Übernahme militärischer und administrativer Funktionen durch die ex-scharifischen Offiziere in Syrien war für diese jedoch keine endgültige Lösung, und ab 1919 forderten sie die britische Regierung auf, ihre Repatriierung zu ermöglichen.[254] Die unklare britische Irak-Politik, besonders die Form der britischen Präsenz, verhinderte zunächst die Repatriierung. Vor allem der *Acting Civil Commissioner* Wilson zeigte sich ablehnend gegenüber dem Vorschlag der Offiziere, gemäß dem *indirect rule*-Prinzip die Offiziere an dem noch zu gründenden Staat zu beteiligen. Die Frage der Machtübernahme oder der Beteiligung an der Macht war für die Offiziere von essentieller Bedeutung. Mit Recht konstatiert Nazmi im Zusammenhang mit dieser Frage:

> ... die Offiziere waren zur Ausübung ihres Berufs und zum Bestreiten ihres Lebensunterhalts völlig auf den Staat angewiesen. Für sie hatte die Frage nach der Gründung des Staats (des irakischen Staats, F.I.) und der

---

249 Batatu schreibt hierzu: "They counted about three hundred in all and, with few exceptions, were of the Sunni sect and hailed from Baghdad or the northern half of the country." Batatu, 1978, S. 319.
250 Siehe Nazmi, 1984, S. 151.
251 Nazmi, 1984, S. 139.
252 Ebd.
253 Siehe Nazmi, 1984, S. 151.
254 Nazmi ist der Auffassung, daß die Spaltung der *al-ahd*-Organisation in einen syrischen und einen irakischen Flügel die Iraker veranlaßt hat, sich zu bemühen, in den Irak zurückzukehren. Siehe Nazmi, 1984, S.166.

Herrschaft in diesem Staat keine untergeordnete Bedeutung. Sie war ihr Hauptanliegen ...[255]

Diese Frage war aber mit der Durchsetzung der indirekten Herrschaft über den Irak verbunden. Seit der osmanischen Kapitulation von Mudros wurde die Frage der Zukunft Mesopotamiens zwischen dem *India Office* und der Regierung in London heftig diskutiert. Erst die schiitische Revolte von 1920 forcierte die Umsetzung der indirekten Herrschaft in Mesopotamien. Schon vor der Bildung des Staatsrats 1920 trafen die Offiziere nach und nach im Irak ein. Spätestens seit der Kandidatur Faisals 1921 und seiner Ausrufung zum König des Irak bekamen die ex-scharifischen Offiziere die Stellung einer Politiker-Kaste, die mit der haschemitischen Monarchie unauflöslich verbunden war.

Das Machtmonopol, das sich die ex-scharifischen Offiziere nach der Bildung der Regierung Abd al-Muhsin al-Sa'dun, die als erste ex-scharifische Regierung betrachtet werden kann, sicherten, konnte bis 1958 aufrecht erhalten werden, weil sie eine Art Klassenkoalition anführten. Die ihr sozial und kulturell nahestehende Gruppe waren die Angehörigen der ehemaligen osmanischen Bürokratenfamilien, die sich nach dem Erlaß des *tapu*-Gesetzes Ende des 19. Jahrhunderts teilweise zu Großgrundbesitzern entwickelt hatten. Diese waren, wie Batatu berichtet, untereinander verbunden durch ein dichtes Netz sozialer und verwandtschaftlicher Beziehungen.[256] Über dieses kastenähnliche Netz hinaus standen sie mit den führenden *sada*-Familien in enger sozialer Interaktion.[257] Nicht nur zu der urbanen Gruppe der ehemaligen osmanischen Beamten verbesserten sich die Beziehungen der ex-scharifischen Offiziere, sondern auch zu den ländlichen Schichten, vor allem zu den Stammes*shaikhs*. Zusätzlich zu ihrer Repräsentation in der Nationalversammlung und im Senat (*majlis al-aiyan*) gab die irakische Verfassung von 1925 den Stammes*shaikhs* durch die Bestätigung der von den Briten 1918 erlassenen *Tribal Criminal and Civil Disputes Regulation* weitgehende politische und gesellschaftliche Macht.[258] Marion Farouk-Sluglett macht über die Konsequenzen der Anwendung dieses Sonderrechts folgende Bemerkung:

Den Scheichs stand jetzt zur Durchsetzung ihrer Gewalt der gesamte Verwaltungsapparat zur Verfügung. Zuvor hatte die öffentliche Meinung innerhalb eines Stammes weitgehend den Rechtsspruch des Scheichs beeinflußt, und in Gebieten, in denen sich die Stämme bereits weitgehend aufgelöst hatten, konnten die Stammesmitglieder ihr Recht auch bei den Behörden des Staats suchen. Die *Tribal Disputes Regulation* aber unterstellte jetzt alle Teile der ländlichen Bevölkerung, auch wenn sie nur dem Namen nach mit einem

---

255 Nazmi, 1984, S. 141
256 Batatu, 1978, S. 215.
257 Ebd.
258 Artikel 113 und 114 der monarchischen Verfassung erklärten alle Erlasse der britischen Besatzungsmacht für gültig, also auch die *Tribal Disputes Regulation*. Artikel 88, Absatz 2 der Verfassung sah die Gründung eines Stammesrats vor, um Streitigkeiten in den sogenannten "Stammesregionen" gemäß dem Gewohnheitsrecht der Stämme zu lösen. Vgl. al-Hasani Bd. I, 1988, S. 350, 352.

Stamm verbunden waren - und mit einem Stamm verbunden waren die meisten - der Rechtsprechung durch den Scheich.[259]

Eine andere Konsequenz war eine künstliche rechtliche Trennung zwischen den urbanen und den ländlichen Bevölkerungsteilen. Dadurch wurde eine Integration der ohnehin multiethnischen und multikonfessionellen irakischen Gesellschaft zusätzlich erschwert. Die Probleme, die das Machtmonopol in den Händen der sunnitischen ex-scharifischen Gruppe mit sich brachte, waren vor allem König Faisal bewußt. In der Phase des Aufbaus der Institutionen des neuen Staats war er aber auf diese Gruppe angewiesen und versuchte daher, die Machtstrukturen nicht anzutasten. Erst kurz vor seinem Tod 1933 machte er in einer Denkschrift deutlich, daß eine stärkere Partizipation der Schiiten an der Macht für die Stabilität des neuen Staates unabdingbar sei.[260] Diese Denkschrift, die Faisal an seinen engsten Vertrauten[261] richtete, und die einzige bis jetzt entdeckte Antwort darauf von Naji al-Suwaidi[262] zeigen die Perzeption und die Rezeption ethnischer und konfessioneller Probleme im Irak seitens der *state-builder*.

Faisal versuchte in seiner Denkschrift, die Probleme des neuen Staates pointiert darzulegen, nachdem er festgestellt hatte, daß er andere Vorstellungen über diese Probleme und deren Lösungen hatte als die "Männer seines Vertrauens".[263] Da der Irak ein multiethnischer und multikonfessioneller Staat sei, bedürfe es zum Regieren einer Elite, die von ethnischen und konfessionellen Beeinflussungen frei sei, aber gleichzeitig zum Nutzen des Staats eine unbeirrbare Politik mache. Nicht uninteressant ist die Klassifikation der Bevölkerung, die der König in seiner Denkschrift vorbringt:

> Im Irak gibt es stark abweichende Überzeugungen und Tendenzen ...
> 1. Modernisten, einschließlich der regierenden Politiker; 2. Extremisten; 3. Sunniten; 4. Schiiten; 5. Kurden; 6. nicht-muslimische Minderheiten; 7. Stämme; 8. Stammes*shaikhs*; 9. eine überwiegend unwissende Mehrheit, die bereit ist, ohne eigenes Urteil und ohne Diskussion jede schlechte Idee hinzunehmen.[264]

Faisal kritisierte stark die Haltung seiner Mitarbeiter, die meinten, daß man der Auffassung von "Extremisten" und "Reaktionären", die er nicht näher spezifizierte, keine Aufmerksamkeit zu schenken bräuchte. Die Begründung, daß die Streitkräfte nicht in der Lage seien, mit Gewalt die Probleme zu lösen, zeigt,

---

259 Omar Farouk-Sluglett, 1974, S. 95.
260 Siehe al-Hasani Bd. III, 1988, S. 323-30.
261 Die geheime Denkschrift, die nach dem Tode Faisals bekannt wurde, war an die folgenden sunnitischen Politiker gerichtet: Naji al-Suwaidi, Ja`far al-`Askari, Naji Shaukat, Yasin al-Hashimi und Nuri al-Sa`id. Interview mit al-Uzri, London April 1993.
262 Siehe hierzu al-Uzri, Abd al-Karim: *Mushkilat al-`Iraq*. (Das Problem Iraks). London 1991, S. 1-2.
263 Siehe in al-Hasani Bd. III, 1988, S. 315-18
264 Al-Hasani Bd. III, 1988, S. 315.

daß Faisal im Grunde genommen nur aus taktischen Gründen die Gewalt als Mittel der Zwangsintegration ausschloß. Er schrieb wörtlich:

> Ich bin gezwungen zu sagen, daß die Regierung wesentlich schwächer ist als das Volk. ... Im Königreich sind 100.000 Gewehre vorhanden, davon 15.000 im Besitz der Regierung. Solche Verhältnisse existieren in keinem anderen Land. Diese Defizite veranlassen mich, vorsichtig zu sein. Ich rufe die Staatsmänner auf, Vernunft walten zu lassen und kein Abenteuer zu wagen.[265]

Im Rahmen seiner Betrachtungen begründete Faisal die Fragmentierung der irakischen Gesellschaft als Resultat der auf Konfessionalismus basierenden osmanischen Politik, die eine tiefe Kluft zwischen den arabischen Sunniten und Schiiten geschaffen hatte. Auch wenn Faisal mit seiner Aussage "Der Irak ist ein Königreich, das von einer sunnitischen Regierung beherrscht wird... ."[266] ungeschminkt eine Tatsache ausspracht, die bis heute als ein Vergehen gegen den Staat geahndet wird, stellte er diejenigen Schiiten und Kurden, die nach größerer Partizipation riefen, an den Pranger. Diese würden - nach Auffassung Faisals - aufgrund persönlicher Ambitionen den Versuch unternehmen, Konfessionalismus und Ethnizität zu instrumentalisieren, um so die "unwissende Mehrheit" zur Rebellion aufzuwiegeln.[267] In völligem Kontrast zu den ambitionierten ethnisch und konfessionell orientierten Personen beschreibt der König die sunnitischen Politiker folgendermaßen:

> Diesen menschlichen Blöcken (kuttal) unterschiedlicher Abstammung und Orientierung, die von Verschwörungen erfüllt sind, steht eine Regierung gegenüber, die aus motivierten jungen Leuten gebildet ist. Ihre Mehrheit wird verdächtigt, sunnitisch, nicht-religiös oder arabisch [orientiert] zu sein. Sie wollen trotzdem den Fortschritt. Sie sind nicht gewillt, auf die Vorwürfe einzugehen. Sie sind aber auch nicht bereit, die Unterschiede, die diese Blöcke trennen, einzusehen. Sie glauben, daß sie mächtiger sind als diese Masse von Menschen und als Verschwörungen, die diese Massen bewegen ...[268]

Aufgrund seiner Analysen schlug Faisal einen Maßnahmenkatalog vor, in dem er der Verstärkung der Streitkräfte höchste Priorität gab:

> ... Ich sehe, daß die Armee das Rückgrat bei der Formierung der Nation darstellt. Ich verlange von der Armee im Moment nicht, die äußere Si-

---

265 Ebd.
266 Al-Hasani Bd. III, 1988, S. 216.
267 Al-Hasani Bd. III, 1988, S. 316.
268 Ebd.

cherheit zu gewährleisten. ... Was ich jetzt fordere, ist ihre Bereitschaft, die gleichzeitigen Aufstände in zwei Regionen zu beenden.[269]

Damit brachte Faisal zwei Probleme zur Sprache, die für die sunnitische Herrschaft im neuen Staat essentiell waren. Die Armee sollte notfalls durch Gewalt den Staatsverband aufrechterhalten. Sie mußte qualitativ und quantitativ in der Lage sein, mögliche Aufstände der Kurden und Schiiten, also der ethnischen und konfessionellen Gruppen, die sich im neuen Staat benachteiligt fühlten, zu unterdrücken. Zur Beruhigung der schiitischen Mehrheit sah Faisal vor allem drei Maßnahmen vor. Die schiitische Geistlichkeit sollte durch Bindung an die religiösen Stiftungen (*auqaf*) finanziell an den Staat gebunden werden. Die Stammes*shaikhs* sollten mit Hilfe von Verteilungsmodalitäten des Grundeigentums davon überzeugt werden, daß die Regierung für ihr Wohlergehen sorge.[270] Der wichtigste Vorschlag war jedoch die Ausklammerung von Ethnizität und Konfessionalismus betreffenden Themen aus Parteiprogrammen und Presse.[271] In den fast vier Dekaden der haschemitischen Monarchie versagten die sunnitischen Erben Faisals den Schiiten, aber auch den Kurden, das Recht, Parteien zu gründen, die ihre Interessen zum Ausdruck gebracht hätten.[272]

Auch wenn die allgemeine Tendenz der Denkschrift Faisals mit dem Denken und Handeln der herrschenden sunnitischen Elite übereinstimmte, spielte Konfessionalismus bei ihm kaum eine Rolle. Wie wir schon ausführten, glaubte er, daß die sunnitische Elite den Fortbestand der haschemitischen Monarchie auch gegen die zentrifugalen Kräfte der Schiiten und Kurden sichern könne. Seine Erfahrungen mit den schiitischen Geistlichen bei den Wahlen zur Konstituierenden Versammlung 1923 waren alles andere als ermutigend für eine vertrauensvolle Zusammenarbeit. Das Verhältnis des Königs zu den Stammes*shaikhs*, die gerade in der schiitischen Region eine unermeßliche Macht besaßen, blieb bis zum Tode Faisals trotz der Privilegien, die sie erhielten, gestört. Batatu begründet das problematische Verhältnis zwischen König und Stammes*shaikhs* in der Gründungsphase folgendermaßen:

> In the twenties and thirties, the monarch and the tribal chiefs were basically rivals. The former represented the ideal of unified community, the latter its negation. The growth of the monarch's power involved, therefore, the weakening of the position of the shaikhs and aghas.[273]

Aus der Erkenntnis heraus, daß die "unwissende Masse", wie Faisal die Mehrheit der Schiiten in seiner Denkschrift bezeichnete, durch eine starke Armee und durch Modernisierung integriert werden könne, forcierte Faisal, da er die Armee unter dem britischen Mandat nicht seinen Wünschen entsprechend stärken konnte, die Formie-

---

269 Al-Hasani Bd. III, 1988, S. 318.
270 Ebd.
271 Ebd.
272 Nach dem Zweiten Weltkrieg lehnte die irakische Regierung die Gründung einer pro-haschemitischen kurdischen Partei ab. Vgl. Khadduri, Majid: The Republican Iraq. London 1969, S. 174.
273 Batatu, 1978, S. 99.

rung einer mit der Monarchie verbundenen schiitischen Elite.[274] Es fällt auf, daß Faisal, wahrscheinlich mit Rücksicht auf die Haltung der sunnitischen Politiker, die Praxis der Parlamentswahlen, die eher Nominierungen waren, und die daraus resultierende Unterrepräsentation der Schiiten nicht thematisierte. Der Vorschlag, den der liberale Politiker Naji al-Suwaidi (1882-1942) in seiner Erwiderung auf die Denkschrift Faisals vorbrachte, daß die Parlamentsabgeordneten ihre Ethnien und Konfessionen vertreten sollten, wurde von keinem anderen Politiker aufgenommen.[275] Al-Suwaidi begründete seinen Vorschlag mit der Tatsache, daß der überkonfessionelle Vertretungsanspruch der Abgeordneten im Irak versagt habe und die Abgeordneten in der Praxis am Konfessionalismus festhielten. Es scheint, daß Faisal die Schiiten, abgesehen von der möglichen Ablehnung seitens sunnitischer Politiker, noch für unfähig hielt, über eine symbolische Repräsentation in Parlament und Regierung hinaus eine staatstragende Kraft zu sein. Die Aufstände der schiitischen Stämme Mitte der dreißiger Jahre, ihre Ergebnisse und die Reaktion der Regierung darauf zeigten, wie fragil der neue Staat war. Und vor allem zeigten sie, daß die Integrationspolitik, die König Faisal einleitete, selbst wenn seine engsten Mitstreiter, die sunnitischen ex-scharifischen Offiziere, diese nicht blockiert hätten, kaum von Erfolg gekrönt hätte sein können. Bis zum Tode Faisals 1933 und darüber hinaus blieben die ethnischen und konfessionellen Gemeinschaften des Irak, trotz der Ansätze zu einer Elitenintegration, alles andere als integriert. Die Situation könnte kaum deutlicher beschrieben werden, als dies Faisal selbst schon in seiner zitierten Denkschrift tat: "Nach meiner Überzeugung existiert noch kein irakisches Volk..."[276].

Die Kohäsion der Ethnien und Konfessionen war aber nicht der einzige Faktor, der seit Ende der zwanziger Jahre, vor allem aber nach dem Tode Faisals, die Fragilität des neuen Staates zur Schau stellte. Der Konflikt um die Machtverteilung innerhalb der herrschenden Gruppen erschütterte bis in die vierziger Jahre hinein immer wieder die Stabilität des neuen Staates. Interessanterweise wurde, wie wir noch darstellen werden, der Konfessionalismus zu einem politischen Instrument im Rahmen der Verteilungskämpfe innerhalb der sunnitischen Elitefaktionen.

Als Hintergrund für die Krise der haschemitischen Monarchie liefert Hanna Batatu eine vielschichtige Erklärung, die sozioökonomische, politische und ideologische Aspekte umfaßt. Die Hauptthese, die Batatu in seiner Studie zu belegen versucht, besagt, daß die Klassenstrukturen im Irak während des Aufbaus des Staates noch nicht gefestigt waren und die ökonomischen, juristischen und politischen Bedingungen im neuen Staat die Voraussetzung für die Transformation und Verfestigung dieser Strukturen boten.[277] Da die Machtkämpfe in

---

274 In dieser Hinsicht versuchte Faisal, gestützt auf seinen engsten Mitarbeiter, den libanesischen Schiiten Rustam Haidar, die Schiiten stärker bei der Vergabe von Studienplätzen an der juristischen Fakultät in Bagdad und bei staatlichen Auslandsstipendien zu berücksichtigen.
275 Vgl. den Vorschlag al-Suwaidis in al-Uzri, 1991, S. 365. Al-Uzri, ein Politiker der haschemitischen Monarchie und ein Verfechter einer angemessenen Partizipation der Schiiten, lehnte ebenfalls ein konfessionelles System im Irak ab, weil dadurch der Staatsverband der Gefahr des Zerfalls ausgesetzt werden könnte. Vgl. ebd.
276 Al-Hasani Bd. III, 1988, S. 317.
277 Vgl. Batatu, 1978, S. 5-36.

den dreißiger und vierziger Jahren innerhalb der herrschenden politischen Elite - d.h. unter den ex-scharifischen Offizieren und den Angehörigen der ehemaligen osmanischen Bürokratie - stattfanden, scheinen die Analysen Batatus über die Rolle des Staates von großer Bedeutung zu sein. Er vertritt nämlich die These, daß der Staat bis in die vierziger Jahre eine vermittelnde Rolle übernommen habe.[278] Erst nachdem die haschemitische Monarchie in den dreißiger Jahren das Vertrauen der Militärs verloren hatte und die neue Gruppe der Intelligentsia nicht in das politische System integriert werden konnte, war sie darauf angewiesen, mit den Stammes*shaikhs* ein Bündnis zu schließen, das die Monarchie zu einem Rückschrittsfaktor machte.[279]

Andere Konfliktfelder, die Batatu als ursächlich für die Krise der Monarchie betrachtet, ohne jedoch ausführlicher darauf einzugehen, sind die unterschiedlichen außenpolitischen Orientierungen innerhalb der herrschenden Gruppe sowie deren unterschiedliche Haltung bezüglich des Selbstverständnisses des Staates als eher arabisch oder irakisch.[280] Auch wenn der allgemeinen Tendenz der Analysen Batatus zuzustimmen ist, bleibt die Frage offen, weshalb bis zum antibritischen Putsch von 1941 die Konkurrenz unter den herrschenden Eliten die Monarchie fast paralysierte und dadurch die Intervention der Armee provozierte. Batatu selbst liefert eine überzeugende Antwort auf diese Frage. Er stellt nämlich fest, daß die führenden ex-scharifischen Offiziere, die in den Jahren der Staatsgründung von den reichen irakischen Schichten wegen ihrer niederen sozialen Abstammung kaum akzeptiert worden waren, zwei Dekaden nach der Gründung der Monarchie zu Großgrundbesitzern hatten aufsteigen können.[281] Es ist offensichtlich, daß die Transformation von einer politischen Elite zu einer politischen Klasse mit Hilfe der politischen Macht vollzogen worden war.[282] Abgesehen von der politischen Orientierung der einzelnen Faktionen der Elite und ihrer Haltung zu wichtigen Ereignissen und Entscheidungen, wie beispielsweise zum britisch-irakischen Vertrag von 1930, ergaben sich keine Differenzen hinsichtlich der sozioökonomischen Orientierung des Regimes. Die Konkurrenz um die politische Macht durch verschiedene Faktionen der Elite war u.a. der Grund dafür, daß die staatlichen Institutionen der liberalen Verfassung von 1925 kaum ihren Verfassungsauftrag erfüllen konnten. Es ist zwar nicht zu übersehen, daß die Briten als Mandatsmacht massiv in das politische Geschehen eingriffen, um britenfreundliche Politiker an die Macht zu bringen, es war aber Usus geworden, daß jeder Ministerpräsident nach der Bildung seines Kabinetts das Parlament auflöste, falls er keine Mehrheit für seine Politik fand. Durch manipulierte Wahlen erhielt in der Regel jede amtierende Regierung ihr loyales Parlament.[283] Die politischen Parteien, in der Regel Sprachrohr der einzelnen Faktionen, verfügten weder über ein festes Programm noch über eine feste Or-

---

278 Ebd.
279 Ebd., S. 32.
280 Ebd., S. 28-30.
281 Batatu, 1978, S. 320; vgl. zu dieser Frage auch Pool, 1979.
282 Ebd.
283 Siehe hierzu al-Hassu, Nizar Tawfiq: *Al-sir`a ala al-sulta fi al-`Iraq al-malaki* (Der Kampf um die Herrschaft im monarchischen Irak). Bagdad 1984, S. 66-67.

ganisationsstruktur. Nicht selten gründeten Politiker, nachdem sie zum Ministerpräsidenten ernannt worden waren, eine politische Partei, die ihnen bei ihrer Arbeit helfen sollte. So gründete `Abd al-Muhsin al-Sa`dun die "Fortschrittspartei" (*hizb al-taqaddum*), nachdem er 1925 die Regierung gebildet hatte. Das gleiche tat Nuri al-Sa`id, als er 1930 die Regierung bildete und die *hizb al-`ahd al-`iraqi* (Partei des irakischen Bunds) gründete. Ali Jawdat Al-Aiyubi folgte in dieser Hinsicht seinen Vorgängern und gründete 1934 seine Partei *hizb al-wahda al-wataniya* (Partei der nationalen Einheit). Oft lösten Politiker ihre jeweilige Partei wieder auf, nachdem sie von einer anderen Faktion abgelöst worden waren. Die Mitgliedschaft in politischen Parteien blieb in der Regel auf den Personenkreis beschränkt, der in den Jahren 1921 bis 1958 eine führende Rolle spielte. Der Kern dieser Gruppe waren die 166 Politiker, die in der erwähnten Phase einmal oder sogar mehrmals einen Ministerposten erhielten. Bei der ungewöhnlich hohen Zahl der Regierungsbildungen, 58 an der Zahl, waren einige Politiker wie z.B. Nuri al-Sa`id in fast jeder Regierung präsent. Ein anderes Spezifikum, das das politische System unter der haschemitischen Monarchie in seiner Funktionalität beeinträchtigte, war das von König Faisal eingeführte Regierungsbildungssystem. Faisal versuchte mit Rücksicht auf die Interessen Großbritanniens und um den Machtzuwachs einzelner Faktionen der Elite zu verhindern, alle Kräfte an den jeweiligen Regierungen zu beteiligen. Dies führte dazu, daß solche Konflikte im Kabinett ausgetragen wurden und es daher häufig zu Regierungswechseln kam. Als ein weiterer Grund für die häufigen Regierungswechsel kann das Rotationssystem angesehen werden. Auch durch dieses System versuchten Faisal und seine Nachfolger, allen Gruppen innerhalb der herrschenden Politikerschicht die Chance zu geben, in beinahe regelmäßigen Abständen die Macht zu übernehmen. Politische Differenzen mit dem König oder die Gefahr wachsender Popularität eines Politikers führten in der Regel zur Ablösung der Regierung.[284]

Das letzte Merkmal, das in diesem Zusammenhang zu erwähnen ist, bezieht sich auf von der politischen Elite initiierte Stammesrevolten. Das Vorbild der herrschenden Elite in dieser Hinsicht war König Faisal selbst, der, um die Briten zu besseren Konditionen bei den Verhandlungen über den Abschluß des Finanzvertrags zu bewegen, 1927 die Stammes*shaikhs* der schiitischen Region Diwaniya über geheime Kontakte zum Aufstand zu bewegen versuchte.[285] Als Gegenleistung sollten die anhängigen Streitereien um den Grundbesitz zugunsten der *shaikhs* entschieden werden.[286] Dieser Schritt Faisals mag vor dem Hintergrund, daß die Briten, um ihre Position gegenüber der schwachen iraki-

---

284 Siehe z.B. zum Verhalten Faisals gegenüber den Ministerpräsidenten al-Sa`dun, al-Hashimi und al-Sa`id: Batatu, 1978, S. 189-192, 195-205, 333-337; auch die Biographie al-Hashimis von al-Qaisi, Sami Abd al-Hafiz: *Yasin al-Hashimi wa dauruhu fi al-siyasa al-`iraqiya bin `amai 1922-1936* (Yasin al-Hashimi und seine Rolle in der irakischen Politik 1922-1936). Bagdad 1975; die Biographie al-Sa`duns von Abdallah, 1988; die Biographie al-Sa`ids von al-Nasiri, Abd al-Razzaq Ahmad: *Nuri al-Sa`id wa dauruhu fi al-siyasa al-`iraqiya hata am 1932.* (Nuri al-Sa`id und seine Rolle in der irakischen Politik bis 1932). Bagdad 1988.
285 Vgl. Batatu, 1978, S. 100.
286 Ebd.

schen Regierung durchzusetzen, in den zwanziger Jahren die Loyalität der *shaikhs* durch Unterstützung ihrer Interessen zu kaufen versuchten, legitim gewesen sein. Die Angehörigen der herrschenden Elite benutzten aber die Bündnisse mit den Stämmen nicht selten als politisches Instrument, um die konkurrierenden Faktionen zu schwächen. Da diese Allianzen nicht ohne Gegenleistungen zustande kommen konnten, waren die *shaikhs* die Gewinner.[287]

Um die Frage beantworten zu können, welche Wirkungsmöglichkeiten die Angehörigen der schiitischen Gemeinschaft im Rahmen des beschriebenen politischen Systems hatten, müssen die Bedingungen, die eine Partizipation negativ oder positiv beeinflußten, erläutert werden.

Es steht außer Zweifel, daß die Fragmentierung der schiitischen Gemeinschaft die Forderungen nach einer angemessenen Partizipation in den Institutionen des neuen Staates - Parlament, Regierung, Armee und Verwaltung - erschwerte. Die urbanen Schiiten in Bagdad und Kazimiya, die Stammes*shaikhs* und die Geistlichkeit der heiligen schiitischen Stätten, Karbala´, al-Najaf und Kazimiya, verband zwar das Bekenntnis zum Schiitentum, der religiöse Konfessionalismus war aber mit dem politischen nicht gleichzusetzen. Der religiöse Konfessionalismus bei den Schiiten basiert auf den religiösen Grundsätzen, die diese von den Sunniten unterscheiden. Der politische Konfessionalismus dagegen instrumentalisiert die ethnische Zugehörigkeit als Mittel der Politik. Die rudimentäre Herausbildung des politischen Konfessionalismus bei den Schiiten beruht zum einem darauf, daß die Stammes*shaikhs* ihre Interessen im Rahmen des existierenden politischen Systems durchsetzen konnten. Für sie hatte der Konfessionalismus nur dann eine Bedeutung, wie wir am Beispiel der Revolten der dreißiger Jahre noch darstellen werden, wenn ihnen ihre Interessen nicht genügend berücksichtigt schienen. Die Geistlichkeit war aus verschiedenen Gründen nicht immer in der Lage, die Interessen der Schiiten im Irak zu vertreten. Von wenigen Ausnahmen abgesehen, stammte die führende Gruppe der großen Ayatullahs aus dem Iran. Der Iran und nicht der Irak lag daher im Mittelpunkt ihrer Interessen. Fast ausnahmslos waren die Geistlichen, die eine politische Rolle spielten, wie al-Khalisi, Kashif al-Ghita' und al-Sadr, arabischer Abstammung. Zum anderen verfolgten die sunnitischen Politiker jeden Versuch der Schiiten, die ethno-konfessionelle Machtstruktur im neuen Staat zu verändern. Dennoch stellt sich die Frage, ob eine konfessionelle schiitische Partei die Chance gehabt hätte, sich wie die verschiedenen Faktionen der sunnitischen Elite im Rahmen des Systems zu etablieren. Wahrscheinlich hätten die schiitischen Politiker dann eine Chance auf größere Partizipation gehabt, wenn sie, wie die sunnitische Elite und ihre Parteien, den allgemeinen Rahmen des politischen Systems akzeptiert hätten. Dies hätte jedoch bedeutet, die britische Präsenz als *fait accompli* hinzunehmen. Auf dieser Grundlage hätten die Schiiten dann vermutlich die Möglichkeit gehabt, ihr demographisches Gewicht als

---

287 Es ging nicht nur um die Anerkennung der Eigentumsansprüche der *shaikhs* auf die Stammesländereien, sondern auch um die staatlichen Investitionen, die fast ausschließlich den *shaikhs* zugute kamen. So waren vor allem drei Stammes*shaikhs* Nutznießer des Kut-Dammes, der durch öffentliche Gelder finanziert wurde. Vgl. al-Hassu, 1984, S. 118.

Mehrheit der irakischen Bevölkerung in einem allmählichen Prozeß der Überwindung des Status quo einsetzen zu können. Dies hätte aber vorausgesetzt, daß die sunnitische Elite ebenfalls Bereitschaft hätte zeigen müssen, die politische Macht mit den Repräsentanten der Mehrheit der Bevölkerung zu teilen. Am Beispiel zweier Phänomene, die für den politischen Konfessionalismus von Bedeutung waren, soll hier gezeigt werden, daß die beiden Aspekte kaum realisierbar waren.

Ein Jahr nach der Etablierung der haschemitischen Monarchie gründete eine schiitische Politikergruppe um Amin al-Charchafchi die *nahda*-Partei. Diese nahm zu den wichtigsten Entscheidungen für die Zukunft des neuen Staats - dem Mandatsvertrag mit Großbritannien und der Wahl der Konstituierenden Versammlung, die den Vertrag ratifizieren sollte - eine ablehnende Haltung ein. Die Partei wurde kurz nach ihrer Gründung verboten. Es geht hier nicht um die Bewertung der Politik Charchafchis und seiner Anhänger, sondern darum, daß sie anders als die sunnitischen Politiker, die eine positive Haltung zu den bevorstehenden Entscheidungen einnahmen, das politische System in Frage stellten. Dadurch hatten sie keine Möglichkeit, das System, in welchem Grad auch immer, für sich positiv zu beeinflussen. Dieselbe Gruppe erhielt 1924 die Erlaubnis, sich erneut zu formieren. Sie verfolgte nun eine andere Strategie, indem sie versuchte, mit den sunnitischen Eliten um die Gunst der Briten, der eigentlichen Entscheidungsmacht, zu konkurrieren. Bis zum Rücktritt der Regierung unter Führung `Abd al-Muhsin al-Sa`duns, eines Politikers, der als probritisch galt, erlangte die *nahda*-Partei keine politische Relevanz für die britische Macht. Es ist daher kein Zufall, daß die Partei Charchafchis bei den Wahlen von 1925 nur ein Mandat erlangen konnte.[288] Der Partei kam jedoch im Jahre 1927, als die Regierung al-`Askari mit Großbritannien einen Finanz- und Verteidigungsvertrag aushandelte, für kurze Zeit eine Bedeutung zu. Ein weiterer kontroverser Punkt zwischen der irakischen Regierung und der britischen Mandatsmacht war die Frage der Wehrpflicht.[289] Letztere versuchte, gestützt auf die Tatsache, daß Kurden und Schiiten dem Wehrpflichtgesetz ablehnend gegenüberstanden, zu argumentieren, ein Gesetz, das von der überwiegenden Mehrheit der Bevölkerung nicht akzeptiert würde, sei kaum realisierbar.[290] Al-Charchafchi nutzte die Gunst der Stunde und begann, in seiner Parteizeitung *Al-nahda* die Herrschaft der sunnitischen Minderheit über die schiitische Mehr-

---

288 Vgl. al-Hasani Bd. X, 1988, S. 289-90.
289 Sowohl die kurdischen Abgeordneten als auch die Schiiten im Parlament lehnten das Wehrpflichtgesetz ab, das die irakischen Regierungen seit 1924 durchsetzen wollten. Nach ihrer Ansicht hätte die Wehrpflicht vor allem die Bauern belastet. In Wirklichkeit hatten sie eine negative Haltung gegenüber der Armee, deren Hauptaufgabe es war, wie Faisal später in seiner zitierten Denkschrift feststellte, die innere Sicherheit zu gewährleisten. Davon wären die ständig rebellierenden Schiiten und Kurden betroffen gewesen. Siehe zur Wehrpflichtdebatte al-`Alawi, 1990, S. 171-182; al-Hasani Bd. II, 1988, S. 99-108.
290 Vgl. den Brief des britischen Hochkommissars im Irak, Sir H. Dobbs, an den irakischen Ministerpräsidenten, Ja`far al-`Askari, in: al-Hasani Bd. II, 1988, S. 101.

heit anzuprangern.[291] Die Angriffe al-Charchafchis gegen die sunnitische Herrschaft lösten eine Gegenreaktion in der sunnitischen Presse aus. Dies alles geschah in einer Zeit, in der die Briten König Faisal wegen seiner unnachgiebigen Haltung hinsichtlich der Verhandlungen nach London zitierten. Die Regierung al-`Askari entzog daraufhin der *Al-nahda* sowie der sunnitischen Zeitung *Al-zaman* (Die Zeit) die Lizenz.[292] Der britische Hochkommissar im Irak, Sir Henry Dobbs, protestierte daraufhin gegen die Entscheidung der Regierung und bewertete die irakische Entscheidung als

...a glaring instance of an avoidance of consultation with the High Commissioner and British advisers.[293]

Ein weiteres Ereignis, das allerdings wegen des fehlenden außenpolitischen Aspekts weniger spektakulär war als der Fall Charchafchis, aber dennoch die ungewöhnlich schweren Bedingungen der Etablierung einer schiitischen Elite dokumentiert, ist der Versuch einiger schiitischer Politiker, 1925 eine schiitische Partei zu gründen. Der Ministerpräsident al-Sa`dun war, wie aus seinem geheimen Brief an König Faisal hervorgeht, beunruhigt über das Vorhaben der schiitischen Abgeordneten, Muhammad Baqir al-Shabibi und `Abd al-Mahdi al-Muntafighi, eine konfessionell orientierte Partei zu gründen.[294] Offenbar gelang es al-Sa`dun dann, die anderen schiitischen Politiker dazu zu bewegen, die erwähnten Abgeordneten nicht zu unterstützen. Er schrieb im August 1925 an Faisal:

Ich hatte Ihrer Majestät berichtet, daß einige schiitische Abgeordnete bestrebt sind, eine politische Partei zu gründen, und die Forderung stellen, ihre Beteiligung an der Regierung auszuweiten. Jetzt bin ich zu der Überzeugung gelangt, daß diese Absichten uns keine Sorgen bereiten müssen.[295]

Die Tatsache, daß die Mehrheit der schiitischen Politiker, anders als Charchafchi, Shabibi und al-Muntafighi, nicht versuchten, politische Vertreter des schiitischen Konfessionalismus zu werden, ergab sich wahrscheinlich aus dem Umstand, daß sie in den zwanziger Jahren wußten, daß ihr Wirkungsfeld begrenzt war. Aber der schiitische politische Konfessionalismus wurde in den

---

291 Ein Bericht des britischen Geheimdienstes im Irak vom September 1927 bestätigte, daß die Bevölkerung den Eindruck hatte, daß Charchafchi durch den Hochkommissar Sir Henry Dobbs unterstützt würde. Siehe Great Britain, (Secret) Supplement to Abstract of Intelligence (Iraq) No. 38 of 17. September 1927, nach Batatu, 1978, S. 328. Es scheint, daß die *nahda*-Partei, anders als Batatu annimmt, die Unterstützung der *mujtahids* erhielt, denn in diesem Bericht hieß es: "Also Shaikh Jawad Al-Jawahiri told the Inspector of Police, Najaf, that they were anxiously waiting for the return of His Excellency [Dobbs, der sich in London befand, F.I.] and that they were 'ready to beat the drum' if he wished them to do so." Ebd.
292 Vgl. al-Hasani Bd. II, 1988, S. 114-15.
293 Great Britain, FO 371/12260/E 4529/86/65, memorandum of a conversation at the Hyde Park Hotel on 28. October 1927; zitiert nach Batatu, 1978, S. 327.
294 Vgl. Abdallah, 1988, S. 180-81.
295 Zitiert nach Abdallah, 1988, S. 180.

dreißiger Jahren im Rahmen des großen Kampfes um die Machtverteilung von der sunnitischen Elite selbst geschürt. Der Hintergrund des Streits, der noch zu Lebzeiten Faisals zum Ausbruch kam, war die Konkurrenz unter führenden Politikern um die politische Macht, d.h. der Versuch der Faktionen der sunnitischen Elite, für sich eine Mehrheit im Parlament zu sichern und den König zu veranlassen, ihnen den Auftrag zur Regierungsbildung zu geben. Aufgrund verwandtschaftlicher Verhältnisse und persönlicher Neigungen bildeten sich drei Faktionen heraus: Die Gruppe um Nuri al-Sa`id und Ja`far al-`Askari, die Gruppe um Yasin al-Hashimi und Rashid Ali al-Ghailani sowie die Gruppe um Ali Jawdat al-Aiyubi und Jamil al-Midfai[296]. Es besteht, wie erwähnt, kein Zweifel daran, daß die Grundlagen für die Faktionsbildung verwandtschaftliche Bindungen und persönliche Neigungen waren. Die Klassifikation der Elite nach anderen Kriterien - z.B. arabische Nationalisten versus irakische Nationalisten oder pro- und antibritische Orientierung - diente wahrscheinlich nur zur Legitimation. Hanna Batatu demontierte in seiner Studie eine Figur, die lange durch die arabischen Nationalisten wegen ihrer angeblichen antibritischen Haltung idealisiert wurde, nämlich Yasin al-Hashimi.[297] Sein Ruf als berüchtigter Karrierist, der sich bei den Briten über ihre erstaunlich milden Bedingungen bei den Vertragsabschlüssen mit dem Irak wunderte und bei antibritischen Politikern wie dem Schiiten Abu Timman für den Hinauswurf der Briten aus dem

---

296 Die Gruppe um Abd al-Muhsin al-Sa`dun (Fortschrittspartei) löste sich nach seinem Tode 1929 auf.
297 Vgl. Batatu, 1978, S. 195-203. Schon 1922, im Zusammenhang mit der Debatte über den Mandatsvertrag mit Großbritannien, zeigte sich Yasin al-Hashimi als eine zwielichtige politische Persönlichkeit. Gertrude Bell, die politische Beraterin des Hochkommissars Cox, berichtet nach einer Begegnung mit al-Hashimi im August 1922: "Yasin [al-Hashimi, F.I.] went on to say that he was deeply anxious about the fate of his country. He had read a version of the treaty which had been circulated in Baghdad and in his opinion no Iraqi could have expected conditions so liberal - why had not the King accepted them? 'It's your fault,' he added. 'Why have you not got hold of him? Why have you allowed him to be guided by people who are leading him and us to ruin?'" Burgoyne, 1961, S. 294. Bell berichtete nach diesem Gespräch enthusiastisch über al-Hashimi als den kommenden Mann im Irak: "I believe Yasin to be the Man of destiny. He has greater intelligence and vigour than any Arab I know. ... The King [Faisal, F.I.] knows his power, and fears it, but in his immense vanity he believes he can yoke Yasin to himself and use him. I think Yasin will climb into King's favour by apparent submission, and when once his position is assured he will seize the King by the neck and force him submit to his policy. The King will wriggle like a snake, and the future of Iraq will probably depend on whether Yasin prevails. If he does, Mesopotamian history will repeat itself; Yasin will be the *Maire du Palais* who governs, and the King a figurehead." Ebd. Einen Monat später änderte Bell ihre Meinung. In einem Brief, dessen die Briten habhaft werden konnten, an Rashid Abu Timman empfahl sich al-Hashimi mit dem folgenden Satz an einen erbitterten Gegner des Mandatsvertrags, den Schiiten Ja`far Abu Timman: "Present my compliments to Ja`far Chalabi [Ja`far Abu Timman, F.I.] and tell him I await his orders. Please God we shall succeed in driving out the oppressors." Ebd., S. 298. Al-Hashimi bestritt, als der König ihn, vermutlich auf Betreiben Bells, zur Rede stellte, daß er die Bereitschaft gezeigt habe, von Abu Timman Befehle zu empfangen. Vgl. ebd. Die Briten entschieden sich für Abd al-Muhsin al-Sa`dun als Vollzieher der britischen Politik im Irak. Dennoch konnte al-Hashimi in den Jahren 1925-1936 - aufgrund seines fragwürdigen Images als antibritischer Politiker - zu einer der einflußreichsten Persönlichkeiten im Irak werden. Die Prophezeiung Bells, "I believe in the end he will come to the top" (ebd.), hat sich bewahrheitet.

Irak plädierte,[298] war im Irak weit bekannt.[299] Für Yasin al-Hashimi, wie wahrscheinlich auch für viele andere Politiker des monarchistischen Irak, hatte die Haltung gegenüber der Präsenz der Briten im Irak nur eine einzige Bedeutung, nämlich inwieweit die jeweilige Haltung der eigenen Karriere und dem Machtzuwachs dienlich war.

Dies bedeutet jedoch nicht, daß der eine oder andere Politiker mehr Erfolg hatte oder sogar die Freundschaft zu Großbritannien zur Maxime seiner Politik machte. Zweifelsohne beruhte die Karriere Nuri al-Sa`ids, nach dem Freitod al-Sa`duns, darauf, daß er der Vertrauenspolitiker der Briten war und fast in jedem Kabinett, ausgenommen die Jahre nach den Staatsstreichen von 1936 und 1941, verteten war, natürlich - wie Yasin al-Hashimi, der ihn als Außenminister in sein Kabinett aufnahm, 1935 offen zugab - mit Rücksicht auf die Interessen Großbritanniens.[300]

Der Aufstieg Nuris zum Ministerpräsidenten im Jahre 1930 störte das bisherige *gentleman-agreement* zwischen den verschiedenen Faktionen der sunnitischen Elite. Nuri glaubte, wie Batatu formuliert, daß er durch "Säuberung" der Verwaltung von illoyalen Kräften an Einfluß gewinnen könne.[301] Die Mitglieder anderer Faktionen hatten nicht zu Unrecht die Befürchtung, daß al-Sa`id sie - entgegen dem bisherigen Usus - in die Enge treiben würde. Aber weder die "Säuberungen" noch der autoritäre Stil al-Sa`ids waren der Grund für die Opposition gegen ihn. Vor allem die Gruppe um al-Hashimi/al-Ghailani, die keinen Ministerposten bekam, nutzte den von Nuri al-Sa`id ausgehandelten britisch-irakischen Vertrag, der die britischen Interessen wie auch die britische Präsenz im Irak auch nach der Unabhängigkeit 1932 sicherte, um die Opposition gegen al-Sa`id anzuführen. Für unseren Zusammenhang ist die Gründung der "Partei der Nationalen Verbrüderung" (*hizb al-ikha' al-watani*) 1930, die von al-Hashimi und al-Ghailani angeführt wurde, von besonderer Bedeutung, vor allem, weil diese Partei eine wichtige Rolle bei den konfessionellen Auseinandersetzungen Mitte der dreißiger Jahre spielte.[302] Die Partei, die sich als Ge-

---

298 Burgoyne, 1961, S. 199.
299 Der bekannte irakische Dichter Maruf al-Rasafi versuchte mit dem folgenden Vers den Charakter al-Hashimis zu beschreiben: "In his line of vision lies only his private good. It is his guide in all things." Zitiert nach Batatu, 1978, S. 197. Al-Hashimis Biograph al-Qaisi legte offen, mit welchen Methoden al-Hashimi seinen Ruf als antibritischer arabischer Nationalist aufbaute. Bei den Verhandlungen der Regierung Nuri al-Sa`id mit der britischen Regierung 1930 nahm al-Hashimi öffentlich eine ablehnende Haltung gegen die Unterzeichnung des Vertrags ein. Er signalisierte aber bei den Beratungsgesprächen, die al-Sa`id mit ihm vor der Unterzeichnung führte, seine volle Zustimmung. Als al-Sa`id nach der Unterzeichnung des Vertrages um die Unterstützung der parlamentarischen Gruppe um al-Hashimi, der "Partei der Nationalen Verbrüderung", bat, bezog dieser keine klare Position. Der Vertrag sollte seiner Meinung nach ratifiziert werden, aber nur mit einfacher Mehrheit, damit die Briten in Zukunft mäßigere Forderungen stellten. Siehe al-Qaisi, Sami `Abd al-Hafiz: *Yasin al-Hashimi wa dauruhu fi al-siyasa al-`iraqiya* (Yasin al-Hashimi und seine Rolle in der irakischen Politik). Bd. II. Bagdad 1975, S. 113-22.
300 Al-Qaisi Bd. II, 1975, S. 336.
301 Batatu, 1978, S. 336.
302 Die Gründung der Partei war eine Reaktion auf die Gründung der *hizb al-ahd al-`iraqi* durch den Ministerpräsidenten Nuri al-Sa`id. Al-Qaisi vertritt die Auffassung, daß die Partei al-Hashimis und al-Ghailanis nur ein einziges Ziel verfolgte, nämlich die Regierung al-Sa`id zu stürzen. Ihre verbale

gengewicht zur Regierung Nuri al-Sa`id verstand, löste sich jedoch allmählich auf, so daß vier Jahre später von den prominenten Parteigründern nur die beiden erwähnten Führer geblieben waren.[303] Der Aufstieg der beiden Führer begann nach dem Tode Faisals und der Krönung seines Sohns Ghazi zum neuen Herrscher des Irak.[304] Das politische Vakuum nach dem Tode Faisals konnte durch seinen politisch unerfahrenen Nachfolger Ghazi nicht gefüllt werden. In den ersten zwei Jahren nach seiner Krönung beauftragte Ghazi die weniger charismatischen Politiker al-Midfai und al-Aiyubi mit den ersten Regierungsbildungen. Unmittelbar nach Bildung der ersten Regierung al-Midfai brach anläßlich der Diskussion über den Bau eines Damms durch den Fluß al-Gharaf der konfessionelle Konflikt im Kabinett selbst auf.[305] Es ging bei diesem Streit darum, daß die schiitischen Minister Rustam Haidar und Salih Jabr[306] die Finanzierung des al-Gharaf-Projekts wegen der verheerenden Auswirkungen der Veränderungen des Flußbetts für die schiitischen Bauern in den Distrikten al-Kut und Muntafig für desiderat hielten und einen Aufschub der Finanzierung zugunsten anderer Projekte nicht hinehmen wollten. Der Finanzminister Nasrat al-Farisi lehnte, unterstützt von den sunnitischen Ministern, die Forderung der schiitischen Minister mit dem Argument ab, daß die Aufstockung des Armee-Etats angesichts der Einführung der Wehrpflicht Vorrang habe. Auf Anraten des sunnitischen Ministers Naji al-Suwaidi[307] reichte al-Midfai nur drei Monate nach der Regierungsbildung seinen Rücktritt ein, um sich, wie sich bald herausstellte, der schiitischen Minister zu entledigen. Nur zwei Tage nach seinem

---

Opposition gegen den britisch-irakischen Vertrag von 1930 brachte ihr zwar die Sympathien der "Nationalen Partei" Ja`far Abu Timmans ein, so daß die beiden Parteien bis 1933 ihre politische Arbeit in einer Art Koalition koordinierten. Abu Timman kündigte jedoch 1933, nachdem al-Ghailani die Regierung gebildet hatte und den Vertrag mit Großbritannien als *fait accompli* ansah, al-Hashimi und al-Ghailani die Allianz auf. Vgl. al-Qaisi Bd. II, 1975, S. 129ff. Dem Parteirat gehörten bei der Gründung folgende Personen an: Yasin al-Hashimi (Sunnit, ehemaliger Offizier), Rashid Ali al-Ghailani (Sunnit, Jurist), Ali Jaudat al-Aiyubi (Sunnit, ehemaliger Offizier), Hikmat Sulaiman (Sunnit, Jurist), Muhammad Zaki (Sunnit, ehemaliger Offizier), Muhammad Rida al-Shabibi (Schiit, *alim*), Abd al-Wahid Sukar (Schiit, Stammes*shaikh*), Muhsin Abu Tabikh (Schiit, Stammes*shaikh*). Al-Aiyubi wurde allerdings, nachdem er die Regierung 1934 gebildet und seine eigene Partei *hizb al-ithad al-watani* (Partei der Nationalen Einheit) gegründet hatte, zu einem erbitterten Gegner der Gruppe al-Hashimi/al-Ghailani.

303 Siehe hierzu al-Shubbar, 1989, S. 125.
304 Nuri al-Sa`id verlor unter Ghazi seine dominante Position, weil er Bedenken gegen die Kandidatur Ghazis als Thronfolger angemeldet und Prinz Zaid bin Husain, einen Halbbruder Faisals, als Nachfolger in die Diskussion gebracht hatte. Vgl. hierzu Suad, Rauuf Sir Muhammad: *Nuri al-Sa`id wa daurahu fi al-siyasa al-`iraqiya* (Nuri al-Sa`id und seine Rolle in der irakischen Politik), Bd. II. Bagdad 1988, S. 18.
305 Vgl. Marr, Phebe: The Modern History of Iraq. Boulder, Col. 1985, S. 62; al-`Alawi, 1990, S. 276-77.
306 Der Jurist Rustam Haidar, Schiit libanesischer Abstammung, war bis zum Tode Faisals dessen engster Berater. Salih Jabr, ebenfalls Jurist, bildete als erster schiitischer Politiker 1947 die Regierung.
307 Vgl. al-Suwaidi, Tawfiq: *Mudhakirati. Nisf qirn min tarikh al-`Iraq wa al-qadiya al-`arabiya* (Meine Erinnerungen. Halbes Jahrhundert aus der Geschichte des Irak und der arabischen Sache). Beirut 1969, S. 255.

Rücktritt, am 21. Februar 1934, beauftragte König Ghazi al-Midfai erneut mit der Bildung einer Regierung. Er ließ die Schiiten durch Abbas Mahdi - einen schiitischen Politiker, der, wie al-`Alawi schreibt, "dem Ministerrat keine Schwierigkeiten machte"[308] - vertreten. Damit war aber der konfessionelle Konflikt nicht beigelegt. Der Streit im Kabinett al-Midfai war nur Vorbote eines größeren Konflikts, der die haschemitische Monarchie Mitte der dreißiger Jahre erschüttern sollte.

Die schwache Regierung al-Midfai geriet bald durch Korruptionsskandale in Mißkredit, so daß der König diesem im August 1934 nahelegte, seine Demission einzureichen.[309] Die Ernennung al-Aiyubis zum neuen Ministerpräsidenten, die Auflösung der Nationalversammlung und das Abhalten von Wahlen im September 1934 beendeten die Instabilität des politischen Systems nicht. Ganz im Gegenteil - es waren Ausgangspunkte neuer Konflikte. Al-Aiyubi provozierte bei der Zusammensetzung des neuen Parlaments mächtige schiitische Stammes*shaikhs* dadurch, daß er sie abwählen und an ihrer Stelle weniger bedeutende *shaikhs* wählen ließ.[310] Es ist wichtig zu erwähnen, daß die Stammes*shaikhs* durch den Verlust ihrer Parlamentssitze einen Teil ihrer Privilegien, die Faisal ihnen eingeräumt hatte, verloren sahen. Sie waren aber nicht bereit, dies hinzunehmen, zumal der Verlust politischer Macht eine neue Kampfrunde um Land und Wasser einläutete. In Anbetracht des Umstands, daß ein Teil der neu gewählten Scheichs ehemalige *sarkals*, d.h. Vorsteher der Unterdivisionen der Stämme[311], waren, mußten tribale Streitigkeiten und ein neuer Kampf um Land ausbrechen. Einige der *sarkals* waren aufgrund des *al-lazma*-Gesetzes (Verpflichtungsgesetz) von 1932 anerkannte Eigentümer des von ihnen geleiteten Gebietes (*muqat`a*) geworden.[312] Al-Aiyubi versuchte durch die Aufwertung der Rolle der *sarkals*, die mit der al-Hashimi/al-Ghailani-Gruppe verbündeten Scheichs unter Druck zu setzen. Die Frage nach dem Verlust der politischen Macht war also essentiell für die Stammes*shaikhs*. Sie taten, was zu erwarten war, als sie sich an die ambitionierten Führer der "Partei der Nationalen Verbrüderung", al-Hashimi und al-Ghailani, wandten, die sich als Opposition zur

---

308 Al-`Alawi, 1990, S. 277.
309 Vgl. al-Hasani Bd. IV, 1988, S. 26-27.
310 Vgl. al-Hasani Bd. IV, 1988, S. 37.
311 Die *sarkals* - abgeleitet von dem persischen Begriff *sar kar* (Arbeitsbeaufsichtiger) - leiteten jeweils ein von einer Stammesgruppe bearbeitetes landwirtschaftliches Gebiet (*muqata*). Vgl. Omar Farouk-Sluglett, 1974, S. 98; Batatu, 1978, S. 86.
312 Aufgrund des Gesetzes von 1932 gehörte das Land, das eindeutig nicht Privateigentum (*mulk*) war, theoretisch dem Staat. Neben dem anerkannten *mulk* existierten noch drei andere Kategorien: Staatseigentum (*miri sirf*), *tapu*, d.h. Ländereien, die aufgrund des osmanischen *tapu*-Gesetzes bestimmtenen Person gehörten, und *al-lazma*-Land, das weder *tapu*-Land noch *miri sirf* war. Es war vorwiegend Stammesland ohne geklärten Status. Das Land war *de jure* an die Scheichs verpachtet, und diese mußten, falls sie Land verkaufen wollten (d.h. die Pacht verkaufen wollten), das Einverständnis der zuständigen Behörde einholen. Nach der Novellierung von 1942 war das *al-lazma*-Land praktisch dem *mulk* gleichgestellt. Vgl. Omar Farouk-Sluglett, 1974, S. 155.

Regierung al-Aiyubi verstanden.[313] Um ihre Position zu stärken, versuchten sie, den mächtigsten *alim* von al-Najaf, Hujat al-Islam Muhammad Husain Kashif al-Ghita', zur Intervention zu bewegen. Dies zeigte, daß der politische Konflikt unter den *shaikhs*, die sich auf einen Kompromiß mit dem sunnitischen Staat nach der Revolte von 1920 eingelassen hatten, zur Reaktivierung und Instrumentalisierung des ethno-religiösen Aspekts geführt hatte. Daß Kashif al-Ghita' in den Konflikt intervenierte und die Kontrahenten, die neuen Abgeordneten und die abgewählten *shaikhs*, zu sich bat, hatte neben der Überzeugung Kashif al-Ghita's, daß die Schiiten mehr Einfluß und Macht im neuen Staat bekommen müßten, einen nicht minder wichtigen Grund. Die religiöse Institution der schiitischen Geistlichkeit *al-marja`iya* war nämlich durch die Bemühungen Faisals, die Stammesshaikhs zu korrumpieren, und durch die erwähnten harten Maßnahmen gegen die Geistlichkeit 1923 geschwächt worden. Kashif al-Ghita' sah eine geeignete Chance, das verlorene Terrain zurückzuerobern.[314] Auch wenn die Bemühungen Kashif al-Ghita's, zwischen den Konfliktparteien zu vermitteln, scheiterten, war er im Verlauf des Konflikts zu einem politischen Faktor geworden. Es scheint aber, daß Kashif al-Ghita', und mit ihm die schiitische Geistlichkeit, nicht die einzige Kraft war, die sich bemühte, dem Konflikt eine politisch-konfessionelle Dimension zu verleihen. In einer anonymen Anfrage an Kashif al-Ghita' vor Ausbruch des Aufstands wurde um ein *fatwa* (religiöser Rechtsspruch) bezüglich der Frage gebeten, ob (nach islamischem Recht) "...der Kampf der Stämme gegeneinander zulässig sei"[315]. Kashif al-Ghita' beantwortete dies natürlich negativ. Der Kampf der Gläubigen gegeneinander widerspreche, so der Tenor seines Rechtsspruchs, den Grundsätzen des Islam.[316] Zwei Kräfte könnten als Urheber der Anfrage vermutet werden: die Anhänger der Regierung al-Aiyubi, die durch die Unruhen gefährdet waren, aber auch die schiitische Politikergruppe um Amin al-Charchafchi, die im Hintergrund den Aufstand der Stämme gegen das politische System mit seiner sunnitischen Dominanz kanalisieren wollten. Die Protestbewegung der schiitischen Stammesshaikhs trug ihre ersten Früchte sechs Wochen nach ihrer Formierung am 23. Februar 1935 mit dem Rücktritt der Regierung al-Aiyubi. Nachdem der Führer der "Partei der nationalen Verbrüderung", al-Hashimi[317],

---

313 Einige Stammesshaikhs, wie Abd al-Wahid al-Sukar, `Alwan al-Yasiri und Muhsin Abu Tabikh, gehörten allerdings zu den Gründern der "Partei der Nationalen Verbrüderung". Siehe Shubbar, 1989, S. 124.

314 Der Gouverneur vom al-Muntafig-Distrikt, Majid Mustafa, vermutete in einem geheimen Schreiben an den Innenminister, daß Muhammad Kashif al-Ghita hinter der Protestbewegung stand. Er schrieb: "'Die Informationen, die wir erhalten haben ... zeigen, daß der Urheber und Initiator dieser Bewegung, Shaikh Muhammad Kashif al-Ghita, und seine Vertreter in der Euphrat-Region sind.'... In seinen Schreiben an die Beteiligten ermahnte er diese, sich zu einigen, die Streitigkeiten beizulegen, die Regierung zu boykottieren und ihr Widerstand zu leisten ...". Zitiert nach al-Hasani Bd. IV, 1988, S. 127.

315 Al-Hasani Bd. IV, 1988, S. 55.

316 Siehe zum vollständigen *fatwa* ebd.

317 Al-Hashimi lehnte die Bildung einer neuen Regierung ab, weil der König gemäß der Tradition, die Faisal im Irak eingeführt hatte, nämlich alle Faktionen der Schiiten bei der Regierungsbildung zu

abgelehnt hatte, eine neue Regierung zu bilden, beauftragte der König wiederum al-Midfai mit der Regierungsbildung. Diese Verlegenheitslösung war kaum geeignet, die verzweigten Konflikte zu lösen. Die Ablehnung des Generalstabschefs Taha al-Hashimi, eines Bruders des Oppositionsführers Yasin al-Hashimi, die Armee gegen die rebellierenden Stämme unter Führung eines der wichtigsten Mitglieder der Partei al-Hashimis einzusetzen, machte deutlich, daß die Regierung kaum Kontrolle über die Armee hatte. Die Begründung al-Hashimis für die Ablehnung einer Intervention der Armee, daß die Intervention den politischen Konfessionalismus eher schüren würde, hatte ihre Berechtigung. Nichtsdestotrotz intervenierte er einige Wochen später massiv gegen die schiitischen Stämme, nachdem sein Bruder Yasin al-Hashimi im März 1935 die neue Regierung gebildet hatte. Die Anführer dieser Stämme waren aber diesmal jene Stammes*shaikhs*, die durch die Gruppe al-Midfai/al-Aiyubi zu ihren Parlamentssitzen gekommen waren. Aber zuvor versuchte al-Midfai, da die Armee die Intervention ablehnte, die loyalen Stämme gegen die Aufständischen zu mobilisieren. Nun war das geschehen, was al-Charchafchis Gruppe aber auch Muhammad Husin Kashif al-Ghita' hatten vermeiden wollen: ein Stellvertreterkrieg der schiitischen Stämme für die konkurrierenden sunnitischen Elitefaktionen. Angesichts dieser Situation, aber besonders nach al-Hashimis Machtübernahme, versuchte Kashif al-Ghita' die tribalen Auseinandersetzungen zu beenden. In einem Schreiben an die Stämme mahnte er:

... Sie wissen, daß ich wegen meiner religiösen Position in die Politik und Parteiarbeit nicht intervenieren kann. Wir haben nur wegen der Interessen der Allgemeinheit (*al-maslaha al-`amma*) interveniert, und um die Last dieser verelendeten Gemeinschaft zu mindern. Dies kann aber nicht geschehen, wenn Ihr, die Anrainer des Euphrat (*al-furatiun*)[318] Euch nicht einigt. Wenn Ihr Euch einigt, könnt Ihr Erfolg haben. ... Dann wird jede Regierung Eure Gunst suchen, Eure Befehle empfangen und Euch das geben, was Ihr Euch wünscht. Solltet Ihr aber zerstritten sein, dann wird jede Regierung Euch mißachten. Dies ist der Kern der Wahrheit, alles andere ist überflüssig. Ihr seid verpflichtet, Ruhe zu wahren. Euer Kampf gegeneinander, sogar gegen andere, ist unzulässig (*muharram*).[319]

Kashif al-Ghita' und die Charchafchi-Gruppe versuchten, nachdem der Aufstand ausgebrochen war, alle schiitischen Stämme, die Anhänger der al-Aiyubi/al-Midfai Gruppe wie auch die Anhänger der regierenden al-Hashimi-Gruppe,[320] zur Einigkeit zu bewegen. In einer Versammlung der

---

beteiligen, die Zusammenarbeit mit der Gruppe al-Aiyubi/al-Midfai ablehnte. Vgl. al-Hasani Bd. IV, 1988, S. 58.

318 *Al-furatiun* wurde in vielen schiitischen Schriften, wahrscheinlich aus politischen Gründen, als Synonym für irakische Schiiten gebraucht.
319 Zitiert nach al-Hasani Bd. IV, 1988, S. 86.
320 Die Anhänger der Regierung al-Hashimi unter Führung `Abd al-Wahid Sukar lehnten die Einladung Kashif al-Ghitas ab, weil sie durch die Versammlung der Schiiten "das Schüren des Konfes-

Stämme, der Geistlichkeit und der Charchafchi-Gruppe in al-Najaf wurde der "Pakt von al-Najaf" (*mithaq al-Najaf*), eines der wichtigsten politischen Dokumente der Schiiten unter der haschemitischen Herrschaft, debattiert und beschlossen.[321] In der Präambel des Paktes machten die Unterzeichner, die die Rolle Kashif al-Ghita's als ihres Wortführers unterstrichen, deutlich, daß ihr Ziel die Erlangung der Gleichheit aller Gruppen des irakischen Volkes sei. Der erste Artikel bezieht im Zusammenhang mit dem Konfessionalismus eine völlig eindeutige Stellung zur politischen Realität und zu den Bestimmungen der Verfassung von 1925:

> Der irakische Staat verfolgte seit seiner Gründung eine ... Politik (*siyasa harqa*), die mit den Interessen des Volkes nicht übereinstimmt. Er hat die Politik der konfessionellen Unterscheidung zum Hauptprinzip des Regierens gemacht. So wurde die Mehrheit durch ein oder zwei Minister, die den Herrschenden hörig waren, vertreten. Das gleiche gilt für die Beschäftigung im öffentlichen Dienst. Bei der Einstellung der Beamten und bei der Zusammensetzung der Nationalversammlung war die Parteilichkeit (*tahiyuz*) deutlich. Dies alles geschah, obwohl der Artikel 6 des Grundgesetzes[322] (*al-qanun al-asli*) keinen Unterschied zwischen den Bewohnern (*al-ahali*) des Landes macht. ... Um diese Unterscheidung aufzuheben, müssen alle (*al-kull*) im Ministerrat, in der Nationalversammlung und in den Ämtern vertreten werden, ebenso wie sie den Militärdienst leisten und Steuern zahlen.[323]

Der zweite Artikel kritisierte die Einmischung der Regierung in die Wahlen zur Nationalversammlung und die vielfältigen Wahlmanipulationen. Vor allem das

---

sionalismus" gefürchtet haben sollen. Vgl. al-Hasani Bd. IV, 1988, S. 92. Zur Zeit der Regierung al-Aiyubi und al-Midfai versuchte Sukar allerdings, in seinen Schreiben an Kashif al-Ghita und König Ghazi seinen Aufstand gegen die Zentralregierung durch die ungerechte Unterdrückung der *furatiyin* [sprich Schiiten] zu rechtfertigen. Siehe al-Hasani Bd. IV, 1988, S. 77-78. Nachdem sein Parteifreund al-Hashimi die Macht übernommen hatte, spielte der politische Konfessionalismus für ihn keine große Rolle mehr. Batatu umreißt wie folgt die Beweggründe Sukars, der bestimmt kein Einzelfall war: "... Shaikh Abd-ul-Wahid lost to rivals in his own tribe the valuable estate of Rak al-Haswah, to the recovery of which he afterwards determinedly applied himself. Perceiving the chance of accomplishing his object and other things besides, he joined eager hands in 1930 with the Baghdad politicians Yasin al-Hashimi and Rashid Ali al-Ghailani. He became, indeed, their chief instrument in the tribal country, and in 1935, by working up an agitation in the mid-Euphrates, helped them to throw their political opponents out of power. As his reward, he secured his coveted Rak al-Haswah, only to be deprived of it two years later at the hands of the regime of General Bakr Sidqi." Batatu, 1978, S. 117

321 Die Verfasser des Dokuments waren die schiitischen Rechtsanwälte Amin al-Charchafchi, Diban al-Ghaban, Muhammad Abd al-Husain. Vgl. al-Hasani Bd. IV, 1988, S. 91.
322 Artikel 6 der irakischen Verfassung (*al-qanun al-asli*: Grundgesetz) von 1925 hatte den folgenden Wortlaut: "Es existieren keine Unterschiede zwischen den Irakern vor dem Gesetz, auch wenn sie sich national (*qaumiya*), religiös und sprachlich unterscheiden." Vgl. den Verfassungstext in al-Hasani Bd. IV, 1988, S. 337.
323 Al-Hasani Bd. IV., 1988, S. 92.

zweistufige Wahlsystem sollte abgeschafft und das Land in Wahlbezirke aufgeteilt werden, die mit den einzelnen Verwaltungsdistrikten identisch sein sollten. Wahrscheinlich spielten die Schiiten in diesem Zusammenhang auf die Praxis der irakischen Regierungen an, die sunnitische Politiker als Abgeordnete der schiitischen Bezirke "wählen" ließen. Der dritte und vierte Artikel hatten die Gleichberechtigung der Schiiten im Justizwesen zum Inhalt. Vor allem wurde kritisiert, daß *al-qada' al-shar`i* (Gerichtsbarkeit auf Grund der *shari͑a*) von der Rechtsschule der Minderheit, sprich dem sunnitischen Recht, ausging. Zudem wurde gefordert, daß das schiitische Recht an der juristischen Fakultät in Bagdad gelehrt würde. Der fünfte Artikel forderte die Pressefreiheit. Artikel 12 der Verfassung garantierte zwar die Pressefreiheit, in der Praxis wurden aber Presseorgane, die sich mit brisanten politischen Themen - besonders mit Themen, die den Konfessionalismus zum Inhalt hatten - unter strenge Zensur gestellt. Der sechste Artikel forderte die Verteilung der Mittel der religiösen Stiftungen (*al-awqaf*) an alle religiösen islamischen Institutionen. Diese politisch relevante Frage war schon in der Denkschrift König Faisals von 1932 behandelt worden. Vor allem unter der osmanischen Herrschaft wurden riesige Ländereien als *awqaf* erklärt. Nutznießer der *awqaf*-Mittel waren aber nur die Institutionen der Sunniten und die sunnitische Geistlichkeit. Die Forderung Faisals, die Schiiten zu beteiligen, wurde wahrscheinlich wegen des Widerstands der sunnitischen Geistlichkeit nicht erfüllt. Der siebte und achte Artikel plädierten für die Reform der Steuergesetzgebung und die Entwicklung der Landwirtschaft, eine Forderung, die den schiitischen Stammes*shaikhs* mit ihrem großen Grundbesitz entgegenkam. Es ist auffällig, daß die in Najaf versammelten schiitischen Führer der Verelendung der schiitischen Bauern, die seit den dreißiger Jahren als Landflüchtige in Richtung Bagdad strömten, keine Aufmerksamkeit schenkten. Im neunten Artikel forderten die Versammelten die Reform der Verwaltung und vor allem die Senkung der Gehälter und Pensionen von Beamten und Offizieren, die in der Regel Sunniten waren. Im zehnten Artikel forderten die schiitischen Führer, einen angemessenen Anteil der schiitischen Gebiete am Aufbau der Infrastruktur teilhaben zu lassen. Im elften schließlich wurde eine Amnestie für die wegen Unterstützung der "patriotischen Bewegung" inhaftierten Personen gefordert.

Der Pakt von al-Najaf widersprach den Interessen eines beachtlichen Teils der schiitischen Stammes*shaikhs*, die die Regierung al-Hashimi unterstützten, aber auch eines Teils der schiitischen Politiker, die sich in dem Text des Pakts als "sunnitenhörig" diffamiert fühlen mußten. Eine von diesen Gruppen großangelegte Kampagne gegen den Pakt zeigte, wie zerrissen und fragmentiert die schiitische Gemeinschaft war. Vor allem die schiitischen urbanen Zentren Karbala´ und Najaf, wo Kashif al-Ghita' selbst residierte, zeigten keine Bereitschaft, die Revolte der Stämme oder den Pakt zu unterstützen. Nachdem Kashif al-Ghita' ein Protestschreiben der Gegner des Paktes erhielt, in dem sie ihm zum Vorwurf machten, seine Position sowie seine Unparteilichkeit als Groß*mu-*

jtahid verletzt und die Interessen zweifelhafter Personen vertreten zu haben,[324] wußte der *mujtahid* nichts anderes zu tun als die Parteien für den Konflikt verantwortlich zu machen. Es hieß in einer Antwort:

> ... die Pflicht jeder führenden Person der Gemeinschaft (*umma*) ist es, jede Verbindung mit den Parteien zu unterbinden und mit keiner Partei, welcher auch immer, Beziehungen zu unterhalten. Die Parteilichkeit ist die Quelle jeder ... Zwietracht (*fitna*) ... . Werdet die Partei Gottes (*hizb ul-allah*), denn diejenigen, die zur Partei Gottes gehören, sind die Sieger ...[325]

Trotz der quietistischen Haltung Kashif al-Ghita's, die wahrscheinlich auch durch die Einsicht motiviert war, daß die schiitische Gemeinschaft weit davon entfernt war, ein Machtfaktor zu sein, entsprach seine Analyse, die Parteien seien die Nutznießer des Konflikts, den Tatsachen. Die schiitischen Stämme waren zu Machtinstrumenten der Parteien der sunnitischen Elite geworden. Ironischerweise löste der Ministerpräsident al-Hashimi selbst im Mai 1935 seine "Partei der nationalen Verbrüderung" auf, weil, wie die darüber beschließende Parteitagung begründete, die Umstände die Einheit der Nation erforderten.[326] Die Nation war aber von der Einheit weit entfernt. Nur wenige Tage nach der Auflösung der Partei al-Hashimis brach ein Aufstand in der Region Rumaitha aus, gefolgt von einer anderen Revolte in Suq al-Shiukh. Trotz des Dementis der Regierung waren wahrscheinlich sowohl die entmachtete Gruppe al-Aiyubi/al-Midfais, aber auch die schiitische Gruppe um al-Charchafchi[327] an diesen Unruhen beteiligt.[328]

Nachdem al-Hashimi den Ausnahmezustand verhängt und Armee-Einheiten massiv gegen die Aufständischen eingesetzt hatte, wurde er Herr der Lage. Unter dieser Voraussetzung wurden neue Wahlen zur Nationalversammlung abgehalten. Al-Hashimi beruhigte durch die Zusammensetzung des neuen Parlaments die gespannte Situation. Die neue Nationalversammlung war, auch wenn die Anhänger al-Hashimis wiederum die Mehrheit bildeten, in ihrer Zusammensetzung ausgewogener als die von 1934. Die Debatte über die Unruhen bei der Eröffnung des Parlaments zeigte erneut, welche Ignoranz sunnitische Politiker vom Schlage al-Hashimis an den Tag legten und wie scheu und konfliktun-

---

324 Vgl. den Text des Schreibens in: al-Hasani, Bd. IV, 1988, S. 95-96. Der Verfasser des Schreibens war nach Angaben al-Hasanis der schiitische Politiker Muhammad Rida al-Shabibi.
325 Zitiert nach al-Hasani Bd. IV, 1988, S. 97.
326 Vgl. al-Hasani Bd. IV, 1988, S. 102. Das Sprachrohr der Regierung al-Hashimi *Al-tariq* (der Weg) plädierte sogar für die Gründung einer Einheitspartei, natürlich unter Führung al-Hashimis. *Al-tariq* Nr. 633, nach al-Hasani, ebd. Al-Hashimis Biograph al-Quaisi berichtet, daß al-Hashimi schon vor der Machtübernahme die Idee vorschwebte, ein Regime zu etablieren, das sich an die Regierungsform des faschistischen Italiens anlehnen sollte. Vgl. al-Qaisi Bd. II, 1975, S. 196-98.
327 Die Regierung al-Hashimi verbannte nach dem Ausbruch der Revolten al-Charchafchi in die Stadt Kirkuk. Vgl. al-Qaisi Bd. II, 1975, S. 105.
328 Al-Hashimi dementierte die Berichte der türkischen Presse, daß al-Midfai hinter den Aufständen stände. Vgl. al-Qaisi Bd. II, 1975, S. 102.

fähig die schiitischen Politiker waren, wenn es darum ging, die Ursachen des politischen Konfessionalismus, der eigentlich nicht mehr zu verbergen war, zur Sprache zu bringen und Lehren daraus zu ziehen. In der Thronrede bezeichnete al-Hashimi den Aufstand der schiitischen Stämme als ein Produkt der "Unbesonnenheit und Unwissenheit" (*al-taish wa al-ghahl*), was den schiitischen Abgeordneten Muhammad Baqir al-Shabibi, einen Gegner des Pakts von al-Najaf, veranlaßte, in der parlamentarischen Debatte die folgende Erklärung abzugeben:

> Die Ereignisse waren nicht das Ergebnis der Unbesonnenheit und Unwissenheit der Bevölkerung ..., sondern ein Resultat der Ungerechtigkeit (*zulm*) und Willkür (`*asf*) der Verwaltung. Die Rebellion der Stämme in der Euphrat-Region war nicht gegen den Staat und seine Gesetze gerichtet, sondern gegen die Tyrannei derjenigen, die den Staat dort repräsentieren ... [329]

Al-Shabibi, Prototyp jener schiitischen Politiker, die nach der Staatsgründung die wenigen Ämter und Positionen, die für die Schiiten vorgesehen waren, bekleideten, war nicht bereit, das politische System, daß auf ethnischer Stratifikation basierte, zu kritisieren. Er wählte daher die Verwaltung quasi als Sündenbock, um in der schiitischen Öffentlichkeit nicht als "sunnitenhörig" zu erscheinen. Der oppositionelle Politiker Jamil al-Midfai, dessen Regierung durch den Aufstand 1935 nur wenige Wochen nach ihrer Bildung gestürzt worden war, versuchte, den konfessionellen Konflikt auf einer anderen Ebene zur Sprache zu bringen. In der Debatte im Senat (*majlis al-a`iyan*), dessen Mitglied er war, versuchte er mit seinen Gegnern, dem Ministerpräsidenten al-Hashimi und dem Innenminister al-Ghailani, abzurechnen. Al-Midfa`i erklärte:

> In Wirklichkeit haben die Unruhen, die Yasin al-Hashimi unterdrückt, ihre Ursache in den Versammlungen, die der jetzige Innenminister al-Ghailani in Sulaikh abhielt. Die [in Sulaikh] Versammelten hatten die Ambitionen, Parlamentssitze und Ministerposten zu bekommen.[330]

Der angesprochene Innenminister al-Ghailani machte seinerseits in seiner Erwiderung al-Midfai in seiner Eigenschaft als Innenminister in der Regierung al-Aiyubi für die Unruhen verantwortlich.[331] Aber abgesehen davon, mit "Sulaikh" war das Wort gefallen, dem eine Schlüsselposition im Kampf der sunnitischen Eliten um die Machtverteilung und dessen Verflechtung mit dem Konfessionalismus zukam. Die Versammlungen der Führung der "Partei der nationalen Verbrüderung" in Sulaikh, dem Wohnsitz des zweiten Mannes in der Parteiführung, Rashid Ali al-Ghailani, waren in Wirklichkeit die Endphase einer Entwicklung, die 1930 begonnen hatte. Al-Ghailani, der sich 1930 mit

---

329 Zitiert nach al-Hasani Bd. IV, 1988, S. 138.
330 Ebd.
331 Ebd.

al-Hashimi verbündet hatte, "entdeckte" die Stämme als Druckmittel in der irakischen Politik. Schon 1931 waren er und al-Hashimi in aufsehenerregenden "Werbetouren" in den schiitischen Süden gezogen, um die Stämme gegen die Regierung al-Sa`id zu mobilisieren. Wie al-Qaisi berichtet, hielt al-Hashimi Reden, die kaum politische Substanz hatten,[332] so daß al-Sa`id ihm vielleicht nicht zu Unrecht politische Scharlatanerie vorwarf.[333]

Die Mobilisierung der Stämme fand aber bald ein Ende, als al-Ghailani 1933 mit der Regierungsbildung beauftragt wurde.[334] Der Verlust der Parlamentssitze nach den Wahlen von 1934 ließ al-Hashimi und al-Ghailani erneut auf die Stämme zurückgreifen. In Sulaikh beschlossen die al–Hashimi/al–Ghailani–Gruppe und die Führer der schiitischen Stämme, die Regierung zu stürzen.[335] Die Dinge nahmen dann aber nach dem Sturz der Regierung al-Aiyubi einen anderen Lauf. Al-Charchafchi und Kashif al-Ghita' versuchten, dem Konflikt, den sie selbst nicht initiiert hatten, einen politisch-konfessionellen Charakter zu verleihen. Ihre Bemühungen, den Konflikt gegen das System zu kanalisieren, scheiterten, weil vor allem das politisch-konfessionelle Bewußtsein bei den Schiiten nur rudimentär vorhanden war und die politischen Vertreter der Schiiten im sunnitischen Staat ihre Positionen, die sie durch die Anerkennung des Status quo erkauft hatten, nicht gefährden wollten.

---

332 Al-Qaisi zitierte als Beispiel die folgende Rede, die al-Hashimi im Januar 1931 in Karbala´ hielt: "Sie haben entschieden, daß ich ein Symbol Ihrer Brüderlichkeit und Ihrer Einheit werden solle, einer, der Ihre Liebe zur Heimat zum Ausdruck bringt. Seien Sie sicher, daß ich alles tue, damit ich Ihre edlen Ziele erreiche und die Heimat, die durch sie [vermutlich al-Sa`ids Gruppe, F.I.] in Gefahr geraten ist, rette. Ich bitte Sie, sich nur auf die eigene Kraft zu verlassen. Gott möge Ihnen Erfolg zuteil werden lassen." Al-Qaisi Bd. II, 1975, S. 131.
333 Ebd.
334 Ende 1933 mußte al-Gailani sein Rücktritt einreichen, weil der König die Forderung al-Gailanis, das Parlament aufzulösen und Neuwahlen auszuschreiben, abgelehnt hatte. Al-Gailani wollte durch Neuwahlen seine Position stärken. Siehe hierzu al-Qaisi Bd. II, 1975, S. 164-65; auch Khadduri, 1960, S. 45.
335 Siehe zu den Beschlüssen von al-Sulaikh al-Hasani Bd. IV, 1988, S. 51.

Exkurs: Die Schul- und Kulturpolitik Sati` al-Husris und die irakischen Schiiten

Die Position der Schiiten war - zumindest unter Faisal - nicht nur durch minimale Repräsentation in den wichtigen staatlichen Ämtern gekennzeichnet, sondern darüberhinaus waren diese auch einer Art "Kulturkampf" ausgesetzt, als dessen Initiator sich der arabische Nationalist Sati` al-Husri erwies.

Sati` al-Husri gehörte zu den letzten osmanischen Intellektuellen, die bis zum Zusammenbruch des Reiches 1918 der Fiktion des "Osmanismus" verbunden blieben.[336] Er erteilte daher dem türkischen wie auch dem arabischen Nationalismus eine klare Absage.[337] Seine arabischen Freunde, wie z.B. der 1916 in Damaskus hingerichtete `Abd al-Karim al-Khalil, konnten ihn aus diesem Grund nicht zur Zusammenarbeit mit den arabischen politischen Untergrundorganisationen bewegen.[338] Obwohl er vor allem als Pädagoge tätig war,[339] nahm al-Husri als Osmanismus-Protagonist nach der Revolution von 1908 Stellung zu wichtigen politischen Fragen, vor allem zu der Frage über die Zukunft des osmanischen Staats. In seiner Schrift *"vatan icin"* (Für das Vaterland) aus dem Jahre 1913, die er ursprünglich als Vorlesungen am *Darülfünun* in Istanbul hielt, plädierte al-Husri für osmanischen Patriotismus (*vatanserverlik*).[340] Der Patriotismus sollte seiner Ansicht nach über die Identifikation aller ethnischen und religiösen Gruppen mit dem Staat erreicht werden. Bei der Gegenüberstellung der französichen und deutschen Nationsidee, stützte er sich auf erstere: "We cannot accept the concept of the Germans because language is the least of the ties which bind the Ottomans to one another".[341]

Im Rahmen seiner Debatte mit dem türkischen Nationalisten Ziya Gökalp über die Ziele der Erziehung im Osmanischen Reich kritisierte er die Idee Gökalps, die Nation zum Objekt der Erziehung zu machen, weil "... the individual becomes a genuine personality only as he becomes a genuine representative of his culture."[342] Wegen der multiethnischen Struktur der osmanischen Gesellschaft müsse vielmehr das Individuum im Mittelpunkt des Interesses stehen und dessen Identifikation nicht mit der Nation (*millet*) sondern mit dem Staat (*devlet*) stattfinden.[343]

---

336 Siehe Cleveland, William L.: The Making of an Arab Nationalist: Ottomanism and Arabism in the Life and Thought Sati al-Husri. Princeton 1971, S. 28.
337 Cleveland, 1971, S. 28ff.
338 Ebd.
339 Al-Husri leite von 1909 bis 1912 die pädagogische Hochschule in Istanbul. Er gab gleichzeitig die pädagogische Zeitschrift *Tedrisat-i iptidaiye mecmuasi* (Zeitschrift des Primarunterrichts) heraus.
340 Siehe hierzu Cleveland, 1971, S. 36.
341 Ülken, Hilmi Ziya: *Türkiyede cagdas düsünce tarihi* (Kulturgeschichte in der Türkei der Gegenwart). Konya 1966, S. 274; zitiert nach Cleveland, 1971, S. 38.
342 Ziya Gökalp: Turkish Nationalism and Western Civilization: Selected Essays of Ziya Gökalp. London 1959, S. 243; nach Cleveland, 1971, S. 33.
343 Siehe Cleveland, 1971, S. 35-37.

Al-Husris Ansichten, die dieser bis zum Zusammenbruch des Reiches nicht revidierte, hatten keinen Bezug zur politischen Realität und verkannten die wachsende Kraft der Nationalismen der Völker des Osmanischen Reichs.

Cleveland versucht, die Ansichten al-Husris als das Ergebnis seiner persönlichen Position darzustellen:

> ... he as well as his immediate family had devoted their careers to the service of the Ottoman Empire; he was a Muslim; his first language was Ottoman Turkish; and he was educated in one of the most famous institutions of the Empire, an institution designed to perpetuate the Ottoman way. As a cosmopolitan Ottoman cut off from his Arabic origins linguistically and culturally, and in possession of substantial prestige and position, Sati` had a vested interest in the continued existence of the non-national status quo.[344]

Erst Mitte 1919, kurz vor der Ausrufung Faisals zum König von Syrien, traf al-Husri in Syrien ein, um das Amt des Erziehungsministers zu übernehmen. Al-Husri verließ nicht nur seinen Wohnsitz Istanbul und seinen türkischen Kulturkreis, sondern änderte auch seine politischen Ansichten und theoretischen Überlegungen. Nicht das Individuum und der Staat waren nun Ausgangspunkt seiner Überlegungen, sondern die Nation. Mit Recht stellt Simon fest: "... by 1918-1919 al-Husri had arrived at an Arab nationalist position almost mirroring Gökalp's Turkish nationalist views. Now he saw language - Arabic - and history of the Arabs as the keys to Arab unity."[345]

Bezüglich der Umorientierung al-Husris schwanken die Meinungen zwischen dem Vorwurf des Opportunismus[346] und dem Versuch, die Widersprüche durch die Entwicklung seiner Persönlichkeit und durch die politische Entwicklung zu begründen.[347]

Sati` al-Husri, der Prototyp eines westlich ausgebildeten, säkularisierten osmanischen Intellektuellen und eines späteren Bekenners zum Arabertum mit geringen Kenntnissen der arabischen Kultur und noch geringeren Kenntnissen der arabischen Sprache,[348] war alles andere als ein Mann, der die besondere, historisch entstandene Tradition in Mesopotamien, vor allem die engen Beziehungen der schiitischen Gemeinschaften zu den iranischen Schiiten, verstehen

---

344 Cleveland, 1971, S. 40.
345 Simon, Reeva S.: Iraq Between the Two World Wars. The Creation and Implementation of a Nationalist Ideology. New York 1986, S. 76.
346 Al-Husris Biograph Cleveland begründet dessenUmorientierung mit den unklaren Verhältnissen in der Türkei im Jahre 1919, die ihm keine Möglichkeit für berufliche Tätigkeit gaben. Siehe Cleveland, 1971, S. 40ff.
347 Interview mit al-Uzri, London, 25. April 1993.
348 Al-Husri hatte Türkisch als Muttersprache. Siehe Cleveland, 1971, S. 65-66. Nach seinem Eintreffen in Syrien benötigte er als Direktor des Erziehungsamts in Damaskus einen arabischen Dolmetscher, da er nur sehr geringe Kenntnisse der arabischen Sprache hatte. Siehe al-`Alawi, Hasan: Al-tatirat al-turkiya fi al-masru al-qaumi al-`arabi fi al-`Iraq. (Die türkischen Einflüsse auf das arabisch-nationale Projekt im Irak). London 1988, S. 167.

und akzeptieren konnte.[349] Es ist auffallend, daß er in seinen Memoiren, die er 1968, ein Jahr vor seinem Tode, veröffentlichte, sein schwieriges Verhältnis zur irakischen Bevölkerung und ihrer besonderen Kultur zum Ausdruck bringt. Nicht zu Unrecht schreibt Simon: "He was accused of not knowing Iraq's problems. He spent his residence in Iraq as a cold intellectual without many close friends. He was too Western, too secular in a country that was the backwater province of the Ottoman Empire...".[350]

Nicht die Bemühungen al-Husris, ein arabisch-nationalistisches säkularisiertes Schulsystem im Irak zu gründen,[351] riefen die Ablehnung der Schiiten hervor,[352] sondern seine Geringschätzung der führenden Rolle der schiitischen `ulama' und seine strikte Ablehnung der besonderen Beziehungen der schiitischen Gemeinschaften im Iran und Irak vermittelten den Eindruck, daß er den Schiiten gegenüber feindlich gesinnt war.[353] Mit seinen Andeutungen über den Einfluß der Perser auf die irakischen Schiiten berührte al-Husri einen wunden Punkt, weil die irakischen Schiiten, auch wenn sie die besonderen Beziehungen der Schiiten im Iran und Irak als religiös motiviert bewerten und verteidigen, jeden zweideutigen Hinweis darauf als Angriff auf ihr Arabertum interpretieren.[354] Al-Husri nahm in dieser Hinsicht aber von Anfang an keine Rücksicht auf die Empfindlichkeiten der irakischen Schiiten.

Mit seiner programmatischen Aussage, die er laut seinen Memoiren vor seinem Eintreffen im Irak gemacht hatte: "Ich werde mit allen Mitteln das patriotische und nationale Gefühl sowie den Glauben an die Einheit der arabischen Nation bei meiner Tätigkeit im Irak stärken..."[355], ignorierte er den multiethnischen Charakter der irakischen Gesellschaft.[356]

Die Konflikte al-Husris mit den Erziehungsministern, die während seiner Tätigkeit als Direktor des Amts für Erziehungswesen (1922-1934), das stets durch schiitische Politiker[357] besetzt worden war, und sein fast missionarischer

---

349 Kedourie charakterisiert al-Husri treffend mit dem Satz: "This ex-Ottoman official combined the cold centralising passion of the Ottoman bureaucracy after the Tanzimat with a rigid and humourless pan-Arabism." Kedourie, Elie: England and the Middle East. 2nd ed. London 1978, S. 273.
350 Simon, 1986, S. 84.
351 Die arabisch-nationalistische Orientierung war alles andere als integrationsfördernd. Mit Recht stellt Cleveland fest: "By seeking to impose a unified, state-controlled system of education disseminating doctrines of pan-Arabism in a country as deeply rent by political, sectarian, and tribal differences as Iraq, al-Husri, even had he been more tactful, would have aroused antagonism." Cleveland, 1971, S. 67.
352 Siehe Ende, 1977, S. 136. Al-Husri, der als Vater der arabischen Pädagogik galt, betrachtete die Schule als effektives Instrument zur Verbreitung der Idee des Panarabismus. Etwa 50% der Unterrichtsstunden in den irakischen Grundschulen wurden der nationalen Erziehung und Geschichte eingeräumt. Siehe Simon, 1986, S. 81.
353 Siehe al-Husri, Sati: *Mudhakkirati fi al-`Iraq 1921-1941*, Bd. I, Beirut, 1967, S. 591.
354 Vgl. z.B. die Position des ehemaligen schiitischen irakischen Politikers al-Uzri zu Sati al-Husri: al-Uzri, 1991, S. 191-248.
355 Al-Husri Bd. I, 1967, S. 38.
356 Cleveland beschreibt in dieser Hinsicht mit Recht den Sinneswandel bei al-Husri.
357 Der Konflikt al-Husris mit dem schiitischen Erziehungsminister Abd al-Muhsin al-Chalabi wegen der Einstellung eines Beamten iranischer Abstammung im Erziehungsministerium durch letzteren veranlaßte al-Husri, der der Ernennung nicht zustimmte, vorübergehend sein Amt niederzulegen.

Eifer gegen die Einflüsse der persischen Kultur im Irak brachten ihm einen zweifelhaften Ruf in den Reihen der irakischen Schiiten[358], aber auch unter den irakischen Kurden ein.[359]

Die diskriminierende Haltung al-Husris als oberster Administrator in den Jahren 1921-1927 gegenüber den Schiiten beschränkte sich nicht auf die Entfernung schiitischer Lehrer persischer Abstammung aus dem Schuldienst. Er traf in seiner Funktion als Direktor des Amts für Erziehungswesen wichtige Entscheidungen, die von den schiitischen Autoren nicht ohne Recht als antischiitisch bewertet werden. So verhinderte er 1928 die Gründung einer pädagogischen Hochschule in der Stadt Hilla mit dem Argument, daß die schiitischen Lehrer dann einen überproportionalen Anteil an der Lehrerschaft bilden würden.[360] Eine weitere wichtige Entscheidung war die Auflösung der Direktion für Erziehungswesen im schiitischen Mittleren Euphrat und die Angliederung des Schulwesens dieser schiitischen Region an Bagdad. Diese Schritte hatten die Konsequenz, daß die Zahl der schiitischen Schüler gemessen an der Zahl der Schüler in den sunnitischen Gebieten sehr niedrig blieb.[361] Damit trug

---

Nach einem öffentlichen Disput zwischen al-Husri und dem Minister in der Bagdader Presse vermittelte der Ministerpräsident Abd al-Muhsin al-Sa`dun zwischen den beiden Kontrahenten und legte den Konflikt bei. Siehe al-Husri Bd. I, 1967, S. 271-78; al-`Alawi, 1989, S. 262.

358 Vor allem die Überprüfung der Staatsangehörigkeit der schiitischen Lehrer durch al-Husri führte zur Bestürzung unter den schiitischen Politikern über dessen Verhalten. Die Affäre al-Ghawahiri wurde 1927 zu einem Politikum, mit dem sich das Kabinett und König Faisal selbst befaßten. Al-Husri schreibt in seinen Memoiren (Al-Husri Bd. I, 1967, S. 591-602), daß er bei dem Vorstellungsgespräch al-Ghawahiris nach dessen Staatsangehörigkeit gefragt habe. Dieser habe ohne Zögern mitgeteilt, daß er die iranische Staatsangehörigkeit habe. Die Erklärung al-Husris, daß er ihn deswegen nicht als Lehrer einstellen könne, begegnete al-Ghawahiri mit dem Argument, daß er schon syrische und libanesische Lehrer eingestellt habe. Nachdem al-Husri diese Einstellungen damit begründete, daß diese Lehrer wegen der Fächer, die sie unterrichteten, nicht durch Iraker zu ersetzen seien, erklärte sich al-Ghawahiri bereit, die irakische Staatsangehörigkeit anzunehmen. Al-Husri weigerte sich dennoch, al-Ghawahiri einzustellen. Dies veranlaßte den schiitischen Erziehungsminister Abd al-Mahdi, ihn auf eigene Verantwortung einzustellen. Nach seiner Einstellung veröffentlichte al-Ghawahiri ein Gedicht, in dem er die Schönheit der iranischen Landschaft pries. Al-Husri nahm das Gedicht zum Anlaß, um al-Ghawahiri vom Schuldienst zu suspendieren. Nach öffentlichen Protesten schiitischer Politiker nahm König Faisal den jungen Dichter als Hofangestellten auf. Al-Ghawahiri, der danach zu einem der bedeutensten arabischen Dichter der Gegenwart wurde, stellt diesen Konflikt anders dar. Al-Husri soll ihn nach seinem madhab (Konfession) gefragt haben. (Siehe al-Ghawahiri, Muhammad Mahdi: *Dhikrayati. Al-juzz al-anwal.* (Meine Erinnerungen). Bd. I. Beirut 1988, S. 142). Welche Version auch immer der Wahrheit entspricht, es muß bei dieser Affäre Sati al-Husri unterstellt werden, daß er die Besonderheit der historischen Situation der irakischen Schiiten, vor allem ihre Vernachlässigung und Verfolgung im osmanischen Reich, nicht berücksichtigen wollte. Er muß gewußt haben, daß die schiitische alim-Familie al-Ghawahiri seit mehreren Jahrhunderten in Najaf ansässig gewesen war und daß ein beträchtlicher Teil der arabisch-irakischen Schiiten nach der Gründung des Staats Irak die persische Staatsangehörigkeit besaß.

359 Sati al-Husri verhinderte nach Angaben des ehemaligen Generalsekretärs der Demokratischen Partei Kurdistans, Ibrahim Ahmad, die Einführung der kurdischen Sprache als Schulsprache in den Oberschulen der kurdischen Region. Gespräch mit Ahmad, London, 3. Februar 1989.

360 Interview mit al-Uzri, London 23.4.1993

361 Die irakische Schulstatistik machte 1933 folgende Angaben über die Zahl der Schüler pro 1000 Einwohner: Mosul (sunnitisch) 30,5; Bagdad (sunnitisch-schiitisch) 27; al-Basra

das irakische Schulwesen unter al-Husri nicht dazu bei, die durch die Osmanen verursachte Ungleichheit im Erziehungsbereich zwischen Sunniten und Schiiten anzugleichen.

Die Schulpolitik Sati` al-Husris und sein problematisches Verhältnis zu den schiitischen Politikern wurde von politischen Ereignissen begleitet, in die er oder seine Mitstreiter involviert waren.[362] Eines der wichtigsten dieser Ereignisse, das die schiitische Gemeinschaft gegen al-Husri aufbrachte, war die sogenannte al-Nusuli-Affäre. Deren unmittelbarer Anlaß war das Buch des aus dem Libanon zugereisten Lehrers Zakriya al-Nusuli "Al-dawla al-umawiya fi al-sham" (Der Umaiyadenstaat in Syrien). In diesem Buch huldigt al-Nusuli dem Umaiyadenstaat, wohlwissend, daß die irakischen Schiiten diesen Staat als die Verkörperung der Ungerechtigkeit in der islamischen Geschichte betrachten, und versucht, den zweiten umayyadischen Khalifen Yazid zu rehabilitieren.[363] Das Buch löste heftige Protestaktionen der Schiiten aus, die zur Entlassung von einer Lehrergruppe aus der Umgebung von al-Husri aus dem Schuldienst führte.[364] Wahrscheinlich wäre al-Nusulis Buch nicht zu einer Affäre geworden, wenn die irakischen Schiiten nach der Gründung des Staats nicht von der politischen Macht ausgeschlossen worden wären und Kulturpolitiker wie Sati` al-Husri sich nicht zu Vollstreckern der Peripherisierung der Schiiten im Kulturbereich gemacht hätten, denn die Schrift al-Nusulis war, wie Werner Ende mit Recht feststellt, weder konfessionell motiviert, noch hatte er die Absicht, eine polemische Schrift gegen die Schiiten zu verfassen.[365] Die Rehabilitierung und Huldigung des Umaiyadenstaats hatte zweifellos einen arabisch-nationalistischen Hintergrund.[366] Interessant ist die nachträgliche Einschätzung der Affäre durch al-Husri. In seinen Memoiren gibt er an, daß al-Nusulis Fehler nicht in seiner positiven Bewertung des Umaiyadenreiches lag, sondern darin, daß er das Buch den Syrern widmete, die er als Nachfahren der Umaiyaden betrachtete. Das Umaiyadenreich sollte seiner Ansicht nach der Stolz aller Araber, einschließlich der Schiiten, sein.[367] Mit Sicherheit wußte al-Husri, daß das Schiitentum, qua Konfession repräsentiert durch die *mujtahids,* eine Rehabilitierung des Umaiyadenreiches, unter welchem Vorwand auch immer, nicht hinnehmen würde. Sein Ziel war die Überwindung der Spaltung der arabischen Gesellschaft durch das Bekenntnis zu einer gemeinsamen Ge-

---

(sunnitisch-schiitisch) 25; al-Amara (schiitisch) 9; al-Nasiriya (schiitisch) 6; al-Ramadi (schiitisch) 10; al-Kut (schiitisch) 6; al-Diwaniya (schiitisch) 8, (Quelle al-`Alawi, 1989, S. 274.)

362 Zur ausführlichen Darstellung der al-Nusuli-Affäre siehe Ende: 1977, S. 132-45.
363 Siehe Ende, 1977, S. 142.
364 Vgl. al-Hasani Bd. II, 1988, S. 88-89.
365 Ende, 1977, S. 140.
366 Al-Nusuli ging bei seiner Analyse des Streites zwischen den Aliden und den Umayyaden allerdings von einer nationalistischen Sichtweise aus. So schrieb er: "Die Führer des Hauses Muhammad (Al ul-Bait) waren schwach und gerieten unter die Wirkung des persischen Morphiums (sic!) und des persischen Gedankengutes ...". Al-Nusuli, Anis Zakariya: *Al-dawla al-umawiya fi al-sham* (Der Umaiyadenstaat in Syrien). Bagdad 1927, S. 320.
367 Al-Husri Bd. I, 1967, S. 559.

schichte.[368] Daß diese Geschichtsversion der Position der Sunniten entspricht und daß politisch der Irak von der sunnitischen Minderheit beherrscht wurde, wurde von al-Husri und seinen Mitstreitern nicht berücksichtigt.

Die Nusuli-Affäre verstärkte die Befürchtungen der Schiiten "...ob", wie Ende es formuliert, "in einem von Politikern dieses Schlages regierten Lande ihre Gemeinschaft ohne Diskriminierung würde leben können".[369]

Es stellt sich in diesem Zusammenhang die Frage, warum Sati` al-Husri, der nach dem Zusammenbruch des Osmanischen Reichs zum Vordenker des arabischen Nationalimus wurde, eine diskriminierende Politik gegenüber den irakischen Schiiten praktizierte. Diese Frage läßt sich ohne Berücksichtigung der politischen Ideen Sati` al-Husris kaum beantworten, denn dieser nahm, als Vordenker des arabischen Nationalismus, unter den neuen politischen Bedingungen Abstand von dem Protagonisten des "Osmanismus", Sati` Bey. Während er in seinen Schriften vor dem Zusammenbruch des Osmanischen Reiches die deutsche Nationsidee ablehnte, paßte er diese - und zwar in der Form wie sie von Herder und Fichte formuliert worden war - später den arabischen Verhältnissen an.[370] Nicht der Staat stellte nun das Identifikationsvehikel für die Nation dar, sondern Sprache und Kultur. Welches Motiv auch immer für den Umschwung al-Husris ausschlaggebend gewesen sein mag, ob eine persönliche Identitätskrise, wie al-Husris Biograph Cleveland glaubt[371], oder seine Erfahrungen im kurzlebigen syrischen Königreich unter Faisal, worauf Bassam Tibi insistiert,[372] fest steht, daß er im Irak durch ein säkulares, arabisch-nationalistisch orientiertes Schulsystem das Erwachen der arabischen Nation zu initiieren versuchte. Cleveland bemerkt hierzu:

> Both his eductional philosophy and his broader nationalist doctrines were designed to formulate an ideology which would inspire allegiance to national above regional bonds and to create an immediate sense of communal identity among the inhabitants of the divided post-war Arab nation.[373]

Wahrscheinlich hätte Sati` al-Husri unter der Bedingung einer angemessenen politischen Beteiligung der irakischen ethnisch-religiösen Gruppen keinen Widerspruch in der irakischen Gesellschaft erfahren. Er ignorierte aber, daß die schiitische Mehrheit von einer angemessenen Partizipation im politischen System ausgeschlossen und die Kurden gewaltsam an den Irak angegliedert worden waren. Sein Konzept der nationalen Integration, das er über die Schulpolitik erreichen wollte, hatte die Aufrechterhaltung des Status quo zum Ziel. Er hat sich während seiner Tätigkeit im Irak 1921-1941 nie die Frage gestellt, weshalb

---

368 Siehe Ende, 1977, S. 144.
369 Ebd.
370 Siehe Tibi, Bassam: Nationalismus in der Dritten Welt am arabischen Beispiel. Frankfurt a. Main 1971, S. 108.
371 Siehe Cleveland, 1971, S. 70-71.
372 Siehe Tibi, 1971, S. 107.
373 Cleveland, 1971, S. 69.

die schiitische Mehrheit nur symbolisch an der politischen Macht beteiligt war, und gab so den schiitischen Politikern allen Grund, ihn als Exekutor der Diskriminierungspolitik der sunnitisch-arabischen Minderheit abzustempeln. Seine politische Abstinenz gegenüber wichtigen Fragen, wie dem britischen Mandat über den Irak, dem Erdölvertrag von 1928 und den 1930 vertraglich vereinbarten engen Bindungen des Irak an Großbritannien nach der Unabhängigkeit einerseits, sowie sein passioniertes Recherchieren in seiner Eigenschaft als Direktor des Amts für Erziehungswesen über Spuren iranischer Abstammung in der Vita schiitischer Grundschullehrer andererseits, verschafften ihm keinen großen Respekt in den Reihen der irakischen Schiiten. Sati` al-Husri hatte mit Sicherheit keine religiösen "ta'ifitischen" Hintergedanken bei seiner Haltung gegenüber den Schiiten, denn er war Zeit seines Lebens ein überzeugter Säkularist. Er glaubte aber wahrscheinlich, daß der Schiismus im Irak den Partikularismus verkörperte, der zu Gunsten des arabischen Nationalismus zu überwinden sei. Diese Ansicht stand dem historisch entstandenen kulturellen Pluralismus in der arabischen Welt feindlich gegenüber und betrachtete diesen als Machwerk ausländischer Mächte. Ein Zeitgenosse al-Husris, der Ägypter Mahmud `Azmi, brachte in einem Artikel unter dem Titel "Eine Front der arabischen Völker, die Notwendigkeit ihrer Gründung und der Weg zu ihrer Entstehung" diese Haltung auf den Punkt:

> We mean by `Husrism' the feeling that to labour for the sake of Arabism requires the adoption of an inimical stance towards non-Arab elements whether these elements are found within the Arab environment or outside it. This Husrism which we have seen in Iraq weakens the Iraqi entity itself since it looks upon the Kurds with some hatred, and does not desire closer relations with the Iranians or other Muslims who neighbour the territories of the Arabic-speaking peoples. ... And this cannot but create problems for the Arab front.[374]

Die Kulturpolitik al-Husris und die "husritische" Denkschule, die ihre wesentlichen Ideen, wie Tibi feststellt, dem deutschen völkischen Nationalismus entlehnte,[375] vertieften somit eher den politischen Konfessionalismus im Irak und begründeten ideologisch die Vorherrschaft der arabischen Sunniten - bis in die Gegenwart.

---

374 Mahmud Azmi: *Jabha min shu`ub al-`arabiya, darurat halqiha wa kaifiyat ta'lifiha.* In: *Al-hilal*, November 1938, S.3; zitiert nach Kedourie, 1970, S. 274.
375 Tibi, 1971, S. 149ff.

DIE INTERVENTION DER
ARMEE UND DER WANDEL DES SYSTEMS

Die Erosion des politischen Systems der sunnitischen Eliten durch den seit Ende der zwanziger Jahren ausgebrochenen Verteilungskampf konnte durch deutliche autoritäre Tendenzen[376] der Regierung al-Hashimi 1935/36 nicht zum Stillstand gebracht werden. Am 29. November 1936 stürzte die Armee unter Führung Bakr Sidqis den "Bismarck al-`Arab" (Bismarck der Araber), wie al-Hashimi sich in der loyalen Presse feiern ließ. Die Frage, warum die irakische Armee einen Politiker, der wie kein anderer ex-scharifischer den militaristischen Geist im monarchischen Irak verbreitet hatte, stürzte, hat viele Jahrzehnte nach dem Putsch der Armee ihren Reiz nicht verloren. Hanna Batatu geht davon aus, daß der Militärputsch von 1936 - wie auch der von 1941 u.a. - ein Versuch der Machtübernahme von vor allem jenen ex-scharifischen Offizieren des zweiten Ranges, die sich Faisal 1918 angeschlossen hatten. Diese Auffassung enthält hinsichtlich der Klassifikation der ex-scharifischen Offiziere nach deren Anschluß an Faisal einige Ungereimtheiten. Bekanntlich gehörten wichtige Politiker und Offiziere, wie Yasin al-Hashimi, Taha al-Hashimi und Abd al-Muhsin al-Sa`dun, die im monarchischen Irak eine entscheidende Rolle spielten, zu jenen Personen, die sich 1918 oder später Faisal angeschlossen hatten.[377]
Außerdem waren es Politiker mit ziviler Berufslaufbahn, wie Hikmat Sulaiman und Rashid Ali al-Ghailani, die die coups d'état von 1936 und 1941 politisch geplant und vorbereitet hatten.[378] In einem Punkt hat Batatu Recht: Die über-

---
376 Al-Hashimi hob den Ausnahmezustand, der wegen der Revolte der schiitischen Stämme verhängt worden war, bis zu seinem Sturz nach dem Putsch von 1936 nicht auf. Genau wie die anderen Ministerpräsidenten versuchte auch er, durch die Wahl von loyalen Herausgebern von Zeitungen Einfluß auf die öffentliche Meinung zu nehmen (vgl. al-Qaisi Bd. II, 1975, S. 200). Gleichzeitig entzog er den oppositionellen Zeitungen die Lizenz (ebd., S. 204-14). Die loyale Presse verglich al-Hashimi, in bezug auf seine panarabistische Orientierung und seine Bemühungen, die arabische Einheit zu erreichen, mit Bismarck (ebd., S. 268-69). Deutschland - nicht nur das Bismarck'sche, sondern auch das nationalsozialistische Deutschland - erschien nachahmenswert. Das von dem türkischen germanophilen Autor, Ahmad Rafiq, geschriebene Buch *"Kaifa ta`alat Brusia"* (Wie kam es zum Aufstieg Preußens) wurde zur Pflichtlektüre der Armee und der Staatsbediensteten (ebd., S. 240). Mit der Gründung der paramilitärischen Organisation *al-futuwa* beabsichtigte al-Hashimi, wie eine ihm loyale Zeitung deutlich zur Sprache brachte, ähnliche Organisationen zu gründen, wie sie in Italien und im nationalsozialistischen Deutschland existierten (*Al-bilad*, 28. Mai 1936; zitiert nach al-Qaisi Bd. II, 1975, S. 252).
377 Siehe zu biographischen Daten der irakischen Politiker unter der haschemitischen Monarchie Basri, Mir: *Alam al-siyasa fi al-`Iraq*. (Nomenklatura der irakischen Politik). London 1987.
378 Hikmat Sulaiman war die wichtigste Person bei der Herstellung von politischen Kontakten zwischen den Offizieren und der oppositionellen *al-ahali*-Gruppe. Al-Ghailani war der dominierende politische Führer des Putsches von 1941.

wiegende Mehrheit der ex-scharifischen Offiziere, ungeachtet ihrer politischen Richtung, nutzten die politische Macht, die ihnen nach 1921 zukam, als Mittel zum sozialen Aufstieg.[379] Zweifellos hatte der Einsatz der Armee als Instrument zur Unterdrückung sozialer und ethno-religiöser Konflikte eine große Bedeutung bei der Intervention der Offiziere in die Politik.[380] Zwar gab es Tendenzen in den Reihen der Politiker, der Politisierung der Armee, die sich Ende der zwanziger Jahre bemerkbar machte, Einhalt zu gebieten,[381] das massive Einsetzen der Armee bei den ethnisch-religiösen Unruhen machte es jedoch schwierig, die Armee aus der Politik herauszuhalten.[382] Es kam hinzu, daß al-Hashimi nach der Machtübernahme diese propagandistisch als die treueste staatstragende Institutionenen hervorhob - wahrscheinlich als Lohn für die Rolle der Armee bei der Niederschlagung der Revolte der Schiiten. Zudem führten die Versuche, die Gesellschaft durch die Gründung der paramilitärischen *al-futuwa* zu militarisieren, zur Aufwertung der politischen Bedeutung der Armee. Ein anderer Faktor, der nach unserem Urteil noch zu wenig Beachtung gefunden hat, ist die Faszination, die das kemalistische Staatsmodell auf die irakischen Offiziere, aber auch auf einige irakische Politiker ausübte. Die übermäßige Anziehungskraft des Kemalismus hatte mehr als einen Grund. Die irakischen Offiziere und Absolventen der osmanischen Hochschulen hatten dieselbe politische Sozialisation wie die Mitglieder des osmanischen "Komitees für Einheit und Fortschritt". Die Turkifizierungspolitik nach der Revolution der Jungtürken veranlaßte zwar einen Teil der arabischen Offiziere zur Opposition, dies war jedoch eine vornehmlich politische Frage. Mit der Abtrennung der arabischen Provinzen vom osmanischen Reich und - im Falle Iraks - mit der Regelung der Konflikte mit der kemalistischen Türkei normalisierten sich die Beziehungen zwischen den beiden Staaten. Anzeichen der Normalisierung waren die häufigen Besuche irakischer Politiker in der Türkei, nach denen dann in der irakischen Presse enthusiastisch über das kemalistische Staatsmodell berichtet wurde. Der Nachahmung des kemalistischen Modells waren allerdings bis

---

379 Al-Hashimi, der 1922 mittellos nach Bagdad kam, brachte, als er 1925 Ministerpräsident und 1927 Finanzminister wurde, riesige Ländereien in seinen Besitz. Vgl. al-Qaisi Bd. II, 1975, S. 62-66. Nachdem er staatliches Land zu sehr günstigen Konditionen bekommen hatte, gründete er 1934 eine Zement-Fabrik. Ebd., S. 171.

380 Bis zum Putsch von 1936 wurde die Armee bei folgenden Konflikten eingesetzt: Kurdistan (1921-23, 1930, 1931-32, 1935 [Barzan-Region]), Mosul (Aufstand der Assyrer, 1933), Mosul-Sinjar (Aufstand der Yazidis, 1935), schiitische Liua's (1935-36).

381 Die Regierung Nuri al-Sa`id verbot 1930 den Offizieren unter Androhung der Suspendierung vom Dienst, politische Kontakte zu den Parlamentariern aufzunehmen. Zu dieser Zeit sickerten Informationen durch, daß oppositionelle Politiker Kontakte zum Offizierskorps aufgenommen hätten. Vgl. al-Nasiri, 1988, S. 176.

382 Der Generalstabschef der irakischen Armee zwischen 1929 und 1936, Taha al-Hashimi, berichtet in seinen Memoiren, daß der Führer des Putsches, Bakr Sidqi, ihm 1935 (während der Offensive der Armee gegen die Schiiten) nahelegte, daß die "Patrioten in der Armee" endlich die Macht übernehmen sollten. Das Gespräch Sidqis scheint aber, da dieser namentlich nur die Entmachtung von Nuri al-Sa`id und Ja`far al-`Askari erwähnte, al-Hashimi keine Sorge bereitet zu haben. Erst als Sidqi 1936 dessen Bruder, Yasin al-Hashimi, stürzte und ins Exil verbannte, wertete er den Putsch als Verschwörung der Opposition. Vgl. al-Hashimi, Taha: *Mudhakkirat Taha al-Hashimi, 1919-1943*. (Die Memoiren Taha al-Hashimis, 1919-1943). Beirut 1967, S. 155-57.

zum Tode Faisals deutliche Grenzen gesetzt. Laizismus war im haschemitischen Irak, wo die königliche Familie sich als Nachfahren des Propheten legitimierte und wo Rücksichten auf die sunnitische und schiitische Geistlichkeit genommen werden mußten, kaum realisierbar. Das parlamentarische System, das von den Briten eingeführt worden war, auch wenn es nur formal existierte, war für die Integration der Eliten der ethnisch und konfessionell fragmentierten irakischen Gesellschaft eine politische Notwendigkeit. Zudem kam der Armee, die bei fast allen ethnisch und konfessionell motivierten Revolten die Unterstützung der britischen Luftwaffe sowie der britischen Militärberater beanspruchte, nicht die gleiche Bedeutung zu wie der türkischen Armee, die einen Eckpfeiler des kemalistischen Staates darstellte. Erst nach der Machtübernahme durch Yasin al-Hashimi 1935 waren die Bedingungen günstig für die Errichtung eines autoritären Staates nach dem Muster der kemalistischen Türkei.[383] Eine Summe von Maßnahmen al-Hashimis, die sein Biograph al-Qaisi als "Tendenz zur Diktatur" bezeichnet,[384] hatten in der Tat große Ähnlichkeit mit den ersten kemalistischen Maßnahmen. So schaffte al-Hashimi die von den Osmanen ererbten Titel ab, führte eine neue Kopfbedeckung ein und verbot die schiitischen Passionsspiele.[385] Die "Tendenz zur Diktatur" erschöpfte sich aber nicht in diesen äußerlichen Maßnahmen. Wahrscheinlich von der Erkenntnis geleitet, daß die Monarchie und die Präsenz der Briten sowie die starke Verankerung der traditionellen islamischen Institutionen eine Hinwendung zur radikalen Nachahmung des Kemalismus nicht erlaube, begann al-Hashimi mit einem begrenzten "kemalistischen" Experiment. Die Auflösung seiner Partei und die Forderung, alle Parteien in einer einzigen Organisation zur Einheit der Nation zusammenzuschließen, entsprang, genauso wie die Abschaffung der bis dahin relativ freien Presse, die Kontrolle der Gewerkschaften und die Verfolgung der linken Opposition, dem Wunsch nach Nachahmung des kemalistischen Modells. Die Niederschlagung der Revolten der ethnischen und konfessionellen Gruppen entsprach zwar auch der Doktrin der Zwangsassimilation des kemalistischen Staates. Al-Hashimi war jedoch anders als Atatürk kein Held einer nationalen Befreiung. Er gehörte genauso wie seine Kontrahenten Nuri al-Sa`id,

---

383 Nach Darstellung des irakischen Politikers Naji Shaukat, der 1934 irakischer Botschafter in Ankara war, stammte die Idee der Bildung einer Regierung unter Vorsitz von Yasin al-Hashimi von Kemal Atatürk. Atatürk, der von Shaukat mit voller Begeisterung als *ghazi* (Eroberer) bezeichnet wurde, soll bei einem Besuch Nuri al-Sa`ids in Ankara bedauert haben, daß die irakischen Politiker unter sich zerstritten seien. Er mahnte al-Sa`id zur Einigung mit seinen Kollegen und fügte hinzu: "Yasin Hilmi [so hieß al-Hashimi, als er mit Atatürk die Militärschule Harbiya in Istanbul besuchte, F.I.] ist der Ältere [Absolvent der Harbiya]. Bist Du mit seiner Führung einverstanden?" Al-Sa`id soll die Frage bejaht haben. Vgl. Shaukat, Naji: *Mudhakkirat Naji Shaukat*. 1977, S. 653. Abgesehen von dem Wahrheitsgehalt dieser Schilderung verkündete al-Sa`id in der Tat nach seiner Rückkehr in den Irak, daß al-Hashimi, sein Intimfeind, der fähigste Politiker im Irak sei. Vgl. Batatu, 1978, S. 202. Wahrscheinlich ging al-Sa`id, der wegen der Animosität des jungen Königs Ghazi, der unter dem Einfluß der al-Hashimi/al-Ghailani Gruppe stand, davon aus, daß er kaum die Chance hatte, Ministerpräsident zu werden. Da er als britenfreundlich galt, mußte ihn aber al-Hashimi, um einen Konflikt mit den Briten zu vermeiden, in sein Kabinett aufnehmen.
384 Vgl. al-Qaisi Bd. II, 1975, S. 196.
385 Vgl. al-`Alawi, Hasan: *Al-ta'thirat al-turkiya fi al-mashru` al-qaumi al-`arabi fi al-`Iraq*. (Die türkischen Einflüsse auf das arabisch-nationale Projekt im Irak). London 1988, S. 122.

Jamil al-Midfai und Ja`far al-`Askari zum Establishment der haschemitischen Monarchie. Seine ambivalente Haltung den britisch-irakischen Verträgen gegenüber verschaffte ihm nicht den Ruf, ein kompromißloser Nationalist zu sein. Al-Hashimi blieb aber, auch wenn er versuchte, "Atatürk" des Irak zu werden, ein kompromißbereiter und vorsichtiger Politiker. Weder die Monarchie noch das formal parlamentarische System wurden angetastet, vermutlich weil die Monarchie unter König Ghazi unfähig war, in die Politik zu intervenieren, und das Parlament seine Kontrollaufgaben noch mehr einbüßte.[386] Seine Kompromißfähigkeit und sein Sinn für die politische Realität veranlaßten ihn, die "freundschaftlichen" Beziehungen zu Großbritannien aufrechtzuerhalten und die beiden als britenfreundlich geltenden Politiker al-Sa`id und al-`Askari in seiner Regierung zu belassen, auch nachdem er seine Position konsolidiert hatte. Die Regierung al-Hashimi ebnete aber mit der Politisierung der Armee und mit dem Versuch, autoritäre Herrschaftsstrukturen aufzubauen, den Weg für die direkte Intervention derjenigen Offiziere, die selbst im autoritären Staat Regie führen wollten. Eine andere Konsequenz der autoritären Regierung al-Hashimis war die Formierung von politischen Bewegungen, wie zum Beispiel der *al-ahali*-Gruppe, die sich als soziale Protestbewegungen verstanden.

Während die Kommunisten bis nach dem Zweiten Weltkrieg nur einen marginalen Einfluß auf die irakische Politik ausüben konnten, stieg die *al-ahali*-Gruppe wenige Jahre nach ihrer Formierung ins Zentrum der politischen Macht auf. Für unser Thema sind die Formierung und der Aufstieg der *al-ahali*-Gruppe aus zwei Gründen von großer Wichtigkeit. Zum einen unterschied sie sich als eine reformistische politische Gruppe von den bisherigen irakischen Honoratioren-Parteien, die in der Regel Interessenorganisationen der einzelnen Faktionen der sunnitischen Elite waren, zum anderen lehnte sie in ihrer Programmatik und in ihrer politischen Praxis den politischen Konfessionalismus ab.

Die Formierung der *al-ahali*-Gruppe ging auf zwei Krisen zurück: auf der einen Seite auf die politische Krise der haschemitischen Monarchie, die sich Anfang der dreißiger Jahre bemerkbar machte, auf der anderen Seite auf die Krise der jungen irakischen Intelligentsia, die anders als die ex-scharifischen Offiziere nicht die Vorstellung hatte, den neuen Staat geerbt zu haben. Es ging bei den Machtkämpfen zwischen den verschiedenen ex-scharifischen Offizieren nicht um unterschiedliche politische Alternativen, sondern vielmehr um den Umfang der Privilegien, die die jeweilige Faktion in Anspruch nehmen dürfe. Ein dritter Faktor, der aber einen geringeren Einfluß auf die Entstehung der *al-ahali*-Gruppe ausübte, war die politische und ökonomische Krise im Westen und die Perzeption derselben seitens der neuen irakischen Intelligentsia. Auch die autoritären etatistischen Entwicklungsmodelle im Iran und insbesondere in der Türkei sind nicht ohne Einfluß auf die politischen und sozialen Vorstellungen der *al-ahali*-Gruppe geblieben.

---

386 Al-Hashimi war es durch offene Drohungen gelungen, die wenigen oppositionellen Abgeordneten einzuschüchtern. Vgl. hierzu al-Qaisi Bd. II, 1975, S. 198-203.

Der Eklektizismus und die Widersprüche in den politischen und sozialen Vorstellungen der *al-ahali*-Gruppe ergaben sich aus der Tatsache, daß die Mitglieder der Gruppe aus unterschiedlichen Gründen zu der Überzeugung gelangt waren, eine Veränderung der politischen und sozialen Verhältnisse im Irak sei noch nicht absehbar. Die wichtigste Gruppe waren zweifellos die irakischen Studenten an der American University of Beirut, die 1926 einen "Klub der irakischen Studenten" gründeten.[387] Drei Mitglieder des Klubs, Muhammad Hadid, Abd al-Fatah Ibrahim und Ali Haiydar Sulaiman spielten eine maßgebliche Rolle bei der Formulierung der sozialen und politischen Ziele der Gruppe. Aber insbesondere die Beiträge Muhammad Hadids und Abd al-Fatah Ibrahims waren bedeutend. Hadid studierte nach der Absolvierung seines Studiums an der American University of Beirut an der London School of Economics. Über seinen Lehrer Lasky wurde er mit den Ideen des Neo-Fabianismus bekannt, die ihn faszinierten. Nach seiner Rückkehr in den Irak 1931 propagierte er die Ideen des Neo-Fabianismus innerhalb der jungen Intelligentsia-Gruppe, die dabei war, eine Zeitung unter dem Titel *Al-ahali* herauszugeben.[388] Nicht weniger einflußreich war Abd al-Fatah Ibrahim, der unter dem Einfluß der Schriften seines Lehrers, dem an der Colombia University lehrenden Parker Thomas Moon, die irakisch-britischen Beziehungen zu analysieren versuchte.[389] Durch ihr Sprachrohr *saut al-ahali* (Stimme der Bevölkerung) und der Beilage *rasa'il al-ahali* (Mitteilungen der *ahali*) propagierte die Gruppe, deren Mitglieder in der Regel Staatsbeamte waren und nach dem irakischen Parteiengesetz als solche keine politischen Parteien gründen durften, ihre Ideen. 1933 gründete die Gruppe den "Verein zur Bekämpfung des Analphabetismus" (*jamiyat mukafahat al-ummiyia*) und den Bagdad-Klub (*nadi Bagdad*) sowie ein Jahr später die geheime Organisation jamiyat al-sha`biya (Populistische Vereinigung). In ihren nach dem Muster der britischen Fabianisten publizierten Briefen versuchten die Mitglieder der Gruppe, ihre Überzeugungen und ihre politische Position in vereinfachter Form publik zu machen. Der zweite Brief, der 1933 unter dem Titel: "Populismus. Zu modernen politischen Prinzipien" (*al-sha`biya, fi al-mabadi al-siyasiya al-haditha*) erschien,[390] machte deutlich, daß die Bewegung, die unter dem Einfluß des Fabianismus stand, die Errichtung eines Wohlfahrtsstaates zum Ziel hatte. Der zentrale Begriff *al-sha`biya* (Populismus) wurde von der Gruppe selbst nur vage beschrieben. Er wurde vielmehr als eine bestimmte

---

387 Zu ausführlichen Angaben vgl. al-Wakil, Fuad Husain: *Jama`at al-ahali fi al-`Iraq* (Die Ahali-Gruppe im Irak). Bagdad 1979, S. 92 ff.
388 Der Titel *al-ahali* (die Bevölkerung) wurde wahrscheinlich in Anlehnung an die gleichnamige Zeitung der *al-wafd*-Partei in Ägypten gewählt. Vgl. al-Wakil, 1979, S. 101. Es ist aber auch möglich, daß die Gruppe auf den traditionellen und allgemeinverständlichen Gegensatz *al-hukuma* (Regierung) - *al-ahali* (Bevölkerung) anspielte. Der moderne Begriff für Volk, *al-sha`b*, wäre in Anbetracht der Tatsache, daß die *al-ahali*-Gruppe sich in allgemein verständlicher Form an das Volk wenden wollte, weniger geeignet gewesen.
389 Abd al-Fatah Ibrahim veröffentlichte unter dem Pseudonym Jamil `Abd al-Wahhab 1932 ein Buch unter dem Titel *"Ala tariq al-hind* (Auf dem Weg nach Indien), in dem er die Gründe für die Bestrebungen der Briten, Mesopotamien unter ihren Einfluß zu bringen, untersucht.
390 Vgl. al-Wakil, 1979, S. 158.

Methodik zur Lösung gesellschaftlicher Probleme definiert.[391] Der Ruf nach Wohlfahrtsstaat, Staatsintervention in die Wirtschaft, Landreform, gerechter Steuerpolitik und demokratischer Ordnung war ein Indikator für eine enge Verwandtschaft mit dem Fabianismus. Der "Populismus" sollte wahrscheinlich aus politischen Gründen den Begriff Sozialismus oder Sozialdemokratie ersetzen, zum einen weil der Begriff Sozialismus im Irak mit Unglauben assoziiert werden könnte[392], zum anderen hätte ein klares Bekennen zum Sozialismus die Gruppe der politischen Verfolgung durch den Staat ausgesetzt.[393] Dennoch drückte der "Populismus" der *al-ahali*-Gruppe keine stringente ideologische Linie aus. Hanna Batatu konstatiert in diesem Zusammenhang mit Recht, daß "... *the ideas, that Al-Ahali put forward were vague and incoherent, and echoed sometimes the Fabians, sometimes Marx, and occasionally Darwin or Russia's narodniks or populists.*"[394] Der Eklektizismus ist dadurch zu erklären, daß die wichtigste Gemeinsamkeit der Gruppe in ihrer Ansicht lag, daß eine politische und soziale Veränderung im Irak notwendig sei. Die kohärente Struktur der Gruppe veränderte sich, nachdem zwischen 1933 und 1935 drei Politiker aus dem politischen Establishment für die Gruppe gewonnen worden waren, nämlich Kamil al-Chadirchi, Ja`far Abu'l Timman und Hikmat Sulaiman. Alle drei Politiker hatten schon Ministerposten bekleidet, waren bis zu ihrem Eintritt in die *al-ahali* in den etablierten Parteien der Monarchie beteiligt und hatten enge persönliche Verbindungen mit den Politikern. Alle drei spielten eine bedeutende Rolle in der Partei Yasin al-Hashimis, *hizb al-ikha' al-watani*, verließen aber die Partei als ersichtlich wurde, daß al-Hashimi nicht bereit war, innen- und außenpolitisch einen radikalen Kurs einzuschlagen. Al-Chadirchi scheint der einzige etablierte Politiker gewesen zu sein, der sich an den internen ideologischen Debatten beteiligte. Vor allem ihm ist es zuzuschreiben, daß die sozialistisch marxistische Orientierung, die Abd al-Fatah Ibrahim und `Abd al-Qadir Ismail durchzusetzen versuchten, scheiterte. In der letzten bedeutenden Schrift, die die Gruppe als *rasa'il* herausgab, nämlich *mutalat*, grenzten sich Ibrahim und Ismail von den extrem nationalistischen Tendenzen im Irak ab,[395] kritisierten die etatistischen autoritären Entwicklungsmodelle der Türkei und des Iran und plädierten für einen reformistischen Sozialismus auf der Basis einer pluralistisch-demokratischen Ordnung.[396] Nicht uninteressant ist die Stellungnahme der Gruppe zur Problematik des politischen Konfessionalismus, die eine Ursa-

---

391 Al-Wakil, 1979, S. 160.
392 Vgl. Majid Khadduri, 1960, S. 70; Abu Jaber, Kamil S.: The Arab Bath Socialist Party. Syracuse Univ. Pr. 1966. S. 5; Anis, Muhammad: *Jama`at al-ahali wa nash'at al-yasar al-`iraqi*. In: *Al-hilal*, Nr. 1, 1966, S. 46.
393 Die Zeitung *Saut al-ahali* mußte oft wegen sozialkritischer Artikel ihr Erscheinen einstellen.
394 Batatu, 1978, S. 302.
395 Vor allem kritisierte die Gruppe die extrem nationalistische Gruppe um den *al-mutana*-Klub, die das Gedankengut des Nationalsozialismus und Faschismus im Irak sowie den aggressiven Charakter dieser Ideologien und die daraus resultierende imperialistische Politik propagierte. Vgl. al-Wakil, 1979, S. 263-69; auch al-Chadirchi, Kamil: *Mudhakkirat Kamil al-Chadirchi wa tarikh al-hizb al-watani al-dimuqrati* (Memoiren Kamil al-Chadirchis und die Geschichte der Nationalen Demokratischen Partei). Beirut 1970, S. 43.
396 Vgl. al-Wakil, 1979, S. 155-94.

che für den Militärputsch von 1936 war. *Saut al-ahali* nahm die Affäre um das Buch von Abd al-Razaq Hisan "*al-'uruba fi al-mizan*", in dem er das Schiitentum als Fortführung des antiarabischen Persertums darstellte, zum Anlaß um festzustellen, daß das Buch von al-Hisan "*Gift sprüht. ... Wenn er (al-Hisan, F.I.) dem Arabismus und dem Irak Gutes tun wolle, dann hätte er nicht in der Vergangenheit wühlen sollen,...um uns eine Seite aufzuschlagen, die wir wenden sollten, so daß wir, die Söhne dieser Generation, unsere schmerzlichen Probleme lösen und vereint, das was uns bedrückt, beseitigen.*"[397] Es scheint, daß *al-ahali* eine ähnliche Linie zum Konfessionalismus verfolgte wie die anderen Parteien der haschemitischen Monarchie; das Problem des politischen Konfessionalismus beeinträchtige die nationale Einheit und sollte nicht debattiert werden. So war ihre Reaktion auf das Buch des najafitischen *alim* Saiyd Muhammad Sadiq al-Sadr, das 1934 unter dem Titel "*al-shi'a al-imamiya*" erschien, ebenfalls heftig und ablehnend. Al-Sadr nahm in seinem Buch Stellung zum politischen Konfessionalismus und zur diskriminierenden Darstellung der Schiiten in der modernen Geschichtsschreibung sunnitischer Autoren[398]. Es hieß in einem Artikel der *saut al-ahali* zu diesem Buch: "Uns ist ein Buch, das sich mit der Situation der Bauern beschäftigt, viel lieber als diese Bücher, die von Ausländern begrüßt werden...".[399]

Der radikale Antikonfessionalismus und die Verbindung des politischen Konfessionalismus mit den Briten ist höchstwahrscheinlich auf das schiitische *al-ahali*-Mitglied Jafar Abu'l Timman zurückzuführen, der von den Irakern mit "Vater des Patriotismus" tituliert wurde und den politischen Konfessionalismus stets mit der britischen Politik in Verbindung bachte.[400]

Die Bewegung der *al-ahali* wäre wahrscheinlich ohne große Resonanz geblieben, wenn die drei erwähnten Politiker nicht beigetreten wären. Sie waren auch diejenigen, die die Gruppe mit dem ambitionierten Offizier Bakr Sidqi zusammenbrachten. Bakr Sidqi verdankte seinen Aufstieg seiner Position als Befehlshaber der militärischen Operation gegen den assyrischen Aufstand von 1933 und gegen die Aufstände der Schiiten 1935-1936. Abgesehen von den persönlichen Ambitionen Sidqis führte der wiederholte Einsatz der Armee in den internen Konflikten zur Unzufriedenheit im Offizierkorps, das sich von den Politikern mißbraucht fühlte und auf Mitgestaltung der politischen Entscheidungen drängte. Es ist nicht anzunehmen, daß Sidqi und die anderen Offiziere den sozialreformerischen Ideen der *al-ahali* sehr zugeneigt waren. Wahrscheinlich war die Neigung des *al-ahali*-Mitglieds Hikmat Sulaiman zum kemalistischen Staatsmodell der Türkei, die auch von Sidqi geteilt wurde, das einzige gemeinsame Moment, das die Offiziere mit der *al-ahali*-Gruppe verband. Jedenfalls war das erste Treffen Sidqis mit der Führung der *al-ahali*-Gruppe im Oktober 1936 eher eine Art konspiratives Treffen mit einem Offizier, der einen *coup d'état* geplant hatte und entschlossen war, diesen durchzuführen, als ein

---

397 *Saut al-ahali*, 2.6.1933, zitiert nach al-Wakil, 1979, S. 261.
398 Die neueste Auflage des Buches ist 1982 in Kairo im al-Najah-Verlag erschienen.
399 *Saut al-ahali*, 21.7.1933, zitiert nach al-Wakil, 1979, S. 261.
400 Vgl. die Biographie Abu Timmans von al-Darraji, 1980.

politischer Gedankenaustausch. Wenige Tage nach dem ersten Treffen stellte Sidqi mit seinem endgültigen Entschluß, die Regierung Yasin al-Hashimi zu stürzen, letzteren vor einen *fait accompli*.[401] Sidqi hatte in Wirklichkeit zur politischen Legitimation seines Putsches keine andere Wahl, als sich mit der *al-ahali*-Gruppe zu verbinden, zumal in der Regierung al-Hashimi das gesamte Spektrum der politischen Klasse der haschemitischen Monarchie vertreten war.[402] Der erfolgreiche Militärputsch vom 29. Oktober 1936 brachte zwar die *al-ahali*-Gruppe als Juniorpartner der Offiziere an die Macht, die Bewegung mußte aber bald die Erfahrung machen, daß sie ihr sozialreformerisches Programm ohne Zustimmung der Militärs kaum durchsetzen konnte. Die von Hikmat Sulaiman gebildete Regierung unternahm, obgleich die Mehrheit des Kabinetts aus den Reihen der *al-ahali* stammte, abgesehen von der Erhöhung der Gehälter der Staatsbediensteten und einer Amnestie für politische Gefangene, kaum reformerische Schritte. Die Auseinandersetzungen zwischen Sulaiman, der sich als Vertreter des starken Mannes des Regimes, Bakr Sidqi, verstand, und den *al-ahali*-Mitgliedern führte zum Rücktritt der *al-ahali*-Minister und zur Verfolgung der Gruppe. Die Ermordung Sidqis durch Armeeangehörige beendete die Intervention der irakischen Armee in die Politik nicht. Politiker wie Rashid Ali al-Ghailani aber auch Nuri al-Sa`id "entdeckten" diese danach als Instrument der Politik.

Zwei Personen dominierten zwischen dem Tode Bakr Sidqis und der zweiten britischen Besetzung Iraks das politischen Leben in der Monarchie: Nuri al-Sa`id und Rashid Ali al-Ghailani. Es war aber deutlich, daß die Armee nach dem Gegenputsch gegen Sidqi nicht in die Kasernen zurückgekehrt war. Wer von den beiden Rivalen, al-Ghailani und al-Sa`id, obsiegen konnte, war abhängig von ihrer Bereitschaft und Fähigkeit, besser mit dem Offizierskorps zu kooperieren. Beide machtbewußten Politiker wußten, daß sie nur mit der Zustimmung der Offiziere ihre Position behaupten konnten. Die "Hätschelkinder", um deren Gunst die beiden Politiker buhlten, waren die vier Obristen, die den Putsch gegen Sidqi geplant hatten, Salah al-Din al-Sabbagh, Kamil Sabib, Mahmud Salman und Fahmi Sa`id. Die vier Obristen verband ihre sunnitische Herkunft, ihre extrem arabisch-nationalistische Orientierung und der Umstand, daß sie, anders als die ex-scharifischen Offiziere, ihre Offizierslaufbahn erst nach der Gründung des Staates Irak gemacht hatten.

Al-Ghailani hatte als Zivilist, anders als der Offizier al-Sa`id, vor 1937 keine besonderen Beziehungen zur Armee gehabt. Aber dies war kein Hindernis für einen Politiker, der sich, wie Batatu beschreibt, seinen Karriereweg durch Klientelismus und Frontenwechsel ebnete.[403] Waren die Stämme sein Hebel zur Eroberung der Macht gewesen, so wurde ihm nach dem Sturz der Regierung

---

401 Hikmat Sulaiman, der den Entschluß Sidqis der Führung der *al-ahali* mitteilte, machte deutlich, daß Sidqi "mit anderen Leuten" (*nas akharin*) arbeiten würde, falls die *al-ahali*-Gruppe ihn nicht unterstütze. Vgl. al-Chadirchi, 1970, S. 43.
402 Neben den Führern der *al-ikha'*-Partei, al-Hashimi und al-Ghailani, waren die mächtigen Politiker der haschemitischen Monarchie al-`Askari und al-Sa`id in der Regierung al-Hashimi vertreten.
403 Vgl. Batatu, S. 240-41

al-Hashimi durch die Armee deutlich, welche Kraft und was für eine entscheidende Rolle die Armee im politischen System des Irak hatte.[404]

Al-Sa`id war nach der Rückkehr aus dem ägyptischen Exil Anfang 1938 nicht weniger daran interessiert, die Gunst der Offiziere zu gewinnen.[405] Dem erfahrenen Politiker war vermutlich klar, daß er von König Ghazi, der unter dem Einfluß der arabischen Nationalisten stand und persönliche Animositäten gegen ihn hatte, nicht wieder mit der Regierungsbildung beauftragt würde. Er versuchte daher, sich als Wortführer der vier Obristen zu etablieren, um die Regierung Jamil al-Midfai zu stürzen. Al-Midfai war, wie der Chronist der haschemitischen Monarchie, al-Hasani, ihn charakterisiert, ein moderater unparteiischer Politiker, der durch seine auf Ausgleich bedachte Politik in Krisensituationen stets für Entspannung sorgte.[406] Bevor er im August 1937 die Regierung bildete, schloß er mit den Offizieren ein *gentleman-agreement*, demzufolge die Armee sich nicht in die Politik einmischen sollte und Anhänger Bakr Sidqis nicht verfolgt werden sollten. Hiermit glaubte er, wesentliche Bedingungen für die Stabilität des Systems erreicht zu haben.[407] Das Gebot des Ausgleiches täuschte al-Midfai jedoch nicht über die Tatsache hinweg, daß Nuri al-Sa`id nach seiner Rückkehr aus dem ägyptischen Exil alles unternehmen würde, um an die Macht zu gelangen. Durch die britische Intervention gelang es al-Midfai zunächst, als irakischer Beauftragter für Palästina-Fragen nach Kairo delegiert zu werden. Al-Sa`id hatte aber durch sein Bündnis mit den Offizieren, die durch Berufung Subaih Najib al-`Izzis, eines Gegners der politisierten Offiziere um al-Sabbagh, die aus ihrer offenen Gegnerschaft zur Regierung al-Midfai keinen Hehl machten, wichtige Weichen zur Machtübernahme gestellt. Die Offiziere, die die uneingeschränkte Unterstützung Nuri al-Sa`ids und Taha al-Hashimis fanden, warfen al-Midfai vor, die Armee durch die Berufung al-`Izzis' spalten zu wollen, den palästinensischen Freischärlern nicht genügend Unterstützung geleistet zu haben, einen Teil irakischer Souveränität über den Schatt al-Arab aufgrund des Vertrags von 1937 mit dem Iran diesem überlassen und die Aufrüstung der Armee vernachlässigt zu haben.[408] Al-Midfai ging, nachdem er keinen Konsens mit den Offizieren hatte erreichen können, in die Offensive. Auf der Grundlage eines Berichtes einer britischen Militärexpertenkommission, die die Struktur der Armee hatte untersuchen sollen, schmiedete er Pläne für die Neugruppierung der Armee, ein Schritt, den die Offiziere um al-Sabbagh als

---

404 Vgl. hierzu Batatu, 1978, S. 208.
405 Nach seiner Rückkehr traf al-Sa`id die "Obristen" sowie andere einflußreiche Offiziere und schlug vor, sich mit ihnen "im brüderlichen Bund der arabischen Unabhängigkeit" zusammenzuschließen. Taha al-Hashimi sollte der Fürsprecher der Offiziere werden. Al-Sa`id soll auch versprochen haben, sich dafür einzusetzen, daß in Zukunft die Zustimmung der Armee eingeholt würde. Vgl. al-Sabbagh, Salah al-Din: *Fursan al-uruba*. (Ritter des Arabismus). Damaskus 1956, S. 70.
406 Vgl. al-Hasani Bd. VI, 1988, S. 7.
407 Nachdem al-Midfai` aus `Amman in Bagdad eintraf, besuchte er die Offiziersgruppe um Salah al-Din al-Sabbagh. Bei diesem Gespräch soll er zur Bedingung gemacht haben, nur dann die neue Regierung zu bilden, wenn diese sich nicht in die Politik einmischten und auf die Bestrafung der Anhänger Bakr Sidqis verzichteten. Die Offiziere sollen sich dazu bereit erklärt haben. Vgl. al-Hasani Bd. V, 1988, S. 41.
408 Al-Sabbagh, 1956, S. 68-69.

Vorstufe zu ihrer Entmachtung betrachteten.[409] Um öffentliche Äußerungen der Offiziere zu unterbinden, brachte die Regierung al-Midfai darüber hinaus eine Gesetzesvorlage unter dem Titel "Gesetz gegen schädliche Propaganda" ins Parlament ein.[410] Eine Delegation von Offizieren benachrichtigte al-Midfai, bevor dieser seine Pläne realisieren konnte, daß die vier Obristen entschlossen seien, die Regierung zu stürzen.[411] Da al-Midfai wußte, wer die Fäden in der Hand hielt, beauftragte er den Verteidigungsminister, Nuri al-Sa`id aufzusuchen, um ihn aufzufordern, die Intervention der Armee gegen die Regierung nicht weiter zu unterstützen. Al-Sa`id soll nach Angaben eines Offiziers mitgeteilt haben, daß er "... das Regieren des Königreiches, an dessen Gründung er sich maßgeblich beteiligt habe, nicht den anderen überlassen würde ...".[412] Die Offiziere selbst forderten Al-Midfa`i im Januar 1938 ultimativ auf, seinen Rücktritt zu erklären.[413] König Ghazi mußte den Rücktritt annehmen und al-Sa`id mit der Bildung einer neuen Regierung beauftragen, weil zu befürchten war, wie sein Onkel Prinz Zaid ihm deutlich machte, daß al-Sa`id und die Armee ihn zum Abdanken zwingen könnten.[414] Prinz Zaid zeigte al-Sa`id bei der Übermittlung des Regierungsbildungsauftrages, daß König Ghazi und er ihn nicht ganz freiwillig zum neuen Premier ernennen würden: "Seine königliche Hoheit beauftragt Sie mit der Regierungsbildung, nicht weil die Armee dies will, sondern weil er gemäß der Verfassung dieses Recht hat."[415] Diese Worte machen deutlich, daß das haschemitische Haus durch einen lautlosen Putsch zu diesem Schritt gezwungen war.

Nach dem Rücktritt der Übergangsregierung Jamil al-Midfai hatte al-Sa`id mit der Bildung der neuen Regierung am 27.2.1938 sein Ziel erreicht. Es war evident, daß al-Sa`id von der Politik al-Midfais, nämlich der Verfolgung der Putschisten von 1937, absehen wollte. Er wußte, daß die arabisch-nationalistischen Offiziere um al-Sabbagh, die ihn an die Macht gebracht hatten, der Säuberung der Armee nicht im Weg stehen würden. Zunächst entließ al-Sa`id diejenigen Offiziere, die die Säuberung ablehnten. In einer fast theatralischen Inszenierung gab er anschließend bekannt, daß die Anhänger des Sidqi-Regimes eine Verschwörung geplant hätten, und ließ sie verhaften.[416] Als

---

409 Vgl. al-Hasani Bd. V, 1988, S. 45.
410 Al-Hasani Bd. V, 1988, S. 46.
411 Ebd.
412 Mahmud al-Durra, in der irakischen Tageszeitng *Al-muwatin*, 23.2.1952, zitiert nach al-Hasani Bd. VI, 1988, S. 46.
413 Zu detaillierten Angaben vgl. al-Hasani Bd. V, 1988, S. 46-47.
414 Vgl. Rauuf Shir Muhammad, 1985, S. 45. Al-Sa`id machte Ghazi zum Vorwurf, den Putsch von Bakr Sidqi hingenommen zu haben. Seine unerbittlich feindliche Haltung gegenüber der Gruppe um al-Sidqi war teilweise persönlich motiviert. Er mußte vor den Putschisten nach Kairo fliehen, und sein Schwager und Weggefährte Ja`far al-`Askari wurde am ersten Tag des Putsches von den Anhängern Sidqis ermordet. Nach Angaben von al-Sabbagh soll der Sohn von al-Sa`id, Sabah Nuri al-Sa`id, der nach dem Sturz Sidqis mit den Gegnern desselben im Auftrag seines Vaters verhandelte, gesagt haben: "Wie wäre es, wenn wir Ghazi töteten und das Land vor seinen Eskapaden retteten?" Vgl. al-Sabbagh, 1956, S. 90.
415 Al-Hasani Bd. V, 1988, S. 55.
416 Vgl. hierzu al-Hasani Bd. V, 1988, S. 68-78.

im Parlament Opposition gegen die "Rachepolitik" al-Sa'ids laut wurde, bat dieser den König unter dem Vorwand, daß der "Schulterschluß zwischen Legislative und Exekutive" gestört sei,[417] um die Auflösung des Parlaments und um Ausschreibung von Neuwahlen.

Drei Ereignisse bereiteten dem unaufhaltsamen Wiederaufstieg Nuri al-Sa'ids ernsthafte Probleme: der Tod des Königs, die Ermordung des schiitischen Finanzministers Rustam Haidar und der Ausbruch des Zweiten Weltkriegs.

Der Unfalltod des Königs im Mai 1939 wird bis heute in der Irak-Forschung kontrovers diskutiert. Auch wenn keine eindeutigen Indikatoren für die Verwicklung al-Sa'ids vorliegen, öffneten seine negativen Äußerungen über den jungen und intellektuell zurückgeblieben König jeder Art von Spekulation Tür und Tor. Die Biographin al-Sa'ids, Rauuf Shir Muhammad, stellt mit Recht fest, daß al-Sa'id vielleicht nicht unbedingt beteiligt war; er hätte aber eine solche Tat durchaus vollbringen können.[418] Der König hatte jedoch viele Gegner. Daß in der irakischen Öffentlichkeit Großbritannien beschuldigt wurde, für den Tod des Königs verantwortlich zu sein, beruhte auf der Tatsache, daß der König unverhohlen seine antibritische Haltung gezeigt hatte.[419] Jedenfalls hielten sich, vor allem in arabisch-nationalistischen Kreisen, die Verdächtigungen, die Briten und Nuri al-Sa'id hätten großes Interesse daran gehabt, den König zu beseitigen. Auch wenn der Tod des Königs das öffentliche Image al-Sa'ids beeinträchtigte, bedeutete die Ernennung des *amir* Abd al-Ilah zum Regenten, mit dem al-Sa'id, wie er sich später ausdrückte, "eine unauflösliche Ehe geschlossen habe", eine positive Entwicklung. Während die Verdächtigungen im Zusammenhang mit dem Tod des Königs al-Sa'ids Position verschlechterten, polarisierte die Debatte über die Haltung des Irak zum Zweiten Weltkieg die politischen Kräfte. Al-Sa'id mußte eine klare Position beziehen. Als Dilemma stellte sich die Tatsache heraus, daß die Offiziere, die ihm 1938 zur Machtübernahme verholfen hatten, unter dem Einfluß des aus dem Libanon nach Irak gereisten palästinensischen Führers Hajj Amin al-Husaini, wenn auch nicht für eine prodeutsche, so doch für eine neutrale Haltung eintraten. Der Ministerrat beschloß, nachdem der britische Botschafter Bazil Newton auf eine baldige Entscheidung gedrängt hatte, die diplomatischen Beziehungen zu Deutschland abzubrechen. Der Ministerrat erfüllte aber die Forderungen der Briten nicht in vollem Umfang. Großbritannien bestand darauf, daß der Irak seinen Verpflichtungen, die im britisch-irakischen Vertrag festgelegt waren, nachkommen müsse. Aber anders als die Briten verlangten, weigerte sich die Regierung, Deutschland den Krieg zu erklären, und begnügte sich mit der Bereitschaft, der britischen Armee

---

417 Vgl. al-Hasani Bd. V, 1988, S. 66. Al-Sa'id folgte mit der Auflösung des Parlaments und der Ausschreibung von Neuwahlen einem Usus, der von allen Ministerpräsidenten der Monarchie befolgt wurde. Jeder neue Ministerpräsident, der über keine Mehrheit im Parlament verfügte, ließ nach der Auflösung des Parlaments Neuwahlen ausschreiben. Die Neuwahlen brachten stets eine Mehrheit für den regierenden Ministerpräsidenten.
418 Vgl. Rauuf Shir Muhammad, 1985, S. 64-67.
419 Einen Tag nach dem Tode des Königs erstürmten die Demonstranten das britische Konsulat in Mosul und lynchten den Konsul Monck-Mason. Vgl. hierzu Rauuf Shir Muhammad, 1985, S. 69-70.

die Infrastruktur und die logistischen Wege zur Verfügung zu stellen.[420] Der arabisch-nationalistisch orientierte Verteidigungsminister leistete mit einer ähnlichen Erklärung Nuri al-Sa`id Schützenhilfe.[421]

Die Ermordung des schiitischen Finanzministers Rustam Haidar durch einen aus dem Dienst entlassenen Polizeioffizier am 17.1.1940 führte nicht nur zu einer politischen Krise, sondern auch dazu, daß der politische Konfessionalismus, der nach dem Putsch von Bakr Sidqi von allen politischen Kräften heruntergespielt worden war, wieder auf der Agenda erschien. Die Bedeutung des aus dem Libanon stammenden Rustam Haidar für die irakischen Schiiten lag darin, daß er niemals offen als politischer Konfessionalist, also ta'ifi, auftrat. Er plädierte auch nicht für die proportionale Vertretung der Schiiten in hohen politischen Positionen, in zivilen Ämtern oder in der Armee. Nicht, weil er dies nicht wollte, sondern, weil er genau wußte, daß die Schiiten noch nicht über geeignete Kader verfügten. Wenn man Politiker wie al-Charchafchi oder 'ulama' wie Muhammad Husain Kashif al-Ghita' als Personen einstuft, die eine sofortige Änderung der ethnisch-religiösen Stratifikation forderten, so war Haidar dagegen jemand, der für eine allmähliche Veränderung eintrat. Er glaubte, daß die Veränderung der Machtposition zugunsten der schiitischen Mehrheit nur eine Frage der Zeit sei. Haidar arbeitete auch aktiv an der Formierung einer modernen, gebildeten schiitischen Elite, die später fähig sein würde, die Macht zu übernehmen. Als engster Berater König Faisals hatte er die Möglichkeit, darauf hinzuwirken, daß schiitische Studenten proportional zum schiitischen Bevölkerungsanteil an Hochschulen zugelassen würden. Rustam Haidar konnte allerdings seine Proporz-Strategie nicht auf die Armee ausdehnen. Waren die Hochschulen neue Institutionen, nach der Entstehung des Staates gegründet, so war die Armee eine Institution, die ihre Wurzeln in der osmanischen Armee hatte. Und sie war wie diese eine sunnitische Institution, die trotz der irakischen Verfassung und des Gleichheitsgebots eine Bastion des politischen Konfessionalismus der Sunniten blieb.

Wegen des bescheidenen Erfolgs für seine Konfession zog Rustam Haidar sich mit seiner Politik die Feindschaft eines Teils der sunnitischen Elite zu. So schrieb der sunnitische Politiker Ali Mahmud al-Shaikh Ali in einem Brief an den ebenfalls sunnitischen Politiker Naji Shaukat im Zusammenhang mit der politischen Lage im Irak Mitte der dreißiger Jahre: "Das Land macht allmähliche Fortschritte... . Die Wolken, die den Himmel des Irak einige Zeit trübten, hätten sich aufgelöst, wenn nicht diese Schlange ihr Unwesen getrieben hätte ...".[422]

Zugegebenermaßen ist die Identifizierung der Person, auf die al-Shaikh Ali in seinem Brief anspielt, hier nicht ganz eindeutig möglich. Deutlicher wird es

---

420 Siehe den vollen Text der Erklärung der irakischen Regierung in al-Hasani Bd. V, 1988, S. 103-105.
421 Siehe den vollständigen Text in al-Hasani Bd. V, 1988, S. 105-106.
422 Vgl. Anis, Muhammad/ al-Zubaidi, Muhammad (Hrsg.): *Awraq Naji Shaukat. Rasa'il wa watha'iq. Dirasa min tarikh al-`Iraq al-hadith wa-al-mu`asar.* (Die Papiere Naji Shaukats. Briefe und Dokumente. Eine Studie zur modernen und gegenwärtigen Geschichte Iraks). Bagdad 1977, S. 264.

in seiner Feststellung, die "Schlange" der Regierung al-Hashimi mache Schwierigkeiten. Haidar kritisierte in der Tat im Kabinett den Einsatz der Armee gegen die rebellierenden schiitischen Stämme und plädierte für eine politische Lösung der Konflikte im schiitischen Süden. Ein anderer einflußreicher Politiker, Taufiq al-Suwaidi, machte im Zusammenhang mit der Bewertung der Person Faisals I. Andeutungen über die Rolle Haidars als engster Berater des Königs bis zu dessen Tode 1933:

> Zu den Gründen seiner (Faisals, F.I.) Schwäche gehörte seine Aufgeschlossenheit Meinungen gegenüber, die besagten, daß die Ja`fariten (Schiiten) über keine Rechte verfügen. Aber auch, wenn dies gestimmte hätte, so beschritt er nicht den vernünftigen Weg. Er wollte die Ja`fariten ohne Vorbereitung an der Macht beteiligen, ohne Qualifikation und Fähigkeit zu berücksichtigen.[423]

Kamil al-Chadirchi berichtete im Zusammenhang mit den Bemühungen Faisals, die Schiiten stärker für Ämter zu rekrutieren, ebenfalls über die Feindseligkeit der sunnitischen Elite gegenüber Rustam Haidar:

> Diese Maßnahmen (Rekrutierung der Schiiten für die Ämter, F.I.), obwohl sie am Anfang notwendig waren, führten zum Protest der sunnitischen Beamten ..., die behaupteten, daß der Hof und die Briten unter dem Einfluß des Hofministers Rustam Haidar unfähige Schiiten aus konfessionellen Gründen im Staatsdienst beschäftigen würden.[424]

Es scheint, daß innerhalb der sunnitischen Elite ein sehr diskreter Konsens über Haidar erreicht war. Der arabisch-nationalistische Offizier Salah al-Din al-Sabbagh berichtete, wie die sunnitischen Politiker mit dem Argument, Rustam Haidar sei ein Förderer der Schiiten, um eine Intervention der Armee in die Politik baten.[425]

Der Streit über die Motive des Mörders und die Zuständigkeit der Gerichte entwickelte sich bald zu einem Politikum. Der Mörder Husain Fauzi Taufiq gab während seiner Vernehmung an, die sunnitischen Politiker Kamal Ibrahim und Subhi Najib seien die Hintermänner des Mordes gewesen.[426] Nuri al-Sa`id nutzte die Vernehmungsergebnisse, um mit seinen Gegnern, die wahrscheinlich in den Mord verwickelt waren, abzurechnen. Die Differenzen im Kabinett, vor allem die Einwände des Außenministers Ali Jaudat al-Aiyubi gegen die "Politisierung" des Mordes an Rustam Haidar, veranlaßten al-Sa`id, den Rücktritt seiner Regierung einzureichen. Wie bei den vorangegangenen Krisen ver-

---

423 Al-Suwaidi, Taufiq: *Wujuh `iraqiya `ibra al-tarikh*. (Irakische Profile durch die Geschichte). London 1987, S. 24.
424 Al-Chadirchi, Kamil: *Min auraq Kamil al-Chadirchi*. (Aus den Papieren Kamil al-Chadirchis). Beirut 1971, S. 99.
425 Al-Sabbagh, 1956, S. 71.
426 Al-Hasani Bd. V, 1988, S. 112.

suchte al-Sa`id, die Zustimmung der Armee für seine Pläne einzuholen. Er überraschte Mitte Februar die vier Obristen, die er zu sich gebeten hatte, mit dem Vorschlag, seinen Erzrivalen al-Ghailani als neuen Ministerpräsidenten einzusetzen. In der neuen Regierung wollte er Außenminister werden, während der amtierende Verteidigungsminister seinen Posten behalten sollte.[427] Nuris "*coup de théâtre*", wie Muhammad Tarbush sich ausdrückt, hatte folgende Ergebnisse: Al-Ghailani lehnte es ab, eine Regierung zu bilden, die Nuri al-Sa`id einschloß. Das Hauptziel al-Sa`ids war es aber, seine Gegner in der Armee aufzudecken. Der Stabschef General Husain Fauzi und andere hohe Offiziere votierten für eine Regierung al-Ghailani ohne al-Sa`id und al-Hashimi. Al-Sa`id empfahl dem Regenten, als amtierender Ministerpräsident die Offiziersgruppe um Fauzi aus dem Dienst zu entlassen. Dem Regenten blieb unter diesen Umständen nichts anderes übrig, als al-Sa`id am 21.2.1940 erneut mit der Regierungsbildung zu beauftragen. Die neue Regierung, die nur 40 Tage im Amt blieb, wollte, wie al-Sa`id nach der Regierungsbildung bekanntgab, "den politischen Morden" ein Ende setzen.[428] Diese Bemühungen reduzierten sich aber auf die Verurteilung und Hinrichtung des Mörders von Rustam Haidar. Dadurch wollte al-Sa`id, nachdem es ihm gelungen war, einen Teil seiner Gegner kaltzustellen, das Kapitel Rustam Haidar schließen. Der Rücktritt des schiitischen Ministers Salih Jabr aus Protest gegen die nach seiner Meinung unzulängliche Untersuchung des Falles Haidar änderte die Haltung al-Sa`ids nicht. Er reichte am 31.3.1940 den Rücktritt seiner Regierung ein, die die Aufgaben, die sie sich vorgenommen hatte, bereits erfüllt hatte.[429] Der neue Ministerpräsident al-Ghailani stimmte dieses Mal zu, al-Sa`id und al-Hashimi in seiner Regierung aufzunehmen. Während die Gründe für die Machtübernahme durch al-Ghailani, der die Erfahrung gemacht hatte, daß er al-Sa`id nicht ausschließen konnte, ziemlich evident sind, ist nicht ganz deutlich, warum die Regierung al-Sa`id zurücktrat. Wahrscheinlich ging dieser davon aus, daß er eine bessere Position haben würde, wenn er nicht die Verantwortung für die Politik als Ministerpräsident übernähme. Sein Kabinettskollege Naji Shaukat liegt nicht ganz falsch, wenn er in seinen Memoiren feststellt, daß der Regent Abd al-Ilah und die Briten sich von einer Art Nationalregierung, geführt von al-Ghailani und mit al-Sa`id als Außenminister, Stabilität des Systems erhofften.[430] Es zeigten sich aber bald deutliche Widersprüche, vor allem auf dem Feld der Außenpolitik. Während Nuri al-Sa`id gemäß der Regierungserklärung al-Ghailanis an dem Bündnis mit Großbritannien festhielt, zeigten einige Kabinettsmitglieder und al-Ghailani selbst eine zunehmend unklare Haltung. So führte der Justizminister Naji Shaukat bei einem Besuch in Ankara Gespräche mit dem deutschen Botschafter von Papen, während der zuständige Ressortminister al-Sa`id diese Ge-

---

427 Al-Hasani Bd. V, 1988, S. 116-17.
428 Vgl. al-Hasani Bd. V, 1988, S. 121-24.
429 Vgl. al-Hasani Bd. V, 1988, S. 128-29.
430 Shaukat, Naji: *Sira wa dhikraiyat thamanin sana, 1894-1974* (Geschichte und Erinnerungen aus 80 Jahren, 1894-1974. Bagdad 1977, S. 403.

spräche ablehnte.[431] Der Schritt Shaukats stand mit der allgemeinen Stimmung im Irak im Einklang, die unter dem Einfluß Hajj Amin al-Husainis und seines Stabes im Irak eindeutig prodeutsch war. Al-Husaini versuchte, vom Irak aus die Bedingungen, die durch den Zweiten Weltkrieg entstanden waren, auszunutzen. Die Kontakte der Mitglieder der irakischen Regierung zu Deutschland führten unweigerlich zur Intervention des britischen Botschafters Newton, der keinen Hehl daraus machte, daß seine Regierung kein Vertrauen in al-Ghailani habe, und deutlich machte, daß der Irak zwischen al-Ghailani und der Freundschaft zu ihm wählen müsse.[432] Al-Ghailani versuchte im Dezember 1940, die Krise durch eine neue Regierungserklärung, in der er sich zum Bündnis mit Großbritannien bekannte, zu entschärfen.[433] Diese Erklärung erreichte ihr Ziel jedoch nicht, weil die Position al-Ghailanis als Ministerpräsident die Ursache der Krise war. Unterdessen versuchte der Regent Abd al-Ilah vergeblich, diesen zum Rücktritt zu bewegen. Als Kompromiß sollten die Kontrahenten im Kabinett, al-Sa'id und Shaukat, ihren Rücktritt erklären. Der Regent stürzte das Land durch seine Abreise nach al-Diuaniya und seine Weigerung, sein Amt auszuüben, solange al-Ghailani seinen Rücktritt nicht eingereicht hätte, in eine Verfassungskrise. Gegen den Rat der vier Obristen erklärte al-Ghailani resigniert am 31.1.1940 den Rücktritt seiner Regierung. Die neue Regierung Taha al-Hashimis geriet wegen ihrer unklaren Haltung gegenüber den Achsenmächten wiederum unter politischen Druck seitens Großbritanniens. Insbesondere die Forderung Großbritanniens, der Irak solle seine Beziehungen zu Italien abbrechen, führte zu einer neuen Krise. Al-Hashimi konnte wegen seiner Bindungen an die Offiziere, insbesondere an die vier Obristen, die die Frage des Abbruchs der diplomatischen Beziehungen zu Italien zum Prüfstein der Souveränität Iraks erhoben, in dieser Frage nicht nachgeben. Unterdessen versuchte Hajj Amin al-Husaini, die Offiziere und ihre Sympathisanten für eine klare antibritische und prodeutsche Politik zu gewinnen. In einer geheimen Abmachung am 28.2.1941 beschlossen die Obristen, den britischen Forderungen nicht nachzukommen und al-Hashimi abzulösen, wenn er ihre Forderungen nicht erfüllte.[434] Al-Hashimi versuchte, die massive Intervention der Armee in die Politik durch Neustrukturierung derselben aufzuhalten. Die vier Obristen lehnten jedoch seine Pläne ab und forderten ihn auf, zugunsten von Rashid Ali al-Ghailani zurückzutreten. Mit dem Rücktritt der Regierung al-Hashimi und der Konstituierung der "Regierung der Nationalen Verteidigung" (*hukumat al-difa` al-watani*) riskierten die Offiziere die militärische Konfrontation mit Großbritannien, das trotz wiederholter Beteuerungen al-Ghailanis, seine Regierung wolle die freundschaftlichen Beziehungen zu Großbritannien aufrechterhalten, den zunehmenden Einfluß Deutschlands nicht übersehen konnte. Die Hoffnungen von Hajj Amin al-Husaini, al-Ghailani und den irakischen Offizieren auf eine proirakische Intervention erwiesen sich bald als Selbsttäuschung. Binnen weniger Tage

---

431 Vgl. al-Hasani Bd. V, 1988, S. 162-63.
432 Al-Hasani Bd. V, 1988, S. 170-71.
433 Vgl. den vollständigen Text in al-Hasani Bd. V, 1988, S. 180-81.
434 Vgl. den vollständigen Text in al-Hasani Bd. V, 1988, S. 210-11.

besetzten die Briten Bagdad, und die Führer der "Regierung der Nationalen Verteidigung" mußten für kurze Zeit im Iran Zuflucht suchen. Die Bedingungen für eine Militärherrschaft im Irak waren noch nicht gegeben. Die Briten, das Haupthindernis für die Machtübernahme durch die Armee, waren aus zwei Gründen nicht bereit, eine solche hinzunehmen, zum einen wegen der prodeutschen Orientierung des Offizierskorps' und zum anderen, weil die Offiziere sich als unberechenbar erwiesen und Politiker wie Nuri al-Sa`id eher für Kontinuität und Berechenbarkeit sorgten. Die Armee mußte fast zwei Jahrzehnte warten, um wieder einen Versuch der Machtübernahme unternehmen zu können.

DIE SCHIITISCHE ELITE
VON AUSGRENZUNG ZU PARTIZIPATION

Obwohl das Grundmuster des politischen Systems der haschemitischen Monarchie nach dem Sturz der "Regierung der Nationalen Rettung" bis zum Putsch von 1958 erhalten blieb, führten politische und soziale Umwälzungen die herrschenden Eliten zum Überdenken ihrer bisherigen politischen und sozialen Strategie. Eine kurze Analyse des modifizierten politischen Systems scheint uns für die weiteren Betrachtungen des politischen Konfessionalismus und des Platzes der Schiiten in diesem System unerläßlich. In diesem Kontext soll die These belegt werden, daß die herrschenden sunnitischen Elitefaktionen aus politischen und sozialen Erwägungen gezwungen waren, die schiitische Elite, oder präziser formuliert, diejenigen Politiker, die ihre Rolle als Vertreter der Schiiten durch offenen oder verdeckten politischen Konfessionalismus legitimierten, stärker an der Macht zu beteiligen. Dieser Prozeß, der 1941 seinen Anfang hatte, wurde zwar durch den Widerstand von Vertretern des sunnitischen politischen Konfessionalismus verlangsamt, führte aber, insbesondere in der letzten Dekade der Monarchie, zu einer größeren Partizipation der schiitischen modernen Elite im politischen System. Das Ergebnis dieses Prozesses wäre vermutlich, wenn dieser nicht durch den Sturz der Monarchie 1958 frühzeitig unterbrochen worden wäre, ein Übergewicht der Schiiten in den Institutionen des Staates gewesen.

Zunächst stabilisierte sich die Monarchie jedoch durch die britische Intervention von 1941. Der Regent Abd al-Ilah hatte zwar nicht den historischen Hintergrund und das politische Format eines König Faisals I., erwies sich aber in der folgenden Zeit als fähig, die Balance zwischen den konkurrierenden Eliten - als Faktor für die Stabilität der Monarchie - zu erhalten. Es besteht zwar kein Zweifel daran, daß die häufigen Regierungswechsel - 29 Regierungen in den Jahren zwischen 1941 und 1958 - u.a. soziale und außenpolitische Ursachen hatten; die Politik der Balance zwischen den Elitefaktionen machte häufige Regierungswechsel unabdingbar. Zwar verstärkte sich - nach dem Tode Yasin al-Hashimis 1936 und nach dem gewaltsamen Zurückdrängen sowohl der Panarabisten um Rashid ʿAli al-Gailani und Taha al-Hashimi als auch der arabisch-nationalistisch orientierten Offiziere infolge der Ereignisse von 1941 - die politische Kohäsion der herrschenden Elite, der Kampf um die Machtpositionen konnte aber - anders als in der Phase zwischen 1921 und 1941 - kaum mehr ideologisch legitimiert werden.[435] Ein grundlegender Wandel des politischen

---

435 Der Streit zwischen den Angehörigen der Elitefaktionen hörte auch nach 1941, trotz des politischen Konsenses über die Stabilität der haschemitischen Monarchie und des Bündnisses mit Großbritannien, nicht auf. Häufig waren Bestrebungen, finanziell ertragreiche Positionen für sich oder

Systems konnte unter diesen Bedingungen kaum stattfinden. Die Hoffnung, daß mit dem Ende des Zweiten Weltkrieges das System im Irak reformiert würde, erwies sich bald als unbegründet. So war das 1946 begonnene Experiment der Regierung Taufiq al-Suwaidi, die die liberale Verfassung von 1925 ernst nahm und im Zeichen der Veränderungen nach dem Zweiten Weltkrieg die oppositionellen linken und arabisch-nationalistischen Gruppen legalisierte, die Pressefreiheit verkündete und soziale Reformen versprach, nur kurzlebig.[436] Liberale Tendenzen widersprachen den Interessen der mächtigen Koalition zwischen Stammes*shaikhs* und der herrschenden Elite, die nach 1941 im Rahmen der Stabilitätsstrategie entstanden war. Die Stammes*shaikhs* waren nach 1941 zu einem Ersatz für die Armee geworden. Die Monarchie hatte nicht unbegründet wenig Vertrauen in die Armee, die 1936 und 1941 die Macht an sich gerissen hatte. Die Abkehr der haschemitischen Monarchie von dem Diktum Faisals, die Armee sei das Rückgrat des Staates, hatte aber noch einen tieferen Grund, nämlich die Entwicklung der Beziehungen zwischen der Monarchie und den Stämmen und den Aufbau der Armee. Batatu beschreibt diese Beziehung in der Zeit vor dem Putsch von 1941 folgendermaßen:

> ...through the whole period of 1921-1939 the monarch, centered at Baghdad, had in effect a social meaning diametrically opposed to that of the tribal shaikhs, the then still virtual rulers of much of the countryside. The shaikh represented the principle of the fragmented or multiple community (many tribes), the monarch the ideal of an integral community (one Iraqi people, one Arab nation). Or to express the relationship differently, the shaikh was the defender of the divisive tribal urf (tradition), the monarch the exponent of the unifying national law.[437]

Der König stützte sich, um seine oben beschriebene Funktion zu unterstreichen, auf die Armee, zumal die Briten die Fragmentierung der irakischen Gesellschaft bis zur formalen Unabhängigkeit 1932 politisch instrumentalisierten. Der Kampf verschiedener Faktionen der Elite und das Schüren von Stammeskonflikten einerseits, der Kampf der Stammes*shaikhs* um Grundeigentum andererseits sowie auch der häufige Einsatz der Armee bei internen Konflikten destabilisierte das politische System. Stammesrebellionen, Militärinterventionen und Polarisierung der Faktionen der herrschenden Eliten bestimmten, wie wir gezeigt haben, die Geschichte des Irak in den dreißiger Jahren. Aus Gründen des Machterhalts mußte die soziale Koalition und die Bedeutung der einzelnen staatlichen Institutionen neu durchdacht werden. Beginnen wir mit der Intention Faisals, die dieser in seiner Denkschrift an die sunnitischen Politiker 1933 dargelegt hatte, aus dem Konglomerat von sozialen Gruppen, Ethnien und Konfessionen eine irakische Nation zu bilden, deren Rückgrat die Armee sein

---

    für Miglieder der eigenen Gruppe zu sichern, der Hintergrund der Differenzen, die nicht selten zum Sturz der Regierungen führten. Vgl. zu ausführlichen Angaben: al-Hassu, 1984, S. 143-50.
436 Siehe zur Regierung al-Suwaidi von 1946 Marr, 1985, S. 96-101.
437 Batatu, 1978, S. 27-28.

sollte. Abgesehen davon, daß Faisal und die Protagonisten der Integrationspolitik nur auf eine Integration der Eliten abzielten, bedeutete diese Idee die Stärkung der zentralen Macht - auf Kosten und gegen die Interessen der Stämme und Ethnien - und wirkte sich langfristig negativ auf die Stabilität der Monarchie aus. Es steht außer Zweifel, daß in der ersten Phase nach der Gründung des Staates die herrschende Elite, d.h. der König und die ex-scharifischen Offiziere, beim Prozeß des *state-building* keine andere Alternative hatten, als die zentrale Macht gegen die zentrifugalen Kräfte auszubauen. Dadurch entstanden aber Kräfte im Zentrum der politischen Macht, die - wie bei den beiden *coups d'état* von 1937 - die Monarchie aus politischen und ideologischen Gründen aus den Angeln zu heben versuchten. Nicht zufällig waren die Verfechter des arabischen und des "irakischen Nationalismus", also die zentrifugalen Kräften vor und nach 1941, Gegner der haschemitischen Monarchie und des politischen Systems, das diese stützte. Hauptziel der Veränderungen nach 1941 war diejenige Institution, die die Monarchie gefährdete, nämlich die Armee. In diesem Sinne schreibt Batatu:

> The change had its genesis in the period 1936-1941. In those years the principal ex-Sharifian officers - Nuri as-Sa`id, the archpolitician to be of the monarchy, among others - saw wielded against them the weapon - the army - that they had helped to forge, and which had constitued the very anchor of royal policy.[438]

Die Konsequenz, die sich aus dieser Erkenntnis ergab, war nach 1941 die Schwächung der Armee: rigorose Entlassung von Offizieren, Verkleinerung der Armee auf etwa 30.000 Mann sowie die Kürzung des Armee-Etats. Diese Maßnahmen sollten den Drang der Offiziere nach Machtübernahme bändigen.[439]

Die Veränderung der Interaktionsform der Monarchie mit den sozialen, ethnischen und konfessionellen Gruppen hatte eine essentielle Bedeutung für die Stabilität des Systems. Die Architekten der neuen Politik, Nuri al-Sa`id, der starke Mann des monarchistischen Irak zwischen 1941 und 1958, und der Regent Abd al-Ilah, beendeten nach 1941 nicht nur das gespannte Verhältnis zwischen der Zentralregierung und den Stämmen, sondern schlossen ein Bündnis mit den Stammes*shaikhs*, die dann bis 1958 als Eckpfeiler der Monarchie galten. Batatu ist der Ansicht, daß dieses Bündnis - ein Bündnis zwischen der zentralen Macht, die eine integrative Rolle spielen sollte, und Repräsentanten einer rückständigen sozialen Kraft - die Ökonomie Iraks insgesamt beeinträchtigt hat.[440] Dies ist zweifellos zutreffend. In der Tat kehrte die Monarchie dem, was man in der Modernisierungspolitik den Aufbau eines zentralen Staates und die Forcierung der "nationalen" Integration nennen kann, den Rücken. Die Monarchie hatte sich aber nach 1941 aus Gründen, die wir erwähnten, von ihrer inte-

---

438 Batatu, 1978, S. 28.
439 Vgl. al-Durra, Mahmud: *Al-harb al-`iraqiya al-britaniya*. (Der irakisch-britische Krieg). Beirut 1969, S. 240-43.
440 Vgl. Batatu, 1978, S. 32.

grativen Rolle verabschiedet. Sie versuchte nun in ihrem eigenen Interesse, eine Balance zwischen den gesellschaftlichen Gruppen und den Institutionen des Staates (Kabinett, Parlament, Senat und Verwaltung) herzustellen und die Rolle des Vermittlers zu übernehmen. In dieser Hinsicht knüpfte die haschemitische Monarchie an die Staatsidee des Osmanischen Reiches an. Hier wie dort versuchte der Staat, zur Machtstabilisierung die Balance zwischen den gesellschaftlichen Gruppen zu halten. Die modernen Institutionen hatten den Zweck, die politische Macht nach innen und außen zu legitimieren und durch formale Partizipation die modernen Eliten an sich zu binden. [441]

Tabelle 1: Die Repräsentanz der Schiiten im irakischen Parlament (1925-1958)

Legislaturperiode	Schiitische Abgeordnete	Insgesamt	in%
1925	27	88	30,7
1928	27	88	30,7
1930	25	88	28,4
1933	29	88	33
1934	27	88	30,7
1935	36	107	33,6
27.2.1937	39	115	33,9
23.12.1937	39	115	33,9
1939	40	115	34,8
1943	43	116	37
1947	57	140	40,7
1948	55	135	40,7
1953	55	135	40,7
9.6.1954	59	135	43,7
16.9.1954	58	135	43
1958	54	144	37,5

Quelle: al-Uzri, 1991, S. 110-16

Die Allianz mit den Stammes*shaikhs* brachte diesen, neben ökonomischen Begünstigungen, die sich nicht nur auf die Legalisierung der Enteignung ehe-

---

[441] Siehe hierzu Steinhaus, Kurt: Die Soziologie der türkischen Revolution. Frankfurt a. Main 1969; Matuz, Josef: Das Osmanische Reich. Grundlinien seiner Geschichte. Darmstadt 1985.

maligen Stammeseigentums beschränkten, auch einen beachtlichen Teil der Sitze im Parlament ein.[442] Diese Begünstigung der Stammes*shaikhs*, die wegen der weitverbreiteten Stammesorganisation vorwiegend aus dem schiitischen Süden stammten, führte, wie die Tabelle zeigt, zu einer besseren Repräsentation der Schiiten im Parlament.

Mit der veränderten ethnisch-konfessionellen Zusammensetzung des Parlaments war jedoch die Überwindung der Übermacht der sunnitischen Minderheit im Staat noch nicht erreicht. Dies hatte vor allem eine wichtige politische Bedeutung, nämlich die Bindung der schiitischen Stammes*shaikhs* an die Monarchie. Das Parlament blieb aber auch nach den Veränderungen nach 1941 auf zwei Ebenen vom König, seinen engsten Mitarbeitern und der Exekutive abhängig. Schon unter Faisal I. gründete der König eine Art informelle Institution, die aus den wichtigsten ehemaligen scharifischen Offizieren bestand. Der König traf unter Einbeziehung dieser Personen die Vorentscheidungen, bevor sich dann die Verfassungsorgane mit den Fragen befaßten. Neben der Intervention der informellen Institution des Königs in die Kabinettspolitik gehörten die Vorentscheidungen dieser Institution bei Parlamentswahlen zu deren relevanten Tätigkeiten. Denn durch die Vergabe von Parlamentssitzen, deren Besetzung - anders als Ernennungen in der Armee und in der Verwaltung - keine besondere Qualifikation erforderte, konnten vor allem loyale Stammesfürsten an die Monarchie gebunden werden. Der informellen Institution um den König gehörten auch fast alle Politiker an, die zwischen 1922 und 1958 zu Ministerpräsidenten ernannt wurden. Da die Verfassung von 1925 dem König freie Hand bei der Ernennung des Ministerpräsidenten ließ, war er nicht daran gebunden, Vertreter der Mehrheit im Parlament mit der Bildung der Regierung zu beauftragen.[443] Daraus entwickelte sich folgender Mechanismus: Wenn die Ministerpräsidenten nicht über eine Mehrheit im Parlament verfügten oder diese Mehrheit verloren hatten, ließen sie das Parlament durch den König auflösen und Neuwahlen ausschreiben. In keinem Fall verlor die amtierende Regierung die Wahlen. Über das bis 1925 gültige zweistufige Wahlsystem waren die Möglichkeiten zur Manipulation außerordentlich groß. Der mehrmalige Ministerpräsident Taufiq

---

442 Batatu gibt den Anteil der Stammes*shaikhs*, allerdings ohne Berücksichtigung der *sadah* und der Führer der religiösen Orden, wie folgt an: 1925: 17 von 88 Sitzen (= 19,3%); 1930: 14 von 88 Sitzen (= 15,3%); 1933: 18 von 88 Sitzen (= 20,5%); 1943: 37 von 116 Sitzen (= 31,9%); 1948: 46 von 135 Sitzen (= 34,1%); 1953: 49 von 135 Sitzen (= 36,3%); 1958: 52 von 145 Sitzen (= 35,9%). Vgl. Batatu, 1978, S. 103.

443 Gemäß Artikel 26, Absatz 6 der irakischen Verfassung hatte der König das Recht, den Ministerpräsidenten mit der Bildung der Regierung zu beauftragen. Vgl. al-Hasani Bd. I, 1988, S. 342. Der König war nicht daran gebunden, der stärksten Fraktion diesen Auftrag zu geben. So wurde 1926 Ja`far al-Askari zum Ministerpräsidenten ernannt, obwohl die Fortschrittspartei (*hizb al-taqaddum*) Yasin al-Hashimis die Mehrheit im Parlament hatte. Dies galt auch für die Regierung Naji Saukat 1933, die Regierung Taufiq al-Suwaidi 1950 und die Regierung `Ali Jaudat al-Aiyubi 1957, die alle keine Mehrheiten im Parlament hatten. Vgl. hierzu Asad, Faiz `Aziz: *Inhiraf al-nizam al-barlamani fi al-`Iraq* (Abweichung vom parlamentarischen System im Irak). 2. Aufl. Bagdad 1984. S. 64-65. Die Ernennung der Mitglieder des Senats (*majlis al-aiyan*) gehörte gemäß Artikel 28 der Verfassung ausschließlich zu den Kompetenzen des Königs. Vgl. al-Hasani Bd. I, 1988, S. 343.

al-Suwaidi schreibt in seinen Memoiren über die Verpflichtungen, die die Kandidaten eingehen mußten, bevor sie als solche anerkannt wurden: "Er mußte eine schriftliche Garantie abgeben, die bei dem Ministerpräsidenten aufbewahrt wurde, daß er, falls er als Regierungskandidat (*murashah al-hukuma*) gewählt würde, die Regierung unterstützen und daß er, im Falle eines Rücktritts der Regierung, jeder anderen vom König berufenen Regierung seine Unterstützung geben würde."[444]

Ganz offen und ziemlich zynisch äußerte sich 1943 der Ministerpräsident Nuri al-Sa`id vor dem Parlament zum Vorwurf einiger Abgeordneter, die Parlamentswahlen im Irak würden manipuliert:

> Ist es möglich, daß ein Abgeordneter, welche Stellung er auch immer im Land hatte und welche Dienste er leistete, die Wahlen gewinnen kann, wenn die Regierung ihn nicht als Kandidaten vorschlägt? Ich wette, daß jede Person, die behauptet, patriotisch zu sein (yadda`i al-wataniya), wenn sie zurücktritt und wir die Wahl wiederholen, die Wahl nur gewinnt, wenn wir sie auf die Regierungsliste setzen. Wir werden sehen, ob so ein edler Abgeordneter, egal wieviele Anhänger er hat, sonst die Wahl gewinnen kann.[445]

Nicht selten erfuhren Politiker *ex post* ohne persönlich kandidiert zu haben, daß sie "gewählt" worden seien.[446] Die Schiiten waren neben den schon erwähnten Gründen bis 1941 auch deswegen bei den Wahlen zur Nationalversammlung benachteiligt, weil durch die fast institutionalisierte Wahlmanipulation die jeweiligen Führer der einzelnen sunnitischen Faktionen ihr Klientel, das meistens aus Sunniten bestand, auch als Repräsentaten der schiitischen Provinzen "wählen" ließen. Im Gegensatz dazu passierte es aber in keiner Le-

---

444 Al-Suwaidi, 1969, S. 104-5. Al-Suwaidi glaubte aber, wie auch andere Angehörige der herrschenden Elite, daß Wahlmanipulation für den Irak angemessen sei. Dadurch, so al-Suwaidi, bekäme die Regierung die notwendige Mehrheit. Er schreibt wörtlich: "Die vernünftigen und nachdenklichen Iraker waren in Wirklichkeit mit diesem System zufrieden, obwohl die Unvollkommenheit und der Widerspruch für sie ersichtlich waren. Sie fürchteten, daß das irakische Volk, das rückständig war, mit der Freiheit nicht viel anfangen könnte. Dadurch könnten Unordnung vorherrschen und Interventionen von außen möglich werden, da die Nachbarstaaten keine freundschaftlichen Gefühle gegenüber dem Irak zeigten." Ebd. Der kurdische Abgeordnete Ma`ruf Jiauwak berichtet ähnlich über seine Erfahrungen als Kandidat: "Abgeordneter zu werden, ist keine leichte Angelegenheit. Der Kandidat braucht einen Bürgen, einen Verteidiger und einen Bittsteller. Danach muß man der Regierung versichern, nicht gegen ihre Politik zu opponieren." Ma`ruf Jiauwak: *Niyabati 1928-1930* (Meine Abgeordnetenzeit 1928-1930). Bagdad 1937, S. 11.
445 *Mahadir majlis al-nuuab li al-ijtima` al-`adi li sanat 1943* (Protokolle der ordentlichen Abgeordnetensitzung für das Jahr 1943), S. 21; zitiert nach al-Hasani Bd. VII, 1988, S. 24.
446 Der schiitische Politiker Abd al-Karim al-Uzri berichtet, wie er 1943 Abgeordneter wurde: "An einem Oktobermorgen wurde ich von einem Verwandten angerufen, der mir gratulieren wollte. Ich fragte wozu. Er sagte: `Heute hat der Rundfunk bekannt gegeben, daß Du einen Parlamentssitz gewonnen hast.' ... Dies entsprach, wie ich später erfuhr, den Tatsachen. ... Ich hatte mich aber weder zur Wahl gestellt noch irgend jemanden gebeten, dies zu tun." Vgl. al-Uzri, Abd al-Karim: *Mudhakkirati*. (Meine Memoiren). Bd. I. Beirut 1982. S. 160.

gislaturperiode der haschemitischen Monarchie, daß ein schiitischer Politiker als Abgeordneter einer sunnitischen Provinz ins Parlament einzog.

Der Wandel des Systems hinsichtlich der ethnisch-konfessionellen Stratifikation blieb nicht auf das Parlament beschränkt. Die starke Position des Monarchen, wie sie in der Verfassung von 1925 verankert war, und das informelle Klientelsystem bei der Ernennung der Minister und der hohen Beamten ließen für parlamentarische Kontrolle kaum Raum. Aus diesem Grund konnte nur die politische Notwendigkeit einer stärkeren Beteiligung der Schiiten im politischen System zur Veränderung der bisherigen Machtverteilung führen.

Ein wichtiger Faktor, der die Partizipation systemtreuer schiitischer Politiker Ende der vierziger Jahre und in den fünfziger Jahren forcierte, war die zunehmende Bedeutung der urbanen Zentren und der linken Opposition. Bis 1941 bestand die Opposition - abgesehen vom internen systemimmanenten Machtkampf der Faktionen der sunnitischen Elite - im wesentlichen aus den parteipolitisch noch nicht organisierten arabischen Nationalisten sowie aus der systemablehnenden Opposition der jungen Kommunistischen Partei des Irak.[447] Die Formierung dieser Opposition stand mit dem Umstand, daß zunehmend die Städte und immer weniger die Stämme die irakische Politik bestimmten, in engem Zusammenhang. Aber gerade die Formierung einer "sunnitischen" städtischen Opposition forcierte die Beteiligung der systemtreuen schiitischen Politiker am politischen System. Auch Vertreter des politischen Konfessionalismus in den Reihen der sunnitischen Politiker, wie etwa Taufiq al-Suwaidi, mußten die Notwendigkeit der Hinwendung zur systemtreuen schiitischen Elite erkennen.[448]

Bevor wir uns mit der Partizipationsthematik beschäftigen, soll an dieser Stelle wegen des engen Zusammenhangs zwischen Parteiensystem und politischer Partizipation der Schiiten kurz auf die Entwicklung des Parteiensystems eingegangen werden. Vorausgeschickt werden soll hier, daß Parteien mit offenem konfessionalistischen Anspruch, d.h. Parteien, die das Interesse einer Konfession oder Ethnie[449] in den Mittelpunkt ihrer Arbeit stellten, entweder - wie es bei den kurdischen Gruppierungen der Fall war - nicht erlaubt waren oder - wie bei der schiitischen *al-nahda*-Partei Amin al-Charchafchis in den zwanziger Jahren - politisch verfolgt wurden.

Nizar Taufiq al-Hassu vertritt im Rahmen seiner Studie über das politische System unter der haschemitischen Monarchie die Ansicht, daß die Omnipotenz der Regierung und die Schwäche des Parlaments dadurch verursacht worden seien, daß effektive politische Parteien in diesem System fehlten.[450] Dieser Umstand war u.E. kein Systemdefizit. In Wirklichkeit fürchteten die Briten und der König von Anfang an, daß die Einführung eines Parteiensystems zur Organisation der Gegner des an-

---

447 Die sozialdemokratisch orientierte *al-ahali*-Gruppe löste sich nach 1937 auf und trat 1946 als "Nationale Demokratische Partei" wieder in Erscheinung.
448 Interview mit al-Uzri, London, 23.4.1993
449 Dies galt allerdings nicht für die Parteien mit arabisch-nationalistischer Orientierung wie die *hizb al-ikha' al-watani* und die *istiqlal*-Partei.
450 Al-Hassu, 1984, S. 68.

gestrebten Mandatsvertrages führen würde. Nicht zufällig löste der Hochkommissar Percy Cox 1922 die politischen Parteien auf, die gegen den Vertrag agitierten. Dies war der Fall bei den beiden halblegalen Parteien *al-hizb-al-watani* (Nationale Partei) und *hizb al-nahda* (Renaissance Partei). Zwischen 1925 und 1936 etablierten sich, wie schon erwähnt, Parteien der sunnitischen Eliten, die in Wirklichkeit den einzelnen Faktionenführern als politische Foren und klientelistische Institutionen dienten. Autoritäre Tendenzen während der Regierung Yasin al-Hashimi (1935-36), die Staatsstreiche durch die Armee (1936, 1941) und der Ausnahmezustand bis Ende des Zweiten Weltkrieges verhinderten die Wiedereinführung des Parteiensystems. Erst die Regierung Taufiq al-Suwaidi (1946) ermöglichte im Rahmen ihrer Liberalisierungspolitik die Gründung von politischen Parteien,[451] die allerdings acht Jahre später infolge der Auseinandersetzungen am Vorabend der Unterzeichnung des Bagdad-Pakts wieder aufgelöst wurden. Insgesamt unterschieden sich die zwischen 1946 und 1951 gegründeten Parteien nicht wesentlich von den von 1925-1936 existierenden. Im einzelnen lassen sich die nach 1946 gegründeten Parteien anhand ihres Organisationsmusters und ihrer politischen Orientierung wie folgt klassifizieren:

Die Gründungsgeschichte der "Partei der Liberalen" (*hizb al-ahrar*), ihr Programm und die personelle Zusammensetzung ihrer Führung sind exemplarisch für die Parteien, die im monarchischen Irak nicht ohne Grund als "Hof-Parteien" (*ahzab al-balat*) bezeichnet wurden.[452] Die Idee ihrer Gründung geht wahrscheinlich auf den Regenten Abd al-Ilah zurück, der die traditionelle politische Klasse in einer Partei vereint sehen wollte. Die Partei sollte nach den Vorstellungen des Regenten von den einflußreichen Politikern Nuri al-Sa'id, Salih Jabr und Taufiq al-Suwaidi geführt werden.[453] Persönliche Animositäten zwischen al-Sa'id und dem Ministerpräsidenten al-Suwaidi führten dazu, daß al-Sa'id sich weigerte, der Partei beizutreten. Als al-Suwaidi im Mai 1946 den Rücktritt seiner Regierung erklärte, hatte die Partei praktisch keine politische Relevanz mehr und mußte sich daher 1948 auflösen. Die Mitglieder der Parteiführung, die sich durch die Politik ökonomische Vorteile erhofft hatten, mußten nach einem einflußreicheren politischen Forum suchen. Das Programm der Partei ging nicht über schwammige Verbesserungswünsche im Bereich der

---

451 Die Liberalisierung des politischen Systems und die Zulassung von politischen Parteien wurden schon in der Thronrede des Regenten Abd al-Ilah am 1. November 1945 versprochen. Siehe den vollständigen Text der Thronrede in al-Hasani Bd. VI, 1988, S. 313-16. Der Führer der *istiqlal*-Partei, Muhammad Mahdi Kuba, schreibt in seinen Memoiren über die Zulassung der Parteien: "Der Regent und die herrschende Klasse sowie die Briten nahmen die von dem Regenten verkündete neue Politik nicht ernst. Wir und die anderen patriotischen Politiker, die dann die Parteien gründeten, waren ebenfalls nicht überzeugt von der Ernsthaftigkeit der Politik des Regenten. Wir und die Kollegen in den anderen Parteien waren der Meinung, daß diese Chance genutzt werden sollte, um das politische Leben im Lande zu organisieren, die nationalen Kräfte in den Parteien zu sammeln und das politische Bewußtsein im Volk zu erhöhen." Kuba, Muhammad Mahdi: *Mudhakkirati, fi samim al-ahdath 1918-1958*. (Meine Erinnerung: Imitten der Ereignisse) Beirut 1965, S. 111.
452 Interview mit Abd al-Karim al-Uzri, London 23. April 1993.
453 Vgl. Shubbar, 1989, S. 194.

Wirtschaft und der Sozialpolitik hinaus.[454] Die Gründung der "Konstitutionellen Einheitspartei" (*hizb al-ittihad al-dusturi*) durch Nuri al-Sa`id 1949 hatte eine ähnliche Vorgeschichte wie die "Partei der Liberalen". Obwohl die Partei al-Sa`ids, wie die "Partei der Liberalen", in ihrer Führung etablierte Politiker hatte, war sie in ihrer sozialen Zusammensetzung eine Miniatur des politischen und sozialen Systems der Monarchie nach dem Zweiten Weltkrieg, nämlich eine Allianz zwischen den etablierten Politikern und den Großgrundbesitzern.

Unter den systemtreuen Parteien hatte die Opposition nur eine taktische Funktion. Die Tatsache, daß zwischen 1921 und 1958 59 Regierungen gebildet wurden, hatte u.a. den Hintergrund, daß unter der Monarchie die Angehörigen der Elite periodisch mit der Bekleidung höherer Ämter belohnt wurden. Die Kooptation der Elite schwächte auch die Position der Parteien, die für den Wandel des Systems eintraten. Weder die arabisch-nationalistische *istiqlal*-Partei noch die sozialdemokratische "Nationale Demokratische Partei" hatten bis zum Sturz der Monarchie die Möglichkeit, die Regierungsverantwortung zu übernehmen. Der Monarchie gelang es aber in den fünfziger Jahren zunehmend, führende Persönlichkeiten aus beiden Parteien durch Beteiligung am Kabinett und durch Ernennung in höhere Verwaltungsämter und in den diplomatischen Dienst zu gewinnen.[455] Als zusätzliche Maßnahme zur Stabilisierung des politischen Systems ging die Monarchie nach dem Zweiten Weltkrieg dazu über, Angehörige der schiitischen Elite stärker zu integrieren.

Die symbolische Beteiligung der Schiiten durch einen oder zwei Minister im Kabinett wurde zwar seit 1941 zugunsten einer stärkeren Rekrutierung von schiitischen Politikern verändert, diese hatten aber bis 1947 keine Möglichkeit, den Posten des Ministerpräsidenten zu bekleiden. Dies war keine symbolische Frage, denn nur über die Position des Ministerpräsidenten hätten die schiitischen Politiker die von ihnen geforderte angemessene Partizipation im politischen System durchsetzen können. Dies bezieht sich sowohl auf die Zusammensetzung des Parlaments als auch auf die Besetzung hoher Ämter in der Verwaltung. Im monarchischen Irak war es, wie erwähnt, Usus geworden, daß jeder ernannte Ministerpräsident kurz nach der Amtsübernahme das Parlament auflöste und über die "Regierungsliste" seine Anhänger ins Parlament "wählen" ließ. In der Verwaltung folgte dem Regierungswechsel die Umbesetzung der

---

454 Siehe den vollständigen Programmtext in al-Hasani Bd. VII, 1988, S. 33-36.
455 Vgl. hierzu Pool, David: The Politics of Patronage: Elites and Social Structure in Iraq (Diss.). Princeton 1972, S. 155-59. Bis 1958 war es der Monarchie gelungen, folgende Führer der "Nationalen Demokratischen Partei" in das System zu integrieren: `Abd al-Wahhab Mirjan (mehrmals Minister und 1957 Ministerpräsident); Abdullah Bakr (Minister und "Chief of the Royal Diwan"); `Ali Haydar Sulaiman (mehrmals Minister); `Abd al-Karim al-Uzri (Abgeordneter und Minister); Majid Mustafa (mehrmals Minister); Sadiq Kamuna (Minister 1953). Vgl. ebd. S. 158-59. Ähnlich verfuhr die Monarchie mit den führenden Mitgliedern der *al-istiqlal*-Partei. In den fünfziger Jahren wechselte ein beachtlicher Teil der Führung in die Partei Nuri al-Sa`ids (*hizb al-itihad al-dusturi*) und in die Partei Salih Jabrs (*hizb al-umma al-ishtiraki*). Die Wahlen zum Parlament waren stets Anlässe, die oppositionellen Politiker zu gewinnen, indem man sie auf die sicheren "Regierungslisten" setzte. Vgl. Pool, 1972, S. 161-62.

höheren Ämter. Dies erklärt auch, warum die Schiiten bis 1947 ihre Forderungen nicht durchzusetzen vermochten.

Erstmals 1947, rund zehn Jahre vor dem Sturz der Monarchie, beauftragte der Regent Abd al-Ilah einen schiitischen Politiker Salih Jabr mit der Bildung einer neuen Regierung. Salih Jabr[456] gehörte zu den wenigen schiitischen Politikern, die Zugang zur politischen Elite gefunden hatten. Er befand sich seit 1933 als Minister, Parlamentsabgeordneter und Vorsitzender des Senats (*majlis al-a`iyan*) stets im Zentrum der Macht. Drei Prinzipien waren bis zu seinem Tode 1957 Leitlinien seiner Politik: In seiner Treue zur Monarchie unterschied er sich nicht von seinen sunnitischen Kollegen. Außenpolitisch vertrat er ebenso wie seine sunnitischen Kollegen die Ansicht, daß die Allianz mit Großbritannien für die Stabilität des Irak unerläßlich sei. Seine dritte Leitlinie bezieht sich auf seine Auffassung der Gleichberechtigung der Schiiten, für die er unerschrocken eintrat. Der außenpolitische Kurs al-Jabrs und die Tatsache, daß er Schiit war und sich als Anwalt seiner Konfession verstand, führten bald zu seinem Sturz.

Salih Jabr mußte mit Großbritannien einen neuen Bündnisvertrag schließen, der den Vertrag von 1930 ablösen sollte. Eine ausführliche Erörterung des von Salih Jabr 1947 ausgehandelten Vertrags von Portsmouth würde den Rahmen der vorliegenden Arbeit sprengen.[457] Wir begnügen uns hier mit der Darstellung der Instrumentalisierung des konfessionellen Aspekts durch die sunnitischen Politiker. Die Anhänger Jabrs und seine Gegner bezichtigten sich gegenseitig offen der *ta`ifiya* (Konfessionalismus). Während die Studenten der Fakultät für Religion in Bagdad (*kuliyat Al al-bait*, Fakultät des Hauses Muhammad) Salih Jabr bezichtigten, ein *rafidi*[458] zu sein, warfen dessen Anhänger ihren Gegnern vor, *ta`ifiyun* zu sein.[459] Natürlich wollte Salih Jabr mit der Instrumentalisierung des konfessionellen Gegensatzes die Schiiten mobilisieren, zumal die Sunniten vor der Instrumentalisierung ethnisch-religiöser Symbole ebenfalls nicht zurückschreckten.

Daß der erbittertste Gegner des von Jabr ausgehandelten Vertrages, der Vorsitzende der *hizb al-istiqlal* (Unabhängigkeitspartei), Muhammad Mahdi Kuba, Schiit war und die Befürworter des Vertrages, wie Nuri al-Sa`id, Ahmad

---

456 Zur Biographie Salih Jabrs siehe: Basri, 1987, S. 209-14.
457 Die Verhandlungen Salih Jabrs mit der britischen Regierung über die Erneuerung des irakisch-britischen Vertrags von 1930 lösten Anfang Januar 1948 Massendemonstrationen in Bagdad aus, die in die moderne Geschichte des Iraks als *wathba* (Erhebung) eingegangen sind. Hinter den Protestbewegungen standen die Kommunisten, aber auch die *istiqlal*-Partei. Obwohl bei der Vorbereitung der Verhandlungen im Dezember 1947 die wichtigsten Mitglieder der politischen Elite der Monarchie beteiligt waren, wurde der Ministerpräsident Jabr zum Ziel der Protestbewegung und mußte, nachdem ersichtlich geworden war, daß der von ihm ausgehandelte Vertrag nicht durchsetzbar war, am 27. Januar 1948 seinen Rücktritt einreichen. Siehe zur *wathba*: Batatu, 1978, S.545-66.
458 Siehe Kedourie, Elie: Anti-Shiism in Iraq under the Monarchy. In: Middle Eastern Studies, Vol. 24, No. 2, 1988, S. 249. *Al-rafidun* (Ablehner des Konsenses der islamischen Gemeinschaft seit der Wahl Abu Bakirs zum ersten Khalifen) war die sunnitische Bezeichnung für die Partei `Alis.
459 Siehe al-Hasani Bd. VII, 1974, S. 294-95.

Mukhtar Baban, Jamil al-Midfa`i und viele andere, mit dem haschemitischen Haus verbundene sunnitische Politiker waren, kam kaum zur Geltung.

1950 kam es unter der Regierung Taufiq al-Suwaidi wieder zu einer politischen Krise, die durch den sunnitisch-schiitischen Gegensatz verursacht worden war. Al-Suwaidi mußte bei der Bildung seiner Regierung, wie es im monarchischen Irak stets der Fall war, auf den "ethnischen Proporz" achten. Er mußte natürlich, anders als es die Praxis der sunnitischen Ministerpräsidenten bis Ende des Zweiten Weltkrieges gewesen war, die Schiiten mit mehr als einem Minister am Kabinett beteiligen. Der Innenminister in seinem Kabinett, Salih Jabr, verstand sich dort als Führer der schiitischen Minister, die in der Tat auch dessen Führerschaft anerkannten.[460] Das Machtverhältnis im Kabinett und die Veränderung der Wahlbezirke in Basra, durch die Jabr die Benachteiligung der Schiiten beseitigt hatte, führten zur Auflösung der Regierung.[461] Al-Suwaidi gibt in seinen Memoiren an, daß die *ta`ifya* Jabrs und die schiitischen Minister der Grund für den Rücktritt seiner Regierung gewesen seien.[462]

Tabelle 2: Ethnischer und konfessioneller Hintergrund der politischen Führung 1920-1958

Hintergrund	1920 - 1932 Zahl	in%	1933 - 1945 Zahl	in%	1946 - 1958 Zahl	in%
Arab. Sunniten	33	54,1	48	56,5	36	60,0
Arab. Schiiten	18	29,5	22	25,9	13	21,7
Kurden	8	13,1	13	15,3	9	15,0
Andere	2	3,3	2	2,3	2	3,3
Total	61	100,0	85	100,0	60	100,0

Quelle: Marr, 1985

---

460 Interview mit al-Uzri, London 23.04.1993
461 In Basra waren die Wahlbezirke so eingeteilt, daß die schiitische Mehrheit vier, die kleine sunnitische Minderheit hingegen sechs Abgeordnete ins Parlament schicken konnte. Nach der neuen Aufteilung erhielten die Schiiten sieben Wahlbezirke, die Sunniten drei. Siehe Kedourie, Elie: Anti-Shiism in Iraq under the Monarchy. In: Middle Eastern Studies, Vol. 24, No. 2, 1988, S. 250.
462 Al-Suwaidi, 1969, S. 458; 507-8.

Tabelle 3: Schiitische Ministerpräsidenten 1947-1958

Name	Regierungszeit	Beruf	Sozialer Hintergrund
Salih Jabr	1947	Jurist	Handwerker Familie
Muhammad al-Sadr	1948	`Alim	`Alim-Familie
Fadil al-Jamali	1954	Pädagoge, Ph.D.	`Alim-Familie
`Abd al-Wahhab Mirjan	1957-8	Jurist	Händler-Familie

In den 50er Jahren bekleideten noch zwei andere Schiiten das Amt des Ministerpräsidenten, aber dennoch war die Vormacht der sunnitischen Gruppe nicht gebrochen. Mit der Machtübernahme durch die Offiziere[463] nach dem Putsch von 1958 war der Ende der 40er Jahre begonnene Aufstieg der schiitischen Politiker beendet.

Im Zusammenhang mit der politischen Partizipation der Schiiten in der letzten Dekade der Monarchie stellt sich die Frage nach den Ursachen der keineswegs ausreichenden Partizipation. Vorweg soll hier erwähnt werden, daß das Argument von der unzureichenden Zahl an qualifizierten schiitischen Persönlichkeiten drei Jahrzehnte nach der Gründung des Staates nicht den Tatsachen entspricht. Seit den dreißiger Jahren wurden die Schiiten bei der Vergabe von Studienplätzen und Auslandsstipendien besonders berücksichtigt.[464] Das Hauptproblem in diesem Zusammenhang ist die Tatsache, daß im monarchischen Irak ein Auswechseln der Elite kaum stattfand und die Rekrutierung neuer Mitglieder nur begrenzt möglich war. Dies wirkte sich besonderes negativ auf die Repräsentanz der Schiiten in der herrschenden Elite aus. Trotz der Bestrebungen des Regenten Abd al-Ilah, die schiitischen Politiker zu fördern, machten die Schiiten im Zeitraum 1941-1958 nur ein Drittel der politischen Elite aus. Von den 29 Regierungen im selben Zeitraum wurden lediglich fünf von schiitischen Ministerpräsidenten gebildet. Die Zahl der ernannten schiitischen Minister hat sich im Zeitraum 1947-1958, wie die folgende Tabelle zeigt, zwar verbessert, die Schiiten blieben aber dennoch - gemessen an ihrem prozentualen Anteil an der irakischen Bevölkerung - benachteiligt.

---

463 Lediglich zwei Schiiten waren in der Gruppe der Freien Offiziere vertreten. Siehe Batatu, 1978, S. 778-83.
464 Interview mit dem ehemaligen schiitischen Minister Abd al-Karim al-Uzri, London 23. April 1993. Siehe auch Marr, 1985, S. 145-46.

Tabelle 4: Schiitische Minister unter der Monarchie 1921-1958 (einschließlich der Ministerpräsidenten)

Zeitraum	Alle Ernennungen	Schiiten	in %
1921-1932	113	20	17,7
1932-1936	57	9	15.8
1936-1941	65	18	27.7
1941-1946	89	25	28.1
1947-1958	251	87	34.7
Insgesamt	575	159	27.7

Quelle: Batatu, 1978, S. 47.

Die Frage der Partizipation der schiitischen Politiker am politischen Leben in der letzten Dekade der Monarchie stand einerseits in engem Zusammenhang mit der britischen Politik, die darauf abzielte, die Monarchie zu sichern, andererseits war sie zweifellos das Ergebnis der Rivalitäten zwischen Nuri al-Sa'id und dem Regenten Abd al-Ilah. Zwar hatte die Regierung Nuri al-Sa'ids (1941-1944) in den kritischen Jahren nach der britischen Intervention die Gegner der Monarchie in Schach halten können, al-Sa'id war jedoch nicht gewillt, dem Machtmißbrauch der von ihm geschützten Politiker ein Ende zu setzen. In einem Brief des britischen Botschafters Kinahan Cornwallis an den Außenminister Eden kommt die unmißverständliche Unzufriedenheit der Briten mit der Politik al-Sa'ids zum Ausdruck:

> I attacked His Excellency, for the failure of his governments to tackle the economic problem [the spiraling inflation] honestly and boldly, for the manner in which they have tolerated dishonesty and inefficiency in the public service, for the resultant weakness and corruption in the police, the unreliability of the army, the mishandling of the Kurds, the shameless landgrabbing carried out by prominent personalities, the general lack of courageous leadership, and the wide gulf between the government and the people.[465]

Das britische Außenministerium teilte die Beurteilung Cornwallis':

> The weakness of our long-term position in Iraq," telegraphierte das Ministerium Anfang September 1943 an die Botschaft in Bagdad,

---

[465] Great Britain, FO E 7266/489/93, letter of 6. November 1943 from Cornwallis to Eden; zitiert nach Batatu, 1978, S. 347.

"undoubtedly consists in the extent to which our eggs are concentrated in Nuri's somewhat unstable basket.[466]

Die Distanz der Briten zu al-Sa'id bestärkte den Regenten Abd al-Ilah in seinen Bemühungen, den Einfluß al-Sa'ids einzuschränken. Der ambitionierte schiitische Politiker Salih Jabr war dafür die geeignete Person, da er das Vertrauen des Regenten und der Briten genoß und im schiitischen Süden wichtige Verbindungen mit den Stammes*shaikhs* unterhielt. Es ist zwar Batatus Feststellung zuzustimmen, daß das Hauptproblem der haschemitischen Monarchie tiefere Wurzeln hatte als die Intrigen und Friktionen der herrschenden Elite;[467] die zunehmende Landflucht, die Entstehung einer Bildungsschicht ohne Chancen auf ökonomische und politische Partizipation und die Verarmung der städtischen Unterschichten waren mit Sicherheit ernsthafte Herausforderungen, die die herrschende Elite bis zum Sturz der Monarchie nicht bewältigen konnte. Dies steht aber nicht im Widerspruch zu der Tatsache, daß an der Spitze des Regimes in der letzten Dekade der konfessionelle Faktor zunehmend in politische Auseinandersetzungen miteinbezogen wurde. Sogar oppositionelle Parteien, wie die sozialdemokratisch orientierte "Nationale Demokratische Partei" blieben von den konfessionell legitimierten Auseinandersetzungen nicht verschont. Der Rücktritt der schiitischen Führungsmitglieder 'Abd al-Karim al-Uzri, Sadiq Kamuna, Abd al-Wahhab al-Mirjan und Muhammad 'Abud al-Shalji, war, nach Angaben al-Uzris, eine Reaktion auf die Dominanz der sunnitischen Führer Kamil al-Chadirchi, Muhammad Hadid und Husain Jamil in der Partei.[468] Die Reaktion der sunnitischen Politiker auf die Gründung der "Nationalen Sozialistischen Partei" (*hizb al-umma al-ishtiraki*) Salih Jabrs zeigt ebenfalls das Ausmaß der Spaltung der herrschenden Elite entlang ethnisch-konfessioneller Grenzen. Es war bekannt, daß der Regent hinter der Gründung der Partei Salih Jabrs stand. Abd al-Ilah versuchte, auch nachdem Salih Jabr infolge der *wathba* gescheitert war, ihn als Gegengewicht zu Nuri al-Sa'id, der in den fünfziger Jahren wieder die Macht an sich reißen konnte, aufzubauen.[469] Hier stellt sich die Frage, ob die Partei al-Jabrs tatsächlich eine konfessionelle oder konfessionell motivierte Partei war. In der Zusammensetzung der Führung dominierten in der Tat die Schiiten. Dies allein genügt mit Sicherheit nicht, um die Partei als eine schiitische zu bezeichnen, denn in den

---

466 Great Britain, FO E 5216/44/93, telegram of 3. September 1943 from Foreign Office to Embassy, Baghdad; zitiert nach Batatu, 1978, S. 347.
467 Vgl. Batatu, 1978, S. 351.
468 Al-Uzri, 'Abd al-Karim: *Tarikh fi dhikraiyat al-'Iraq, 1930-1958*. (Geschichte in den Erinnerungen des Irak, 1930-1958). Beirut 1982, S. 286. Das ehemalige Mitglied der Parteiführung, Muhammad Sadiq al-Sa'id, wirft seinerseits den zurückgetretenen schiitischen Politikern vor, aus "*taifitischen*" (konfessionellen) Gründen die Partei verlassen zu haben. Vgl. Ghafuri Khalil, 'Adil: *Al-ahzab al-mu'arada al-'alaniya fi al-'Iraq, 1946-1954* (Die legalen Oppositionsparteien im Irak, 1946-1954). Bagdad 1984, S. 78.
469 Abd al-Ilah versuchte in den fünfziger Jahren, bei den Parlamentswahlen ein Gleichgewicht zwischen den Anhängern al-Sa'ids und al-Jabrs herzustellen. Interview mit al-Uzri, London, 23. April 1993.

anderen legalen Parteien waren die Sunniten die dominante Kraft, ohne daß sie als sunnitische Parteien betrachtet wurden. Salih Jabr war erklärtermaßen ein Verfechter der Gleichberechtigung der Schiiten und machte keine Vorbehalte in dieser Hinsicht, zumal diese Rolle ihm Respekt und Popularität auch bei denjenigen schiitischen Politikern verschaffte, die seiner Partei nicht beitraten.[470] Er war zweifellos ein Konfessionalist in dem Sinne, daß er seinen konfessionellen Hintergrund politisch instrumentalisierte, um seinen Platz innerhalb der herrschenden Elite, vor allem gegenüber Nuri al-Sa`id, zu sichern. In dieser Hinsicht hatte die Mehrheit der sunnitischen Politiker als Verfechter der sunnitischen Dominanz im Staat die gleiche Haltung.[471] Dennoch hatte al-Jabr bei seinem Versuch, die Schiiten in seiner Partei zu mobilisieren und sich als Wortführer der Schiiten darzustellen, nur mäßigen Erfolg. Der sunnitische Politiker Nuri al-Sa`id hatte nicht weniger Erfolg bei der Mobilisierung der Schiiten in seiner Partei. In der "Konstitutionellen Einheitspartei" Nuri al-Sa`ids dominierten in der Tat die Schiiten, ohne daß diese jemals als schiitische Partei bezeichnet wurde.[472] Hanna Batatu führt in seiner Studie den Zuspruch, den die Partei Nuri al-Sa`ids seitens der Großgrundbesitzer, die aus dem schiitischen Süden kamen, erhielt, auf die kompromißlose Vertretung ihrer Interessen durch al-Sa`id zurück. Auch wenn wir dieser These zustimmen, denn 17 Mitglieder des 46-köpfigen obersten Gremiums der Partei al-Sa`ids waren Großgrundbesitzer, darf hier nicht vergessen werden, daß al-Sa`id, trotz seines Streits mit dem Regenten, mehr Macht besaß als der Schiit Jabr. "Al-Sa`id war stets der starke Mann der Monarchie, egal, ob er Ministerpräsident war oder nicht", sagte der

---

470 Sowohl Fadil al-Jamali (Ministerpräsident 1953-54) als auch `Abd al-Wahhab al-Mirjan (Ministerpräsident 1957-58) und Abd al-Karim al-Uzri (mehrmals Minister und Parlamentsabgeordneter) traten der Partei Jabrs nicht bei, obwohl sie in enger Verbindung mit ihm standen. Es ist zu vermuten, daß diese Politiker dadurch die Konfrontation mit dem Rivalen Jabrs, Nuri al-Sa`id, vermeiden wollten. Al-Jamali, al-Mirjan und al-Uzri konnten in der Tat ohne großen Widerstand al-Sa`ids hohe Positionen übernehmen.

471 Der Führer der "Nationalen Demokratischen Partei", Kamil al-Chadirchi, scheint in den internen Parteidebatten über den politischen Konfessionalismus mit zweierlei Maß gemessen zu haben. In seinen Memoiren schreibt er über die Gründung der "Nationalen Sozialistischen Partei": "Unter diesen Umständen formierte sich die *hizb al-umma* unter Führung Salih Jabrs. Äußerlich schien sie ohne konfessionelle Färbung sein. Sie erhielt einen sunnitischen Vizepräsidenten und andere sunnitische Elemente traten der Partei bei. ... Die Partei Salih Jabrs war eine konfessionelle Partei im Sinne von Opportunismus. Sie umfaßte daher die Eigennützigen und die Opportunisten, die an Konfessionalismus an sich nicht glaubten. Sie instrumentalisierten diesen aber, um Vorteile zu erreichen. ... Und so formierte sich die Partei Salih Jabrs aus der opportunistischen Brut von gebildeten Schiiten, Großgrundbesitzern und einer Anzahl von Kleinbürgern, die der Partei Nuri al-Sa`ids nicht beitreten konnten ... und aus gegenüber der herrschenden Gruppe haßerfüllten Gruppen, die den Anschluß an die nationale Opposition fürchteten". Al-Chadirchi, 1970, S. 92. Kamil al-Chadirchis Beschreibung der Ursachen für die Gründung der "Nationalen Sozialistischen Partei" Jabrs ist zweifellos zutreffend; er erhob aber nur im Fall dieser Partei den Vorwurf des politischen Konfessionalismus.

472 Die ethnisch-konfessionelle Struktur der Partei sah folgendermaßen aus: Arabische Schiiten: 23 Sitze; arabische Sunniten: 7 Sitze; Kurden: 12 Sitze; turkmenische Schiiten: 1 Sitz; arabische Christen: 1 Sitz; turko-arabische Sunniten: 1 Sitz. Vgl. Batatu, 1978, S. 357.

schiitische Politiker Abd al-Karim al-Uzri nicht ohne Recht.[473] Dies erklärt auch, warum ambitionierte schiitische Politiker eher mit al-Sa`id als mit Jabr paktierten. Denn immerhin waren zehn Personen aus der schiitischen Gruppe in der Führung der "Konstitutionellen Einheitspartei" urbanisierte Schiiten und hatten zum Teil eine akademische Ausbildung.[474] Nicht ohne Grund schlossen sich einige schiitische Politiker al-Sa`id an oder nahmen bei den Rivalitäten zwischen al-Sa`id und Jabr eine neutrale Haltung ein.[475]

---

[473] Interview mit al-Uzri, London, 24. April 1993.
[474] Vgl. Batatu, 1978, S. 354-56.
[475] Der letzte Ministerpräsident `Abd al-Wahhab al-Mirjan gehörte der Führung der "Konstitutionellen Einheitspartei" an. Andere, wie Fadil al-Jamali und Abd al-Karim al-Uzri, nahmen, trotz ihrer engen Verbindungen mit Jabr, eher eine neutrale Haltung ein.

Tabelle 5: Die schiitische Elite unter der Monarchie

Name, Geburtsort und -datum	Soziale Herkunft	Ausbildung/ Beruf	Position	Weiterer Lebenslauf
Chalabi, `Abd al-Husain, al-Kazimiya	Großhändler	-	Bildungsminister, Senatsmitglied, Abgeordneter	verstorben 1939
Jabr, Salih (1895-1957), al-Nasiriya	Handwerker	Studium d. Rechtswiss. in Bagdad	1947 Senatspräsident; 1947-1948 Ministerpräsident	verstorben 1957
al-Jamali, Fadil (1902-)	Geistlichkeit	Studium der Pädagogik an d. AUB und d. Columbia Univ.	Minister, Abgeordneter, 1954 Ministerpräsident	1958 Verurteilung durch das Volksgericht; 1961- Prof. in Tunis
Haidar, Muhammad Rustam (1889[im Libanon]-1940)	wohlhabende Bauernfamilie aus Baalbak	Verwaltungshochschule in Istanbul und Studium in Paris	Finanzminister 1931, Wirtschaftsminister 1932, Chef des Hofamtes, Finanzminister 1939	Opfer eines Attentates 1940
Kuba, Muhammad Mahdi, Samarra'	Geistlichkeit	Absolvent einer relig. Schule	Parlamentspräsident 1944-46	1964 verstorben
Mirjan, `Abd al-Wahhab (1907-1964)	Händler u. Großgrundbesitzer	Studium d. Rechtswiss. in Bagdad	Parlamentspräsident, Ministerpräsident 1957-58	1964 verstorben
al-Shabibi, Muhammad Rida, al-Gharraf	Geistlichkeit	Absolvent einer relig. Schule	1937 Senatspräsident	verstorben 1966
Sadr, Muhammad, al-Kazimiya(1883-1956)	Geistlichkeit	`Alim-Ausbildung	Senatspräsident, Ministerpräsident 1948	verstorben 1965
Salih, Sa`d (1894-1949)	Sayid-Familie	Studium der Rechtswiss. in Bagdad	Innenminister, Stellvertretender Präsident der *ahrar*-Partei	verstorben 1949

Name, Geburtsort und -datum	Soziale Herkunft	Ausbildung/ Beruf	Position	Weiterer Lebenslauf
Uzri, ʿAbd al-Karim, Kazimiya 1909-	Händlerfamilie	Studium an der LSE	Finanzminister	ab 1958 im Exil in Libanon und London
Abu Tabikh, Muhsin	Sayid-Familie	-	Senatsmitglied	-
Sukkar, ʿAbd al-Wahid, Abi Sukhair	Stammes*shaikh*	-	Senatsmitglied, Abgeordneter	-
ʿAbbas, ʿAbd al-Majid, Qalat Sukkar	-	Studium der Politologie an der Univ. of Chicago	Verkehrsminister, bis 1958 Vertreter d. Irak bei d. VN	ab 1958 im Exil in den USA
ʿAlawi, ʿAbd al-Amir, Bagdad 1913-	-	Studium der Medizin	Gesundheitsminister	ab 1958 im Exil in London
al-Chalabi, Rushdi, Kazimiya 1918-	Händlerfamilie	Studium der Wirtschaft an der AUB	Wirtschaftsminister	ab 1958 im Exil in London
al-Dalli, ʿAbd al-Ghani, Suq al-Shiyukh 1914	-	Studium der Rechtswiss. in Bagdad und der Wirtschaft an der LSE	Agrarminister, Diplomat	an Hochschulen in Marokko, Libyen; Wirtsch.berater in Kuwait, z.Z. London
al-Qaraghuli, ʿAbd al-Majid	-	Agrarwiss. Studium, Univ. of California	Wirtschaftsminister, Agrarminister	verstorben 1952
Jaʿfar, Diya, Bagdad	Sayid-Familie	Studium der Architektur in Birmingham	Verkehrsminister, Abgeordneter	verstorben 1993
al-Khalisi, ʿAbd al-Rasul	Geistlichkeit	Jurastudium, Bagdad	Justizminister	verstorben 1985
al-ʿAlwan, Saʿd	-	Jurastudium, Bagdad	Bildungsminister, Abgeordneter	-
Hamandi, Jaʿfar, Bagdad	Sayid-Familie	Studium der Rechtswiss. in Bagdad	Minister f. Bildung, Soziales, Justiz; Abgeordneter	verstorben 1952

Name, Geburtsort und -datum	Soziale Herkunft	Ausbildung/ Beruf	Position	Weiterer Lebenslauf
al-Ghaban, Dhiban, Bagdad	-	Studium der Rechtswiss. in Bagdad	Abgeordneter	-
al-Charchafchi, Muhammad, Bagdad	-	Studium der Rechtswiss. in Bagdad	Abgeordneter	-
Kamuna, Sadiq, al-Najaf	Sayid-Familie	Jurastudium, Bagdad	Min. f. Wirtschaft, Min. f. Soziales	-
al-Bassam, Sadiq, Bagdad 1894	-	Studium der Rechtswiss. in Bagdad	Bildungsminister, Finanzminister, Verteidigungsminister, Abg.	verstorben 1958
al-Ighwani, Muhammad Ra'uuf	-	Studium der Rechtswiss. in Bagdad	Minister für Soziales	-
Shalash, Muhsin	Händler-Familie	-	Bildungsminister	-
Abu Timman, Ja'far 1881-1945	Händlerfamilie	-	Handelsminister 1922, Finanzminister 1937	verstorben 1945
'Abd al-Mahdi, Al-Satra	Sayid-Familie	-	Bildungsminister, Verkehrsminister, Wirtschaftsminister Abgeordneter	-
al-'Atiya, Raiyh	Stammes*shaikh*	-	Abgeordneter, Senatsmitglied	verstorben 1970
al-Bahrani, Muhammad Ra'uuf	Händler-Familie	Studium der Rechtswiss. in Bagdad	Finanzminister 1935, Minister für Soziales 1940	-
Kubba, Muhammad Hasan, Bagdad (1890-?)	Saiyd-Familie	Studium der Rechtswiss. in Bagdad	Minister für Soziales, Finanzminister	-
al-Yasiri, 'Alwan	Sayid-Familie	-	Verkehrsminister 1927	-
Uzri, 'Abd al-Amir	Händler-Familie	Studium der Betriebswirtschaft in Michigan	Verkehrsminister	ab 1958 im Exil in London

AUB: American University in Beirut; LSE: London School of Economics

DIE SCHIITISCHE GESELLSCHAFT IN DER LETZTEN DEKADE DER MONARCHIE: POLITISIERUNG ALS FOLGE DER SOZIALEN MARGINALISIERUNG

Wir haben schon erwähnt, daß sich in den vierziger und fünfziger Jahren das Hauptgewicht der politischen Opposition von den ländlichen Regionen in die Städte und insbesondere nach Bagdad verlagerte. Mit seiner Aussage, "the history of Iraq became henceforth largely the history of Baghdad ..."[476], beschreibt Hanna Batatu mit ziemlicher Genauigkeit die sozialen Veränderungen in der letzten Dekade der haschemitischen Monarchie. Obgleich - wie die Studien von Dahir und Salamé zeigen[477] - die politische Relevanz der Städte im arabischen Osten mit der Entstehung des Großgrundbesitzes seit der Verkündung des *tapu*-Gesetzes 1856 einherging, zeichneten sich im Irak einige Besonderheiten ab, die aus der spezifischen sozialen und politischen Geschichte der Schiiten resultierten. Die Konsolidierung des Großgrundbesitzes durch die Anerkennung der *tapu*-Dokumente und durch eine Reihe von Gesetzen nach der Gründung des Staates Irak traf sowohl die sunnitische als auch die schiitische Region. Die schiitische Region bot jedoch günstigere Konditionen für die Entstehung von Großgrundbesitz. Zum einen war sie weit von den urbanen Zentren gelegen. Die Limitierung der landwirtschaftlich nutzbaren Fläche um die Städte des arabischen Ostens - der Irak bildete hier keine Ausnahme - ermöglichte in der Regel die Entstehung von Großgrundbesitz.[478] Es kam im Fall des Irak hinzu, daß in der sunnitischen Region, auch in dem entlegenen Gebiet am Euphrat, die Fläche des landwirtschaftlich nutzbaren Landes eher die Entstehung des mittleren und kleinen Landeigentums ermöglichte. Zum anderen war das Handwerk im sunnitischen Dreieck wegen der Nähe zu Bagdad und der Handelswege nach Syrien weit verbreitet.[479] Abgesehen von den Spezifika der schiitischen Region hatte der Staat, der - wie wir erwähnten - die Stammes*shaikhs* (die sich als Großgrundbesitzer etabliert hatten) als Verbündete gewonnen hatte, kein Interesse daran, bei den Streitigkeiten um Land gerade für die landlosen Bauern Partei zu ergreifen. Die unter dem Schutz des Staates vollzogene Überschreibung des

---

476 Batatu, 1978, S. 119.
477 Vgl. Dahir, Masud: *Al-dawla wa al-mujtama` fi al-mashriq al-`arabi, 1840-1990* (Der Staat und die Gesellschaft im arabischen Osten, 1840-1990). Beirut 1991; Salama (Salamé), Ghassan: *Al-mujtama` wa al-daula fi al-mashriq al-`arabi* (Die Gesellschaft und der Staat im arabischen Osten). Beirut 1987.
478 Dahir, 1991, S. 245.
479 Vgl. hierzu al-Khafaji, `Isam: *Al-dawla wa al-tatawur al-ra'smali fi al-`Iraq 1968-1978* (Der Staat und die kapitalistische Entwicklung im Irak 1968-1978). Kairo 1983, S. 172-73.

Stammeslandes auf die *shaikhs* führte zu drei wesentlichen Entwicklungen, die die Geschichte der irakischen Schiiten nachhaltig beeinflußten. Mit der Aneignung des Gemeineigentums des Stammes an Land durch die *shaikhs* begann sich ein allmählicher Detribalisierungsprozeß bemerkbar zu machen.[480] Anzeichen dafür war die Gründung von privaten bewaffneten Trupps der einzelnen *shaikhs*, der sogenannten *hushiya*. Diese Institution, ähnlich einer Kriegerkaste, war kein neues Phänomen in der schiitischen Stammesgesellschaft; mit zunehmender Entfremdung rekrutierten die *shaikhs* ihre *hushiya* jedoch aus stammesfremden Personen, deren Loyalität durch materielle Privilegien erkauft wurde.[481] Das Ergebnis dieses Systems, das durch eine doppelte Gewalt - Staat und *shaikhs* - gesichert wurde, war eine Form der Verleibeigerung der ehemaligen Stammesangehörigen. Diese Frage nach der Bindung der Bauern an den Großgrundbesitzer wurde schon 1933 vor dem Parlament zur Sprache gebracht. Eine Gesetzesvorlage sah vor, die verschuldeten Bauern nur dann von ihren Verpflichtungen zu befreien, wenn sie ein Zeugnis über Schuldenfreiheit von dem Großgrundbesitzer bekommen konnten.[482] Besonders in den Tigris-Regionen `Amara und al-Kut führte das System zu unbeschreiblicher Armut unter der Bevölkerung. Die soziale Marginalisierung traf nicht nur die Saisonlandarbeiter, die sogenannten *hashuwiyun*, sondern auch die ehemaligen Stammesangehörigen, die Mehrheit der ländlichen Bevölkerung des Südens. Diese hatten, nachdem das Gemeineigentum in den Besitz ihrer *shaikhs* übergegangen war, keine andere Alternative, als sich als Pächter (*mukhassis*) zu verdingen.[483] Aus seinem Pachtanteil, der von einem Viertel bis - in Ausnahmen - zur Hälfte der Ernte reichte, mußte der Pächter sechs verschiedene Abgaben leisten.[484] Die ehemaligen Stammes*shaikhs*, die in kurzer Zeit vom Nomadentum zum Großgrundbesitzertum übergegangen waren, ließen vor allem im schiitischen Süden - wo weite Gebiete erst in den zwanziger und dreißiger Jahren für die Landwirtschaft erschlossen worden waren[485] - das Land und die Bewässerungskanäle

---

480 Siehe hierzu al-Jomard, Atheel: Internal Migration in Iraq. In: Kelidar, `Abbas (Hrsg.): The Integration of Modern Iraq. London 1979, S. 111-22.
481 Batatu schreibt über zwei *hushiyas*, die im Sold von den *shaikhs* des Khaza`il-Stamms und des Albu Muhammad-Stamms standen: "In 1944 the hushiyya of Muhammad `Araibi, shaikh of Albu Muhammad, numbered 552 men, and his tribesmen a little over 5,000. In 1958 `Ali Shalan of Khazail commanded a hushiyya of 98 men and a tribe of about 4,000. Within the hushiyya there were gradations. Some of its members tended to rise above others in the favor of the shaikh, and were known to be particularly devoted to his person. They, therefore, received higher rewards and were in effect the elite of hushiyya. They were necessarily limited in number. ... According to a 1944 report by Mutasarrif of Amarah province, the 552 men of the hushiyyah of Shaikh al-Araibi were paid for their services in two ways: 308 received a total of 603 tons of rice, and the remainder had been granted lands amounting to 2,175 dunums, each holding a plot corresponding to his rank. These lands were not tilled by them but by the peasants of the shaikh, and incurred no `feudal' charges." Batatu, 1978, S. 84-85.
482 Batatu, 1978, S. 116.
483 Vgl. hierzu Omar Farouk-Sluglett, 1974, S. 158-60.
484 Batatu, 1978, S. 143.
485 Vgl. zu dieser Frage ebd.

durch die extensive Nutzung verkommen.[486] Hanna Batatu berichtet in diesem Zusammenhang über die ʿAmara-Region:

> The process of agricultural deterioration was most pronounced im Amarah. Conditions in this province in the forties and fifties contrasted vividly with what had been taking place in earlier decades. At around the turn of the century much of its land, which had been 'sleeping, ... opened her eyes' to use a picturesque expression of the Arab peasant. By 1918 the shaikhs were 'rolling in wealth'. Even as late as 1930 an administrative account described Amarah as 'one of the fairest and richest provinces of Iraq'. But its governor's report for 1944 conveyed the impression of widespread decline. 'Canals', he wrote 'are silted up and uncleared, feeder channels unregulated, salt-overlaid soil unwashed, ... and embankments unrepaired ...'. ... By the fifties still more land had gone out of cultivation, and many villages were partly or completely deserted.[487]

Angesichts dieser Situation war eine Landreform auch im langfristigen Interesse der Monarchie. Der Regent ʿAbd al-Ilah und die sunnitische Elite sowie die nach 1941 herangezogene schiitische Elite identifizierten ihre Interessen mit denen der Großgrundbesitzer. Der Regent soll auf die Forderung nach Landreformen geantwortet haben: "The town is already against me. Do you want to turn the countryside against me, too?"[488] Angesichts dieser Haltung konnte das 1951 verabschiedete Gesetz, *Land Development and Settlement Law*, das den Anteil der Grundbesitzer gegenüber dem Anteil der Bauern auf maximal 50% der Ernte beschränkte, kaum durchgesetzt werden.[489] In seiner wenige Monate vor dem Sturz der Monarchie erschienenen Studie machte Qubain auf die Konsquenzen der zunehmenden Marginalisierung der irakischen Bauern aufmerksam:

> Politically, such a system in a twentieth-century world can only lead to instability and to the emergence of subversive movements. There is increasing realization that such a system is not an immutable law of nature, and that each individual has a right to a more equitable share of the goods of this earth and to a voice in the determination of his own destiny. Iraq today stands at the threshold of a new era. If there is to be economic and social progress, if the transition is to be effected peacefully without revo-

---

[486] Nach Angaben der International Bank for Reconstruction and Development (IBRD) waren Anfang der fünfziger Jahre etwa 60% des bewässerten Landes versalzen oder von der Versalzung bedroht. Vgl. IBRD: The Economic Development of Irak. Baltimore 1952, S. 17; siehe auch Wirth, Eugen: Agrargeographie des Irak. Hamburg 1962, S. 97f.
[487] Batatu, 1978, S. 148.
[488] Zitiert nach Penrose, Edith/ Penrose E.F.: Iraq: International Relations and National Development. London 1978, S. 176; die Autoren gaben den Anlaß und das Datum nicht an.
[489] Vgl. al-Qubain, Fahim: The Reconstruction of Iraq. New York 1958, S. 91-92; auch Wirth, 1962, S. 82.

lutions, then ways and means must be found to solve this problem effectively and with dispatch.[490]

Qubain hat die Probleme und die "Gefahren" richtig eingeschätzt. Das *ancien régime* stützte sich aber auf die Großgrundbesitzer und war daher auch während der letzten Dekade der Monarchie unreformierbar.

Die letzte Besonderheit der sozialen Geschichte des Irak in dieser Phase lag in den Bedingungen für die Landflucht, die sich verstärkt Ende der vierziger Jahre abzeichnete,[491] sowie in deren Ausmaß. Die Landflucht war in der erwähnten Phase und danach wiederum eine allgemeine Erscheinung im Irak, d.h. sie war nicht regional bedingt. Auch wenn die Anziehungskraft der Städte des arabischen Ostens u.a. durch die im Vergleich zu ländlichen Regionen bessere ökonomische Entwicklung bedingt war, zeigen die Migrationsströme, daß diejenigen Regionen, in denen Großgrundbesitz vorherrschte und Raubbau durch die *shaikhs* und andere Eigentümer betrieben wurde,[492] am stärksten von der Landflucht betroffen waren.[493] Penrose / Penrose beziffern die absolute Migrantenzahl in der Phase 1947-1957 auf 500.000.[494] 1957 stammten allein in Bagdad 378.996 Einwohner, d.h. 29% aller Einwohner der Stadt, aus anderen Distrikten.[495] Bemerkenswerterweise stammten 40% der Migranten aus den schiitischen Distrikten ʿAmara und al-Kut.[496] Die Bevölkerungsstruktur der Stadt Basra war, was die Zahl der Migranten betrifft, noch krasser. Von den 88.819 Migranten stammten 69% aus ʿAmara und al-Muntafiq.[497] Ein wichtiges Resultat der Migration, die auch nach dem Sturz der Monarchie 1958 nicht abklang, war die "Schiitisierung" der beiden großen Städte des Irak.

Von großer Signifikanz für unser Thema des sozioökonomischen Wandels und der Politisierung der Schiiten sind die sozialen Umstände, unter denen die schiitischen Migranten im neuen städtischen Milieu lebten und arbeiteten. Dies kann zum Teil die Popularität der Kommunistischen Partei des Irak innerhalb der schiitischen Gemeinschaft und die Herausbildung des schiitischen Islamismus erklären.

Ein Teil der *shrugis*,[498] wie die schiitischen Landflüchtigen in Bagdad hießen, versuchte, in den marginalisierten informellen Wirtschaftszweigen eine

---

490 Qubain, 1958, S. 121.
491 Siehe zum Landfluchtproblem: al-Jomard, 1979, S. 83ff.
492 Sluglett, aber auch Batatu machen darauf aufmerksam, daß die Bauern im Süden, die noch kurz vorher Nomaden gewesen waren, keine lange bäuerliche Tradition hatten. Vgl. Omar Farouk-Sluglett, 1974, S. 159; Batatu, 1978, S. 132-33.
493 Die verschuldeten Bauern durften eigentlich aufgrund des Gesetzes *overning the Rights and Duties of Cultivators* Nr. 28 von 1933 das Land nicht verlassen. Das Gesetz scheint wenige Jahre nach seiner Verabschiedung wegen des Niedergangs der Landwirtschaft in der südlichen Region nicht angewandt worden zu sein. Siehe hierzu: Qubain, 1958, S. 88-89; auch: Sasson, Yosef: Economic Policy in Iraq, 1932-1950. London 1987, S. 169-70.
494 Penrose & Penrose, 1978, S. 164.
495 Vgl. Batatu, 1978, S. 132.
496 Ebd.
497 Ebd.
498 Von *sharq*, Osten.

Beschäftigung zu finden. Al-Jomard schreibt über die Betätigungsfelder der *shrugis*:

> Typical jobs for men were as hod carriers and builders of mud huts, guards, porters, servants, unskilled office workers, truck or taxi drivers. Females were mostly engaged in commerce as venders of milk products from their cows and water buffaloes, or squatting beside the path with a tray of candies, cigarettes, or vegetables.[499]

Die Viehhaltung durch die *shrugis* am Rande und zuweilen mitten in der "Weltstadt" Bagdad[500] ergab sich aus dem Umstand, daß die Landflüchtigen über keinerlei berufliche Qualifikation verfügten, die es ihnen ermöglicht hätte, in anderen Bereichen, etwa in der in Bagdad konzentrierten jungen irakischen Industrie,[501] eine Beschäftigung zu finden.

Es ist evident, daß das Einkommen der *shrugi*-Familien unter dem Durchschnittseinkommen der Iraker lag, das 1954 auf 20 ID (Irakische Dinar) im Monat beziffert wurde.[502] Nach den repräsentativen Erhebungen von Phillips lag das monatliche Durchschnittseinkommen von 92% der Immigranten unter 20 ID; 65% verdienten sogar weniger als 10 ID im Monat.[503] Das Behausungsproblem war besonders bedrückend für die schiitischen Immigranten. Im allgemeinen bauten sie ihre einfachen Behausungen, die sogenannten *sarifas*, um die Stadt Bagdad oder ließen sich in den ärmeren Stadvierteln nieder. In diesen einfachen Behausungen, gebaut aus Zuckerrohrstangen und geflochtenem Schilf, lebten nach der offiziellen Statistik von 1956 über 90.000 der *shrugis*.[504] Daß die Behausungen der *shrugis* und ihre Lebensverhältnisse von der Opposition thematisiert wurden, war den Politikern des *ancien régime* hinreichend bekannt;[505] dennoch wurden bis zum Sturz der Monarchie keine konkreten Abhilfen in Angriff genommen. Auf einer anderen Ebene profitierte die Monarchie von der Situation der entwurzelten Immigranten, die als periphere Gruppe sich an das soziale Gefüge der Stadt nicht anpassen konnte, zur Stabilität des Systems. Nach Angaben Batatus rekrutierte die Regierung eine nicht unwesentliche Zahl der Polizisten und Soldaten aus den Bewohnern der *sarifas*. Den Grund hierfür sieht Batatu in der sozialen und kulturellen Verschiedenheit zwischen den Immigranten aus den ländlichen Gebieten und den Städtern:

---

499 Al-Jomard, 1979, S. 114.
500 Wirth, 1962, S. 63.
501 Abgesehen von der Erdölindustrie, die 12.000 Irakern Beschäftigung bot, waren 1952 lediglich 2.000 Iraker in der modernen Industrie tätig. Vgl. IBRD: The Economic Development of Iraq, 1952. S. 33.
502 Vgl. Jomard, 1979, S. 115.
503 Phillips, D.G.: Rural to Urban Migration in Iraq. In: Economic Development and Cultural Change. July 1959, S. 415.
504 *Al-'Iraq: wazarat al-iqtisad, al-maktab al-ra'isi li al-ihsa', taqrir haula ihsa al-masakin fi al-'Iraq li sanat 1956* (Irak, Wirtschaftsministerium, Statistisches Hauptamt, Bericht über die Behausung im Irak für das Jahr 1956). Bagdad 1957, S. 10, 15.
505 Vgl. hierzu Penrose/ Penrose, 1978, S. 182.

There had never been much affinity between tribesmen and townsmen, largely due to the absence of any past genuine contact between the two groups. The only townsman that the average tribesman had known was the trader or usurer - and both were not particularly exemplary specimens of townsmanship - so that the quality he had grown to associate with townsfolk was that of sophisticated greed. When he moved to Baghdad, he did not mix much with its people except in his new place of work. Otherwise, and by force of circumstances, he isolated himself in his *sarifas* in particular outlying districts of the city, where he also had his coffee-house and social gatherings ... . It is not a matter for surprise that the monarchic regime, in the predicament in which it found itself in the forties and fifties - faced, as it was, by the increasing hostility of the city populace - should not have been reluctant to put to its own uses this social distance that separated tribesmen and townsmen.[506]

Das Mißtrauen der Bevölkerung aus ruralen Gebieten gegenüber den Städtern wurde schon von dem irakischen Sozialhistoriker `Ali al-Wardi als ein allgemeines Phänomen in der irakischen Gesellschaft thematisiert. Die Loyalität oder die politische Indifferenz eines Teils der *shrugis*, die als Polizisten und Soldaten rekrutiert wurden, gegenüber der Monarchie war nicht primär durch den Gegensatz "townsmen"-"tribesmen" motiviert. Zum einen verursachte die Lockerung der Bindungen zum Stamm, die hauptsächlich, wie wir schon erwähnten, durch die soziale Schichtung entstanden war, die Migration. Zum anderen hatten die individualisierten ehemaligen Stammesangehörigen im städtischen Milieu keine Bindungen mehr zu ihrer tribalen Gruppe. Wahrscheinlich wurden die *shrugis* rekrutiert, weil sie wegen der sozialen und demographischen Segregation kaum politisiert waren. Es darf auch in diesem Kontext die Tatsache nicht unterbewertet werden, daß die einfache Position als Polizist und Soldat einen sozialen Aufstieg für die marginalisierten *shrugis* bedeutete. Ein Polizist aus der *shrugi*-Gruppe brachte gegenüber Batatu diese Tatsache eindrucksvoll zur Sprache:

Ammi [umgangssprachliche Redewendung für Onkel] ... we have to make a living ... A few months ago a man murdered his neighbour near our *sarifa* because he had missed two tomatoes from his hut ... . *Ammi*, ... whoever gives me food and something to put on is my father.[507]

Die sozioökonomischen und politischen Veränderungen in der letzten Dekade der haschemitischen Monarchie hatten nicht nur den Effekt, daß sich durch die Landflucht die demographische Struktur der Städte hinsichtlich ihrer ethnisch-konfessionellen Zusammensetzung veränderte, sie führte auch bei einigen Segmenten der schiitischen Gemeinschaft zu sozialer Mobilität. Dieses Phäno-

---

506 Batatu, 1978, S. 135-36.
507 Ebd.

men wurde trotz seiner politischen Relevanz in der bisherigen Irakforschung - von wenigen Ausnahmen abgesehen - kaum berücksichtigt. Die politische Relevanz des Aufstiegs der schiitischen Händler und ihre politisch motivierte ökonomische Zurückdrängung unter der Regierung `Abd al-Salam Arif und der Ba`th-Regierung nach deren Machtübernahme lag darin, daß die Schiiten die Zurückdrängung einerseits als eine geplante Marginalisierung ihrer Gemeinschaft und andererseits als einen Schlag gegen ihre religiöse Institution *al-marja`iya* betrachteten, die seit den fünfziger Jahren vorwiegend durch die Spenden der Händler finanziert wurde. Ihren Aufstieg verdankten die schiitischen Händler vor allem dem Exodus der irakischen Juden nach der Gründung des Staates Israel. Von allen ethnischen und religiösen Gruppen des Irak nahmen die jüdischen Händler seit dem 19. Jahrhundert wegen ihrer Verbindungen zu den jüdischen Händlern in Indien und Europa[508] und dem dadurch gewonnenen Handelskapital eine dominierende Stellung im Handel ein.[509] Der Einfluß der jüdischen Händler, die nach Angaben Batatus sprachlich und kulturell völlig arabisiert waren[510] und damit als quasi autochthone Händler bessere Entfaltungsmöglichkeiten hatten, verdrängte in den zwanziger Jahren die britischen Handelsfirmen vom Markt.[511] Daß von insgesamt 498 Mitgliedern der Bagdader Handelskammer 212 Juden, 87 Schiiten und 81 Sunniten waren, zeigt die Relevanz der jüdischen Händler vor deren Exodus.[512] Die absoluten Zahlen der Mitglieder der Kammer, die sechs Händlerklassen kannte,[513] geben keinen Aufschluß über die Größe des Anteils der verschiedenen Ethnien und Konfessionen in der jeweiligen Klasse. Von den 25 in der ersten Klasse registrierten Händlern waren zwölf Briten, zehn Juden, zwei weitere Europäer und einer

---

508 Die irakischen Juden standen zu einigen Händlern in Indien und Europa, die Anfang des 19. Jahrhunderts aus Mesopotamien ausgewandert waren, in verwandtschaftlichen Beziehungen. Zu diesen Familien gehörten die Sassoon in Indien und Kedories in England. Siehe hierzu Sassoon, David Solomon: A History of the Jews in Baghdad. Letchworth 1949. Siehe zur Geschichte der mesopotamischen Juden auch, Khaldun Naji Ma`ruf: *Al-aqaliya al-yahudiya fi al-`Iraq baina sanat 1921 wa 1952.* Jiz. 1-2. (Die jüdische Minderheit im Irak zwischen 1921 und 1952), 2 Bde. Bagdad *(Jamiat Bagdad: Markaz al-dirasat al-filastiniya: Silsilat dirasat filastiniya. 7* - Universität von Bagdad: Zentrum für palästinensische Studien. Palästinensische Studienreihe. 7), 1975.
509 Vgl. hierzu Batatu, 1978, S. 243ff.
510 Vgl. Batatu, 1978, S. 258. Um ein Mißverständnis über die soziale Struktur der irakischen Juden vorweg auszuräumen, soll hier festgestellt werden, daß die Mehrheit der nach der irakischen Volkszählung von 1947 auf 113.000 bezifferten Juden in großer sozialer Not lebten. In den zwanziger Jahren beschrieb Denis de Rivoyre das Judenviertel von Bagdad als "the domain of misery in all its horror". Vgl. Sassoon, 1949, S. 116-18.
511 Vgl. Great Britain, Committee on Industry and Trade, Survey of Overseas Markets (London 1925), p. 247; zitiert nach Batatu, 1978, S. 247.
512 Vgl. Batatu, 1978, Tabelle 9-3, S. 245. In einigen Bereichen - Tee- und Kaffeehandel, Maschinenimport und Versicherungswesen - waren fast ausschließlich Juden tätig. Vgl. al-Barrak, Fadil: *Al-madaris al-yahudiya wa al-iraniya fi al-`Iraq. Dirasa muqarina.* (Die jüdischen und die iranischen Schulen im Irak: Eine vergleichende Studie). Bagdad 1984, S. 52-53; Ma`ruf, 1975, S. 121-32.
513 Die Händler wurden aufgrund ihres investierten Kapitals in folgende Kategorien eingeteilt: Erste Klasse ab 75.000 ID, zweite Klasse ab 22.500 ID, dritte Klasse ab 7.500 ID, vierte Klasse ab 2.250 ID, fünfte Klasse ab 375 ID, sechste Klasse ab 100 ID. Vgl. Maruf Bd. I, 1975, S. 128-29.

arabischer Sunnit.[514] Nun stellt sich im Zusammenhang mit der Feststellung, daß die Schiiten nach 1948 die Position der Juden im Handel übernahmen, die Frage, warum die arabischen Sunniten, die in der ethnischen Stratifikation eine bessere Stellung hatten, nicht selbst das Vakuum ausfüllten. Mit Sicherheit trug die Tatsache, daß die schiitischen Händler eine lange Tradition im Handel mit dem Iran aufwiesen und eine nicht unwichtige Rolle vor 1948 im Händlerbasar von Bagdad, al-Shurja, spielten dazu bei, daß sie die jüdischen Händler ablösen konnten.[515] Es kam hinzu, daß nach der Fertigstellung der Bewässerungsprojekte von Wadi al-Tartar und al-Habbaniya die schiitischen Großgrundbesitzer den Überschuß an Kapital über schiitische Händler in der Handelsbranche investierten.[516] Batatu macht bezüglich des Zusammenhangs zwischen ethnischer Stratifikation und Zugang zu Staatsämtern auf einen anderen wichtigen Faktor aufmerksam:

> Access to state offices being more difficult for them than for Sunnis - now not so much by reason of calculating prejudice as on account of their lower educational qualifications, the result, really, of their fewer opportunities in earlier times - the Shiis had turned their energies toward commerce, and thus come to excel in this line of activity. However, Iraq's young private industry was from the first and remained, by and large, in the hands of the Sunnis. This may have had somthing to do with the fact that in its beginnings, at least, it was to no little extent dependent upon the help and goodwill of the government.[517]

In der letzten Dekade der Monarchie waren Industrie und Handel ein Spiegelbild der ethnisch-konfessionellen Stratifikation. Während die auf Unterstützung staatliche Unterstützung angewiesene in sunnitischer Hand konzentriert war, wurde der Handel zunehmend schiitisiert. Indikativ für diese Entwicklung war die Besetzung des Vorstands der Bagdader Handelskammer und des Aufsichtsrat der Industrien (al-majlis al-idari li al-sina`at). Im Vorstand der Han-

---

514 Vgl. Batatu, 1978, Tabelle 9-3, S. 245. Dem Verwaltungsrat der Bagdader Handelskammer gehörten nach Angaben Marufs im Jahre 1935/36 folgende Personen an: Ja`far Abu Timman (Präsident, Schiit), Ibrahim Khaiyim Ishaq (Vizepräsident, Jude), Muhammad Kamil al-Khudairi (Sekretär, Sunnit), Mir Basri (Sekretär, Jude), Ibrahim Shahbandar (Mitglied, Sunnit), Walfro Tabriz (Mitglied, Jude), Haskil Dauud Santub (Mitglied, Jude), Haduri Murad Sukr (Mitglied, Jude), Haduri Mirlaui (Mitglied, Jude), Rahmin Nisim Misri (Mitglied, Jude), Sa'uul Munsi Mirsasu (Mitglied, Jude), Salih Ilisa Sasun (Sassoon) (Mitglied, Jude), Siyun Slumu Abudi (Mitglied, Jude), Azra Iliyahu al-Ani (Mitglied, Jude), Yamin Musi Sasa (Mitglied, Jude), Muhammad al-Hag Halid (Mitglied, Muslim), Muhammad Taiyb Huuaiz (Mitglied, Muslim), Nuri Fattah (Mitglied, Sunnit), Muhammad `Ali Mahmud (beratendes Mitglied, Muslim), Yusuf al-Kabir (beratendes Mitglied, Jude). Vgl. Maruf, Bd. I, 1975, S. 123f. Die Unterscheidung zwischen Sunniten und Schiiten basiert auf meinen Recherchen, Maruf macht keine Angaben darüber.
515 Interview mit Muhammad Bahr al-`Ulum, London, 15. Februar 1989.
516 Interview mit dem ehemaligen schiitischen Abgeordneten `Abd al-Latif Agha Ja`far, Abkömmling der seit Anfang dieses Jahrhunderts in Basra tätigen bekannten Großhändler-Familie Agha Ja`far. London, 10. Februar 1989.
517 Batatu, 1978, S. 49.

delskammer nahmen die Schiiten 14 von 18 Sitzen ein, jedoch im Aufsichtsrat der Industrie besetzten sie nur drei Sitze, die Sunniten hingegen zehn.[518]

Obwohl wir über keine genauen Angaben über die ethnische Zusammensetzung der schiitischen Händler verfügen,[519] ist nicht auszuschließen, daß ein beachtlicher Teil der schiitischen Händler von *al-Shurja* ehemalige iranische Staatsbürger waren. Diese Frage ist insofern von politischer Bedeutung, weil die offizielle irakische Geschichtsschreibung die Ablösung der Juden durch die Schiiten, vor allem der Basaris von al-Shurja, als eine geplante iranische "Penetration" der irakischen Wirtschaft darstellt.[520] Dies war auch der Grund, daß ab 1970 und verstärkt nach der iranischen Revolution von 1979 die schiitischen Händler durch Deportation und Enteignung ihre Positionen weitestgehend verloren. Haupttenor der Vorwürfe ist jedoch, daß die jüdischen Händler ihre Geschäfte bewußt an die Iraner[521] übergeben hätten:

> Da die Juden diesen Iranern vertrauten, ließen sie diese an ihren Geschäften partizipieren oder arbeiteten mit ihnen zusammen ... . So erlaubten sie ihnen, ihre Lager (*al-khanat*) in al-Shurja zu benutzen ... . Als die Auswanderung der irakischen Juden - 1948 zunächst illegal, 1950 dann legal - in die zionistische Entität (*al-kiyan al-sahiuni*) begann, ... übergaben sie, da sie umfangreiche Beziehungen zu den Iranern hatten, diesen ihre Geschäfte ...[522]

Al-Barrak unterstellt den schiitischen Händlern, daß sie bei ihren Bemühungen, den Handel zu kontrollieren, die Unterstützung der Banken, der Handelskammer und der Justiz erhalten hätten, die allesamt unter dem Einfluß der Iraner oder der *taba'iya* gestanden haben sollen.[523] Die Kontrolle des al-Shurja-Basars wird dann mit den strategischen Zielen des Iran in Zusammenhang gebracht. Der iranische Staat habe das Engagement der iranischen Händler stets unterstützt, weil er die Kontrolle des Handels im Irak als Bestandteil der "Persifizierung" (*al-tafris*) des Irak betrachtete. Zudem hätten die "Perser" versucht, den Irak durch die Gründung und Finanzierung von religiös-konfessionellen Parteien (*ahzab diniya ta'ifiya*) zu destabilisieren.[524]

Die Bedeutung der Schiitisierung des Handels, insbesondere des Shurja-Basars, ist vor allem in der Verbindung der Basaris mit der schiitischen religiösen Institution zu sehen. Anders als die Großhändler, die sich politisch mit der

---

518 Vgl. Batatu, 1978, S. 271-72.
519 Von insgesamt sieben schiitischen Händlern und Industriellen, die 1958 über ein Kapital von mehr als eine Million Dinar verfügten, war nur ein schiitischer Devisenhändler iranischer Abstammung. Vgl. Batatu, 1978, Tabelle 13-9, S. 276-81.
520 Vgl. al-Barrak, 1984, S. 147-58.
521 In der Studie von al-Barrak wird das Wort Schiiten vermieden. Stattdessen spricht er von Iranern oder ehemaligen iranischen Staatsangehörigen (*taba'iya iraniya*).
522 Al-Barrak, 1984, S. 147-49.
523 Ebd. Al-Barrak zeigt sich empört, daß bis 1975 zwei Richter am Kassationsgericht in Bagdad *taba'iya* waren. Vgl. ebd.
524 Al-Barrak, 1984, S. 155.

haschemitischen Monarchie arrangierten[525] und dadurch wenig Interesse für die religiöse Institution der *shi`a* zeigten,[526] waren die Basaris des al-Shurja-Basars als Angehörige des traditionellen Segments der irakischen Gesellschaft mit der Geistlichkeit verbunden.

Ebenso wie für die schiitischen Händler gab es auch für das schiitische Segment der irakischen Intelligentsia - anders als für das sunnitische - kaum die Möglichkeit, im staatlichen Dienst eine Beschäftigung zu finden. Es ist zwar schwierig zu evaluieren, wieviel Prozent die Schiiten von den fast tausend Hochschulabsolventen zwischen 1950 und 1958 ausmachten,[527] es steht jedoch fest, daß auch in der Phase zwischen 1941 und 1958, einer Phase, in der sich die Repräsentation der Schiiten in Parlament und Regierung vergrößert hatte, einige Bereiche eine Domäne der Sunniten blieben. Hierzu gehörte vor allem das Offizierskorps.[528] Die Versuche nach dem Zweiten Weltkrieg, die Schiiten stärker zu berücksichtigen, stießen auf den Widerstand der sunnitischen Offiziere[529]. Auch in der Verwaltung hatten die Schiiten nicht die gleichen Chancen wie die Sunniten. Selbst wenn man berücksichtigt, daß der öffentliche Dienst im monarchischen Irak kaum die Möglichkeit hatte, die Absolventen der Oberschulen und der Hochschulen zu beschäftigen, zeigen die Beobachtungen, daß die schiitischen Fachkräfte unter der Monarchie dazu neigten, im nichtstaatlichen Bereich, vor allem bei den schiitischen Handelsfirmen, Beschäftigung zu finden, eine deutliche Tendenz, die u.a. in dem politischen Konfessionalismus ihren Ursprung haben könnte.[530]

Es wurde zu Anfang dieses Kapitels erwähnt, daß die Landflucht und die soziale Mobilität die demographische Struktur der irakischen Städte, insbesondere Bagdads, verändert hat. Im Zusammenhang mit der Problematik des politischen Konfessionalismus ergibt sich eine Fülle von Fragen: Hat das städtische Milieu die ethnischen Grenzen verwischt? Wenn nicht, wie stark war die ethnisch-konfessionelle Kohäsion der einzelnen Gruppen? Welche Verbindungslinien oder Mechanismen spielten in diesem Kontext eine Rolle? Und wie haben sich die Repräsentanten der ethnisch-konfessionellen Gruppen verhalten? Wir wissen, daß in Bagdad zumindest bis in die sechziger Jahre hinein getrennte schiitische und sunnitische Wohngebiete existierten. Während in al-A`zamiya

---

525 Als Beispiel nennt Batatu die Familie al-Chalabi. `Abd al-Hadi al-Chalabi konnte durch seine Funktion als Privatbankier des herrschenden Hauses Einfluß auf die Politik nehmen. Er wurde auf Betreiben des Regenten `Abd al-Ilah 1946 zum Minister für öffentliche Arbeit und dann zum Vizepräsidenten des Senats ernannt. Sein Bruder Muhammad `Ali al-Chalabi erhielt einen Sitz im Vorstand der Rafidain-Bank. Die al-Chalabis avancierten vor dem Sturz der Monarchie zu einer mächtigen Finanzkraft im Irak. Vgl. Batatu, 1978, S. 316.
526 Interview mit Muhammad Bahr al-`Ulum, London, 15.2.1989.
527 Zu detaillierten Angaben über die Studienfächer vgl. Marr, 1985, S. 139. Marr schätzt für das Jahr 1958 das Verhältnis der schiitischen Schüler an den Oberschulen (secondary schools) zu den sunnitischen Schülern auf 3 zu 5. Ebd., S. 145.
528 Siehe hierzu Marr, 1985, S. 146.
529 Vgl. al-Uzri, 1982, S. 237. Al-Uzri berichtet über eine parlamentarische Anhörung des Generals Isma`il Namiq zu dieser Angelegenheit. Namiq soll schlichtweg eine konfessionelle Unterscheidung bei der Zulassung für die Militärakademie geleugnet haben. Ebd.
530 Vgl. hierzu al-Khafaji, 1983, S. 176.

die sunnitische Bevölkerung beheimatet war, wohnten die Schiiten in al-Karada, Bab al-Shaikh, Aqdat al-Akrad und Madinat al-Thawra. Die Segregation war nicht nur räumlicher Art, auch die soziale Interaktion war sehr eingeschränkt. Neben den ethnisch-konfessionellen Grenzen war auch die schiitische Gemeinschaft selbst in mehrere Segmente unterteilt. Die soziale Interaktion zwischen den schiitischen Gruppen - den alteingesessenen arabischen Schiiten, den Persern und Persischstämmigen - den *faili*-Kurden und den *shrugis*, war bis zur Herausbildung der schiitisch-islamistischen Bewegung in den siebziger Jahren kaum intensiver als die Interaktion zwischen diesen Gruppen und den Sunniten. Die getrennten *muwakib Husainiya* waren nur das äußere Zeichen der starken Fragmentierung der schiitischen Bevölkerung in Bagdad. Von großer politischer Bedeutung, vor allem unter der haschemitischen Monarchie, ist die Relation zwischen der schiitischen politischen Elite und der schiitischen Gemeinschaft in Bagdad. Hier zeigten sich bezüglich der intraethnischen Strukturen deutliche Unterschiede zwischen den Sunniten und den Schiiten. Wir haben an anderer Stelle im Zusammenhang mit den Bindungen innerhalb der herrschenden sunnitischen Gruppe den Klientelismus als den vorherrschenden Modus procedendi im sozialen und politischen System unter der Monarchie dargestellt. In Wirklichkeit beeinflußte der Klientelismus über die engen Faktionen der herrschenden politischen Elite hinaus den Platz der einzelnen ethnisch-konfessionellen und regionalen Gruppen in Staat und Gesellschaft. Es gibt mehr als ein Beispiel dafür, daß die sunnitischen Politiker besondere klientelistische Beziehungen zu den Angehörigen ihrer Gruppe oder Region unterhalten haben, die als Hebel für sozialen Aufstieg und Zugang zur politischen Macht fungierten. So besteht kein Zweifel daran, daß die überproportionale Repräsentation der aus Takrit stammenden Offiziere in der Armee auf die stützende Hand des monarchistischen Politikers Maulud Mukhlis zurückgeht.[531] Ähnliche Beziehungen unterhielten Arshud al-'Umari und Mustafa al-'Umari zu den Bürgern aus ihrer Geburtsstadt Mosul.[532] Die aus dem sunnitischen Distrikt al-Dulaim stammenden Politiker Najib al-Rawi und Ahmad Pascha al-Rawi sollen eine Art Geheimorganisation gegründet haben, die die Einstellung der Bewerber aus al-Dulaim erleichtern sollte.[533]

Im Gegensatz dazu entwickelten sich wenig klientelistischen Beziehungen zwischen den schiitischen Politikern und ihrer Gemeinschaft. Es lag bestimmt nicht daran, daß, insbesondere seit den vierziger Jahren, schiitische Politiker keine wichtigen Positionen innehatten. Al-Khafaji vertritt die Auffassung, daß

---

531 Vgl. al-Khafaji, 1983; Batatu, 1978, S. 1089. Maulud Mukhlis Pascha al-Takriti (1885-1951), ein Offizier der osmanischen Armee, der sich nach seiner Gefangenschaft durch die Briten an dem Aufstand der Araber 1916 beteiligt hatte, bekleidete unter der haschemitischen Monarchie hohe Ämter. Seine Familie, die in Mosul ansässig war, stammte aus der Stadt Takrit. Siehe zu Mukhlis Basri, 1987, S. 172-75. Siehe auch die von Salim Taha al-Takriti verfaßte Biographie Mukhlis': *Maulud Mukhlis. Batal ma'rakat Wadi Musa fi al-thawra al-'arabiya al-kubra* (Maulud Mukhlis, Held der Schlacht von Wadi Musa, während der großen arabischen Revolution). Bagdad 1990.
532 Interview mit 'Abd al-Latif Agha Ja'far, London, 10.2.1989.
533 Vgl. al-Khafaji, 1983, S. 175.

die Politiker der Monarchie, insbesondere die Schiiten, den Migranten ihre Geringschätzung zeigten.[534] Daß sich keine klientelistischen Beziehungen innerhalb der schiitischen Gemeinschaft entwickelt haben oder zumindest nicht in dem Ausmaß wie bei den sunnitischen Arabern, beruhte vermutlich auf zwei Hauptfaktoren. Zum einen blieben die sozialen Strukturen in dem sunnitischen Dreieck nordwestlich von Bagdad ziemlich stabil. In dieser Region hatte sich, wie schon erwähnt, wegen der Begrenztheit der landwirtschaftlich nutzbaren Fläche kein Großgrundbesitz herausgebildet. Die Migration aus dieser Region hatte ihren Grund in der sozialen Mobilität und in dem Bevölkerungsüberschuß, der traditionell in die Stadt emigrierte. Aber auch in der Region selbst entwickelten sich Patron-Klient-Beziehungen zwischen Stammes*shaikhs* und Stammesangehörigen. Wie al-Khafaji berichtet, besorgten die Stammes*shaikhs* gegen eine festgelegte Provisionssumme Arbeitsmöglichkeiten für die Angehörigen ihrer Stämme.[535] Eine ähnliche Relation wäre im schiitischen Süden, wo die Stammes*shaikhs* die Bauern sogar zur Emigration trieben, undenkbar gewesen. Diese Stammes*shaikhs* saßen dann zwischen 1941 und 1958 im irakischen Parlament. Eine Klientel-Relation mit den *shrugis*, die aus leibeigenschaftsähnlichen Verhältnissen nach Bagdad geflohen waren, wäre das Letzte gewesen, was die schiitischen Stammes*shaikhs* getan hätten. Die urbanisierten schiitischen Politiker, die aus Bagdad, Basra und den heiligen schiitischen Stätten Karbala, Najaf und Kazimiya stammten, zeigten in ihrer Mehrheit keine größeren Interessen als die Stammes*shaikhs*. Dies bedeutet aber nicht, daß die schiitischen Politiker nicht zum Klientelismus neigten. Ihr Klientelismus, wie wir an anderer Stelle zeigten, begrenzte sich auf ein Netz von konfessionellen Bindungen zwischen ihnen, den Stammes*shaikhs* sowie den wichtigsten Mitgliedern der schiitischen Geistlichkeit. Wahrscheinlich hielt die Furcht der schiitischen Politiker vor dem Vorwurf der *al-ta'ifiya*, der im Irak mit der Forderung der Schiiten nach angemessener Repräsentation in den staatlichen Institutionen gleichgesetzt wurde, diese davon ab, ähnliche Strukturen wie die sunnitischen Politiker aufzubauen.[536]

---

534 Al-Khafaji, 1983, S. 174.
535 Ebd.
536` Abd al-Karim al-Uzri, der neben dem ersten schiitischen Ministerpräsidenten unter der Monarchie, Salih Jabr, einer der wenigen Politiker war, die offen für eine stärkere Partizipation der Schiiten plädierten, berichtet über eine Begegnung mit König Faisal und dem Thronfolger `Abd al-Ilah, bei der er sich über die geringe Repräsentation der Schiiten im diplomatischen Dienst beschwert habe. `Abd al-Ilah soll ihm nahegelegt haben, daß der langjährige schiitische Außenminister Fadil al-Jamali selbst die Befugnisse habe, die Situation zu ändern, dies jedoch nicht täte. Vgl. al-Uzri, 1991, S. 314-16. Al-Jamali war unter der Monarchie in der Tat der Prototyp eines schiitischen Politikers, der keine Gelegenheit ausließ, seine antikonfessionelle Haltung zu betonen, siehe zum Leben und Werk al-Jamalis: Harry J. Almond: Iraqi Statesman. A Portrait of Mohammed Fadhel Jamali. London 1993.

DIE SCHIITISCHE GESELLSCHAFT UND DIE OPPOSITION: NATIONALISMUS, KOMMUNISMUS UND DER SCHIITISCHE ISLAMISMUS

Auch wenn in der letzten Dekade der Monarchie die herrschende sunnitische Elite schiitische Politiker ins System integrierte, war dies kein Zeichen für die Flexibilität des Systems, sondern stellte vielmehr, wie wir dargestellt haben, ein Nebenprodukt der Machtrivalitäten innerhalb der herrschenden Elite dar. Die kooptierten schiitischen Politiker ihrerseits hatten keine anderen sozialen und politischen Vorstellungen als ihre sunnitischen Kollegen. Das Hauptproblem der politischen Elite unter der Monarchie lag darin, daß sie keine "modernisierende Elite" war. Die von den Briten zur Legitimation des neuen Staates eingeführten modernen staatlichen Institutionen konnten wegen ihrer Instrumentalisierung im Rahmen der klientelistischen Machtverteilung nie ihren Zweck erfüllen. Eisenstadt schreibt zu dieser Frage: "Solche Eliten definierten die zentralen Symbole der sozialen, politischen und kulturellen Ordnung im Sinne der Negation jeder Neuerung, auch wenn sie symbolisch bestimmte Wandlungen zulassen mußten."[537] Die Starrheit der Machtträger und die Stagnation des politischen Systems ergaben sich primär aus der Tatsache, daß die "moderne" Elite, nachdem sie einen festen Platz in der Struktur der Gemeinschaft erworben hatte, einen Modus vivendi mit den älteren Eliten, die Batatu als "*old social classes*" bezeichnet, fand. Eine horizontale Integration der anderen ethnisch-konfessionellen Gruppen und eine vertikale Integration der neuen sozialen Schichten hätten zum Wandel des Systems geführt und waren daher von der herrschenden oligarchischen Elite nicht intendiert.[538] Das Bündnis der monarchischen Elite mit den Großgrundbesitzern und den städtischen Großhändlern erwies sich als ein unüberwindbares Hindernis gegen jedwede Veränderung. Die Äußerung des britischen Botschafters Cornwallis über Nuri al-Sa`ids, "perhaps natural reluctance to offend powerful agricultural and mercantile vested interests",[539] galt in Wirklichkeit für das System insgesamt. Die Auflösung dieses Bündnisses durch Erweiterung der politischen Partizipation war deshalb nicht möglich, weil die Angehörigen der politischen Elite selbst in den dreißiger Jahren zu Großgrundbesitzern geworden waren.

---

537 Eisenstadt, Samuel N.: Tradition, Wandel und Modernität. Frankfurt a. M. 1979, S. 349.
538 Eisenstadt betrachtet die eingeschränkte politische Partizipation als Merkmal oligarchischer Eliten: "Es scheint, daß viele oligarchische Eliten die Tendenz haben, begrenzte legislative Körperschaften und ebenso begrenzte Organe der öffentlichen Meinungen zuzulassen." Eisenstadt, 1979, S. 70.
539 Great Britain, FO E 7266/489/93, letter of 6. November 1943 from K. Cornwallis to Anthony Eden; zitiert nach Batatu, 1978, S. 351-52.

Der Anstieg der Erdöleinnahmen[540] Anfang der fünfziger Jahre machte, wie Batatu mit Recht feststellt, den Staat ökonomisch mehr und mehr unabhängig von der Gesellschaft.[541] Dies wurde aber sozialpolitisch nicht umgesetzt. Hier stellt sich die Frage nach den Charakteristika des irakischen Staats unter der haschemitischen Monarchie. Die Frage Batatus, inwieweit es dem Staat möglich gewesen wäre, sich mit dem Anstieg des Erdöleinkommens von der Allianz mit den Großgrundbesitzern zu lösen, provoziert die Frage nach dem Staat selbst. Für Batatu stellt der Staat nichts anderes dar als ein Bündnis zwischen der politischen Elite, die durch ihre Position als *state-builder* zu einer wohlhabenden Gruppe geworden war, und den Stammes*shaikhs*, die sich durch Enteignung des Stammeslandes zu Großgrundbesitzern entwickelt hatten. Dieser Staat stand aber trotz der formalen Unabhängigkeit 1932 unter dem Einfluß der Briten. Batatu betrachtet diesen Faktor als eine Determinante der irakischen Politik zwischen 1920 und 1958. Roger Owen kritisiert Hanna Batatus Analysen über den monarchischen irakischen Staat. Er schreibt:

> States are not just abstractions, however much we may have been taught to think of them in this way. At the very least they have to be seen as collections of institutions and sets of practices with no necessary coherence between them and divided off from what is commonly thought of as society by often quite arbitrary boundaries.[542]

Der irakische Staat vor 1958 war nach Owen ein schwacher Staat:

> No group had, as yet, succeeded in dominating the state apparatus in such way as to be able to impose that degree of coherence necessary to make the majority of Iraqis believe that it was something set apart from society, something abstract and non-particular, to which they owed their undivided loyalty and allegiance. ... Nuri and his colleagues were unable to create a sense that they were at the centre of a single, unique, coherent entity with an unchallengeable claim to universal allegiance. Nor were they able to control on an universalization of their own class interests in terms of an order based on private property and untrammelled capitalist development.[543]

Owens Ziel ist, wie er schreibt, "bringing the state back in".[544] Das Hauptproblem dabei ist die Tatsache, daß Owen den modernen westlichen Staat seiner

---

540 Die Erdöleinnahmen (in Mio. ID) stiegen seit 1950 wie folgt: 1950: 2,3; 1951: 13,3; 1953: 49,9; 1955: 84,4; 1958: 79,9; vgl. Sayigh, Yusif Abdalla: The Economics of the Arab World: Development since 1945. London 1978, S. 37.
541 Vgl. Batatu, 1978, S. 352.
542 Owen, Roger: Class and Class Politics in Iraq Before 1958: The Colonial and Post-Colonial State. In: Fernea, Robert A./ Louis, Roger Wm. (Hrsg.): The Old Social Classes Revisited. London 1991, S. 169.
543 Ebd.
544 Owen, 1991, S. 155.

Kritik zugrundelegt. Der irakische Staat bis 1958 war jedoch ein traditioneller Staat hinsichtlich seiner sozialen Basis und der Interaktion zwischen Staat und Gesellschaft. David Pool vergleicht nicht ohne Recht den monarchischen irakischen Staat mit dem mamlukischen Staatsmodell.[545] Wie die Mamluken waren die *state-builder*, also die königliche Familie und die ex-scharifischen Offiziere "*outsider*", die sich über die politische Macht Reichtümer angeeignet hatten. Soziale Koalitionen der herrschenden Elite wurden, wie bei den mamlukischen Emiren, über Patronage und Klientelbeziehungen hergestellt.[546] Wahrscheinlich ist die Rolle Großbritanniens als Gründer und Schutzmacht des irakischen Staats der einzige Unterschied zum mamlukischen Staatsmodell. Insofern kann Batatu zugestimmt werden, wenn er die herrschende politische Elite, die Stammes*shaikhs* und Großhändler sowie Großbritannien - als Schutzmacht des Systems - als Akteure oder Systemträger identifiziert.

Die Position dieses Staats gegenüber den politischen und sozialen Problemen, die in der letzten Dekade der Monarchie immer akuter wurden, bestimmte den Grad des Einflusses der politischen Opposition. Die Resistenz der Elite gegen den Wandel wurde zum einen durch die soziale Koalition, die das System bis 1958 trug, und durch die unter Einfluß Großbritanniens eingeschlagene prowestliche Außenpolitik determiniert.

Wir haben schon dargestellt, daß nach 1941 die Stadt die Politik des Irak bestimmte. Von Stammes*shaikhs* angeführte Aufstände gegen den Staat wie in den zwanziger und dreißiger Jahren gehörten der Vergangenheit an, da diese nun mit der herrschenden städtischen Elite koalierten. Seit den vierziger Jahren richteten sich die Aufstände der Bauern gegen die Stammes*shaikhs*. In den urbanen Zentren Bagdad, Basra und Mosul wohnte schon Mitte der fünfziger Jahre die Hälfte der irakischen Bevölkerung.[547] Die Zunahme der Urbanisierung war eindeutig das Ergebnis der anhaltenden Landflucht der verarmten Bauern und Landarbeiter aus dem Süden. Zwischen 1947 und 1957 ließen sich 200.000 Landflüchtige in Bagdad nieder.[548] Die Teuerungsrate als Konsequenz der relativ hohen Erdöleinnahmen traf vor allem die Bewohner der Slums (*saraif*) um Bagdad. Während die Lebenshaltungskosten für eine Familie mit zwei Kindern im Jahre 1954 auf 330 Fils (1 Fil entspricht 0,33 ID) pro Tag beziffert wurden, lag der Tageslohn eines angelernten Arbeiters nur bei 200-250 Fils. Die Bewohner der *saraifs* hatten demgegenüber durchschnittlich nur einen Tageslohn von 188 Fils. Dies zeigt die Not der Bevölkerung unter der Monarchie und erklärt auch den Zulauf, den die oppositionellen Parteien, vor allem die IKP, seitens der marginalisierten Bevölkerungsgruppen erhielten.

Zur Lösung dieses Problems hätte es einer doppelten Strategie bedurft, nämlich zum einen die Lösung der Agrarfrage und zum anderen die Verbesserung der Situation der *saraif*-Bewohner und der anderen städtischen Unterschichten. Hinsichtlich der Agrarfrage verhinderte jedoch die Rücksichtnahme auf die In-

---

545 Vgl. Pool, 1972, S. 256-57.
546 Ebd. S. 257.
547 Vgl. Farouk- Sluglett, Marion/ Sluglett, Peter: Irak. Frankfurt a.M. 1991, S. 135-36.
548 Vgl. Marr, 1985, S. 142.

teressen der Stammes*shaikhs* jede Lösungsmöglichkeit. Majid Khadduri berichtet in diesem Zusammenhang über ein Gespräch des britischen Botschafters Michael Wright kurz vor dem Sturz der Monarchie mit dem *Chief of the Royal Palace,* `Abdallah Bakr: "Sir Michael Wright ... asked to see Bakr ... a month before the revolution, and tried to impress upon him the need for social and economic reform, especially the necessity of curbing the influence of tribal shaykhs. Bakr replied that the tribal shaykhs were regarded as the backbone of the monarchy. Sir Michael gave warning that if reforms were not carried out there would no longer be a monarchy or tribal shaykhs."[549]

Die Äußerung Bakrs war kein Einzelfall. Obwohl der herrschenden Elite das Problem bewußt war, fürchtete sie, daß die Veränderung des Status quo in der Agrarfrage destabilisierende Auswirkungen haben könnte. Sie setzte, wie Hanna Batatu über die Haltung Nuri al-Sa`ids berichtet, auf Selbstregelung der sozialen Probleme und vertrat die Ansicht, daß das islamische Erbrecht die Konzentration des Besitztums in der Hand von wenigen Personen langfristig regeln würde.[550] Bis zum Sturz der Monarchie waren die Großgrundbesitzer im wesentlichen von Steuern befreit. Nach dem 1931 eingeführten Konsum-Gesetz (*qanun al-istihlak*) mußten die Endverbraucher 10% Steuern (vom Ladenpreis) zahlen.[551] Der britische Botschafter in Bagdad (1951-54), Sir John Troutbeck, stellt in diesem Zusammenhang eine prinzipielle Abneigung al-Sa`ids gegen Reformen fest:

"There is no sign that Nuri believes in reform. He believes rather in paternal government, the strong hand distributing gifts of welfare, which can be paid for not by taxing the rich but rather by extracting further revenues from the oil companies."

Es scheint, daß al-Sa`id und seine Kollegen in ihrer Sozialpolitik auf die Arbeit des 1950 von den Briten angeregten *Iraq Development Board* gesetzt haben. Es sollte als zentrale Entwicklungsagentur alle Projekte finanzieren und durchführen.[552] Das *Development Board* gab Bewässerungs- und Infrastrukturprojekten höchste Priorität, was volkswirtschaftlich langfristig legitim gewesen sein mag, jedoch politisch war das Ignorieren der Probleme der *saraif*-Bewohner von Bagdad ein schwerer Fehler der Regierung. Nachdem 1953 bekannt geworden war, daß die Regierung Nuri al-Sa`id einen Teil des Entwicklungsbudgets für den Bau von neuen Armeekasernen verwendet hatte, entwickelte sich der Streit über die Arbeit des *Development Board* zu einem Disput über den politischen Konfessionalismus.[553]

---

549 Khadduri, 1969, S. 36.
550 Batatu, 1978, S. 353-54.
551 Vgl. Ireland, 1937, S. 440
552 1950 wurde beschlossen, alle Erdöleinnahmen dem *Development Board* zur Verfügung zu stellen. Die Regierung Nuri al-Sa`id (1951) reduzierte aber den Anteil des *Boards* auf 70% der Erdöleinnahmen. Siehe al-Uzri, 1982, S. 331.
553 Interview mit `Abd al-Karim al-Uzri, London, 26. April 1993. Al-Uzri führte seinen Streit mit Nuri über die Zweckentfremdung finanzieller Ressourcen bei deren Verteilung sowie die beharrliche

Tabelle 6: Mittelklassen im Irak im letzten Jahr der Monarchie (1958)

Berufe, Berufsgruppen	Berufsaus-übende	1958 (+)
Lehrer an Grund- und Oberschulen	20154	
Hochschullehrer	600	*
Armee-Offiziere	4000	*
Eingetragene Ingenieure	1270	(1959)
Eingetragene Rechtsanwälte	1361	
Ärzte im öffentl. Dienst	1192	
Andere	2000	
Staatspensionäre und Beschäftigte in mittleren Positionen	27000	*
Zivile und militärische Pensionäre	15000	*
Handel, Industrie und Dienstleistung	36062	(1965)
Unternehmer von Betrieben mit 1-9 Beschäftigten	21733	(1954)
Inhaber von kleinen und mittleren Geschäften	10546	* (1957)
Beschäftigte bei kommerziellen und industriellen Unternehmen	7000	*
Insgesamt *(=Subtotal)*	147.918	
einschließlich Angehörigen (Subtotal x 5):	739.590	
Städtische Bevölkerung im Irak:	2,6 Mio.	
Mittelklassen im Verhältnis zur städtischen Bevölkerung:	28%	

(+) soweit nicht anders angegeben.
* geschätzte oder teilweise geschätzte Zahlen.
Quelle: Batatu, 1978, Tabelle 59-7, S. 1126.

Weigerung al-Sa'ids, die Situation der schiitischen *saraif*-Bewohner zu verbessern, auf Befürchtungen al-Sa'ids zurück, die sunnitischen Politiker würden die Verwendung der Entwicklungsgelder für die Verbesserung der Lage der schiitischen Bevölkerung nicht akzeptieren.

Ein nicht minder wichtiges Dilemma der Monarchie ergab sich aus der quantitativen Zunahme der irakischen Intelligentsia nach dem Zweiten Weltkrieg. Die Möglichkeiten, diese zu kontrollieren, geschweige denn zu kooptieren, schienen immer geringer zu werden.

Zwar erklärte sich Nuri al-Sa`id Ende der vierziger Jahre bereit, einen Teil der neuen irakischen Intelligentsia ins Kabinett einzubinden. Dies konnte aber keine angemessene politische Partizipation sein. Batatu stellt mit Recht fest: "But there were too few ministerial posts, and numberless opponents."[554] Ähnlich drückte sich das britische Mitglied des *Iraq Development Board* Michael Ionides, einer der schärfsten Beobachter der politischen Entwicklung unter den britischen Beamten im Irak, aus:

There are bitter complaints from the younger men, up to 30 or 40, that Nuri has never brought the next generation along, has kept everything to himself, never built up the structure of Government and Parliament, never even tried to make elections work as other emergent countries have done.[555]

Die politischen Analysen der britischen Beamten und Diplomaten erwecken - auch wenn sie in der Sache nicht falsch lagen - zuweilen den Eindruck, die Probleme der haschemitischen Monarchie seien durch die reaktionäre Haltung des starken Mannes der Monarchie verursacht worden. Es war bekannt, daß al-Sa`id, trotz der Bemühungen, die `Abd al-Ilah Anfang der fünfziger Jahre zur Einschränkung seines Einflusses unternahm, sowohl als Ministerpräsident als auch hinter den Kulissen großen Einfluß auf die irakische Politik hatte. Dies war jedoch systemimmanent.[556] Da die Integration innovativer Gruppen die Möglichkeit eines Systemwandels in sich barg, hätte dies praktisch bedeutet, daß die alten Männer des Regimes, die ex-scharifischen Offiziere, bereit gewesen wären, solchem Wandel zuzustimmen. Sie verharrten jedoch auf ihren Posten, bis die Panzer der "Freien Offiziere" 1958 sie und das *ancien régime* gewaltsam von der Macht verdrängten. Der Sturz der Monarchie kam allerdings nicht überraschend. Die *wathba* von 1948 und die *intifada* (Aufstand) von 1952 waren deutliche Signale für die wachsende Widerstandskraft der städtischen Schichten gegen die Monarchie und die sie tragenden sozialen Kräfte. Der *intifada* kam eine besondere Bedeutung in der letzten Dekade der Monarchie zu. Die bisherige Politik der Elite, die politischen Gruppen durch Kooptierung voneinander zu segregieren, die Mobilitätskanäle zu kontrollieren und die Teilnahme am politischen Zentrum zu begrenzen, war nach der Annäherung der politischen Opposition im November 1952 - wenige Monate nach der ägypti-

---

554 Batatu, 1978, S. 361.
555 Ionides, Michael: Divide and Lose: The Arab Revolt of 1955-1958. London 1960, S. 188-89.
556 In einem britischen Dokument heißt es: "Whatever the colour of the Prime Minister, Iraq is at present governed by the old guard of landowners whose leader is Nuri Pasha es Sa`id." Minute by K.J. Simpson, 24. February 1954, FO 371/111007; zitiert nach Fernea, Robert A./ Louis. Roger Wm. (Hrsg.): The Iraqi Revolution of 1958. The Old Social Classes Revisited. London 1991, S. 39.

schen Revolution - schwer durchführbar. Allerdings war die Opposition,[557] die sich im November auf eine gemeinsame Protestaktion einigte, ein Konglomerat verschiedener Kräfte, die unterschiedliche Ziele verfolgten.[558]

Der eigentliche Aufstand manifestierte sich aber nicht in den Petitionen der politischen Parteien an den Regenten `Abd al-Ilah, in denen die Forderung nach Reform des politischen Systems zum Ausdruck gebracht wurde,[559] sondern in den von der kommunistischen Partei geführten Protestdemonstrationen, die zu einer bürgerkriegsähnlichen Situation führten und die Autorität der Regierung in Frage stellten. Die Ablösung der Regierung al-Umari durch die neue Regierung Generals Nur al-Din Mahmud, die das Kriegsrecht verhängte und die politischen Parteien auflöste, führte zwar zur Unterdrückung der Opposition, die Ruhe war aber nur vorübergehend.[560]

Der dezidierte Wunsch der britischen Diplomaten und Beamten im Irak nach politischen Reformen, insbesondere nach der *intifada*, ist um so verständlicher, wenn man die Umwälzungen in der gesamten Region berücksichtigt. Aufgrund der Putschserie in Syrien seit 1949, der Ermordung des jordanischen Königs `Abdallah 1951 und der Ereignisse im Iran 1952 erlangten Stabilisierungsmaßnahmen eine existentielle Bedeutung für die Monarchie.[561] Die relative Stabilität im Irak zwischen 1953 und 1958, die lediglich durch Protestbewegungen anläßlich der Suez-Krise unterbrochen wurde, und die konzentrierten Anstrengungen der Briten bei der Gründung des Bagdad-Pakts, ließen die Frage nach Reformen im Irak in den Hintergrund geraten. Die verhängnisvolle Diagnose des britischen Botschafters Wright am Vorabend des Sturzes der Monarchie, im Irak sei keine revolutionäre Situation erkennbar, war die Konsequenz der ignoranten Politik der britischen Regierung gegenüber den akuten sozialen und politischen Problemen des Irak.[562] Schlimmer noch: Die Briten mahnten die Herrschenden zu ökonomischen Reformen, ohne aber wirklich darauf zu drängen. Sie warnten vor einem Umsturz, glaubten aber nicht wirklich daran. Vielleicht gab ihnen Nuri al Sa`id die Illusion, das System sei viel stabiler, als es tatsächlich war.

---

557 Folgende Gruppen einigten sich auf eine Zusammenarbeit: die Nationale Demokratische Partei, die *istiqlal*-Partei, die Vereinigte Einheitsfront und die prokommunistischen *ansar al-salam* (Partisanen des Friedens).
558 Vor allem der Führer der rechten arabisch-nationalistischen "Vereinigten Volksfront", Taha al-Hashimi, ein Angehöriger der herrschenden sunnitischen Elite, der nach den Ereignissen von 1941 nicht mehr zum engeren Kreis der Elite gehörte, versuchte durch Zusammenarbeit mit der Opposition sein "Come-back" zu erzwingen. Er wurde 1953 durch den Vorsitz des *Iraq Development Board* kooptiert. Siehe hierzu Pool, 1972, S. 153.
559 Siehe die Petitionen der politischen Parteien an den Regenten in al-Hasani Bd. VIII, 1988, S. 294-312.
560 Zu einer ausführlichen Schilderung der *intifada* siehe: Batatu, 1978, S. 666-70; auch al-Hasani Bd. VIII, 1988, S. 292-349.
561 Zur britischen Irak-Politik 1950-1958 siehe: Louis, 1991, S. 31-61.
562 Wright schrieb an seine Regierung wörtlich: "For it is quite certain that, today, a revolutionary situation does not exist." Wright to Lloyd, `Confidential', 22. April 1958, FO 371/134198; zitiert nach Louis, 1991, S. 52.

Obwohl die soziale Frage die Situation aller ethnischen und konfessionellen Gruppen des Irak tangierte, hatte die schiitische Mehrheit noch andere Gründe für die Ablehnung des Systems. Die sunnitischen "arabisch-nationalistischen Parteien" wie die *istiqlal*-Partei und die "Vereinigte Volksfront" Taha al-Hashimis sahen ihr Hauptziel in der arabischen Einheit. Sie wurden daher nicht zufällig in jener Phase besonders aktiv, als durch die ägyptische Revolution der Panarabismus auf die politische Agenda der arabischen Welt gesetzt wurde. Die *istiqlal*-Partei konnte jedoch in der irakischen Gesellschaft und insbesondere unter den Schiiten keine Wurzeln schlagen, nicht weil sie ihre panarabistische Ideologie nicht mit sozialen Inhalten füllen konnte, wie Batatu vermutet,[563] sondern weil der Panarabismus wie auch der irakische Nationalismus für die Mehrheit der Bevölkerung, die sich eher mit dem Islam identifizierte, leere Hülsen waren.[564] Die Nationale Demokratische Partei Kamil al-Chadirchis war, obwohl sie als isolationistisch - also irakisch und nicht panarabisch galt - mit ähnlichen Schwierigkeiten konfrontiert. Aber abgesehen von ihren politischen Konzepten und Ideologien waren diese Parteien eher politische Klubs der Intellektuellen ohne wirkliche Basis.[565] Ein kurioses Phänomen, wenn man sich die Geschichte der irakischen Schiiten nach 1958 vergegenwärtigt, war die Gründung der irakischen Ba`th-Partei durch irakische Schiiten. Die Initiatoren der Ba`th-Partei im Irak waren arabische Immigranten aus der von der Türkei 1939 annektierten Provinz Alexandretta.[566] Während Batatu die Gründung der ersten Gruppe auf das Jahr 1949 datiert, geht die offizielle Darstellung der Geschichte der Partei von dem Jahr 1948 aus.[567] Dabei sollen sich zwei voneinander unabhängige Bewegungen in Bagdad und Karbala formiert haben.[568] Feststeht, daß die Partei 1952 offiziell von dem Gründer der Ba`th-Partei als irakischer Zweig anerkannt wurde.[569] Mit der Anerkennung des Schiiten Fuad al-Rikabi als Sekretär der irakischen Ba`th-Partei durch `Aflaq war diese vorwiegend im schiitischen Süden, insbesondere in der Heimatstadt al-Rikabis, al-Nasiriya, aktiv.[570] Dies wird auch, wie Tabelle 7 zeigt, aus der Zusammensetzung der Führung vor dem Sturz der Monarchie deutlich.

---

563 Vgl. Batatu, 1978, S. 478.
564 Siehe hierzu Zubaida, Sami: Community, Class and Minorities in Iraqi Politics. In: Fernea, Robert A./ Louis, Roger Wm.: The Old Social Classes Revisited. London 1991, S. 200.
565 Ebd., S. 199-200.
566 Vgl. Batatu, 1978, S. 741.
567 Vgl. Aswad, `Abd al-Razzaq Muhammad: *Mausu`at al-`Iraq al-siyasiya* (Politische Enzyklopädie des Irak). Bagdad 1982, S. 349.
568 Ebd., S. 350.
569 Ebd.; auch Batatu, 1978, S. 742.
570 In der Irakischen Politischen Enzyklopädie wird der Name al-Rikabis, der 1970 im Gefängnis in Bagdad umkam, nicht erwähnt. Es heißt hier lapidar: "Die Ba`th-Partei kam 1952 zum Vorschein. Der Generalsekretär der Partei war ein Iraker." Vgl. Aswad, 1982, S. 350.

Tabelle 7: Konfessioneller Hintergrund der irakischen Ba`th-Führer vor dem Sturz der Monarchie 1958

	Konfession	Geburtsort
Fuad al-Rikabi	Schiit	al-Nasiriya
Fakhri Qaduri	Sunnit	Bagdad
Sa`dun Hammadi	Schiit	Karbala
Yahiya Yasin	Sunnit	Bagdad
Shams al-Din al-Kazim	Schiit	Karbala
Mahdi Asif `Abdallah	Schiit	Basra`
`Abdallah al-Rikabi	Schiit	al-Nasiriya
Faisal Habib al-Khaizaran	Sunnit	al-Suhani
Khalid `Ali Salih al-Dulaimi	Sunnit	Bagdad

Quelle: Batatu, 1978, S.1216-18.

Die Gründung von Parteizellen in sechs schiitischen aber nur in zwei sunnitischen Städten ist ebenfalls ein Indikator dafür, daß die Partei vor 1958 eher in den schiitischen Provinzen tätig war.[571] Obwohl Batatu ausführliche Angaben über die Organisation der Partei in der Gründungsphase macht, stellt er nicht die Frage, weshalb die Ba`th-Partei für die Schiiten so attraktiv war. Für die Beantwortung dieser Frage kann eine einzige Erklärung nicht ausreichen. Vorausgeschickt werden soll hier, daß die Partei 1955 lediglich 289 Mitglieder hatte.[572] Davon waren 204 Studenten, also aus jener Gruppe, die das stagnierende politische System der herrschenden Elite ablehnte.[573] Wesentlicher Grund für die Attraktivität der Ba`th-Partei für einen Teil der schiitischen Jugend, insbesondere der konservativ-religiös sozialisierten, war die Tatsache, daß die Ba`th-Partei zum einen den Sozialismus, die arabische Einheit und Freiheit predigte und zum anderen den Islam als revolutionäre historische Bewegung in

---

571 Die Irakische Politische Enzyklopädie nennt, abgesehen von Bagdad, folgende Städte: al-Basra (schiitische Mehrheit), Karbala (schiitisch), al-Najaf (schiitisch), Baquba (sunnitisch), al-Ramadi (sunnitisch), al-Hilla (schiitisch), al-Samawa (schiitisch), al-Nasiriya (schiitisch). Vgl. Aswad, 1982, S. 352.
572 Vgl. Batatu, 1978, S. 743. Auffallend ist, daß - anders als in Syrien - bis 1955 kein einziger Armee-Offizier der Ba`th-Partei beigetreten war. Nach Angaben al-Fukaikis fanden Offiziere erst nach 1955 den Weg zur Ba`th-Partei. Interview mit al-Fukaiki, London, 15.2.1989; siehe auch al-Fukaiki, Hani: *Aukar al-hazima.* (Die Schlupflöcher der Niederlage). London 1992.
573 Die Initiatoren der Demonstrationen zwischen 1948 und 1958 waren in der Regel Studenten. Interview mit al-Fukaiki, London 15.2.1989.

ihre Ideologie integrierte.[574] Für diese Jugend, die Perspektiven für einen umfassenden politischen und sozialen Wandel suchte, bot die Ba'th-Partei eine politische Heimat.

Die kommunistische Partei war zweifellos die radikalste Oppositionsbewegung des Irak. Diese Partei konnte aber wegen ihrer Position zur Religion und wegen der ethnischen Zusammensetzung ihrer Führung und Anhängerschaft nicht für alle Schiiten ein politisches Forum sein. Hani al-Fukaiki, Schiit, seit 1954 Mitglied der Ba'th-Partei und nach 1963 einer ihrer wichtigsten Führer, schreibt über seine Vorbehalte gegenüber den Kommunisten:

Die Kommunisten erschienen als eine Mischung von Christen, Juden und Kurden neben den sunnitischen und schiitischen Muslimen. Das Vorhandensein von jüdischen Namen in der Führung der Bewegung, wie Yahuda Siddiq und Sasun Dallal[575], weckte Befürchtungen und Zögern bei mir, obwohl die ethnisch-konfessionelle Zusammensetzung der Partei mich faszinierte, weil sie der Vielfalt des irakischen Volkes ähnlich war.[576]

Die Haltung der Kommunisten zum ersten arabisch-israelischen Krieg von 1948 und ihre Zustimmung zur Aufteilung Palästinas waren ein zusätzlicher Faktor für die Abneigung dieser Jugend gegenüber der IKP.[577] Die *istiqlal*-Partei stellte ebenfalls keine Alternative für die schiitische Jugend dar, obwohl sie für Panarabismus eintrat. Sie war vor allem in ihrer Sozialpolitik äußerst moderat und stellte bis 1958 die Monarchie nicht in Frage. In ihrem Programm unterschied sich die *istiqlal*-Partei in einem wesentlichen Punkt von der Ba'th-Partei, nämlich in der unauflöslichen Verbindung des Arabismus mit dem Islam. Muhammad Sadiq Shanshal, neben Muhammad Mahdi Kuba einer der wichtigsten Führer der *istiqlal*, äußerte sich zu dieser Frage folgendermaßen:

Eine Trennung zwischen der arabischen Gesellschaft und dem Islam ist aufgrund der Geschichte der Araber ... ein unmögliches Unterfangen. Deshalb plädiert die nationale Bewegung nicht für eine Trennung vom Islam.[578]

Die Nationale Demokratische Partei konnte ebenfalls aus mehreren Gründen keine politische Heimat für die irakischen Schiiten darstellen. Die erste Generation der schiitischen Intelligentsia war teilweise in der regimetreuen Nationalen Sozialistischen Partei Salih Jabrs organisiert. Andere, wie Fadil al-Jamali,

---

574 Vgl. zur Ideologie der Ba'th-Partei 'Aflaq, Michel: *Fi sabil al-Bat'h*. (Für den Ba'th). Beirut 1959. Zur kritischen Darstellung der Ba'th-Ideologie siehe Tibi, 1972; Schmucker, Werner: Studien zur Baath-Ideologie (I. Teil). In: Die Welt des Islam, Vol. XIV, 1973, S. 47-80.
575 Sasun Shlumu Dallal und Yahua Siddiq sowie der von al-Fukaiki nicht erwähnten Haskail Ibrahim Siddiq und Yaqub Manahim Qujman waren bis Ende der vierziger Jahre Mitglieder des Zentralkomitees der KP.
576 al-Fukaiki, 1992, S. 36.
577 Ebd., S. 36-37.
578 Ghafuri, 1984, S. 118.

`Abd al-Karim al-Uzri und `Abd al-Wahhab Mirjan, waren "Repräsentanten" der Schiiten in der herrschenden Elite. Die sozialdemokratische Programmatik der Nationalen Demokratischen Partei, die in der Reform des existierenden parlamentarischen Systems und in der Etablierung eines Wohlfahrtsstaats ihre Hauptziele sahen, konnte wenig Einfluß auf die neue Schicht der schiitischen Intelligentsia ausüben, die das System insgesamt ablehnte. Zudem gehörte die Nationale Demokratische Partei neben der Nationalen Sozialistischen Partei zu den wenigen legalen Parteien, die eine sehr zurückhaltende Haltung gegenüber dem Panarabismus zeigten. Aber gerade der Panarabismus dominierte die politische Agenda während der fünfziger Jahre.

Die schiitischen Ba`th-Anhänger repräsentierten aber wiederum nicht annähernd die schiitische Bevölkerung. Wenn eine Partei in der letzten Dekade der Monarchie dies mit Recht für sich beanspruchen konnte, dann war es die Kommunistische Partei (KP). Die KP des Irak entwickelte sich einerseits zur größten arabischen KP, andererseits war sie im gleichen Zeitraum die stärkste Untergrundpartei des Irak. Die Gründe hierfür sind vielfältig. Zum einen etablierten sich im Irak diejenigen Kräfte, die als Gegner der Kommunisten hätten gelten können, organisatorisch erst viel später als in den anderen arabischen Staaten. So mußten die Kommunisten in Syrien, Libanon und Ägypten mit mächtigen Bewegungen - wie der Ba`th-Partei in Syrien, der Kata'ib und der Syrisch-Nationalen Partei im Libanon und den Muslimbrüdern in Ägypten - konkurrieren. Im Irak waren die Nationale Demokratische Partei und die *istiqlal* eher elitäre Parteien, die unter der städtischen Intelligenz ihre Anhängerschaft hatten. Die Ba`th-Partei wurde zwar 1952 gegründet, konnte aber tatsächlich erst kurz vor dem Sturz der Monarchie als eine aktionistische Partei an Profil gewinnen. Den islamistischen Bewegungen sunnitischer und schiitischer Richtung, die wir noch ausführlicher behandeln werden, kam in dieser Zeit nur eine periphere Bedeutung zu.

Die soziale Ordnung des *ancien régime* und der notwendige, aber blockierte Wandel sowie der politische Konfessionalismus waren wohl die Prämissen für den Aufstieg der Kommunisten zu einer mächtigen Untergrundpartei. Um Rekurs auf das Thema des politischen Konfessionalismus und seine sozialen Auswirkungen zu nehmen, soll hier die Frage gestellt werden, ob die KP hinsichtlich der ethnisch-konfessionellen Zusammensetzung ihrer Führung und Anhängerschaft eine "schiitische" Partei war. Ohne die Ergebnisse unserer Erörterung antizipieren zu wollen, gehen wir davon aus, daß die KP seit ihrer organisatorischen Kristallisierung im Jahre 1935 neben Bagdad besonders im schiitischen Süden aktiv war. Die schiitische Dominanz in der Führung machte sich jedoch erst Mitte der fünfziger Jahre bemerkbar. In ihrer embryonalen Phase bis 1935 formierten sich drei kommunistische Gruppen, die noch voneinander unabhängig waren, in Basra (1927), Nasiriya (1928) und in Bagdad (1929).[579] Obwohl zwei Gruppen im schiitischen Süden tätig waren und die Schiiten 41,9% der Mitglieder ausmachten,[580] stammten nur vier Mitglieder der

---

579 Vgl. Batatu, 1978, S. 416-21.
580 Ebd., S. 424.

Führung (1935) aus der schiitischen Gruppe.[581] Und obwohl die KP in ihrem Programm Fragen thematisierte, die primär die Situation der Bevölkerung im schiitischen Süden tangierten - wie Landreform, Befreiung der Bauern aus der Abhängigkeit von Großgrundbesitzern und städtischen Kreditgebern und Schuldenerlaß für die Bauern - waren die schiitischen Mitglieder - ebenso wie ihre christlichen und sunnitischen Genossen - Lehrer, Anwälte und Studenten, also Angehörige der Intelligentsia.

Die KP entwickelte sich aber in den letzten Dekaden der Monarchie von einer Partei der nicht kooptierten Intelligentsia[582] zu "a factor in the life of Iraq", wie Batatu es formuliert.[583] Vor allem unter der städtischen Jugend, insbesondere unter den Studenten, war Zuspruch für die KP weitverbreitet, so daß der Chef des Generaldirektoriums für Sicherheit, Bahgat Atiya, in einem geheimen Bericht davon ausging, daß 50% der irakischen Jugend kommunistisch orientiert seien[584]. Daß der Sozialismus im Irak der vierziger und fünfziger Jahre, wie Batatu berichtet, eine faszinierende Wirkung vor allem auf die Jugend hatte, lag mit Sicherheit daran, daß die Monarchie vier Jahrzehnte lang ohne jegliche legitimierenden Prinzipien, unterstützt von den Briten, mit einer politischen "Kaste" von etwa 60 Politikern, das Land regiert hatte. Die Schiiten hatten zusätzliche Gründe, nicht nur die herrschende Elite, sondern auch den Staat als Verursacher ihrer sozialen Marginalisierung und politischen Peripherisierung verantwortlich zu machen. "The Sunni character of government," schreibt Batatu, "which rendered it an usurpation in the eyes of the Shi'i majority, turned popular enmity into an act of faith."[585]

Batatu sieht keinen Zusammenhang zwischen Konfessionszugehörigkeit und Mitgliedschaft in der KP. Es ist aber evident, daß die KP mit ihrer prinzipiellen und kompromißlosen Ablehnung der Regierung eine konfessionelle Funktion für viele Schiiten erfüllte. Es geht hier allerdings nicht um die von Sami Zubaida mit Recht kritisierte Gleichsetzung des politischen Aktivismus der Schiiten unter der Monarchie mit dem Kommunismus.[586] Feststeht jedoch, daß die Schiiten aus vielen Gründen - wie schon in dieser Studie erörtert - in fundamentaler Opposition zum Staat standen. Nicht ohne Grund war daher die KP hauptsächlich in Bagdad und im Süden aktiv. Der KP, die Ende der vierziger Jahre in allen schiitischen Provinzen, einschließlich des Zentrums des Schiitentums, al-Najaf, ihre Organisationen verbreitete, gelang es hingegen nicht, in der

---

581 Ebd., S. 422.
582 Es gab in der Tat in den dreißiger Jahren Versuche, die Marxisten durch Vergabe von staatlichen Ämtern zu kooptieren. Ein Bruder des kommunistischen Führers `Abd al-Qadir Ismail, `Abdallah Ismail, berichtete über ein Gespräch des Ministerpräsidenten al-Hashimi mit seinem Bruder Khalil Ismail: "In 1935 Prime Minister Yasin al-Hashimi sent after my brother Khalil, who then occupied the post of director general at the Ministery of Interior, and bluntly told him that the activities of `Abd al-Qadir and his articels in *Al-ahali*, were beginning to get on his nerves, that `Abd al-Qadir could have a high place in government if he wished; otherwise he should keep his peace or risk losing his citizenship." Batatu, 1978, S. 422.
583 Batatu, 1978, S. 465.
584 Ebd.
585 Ebd., S. 466.
586 Vgl. Zubaida, 1991, S. 204.

sunnitischen Provinz al-Dulaim aktiv zu werden.[587] Die ethnisch-konfessionelle Zusammensetzung der Führung zeigte allerdings zwischen 1941 und 1949 eine Unterrepräsentanz der Schiiten, die nach Angaben Batatus in der Basis dominierend waren. Sie lag 1941-1948 bei 28% Prozent der gesamten ZK-Mitglieder und somit deutlich unter der von Batatu geschätzten Stärke der Schiiten im Irak von 41,9% (1947) der gesamten Bevölkerung.[588] Zwischen 1949 und 1955 änderte sich die ethnisch-konfessionelle Zusammensetzung, wie Tabelle 8 zeigt, zugunsten der Schiiten.

Tabelle 8: Ethnisch-konfessionelle Zusammensetzung des Zentralkomitees der KP Irak 1949-1955

Ethnisch-konfessionelle Gruppe	Mitgliederzahl	in %	Zum Vergleich: Anteile der irakischen Bevölkerung (1951) in %
Arab. Schiiten	15	46,9	44,9
Arab. Sunniten	5	15,6	28,6
Kurden	10	31,3	12,7
Juden	1	3,1	0,3
Christen (Assyrer, Chaldäer, Armenier)	1	3,1	6,4
Sabäer	-	-	0,3
Yazidis und Shabak	-	-	0,1
Turkmenen	-	-	3,4
Perser	-	-	3,3
Zusammen	32	100,0	100,0

Quelle: Hanna Batatu, 1978, S.700.

Die überproportionale Vertretung der Kurden in der Führung der Partei bis 1956 ergab sich aus dem Umstand, daß deren Kurdistan-Zweig nach der Hinrichtung des Generalsekretärs der Partei, Yusuf Salman Yusuf (Fahd), und der Mitglieder des Politbüros, Husain Muhammad al-Shabibi und Zaki Basim, 1949 von den anhaltenden Spaltungen verschont blieb. Dem neuen Generalsekretär

587 Batatu, 1978, S. 629.
588 Batatu, 1978, S. 1190

Baha' al-Din Nuri gelang es 1951, die Partei erneut zu organisieren. Nach der Verhaftung Nuris 1953 wurde dieser von einem anderen kurdischen kommunistischen Führer, `Abd al-Karim Ahmad al-Dauwd, als Generalsekretär abgelöst. 1954 übernahm ein weiterer kurdischer Kommunist, Hamid `Uthman, die Führung der Partei. Obwohl die Partei, wie Batatu schreibt, seit 1950 vom irakischen Kurdistan aus geführt wurde, bedeutete dies nicht, daß Kurden auch die Mehrheit der Führung stellten (siehe die Tabelle 9). Den größten Teil der Anhängerschaft stellten jedoch auch weiterhin die Schiiten.

Mit der Wahl Husain Ahmad al-Radis zum Generalsekretär der Partei 1956 hatte zum ersten Mal in der Geschichte der KP ein Schiit die Führung übernommen. Dies bedeutete aber nicht, daß es unter al-Radi zu einem Wandel zugunsten der Schiiten hinsichtlich der ethnisch-konfessionellen Zusammensetzung kam. Die Repräsentanz der Schiiten betrug 1956-1958 36,4%. Während die Sunniten den gleichen Anteil hatten, sank der Anteil der Kurden auf 18,2%. Dies war die Konsequenz des Überwechselns der kurdischen Kommunisten zur Demokratischen Partei Kurdistans (DPK).[589]

Über die Position der KP zur Problematik der ethnisch-konfessionellen Stratifikation im Irak liegen kaum gesicherte Informationen vor. Abgesehen von der Kurdenfrage nahm die KP kaum Stellung zu sozialen Komponenten des politischen Konfessionalismus.[590] Dies war auch konsequent für eine Partei, die die Monarchie und das soziale System, das diese stützte, als lokale Agenten des Imperialismus betrachtete und für die der politische Konfessionalismus mit dem Sieg des Sozialismus ohnehin obsolet geworden wäre. Dies bedeutet aber nicht, daß keine internen Debatten über Religion in der KP stattfanden. Hanna Batatu dokumentiert in seiner Studie "Old Social Classes" die einzige bekanntgewordene Debatte über Religion unter dem Titel "Debate on Religion".[591] Zum Verständnis der Hintergründe dieser Debatte soll hier die Position der Partei in der embryonalen Phase (1929-1935) kurz erörtert werden.

---

589 Der Hauptgrund für die Abkehr der kurdischen Kommunisten von der KP war einerseits die marxistische Orientierung der DPK, andererseits der Streit über das Prinzip des Selbstbestimmungsrechts für die Kurden. Während die KP bis 1956 das Selbstbestimmungsrecht für die Kurden im Irak anerkannte und dadurch die Sympathien der kurdischen Linken gewann, ging die neue Führung unter al-Radi, `Amir `Abdallah und Jamal al-Haidari von der "Anerkennung der nationalen Rechte für die kurdischen Minderheit" aus. Gespräche mit Kamal Fuad (bis 1956 Mitglied der Führung des KP-Kurdistan-Zweigs).

590 Den ersten Hinweis auf die Thematik des politischen Konfessionalismus gab der irakische Kommunisten Mahdi Hashim, der später Mitglied der *tudeh*-Partei wurde. Er schrieb im Zentralorgan der tudeh, *Mardom*: "... in whole Iraqi diplomatic corps there are only two Shi`is ... and of the eighty staff officers of the Iraqi army only three come from Shi`i families, while 90 percent of the soldiers are sons of the Shi`i community." *Mardom*, Nr. 9, 4. Januar 1946; zitiert nach Batatu, 1978, S. 423.

591 Vgl. Batatu, 1978, S. 694-98.

Tabelle 9: Die Mitglieder der KP in den irakischen Provinzen (1953-1954) nach von der irakischen Polizei beschlagnahmten Dokumenten

	Das Verhältnis d. Bewohner d. Provinz zur Gesamtzahl d. Einwohner Iraks in %	Zivile Parteimitglieder*	Anteil bezogen auf die Gesamtzahl d. Mitglieder in %
Schiitische Provinzen:			
Karbala	6,6	48	11,6
al-Muntafig	3,7	35	8,4
al-Hilla	4,8	21	5,1
al-Diwaniya	5,5	15	3,6
al-Amara	4,1	11	2,6
al-Kut	3,3	11	2,6
Arabisch-sunnitische Provinz:			
al-Dulaim	2,5	2	0,5
Kurdische Provinzen:			
Arbil	3,3	36	8,7
al-Sulaimaniya	3,7	10	2,4
Ethnisch-konfessionell gemischte Provinzen:			
Bagdad	31,0	139	33,5
Basra	8,7	48	11,6
Mosul	13,3	16	3,9
Diyalah	3,3	12	2,9
Kirkuk	6,2	11	2,6
Zusammen	100,0	415	100,0

Quelle: Batatu, 1978, S. 1202-203.
*Die KP hatte im gleichen Zeitraum 65 Mitglieder in der irakischen Armee. Ebd., S. 1200.

Der Initiator der Debatte über Religion war der erste irakische Marxist, Husain al-Rahhal.[592] In der Zeitung *al-Sahifa* (Das Blatt), die al-Rahhal 1924 in Bagdad gegründet hatte, griffen er und seine Anhänger soziale Themen auf, vor allem die Kritik der traditionellen Werte und die Frauenfrage. Al-Rahhal geriet aber bald mit konservativen Kräften, vor allem mit der schiitischen und sunnitischen Geistlichkeit, in Konflikt, die ihn und seine "atheistischen" Ideen zum Thema der Freitagspredigten machten. Noch radikalere Vorläufer der KP waren die Ende der zwanziger Jahre gegründete Untergrundpartei *al-hizb al-hur al-ladini* (Antireligiöse Freie Partei) und die legale "Vereinigung der Liberalen" (*jamiyat al-ahrar*), die einen radikalen antiklerikalen Kurs einschlugen. Obwohl diese Parteien eine Debatte im Irak auslösten, scheinen ihre Erfolge nur sehr gering gewesen zu sein. Aus dieser Erfahrung hat die KP dann offensichtlich eine wichtige Lehre gezogen. Ihr Zentralorgan *Kifah al-sha`b* (Kampf des Volkes) schrieb 1935 zu diesem Thema:

> The question of religion bears intensely upon the social revolution for which we work. But in the struggle against our enemies we adhere to a plan and in its light determine where to begin and how to end this struggle. Accordingly, we do not permit you, Comrades, to give your attention to this issue at present or to touch upon it when addressing the people, the latter having not yet attained the perspective that would make a forthright discussion of such a matter feasible.[593]

Die erwähnte Debatte von 1954 blieb die große Ausnahme bis 1958. Der unmittelbare Hintergrund dieser Debatte war die Furcht der schiitischen Mitglieder der Partei, die Briten und Amerikaner könnten die schiitische Geistlichkeit in al-Najaf und Karbala gegen sie mobilisieren. Diese Furcht war nicht unbegründet, denn in der Tat setzten sich der britische Botschafter Sir John Troutbeck und der amerikanische Botschafter Burton Y. Barry mit dem Großmujtahid Shaikh Muhammad al-Husain Kashif al-Ghita´ (1876-1954) zusammen, um mit ihm über eine Strategie gegen den "gemeinsamen Feind" zu diskutieren.[594] Der britische Botschafter soll nach Darstellung Kashif al-Ghita´s diesem bei der ersten Begegnung mitgeteilt haben:

> ... dark propaganda has - unassisted by logic or proof and without the benefit of funds or patronage or dignity of rank - spread so widely that

---

592 Al-Rahhal, Sohn eines irakischstämmigen osmanischen Offiziers, besuchte während des dienstlichen Aufenthalts seines Vaters in Berlin bis 1919 dort ein Gymnasium und machte 1919 die Bekanntschaft mit dem Spartakusbund, der ihn sehr beeindruckte. Zu al-Rahhal siehe Batatu, 1978, S. 389ff.
593 *Kifah al-sha`b*, Nr. 2. August 1935, S. 6-7; zitiert nach Batatu, 1978, S. 409.
594 Vgl. Kashif al-Ghita´, Muhamad al-Husain: *Al-muthul al-ulia fi al-islam la fi bahamdun*. (Die höheren Vorbilder sind im Islam und nicht in Bahamdun). Beirut 1980, S. 9-10.

numerous cells, embracing spirited and ardent young men, thrive today in its name in this very city which is a center of Islam and holiness.[595]

Der britische Botschafter soll dem *mujtahid* nahegelegt haben, daß: "... the combating of communism is dependent upon the awakening of the `Ulama' and the spritual leaders, ... the warning of the young against these principles that upset the conditions of the world ... and their proper guidance in the school and the clubs."[596]

Ein Jahr später erhielt Kashif al-Ghita' eine Einladung von dem Vorsitzenden der *Association of Friends of the Middle East*, Carland Evance Hopkins, zu einer christlich-islamischen Tagung in Bahmdun (Libanon) zur Erörterung der höheren Werte und Vorbilder im Islam und im Christentum.[597] Es hieß in der Einladung Hopkins an Kashif al-Ghita':

Zweifellos teilen Sie mit mir die Meinung, daß der Islam und das Christentum auf vielen Gebieten dieselben Ziele haben. Diese beiden Religionen haben auch gemeinsame Feinde, den Materialismus und den Kommunismus.[598]

Im vierten Punkt geht Hopkins explizit auf die Frage des gemeinsamen Vorgehens gegen den Kommunismus ein.[599] In seiner Antwort lehnte Kashif al-Ghita' die Teilnahme an der Tagung ab und thematisierte als Begründung die westliche Politik gegenüber der arabischen Welt seit dem Ersten Weltkrieg sowie die Verantwortung des Westens für das Schicksal des palästinensischen Volks.[600] Über die von Hopkins vorgeschlagene gemeinsame Strategie gegen die kommunistische Herausforderung schrieb Kashif al-Ghita':

Wir wollen eine Tagung im Libanon zur Erörterung der kommunistischen Gefahr abhalten, aber wenn Sie wie bisher mit den Arabern verfahren, würden viele Leute sagen: Der Kommunismus sei tausend Mal gegrüßt, auch wenn wir seine subversiven Ideen ablehnen und ihn erbittert bekämpfen. Wenn wir Bilanz ziehen und die Taten der beiden Seiten [des Kommunismus und des Westens, F.I.] in die Waagschale legen, dann ist der Kommunismus erträglicher. Der Kommunismus hat keinen arabischen Staat kolonialisiert, kein Land von uns okkupiert und kein Geld

---

595 *Muhawarat al-Imam al-muslih Kashif al-Ghita' al-shaikh Muhammad al-Husain ma as-safirain al-britani wa al-amiriki* (Diskussionen des Reformers Imam Kashif al-Ghita' al-Shaikh Muhammad al-Husain mit den britischen und amerikanischen Botschaftern). Al-Najaf, 1954, S. 4-5; zitiert nach Batatu, 1978, S. 694.
596 Ebd., S.15-16; zitiert nach Batatu, ebd.
597 Vgl. Kashif al-Ghita', 1980, S. 11ff.
598 Ebd., S. 12.
599 Der vierte Punkt hat den folgenden Wortlaut: "Kommunismusgefahr in unserem Zeitalter. a) Was ist die Antwort des Islam auf den Kommunismus? b) Was ist die Antwort des Christentums auf den Kommunismus?" Ebd., S. 14.
600 Ebd., S. 16-19.

von uns erpreßt. Dieser kalte Krieg, den der Kommunismus im gesamten Land, auch in al-Najaf führt, dient nur Ihnen. Wenn Sie uns in Ruhe gelassen und die Kleingläubigen nicht von uns weggelockt hätten, hätten wir mit dem Kommunismus nichts zu tun gehabt. Wir wären sicher vor dem Unheil des Kommunismus ...[601]

Auslöser der "Debatte über Religion" waren die kommunistischen Häftlinge im Gefängnis von Baquba.[602] Dort gaben sie das geheime Blatt *Kifah al-sajin al-thauri* (Kampf des revolutionären Gefangenen) heraus. Die Debatte begann mit einem Artikel über *al-arb`iniyat al-husainiya*[603], d.h. über die jährlichen Trauerfeierlichkeiten für den im Jahre 680 gefallenen dritten Imam der Schiiten, Husain bin `Ali. In dem erwähnten Artikel hieß es:

Oftentimes, freethinkers and honest revolutionaries give expression to feudalist concepts ... without realizing it. This happens because the threads of feudal thought and culture extend way back in time ... and penetrate into every area of life ... . Nowadays you still can come across a revolutionary who is under the spell of outworn traditions ... who would, for example, attach great importance to attending al-Arbiniyyat al-Husainiyyah ... and while he may repair to these crowded gatherings in the hope of infiltrating into them and collecting signatures for the peace movement, you will find him devoid of any desire to liberate the masses from the archaic traditions to which they are bound, thus forgetting that the attraction of vast crowds to these ceremonies of mourning is by itself a great gain to the enemies of the people.[604]

Diese radikale Position blieb nicht ohne Antwort. Drei Monate später erschien ein Artikel von einem "Genossen Nasir" unter dem Titel "Was ist unsere Position gegenüber den Husain-Prozessionen?" Wie das folgende Zitat zeigt, nimmt Nasir eine entgegengesetzte Position ein:

This question has aroused a great deal of controversy in our organization ... . The problem is whether we should war against these processions and aim putting an end to them, or seek their transformation from a weapon in the hands of the enemy to a weapon of the revolutionary movement? To be able to cope with the problem I feel it is necessary to take into account that these processions exist regardless of our will ... and the indications are that they will not vanish or decline in the near future. On the contrary, they have been growing year after year (!!!) and will assuredly persist

---

601 Ebd., S. 20-21.
602 In den Gefängnissen von Ba`quba, Bagdad, Naqrat al-Salman und al-Kut waren seit Ende der vierziger Jahre 312 Kommunisten inhaftiert. Siehe hierzu Batatu, 1978, S. 690-93.
603 *Al-arb`iniyat* (von *arbicinn*: vierzig), vierzig Tage nach dem Tode des Imams folgen die im Islam üblichen Gedächtnisfeiern.
604 *Kifah al-sajin al-thauri*, Jg. 1, Nr. 13, 2. Februar 1954, S. 8; zit. n. Batatu, 1978, S. 695.

> even after the establishment of a People's Democracy in Iraq ... . By opposing beliefs that would, at need, be defended rather than readily forsaken, we will only isolate ourselves from the toiling masses of the people.[605]

Nasir argumentierte, eine leninistische Partei solle die Massenversammlungen für ihre Agitation ausnutzen. Zudem wären in einem Land wie dem Irak Kundgebungen nur zu religiösen Zwecken möglich, und schließlich machte er deutlich, daß die Partei bei den Prozessionen ihr ansonsten unzugängliche Bevölkerungsteile erreichen könnte.[606] Die Redaktion des Blattes, die die Führung der Partei vertrat, akzeptierte die These Nasirs nicht. Zum einen lehnte sie es ab, den "religiösen Glauben" als Kampfvehikel zu benutzen, zum anderen weigerte sie sich prinzipiell, sich in eine Position hineinzumanövrieren, die die Entscheidung nötig machte, ein Urteil für oder gegen den "Glauben der Menschen" zu fällen.[607] Auch wenn die Partei der Instrumentalisierung religiöser Traditionen eine Absage erteilte, war ihre "neutrale" Haltung gegenüber der Religion politisch weitsichtig. Am Vorabend der Gründung des prowestlichen Bagdad-Paktes hatte die Partei keinen Grund, sich auf eine Kontroverse mit der Geistlichkeit einzulassen, die, wie die Position Kashif al-Ghita´s deutlich zeigt, eine antiwestliche Haltung hatte. Zudem war der politische Islam im Irak der vierziger und fünziger Jahre noch kein entscheidender Faktor. Nicht ohne Recht zählt Batatu das Wertevakuum zu den Faktoren, die die Verbreitung des Kommunismus begünstigten.[608] Unter den Voraussetzungen des rapiden Verfalls der Stammesgesellschaft, der zunehmenden Urbanisierung als Folge der Landflucht und der Unfähigkeit der islamischen Geistlichkeit, sich den neuen Gegebenheiten anzupassen und ihr Wertesystem neu zu interpretieren, füllte die KP vor allem bei der neuen Intelligentsia das entstandene Vakuum. Batatu schreibt:

> In the Iraqi environment Marxist theory, with all its shortcomings, was, at least in its trenchant class criticism, relevant. It translated, even if in an exaggerated direction - and exaggeration engenders strength in an emotionally charged climate - what the Iraqi now persistently sensed around him: the crude class reality in Iraq. Iraqi class differences, it must be remembered, are bare and brusque, and have none of the subtlety or gradation that in other societies serve to disguise their reality of mitigate their effects. The impact of the theory, particulary on minds that lived on ancient ideas - ideas that assumed that poverty and wealth were something fated, unalterable features of life - can be imagined.[609]

---

605 *Kifah al-sajin al-thauri*, Jg. 2, Nr. 3, 30. Mai 1954; zitiert nach Batatu, 1978, S.695-96.
606 Ebd.
607 Ebd., Jg. 2, 30. Mai 1954; nach Batatu, 1978, S. 697-98.
608 Vgl. Batatu, 1978, S. 481.
609 Ebd.

Der schiitische, aber auch der sunnitische Islam im Irak hatten einen schweren Stand gegenüber dem Kommunismus. Der schiitische Islam war nach dem erzwungenen Rückzug der Geistlichkeit aus der Politik in den zwanziger Jahren in den religiösen Schulen von al-Najaf und Karbala isoliert. Die Prozessionen und die Passionsspiele in den Tagen der *al-arbi`niat al Husainiya* boten den Bauern ein Gemeinschaftsgefühl, nicht aber den urbanisierten Schichten.[610] Sicherlich gab es unter der schiitischen Geistlichkeit Ausnahmen, die die von der herrschenden Elite auferlegte Isolation durchbrachen. Muhammad al-Husain Kashif al-Ghita´ war eine dieser Ausnahmen. Er gehörte aber zu denjenigen islamischen Geistlichen beider Konfessionen des Irak, die der kommunistischen Herausforderung mit der abstrusen Idee zu begegnen versuchten, daß der Kommunismus eine vom Westen gegen den Islam gelenkte Bewegung sei.[611] Die Berichte in den schiitisch-islamistischen Quellen über die Gründung von schiitisch-islamistischen Parteien im Irak Anfang der fünfziger Jahre sind vermutlich der Versuch einer retrospektiven Legitimation der jetzigen schiitisch-islamistischen Parteien.[612]

Die 1948 gegründete Bewegung der irakischen Muslimbrüder hatte ebenfalls nur mäßigen Erfolg.[613] Zwar erhob die Bewegung seit ihrer Gründung den Anspruch, eine überkonfessionelle Bewegung zu sein,[614] konnte aber, anders als die Muslimbrüder in Ägypten, keine Massenbewegung werden. Anders als in Ägypten war sie im Irak keine Laienbewegung, sondern eher ein Zusammenschluß der sunnitischen Geistlichkeit. Die Hindernisse für die Ausbreitung der Bewegung waren vielfältig. Unter den Schiiten konnte sie kaum Fuß fassen, zumal der sunnitische Islam erst 1959 durch die sunnitische Autorität *shaikh al-Azhar,* Mahmud Shaltut (1893-1963), die Zwölferschiiten als eine islamische

---

610 Al-Fukaiki schreibt über seine Besuche in Karbala Ende der vierziger Jahre: "Ich beobachtete die Ashura-Szenen: Die Selbstgeißelung und der traurige Lärm dieser traurigen Massen, ohne daß ich die ererbte tausendjährige Trauer dieser Massen mitfühlte." Al-Fukaiki, 1992, S. 21
611 Vgl. Kashif al-Ghita´, 1980, S. 20-21. Zur Position der irakischen Muslimbrüder im Irak siehe al-Sauwaf, Muhammad Mahmud: *Min sijil dhikrayati.* (Aus den Aufzeichnungen meiner Erinnerungen). Kairo 1987. S. 141. al-Sauwaf, ein Führer der 1948 gegründeten *hizb al-ikhwan al-muslimin* (Partei der Muslimbrüder), schreibt zu dieser Frage: "Es ist bedauerlich zu sagen, daß die Briten den Kommunismus im Irak verbreitet haben. Die kommunistischen Parteien sind mit den Briten verbunden. ... Bei uns [im Irak, F.I.] ist eine Generation von jungen kommunistischen Leuten entstanden, die von den Briten ihre Gehälter bezogen haben. Die Juden sind hinter dieser bösartigen kommunistischen Aktivität." Ebd.
612 So berichtet Hasan Shubbar, daß 1950 eine "Bewegung der Islamischen Jugend" entstanden sein soll. Er macht weder Angaben über das Programm der Bewegung noch über deren Gründer. Eine andere Bewegung, *al-hizb al-ja`fari* (Ja`faritische Partei) soll 1952 in al-Najaf gegründet worden sein. Sie setzte sich das Ziel, nach Angaben von Shubbar, die "aktionistischen islamistischen Ideen" zu propagieren. Die Gründer waren `Abd al-Sahib al-Dakhil, Sadiq al-Qamusi und Shubbar. Siehe Shubbar, 1989, S. 254-55.
613 Die Gründer der irakischen Muslimbrüderbewegung waren: Muhammad Mahmud al-Sauuaf, `Ali Fatin, `Abd al-Rahman al-Saihli, Munib al-Durubi, `Abd al-Ghani Shindala und Muhammad Faraj al-Samarra´i. Vgl. Shubbar, 1989, S. 252.
614 Vgl. al-Sauwaf, 1987, S. 134-35.

Rechtsschule anerkannte.[615] Unter den Sunniten stellte die islamisch-panarabische *istiqlal*-Partei eine ernsthafte Konkurrenz dar. Zudem geriet die Bewegung Anfang der fünfziger Jahre mit der radikaleren, in Jordanien und im Irak aktiven islamistischen *hizb al-tahrir al-islami* (Partei der Islamischen Befreiung) in ideologische Konfrontation.[616]

---

[615] Zu ausführlichen Angaben siehe Ende, Werner: Die Azhar, Shaikh Shaltut und die Shia. In: Werner Diem und `Abdoljavad Falaturi (Hrsg.): XXIV. Deutscher Orientalistentag, vom 26. bis 30. September 1988 in Köln. Ausgewählte Vorträge, Stuttgart 1990, S. 308-318.

[616] Die Gründer der *hizb al-tahrir al-islami* im Irak waren: Shaikh `Abd al-`Aziz al-Badri, Salih Siriya, `Abd al-Ghani al-Mallah, Talib al-Samarrai, Nizar al-Naib. Vgl. Shubbar, 1989, S. 253; zur Kontroverse der Muslimbrüder mit dieser Partei vgl. al-Sauwaf, 1987, S. 143-46.

ZWEITER TEIL

DIE SCHIITEN NACH 1958

DIE IRAKISCHE REVOLUTION VON 1958 UND DIE SCHIITEN

"Wir haben geschworen, unser Blut und alles, was uns teuer ist, für euch zu opfern. Vertraut uns und seid sicher, daß wir die Arbeit für euch fortführen. Die Macht soll einer Regierung anvertraut werden, die aus dem Volke hervorgeht und von ihm inspiriert wird. Dies kann nur durch die Gründung einer Volksrepublik realisiert werden ...".[1]

Kommandantur der Nationalen Streitkräfte, 14. Juli 1958

Am Morgen des 14. Juli 1958 stürzte die Armee durch einen erfolgreichen *coup d' état* die haschemitische Monarchie. Wie konnte aber die Monarchie, die in den dreißiger und vierziger Jahren viele Krisen hatte bewältigen können - die *wathba* von 1948 und *intifada* von 1952 sowie die Protestbewegung anläßlich der Suez-Krise - widerstandslos gestürzt werden? Im allgemeinen gehen die Studien zur modernen Geschichte des Irak davon aus, daß die Sozial- und Paktpolitik des *ancien régime* dieses in eine immer tiefere Legitimationskrise gestürzt hat.

Auch wenn wir dem zustimmen, daß die Monarchie bis zur Revolution von 1958 sozialpolitisch wenig unternahm, um der linken Opposition den Wind aus den Segeln zu nehmen, so ermöglichten es die zunehmenden Erdöleinnahmen der Regierung - ohne die Besitzverhältnisse anzutasten - dennoch, einen Teil der Erdölrente in Entwicklungsprojekte zu investieren, so daß sich auch die Situation der marginalisierten Schichten verbessern konnte. Nicht zu Unrecht bewertet Batatu diese Tatsache u.a. als Grund dafür, daß die linken und nationalistischen Parteien die Bevölkerung - anders als 1948 und 1952 - nicht gegen die Paktpolitik Nuri al-Sa`ids zu mobilisieren vermochten:

> Then [1948, F.I.] the poor of Baghdad were hungry, desperate, and saturated with insurrectionary feelings. But 1954 they had sunk into am inactive moodand could not easily be brought to their feet. The official price of food index stood now at a low of 549 points (1939=100) and in 1955 would rise to 573, compared to the peak of 805 in 1948. The earning of labor had also relatively improved.[2]

Die Lage der marginalisierten Schichten in den ländlichen Gebieten hingegen verschärfte sich, so daß einige Politiker, vor allem liberale schiitische, offen

---

1   Zum vollständigen Text der Erklärung der Freien Offiziere siehe Fathallah, Jirjis: *Al-`Iraq fi `ahd Qasim, ara' wa khauatir, 1958-1988.* (Der Irak in der Ära Qasims, Meinungen und Gedanken, 1958-1988). Stockholm 1989, S. 582-84.)
2   Batatu, 1978, S. 680.

für eine gerechtere Regelung eintraten.[3] Die Politik wurde, wie Batatu feststellt, im Irak der vierziger und fünfziger Jahre in der Stadt und insbesondere in Bagdad gemacht. Die Revolten der Bauern in den fünfziger Jahren mögen als ein Indikator für die Verschärfung der sozialen Situation gewertet werden, sie konnten aber das Regime nicht aus den Angeln heben. Dagegen legten die städtischen Aufstände von 1948 und 1952 die Fragilität des Systems offen. Dies bedeutete aber wiederum nicht, daß keine reziproke Relation zwischen der Marginalisierung der Bauern und der zunehmenden Relevanz der Städte vorhanden war. Schließlich stammte die Masse der städtischen marginalisierten Schichten aus den ländlichen Gebieten, vor allem aus dem schiitischen Süden. Der Zustrom der Bauern in die Städte war, wie wir gezeigt haben, das Resultat der Besitzverhältnisse.

Die Verschärfung der sozialen Situation allein konnte aber, vor allem wegen der ethnisch-konfessionellen Spaltung der irakischen Gesellschaft, kaum einen Umsturz des Systems zur Folge haben, auch nicht, als durch Urbanisierung und soziale Marginalisierung die städtischen Schichten über die ethnisch-konfessionellen Grenzen hinaus zu einer sozialen Kraft geworden waren. Khadduri hat vollkommen Recht, wenn er in diesem Zusammenhang feststellt: "In the past, though popular uprisings caused damage to life and property, they could scarcely cause the overthrow of regimes. Of their very nature, they were like the floods of the river Tigres, capable of destruction but short-lived and quickly exhausted."[4]

Die Monarchie hatte immer noch die Möglichkeit, wie bei der Unterdrükkung der *intifada* von 1952, durch Intervention der Armee den Aufstand der Städte zu unterdrücken. Auch wenn wir die soziale Situation in den fünfziger Jahren als einen wichtigen Hintergrund für die Revolution von 1958 bewerten, war die Paktpolitik Nuri al-Sa`ids, die in die Unterzeichnung des Bagdad-Pakts 1955 mündete, der ausschlaggebende Faktor für die Annäherung der oppositionellen Gruppen und die Politisierung der Armee. Zwar konnte Nuri al-Sa`id, trotz der erbitterten Opposition der NDP, der *istiqlal*-Partei, der Ba`th-Partei und der Kommunisten, 1955 den Bagdad-Pakt schliessen. Dieser Sieg über die Opposition war jedoch nur vorübergehend. Nuri al-Sa`id schien, wie Uriel Dann feststellt, geglaubt zu haben, daß das Verbot oppositioneller Parteien deren Niedergang zur Folge haben müßte.[5] Die Paktpolitik forcierte jedoch den Zusam-

---

3 Vor allem der schiitische Politiker `Abd al-Karim al-Uzri leistete Widerstand gegen die Begünstigung der Stammes*shaikhs* und der Sirkale (Vertreter der *shaikhs*, die oft Chef einzelner Clans waren) bei der Neuverteilung des Landes in den beiden schiitischen Provinzen Amara und al-Muntafig. Die Besitzverhältnisse in den beiden Provinzen waren bis Anfang der fünfziger Jahre noch nicht geklärt. Die Regierung al-Sa`id brachte 1951 ein Gesetz zur Verteilung des Landes in den beiden Provinzen ein. Dabei sollten die *shaikhs* die Hälfte des Landes bekommen, die Sirkale und die Bauern jeweils ein Viertel. Nach langen Auseinandersetzungen zwischen den Befürwortern einer gerechteren Verteilung, al-Jamali und al-Uzri, und Nuri al-Sa`id, der das Interesse der *shaikhs* und der Sirkale durchsetzen wollte, einigte man sich 1954 auf eine Regelung, die den *shaikhs* und den Sirkalen die eine Hälfte des Landes und den Bauern die andere zusprach. Siehe hierzu al-Uzri, 1982, S. 447-64.
4 Khadduri, 1969, S. 52.
5 Vgl. Dann, Uriel: Iraq Under Qasim: A Political History, 1958-1963. Jerusalem 1969, S. 12.

menschluß der oppositionellen Parteien, die ein Jahr vor dem Sturz der Monarchie die "Nationale Einheitsfront" gründeten.[6] Nicht ohne Grund hob die Front in ihrer Erklärung vom 9. März 1957 die Abkehr von der prowestlichen Paktpolitik besonders hervor,[7] nicht nur weil dieser Punkt die wichtigste Gemeinsamkeit dieser Parteien war, sondern auch weil er nach der Suez-Krise die empfindlichste Schwäche der Monarchie darstellte. Denn die Paktpolitik bewirkte nicht nur die Mobilisierung der Opposition im Irak selbst, sondern verschärfte auch die Polarisierung innerhalb der arabischen Welt. Insbesondere das nasseristische Ägypten versuchte mit Erfolg, die Pläne Nuri al-Sa`ids, Syrien in den Bagdad-Pakt einzubeziehen, zum Scheitern zu bringen. Die Niederlage Iraks im *"struggle for Syria"*[8] trieb diesen zunehmend in die regionale Isolation und stärkte gleichzeitig die innere Opposition. Die Gründung der "Arabischen Union" zwischen den beiden haschemitischen Königreichen Jordanien und Irak im März 1958 als Antwort auf die Entstehung der Vereinigten Arabischen Republik (VAR) zwischen Ägypten und Syrien im Februar 1958 war wegen der großen finanziellen Belastung des Irak innerhalb der herrschenden Elite sehr umstritten.[9]

Der erhoffte Wandel kam aber nicht durch einen "Volksaufstand", wovon die Kommunisten ausgingen, sondern durch die Armee, jener Institution, an deren Loyalität zum *ancien régime* weder Nuri al-Sa`id noch die Briten zweifelten. Dies war auch der Grund dafür, warum Nuri al-Sa`id nie den Versuch unternahm, die Armee wie alle anderen staatlichen Institutionen unter die Kontrolle des "Generaldirektoriats für Sicherheit" (*mudiriyat al-amn al-`amm*) zu stellen.[10] "... Nuri's faith in the army's loyalty", schreibt Dann, "was surprisingly sanguine. The grounds on which this optmism was based are not entirely clear, unless he was unable to envisage that the creature could rise against its creator."[11]

Al-Sa`id hätte in der Tat Grund gehabt, nach den Interventionen der irakischen Armee in die Politik 1936 und 1941, aber vor allem nach dem Militärputsch in Ägypten 1952, die politische Entwicklung in der Armee genauer zu observieren. Wahrscheinlich vertraute er darauf, daß nach den Säuberungen im Offizierskorps 1941 der Drang der Offiziere, in die Politik zu intervenieren, keine Grundlage mehr hatte, zumal sich die Armee bei der *intifada* von 1952 und der Unterdrückung der Protestbewegungen 1956 loyal gezeigt hatte. Wahrscheinlich verließ sich al-Sa`id auf die Beurteilung der Briten, die ihn in seiner

---

6   Der Front gehörten die NDP, die KP, die *istiqlal*-Partei und die Ba`th-Partei an. Die DPK wurde wegen der strikten Ablehnung der Ba`th-Partei nicht in die Front aufgenommen. Siehe Dann, 1969, S. 13.
7   Weitere Themen der Erklärung der Opposition waren der Sturz der Regierung Nuri al-Sa`id, die Aufhebung des Ausnahmezustands, die Gewährung von demokratischen Rechten und die Freilassung von politischen Gefangenen. Siehe zum vollständigen Text der Erklärung al-Hasani Bd. X, 1988, S. 384-88.
8   Siehe Seale, Patrick: The Struggle for Syria. London 1965.
9   Vgl. hierzu al-Hasani Bd. X, 1988, S. 216-17; al-Uzri, 1982, S. 584-614.
10 Vgl. hierzu Dann, 1969, S. 9.
11 Ebd.

Überzeugung bestätigten. Der letzte Bericht der britischen Botschaft in Bagdad über die Haltung der Armee stellte noch im März 1958 fest, daß die Armee durchweg loyal dem Regime gegenüber sei.[12]

Nuri al-Sa`id und die Briten verkannten die Tatsache, daß sie mit der Entfernung des alten Offizierskorps 1941 die Politisierung der Offiziere langfristig nicht würden unterbinden können. Zumal den Offizieren nach 1941 angesichts ihres sozialen Hintergrunds mehrheitlich als als Angehörige der ländlichen Mittel- und Unterschicht ein Grund fehlte, die anachronistisch gewordene Koalition zwischen der politischen Elite der Monarchie und den Großgrundbesitzern weiter gegen die Aufstände der unzufriedenen Schichten zu verteidigen.

Dennoch soll hier der soziale Hintergrund bei der Politisierung des Offizierkorps als Hauptfaktor nicht überbewertet werden. Fest steht - da sind sich fast alle Studien, die sich mit der sozialen Situation des irakischen Offizierkorps vor 1958 beschäftigt haben, einig - daß die Offiziere aufgrund ihrer Gehälter, ihrer sozialen Sicherung und Schenkungen von Grundstücken zu den privilegierten Schichten im monarchischen Irak gehörten.[13] Die Revolution war insofern für die Offiziere, als Hauptakteure, nicht primär eine soziale Protestbewegung. Sie war vielmehr eine Reaktion auf die prowestliche Paktpolitik der Regierung Nuri al-Sa`id sowie auf die frustrierende Situation der irakischen Offiziere, die die politische Führung für die Niederlage im Palästina-Krieg verantwortlich machten.[14] Schließlich war die Suez-Krise der letzte Beweis für die Offiziere, daß der Bagdad-Pakt und das Bündnis mit Großbritannien den Irak vom Rest der arabischen Welt isoliere.

Dennoch waren die Offiziere, wie nach dem Sturz der Monarchie deutlich wurde, ideologisch und politisch keine kohäsive Gruppe. Sie waren vielmehr eine Miniatur der 1957 entstandenen Front der oppositionellen Parteien. Alle vier Tendenzen, die konservativen Nationalisten, die NDP, die Ba`th-Partei und die Kommunisten, waren vertreten. Die konservativen arabischen Nationalisten dominierten jedoch zahlenmäßig. Dies war kein Zufall, denn die erste Gruppe,

---

12 Vgl. hierzu Louis, 1991, S. 52-53.
13 Siehe hierzu Batatu, 1978, S. 764ff; Khadduri, 1969, S. 6; Dann, 1969, S. 9. Batatus Argumentation ist im Zusammenhang mit der Frage des sozialen Hintergrundes der Offiziere als Grund für die Politisierung nicht ganz schlüssig. Dieser Punkt ist in der Tat ein Schwachpunkt seiner ansonsten hervorragenden Studie. Einerseits räumt er ein: "But if the mass of the officers did not differ much in class origin from the discontented elements of the people, they were, on the other hand, far from representative of the various sectors of society to which these elements belonged" (Ebd., S. 765). Batatu führt weiter aus: "All the same, many of the Arab Sunni officers shared, to a lesser or greater degree, the popular discontent, especially those who descended from families that were in a lowly condition and that had not long been established in Baghdad, or who hailed from small provincial towns such as Anah or Takrit, whose old local economies and old social structures had been disrupted by the flow of European industrial goods or under the impact of the new communications." (Ebd.). Er erklärt jedoch an keiner Stelle, wie sich die Offiziere tatsächlich als Teil des unzufriedenen Volkes verstanden haben.
14 Vgl. hierzu al-`Azzawi, Jasim Kazim: *Thawrat 14 tammuz, asraruha, ahdathuha, rijaluha hata nihayat `Abd al-Karim Qasim*. (Die Revolution des 14. Juli 1958, ihre Geheimnisse, ihre Ereignisse und ihre Männer bis zum Ende [des Regimes] `Abd al-Karim Qasims). Bagdad 1990, S. 16-19.

die sich unter Führung von Rif at al-Hajj Sirri formierte, war in ihren konservativen, nationalistisch-islamischen Vorstellungen geistig eher mit den 1941 entmachteten Offizieren verwandt. Über die Ähnlichkeit der Überzeugung von al-Hajj Sirri und seinen Kollegen mit den Vorstellungen der Offiziere von 1941 schreibt Batatu:

> This Islamically embedded pan-Arabism was not a peculiarity of Rifat al-Hajj Sirri, but formed the basic thought of many - though certainly not all - of his associates ... . This state of mind is very akin to that of the officers who constituted the backbone of the 1941 military movement. In the memoirs of Salah-ud-Din as-Sabbagh, the leader of these officers, every ideological position consciously taken is backed by a Quranic verse or a Prophetic tradition.[15]

Die konservative Gruppe war jedoch nur eine von vielen Gruppen, die sich nach dem ägyptischen *coup d' état* 1952 formierten und teilweise bis 1956 autonom waren. Obwohl die Freien Offiziere nach ihrem Zusammenschluß 1956 jeden Kontakt mit den politischen Parteien verboten hatten, erwies sich dieser Beschluß als unrealistisch. Denn es war von Beginn an deutlich, daß die einzelnen Gruppen zu der einen oder anderen Partei tendierten. Neben der NDP-nahen Gruppe um Muhi al-Din Hamid etablierten sich zwei arabisch-nationalistische Gruppen um Naji Talib und `Abd al-Wahhab al-Amin, die der *istiqlal*-Partei bzw. der Ba`th-Partei nahestanden. Obwohl die in der Armee tätige prokommunistische "Union der Soldaten und Offiziere" bei der Etablierung des "Komitees der Freien Offiziere" 1956 nicht beteiligt war, hatte die KP über Wasfi Tahir, einen KP-nahen Offizier, Verbindungen zu den Offizieren.[16]

Das Herstellen von Beziehungen zu den oppositionellen Parteien geschah unkoordiniert und unautorisiert. Es scheint, daß die einzelnen Gruppen durch diese Kontakte versucht haben, für die Zeit nach dem Sturz der Monarchie Verbündete für sich zu finden. So stand der Vorsitzende des Komitees der Freien Offiziere, `Abd al-Karim Qasim, einige Monate vor dem Putsch mit der KP, die dann seine Position gegenüber den anderen Gruppen unterstützte, in Verbindung, ohne die anderen Mitglieder des Komitees zu benachrichtigen.[17]

Außerdem nutzten die Offiziere die Verbindung der oppositionellen Parteien zu den äußeren Akteuren, vor allem zum ägyptischen Präsidenten Nasser, um die Unterstützung Ägyptens und der Sowjetunion bei einer möglichen Interven-

---

15 Batatu, 1978, S. 772.
16 Die Strategie der KP gegenüber der Armee wandelte sich mit den ersten Anzeichen für die Gründung des Komitees. 1954 ging sie davon aus, daß bei einem Volksaufstand eine Konfrontation mit der Armee unvermeidbar sei. Daher war sie der Meinung: "The greatest gift that we can offer to the revolutionary workers and peasents is to win over to their side a part of the armed forces of the enemy." "Die irakische Armee", internes Papier der KP, 1954, S. 48; zitiert nach Batatu, 1978, S. 793. Die Parteikonferenz von 1956 hob dagegen die Rolle "der nationalen Streitkräfte in der nationalen Revolution" hervor. Ebd.
17 Vgl. Batatu, 1978, S. 793.

tion der Bagdad-Pakt-Staaten im Irak zu erhalten.[18] Kurz vor dem *coup d' état* wurde in der Tat durch die arabisch-nationalistische *istiqlal*-Partei die Verbindung zu Nasser hergestellt.[19]

Wie wir schon erwähnten, war es den Offizieren 1956 gelungen, ein Komitee zu gründen. Hinsichtlich ihrer politischen und sozialen Ziele scheinen sie sich auf einen Minimalkonsens geeinigt zu haben: den Sturz der Monarchie und die Ausrufung der Republik, die Säuberung der Armee und der Polizei von den "opportunistischen Elementen" sowie die Gründung eines "Revolutionsrates" und eines dreiköpfigen "*Sovereignty Councils*" als höchste Instanz der Republik.[20] Der "Revolutionsrat" sollte vor dem Sturz der Monarchie aus den Mitgliedern des Komitees der Freien Offiziere gegründet werden, dies konnte aber vor dem Hintergrund der Konkurrenz der einzelnen Gruppen bis zum 14. Juli 1958 nicht realisiert werden.

Die Zusammensetzung des Komitees der Freien Offiziere spiegelte die ethnisch-konfessionelle Struktur des irakischen Offizierkorps wider. Von den 15 Mitgliedern des Komitees waren lediglich zwei Schiiten. Die Kurden waren im Komitee nicht vertreten. Dies war die Konsequenz einer gezielten Rekrutierung des Offizierkorps aus den Reihen der arabischen Sunniten.

Die Auswirkungen der irakischen Revolution auf die Situation der Schiiten und die Haltung der Schiiten zur Revolution der Offiziere können nur im Rahmen der allgemeinen Entwicklung der postrevolutionären Situation behandelt werden. Denn nach der Entmachtung der schiitischen Elite des *ancien régimes* konnten zwei politische Kräfte als Interessenvertreter der Schiiten ausgemacht werden: die Kommunisten und die schiitische Geistlichkeit. Beide Kräfte legitimierten aber ihre Position im politischen Prozeß durch universalistische Ideologien - den Islam und den Kommunismus -, so daß sie nur mittelbar als Interessenvertreter der Schiiten angesehen werden können. Rolle und Einfluß der beiden Akteure können ebenfalls nur im Rahmen der allgemeinen Entwicklung des Irak nach 1958 dargestellt werden, da sie aus den politischen und sozialen Auseinandersetzungen nach der Revolution resultierten.

---

18 Die britischen Dokumente über die irakische Revolution von 1958, die am 1.1.1989 der Öffentlichkeit zugänglich gemacht wurden, zeigen, daß eine Intervention der Bagdad-Pakt-Staaten im Irak nicht in Erwägung gezogen wurde. Siehe hierzu Walid Muhammad Sa`id al-A`zami: *Thawrat 14 tammuz wa `Abd al-Karim Qasim fi al-watha'iq al-britaniya* (Die Revolution vom 14. Juli und `Abd al-Karim Qasim in den britischen Dokumenten). Bagdad 1989.

19 Zu diesem Zweck wurde Siddiq Shanshal kurz vor dem Sturz der Monarchie bei Nasser, der seine Unterstützung zusagte, vorstellig. Darüber hinaus erklärte die Sowjetunion über Nasser ihre - allerdings nur verbale - Unterstützung für die bevorstehende Revolution der Offiziere. Siehe hierzu Batatu, 1978, S. 795; Dann, 1969, S. 25-26.

20 Siehe Batatu, 1978, S. 797; Khadduri, 1969, S. 25-27. Khadduri bezeichnet allerdings als einziger diese Vereinbarung als "Nationalen Pakt" (*al-mithaq al-watani*).

Tabelle 10: Mitglieder des Komitees der Freien Offiziere 1958

Name, Datum der Mitgliedschaft	Militärischer Rang	Geburtsdatum und -ort	Ethnisch-konfessionelle Zugehörigkeit	Sozialer Hintergrund d. Familien
`Abd al-Karim Qasim, 1957	Brigadier	1914, Bagdad	Sunnit	Arbeiterklasse
Muhi al-Din `Abd al-Hamid, 1956	Brigadier	1914, Bagdad	Sunnit	Offiziersfamilie
Naji Talib, 1956	Brigadier	1917, al-Nasiriya	Schiit	Großgrundbesitzer
Rajab `Abd al-Majid, 1956	Oberst	1921, `Anna	Sunnit	Händlerfamilie
`Abd al-Wahhab Amin, 1956	Oberst	1918, Bagdad	Sunnit	Bauernfamilie
Muhammad Husain al-Habib, 1956	Oberst	1916, Satra	Schiit	Bauernfamilie
`Abd al-Salam `Arif	Oberst	1921, Bagdad	Sunnit	Kleinhändler
Tahir Yahiya, 1956	Oberst	1914, Bagdad	Sunnit	Kleinhändler
`Abd al-Rahman `Arif, 1957	Oberst	1916, Bagdad	Sunnit	Kleinhändler
Rif`at al-Hajj Sirri, 1956	Oberst	1917, Bagdad	Sunnit	Offiziersfamilie
`Abd al-Karim Farhan, 1956	Oberst	1919, Suwairah	Sunnit	Bauernfamilie
`Abd al-Wahhab al-Shuuaf, 1958	Oberst	1916, Bagdad	Sunnit	Religiöse Führung
Wasfi Tahir, 1956	Oberst	1918, Bagdad	Sunnit	Offiziersfam.
Sabih `Ali Ghalib, 1956	Oberst	1918, Bagdad	Sunnit	Beamtenfamilie
Muhammad Sabi`	Major	1916, Bagdad	Sunnit	Offiziersfam.

Quelle: Batatu, 1978, S. 778-83

Die politischen Veränderungen unmittelbar nach der Revolution hatten keine einschneidenden Auswirkungen auf die Situation der Schiiten. Die Provisorische Verfassung ging im Zusammenhang mit den ethnischen Gruppen lediglich auf die Stellung der Kurden in der Republik ein, die laut Artikel 3 die Partner der Araber im Irak seien. Die höchste Instanz in der Republik, der Souveränitätsrat (*majlis al-siyada*), umfaßte drei Personen, jeweils eine aus den drei großen ethnisch-konfessionellen Gruppen, sunnitische Araber, Schiiten und Kurden.[21] Im neuen Kabinett waren vier schiitische Minister vertreten. Diese wurden aber eindeutig als Vertreter ihrer Parteien ernannt.[22] Das Kabinett und die anderen Institutionen der Republik hatten, wie Batatu mit Recht feststellt, keine große politische Relevanz.[23] Die eigentliche Macht blieb bei den Offizieren. Sie hatten aber, da sie aus verschiedenen politischen Strömungen kamen, keine einheitliche Linie.

Die Polarisierung der Offiziere zeigte sich am deutlichsten bei der Frage des Anschlusses an die Vereinigte Arabische Republik. Diese Frage polarisierte darüber hinaus die politischen Parteien, die den Putsch der Offiziere unterstützten, und die ethnisch-konfessionellen Gruppen. Der Anschluß an die VAR fand bei Schiiten und Kurden keinen positiven Anklang, denn dies hätte bedeutet, daß die Schiiten zu einer Minderheit in einem Staat mit sunnitischer Mehrheit geworden wären, und die Kurden, die etwas über 20% der irakischen Bevölkerung ausmachten, wären zahlenmäßig zu einer verschwindend kleinen Minderheit degradiert worden. Innerhalb der politischen Parteien zeichnete sich bezüglich dieser Frage eine tiefgreifende Kontroverse ab. Die NDP war bestenfalls zu einer Föderation mit der VAR bereit, allerdings unter der Voraussetzung des politischen Pluralismus. Die KP hatte zwar nach ihrer Konferenz von 1956 die reservierte Haltung gegenüber dem arabischen Nationalismus - vor dem Hintergrund der neuen sowjetischen Haltung nach dem 20. Parteitag der KPdSU gegenüber nationalen Befreiungsbewegungen und der positiven Bewertung der "nationalen Bourgeoisie" - positiv geändert, die Frage der Fusion mit der VAR stand jedoch in einem anderen politischen Kontext. Die KP Irak hatte im Rahmen der "Nationalen Einheitsfront" ein Bündnis mit den arabischen Nationalisten geschlossen, als die Frage der arabischen Einheit nur eine theoretische Frage gewesen war. Die Ereignisse hatten aber seitdem eine dramatische Wende genommen. Im gleichen Jahr, in dem die Front im Irak entstanden war, oktroyierten die syrischen Offiziere, unterstützt von der syrischen Ba'th-Partei, die Unionsverhandlungen mit dem nasseristischen Ägypten. Die syrischen Kommunisten standen, anders als ihre irakischen Genossen, vor einer prekären Frage. Die Zustimmung für die Union hätte, da Nasser die Auflösung der Parteien in Syrien zur Bedingung für die Union machte, das Ende des Parteienpluralis-

---

21 Der schiitische Politiker Muhammad Mahdi Kuba, Vorsitzender der *istiqlal*-Partei, hat sich aber zu keiner Zeit als Vertreter der Schiiten verstanden.
22 Die schiitischen Minister in der ersten Regierung der Republik waren: Ibrahim Kubba (KP), Naji Talib (arabischer Nationalist und Mitglied des Komittees der Freien Offiziere), Hudaib al-Hajj Hamud (NDP) und Fuad al-Rikabi (Generalsekretär der irakischen Ba'th-Partei).
23 Vgl. Batatu, 1978, S. 808.

mus in Syrien bedeutet. Die Ablehnung der Union wiederum hätte aber den Bruch mit den neugewonnenen Verbündeten, den arabischen Nationalisten, und die Isolation der Kommunisten zur Folge gehabt. Der Generalsekretär der syrischen Kommunisten, Khalid Bakdash, wählte einen Weg, der die Konfrontation unausweichlich machte. Verbal nahm die Partei die Union zwischen Ägypten und Syrien als *fait accompli* hin, lehnte es aber vehement ab, sich wie die anderen syrischen Parteien aufzulösen.[24] Die irakische KP befand sich, anders als die syrische, wegen der Polarisierung der Offiziere, der reservierten Haltung der NDP und der DPK und schließlich wegen der ethnisch-konfessionellen Struktur der irakischen Gesellschaft in einer günstigeren Position. Aber weder die Kommunisten noch die anderen Gegner der Union mit Ägypten waren die Hauptakteure in dieser Frage. Der Revolutionsführer `Abd al-Karim Qasim und sein Stellvertreter `Abd al-Salam Arif stellten sich nicht nur als Kontrahenten im Rahmen der Gruppe der Freien Offiziere heraus, sondern verkörperten bei ihrem Streit um den Anschluß an die VAR die genuinen Widersprüche in der irakischen Gesellschaft. Die Schiiten und die Kurden sowie die bürgerliche NDP konnten sich ohne Vorbehalte mit der zögernden, eher ablehnenden Haltung Qasims zur Unionsfrage identifizieren und betrachteten die Union, falls sie zustande kommen sollte, als durch die arabischen Sunniten, repräsentiert durch deren arabisch-nationalistische Parteien, oktroyiert. Die arabisch-nationalistischen Kräfte dagegen hatten von Beginn an die Revolution von 1958 als eine panarabistische verstanden und fanden keine drängendere Aufgabe für die Revolutionsregierung, als sich der VAR anzuschließen. Welche anderen Ziele hätte auch eine panarabische Revolution in den fünfziger Jahren - dem Zenit des Panarabismus - haben können, als sich Nasser anzuschließen? Darüber lag kein Mißverständnis vor der Revolution von 1958 vor; die Panarabisten hatten nie einen Hehl daraus gemacht, daß die arabische Union ihr Hauptziel sei. Aber im postrevolutionären Irak erkannten Qasim und die politischen Kräfte, die ihm beim Kampf gegen die Panarabisten unterstützten, daß das Oktroyieren der Einheit aufgrund der Kräfteverhältnisse nicht durchzusetzen sei.

Die Galionsfigur der arabischen Nationalisten, Arif, versuchte, die prinzipielle Bereitschaft der Revolutionsregierung, mit der VAR eng zu kooperieren, durch seine Reden in den Mittelpunkt des politischen Geschehens und die Kontrahenten vor einen *fait accompli* zu stellen. Dabei instrumentalisierte er die Autorität Nassers, den er in seinen Reden mit "großer Befreier" und "großer Bruder im Kampf" titulierte. Er hat dadurch nicht nur den Führer der Revolution, Qasim, herausgefordert, sondern auch die anderen Gegner Nassers. Seine populistischen Reden zeigten, daß die arabischen Nationalisten, die er repäsentierte, einen hohen Grad an oberflächlichem Aktionismus aufwiesen und reali-

---

24 Einen Tag nach der Gründung der Union zwischen Ägypten und Syrien schrieb Bakdash: "We, the Communists of Syria, have, before the founding of the United Arab Republic, lent our support to the basic lines of Egyptian and Syrian policy. What has changed now? ... What we worked for and struggled for previously, we will work for and struggle for under the aegis of the unified Arab state. We will pursue no other course." *Al-nur*, 3. Februar 1958; zitiert nach Batatu, 1978, S. 826. Einige Tage zuvor hatte er aber die Auflösung der KP abgelehnt mit der Aussage, "noch nie hat sich eine kommunistische Partei aufgelöst". *Al-jarida* (Beirut), 29. Januar 1958.

tätsfremd waren. So machte Arif in einer Rede folgende Äußerungen: "This republic is your republic, a popular, patriotic, socialist republic. ... The sons of the people now represent the people in the service of the people. ... Rejoice, therefore, o peasant, rejoice o worker, rejoice, o son of the country ...".[25] Diese Äußerungen wurden auch in den Reihen der arabisch-nationalistischen Offiziere kritisch aufgenommen.[26]

Die Kombination aus eindringlichen Forderungen nach der Fusion mit der VAR und populistischen Parolen über eine Republik ohne Klassen, ohne Rangunterschiede und über ein vereinigtes Volk erschreckten neben den Offizieren auch die nationalistischen Parteien, vor allem die konservative *istiqlal*-Partei, und trugen binnen weniger Wochen zur Isolation Arifs bei. Batatu stellt mit Recht fest, daß die arabischen Nationalisten mit der unkontrollierten und schillernden Persönlichkeit Arifs wenig Glück hatten.[27] Diese "Leitfigur" war aber aus der Not entstanden. Die persönlichen Ambitionen Arifs, sich gegenüber Qasim zu profilieren, verleiteten diesen dazu, auch wenn er - wie viele sunnitische Offiziere - aus Überzeugung an die Einheit der arabischen Welt glaubte, sich zum Wortführer der Befürworter der Union mit der VAR zu machen. Ein nicht unwichtiger Aspekt war die Politik der kleinen irakischen Ba`th-Partei[28], die versuchte, ihre Ziele "by climbing on the shoulders of Aref", wie Batatu sich ausdrückt,[29] zu erreichen. Das Resultat aber war verheerend. Arif und die Ba`th-Partei verschärften die Widersprüche in der irakischen Gesellschaft und gaben Qasim die Chance, sie in die Isolation zu treiben.

Arifs Gegenspieler Qasim hielt sich in den unübersichtlichen ersten Wochen nach dem Sturz der Monarchie im Unterschied zu Arif sehr bedeckt. Ihm war die plurale Struktur der irakischen Bevölkerung, wie Dann feststellt, bewußt.[30] Er polarisierte daher nicht, sondern versuchte, den Konsens zum Leitprinzip seiner Politik zu machen.[31]

Bei Begegnungen mit Vertretern der ethnischen und konfessionellen Gruppen, aber auch in seiner Stellungnahme zur Rolle der Großgrundbesitzer ließ er die Notwendigkeit eines politischen und sozialen Konsenses durchblicken.[32] Seine Äußerung über die Rolle der Großgrundbesitzer und deren Behandlung durch die Revolutionsregierung war mehr als verblüffend: "We will not persecute landlords or treat them unjustly. We will only awake their conscience

---

25 Zitiert nach Batatu, 1978, S. 833.
26 Vgl. al-`Azzawi, 1990, S. 168. Al-`Azzawi war seinerzeit Mitglied der Freien Offiziere.
27 Batatu, 1978, S. 833.
28 Die irakische Ba`th-Partei hatte 1958 etwa 400 Mitglieder. Interview mit Hani al-Fukaiki, London Februar 1989.
29 Batatu, 1978, S. 816.
30 Vgl. Dann, 1969, S. 62-63.
31 Batatu schreibt über das Verhalten Qasims in den ersten Wochen nach der Revolution: "Except on uncontroversial matters, precisely where he stood remained for many crucial weeks after the revolution something of a mystery. On some issues he did not commit himself to any opinion simply because he had no considered opinion of his own. On other issues he kept his opinion to himself because he felt safer that way. As the army officers were on any one issue of different minds, his reserve worked in his favor." Batatu, 1978, S. 836.
32 Siehe hierzu Dann, 1969, S. 62-68.

towards the sons of this people, and they will march alongside the caravan of liberation and equality. Our aim is to eradicate greed."[33]

Diese Äußerung gab natürlich nicht die Überzeugung der Revolutionsregierung, einschließlich Qasims, wieder. Es ging vielmehr darum, über die Konsenspolitik die arabischen Nationalisten mehr und mehr in die Isolation zu treiben, um sie später zu schwächen.

Die Gegenoffensive der Unionsgegner ließ nicht lange auf sich warten. Am 7. August 1958, drei Wochen nach dem Sturz der Monarchie, organisierten diese, d.h. die Kommunisten, die NDP und die DPK, die größte Demonstration seit dem Putsch, um Qasim in seiner Position zu stärken. Diese Demonstration war der Anfang vom Ende Arifs und seiner Verbündeten in der Revolutionsregierung. Am 30. September verlor Arif, nachdem er zuvor Mitte September seine Funktion als stellvertretender Befehlshaber hatte abgeben müssen, seinen Sitz als Innenminister im Kabinett. Gleichzeitig wurde der bisherige Wiederaufbauminister der Ba'th-Führer, Fuad al-Rikabi, zum Minister ohne Portefeuille ernannt - eine deutliche Degradierung. Nachdem Arif es abgelehnt hatte, den neuen Posten als Botschafter in Bonn anzunehmen, wurde er verdächtigt, bei einem Gespräch mit Qasim versucht zu haben, diesen zu töten. Seine Verhaftung und die gleichzeitige Kampage gegen die arabischen Nationalisten war das vorläufige Ergebnis des Konkurrenzkampfs derjenigen Kräfte, die die Monarchie gestürzt hatten.

Ein wichtiges Ereignis, daß die Polarisierung der politischen Kräfte verschärfte, war der "Einmarsch" der Mitglieder der prokommunistischen "Friedenspartisanen" (*ansar al-salam*) in der sunnitischen Stadt Mosul. Die Kommunisten versuchten mit Zustimmung Qasims, ihrer Präsenz in dieser Stadt, die sich nach 1958 zum Zentrum des Panarabismus entwickelte, Nachdruck zu verleihen. Am 5. März stürmten fast 250.000 Personen die Stadt, die selbst nur 200.000 Bewohner hatte. Am 7. März zogen sich die Kommunisten und die anderen Teilnehmer des "Friedensfestivals" aus der Stadt zurück. Die arabischen Nationalisten gingen jedoch in die Offensive. Angriffe auf die Büros der KP in Mosul und die Verhaftung von Kommunisten durch die Anhänger der Ba'th-Partei verursachten eine bürgerkriegsähnliche Situation. Am 8. März erklärte die Armeeführung den Aufstand gegen die Zentralregierung. Die Begründung für den Aufstand, wie es aus der Erklärung des Putschistenchefs 'Abd al-Wahhab al-Shauwaf hervorging, war der "Verrat" Qasims an den Zielen der Revolution und die Begünstigung einer "Gruppe von Leuten, die eine bestimmte politische Linie verfolgen". Am 10. März gelang es den Kommunisten und ihren Verbündeten, den Aufstand zu unterdrücken. Auch wenn offensichtlich primär die Kommunisten für die Ereignisse verantwortlich waren, hatten die Konflikte und Widersprüche doch eine lange Vorgeschichte. Die KP hatte keineswegs die Kontrolle über alle Akteure, sie legitimierte jedoch politisch den Bürgerkrieg in der Stadt. Batatu beschreibt die beteiligten Akteure folgendermaßen:

---

33 Radio Bagdad, 3. September 1958; zitiert nach Dann, 1969, S. 63.

The events of March at Mosul illumined with flaming glare the complexity of the conflicts that agitated Iraq and disclosed its various social forces in their essential nature and in the genuine line-up of their life interests. For four days and four nights Kurds and Yezidis stood against Arabs: Assyrian and Aramean Christians against Arab Moslems; the Arab tribe of Albu Mutaiwit against the Arab tribe of Shammar; the Kurdish tribe of al-Gargariyyah against Arab Albu Mutaiwit, the peasants of the Mosul country against their landlords; the soldiers of Fifth Brigade against their officers; the periphery of the city of Mosul against center; the plebeians of the Arab quarter of al-Makkawi and Wadi Hajar against the aristocrats of the Arab quarter of ad-Dawwasah; and within the quarter of Bab al-Baid, the family of al-Rajabu against its traditional rivals, the Aghawat.[34]

Die Widersprüche, die in der Darstellung Batatus nach einem *bellum omnium contra omnes* klingen, haben aber ein nicht zu verkennendes Grundmuster: Der Kampf jener Elemente, die durch die Revolution an Kraft gewonnen hatten, gegen die traditionellen Kräfte, die im Handelszentrum des nördlichen Irak, Mosul, konzentriert waren. Batatu relativiert in der folgenden Passage den ethnisch-konfessionellen Aspekt im Bürgerkrieg von Mosul: "Where the economic and ethnic or confessional division did not coincide, it was often not the racial or religious, but the class factor that asserted itself."[35]

Natürlich können in einem Bürgerkrieg andere Motive bei den beteiligten Akteuren nicht ausgeschlossen werden. Aber selbst den beteiligten Offizieren um al-Sauuaf tut man Unrecht, wenn man sie *en bloc* mit den konservativen, durch die Revolution geschädigten Schichten in der Stadt identifiziert. In ihrer Furcht vor dem Kommunismus ließen sie sich dazu verleiten, nicht ohne Ermunterung durch Nasser, der den Irak seit der Revolution unentwegt zum Anschluß an die VAR zu bewegen versuchte, mit einem politischen und sozialen Konglomerat von Nasseristen, Ba'thisten, Großhändlern und Großgrundbesitzern als Verbündeten das Regime zu stürzen.

---

34 Batatu, 1978, S. 866.
35 Ebd.

DIE HERAUSBILDUNG DER SCHIITISCH-ISLAMISTISCHEN BEWEGUNG

Die Rolle der KP nach 1958 und die gesamte Entwicklung im postrevolutionären Irak lösten einen neuen Prozeß aus, nämlich die Herausbildung der schiitisch-islamistischen Bewegung, die die Herausforderung der säkularen Parteien annahm und sich innerhalb der schiitischen Gemeinschaft als eine politische Alternative darzustellen versuchte. Für die politische Partizipation der schiitischen Geistlichkeit im postrevolutionären Irak waren u.E. drei Faktoren von Bedeutung: Mit dem Sturz der Monarchie verlor das schiitische Segment der alten Elite jeglichen Einfluß in der schiitischen Gemeinschaft. Auch wenn die Anhängerschaft der KP aus den Reihen der Schiiten kam, konnte und wollte diese keine partikularistischen Interessen vertreten, sprich, für eine angemessene Rolle der Schiiten im politischen System eintreten. Als letzter Faktor ist die Herausbildung des schiitischen Islamismus zu nennen, der sich seit den späten vierziger Jahren im Irak bemerkbar machte. Zwar konnten die 1948 gegründeten irakischen Muslimbrüder keine Anhänger unter den Schiiten finden,[36] doch deren Ideen beeinflußten, wie wir noch zeigen werden, die junge Generation der schiitischen Geistlichkeit.[37]

Hinsichtlich der Reaktion der schiitischen Islamisten auf die politischen Prozesse im postrevolutionären Irak sind zwei Ebenen zu unterscheiden: die Haltung der traditionellen schiitischen *marja'iya* und die der schiitischen Islamisten.

Die schiitische Geistlichkeit war nach dem Sturz der Monarchie von dem rasanten politischen und sozialen Wandel überrascht worden. Zum einen hatte die Mehrheit der Geistlichkeit seit Jahrzehnten eine quietistische Haltung gezeigt und so zunehmend ihre politische Bedeutung verloren, zum anderen hatten die *'ulama'* den Aufbau religiöser Institutionen, Moscheen und religiöser Hochschulen vernachlässigt, so daß sich ihr Einfluß nun auf al-Najaf, Karbala' und Kazimiya reduzierte. Die Verbindungen der *marja'iya* mit den schiitischen Gemeinden in den ländlichen Gebieten beschränkten sich auf die sporadischen Begegnungen vor allem während der Pilgerfahrten zu den Gräbern der Imame in

---

36 Einer der wichtigsten Führer der irakischen Muslimbrüder, Shaikh Muhammad Mahmud al-Sauwaf, schreibt in seinen Memoiren, daß die schiitischen *ulama* Beiträge in der von Muslimbrüdern herausgegebenen Zeitschrift *Al-ikhuua al-islamiya* (Islamische Verbrüderung) geschrieben hätten. Es kam aber darüber hinaus zu keiner Zusammenarbeit zwischen den Muslimbrüdern und den schiitischen *ulama*. Vgl. al-Sauwaf, 1987, S. 147-48.

37 Emmanuel Sivan ist der Ansicht, daß der Einfluß der radikalen Sunniten auf die schiitisch-islamistische Bewegung nur peripher war. Vgl. Sivan, Emmanuel: Sunni Radicalism in the Middle East and the Iranian Revolution. In: International Journal of the Middle East Studies, Vol. 21, 1989, S.1-30. Es ist nicht zu bestreiten, daß sich die schiitischen Islamisten nur selten auf den sunnitischen Islamismus beziehen; Themen und Begrifflichkeiten der schiitisch-islamistischen Bewegung weisen jedoch eine starke Verwandtschaft mit denen der sunnitischen Islamisten auf.

Najaf und Karbala´. Batatu stellt am Beispiel der Städte des mittleren Euphrats, Amara und Kut mit ihren 421.000 Einwohnern fest, daß in beiden Städten bis Ende der fünfziger Jahre keine einzige religiöse Institution, sei es eine Schule oder eine Residenz für die Vertreter (*wukala'*) der großen Ayatullahs in al-Najaf oder Karbala, existierte.[38]

Die Tatsache, daß im Jahr 1958 von den 1.954 Studenten an den schiitischen religiösen Schulen in den drei erwähnten Städten nur 326 aus dem Irak stammten,[39] zeigt ebenfalls die Schwierigkeit der `*ulama'*, im Irak aus den Reihen der irakischen Schiiten Studenten für die religiösen Schulen zu rekrutieren.[40] Die Konfrontation Qasims mit den politischen Kräften, vor allem mit den Kommunisten, öffnete, wie Chibli Mallat sich ausdrückt, die "Büchse der Pandora".[41] Aber auch wenn einige etablierte `*ulama'*, vor allem Ayatullah al-Uzma Muhsin al-Hakim, zu Symbolen des Widerstands der Geistlichkeit wurden, waren im Hintergrund doch hauptsächlich die jungen schiitischen Islamisten aktiv, und die Beziehungen zwischen den beiden `*ulama'*-Generationen waren durchaus nicht spannungsfrei.

Die säkularistische Herausforderung führte schon Anfang der fünfziger Jahre zur Formierung einiger schiitischer Bewegungen in den unteren Rängen der Geistlichkeit sowie unter Studenten der theologischen Schulen Najafs und Karbalas, wie z.B. der Organisationen *al-shabab al-`aqa`idi* (Gläubige Jugend)[42] und *al-shabab al-muslim* (Islamische Jugend), die allerdings noch keinen Einfluß in den Kreisen der etablierten `*ulama'* gewinnnen konnten.[43] Die schiitischen Quellen führen die distanzierte Haltung der `*ulama'* gegenüber dem politischen Geschehen im Irak auf die Tatsache zurück, daß bis in die fünfziger Jahre die `*ulama'* vorwiegend aus dem Iran stammten und daher Iran-orientiert waren.[44] Dies verstärkte zusätzlich die seit den zwanziger Jahren dominierende quietistische Haltung der schiitischen `*ulama'* im Irak. Politisch engagierte Großayatullahs, wie etwa Muhammad al-Husain Kashif al-Ghita, waren eher Ausnahmen.[45]

---

38 Batatu, 1982, S. 4.
39 Vgl. al-Katib, 1981, S. 172-73. Die Mehrheit der irakischen Studenten war nach Angaben al-Katibs im fortgeschrittenen Alter und kam daher als Nachwuchs für die älteren *mujtahids* nicht in Frage. Zu ausführlichen Angaben über die religiösen Schulen in al-Najaf siehe: Jamali, Fadil: The Theological Colleges of Najaf. In: The Muslim World, Vol. 50, No. 1, 1960.
40 Ein wesentlicher Grund für die Schwierigkeiten der schiitischen religiösen Schulen in al-Najaf und Karbala´, sich als Alternative zu den staatlichen Schulen durchzusetzen, war die Tatsache, daß die Ausbildung an einer staatlichen Schule die Bedingung für die Beschäftigung im Staatsdienst war, der ein sicheres Einkommen garantierte. Auch der Umstand, daß die Schüler der theologischen Schulen nach Abschluß ihrer Ausbildung auf die von den Gläubigen entrichteten *khums* angewiesen waren, weil sie - anders als die sunnitische Geistlichkeit - keine Gelder von den religiösen Stiftungen (*al-awqaf*) erhielten, machte den Beruf eines schiitischen Geistlichen im Irak wenig attraktiv, zumal die Kommunisten die Geistlichkeit in ihrer Propaganda als "Schmarotzer" darstellten. Interview mit Bahr al-`Ulum, London 15. Februar 1989.
41 Mallat, 1993, S. 15.
42 Hier soll der Begriff "*aqa`idi*" mit "gläubig" übersetzt werden, da er in einem religiösen Kontext gebraucht wird. In der modernen arabischen Sprache wird '*aqa`idi* hingegen mit "ideologisch" übersetzt.
43 Hadi, Muhammad: *Al-Imam al-Hakim. Dirasa tahliliya li al-mauaqif al-siyasiya.* (unveröffentl. Manuskript). Teheran 1989. S. 76.
44 Interview mit Bahr al-`Ulum, London 15. Februar 1989.
45 Siehe zur Rolle Kashif al-Ghitas in den vierziger und fünfziger Jahren, Kapitel I.6 dieser Arbeit.

Als wichtigstes Ereignis bei der Entwicklung des schiitischen politischen Islamismus ist die Gründung der *hizb al-da'wa al-islamiya* (Partei der islamischen Mission) im Jahre 1958[46] zu bewerten, nicht weil diese Partei eine große Anhängerschaft um sich sammeln konnte - dies war noch nicht möglich[47] - sondern weil die Gründer der Partei die Rolle einer avantgardistischen Elite für sich beanspruchten und die bestehenden schiitischen Institutionen mit einem neuen, dem Quietismus widersprechenden Geist erfüllen wollten.

Die Gründung der Partei ist vor dem Hintergrund der Etablierung sunnitisch-islamistischer Parteien wie den Muslimbrüdern und der *hizb al-tahrir* (Befreiungspartei) innerhalb und außerhalb des Irak sowie der ungewöhnlichen Verbreitung der KP innerhalb der schiitischen Gemeinschaft zu sehen. Der Mitbegründer der *da'wa*-Partei, Murtada al-'Askari, geht in der Tat bei der Erörterung der Frage nach dem Entstehen der *da'wa*-Partei von einer Kombination dieser beiden Gründe aus:

> Ich stand mit einigen islamischen Parteien, Anhängern der Khulafa-Schule [Sunniten, F.I.] (der Befreiungspartei und den Muslimbrüdern) in Verbindung, mit dem Hintergedanken, ähnliche Arbeit zu tun. Was mich dann veranlaßt hat, eine aktionistische Partei für die Jugend zu gründen, war eine Begegnung mit einem jungen Mann, der aus einer geistlichen Familie stammte und Mitglied der KP war. ... Ich fragte ihn: Was hat dich veranlaßt, dem Islam den Rücken zu kehren, und den Kommunismus anzunehmen? Er antwortete: Ich bin ein praktizierender Muslim; dem Islam fehlt aber ein Herrschaftssystem (*nizam al-hukm*). Wir, die Menschen, müssen aber ein ideales System suchen. Als ich den Kapitalismus mit dem Sozialismus verglichen habe, wählte ich den letzteren.[48]

---

46 Über das Datum der Gründung der *hizb al-Da'wa* liegen keine genauen Angaben vor. Während einige Quellen davon ausgehen, daß die Partei Ende 1957 gegründet wurde (Shubbar, 1989, S. 255; *Al-jihad* [Zentralorgan der *Da'wa*-Partei] vom 24. November 1986; Nazimiyan, Rida: *Giriyanaha-i siyasi muasir-i 'iraq* [Strömungen in der gegenwärtigen Geschichte des Irak]. In *Kayhan* vom 24. Azr 1370), nennen andere Quellen das Jahr 1958 als Gründungsdatum. Der Mitbegründer der Partei, Murtada al-'Askari, gibt an, daß er nicht ganz sicher sei, ob die Partei vor oder nach der irakischen Revolution von 1958 enstanden ist (*Sawt al-'Iraq* [Auslandsorgan der Da'wa-Partei] vom 14. April 1993). Wir nehmen jedoch an, daß die Partei als Reaktion auf die Ereignisse nach der Revolution von 1958 entstanden ist. Es mag sein, daß einige politisierte *mujtahids* vor 1958 mit dem Gedanken gespielt hatten, eine schiitisch-islamistische Partei zu gründen, die Formierung der Partei fand aber höchstwahrscheinlich nach der Revolution statt. Diese Frage ist insofern von politische Bedeutung, als die schiitischen Islamisten sich dagegen wehren, daß die Gründung der Partei eine Reaktion auf den zunehmenden Einfluß der KP nach 1958 war. Interview mit Bahr al-'Ulum, 15. Februar 1989; verschiedene Gespräche (1989-1993) mit Muwaffaq al-Rubai'i (Führung der *Da'wa*-Partei).

47 Bahr al-'Ulum schätzt die Zahl der Mitglieder Ende 1959 auf über 20. Die Zahl der Anhänger dürfte nach seinen Angaben unter 100 gelegen sein. Interview, London 23.4.1989.

48" *Saut al-'Iraq tugri hiwaran shamilan ma samahat al-alama al-Saiyd Murtada al-'Askari"* (*Sawt al-'Iraq* führt einen umfassenden Dialog mit dem Gelehrten al-Saiyd Murtada al-'Askari). In: *Sawt al-Da'wa* vom 15. April 1993, S. 4 (Bemerkung in runden Klammern im Orginal).

Tabelle 11: Mitglieder des Gründungskomitees der *hizb al-da`wa al-islamiya* 1958

Name	Beruf	Soziale Herkunft	Geburtsort, -datum	Weiterer Lebenslauf
Murtada al-`Askari	Geistlicher	`Alimfamilie	1903	Flucht in den Iran
Muhammad Mahdi al-Hakim	Geistlicher	`Alimfamilie	al-Najaf 1935	Ermordet 1988
Muhammad Sadiq al-Qamusi	Buchhändler	Händlerfamilie	1910	Gestorben
Muhammad Baqir al-Sadr	Geistlicher	`Alimfamilie	al-Kazimiya 1935	Hingerichtet 1980
`Abd al-Sahib al-Dakhil	Buchhalter	Händlerfamilie	1935	Hingerichtet 1970
Salih al-Adib	Agraringenieur	Beamtenfamilie	1933	Flucht in den Iran
Muhammad Hadi al-Sabiti	Elektroingenieur	Beamtenfamilie	1935	1981 vom irak. Geheimdienst aus Jordanien entführt

Da wir die Vorstellungen des herausragenden Führers der *al-da`wa*-Partei, Ayatullah Muhammad Baqir al-Sadr, an anderer Stelle behandeln, genügt hier eine kurze Darstellung des politischen und ideologischen Standpunktes der Partei in der Phase der Gründung.

Die Ähnlichkeit der Vorstellungen der *da`wa*-Partei in der Gründungsphase mit denen der Muslimbrüder ist in der Tat frappierend. *Al-da`wa* (Mission) war schon seit Entstehung der Bewegung der Muslimbrüder ein zentraler Begriff der ägyptischen Islamisten. Dies war jedoch nicht die einzige Übereinstimmung der beiden Bewegungen. Beide lehnten die Reduzierung des Islam auf eine Summe von Riten und Praktiken oder nur auf ein Wertesystem ab. Für sie stellt der Islam eine umfassende politische, soziale und ökonomische Ordnung dar, also das, was die Islamisten unter der Parole *"al-islam din wa daula"* (der Islam ist Religion und Staat)[49] propagieren. Der Weg zur Rückkehr zum Islam beginnt für beide durch die Veränderung der Menschen selbst. Sura 13, Vers 11 des

---

49 Vgl. z.B. Rizq, Jabir: *Al-dawla wa al-siyasa fi fikr Hasan al-Banna.* (Staat und Politik im Denken von Hasan al-Banna). Kairo 1985.

Quran bestimmte für beide Bewegungen die Richtung, die *"da`wa"* einschlagen sollte: "... Gott verändert nichts an einem Volk, solange sie (d.h. die Angehörigen dieses Volkes) nicht (ihrerseits) verändern, was sie an sich haben."[50] Der Weg zu einer islamischen Ordnung schließt bei beiden Bewegungen Erkenntnis und Tat ein. So gingen die Muslimbrüder von der "Erkenntnis" aus, die Muslime hätten sich vom Islam entfernt und dies sei der Grund für alle Probleme der islamischen Welt; die Muslime müßten demnach, um die Probleme der Gegenwart bewältigen zu können, zur islamischen Ordnung zurückkehren. Dies sei aber nur möglich, wenn die Avantgarde, die *"du`at"*, den Muslimen den Islam als eine umfassende Ordnung ins Bewußtsein riefe.[51]

In zwei wesentlichen Punkten unterschied sich jedoch die *da`wa*-Partei von den ägyptischen Muslimbrüdern. Während in Ägypten die Mehrheit der Bevölkerung Sunniten sind und daher der Konfessionalismus keine Rolle spielt, agitierten die islamistischen Bewegungen im Irak, abgesehen von ihrer islamisch-universalistischen Ideologie, innerhalb ihrer eigenen Konfession. Aus diesem Grund konnte die 1948 gegründete irakische Muslimbruderschaft keinen Fuß innerhalb der schiitischen Gemeinschaft fassen. Die Schiiten versuchten, wie der oben zitierte al-`Askari deutlich macht, eine eigene Organisation nach dem Vorbild der Muslimbrüder zu gründen. Ein Anschluß an die irakischen Muslimbrüder oder an die Befreiungspartei wurde nicht in Erwägung gezogen. Somit war der irakische Islamismus von Beginn an konfessionell orientiert. Die ethnisch-konfessionelle Grenzziehung konnte durch die islamistische Bewegung nicht beseitigt werden.

Der zweite wesentliche Punkt bezieht sich auf das Verhältnis der *al-da`wa*–Partei zu der etablierten schiitischen Geistlichkeit, der *al-marja`iya*. Um noch einmal das Beispiel der ägyptischen Muslimbrüder anzuführen: Diese hatten eine kritische und reservierte Haltung gegenüber al-Azhar als der autoritativen sunnitischen Institution.[52] Der Führer der Muslimbrüder, Hasan al-Banna, warf den Azhar-`ulama' vor, nicht in der Lage gewesen zu sein, dem Angriff gegen den Islam energisch entgegenzutreten und nicht den Versuch unternommen zu haben, die verkrustete Struktur der al-Azhar durch Reformen zu beseitigen.[53] *Hizb al-da`wa* erhob ähnliche Vorwürfe gegen die schiitische *marja`iya*, vertreten durch die Großayatullahs in al–Najaf und Karbala´. Aber während al-Banna und seine Weggefährten die al-Azhar umgehen wollten, da im sunnitischen Islam theoretisch kein Klerus existiert, mußte die *da`wa*–Partei - vor dem Hintergrund der *taqlid*-Tradition[54] - versuchen, Einfluß auf die *marja`iya* zu nehmen. Das Hauptproblem lag hierbei darin, daß das Parteienprinzip *(al-hizbiya)* zur Zeit der Entstehung der *hizb al-da`wa* innerhalb der schiitischen Geistlichkeit

---

50 Der Koran, Übersetzung von Rudi Paret, Stuttgart 1989, S. 174 (Klammerbemerkungen dort).
51 Siehe Muhammad Baqir al-Sadr: *Tahdidi marhalatuna al-hadhira* (Die Bestimmung unserer jetzigen Etappe), 1959, nach *"al-Taqrir Siyasi al-Islami"* (Der islamische, politische Bericht), Nr. 52, Teheran, 1407 H., S. 103.
52 Vgl. zur Haltung der Muslimbrüder zur al-Azhar: Mitchell, Richard P.: The Society of the Muslim Brothers. London 1969, S. 211-13
53 Ebd.
54 Siehe zur *taqlid*-Tradition Kapitel I.1. dieser Arbeit.

sehr umstritten war.[55] Murtada al-`Askari schreibt über die Phase unmittelbar vor der Gründung der *al-da`wa*-Partei: "Ich wurde darauf aufmerksam, daß etwas getan werden mußte, ... aber wen sollte ich ansprechen, wenn das Sprechen über eine islamische Partei in unserer Umwelt beinahe wie ein Unglaube war ...".[56]

Nach der Gründung der Partei wurde bekannt, daß der einflußreiche Ayatullah Muhsin al-Hakim seinen *muqalids* (Nachahmern) von der Mitgliedschaft in der Partei abriet.[57] So verließ sein Sohn Muhammad Mahdi al-Hakim, einer der wichtigsten Mitbegründer, die Partei.[58] Zwei Jahre nach der Gründung verließ auch Muhammad Baqir al-Sadr die Partei, so daß diese de facto ihre Tätigkeit einstellen mußte.[59] Bei der Frage, warum Muhsin al-Hakim, einer der wenigen arabischen Großayatullahs, dem nach dem Tode von Ayatullah Husain Burujerdi 1961 der Titel *Ayatullah al-`Uzma*, also "Oberhaupt aller Schiiten", zukam, die Zulässigkeit der *da`wa*-Partei in Frage stellte, muß die *taqlid*-Tradition berücksichtigt werden. Nach dem *taqlid*-Prinzip muß der Führer der Gemeinschaft den Gläubigen oder, genauer ausgedrückt, den *muqalidin* (Nachahmern) bekannt sein, d.h., die Führer der *da`wa* hätten sich in der Öffentlichkeit als solche zu erkennen geben müssen. Mitte der sechziger Jahre relativierte al-Hakim seine Meinung. Wegen der Wichtigkeit seiner *fatwas* von 1966 dokumentieren wir im folgenden zwei. Die erste Anfrage lautete:

> ... Ich bin ein Nachahmer Eurer Eminenz in religiösen Fragen. Ich wurde aufgefordert, Mitglied einer islamischen Partei zu werden. Mir wurde zur Gewißheit, daß diese Partei auf drei Elementen beruht: 1. Sie folgt einem der Öffentlichkeit unbekannten Mann; 2. Sie folgt bestimmten Ideen, die von der Führung verabschiedet werden; 3. Die absolute Gehorsamkeit gegenüber den Befehlen der Führung. Ich habe einige Geistliche gefragt. ... Sie waren der Meinung, daß die Mitgliedschaft zulässig sei. Andere meinen, daß die *maraji* [die bedeutenden Geistlichen, F.I.] keine Organisation anerkennen würden, die die Bedingungen der Nachahmung (*al-taqlid*) nicht erfüllen.[60]

Al-Hakim verabschiedete auf diese Anfrage das folgende *fatwa*[61]: "Wenn die Führung unbekannt ist, ist die absolute Hingabe (*istirsal*) unzulässig, weil sie gefährlich (*khatar*) ist. Ja, die eingeschränkte Mitgliedschaft ist zulässig, solange die Ziele bekannt sind. ..."[62]

---

55 Muhammad al-Husain Kashif al-Ghita beispielsweise lehnte Mitte der fünfziger Jahre die Gründung von Parteien oder die Arbeit in Parteien ab.
56 Al-`Askari, in: *Sawt al-Da`wa* vom 15. April 1993, S. 4.
57 Interview mit Muhammad Bahr al-`Ulum, London 15. Februar 1989. Bahr al-`Ulum, ein enger Mitarbeiter al-Hakims, verließ ebenfalls die Partei.
58 Al-`Askari, in: *Sawt al-Da`wa* vom 15. April 1993, S. 4; auch Interview mit Muwaffaq al-Rubai`i, 1. März 1989.
59 Interview mit Bahr al-`Ulum, 23.4.1989.
60 Hadi, 1989, S. 81.
61 Siehe zu beiden *fatwas* Hadi, 1989, S. 80-84.
62 Ebd.

Eine andere Anfrage hat den Wortlaut: "Wie ist die Haltung Eurer Eminenz gegenüber den Parteien, insbesondere den islamischen Parteien? Ist die Mitgliedschaft zulässig oder nicht? ..."[63]

Die Antwort lautete: "Die Mitgliedschaft in Parteien, deren Prinzipien dem Islam widersprechen, ist nicht erlaubt. Es ist erlaubt, den islamischen Parteien beizutreten, wenn die Ziele bekannt sind, die Führung bekannt und von [religiösem, F.I.] Rang ist. ..."[64]

Damit wurde zum einen deutlich, daß al-Hakim die Untergrundparteien aufgrund der Anonymität der Führung für unzulässig erklärte. Zum anderen relativierte er Mitte der sechziger Jahre seine Meinung, als er im ersten Urteil zwischen "absoluter Hingabe" und "eingeschränkter Mitgliedschaft" unterschied. Im zweiten Urteil bezog sich die Anfrage nicht auf die Untergrundparteien; er hatte die Mitgliedschaft für zulässig erklärt, da aber im Irak zur Zeit der Verabschiedung dieses Urteils keine legalen islamischen Parteien existierten, nannte er - darum besorgt, das *taqlid*-Prinzip zur Geltung zu bringen - die beiden im Spruch erwähnten Bedingungen.[65]

Andere Gründe, vor allem die Befürchtung al-Hakims, daß eine politische Partei zum Dualismus der politischen Instanzen innerhalb der Shi'a führen könnte, da sich die *marja'iya* ebenfalls als eine politische Institution verstand, dürften eine Rolle bei seiner Entscheidung gespielt haben. Ein weiterer Grund dürfte die Berücksichtigung der Meinung der konservativen *mujtahids* gewesen sein, die den Aufstieg al-Hakims, der von seinen Anhängern als Erneuerer (*mujaddid*) betrachtet wurde,[66] zum *marja' ul-a'la* der Shiiten mit Skepsis aufnahmen.[67] Die Gründer der Partei, allen voran Muhammad Baqir al-Sadr, wählten jedoch nicht den Weg der Konfrontation mit al-Hakim. Stattdessen versuchten sie bis zum Sturz des Qasim-Regimes, gestützt auf die Bereitwilligkeit al-Hakims, die *marja'iya* selbst zu erneuern und aus ihr eine wirksame politische Institution zu machen. Die Konfrontation mit den Kommunisten bewog die anderen Geistlichen dazu, andere organisatorische Formen zu billigen.

Die Ende 1958 von den etablierten Geistlichen unter Führung von *shaikh* Murtada Al Yasin gegründete "Gemeinschaft der *'ulama'* in al-Najaf" (*jama'at al-'ulama' fi al-Najaf*) wurde zu einem politischen Forum für junge *'ulama'* in den religiösen Schulen von al-Najaf.[68] Auch wenn Muhammad Baqir al-Sadr wegen seines geringen Alters[69] nicht zum Vorstand der Gemeinschaft gehörte, spielten er und seine

---

63 Ebd., S. 81-82.
64 Ebd., S. 82.
65 Interview mit Bahr al-'Ulum, London, 10.11.1990.
66 Vgl. z.B. Hadi, 1989.
67 Interview mit al-Rubai'i London, 18.3.1989.
68 Muhsin al-Hakim unterstützte die Gemeinschaft der *ulama* mit der Erklärung: "Alles was eine Gruppe von *ulama*, die unter "Gemeinschaft der *ulama* in der heiligen Stadt Najaf" bekannt ist, herausgibt oder mitteilt, gehört zu den religiösen Pflichten ...". Zitiert nach *Dima al-ulama fi tariq al-jihad* (Blut der *ulama* auf dem *jihad*-Weg). Hrsg. vom Obersten Rat der Islamischen Revolution im Irak. Teheran 1984, S. 38.
69 Muhammad Baqir al-Hakim, ein Sohn Muhsin al-Hakims und seit 1982 Vorsitzender des "Obersten Rates der Islamischen Revolution im Irak", gibt das Alter al-Sadrs als Grund dafür an, daß dieser nicht in die Gemeinschaft aufgenommen worden war. Vgl. al-Qubanchi, 1404, S. 20.

engsten Mitstreiter schiitischen Quellen zufolge die Hauptrolle bei den Aktivitäten.[70] Die "Gemeinschaft der `ulama'" erfüllte zum Teil die Funktion, die die *da`wa*-Partei sich zum Ziel gesetzt hatte, nämlich, die Führungsrolle in der schiitischen Gesellschaft zu übernehmen. Dabei folgte sie in ihrer Arbeit ebenfalls einem Konzept, das Ähnlichkeiten mit dem der ägyptischen Muslimbrüder hatte. Im Rahmen dieses Konzepts wurden, vor allem in Bagdad und in Basra, Schulen gegründet und kostenlose Gesundheits- und Behindertenzentren etabliert.[71] Auch wenn Schulen und karitative Einrichtungen für die gesellschaftliche Präsenz der `ulama' wichtig waren, konnte sich ihre Tätigkeit darin nicht erschöpfen. Die schiitische Geistlichkeit mußte, um ihrem politischen und sozialen Führungsanspruch in der schiitischen Gemeinschaft Nachdruck zu verleihen, politisch Position beziehen. Trotz eines Restes an Quietismus, der sich vor allem bei Ayatullah Abu al-Qasim al-Khui bemerkbar machte, ging die schiitische Geistlichkeit Ende 1959 in die Offensive. Die politischen Bedingungen für die offensive Politik der schiitischen Geistlichkeit waren äußerst günstig. Die Kommunisten waren nach den Ereignissen von Kirkuk und dem darauf folgenden Konflikt mit Qasim in die Defensive geraten. Die arabischen Nationalisten verloren nach dem versuchten Attentat auf Qasim 1959 vorübergehend jeglichen Einfluß auf die politische Entwicklung. Mit anderen Worten, die Kräfte, die die schiitischen `ulama' als Gefahr für ihre politische und soziale Position betrachteten, waren stark dezimiert. Das wichtigste Ereignis, daß der "Gemeinschaft der `ulama'" die Möglichkeit der politischen Profilierung bot, war die Verabschiedung des neuen irakischen Personenstandsgesetzes (*qanun al-ahwal al-shakhsiya*) am 30. Dezember 1959. Dieses Gesetz war für die Islamisten beider Konfessionen fast wie ein *deus ex machina*. Worin bestand aber die Relevanz dieses Gesetzes und warum hat es die `ulama' aus den beiden Konfessionen provoziert? An dieser Stelle muß erwähnt werden, daß sich der Ausschuß, der mit der Ausarbeitung des Gesetzes beauftragt worden war, im Februar 1959 konstituiert hatte, also in der Zeit der "kommunistischen Flut". Ende 1959 waren, wie Dann mit Recht feststellt, abgesehen von Qasim und der Offiziersclique um ihn, die geschwächten säkularen Kräfte nicht in der Lage, das Gesetz politisch zu verteidigen.[72] Daß es die schiitischen, aber auch die sunnitischen `ulama' für "unislamisch" erklärten, war nicht nur politisch motiviert. Denn das Gesetz vereinheitlichte die Grundlage für die Rechtsprechung in diesem Bereich. Bis dahin hatten die Schiiten und die Sunniten verschiedene Personen-

---

70 Der Biograph al-Sadrs, Sadr al-Din Qubanchi, führt die Idee zur Gründung einer Gemeinschaft der *ulama* auf al-Sadr zurück. Vgl. al-Qubanchi, 1404 h., S. 21. Dem Vorstand gehörten die folgenden bedeutenden religiösen Gelehrten von al-Najaf an: Murtada Al Yasin, Husain al-Hamadani, Ismail al-Sadr, Hidir al-Dugaili, Muhammad Taqi Bahr al-`Ulum, Muhammad Hasan al-Jawahiri, Musa Bahr al-`Ulum, Muhammad Jamal al-Hashimi.
71 Vgl. für ausführliche Angaben: Wiley, Joyce N.: The Islamic Movement of Iraqi Shi`as. Boulder, Col. 1992, S. 34-35.
72 Einige Urteilssprüche des sunnitisch-religiösen Gerichts in Basra versuchten, die Ehen von Kommunisten zu annullieren. Ein krasser Fall war ein Urteil desselben Gerichts, das einer kommunistischen Mutter das Sorgerecht für ihre 15 Monate alte Tochter entzog. Die Sicherheitsorgane lieferten dem Gericht, wie der Qadi von Basra, Kharufa, es darstellt, die notwendigen Informationen über die KP-Mitgliedschaft. Siehe Kharufa, `Ala al-Din: *Qanun al-ahwal al-shakhsiya* (Personenstandsgesetz). Bd. II, 1963, S. 23.

standsgesetze, die jedoch nicht kodifiziert waren.[73] Insofern hatte das neue Gesetz wegen der Rechtsangleichung einen modernistischen Charakter. Es berücksichtigte neben dem im Irak praktizierten sunnitisch-hanifitischen Recht auch das ja'faritische (schiitische) sowie die anderen sunnitischen Rechtsschulen.[74] Die Geistlichkeit beider Konfessionen konnte gegen diesen Schritt kaum etwas unternehmen. Die Stellung der Frau im neuen Gesetz war aber für die Geistlichkeit Anlaß zur Kritik und zur Ablehnung des Gesetzes.[75] Die wesentlichen Aspekte in diesem Zusammenhang waren die obligatorische gerichtliche Regelung der Scheidung, die Anhebung des Heiratsalters auf das 18. Lebensjahr sowie die Einschränkung der Polygamie, die von einem Dispens eines Gerichts abhängig gemacht wurde. Die radikalsten Bestimmungen enthielten jedoch die Artikel 1188 und 1194 des Gesetzes, die Frauen und Männern jeweils den gleichen Teil eines Nachlasses zusprachen.[76] Dies stand im Widerspruch zu der traditionellen Exegese der Sura 4, Vers 11 des Qurans, die folgenden Wortlaut hat: "Gott verordnet euch hinsichtlich eurer Kinder: Auf eines männlichen Geschlechts kommt (bei der Erbteilung) gleichviel wie auf zwei weiblichen Geschlechts...".[77]

Qasim rückte jedoch trotz des Protestes der `ulama' und der religiösen Richter (qudat) nicht von dem Gesetz ab. Aber anstatt das Gesetz politisch zu verteidigen, verwickelte er sich in einen Disput mit den `ulama' über die Auslegung des erwähnten Quranverses. So teilte er einer `ulama'-Delegation mit, die bei ihm in diesem Zusammenhang vorstellig wurde:

> ... some of my brothers the men of religion have come to me in protest against sections of the Code of Personal Status - those sections, in fact, which we regard as representing forward leaps in putting in order the rights of the Iraqi family. For example, take the matter of inheritance. Truly God ... has revealed in the clear teaching of the Qur`an on this subject the verse: `God exhorteth you concerning your children, that the male shall take twice the female share.' This is an exhortation (wasiya); and an exhortation is less than a command.[78]

Wahrscheinlich veranlaßte die unnachgiebige Haltung der `ulama' in dieser Frage Qasim dazu, im Herbst 1960 die den Muslimbrüdern nahestehende Islamische Partei (al-hizb al-islami)[79] zu verbieten und ihre elfköpfige Führung zu verhaften.[80]

---

73 Vgl. Kharufa Bd. I, 1962, S. 23-24.
74 Ebd.
75 Vgl. Kharufa Bd. I, 1962; Abbasi, 1962; Anderson, Norman: A Law of Personal Status for Iraq. In: International and Comparative Law Quarterly, 1960, S. 542-63.
76 Vgl. hierzu Abbasi, 1962, S. 11-12.
77 Der Koran, Übersetzung von Rudi Paret, 1989, S. 61 (Klammerbemerkung dort).
78 Zitiert nach Anderson, 1960, S. 562. Anderson gibt die Quelle nicht an. Die Rede Qasims war in der irakischen Zeitung Al-thawra am 7. März 1960 erschienen. Vgl. Dann, 1969, S. 247, Anm. 33.
79 Die Gründung der "Islamischen Partei" wurde vom irakischen Innenministerium im Februar 1960 abgelehnt, weil der Verdacht bestand, daß die Partei ein Ableger der ägyptischen Muslimbruder-

Während Qasim sich noch gegen die Intervention der Geistlichkeit in die Politik, genauer ausgedrückt in seine Politik, wehren konnte, geriet die KP mit dem Erlaß einer Reihe von *fatwas*, die die Mitgliedschaft in der KP verboten, in eine prekäre Situation. Es hieß in dem *fatwa* des bedeutendsten 'alim von al-Najaf, Muhsin al-Hakim: "Es ist nicht erlaubt, der kommunistischen Partei anzugehören; denn das ist Unglaube und Gottlosigkeit oder Förderung des Unglaubens und der Gottlosigkeit."[81]

Die KP versuchte, wie wir schon ausführten, seit den dreißiger Jahren, die Diskussion von ihrer Agenda zu verbannen. Sie hatte politisch nach der Revolution auch kein Interesse daran, sich auf eine Kontroverse über Religion einzulassen. Dennoch war die Auseinandersetzung der Kommunisten, vor allem in al-Najaf, mit der schiitischen Geistlichkeit, die die Landreform ablehnte und mit den arabischen Nationalisten Front gegen die KP machte, unvermeidbar.[82] Das *fatwa* al-Hakims gegen den Kommunismus war bei den Schiiten insofern ein Novum, als *shaikh* Muhammad al-Husain Kashif al-Ghita' in den frühen fünfziger Jahren beharrlich eine einseitige Verurteilung des Kommunismus abgelehnt und den Westen als die größte Gefahr für den Islam bewertet hatte.

Batatu vermutet, daß das *fatwa* der `ulama' ohne großes Echo blieb.[83] Dieser Bewertung kann nur zum Teil zugestimmt werden. Das *fatwa* hatte keine Auswirkungen auf die schiitische Anhängerschaft der KP. Jedenfalls ist nicht bekannt, daß es nach der Verabschiedung des *fatwa* zu bemerkenswerten Austritten aus der KP kam. Genutzt hat das *fatwa* jedoch vor allem der Position der Ba`th-Partei in ihrem Kampf gegen die KP.[84]

Die Geistlichkeit begnügte sich nicht mit den *fatwas*. Wie auch die Muslimbrüder in Ägypten begann die "Gemeinschaft der `ulama'" mit der Herausgabe einer großen Zahl von Zeitungen und Zeitschriften.[85] Die publizistische und intellektuelle Arbeit

---

schaft sei, zumal Naman al-`Abd al-Razaq al-Samarrai ein führendes Mitglied der verbotenen Bruderschaft im Irak war. Das Gericht revidierte jedoch die Entscheidung des Ministeriums und legalisierte die "Islamische Partei". Vgl. Dann, 1969, S. 300-303.

80 Der unmittelbare Grund für das Verbot der Partei war eine Erklärung derselben, die in der islamistischen Tageszeitung *Al-faihaam* am 15. Oktober 1960 erschienen war. In dieser Note griff die Partei die Landreform an, machte Qasim für die Verbreitung des Kommunismus im Irak verantwortlich und prangerte die "Verbreitung von atheistischen Ideen (sic!) wie die Gleichstellung von Mann und Frau" an. Vgl. Dann, 1969, S. 302.

81 O. Spies: Urteil des Groß*mujtahids* über den Kommunismus. In: Die Welt des Islam, Vol. 6, Nr. 3-4, 1961, S. 264-65.

82 Es kam 1959 zu Angriffen auf al-Hakim. Die prokommunistische Zeitung *Al-hadhara* (Zivilisation) soll eine Karikatur unter dem Titel "Himar al-Hakim" (Der Esel des al-Hakim) publiziert haben. Zwar bezog sich die Zeitung auf ein berühmtes Theaterstück von dem ägyptischen Schriftsteller Tawfiq al-Hakim, die Anspielung auf Muhsin al-Hakim war jedoch eindeutig. Vgl. Dann, 1969, S. 303; Ibn al-Najaf, al-Khatib: *Tarikh al-haraka al-islamiya al-mu`asira fi al-`Iraq*. (Geschichte der gegenwärtigen islamischen Bewegung im Irak). Damaskus 1981, S. 43.

83 Batatu, 1978, S. 954.

84 Nach Angaben Hasan al-`Alawis, eines Funktionärs der Ba`th-Partei während des Qasim-Regimes, vervielfältigte und verteilte die Ba`th-Partei das *fatwa* al-Hakims gegen die Kommunisten. Interview mit al-`Alawi, London 20. Oktober 1990.

85 Nach Angaben Ibn al-Najafs erschienen nach 1958 acht islamistische Zeitungen und Zeitschriften sowie fünf islamistische Bücherreihen. Vgl. Ibn al-Najaf, 1981, S. 28-36.

wurde, nach schiitischen Quellen, dem jungen Geistlichen Muhammad Baqir al-Sadr anvertraut. Dieser war nicht der Meinung, daß bei der Konfrontation mit der KP Verbote in Form von *fatwas* ausreichten; er hielt die intellektuelle Auseinandersetzung mit dem Marxismus für notwendig, denn seiner Ansicht nach konnten die *fatwas* nur eine Wirkung haben, wenn auch durch Argumente die "islamistische Alternative" überzeugend und glaubhaft würde.[86]

Die von der "Gemeinschaft der `ulama'" herausgegebene Zeitschrift *Al-adwa' al-islamiya* (Lichter des Islam) diente als Forum für Muhammad Baqir al-Sadr und seinen engsten Mitarbeitern, dem aus dem Libanon zugereisten Muhammad Husain Fadlallah[87] und der Schwester al-Sadrs, Amina al-Sadr.[88] Al-Sadr durfte jedoch lediglich an den ersten fünf Nummern von *Al-adwa'* mitwirken und die Leitartikel unter dem Titel *"Risalatuna"* (unsere Mission) publizieren. Fadlallah schrieb später, daß bestimmte Kreise innerhalb der Geistlichkeit Druck ausübten, damit die Richtung, die al-Sadr vertrat, nämlich die Notwendigkeit einer islamistisch organisierten politischen Bewegung, nicht weiter propagiert würde.[89] Waren die Artikel al-Sadrs in *Risalatuna* wirklich eine Gefahr für die `ulama', so daß sie diesen hindern mußten, für die Zeitschrift zu schreiben? Bevor wir diese Frage beantworten, versuchen wir hier gekürzt die Hauptgedanken al-Sadrs, die er in seinen Leitartikeln darstellte, wiederzugeben. Die 15 Leitartikel des jungen al-Sadr sind insofern von großer Relevanz, weil seine darin dargelegten Gedanken "Vorstudien" waren, die er später in seinen Werken "Unsere Philosophie", "Unsere Wirtschaft" und auch in anderen Werken detaillierter und methodisch stringenter formulierte. In seinem ersten Artikel thematisiert al-Sadr den Begriff "das gute Prinzip" (*al-mabda' al-salih*).[90] Das "gute Prinzip" ist nach ihm im Islam verkörpert; es könne aber zur Grundlage einer "Auferstehung" der Muslime und eines umfassenden Wandels werden, wenn es richtig verstanden würde und die Muslime daran glaubten. Die Gemeinschaft der Muslime ist sich nach al-Sadr darüber einig, daß der Islam "das gute Prinzip" sei; es würde aber nur von einer kleinen Minderheit richtig verstanden. "Die Gemeinschaft der Muslime", schreibt er, "glaubt kollektiv an das islamische Prinzip, versteht es in seiner Ganzheit aber nicht."[91]

Die Ursache dieser Diskrepanz liegt nach al-Sadr in den Bestrebungen des Kolonialismus, die Muslime von ihrer Religion zu entfremden.[92] Als logische Folgerung aus diesem Zustand thematisiert al-Sadr die Rolle der *du`at*, jener Personen also, die den "richtigen" Islam propagieren, die er auch die "islamische Avantgarde" (*al-tali`a al-islamiya*) nennt.[93] Die Tätigkeit der *du`at* müsse auf die Einheit der Muslime ab-

---

86 Interview mit Bahr al-`Ulum, 23.4.1989; siehe auch die Einleitung Muhammad Husain Fadlallahs in: Muhammad Baqir al-Sadr: *Risalatuna* (Unsere Mission). Teheran 1982, S. 9-19.
87 Muhammad Husain Fadlallah wurde später der geistige Führer der *hizb ul-allah* im Libanon.
88 Amina al-Sadr (Bint al-Huda) wurde 1980 gemeinsam mit ihrem Bruder Muhammad Baqir al-Sadr hingerichtet.
89 Fadlallah, 1982, S. 17.
90 Vgl. al-Sadr, Muhammad Baqir: *Risalatuna*. (Unsere Botschaft). Teheran 1982, S. 21-25.
91 Ebd., S. 22-23.
92 Ebd., S. 24.
93 Ebd., S. 30.

zielen, weil der Islam in einem existentiellen Kampf mit dem Westen stehe, der den Zusammenschluß der Muslime erfordere.[94] Das Rohmaterial für die Einheit sei die islamische Gemeinschaft (*al-umma al-islamiya*), die nach al-Sadr nur den Glauben an die Botschaft des Islam (*risalat al-islam*) als Grundlage hat. Diese Botschaft ist für ihn einzigartig: "Der europäische Mensch behauptete, im Zeitalter des Kolonialismus eine Botschaft zu tragen (Last des weißen Mannes). Er setzte seine Botschaft um, indem er versklavte, verhungern ließ und die Wege zur Wissenschaft und Zivilisation versperrte ...".[95] Die islamische Botschaft sei dagegen egalitär; die Muslime seien heute aber nicht in der Lage, diese zu übermitteln.[96] Sie sei dennoch ewig (*khalida*) und passe sich zeitlich und räumlich der Entwicklung der Menschheit an; allerdings widerspreche sie, da sie eine göttliche Botschaft mit festen Prinzipien ist, "... der westlichen Betrachtung der Dinge hinsichtlich der Animalisierung des Menschen, des Materialismus, der Sexualfrage, der Zulässigkeit der Zinsen und ähnlichem."[97] Die Anpassung des Islam bedeutet bei al-Sadr nicht, daß dieser seine Prinzipien aufgibt, denn der Islam, anders als die Systeme, die auf positivem Recht basieren, hat die göttliche Ordnung zur Grundlage.[98] Daß die Muslime in der Gegenwart im Vergleich zum Westen rückständig sind, führt al-Sadr, wie schon die sunnitischen Islamisten vor ihm, auf das Nichtbefolgen der göttlichen Botschaft zurück. Die Entfremdung des muslimischen Menschen von seiner Religion führte nach al-Sadr zu einem Zustand der Passivität und des Selbstzweifels. Dieser wurde dann aufgrund des "Kontaktschocks" mit der westlichen Zivilisation wach. Diese Zivilisation stellte ihn aber vor neue Probleme: "Diese siegreiche Zivilisation oktroyierte dem zeitgenössischen Muslim ihre Lösungen auf; er sollte diese Lösungen, einschließlich der Ansichten, die mit ihnen verbunden sind, praktizieren. ... Was macht aber ein Mensch, dessen innere und äußere Welt zerstört ist, ... mit diesen Lösungen?"[99] Neben der Unterstellung, daß die "westlichen Lösungen" für muslimische Menschen keine wirklichen Lösungen seien, da sie seiner Meinung nach aufgrund westlicher Interessen angeboten würden, bezweifelt al-Sadr, daß die gegenwärtigen Muslime ohne Renaissance des Islam im Stande seien, ihre Situation zu ändern.[100] Der Weg:

> Der muslimische Mensch äußert seine spezifische Existenz in der Hinwendung zu Gott, in der Auseinandersetzung mit der Gesellschaft und mit sich selbst. Diese drei Elemente, der Geist, die Vernunft und die Ethik, sind wichtig und essentiell für die islamische Persönlichkeit.[101]

Die Ideen al-Sadrs, wie er sie in seinen Leitartikeln publizierte, waren keineswegs revolutionär; die sunnitischen Muslimbrüder hatten ähnliche Ideen lange vorher formuliert. Al-Sadr war aber ein politisch aktiver Denker und

---

94 Ebd., S. 57-61.
95 Ebd., S. 65-66.
96 Ebd., S. 67.
97 Ebd., S. 74-75.
98 Ebd.
99 Ebd., S. 117.
100 Ebd., S. 120-22.
101 Ebd., S. 138.

Geistlicher in einer Gesellschaft, die zum Wandel unfähig schien. Die schiitischen Geistlichen wollten sich zwar gegen die säkulare Herausforderung der Kommunisten wehren; eine "umstürzlerische" Bewegung aus ihren Reihen wollten sie, auch wenn sie islamistisch motiviert war, dennoch nicht dulden, zumal die *du`at*, die nach Meinung al-Sadrs die Gesellschaft wieder zum "wahren" Islam bekehren wollte, nicht unbedingt die etablierten `ulama' sein müßten. Eine neue Elite, oder eine "islamische Avantgarde", wie al-Sadr sich ausdrückte, hätte den schiitischen `ulama' ihren Platz in der schiitischen Gemeinschaft streitig gemacht.

Al-Sadr publizierte 1959 sein erstes Werk, das das islamistische Profil gegenüber dem Marxismus, der damals wegen der Konfrontation mit den Kommunisten als eine akute Gefahr empfunden wurde, verschärfen sollte, unter dem Titel *"Falsafatuna"* (Unsere Philosophie). *"Falsafatuna"* war eine Kampfschrift al-Sadrs gegen die Kommunisten, es fehlt ihr daher die theoretische Tiefe, die er in seinen späteren Werken aufweist. In seinem zweiten Werk, dem 1961 erschienenen *"Iqtisaduna"* (Unsere Wirtschaft), versucht al-Sadr, ein Konzept für die islamische Wirtschaft im Rahmen der Auseinandersetzung mit Marxismus und Kapitalismus zu entwickeln. Dabei widmet er den größten Teil seiner Studie der Kritik des Marxismus.[102] Dies ist, wie bei *"Falsafatuna"*, vor dem Hintergrund der Auseinandersetzungen mit den Kommunisten verständlich. Aber mit seiner Verdrängung aus der Redaktion von *Al-adwa´*, und nachdem er seine beiden Schriften *"Falsafatuna"* und *"Iqtisaduna"* veröffentlicht hatte, kehrte Muhammad Baqir al-Sadr zu seinen rein religionswissenschaftlichen Studien zurück und wandte sich erst nach der Machtergreifung durch die Ba`th-Partei wieder der Politik zu.

Wer waren die Kreise, die die modernistische Auseinandersetzung mit den konkurrierenden Ideologien und den gegnerischen politischen Kräften verhinderten? Die schiitischen Quellen geben keine eindeutige Antwort auf diese Frage. Die *Da`wa*-Partei vertritt die Meinung, daß die politische Enthaltsamkeit al-Sadrs, die fast ein Jahrzehnt dauerte, auf den Umstand zurückzuführen sei, daß al-Sadr glaubte, solange er sich als Großayatullah nicht etabliert habe, er wegen des *taqlid*-Prinzips wenig bewirken könne. Daher widmete er sich den theologischen Studien und der Lehre.[103] Einer der Biographen al-Sadrs, al-Qubanchi, macht Andeutungen, die darauf schließen lassen, daß zwischen Ayatollah al-Hakim und dem jungen *mujtahid* al-Sadr keine direkte Verbindung bestand.[104] Da die Kommunikation zwischen den beiden abgebrochen war, versuchte al-Sadr, über den Beraterstab um den Großayatullah Einfluß auf dessen Entscheidungen zu nehmen.[105] Al-Hakim und al-Sadr verkörperten zweifellos

---

102 al-Sadr widmet fast 250 Seiten seines Buchs der Kritik des Marxismus, behandelt jedoch den Kapitalismus nur in einem kurzen Kapitel von 30 Seiten. Siehe al Sadr, Muhammad Baqir: *Iqtisaduna*. Beirut o.J.
103 Interview mit al-Rubai`i, London, 20.2.1989.
104 Vgl. al-Qubanchi, 1404, S. 32.
105 In fast allen Quellen wird über ein enges Verhältnis zwischen al-Sadr und den Söhnen al-Hakims, Muhammad Baqir al-Hakim und Muhammad Mahdi al-Hakim, berichtet. Siehe z.B. Qubanchi, 1404, S. 31ff; Muhammad Hadi: *Al-mahdi al-Hakim*, 1988, S. 39-44.

krasse Gegensätze. Al-Hakim war der Repräsentant einer schiitischen `ulama'-Welt, die sich damit begnügte, halbwegs autonom in Karbala' und al-Najaf wirken zu dürfen. Muhammad Baqir al-Sadr dagegen repräsentierte eine neue *mujtahid*-Generation, die die politische Führungsrolle beanspruchte und dies durch ihre islamistische Ideologie legitimierte. Diese Ideologie war zwar islamistisch überkonfessionell formuliert, aber, wie wir am Beispiel der *da`wa*-Partei feststellten, konnten und wollten sie ihre schiitische Identität nicht aufgeben. Der Umstand, daß al-Hakim der erste *marja` ul-a`la* der Schiiten seit dem 19. Jahrhundert war, verleitete die schiitischen Autoren in der "Hagiographie" al-Hakims dazu zu unterschlagen,[106] daß dieser weniger reformfreudig war und gegenüber dem schiitischen Islamismus eine ablehnende Haltung zeigte.

Die intellektuellen Auseinandersetzungen mit dem, was die Islamisten "*al-afkar al-maufuda*" (von außen kommende Ideen) nennen, wurde durch den Aufbau der Institutionen der schiitischen *marja`iya* ergänzt. Abgesehen von der ambivalenten Haltung al-Hakims gegenüber den schiitischen Islamisten scheint dieser darauf abgezielt zu haben, die Lehranstalten der Schiiten in al-Najaf zu modernisieren, durch ein Netz von Stellvertretern (*wukala'*) die Gemeinschaft der Schiiten an die *marja`iya* zu binden und durch den Ausbau von Moscheen und religiösen Zentren die Präsenz der religösen Institutionen zu verstärken. Die bei den Schiiten lange vor Muhsin al-Hakims Ernennung zum *marja` al-a`la* 1961 diskutierte Systematisierung und Modernisierung des Curriculums wurde unter al-Hakim realisiert.[107] Die schiitischen Quellen ziehen eine positive Bilanz über die Ausweitung der Präsenz der *marja`iya* unter al-Hakim. So sollen Hunderte von Moscheen gebaut und ca. 60 öffentliche Büchereien gegründet worden sein.[108]

Politisch blieb al-Hakim, abgesehen von den erwähnten *fatwas* und der heftigen Reaktion der schiitischen Islamisten gegen die Politik der KP, sehr zurückhaltend. Die Ablehnung des Personenstandsgesetzes und der Landreform wurde nicht politisch hochstilisiert. Al-Hakim wußte, daß die *marja`iya* zu schwach war, um eine Konfrontation mit dem Staat aufnehmen zu können. Auch wenn es evident war, daß Qasim und die schiitische Geistlichkeit nach der von Qasim ab Ende 1959 begonnenen Dezimierung der KP keine Bündnispartner werden konnten - dazu war Qasim zu säkularistisch orientiert -, war Qasim persönlich sehr aufgeschlossen gegenüber al-Hakim.[109] Die Besuche Qasims bei dem *marja`* werden von den schiitischen Autoren als Anerkennung der Autorität der

---

106 Siehe z.B. al-Hadi, 1989; *Dima al-ulama* (al-Asadi u.a.), 1984; al-Saiyd al-Hakim in *Al-sahda* (Zentralorgan des Obersten Rats der Islamischen Revolution im Irak) vom 29. *rabi' al-auwal* 1407 h.
107 Vgl. al-`Askari, in: *Sawt al-Da`wa* vom 15. April 1993; al-Asadi: *Al-marja`iya al- mujahida al-mazluma* (Die kämperische, unterdrückte *marja`iya*). In: *Dima' al-`ulama' fi tariq al Jihad* (Das Blut der `Ulama' auf dem Weg des Jihad). Teheran 1984 (S. 21-58), S. 40.
108 Al-Asadi, 1984, S. 40-42.
109 Qasim stammte aus einer konfessionell gemischten Familie. In seinem Testament, das nach seiner Ermordung nicht vollstreckt werden konnte, beauftragte er Muhsin al-Hakim, die religiöse Zermonie zu verrichten. Siehe al-`Alawi, 1990, S. 211.

religiösen Institution durch den Staat bewertet.[110] Nach politisch–konfessionellen Kriterien hatten die Schiiten auch keinen Grund, gegen das Regime Qasims zu opponieren. Die Sunniten dominierten zwar bis zum Sturz den Ministerrat. Die eigentliche Macht blieb aber bei Qasim und seinen engsten Mitarbeitern[111]. Qasim versuchte mit klaren Direktiven an die Verwaltung und die Armee, die bis dahin praktizierte Benachteiligung der Schiiten bei der Ausbildung, Einstellung und Förderung zu beenden. Zudem kam die Reformpolitik Qasims vor allem den Schiiten zugute. Die Landreform verbesserte trotz ihrer Schwächen die Lage der schiitischen Bauern, die wegen der Schuldenlast und der anhaltenden Unterdrückung durch die Stammes*shaikhs* seit den vierziger Jahren zunehmend in die Hauptstadt abwanderten und dort, wie wir ausgeführt haben, in Slums, den sogennanten *saraif,* wohnten. Aber auch in Bagdad verbesserte das neue Regime die Lage der Migranten. Die neue Trabantenstadt Madinat al-Thawra (Stadt der Revolution) mit ihren neuen Häusern war eine schiitische Stadt. Die Loyalität der Schiiten war aus diesen Gründen geteilt, und zwar zwischen den religiösen Institutionen, Qasim und der KP. In den Städten, insbesondere in den schiitischen Vierteln von Bagdad, wo die KP sich über ein Vierteljahrhundert politisch betätigt hatte und so über ein engmaschiges Netz von politischen Organisationen verfügte, hatten die schiitisch-religiösen Institutionen jedoch noch keinen großen Einfluß.

Für Muhsin al-Hakim, aber auch für Vertreter des schiitischen Islamismus hatten die positiven Veränderungen für die Schiiten unter Qasim keine große Bedeutung. Von ihrem islamistischen Standpunkt aus hatten die Auseinandersetzungen mit den Kommunisten eine essentielle Relevanz. Aus diesem Grund befanden sich die schiitischen `*ulama'* und die schiitischen Islamisten faktisch in einer Front mit den arabischen Nationalisten gegen Qasim und die Kommunisten.[112] Insofern leisteten die schiitischen `*ulama'* der Machtübernahme durch die Ba`th-Partei 1963 Vorschub.

---

110 Hadi, 1408 h., S. 22
111 Qasim stützte sich bis zu seinem Sturz auf folgende Personen: Wasfi Taher (Offizier, arabischer Sunnit), Taha al-Shaikh Ahmad (Offizier, arabischer Sunnit), Abbas al-Mahdawi (Offizier, Präsident des Volksgerichts, arabischer Schiit), Majid Muhammad Amin (Offizier, Kurde, Sunnit), Ahmad Salih al-`Abdi (Offizier, Stabschef, arabischer Sunnit). Alle diese Personen wurden nach dem Putsch der Ba`th-Partei 1963 exekutiert.
112 Die Ba`th-Partei hat nach Angaben Hasan al-`Alawis das *fatwa* al-Hakims gegen den Kommunismus in großem Ausmaß in den schiitischen Wohngebieten in Bagdad verteilt. Interview mit al-Alawi, London, 20. Oktober 1990.

QASIM, DIE KOMMUNISTEN UND DIE ARABISCHEN NATIONALISTEN

"Exekutiere, exekutiere; das Volk und die Armee leisten Dir Beistand, exekutiere! Keine Verschwörung kann passieren solange (die) Stricke existieren! Sag nicht, habe keine Zeit, exekutiere sie heute nacht!"

Parole der Kommunisten 1958-59

Die Verdrängung der arabischen Nationalisten von der Macht, der zunehmende Einfluß der Kommunisten, die Entstehung einer Diktatur und die Herausbildung einer schiitisch-islamistischen Bewegung bilden die Elemente einer sehr komplexen Entwicklung im postrevolutionären Irak. Die Entwicklung in den fünf Jahren, in denen Qasim den Irak regierte, beeinflußte die Situation der Schiiten mehr, als es die drei Dekaden der haschemitischen Monarchie getan hatten. Die arabischen Nationalisten brachten die Politik der KP sowie die isolationistische Politik Qasims offen oder verdeckt mit den Schiiten in Zusammenhang. Die Gleichsetzung dessen, was die arabischen Nationalisten "al-madd al-shiu`i" (die kommunistische Flut) nannten, mit dem Schiitentum war eine furchtbare Vereinfachung und eher ein Rückgriff einer in Bedrängnis geratenen Ideologie auf atavistische Symbole. Die Wirklichkeit, dies war den arabischen Nationalisten und vor allem der Ba`th-Partei deutlich, war viel komplexer.

Für die Kommunisten war, wie wir schon dargelegt haben, die Frage der Union mit Ägypten eine Frage, die ihre Existenz unmittelbar tangierte. Nach der Entmachtung Arifs waren Qasim und die Kommunisten zur Aufrechterhaltung der politischen Stabilität aufeinander angewiesen. Die Kommunisten konnten dem Regime durch die Mobilisierung der Bevölkerung im schiitischen Süden und in Bagdad die notwendige Legitimation geben, verlangten aber dafür, wie auf der Tagung des Zentralkomitees der Partei im September 1958 festgestellt wurde, die Beteiligung der "Vertreter der Arbeiter und Bauern" an der politischen Macht.[113] Auch wenn Qasim dieser Forderung nicht nachkam, konnte die KP nicht mehr tun, als sanften Druck auf Qasim auszuüben.[114] Die Partei konnte auch ihre Legalisierung - eine Forderung, die sie bis zum Sturz des Qasim-Regimes 1963 nicht durchzusetzen vermochte - nicht von der Frage abhängig machen, ob sie mit dem Regime kooperiere oder nicht. Zum einen wäre das Regime geschwächt worden, was die Machtübernahme der Nationalisten

---

113 Dann, 1969, S. 102.
114 So beschloß die erwähnte Tagung des Zentralkomitees, daß die Partei durch "Mobilisierung der Massen" das Regime von den "notwendigen demokratischen Bedingungen" überzeugen müsse. Vgl. ebd.

zur Konsequenz hätte haben könnten. Zum anderen unternahm die Regierung Schritte - Landreform und Verbesserung der Situation der marginalisierten Schichten in Bagdad, die wir noch ausführlicher darstellen werden -, die vor allem sozusagen dem Klientel der KP, den Schiiten, zugute kamen. Qasim selbst versuchte aber zunächst, den Machtzuwachs der Kommunisten einzudämmen, indem er sich auf den neuen Führer der NDP und den starken Mann im Kabinett, Muhammad Hadid, sowie auf den Rest der unabhängigen arabischen Nationalisten in der Armee zu stützen versuchte. Er konnte aber dennoch die Zunahme der Macht der Kommunisten nicht verhindern, solange die arabischen Nationalisten eine potentielle Gefahr für das Regime darstellten.

Welche Hintergründe hatte aber der von den arabischen Nationalisten verbreitete Begriff der "kommunistischen Flut"? Entsprach dieser Begriff den Tatsachen oder war er ein Propagandamittel gegen die Kommunisten?

Primär bezog sich der Begriff auf die Ausschreitungen und die Gewalt, die während der Konfrontation zwischen den Kommunisten und Qasim auf der einen Seite und den arabischen Nationalisten auf der anderen zwischen Oktober 1958 und Juli 1959 von den marginalisierten Schichten Bagdads und anderer Städte ausgingen. Monatelang verbreitete der "Volkswiderstand", in dem vor allem diese Schichten organisiert waren, durch willkürliche Verhaftungen Angst und Schrecken,[115] so daß die Kommunisten, die zu Anfang eine wohlwollende Haltung gegenüber der "revolutionären Gewalt" gezeigt hatten, ihre Position kritisch überprüften. So hieß es in einem Artikel unter dem Titel "Laßt das Volk sich von seiner Angst befreien" im Zentralorgan der KP *Ittihad al-sha`b:*

> We are `bugbears'! How terrible! I heard this from the mouth of a `friend'... He said: `I know a senior official who places Itihad-ush-Shab on his desk and does not read it. He is simply warding off a suspicion. I also know a district which has only five Communists but the district acclaims your party. This is terror! The people, fearing you, shout applause to you![116]

In der Armee, vor allem in der Luftwaffe, hatte die KP nach 1958 begonnen, Machtzentren aufzubauen. Dies war, als über die Macht der Kommunisten spekuliert wurde, noch nicht vollständig realisiert. Die Kommunisten machten aber von Anfang an deutlich, daß sie ihre Position verteidigen würden. In einer Note an Qasim am Vorabend des Sturzes der Monarchie hieß es:

---

115 Die Macht des prokommunistischen Volkswiderstands scheint vom Oktober 1958 bis Juli 1959 grenzenlos gewesen zu sein. Der Direktor des Generaldirektoriats für Sicherheit schildert folgenden Zwischenfall, der sich im März 1959 ereignet haben soll: "Ich war mit meinem Militärwagen auf dem Rückweg von einem Besuch, als ein Volkswiderständler meinen Wagen anhielt. Ich sagte: `Haben Sie nicht gesehen, daß dies ein Militärwagen ist und ich ein hoher Offizier bin?' Er sagte: `Und was hindert die Kontrolle von Offizieren? Waren die Verschwörer keine Offiziere?' Ich teilte ihm mit, ich sei der Leiter des Generaldirektoriats für Sicherheit. Er erwiderte: `Was kann dies schon bedeuten, Sie können trotzdem ein Verschwörer sein.' Daraufhin sagte ich: `Ich bin ein Qasimist und ein persönlicher Freund von Qasim.' Er sagte: `Alle diese Rechtfertigungen nützen nichts. Ich muß sie durchsuchen.'" Al-Azzawi, 1990, S. 217-18.

116 *Ittihad al-sha`b* vom 24. Mai 1959; zitiert nach Batatu, 1978, S. 898.

Scoring a victory, is much easier than maintaining and consolidating it. There will always be those who, in the name of keeping the peace and warding off `anarchy', will seek so to sway us as to benumb our vigilance and determination ... . We will do well to remember at this moment the government of Mussaddeq which, in its eagerness not to provoke the enemy, withheld its confidence from the people and refrained from arming them, lulling them instead into tranquillity, with the result that it fell under the blows of a handful of ruffians and thieves.[117]

Dies hätte bedeutet, daß die Kommunisten sich auf alle Eventualitäten hätten vorbereiten müssen. In einem internen Papier drängte die Partei auf die Gründung von bewaffneten Verbänden des "Volkswiderstandes" (al-muqauma al-sha`biya). Es wurde versucht, auch diese Forderung ohne Legitimierung seitens des Staats zu verwirklichen. Qasim, der noch zwischen den arabisch-nationalistischen Offizieren und der KP oszillierte, löste zunächst die Verbände auf, legalisierte sie im August 1958 jedoch wieder. Er stellte sie nun aber unter die Kontrolle des Verteidigungsministeriums und ließ die Waffen nur zu Übungszwecken verteilen. Qasim wandte sich jedoch nach der Entdeckung eines eher tragikomischen Putschversuchs des nach der Revolution aus dem Exil zurückgekehrten Rashid `Ali al-Gailani von seiner bisherigen reservierten und mißtrauischen Haltung gegenüber den Kommunisten ab.[118] Al-Gailani versuchte, mit Unterstützung der VAR eine Rebellion der Stämme zu organisieren, nach dem Muster der Rebellionen, die in den dreißiger Jahren unter seiner Regie stattgefunden hatten. Al-Gailani schien die politischen und sozialen Realitäten des Irak seit 1941 wenig berücksichtigt zu haben. Aber schon in der Planungsphase gelang es dem neuen Regime, al-Gailani und seine Freunde zu verhaften und vor das von Abbas Mahdawi geleitete "Volksgericht" zu stellen. Für Qasim war die Figur al-Gailani weniger von Bedeutung; er erfuhr aber, daß zahlreiche aktive Offiziere aus dem arabisch-nationalistischen Lager an dieser Verschwörung beteiligt oder zumindest darüber informiert gewesen waren.[119]

Die Partei machte nach der Vereitelung der Verschwörung al-Gailanis rasante Schritte auf ihrem Marsch durch die staatlichen Institutionen und in ihrem Bemühen, die "Zivilgesellschaft" durch Kontrolle vorhandener oder Gründung neuer Institutionen zu erobern. Die Gründung der "Generalunion der irakischen Studenten", des "Verbands der irakischen Frauen", der "Friedenspartisanen" (ansar al-salam) sowie die Kontrolle der Gewerkschaften verlieh der KP eine in

---

117 Zitiert nach Batatu, 1978, S. 847.
118 Zur politischen Rolle Rashid `Ali al-Gailanis siehe Kapitel I.2. dieser Studie. Al-Gailani flüchtete nach dem Einmarsch der Briten in den Irak und dem Zerfall der "Regierung der nationalen Rettung" nach Teheran. Von dort aus begab er sich nach Deutschland, wo er als irakischer Ministerpräsident behandelt wurde. Nach 1945 flüchtete er zunächt nach Saudi-Arabien, 1953 dann nach Ägypten. Siehe zur Biographie al-Gailanis Basri, 1987, S. 146-53.
119 Nach Dann hatten folgende Offiziere, die später in verschiedenen anderen Zusammenhängen mit Qasim in Konflikt gerieten, Kontakte zu al-Gailani: Tahir Yahiya, Nazim Tabaqjali, `Abd al-Wahhab al-Shauwaf, `Abd al-Aziz al-Uqaili, Rajab `Abd al-Majid und `Abd al-Ghani al-Rawi, Shakir Mahmud Shukri. Siehe Dann, 1969, S. 129.

ihrer Geschichte nie dagewesene soziale und politische Macht. Qasim mußte durch die Legalisierung des Zentralorgans der Partei, *Ittihad al-sha`b* (Volkseinheit), und die Ernennung einiger Kommunisten im Justizwesen, den Massenmedien und im Geheimdienst sowie wegen der Tolerierung der Tätigkeit der "Komitees zur Verteidigung der Republik", die sich die Säuberung und Beobachtung der Bürokratie zur Aufgabe machten, Konzessionen machen.[120] Die Forderung Qasims, den prokommunistischen paramilitärischen "Volkswiderstand" aufzulösen, um weiter die Balance zwischen Kommunisten und arabischen Nationalisten zu halten, wurde von ersteren angesichts der neugewonnenen Macht öffentlich abgelehnt und als Versuch Qasims bewertet, unter dem Vorwand der Aufrechterhaltung der Balance zwischen arabischen Nationalisten und Kommunisten die Verschwörer rehabilitieren zu wollen.[121] Das schwindelerregende Tempo der sich überstürzenden Ereignisse nach der Revolution - die vorläufige Entmachtung der arabischen Nationalisten, der Machtzuwachs der Kommunisten und erste Anzeichen für die Entstehung einer Diktatur - brachte die bisherigen Strukturen der irakischen Gesellschaft in Bewegung.

Drei Ereignisse zwischen März und Oktober 1959, nämlich der Putschversuch der arabischen Nationalisten, die politischen Unruhen in Kirkuk und das versuchte Attentat auf Qasim, veränderten die politische Lage im Irak und damit die Machtverhältnisse. Das erste Ereignis, also die Rebellion der arabisch-nationalistischen Offiziere in Mosul, wurde zwar von den Kommunisten beschleunigt, war aber hauptsächlich eine Reaktion auf die Veränderungen der politischen und sozialen Strukturen der irakischen Gesellschaft nach der Revolution. Der unmittelbare Anlaß war, wie an einer anderen Stelle dargelegt wurde,[122] eine Versammlung der prokommunistischen "Friedenspartisanen" in der sunnitischen Stadt Mosul, die im März 1959 stattfand. Die Kraftprobe zwischen den Kommunisten und den in der Stadt Mosul einflußreichen arabischen Nationalisten endete in einer bürgerkriegsähnlichen Situation.

Vom März 1959 bis zu den Ereignissen in Kirkuk im Juli 1959 haben de facto die Kommunisten den Irak regiert. In einer später erschienenen Analyse ihrer Politik im genannten Zeitraum räumt die KP ein: "We so fastened the rings of our influence around Qasim ... that every word from us and every political memorandum we privately presented to him became at once official policy."[123]

In den erwähnten drei Monaten weitete sich die Tätigkeit der "Räte zur Verteidigung der Republik" (*lijan al-difa` `an al-jumhuriya*) aus. In der Verwaltung und in der Armee versuchten sie, die illoyalen Elemente aus dem Dienst zu entfernen und in vielen Fällen in Haft zu nehmen. In der Armee besetzten die

---

120 Neben *Ittihad al-shab* vertraten drei legale Zeitungen die Position der KP: *Al-bilad* (Das Land), *Sawt al-ahrar* (Stimme der Freien), *Al-aiyam* (Die Tage).
121 Vgl. Batatu, 1978, S. 859.
122 Vgl. Kapitel 1 in diesem Teil.
123 KP Irak *"Muhawala li taqiym siyasat al-hizb al-shiu`i al-Iraqi fi fatrat tammuz 1958 - nisan 1965"* (Der Versuch einer Bewertung der Politik der Irakischen Kommunistischen Partei vom Juli 1958 bis April 1965). S. 7; zitiert nach Batatu, 1978, S. 890.

Kommunisten in vielen Divisionen Schlüsselpositionen. Vor allem die Luftwaffe war ein Terrain der kommunistischen Offiziere.[124]

Der Ausbau der prokommunistischen "Massenorganisationen" - "Volkswiderstand", "Generalunion der Gewerkschaften" und "Bauernverband" - machte deutlich, wer im Irak in Wirklichkeit regierte.

Tabelle 12: Mitgliederzahlen der KP und von ihr beeinflußter "Massenorganisationen" 1959

Organisation	Mitgliederzahl (geschätzt)
KP	20000
Volkswiderstand (al-muqauma al-sha'biya)	25000
Verband zur Verteidigung der Rechte der Frauen	25000
Generalunion der Gewerkschaften	275000
Demokratische Jugendunion	84000
Bauernverbände	250000

Quelle: Batatu, 1978, S. 895-97.

Im April versuchte die KP, die offiziell noch keinen Sitz im Kabinett einnehmen durfte, ihre Macht zur Erzwingung der Partizipation in den höheren politischen Instanzen einzusetzen. Die Zusammensetzung der Regierung aus Offizieren und der kleinen NDP spiegelte in der Tat die Machtverhältnisse nicht wider. Bei den Kundgebungen zum 1. Mai nutzte die KP die Gelegenheit, ihren Forderungen nach Beteiligung an der Regierung Nachdruck zu verleihen. Qasim lehnte diese Forderung jedoch mit dem Argument ab, die Parteien würden die "Einheit des Volkes" spalten. Um den Kommunisten das Argument zu rauben, die NDP sei schon in der Regierung vertreten und alle "demokratischen" Parteien sollten gleichbehandelt werden, erklärte sich der Führer der NDP, Hadid, bereit, seine Partei aufzulösen. Die KP ließ angesichts der Beharrlichkeit Qasims, sie nicht an der Regierung zu beteiligen, diese Forderung zunächst fal-

---

124 Von 300 Piloten der Luftwaffe waren 70, einschließlich des Kommandanten, Jalal al-Awqati, Mitglieder der Kommunistischen Partei. 1959 standen 235 Offiziere der KP nahe, davon waren 48 hohe Offiziere. Nach ethnisch-konfessioneller Abstammung waren von den 17 hohen Offizieren (Oberst bis General) lediglich drei Schiiten und der Rest arabische Sunniten. Siehe Batatu, 1978, S. 892-96.

len. Dies bedeutete jedoch nicht, daß die Partei die Konfrontation mit Qasim nicht erwogen hätte. Während einige Mitglieder der Militärischen Organisation (*al-tanzim al-`askari*) eine gewaltsame Machtübernahme befürworteten, waren deren Vorsitzender, Atsan al-Azirgawi, und das Politbüro der Auffassung, daß der Ausgang der Kraftprobe mit Qasim angesichts der Tatsache, daß er immer noch Einfluß in der Armee hatte, nicht ganz eindeutig entschieden werden könne. Die Partei erklärte schließlich am 20. Mai 1959, daß sie die Loyalität zu Qasim nicht von der Bedingung, an der Macht beteiligt zu werden, abhängig mache. Die Niederlage der KP war ein Signal für Qasim, nun den Versuch zu unternehmen, wieder die arabischen Nationalisten als Gegenkraft zu den Kommunisten zu aktivieren. Im Juni 1959 wurden Hunderte von verhafteten arabischen Nationalisten amnestiert. Zuvor stellte Qasim den "Volkswiderstand" unter die Kontrolle der Polizei, verbot den Angehörigen der Organisationen, Polizeiaufgaben zu übernehmen, enfernte die Kommunisten aus den Massenmedien und trat für die Einstellung der Aktivitäten "einer bestimmten Partei" ein, wie es in einer Rede Qasims am 14. Juli 1959 hieß.[125] Ende Juli 1959 ging Qasim in die Offensive und entließ 16 hohe kommunistische Offiziere aus der Armee.[126] Die Politik Qasims gegenüber den Kommunisten bis Ende Juli 1959 schien äußerst widersprüchlich zu sein, denn zwei Wochen vor der Entlassung der Offiziere ernannte er drei neue Minister, die als KP-nah galten. Er reagierte wahrscheinlich u.a. auf die innerparteilichen Auseinandersetzungen in der KP.[127] Die Befürworter einer stärkeren und offiziellen Partizipation der KP an der Macht, als deren Wortführer der Generalsekretär al-Radi galt, wurden durch Restriktionen und Sanktionen bestraft. Qasim wollte mit der Ernennung der prokommunistischen Minister die Position der Protagonisten einer nachgiebigen Linie, die Mitglieder des Politbüros 'Abdallah, Nuri, Hairi und Abu al-Is, belohnen. Nach den Ereignissen von Kirkuk gab Qasim seine differenzierte Politik gegenüber der KP auf und schlug einen zielstrebigen, aber behutsamen Konfrontationskurs ein.

Qasim nutzte die bewaffneten Zusammenstösse zwischen den kurdischen Kommunisten und den Turkmenen in der Stadt Kirkuk am Jahrestag der Revolution am 14. Juli 1959, um mit den Kommunisten, die er "Anarchisten" und "Unruhestifter" nannte, abzurechnen.[128]

Es war im Fall Kirkuk deutlich geworden, daß die Parteiführung, anders als bei den Ereignissen von Mosul, kein Interesse daran hatte, eine bewaffnete Auseinandersetzung zu riskieren, auch wenn die turkmenische Oberschicht und wahrscheinlich auch andere turkmenische Schichten antikommunistisch orientiert waren. Die Zusammenstösse entsprangen in der Tat aus der langwierigen Animosität zwischen Kurden und Turkmenen in der Stadt. Die Kurden bildeten

---

125 Vgl. Batatu, 1978, S. 907.
126 Ebd.
127 Die ernannten Minister waren: Naziha al-Dulaimi (Kommunale Angelegenheiten), `Awni Yusuf (Arbeits- und Bauminister) und Faisal al-Samir (Informationsminister).
128 Diese Äußerungen machte Qasim bei der Eröffnung der chaldäischen Mar Yusuf-Kirche in Bagdad am 19. Juli 1959. Vgl. Dann, 1969, S. 224.

in ihrer Mehrheit die marginalisierten Schichten, während die Oberschicht fast ausschließlich turkmenisch war. Es existierte in der Tat eine analoge Situation zu Mosul. Die KP erkannte, daß sie nun für die Gewalt, die in ihrem Namen begangen wurde, verantwortlich gemacht werden würde. Zum ersten Mal seit dem 14. Juli 1958 verurteilte sie am 2. August 1959 Gewalt gegen "Unschuldige" sowie Folterpraktiken, selbst wenn die Opfer "Verräter" seien.

Qasim begnügte sich nicht mit den Beteuerungen der Kommunisten. Er versuchte nun, ihren Einfluß auf die gesellschaftlichen Organisationen, vor allem auf die Gewerkschaften, zurückzudrängen, allerdings nur mit mäßigem Erfolg. Lediglich bei den Wahlen der Gewerkschaft der Anwälte verloren die Kommunisten zugunsten der arabischen Nationalisten.[129]

Die Partei versuchte nun, die entscheidenden Gründe für ihre faktische Niederlage zu finden. Dies war kaum eine *"self-flagellation"*, wie Batatu sich ausdrückt, sondern vielmehr eine Rechtfertigung der Niederlage und deren Folgen. Die Politik der Partei wurde aber kontrovers diskutiert. Der "rechte Flügel",[130] wie es später in einem Bericht der Partei hieß, setzte sich gegen die seit 1958 vom Generalsekretär al-Radi getragene offensive Linie durch. Nun versuchte die Partei, "kleine Ziele in kleinen Schritten" zu erreichen. Sie änderte ihre Politik auch nicht, als am 7. Oktober 1959 die Ba`th-Partei ein Attentat auf Qasim verübte - welches fehlschlug - und so wieder deutlich wurde, daß der *"al-zaim al-awhad"* (einzigartige Führer), wie die Kommunisten Qasim nach der Revolution nannten, auf sie angewiesen war. Dennoch sah Qasim angesichts der anhaltenden Nachgiebigkeit der Kommunisten keinen Anlaß, ihnen mehr Raum zu geben, zumal er genau wußte, daß diese die Machtübernahme nicht mehr anstrebten, wenn sie es überhaupt jemals beabsichtigt hatten.

Den Bericht des Zentralkomitees der Partei vom Juli 1959, in dem die Kommunisten ihre Forderung nach Beteiligung an der Regierung und die "linksradikalen Tendenzen" in der Partei kritisierten, dürfte Qasim als Signal verstanden haben, daß die Kommunisten auf dem Rückzug seien.[131]

Nach der Verabschiedung des "Vereinsgesetzes" (*qanun al-jam'iyat*) am 1.1.1960 hoffte die KP, endlich legalisiert zu werden.[132] Diese Hoffnung erwies jedoch sich als trügerisch. Qasim nutzte das Gesetz, um die Parteien, einschließlich der KP, zu spalten.[133] Durch Tricks und Ränkespiele verhinderte er

---

129 Vgl. Dann, 1969, S. 242.
130 Als Anführer des "rechten Flügels" galt das sunnitische Mitglied des Politbüros, `Amir `Abdallah.
131 Zu ausführlichen Angaben über den Bericht des Zentralkomitees der KP Irak siehe: Dann, 1969, S. 226-34. Der vollständige Text des Berichts ist im "Iraqi Review" vom 6. September 1959 erschienen.
132 Zum Parteiengesetz und zur Position der KP siehe: Dann, 1969, S. 269-90.
133 Die Entwicklungen in der NDP kurz bevor sie ihren Antrag auf Zulassung als legale Partei stellte, vermitteln ein deutliches Bild über die Spaltungsversuche durch die Regierung Qasim. Die NDP hatte sich de facto seit Ende 1958 in zwei Flügel gespalten. Der Finanzminister Muhammad Hadid, ein Vertrauter Qasims, beanspruchte gegenüber dem historischen Parteiführer, Kamil al-Chadirchi, die Führung. Kamil al-Chadirchi, der die Rückkehr zu einem parlamentarischen System forderte, verlor faktisch seine Position. Auf dem Parteitag der NDP, auf dem nur gewählte Delegierte Stimmrecht hatten, versuchten Anhänger Hadids, die keine Delegierten waren, an der Wahl des

so die Legalisierung der KP. Der Antrag der KP wurde abgelehnt mit der Begründung, daß bereits ein Antrag auf Zulassung einer KP Irak vorläge. Der Antragsteller war kein anderer als Dauud al-Saigh, ein ehemaliger Kommunist, der sich in den Dienst Qasims gestellt hatte. Auch als ersichtlich wurde, daß al-Saigh nicht einmal in der Lage war, eine Liste der Führungspersonen beim Innenministerium vorzulegen, beharrte die Regierung auf ihrer Haltung.

Die einst mächtige KP mußte letzten Endes notgedrungen auf die Legalität verzichten. Al-Radi machte aus der Not eine Tugend, als er gegenüber dem Korrespondenten der Beiruter Zeitschrift *L'Orient* sagte: "Wir brauchen keine Genehmigung, um zu existieren, wir existieren bereits seit einem Vierteljahrhundert".[134] Dies war - wie es in einem arabischen Sprichwort heißt - "eine Wahrheit, mit der die Unwahrheit gewollt wird".[135]

Qasim begnügte sich jedoch nicht mit dieser an die Kommunisten gerichteten Herausforderung. Seit dem Frühjahr 1960 mußte die kommunistische Presse nach und nach ihr Erscheinen einstellen.[136] Dies war der Beginn von weiteren Maßnahmen. Im Juni wurden die kommunistischen Minister aus dem Kabinett entlassen; die Aktivitäten der kommunistischen "Massenorganisationen" - der "Demokratischen Jugendunion", des "Verbands der irakischen Frauen" und der "Friedenspartisanen" - wurden eingeschränkt, und kurz darauf wurden diese Organisationen aufgelöst. In Gewerkschaften und Berufsverbänden verloren die Kommunisten ihren Einfluß fast vollständig. Gleichzeitig unternahm Qasim erneut den Versuch, die arabischen Nationalisten als Gegenpol zu den Kommunisten aufzubauen. Ende 1961 wurden alle verhafteten arabischen Nationalisten, Arif und al-Gailani eingeschlossen, aus den Gefängnissen entlassen. Die arabisch-nationalistische Presse durfte wieder erscheinen und sich an der von Qasim gelenkten antikommunistischen Kampagne beteiligen.[137]

Die Verdrängung der Kommunisten aus dem öffentlichen Leben seit Juli 1959 hatte weitreichende Konsequenzen, die u.a. günstige Bedingungen für die Machtergreifung der Ba`th-Partei 1963 boten. Das Hauptdilemma der Kommunisten lag in ihrer nicht ganz unbegründeten Angst, eine konsequente Opposition gegen das Qasim-Regime, das seit 1961 durch den Kurdenkrieg geschwächt war, könnte zur Machtergreifung der arabischen Nationalisten führen. Aber diese Befürchtung allein genügt nicht, um zu erklären, warum die Kommunisten ein Regime, das sie bekämpfte, bis zum letzten Tag seiner Existenz verteidigten. Es steht außer Zweifel, daß die Bewertung des Regimes durch die Sowjetunion als ein "antiimperialistisches" die Politik der KP, die stets die sowjetische Linie

---

Vorstands teilzunehmen. Der Streit führte zur Spaltung der Partei. Während Chadirchi die NDP weiter führen durfte, gründete Hadid die "Progressive Nationale Partei".
134 *L'Orient*, 8. Februar 1960.
135 *"Kalimatu haqq yuradu biha al-batil."*
136 Die Behinderung der kommunistischen Presse begann mit dem vom Befehlshaber der ersten Division der irakischen Armee, Said Hamid Saiyd Husain, ohne rechtliche Grundlage im Mai 1960 verhängten Verkaufsverbot von kommunistischen Zeitungen in den südlichen Provinzen.
137 Vgl. Dann, 1969, S. 330-31.

befolgte, beeinflußte.[138] Dies erklärt auch, warum al-Radi seine Position gegenüber Qasim nicht veränderte, nachdem er die "Rechten", die für die nachgiebige Politik seit 1959 verantwortlich gemacht worden waren, aus der Parteiführung verdrängt hatte.[139]

Der entscheidende Grund für die Niederlage der KP war die Tatsache, daß sie wesentlich am Aufstieg Qasims zum Diktator beteiligt gewesen war. Im Kampf gegen die arabischen Nationalisten instrumentalisierte die Partei die Figur Qasim, um deren Gegner in den Reihen der Schiiten, der Kurden und anderer ethnischer Gruppen für sich zu mobilisieren. Dem Diktator war es aber gelungen, diejenigen sozialen Gruppen, die unter der Monarchie als marginalisiert galten, durch soziale Reformen - und ohne die KP als Bindeglied - an sich zu binden. So veränderte beispielsweise das Landreformgesetz von 1958, das eine Beschränkung der landwirtschaftlich nutzbaren Fläche auf 2.000 Donum für Regenfelder und auf 1.000 Donum bewässertes Land vorsah, die soziale Struktur des Irak, besonders im schiitischen Süden.[140]

Die Subventionierung von Grundnahrungsmitteln, die Einführung des 8-Stunden-Arbeitstags sowie ein Erlaß, der Betrieben mit mehr als hundert Arbeitskräften den Bau von Sozialwohnungen vorschrieb, kam den marginalisierten städtischen Schichten zugute. Der Bau der Trabantenstadt Madinat al-Thawra (Stadt der Revolution) für die ehemals aus dem schiitischen Süden emigrierten *saraif*-Bewohner hatte eine signifikante politische Bedeutung, weil die ehemalige Elite des *ancien régime* ein Jahrzehnt lang das Problem der *saraif*-Bewohner debattiert hatte, ohne eine Lösung zu finden. An diese Schichten richtete sich 'Abd al-Karim Qasim am Morgen des 8. Februar 1963, am Tag des Putsches der Ba`th-Partei, mit seinem Appell, der allerdings wegen der vorangegangenen Besetzung der Radio- und Fernsehanstalten durch die Putschisten nicht ausgestrahlt werden konnte: "O Söhne des Volkes, ich bin 'Abd al-Karim Qasim, der Entschlossenste, der für die Armen gekämpft hat ...".[141] Der "*Sole Leader*", wie Qasim sich von den Kommunisten feiern ließ, hatte nicht ganz unrecht; aber die Armen, die Schiiten von Madinat al-Thawra, Suq al-Shaikh und Karada, konnten trotz ihres erbitterten Widerstands gegen die Ba`th-Partei wenig ausrichten, da Qasim sie in seiner patrimonialen Haltung für politisch unreif gehalten und so 1959 durch die faktische Auflösung des "Volkswiderstands" entwaffnet hatte. Die Armee, und nicht die Armen, schrieb die Geschichte des Irak.

---

138 Der Bericht des Zentralkomitees der KP vom November 1961 begründete die Position vor dem Hintergrund dieser beiden Aspekte. Siehe dazu Batatu, 1978, S. 958-59.
139 Auf der Sitzung des Zentralkomitees der KP verloren `Amir `Abdallah, Zaki Khairi, Muhammad Husin Abu al-`Is und Baha' al-Din Nuri ihre Sitze im Politbüro.
140 Zur sozioökonomischen Entwicklung des Irak unter Qasim siehe: Didden, Horst: Irak. Eine sozioökonomische Betrachtung. Opladen 1969; Marr, 1985, S. 169-93.
141 Fathlallah, 1989, S. 901

EXKURS: DIE DEBATTE ÜBER AL-SHU`UBIYA

"Al-Shu`ubiya ist im zwanzigsten Jahrhundert mit anderen Methoden und anderen Zielen wieder zurückgekehrt."
Subhi Muhammad Jamil,[142] Dekan der Sektion Islamische Studien an der Universität Bagdad

Die Auseinandersetzungen zwischen den arabischen Nationalisten und den irakischen Kommunisten warfen erneut die Frage des politischen Konfessionalismus im Irak auf. In diesem erbitterten Kampf konnte eine rationale Analyse der Ursachen dafür, daß bestimmte ethnisch-konfessionelle Gruppen zu bestimmten politischen Bewegungen tendierten, kein Gehör finden. Die Tatsachen, da die KP auch nach der Revolution ihre Anhängerschaft unter den Schiiten hatte und der Generalsekretär al-Radi schiitischer Abstammung war,[143] verleiteten die arabischen Nationalisten im Irak, aber auch in anderen arabischen Ländern dazu, die KP mit den Schiiten gleichzusetzen und in diesem Zusammenhang einen Begriff, nämlich "al-shu`ubiya", der vor Jahrhunderten in Vergessenheit geraten war, politisch neu zu besetzen. "Shiuiya", "shu`ubiya" und "shi`a" wurden von einem Teil der arabischen Nationalisten, offen oder verdeckt, als Synonyme angesehen. Die Schiiten waren jedoch - wie auch schon vor der Revolution - im gesamten politischen Spektrum vertreten. Im postrevolutionären Irak gewann der Begriff shu`ubiya[144] eine besondere Bedeutung. Mit dem Rückgriff auf den

---

142 Jamil, Subhi Muhammad: *Adwa al- al-haraka al-shu`ubiya* (Lichter auf die Suubiya-Bewegung). In: *Al-shu`ubiya wa dauruha al-takhribi fi al-fikr al-`arabi al-islami* (Die zerstörerische Rolle der *shu`ubiya* im arabisch-islamischen Denken). Bagdad 1988, S. 8.
143 Die ethnisch-konfessionelle Abstammung des Zentralkomitees der KP 1961-1963 ergab folgendes Bild (in %): Schiiten: 34,6; Arabische Sunniten: 34,6; Kurden (Sunniten und Schiiten) 23,1. Vgl. Batatu, 1978, S. 964.
144 Hans Wehr übersetzt den Begriff *al-shu`ubiya* folgendermaßen: "... Richtung innerhalb der frühen islamischen Völkergemeinschaft, die die Vorzugsstellung der Araber nicht anerkannte." Hans Wehr: Arabisches Wörterbuch für die Schriftsprache der Gegenwart. Wiesbaden 1977. Der Vorwurf der *shu`ubiya* (vom arabischen Wort *shab*: Volk; Pl. *shu`ub*) richtet sich gegen die Auffassung der *shu`ubis* (Anhänger der *shu`ubiya*), ihr eignes Volk gegenüber der Gemeinschaft der Muslime (*umma*) höher zu bewerten. Dieser Vorwurf ist aber nicht widerspruchsfrei. Die arabischen Gegner der *shu`ubiya* gehen selbst von der Überlegenheit der Araber aus. Dabei stützen sie sich auf mehrere Stellen im Quran. So wird in Sura 3, Vers 111 verkündet: "Ihr seid das beste Volk, das je unter Menschen enstand ...". Die *shu`ubiten* legten das Wort anders aus, denn der Quran richtet sich an die Gemeinschaft der Muslime und nicht an die Araber. Der Begriff *umma* ist daher nicht mit dem Begriff Arabertum gleichzusetzen. Sie stützen sich ihrerseits auf zahlreiche Stellen im Quran, die die Gleichwertigkeit der Muslime ungeachtet ihrer Sprache, Rasse und Hautfarbe betonen. So steht in Sura 49, Vers 14: "O ihr Menschen, wir haben euch von einem Mann und einem Weib erschaffen und euch in Völker und Stämme eingeteilt, damit ihr leibhaftig einan-

aus dem islamischen Mittelalter stammenden Begriff versuchten die arabischen Nationalisten, ihre Gegner - die Kommunisten und Qasim - als Gegner des Arabismus (*uruba*) zu diskreditieren.

In diesem Exkurs versuchen wir aufzuzeigen, warum das historische Phänomen *shu`ubiya* in einem anderen historischen Kontext reaktiviert und politisiert wurde. Wer waren die Anhänger der *shu`ubiya*? Beschreibt der Begriff konkrete soziale und politische Strömungen der Gegenwart oder ist er ein ideologisch-politisches Konstrukt zur Stereotypisierung und Produktion von Feindbildern?

Die Beschäftigung mit dem Thema *shu`ubiya* geht auf die im Rahmen der arabischen Renaissance (*al-nahda*) zu Beginn dieses Jahrhunderts angestrebte neue Perzeption der islamisch-arabischen Geschichte zurück.[145] Die Politisierung des Begriffs und seine Übertragung auf ethnische, politische und ideologische Bewegungen ging aber eindeutig von den arabisch-nationalistischen Autoren, insbesondere aus dem Irak, aus. Während sich die ägyptischen und syrischen Autoren in ihrer Perzeption der Geschichte des 2. und 3. Jahrhunderts mit dem Phänomen *shu`ubiya* vor dem Hintergrund der Situation der nichtarabischen Neumuslime (*al-mawali*) im islamisch-arabischen Staat befaßten, übertrugen es die irakischen Autoren auf die politischen Auseinandersetzungen der Gegenwart.

Warum wurde aber der Begriff *shu`ubiya* aus seinem neunhundertjährigen Schlummer erweckt, wie werden die historischen Wurzeln des Phänomens *shu`ubiya* mit der Gegenwart in Zusammenhang gebracht, und wie wird seine Erweiterung auf politische, ethnische und kulturelle Bewegungen gerechtfertigt? Zunächst ist es wichtig, folgende Aspekte über *shu`ubiya* als ein historisches Phänomen festzuhalten:

Erstens: *Shu`ubiya* war, nach Goldzieher, eine Bewegung von Schriftstellern und Gelehrten des 2. und 3. Jahrhunderts, die die Gleichwertigkeit der mawali, die mit den Persern gleichzusetzen sind, mit den Arabern forderte und zuweilen die Superiorität der Perser und die Inferiorität der Araber behauptete.

Zweitens: Sunnitische Autoren, nicht erst im Zeitalter der *nahda*, behaupteten, daß die Entstehung der vielen häretischen Bewegungen (*al-zandaqa*) im Islam auf den Umstand zurückzuführen sei, daß die Perser die Zerstörung ihres Reiches durch die arabischen Muslime nicht hätten verwinden können. Sie hätten sich daher dem Schiitentum und anderen extremen Bewegungen (*al-ghulat*) angeschlossen.[146] Orientalisten wie z.B. Dozy und Nicholson verbreiteten diese These und beeinflußten so die modernen islamischen Autoren.[147]

Drittens: In ihrer Perzeption der islamischen Geschichte und der Gegenwart bezüglich der Rolle der *shu`ubiya* gehen die Autoren, aber auch politische Bewegungen davon aus, daß primär die Infiltration der *shu`ubiten* die isla-

---

der kennen mögt. Wahrlich, nur der von euch ist am meisten bei Allah geehrt, der am frömmsten unter euch ist ...".
145 Siehe hierzu: Ende, 1977, S. 233ff.
146 Siehe hierzu: al-Shadli, Ahmad `Abd al-Qadir: *Harakat al-ghulat wa al-tatarruf fi al-islam.* (Radikale und extremistische Bewegungen im Islam). Kairo 1987, S. 13.
147 Siehe hierzu: Ende, 1977, S. 237.

misch-arabische Zivilisation zerstört habe. Die Überbetonung der externen Faktoren bei der Beurteilung der historischen und politischen Prozesse scheint in der arabischen Welt eine ungebrochene Faszination zu haben. Der marokkanische Philosoph al-Jabiri nennt diese Erscheinung den "irrationalen Diskurs" (al-hitab al-lama'qul).[148] Für die Theoretiker der shu`ubiya zersetzte diese "subversive Bewegung" die islamische Zivilisation der Vergangenheit und versucht in der Gegenwart, ihre Auferstehung (ba`th) zu verhindern.

Um zu veranschaulichen, in welcher Weise Kommunisten, Perser, Schiiten und auch Qasim durch die arabischen Nationalisten mit dem Vorwurf der shu`ubiya in Verbindung gebracht werden, versuchen wir, die Definition von shu`ubiya seitens moderner irakischer Autoren darzustellen.

Der einflußreiche irakische Historiker 'Abd al-'Aziz al-Duri[149] definiert das Phänomen shu`ubiya als "Bemühungen von verschiedenen Völkern (shu`ub), die Herrschaft der Araber zu unterminieren, der arabisch-islamischen Kultur Widerstand zu leisten, das arabische Erbe zu vernichten, ihr eigenes politisches und religiöses Bewußtsein zu festigen und ihr kulturelles Erbe wiederzubeleben."[150] Diese Defintion wurde von anderen irakischen Autoren qua ex cathedra übernommen.[151]

Al-Duri begründete seine Beschäftigung mit dem shu`ubiya-Thema mit der Notwendigkeit, einige Phänomene der Gegenwart, deren Wurzeln in der Vergangenheit liegen, untersuchen zu müssen. Dabei schreibt er: "Wir brauchen nicht die gegenwärtige Shu`ubiya zu beschreiben. Es genügt, daß wir ihre Wurzeln allgemein und zügig verstehen, um die Linien und Fäden aufzudecken."[152] Im Verlauf seiner Studien über die historische Entwicklung des Phänomens shu`ubiya stellt al-Duri fest, daß der Irak der Hauptschauplatz dieser Bewegung war, da die "östlichen Völker" stets als Eroberer in den Irak gekommen waren. Sie hinterließen Gruppen von Menschen, die im Irak ihre eigenen, von außen getragenen Wurzeln schlugen.[153]

Da al-Duri die Gegenwart durch Begriffe beschreibt, die vergangenen historischen Epochen entlehnt sind - was eben jener "arabischen Logik" (al-mantiq al-`arabi) entspricht, die nach al-Gabiri ein "zentraler, geistiger Mechanismus"

---

148 Al-Jabiri, Muhammad Abid: Al-hithab al-`arabi al-mu`asir, dirasa tahliliya naqdiya. (Der gegenwärtige arabische Diskurs, eine analytische, kritische Studie). Beirut 1985. S. 28.
149 Al-Duri war Geschichtsprofessor in Bagdad und Amman und übte starken Einfluß auf die moderne historische Forschung des islamischen Mittelalters aus. Sein Hauptwerk "Arabische Wirtschaftsgeschichte" wurde ins Deutsche übertragen. Siehe al-Duri: Arabische Wirtschaftsgeschichte; deutsch von Jürgen Jacobi. Zürich usw. 1979.
150 Al-Duri, `Abd al-`Aziz:Al-judhur al-tarikhiya li al-shu`ubiya. (Die historischen Wurzeln der Shu`ubiya). 2. Aufl. Beirut 1962, S. 12-13. Die erste Auflage der Studie al-Duris war 1960 in Beirut erschienen.
151 Vgl. al-Fukaiki, Hadi: Al-shu`ubiya wa al-qaumiya al-`arabiya. (Shu`ubiya und der arabische Nationalismus). Beirut 1961; al-Laithi, Samira Mukhtar: Al-zandaqa wa al-shu`ubiya wa intisar al-islam wa al-`uruba `alihuma (Ketzerei und shu`ubiya und die Siege des Islam und des Arabismus über diese). Kairo 1968.
152 Al-Duri, 1962, S. 7.
153 Ebd., S. 124.

(*aliya dihniya mihuariya*) ist,[154] der versucht, die Gegenwart an der Vergangenheit zu messen - vermeidet er jeden direkten und offenen Bezug zu Erscheinungen der Gegenwart. Dagegen wird al-Fukaiki deutlicher: Unter der Überschrift, "Der lokale Kommunismus [ist] der Gipfel der *Shu`ubiya* und ihre Fortsetzung", schreibt er:

> In jener Phase [nach dem Ersten Weltkrieg, F.I.] des Lebens des arabischen Volkes war der Kommunismus ein neues Phänomen in der arabischen Heimat. Die Shu`ubiten wollten über ihn ihre Ziele erreichen. ... Die Tatsache, daß die Führung der kommunistischen Parteien regelmäßig den Gegnern des Arabismus und der Einheit der Araber, jenen haßerfüllten Ausländern (`ajam), anvertraut wurde, bestätigt unsere Aussage.[155]

Das Herstellen einer Verbindung zwischen den Kommunisten und *al-shu`ubiya* in der arabischen Welt war nicht die Tat des irakischen Ba`thisten al-Fukaiki. In einer Erklärung gegen die syrisch-libanesische KP aus dem Jahre 1945 mit dem Titel "Die Kommunistische Partei ist eine Stütze des *Shu`ubiya* und ein Unterstützer der Ausländer" behauptete die Ba`th-Partei:

> Das Büro des arabischen Ba`th hat seit Jahren nie aufgehört, die kommunistische Gefahr zu bekämpfen, ... es fordert die arabischen Syrer auf, diese Form des Kolonialismus, der die gegen den Arabismus haßerfüllten Elemente und Gruppen (*tawaif*) bedeckt, zu bekämpfen. Sie sollten sich gegen diese Gefahr vereinen, bevor es zu spät ist und die Kommunistische Partei den arabischen Geist vergiftet und die Existenz der Araber zerstört hat. Denn so hätten die Ausländer (`ajam) das, was ihnen gegen unsere Nation seit alten Zeiten vorschwebt, verwirklicht.[156]

Auch wenn die Erklärung der syrischen Ba`th-Partei den Begriff *shu`ubiya* im Rahmen ihres Kampfes gegen die syrische KP benutzte, wurde der Begriff seit den fünfziger Jahren im syrischen Kontext nicht mehr verwendet. Er blieb aber ein Kampfbegriff der arabischen Nationalisten im Irak.[157] Der Begriff erlebte nach der iranischen Revolution und nach dem Ausbruch des irakisch–

---

154 Al-Jabiri, 1985, S. 30.
155 Al-Fukaiki, 1961, S. 97.
156 In *Nidal al-Ba`th*, Bd. 1, *Al-qutr al-Suri 1943-1949* (Kampf des Ba`th, Syrische Region, 1943-1949), 1964, S. 63.
157 Im allgemeinen wurden die irakischen Schiiten bis zum Ausbruch des irakisch-iranischen Kriegs nie offen als *shu`ubiten* bezeichnet. Der irakische Politiker `Abd al-Rahman al-Bazzaz machte allerdings bei den Unionsverhandlungen zwischen Ägypten, Syrien und dem Irak deutlich, wen er als *shu`ubi* betrachtete: "*Shu`ubiya* hat in keinem Fall eine rassistische Bedeutung. ... Wir haben im Irak bis jetzt mehr unter *al-shu`ubiya* gelitten als unter den Kommunisten." *Mahadhir muhadathat al-wahda* (Protokolle der Unionsverhandlungen). Kairo 1963, S. 194. Al-Bazzaz hat allerdings, obwohl er die Kommunisten von *al-shu`ubiya* deutlich abgrenzte, nicht ausgeführt, wer die *shu`ubis* im Irak sein könnten.

iranischen Kriegs 1980 eine erneute Renaissance. In der Polemik der irakischen Autoren begegnen wir auch hier drei Elementen, die schon von den oben zitierten Autoren thematisiert wurden: der Vorstellung von der ewigen Feindschaft der Perser gegenüber den Arabern, al-*shuʻubiya* als Erscheinungsform dieser Feindschaft und der unterschwelligen Gleichsetzung des Schiitentums mit den extremen (*ghulat*) oder häretischen Sekten (*zanadiq*) des Islam. Mit der Bezeichnung des Krieges gegen Iran als *"Qadisiyat Saddam"* (Saddams *Qadisiya*) gab Saddam Husain das Signal für eine neue Runde der in den späten sechziger und in den siebziger Jahren abgeklungenen *shuʻubiya*-Debatte, denn *al-Qadisiya* war jene entscheidende Schlacht, bei der die muslimischen Araber im Jahr 637 dem persischen Sassaniden-Reich den Todesstoß versetzten. Demnach wurde die von Ayatullah Khumaini ausgerufene Islamische Republik mit dem nicht-islamischen Sassaniden-Reich gleichgesetzt. Zuweilen wird in der neuen Debatte der *shuʻubiya* der *"Khumainismus"* mit dem Zionismus in Zusammenhang gebracht. So schreibt der Leiter der Sektion Islamische Studien an der Universität Bagdad in einer Schrift, die von der "Organisation des Islamischen Volkskongresses" - nach Ausbruch des Krieges mit dem Iran war diese von der irakischen Regierung gegründet worden - herausgegeben wurde:

> ... die Neo-*shuʻubiya*, vertreten durch Zionismus und Khomeinismus, zielt auf die Existenzgefährdung der arabischen Nation und der arabischen Heimat ab. Sie versuchen, mal über bewaffnete Bewegungen und zuweilen über subversive, wissenschaftlich verpackte zionistische und persische Ideen, die den Fanatismus, den Haß und die Geringschätzung verdecken, ihre Ziele zu erreichen.[158]

Der von einem Talib Jasim al-Hasan verfaßte, im selben Buch erschienene Beitrag über die "historische Dimension der *Shuʻubiya*-Bewegung" basiert eindeutig auf rassistischem Gedankengut:

> Al-*Shuʻubiya* begann ... zunächst als eine perverse Tendenz, als rassistische Neigung (*lautha*) im persischen Denken und als Produkt des persischen Komplexes.[159] Sie versuchte, auch wenn sie zu Anfang nicht organisiert war, all das, was arabisch war, zu zerstören. Die Zeiten änderten sich, und die Feindschaft gegen den Arabismus und den Islam veranlaßte sie, nach Formen zu suchen, die die Ziele der Perser verwirklichen könnten. Und so entsprang al-*Shuʻubiya* aus dem kollektiven persischen Denken, um aktiv zu werden. ...[160]

---

[158] Jamil, 1988, S. 9.
[159] Der Autor erklärt in einer Fußnote den "persischen Komplex" (*al-ʻiqda al-farisiya*) als das gesamte Verhaltensmuster der Perser gegenüber den Arabern. Die Perser hätten gegenüber den überlegenen zivilisatorischen, ethischen, sozialen und religiösen Werten der Araber eine "unveränderliche feindselige Haltung entwickelt". Vgl. al-Hasan, Talib Jasim: *Al-buʻd al-tarikhi liʼ-haraka al-shuʻubiya* (Die historische Dimension der *shuʻubiya*-Bewegung). In: *Al-shuʻubiya*, 1988, S. 41, Fußnote 43.
[160] Al-Hasan, 1988, S. 25.

Naila al-Juburi geht über die Debatte der frühen sechziger Jahre hinaus, indem sie im Rahmen ihrer Polemik gegen Ayatullah Khumaini deutliche Kritik an den Praktiken und Prinzipien des Schiitentums übt. Neben den gegen Khumaini gerichteten Vorwürfen in der irakischen Kriegspropaganda, er sei ein islam- und araberfeindlicher Häretiker und Scharlatan, prangert sie seine feindselige Haltung gegenüber den ersten Khalifen nach dem Tode Muhammads an und apostrophiert das Prinzip der Herrschaft der Rechtsgelehrten (wilaiyat al-faqih).[161] Sie bewertet dieses Prinzip als "bid`a", also als eine unzulässige, ketzerische Lehre.[162] Die Nichtanerkennung der ersten drei Khalifen durch die Schiiten ist bekanntlich ein Standpunkt, der diese von den Sunniten unterscheidet.[163] Die Herrschaft oder Regierung der Rechtsgelehrten ist zwar unter den Schiiten umstritten, aber nicht als Prinzip, sondern bezüglich des Umfangs der Rechte, die die Gelehrten für sich in Anspruch nehmen können. Durch diese klare Position wird der schiitische Islam nicht nur angegriffen, sondern auch mit der shu`ubiya in Zusammenhang gebracht. Dies ist zwar bei den sunnitischen Autoren in anderen arabischen Ländern nicht unüblich,[164] die irakische Ba`th-Regierung, abgesehen von der Art ihrer Politik gegenüber den Schiiten, verbannte die Diskussion über die Konfessionen. Offene Angriffe oder Polemik gegen die Konfession der Bevölkerungsmehrheit wurden nie gewagt.

Wie kann man die Aktualisierung des shu`ubiya-Streits des islamischen Mittelalters interpretieren, und warum wählten die arabischen Nationalisten al-shu`ubiya als Kampfbegriff gegen ihre potentiellen und tatsächlichen Gegner? 'Abd al-'Aziz Duri liefert in seinem Buch teilweise Antworten auf diese Fragen. Er schreibt in der Einleitung zu seiner Studie: "Die arabische Nation durchläuft eine Phase des revolutionären Erwachens und gleichzeitig eine Phase der Krise. Das Erwachen und die Krise legen Wurzeln offen. Dies ist begleitet von Erscheinungen (zawahir), deren Wurzeln in der Vergangenheit liegen."[165]

Sowohl bei der Debatte über shu`ubiya als auch bei ihrer Instrumentalisierung handelte es sich in den späten fünfziger und frühen sechziger Jahren, also

---

161 Vgl. al-Juburi, Nazla Ahmad Naila: Al-firaq wa al-harakat al-shu`ubiya. Al-muntalaqat wa al-ahdaf wa al-wasail (Sekten und Bewegungen der shu`ubiya. Ausgangspunkte, Ziele und Mittel). In: Al-shu`ubiya, 1988, S. 50-141.
162 Ebd., S. 129.
163 Die Anhänger `Ali ibn Abi Talibs (shi`at Ali) glaubten, daß der Prophet Ali zu seinem Nachfolger bestimmt habe. Sie stützten sich auf den Spruch Muhammads: "Jeder, dessen Patron ich bin, der hat auch Ali zum Patron." Vgl. Halm, 1988, S. 10. Da aber die Muslime sich auf Abu Bakr (Regierungszeit 632-634), Umar (634-644) und Uthman (644-656) einigten, wurde dies von den Anhängern Alis widerwillig als ein ungerechtes fait accompli hingenommen. Siehe hierzu Momen, Moojan: An Introduction to Shi`i Islam. New Haven 1985, S. 11ff.
164 Der ägyptische Autor und Professor für islamische Geschichte an der ägyptischen Universität von al-Manufiya, Ahmad `Abd al-Qadir al-Shadhili, vertritt z.B. die Auffassung, da das Glaubenssystem des Schiitentums "nicht arabisch" (laisat `arabiya) sei. Er führt es auf jüdische, indische und persische Einflüsse zurück und kommt dabei zu dem Ergebnis: "Die Feinde des Islam versuchten, mit dem Umhang der Liebe zum Hause Muhammad (al al-bait) den Islam zu überlisten. ... Sie benutzten das Schiitentum als Schleier, um ihren Glauben zu verhüllen ... . Ihr Glaube hatte zwei Formen, Verborgenes und Erklärtes. Das Verborgene kennen nur ihre Führer ...". Al-Shadhili, 1987, S. 13.
165 Al-Duri, 1962, S. 6.

während der Regierungszeit Qasims, sowie während des irakisch-iranischen Kriegs um eine Krisenerscheinung, nicht aber, wie al-Duri sie deutet, um einen Kulturkampf der Völker gegeneinander. Die Verbindung von Kommunisten, Persern, Schiiten und dem westlichen Kolonialismus mit dem Begriff *shu`ubiya* ist eine Krisenerscheinung der Ideologie, die diesen Begriff als Vehikel zur Interpretation der Welt benutzt, die nach ideologischen Doktrin nicht so ist, wie sie sein sollte. *Al-shu`ubiya* hat in Krisenzeiten die Funktion, komplexe Zusammenhänge in vereinfachter Form darzustellen. Der Feind bleibt immer der haßerfüllte Verschwörer, so war er in der Vergangenheit, und so ist er heute.[166] *Shu`ubiya* taucht in der modernen Geschichte der arabischen Welt immer wieder auf; zu besonderer Bedeutung als Kampfbegriff gelangte er jedoch im multiethnisch-multikonfessionellen Irak, als der Arabismus selbst zum Problem wurde. *Al-shu`ubiya* ist, wie Samir al-Khalil feststellt, "... the idea of the enemy from within, the insidious, ubiquitious agent of a hostile outside whose presence to have faith in."[167] Unter diesen nebulösen Begriff können alle politischen, sozialen und ideologischen Erscheinungen geordnet werden.[168] Er hat aber als solcher keinen realen Bezug zu seinem Gegenstand. Die Tatsache, daß *al-shu`ubiya* als eine Kategorie Teil des gegenwärtigen ideologischen und politischen Diskurses ist, entspricht der allgemeinen Beurteilung der arabischen Diskursstruktur der Gegenwart durch al-Ghabiri: "Die Inhalte des modernen und zeitgenössischen Diskurses waren und sind leer und hohl. Sie drücken Hoffnungen und Ängste aus. Dies führte zudem dazu, daß sie eher psychologische als objektive Wahrheiten reflektieren."[169]

---

166 Siehe zu dieser Thematik: Tibi, Bassam: Die Verschwörung: Das Trauma arabischer Politik. Hamburg 1993.
167 Al-Khalil, Samir: The Republic of Fear. The Politics of Modern Iraq. London 1989, S. 219.
168 Der 1966 verstorbene irakische Staatspräsident `Arif bezeichnete 1965 die in Syrien regierende Ba`th-Partei als "*shu`ubiten*". *Al-ahram* vom 25. Juli 1965. Da sowohl Arif als auch die Ba`th-Partei arabische Nationalisten waren, kann man nur die These bestätigen, daß *al-shu`ubiya* in der modernen Geschichte der arabischen Welt eine leere ideologische Hülse war und ist.
169 Al-Jabiri, 1985, S. 33.

DIE SCHIITEN ZWISCHEN DEN BEIDEN COUPS D`ÉTAT DER BA`TH-PARTEI

Der erfolgreiche Putsch der irakischen Ba`th-Partei am 8. Februar 1963 war der Auftakt einer schrecklichen Entwicklung, die erneut alle Widersprüche der irakischen Gesellschaft offenlegte. Während der von den Putschisten konstituierte Kommandorat der Revolution, KRR (*majlis qiyadat al-thawra*), die Bewerkstelligung der Einheit des Volkes verkündete, zeigte die Reaktion der Bevölkerungsteile auf den Putsch die Spaltung der Iraker entlang ethnisch- konfessioneller Grenzen. In keiner anderen Stadt war die Spaltung so sichtbar wie in Bagdad. Die Stadt mit ihrer sunnitischen Minderheit und schiitischen Mehrheit war eine Miniatur der konfessionellen Spaltung der irakischen Gesellschaft. Die ethnisch-konfessionelle Grenzziehung im Bagdad der frühen sechziger Jahre war nicht nur eine ethnische Grenzziehung im Sinne von Frederik Barth, sondern war darüber hinaus eine physische Grenze, die die Schiiten und Sunniten voneinander trennte. Die Trennungslinien beschränkten sich nicht auf die ethnisch-konfessionelle Dimension, sondern waren in vieler Hinsicht auch Ursache für zusätzliche segregative Momente. Die politische Orientierung der Bewohner der schiitischen Stadtviertel Madinat al-Thawra, al-Karada al-Sharqiya, al-Kazimiya und Shari` al-Kifah war eher kommunistisch. Die sunnitischen Viertel Al-Karakh und al-Azamiya waren dagegen die Hochburgen der arabischen Nationalisten und vor allem der Ba`th- Partei.[170] Die ethnisch- konfessionelle Struktur bestimmte, wie wir schon ausführten, die Entwicklung der sozialen Struktur, so daß ein *ethclass*-Phänomen entstand - ein Begriff, der von Gordon im Rahmen seiner Untersuchung über die ethnisch- soziale Stratifikation in den Vereinigten Staaten geprägt wurde.[171] Dies bedeutet nicht, daß die Bevölkerung der sunnitischen bzw. der schiitischen Stadtteile *en bloc* homogene konfessionell-soziale Gruppen waren. Die reichen schiitischen Händler von al-Kazimiya und des Basars von al-Shurja hatten nur das Schiitentum gemeinsam mit den Shrugis, den schiitischen Landflüchtigen in Bagdad. Es ist auch

---

170 Der Staat hatte ab 1960 de facto die Kontrolle über al-Karakh und al-Azamiya verloren. In diesen beiden sunnitischen Stadtvierteln organisierte die Ba`th-Partei frühzeitig Parteimilizen, die nach dem Putsch von 1963 unter der Bezeichnung *"al-haras al-qaumi"* (Nationalgarde) vor allem gegen die Kommunisten eingesetzt wurden. Vgl. Dann, 1969, S. 289; al-Fukaiki, 1992, S. 219-25.
171 Durch Kontamination der Begriffe "Ethnie" und "Klasse" versuchte Gordon, die Konzentration von bestimmten Ethnien in einer sozialen Klasse zu beschreiben. Vgl. Gordon, M.W.: Assimilation in American Life. New York 1964. Zur Frage der ethnisch-sozialen Stratifikation siehe auch: Wiley, Norbert F.: The Ethnic Mobility Trap and Stratification Theory. In: Social Problem, Vol. 15, 1967, S. 147-59; Shibutani, T./ Kwan, K.M.: Ethnic Stratification. A Comparative Approach. New York usw. 1965.

anzunehmen, daß die sunnitischen Unterschichten keine Möglichkeit sahen, den von den Sunniten kontrollierten Staatsapparat zur Verbesserung ihrer sozialen Situation in Anspruch zu nehmen. Aber trotz der sozialen Differenzierung in den Reihen der einzelnen ethnisch-konfessionellen Gruppen zeigten sie, vor allem nach der Revolution von 1958, qua Gruppen unterschiedliches politisches Verhalten. Die überwiegende Mehrheit der Sunniten war arabisch-nationalistisch orientiert, während die Loyalität der Mehrheit der schiitischen Bevölkerung sich auf Qasim, die KP und zum geringeren Teil auf schiitische *marja'iya* und schiitischen Islamismus verteilte. Diese vielfältigen Trennungslinien kamen am Morgen des 8. Februar 1963 zur Geltung.

Unmittelbar nach dem Putsch strömten Zehntausende von Menschen aus den schiitischen Stadtvierteln Madinat al-Thawra, 'Aqdat al-Akrad, Karada und Shari' al-Kifah auf die Straßen. Dies war zunächst eine spontane Reaktion der Bewohner dieser Gebiete. Bald griff aber die KP in das Geschehen ein und versuchte, die spontane Protestaktion der Bevölkerung im Rahmen ihres vor dem Putsch entworfenen Widerstandsplans gegen einen erwarteten Putsch zu organisieren.[172]

Die KP fürchtete - nicht ohne Grund - ihre Liquidierung durch die neuen Machthaber.[173] Sie war aber, trotz ihrer Warnungen 1962 und 1963 vor einem bevorstehenden Putsch, nicht in der Lage, wirklich Widerstand zu leisten.[174] Zwar hat das Zentralkomitee schnell reagiert und binnen weniger Stunden die Anhänger der KP mobilisiert, ihre Organisation in der Armee aber hat kläglich versagt. Die KP hatte zwar einen starken Einfluß in mehreren Armeedivisionen und in der Luftwaffe, diese waren aber am Morgen des 8. Februar fast vollständig gelähmt.[175] Die gezielte Exekution wichtiger kommunistischer Offiziere

---

172 Die KP hatte schon Anfang 1963 über ihre Organisation in der Armee Informationen darüber, daß die arabisch-nationalistischen Offiziere einen Putsch planten. In einer öffentlichen Erklärung warnte sie Qasim vor dem Plan einer Gruppe von "reaktionären und abenteuerlichen Offizieren", die die Unabhängigkeit des Landes zu unterminieren versuchten. Qasim traf in der Tat Vorkehrungen und ließ einige Ba'th-Offiziere verhaften. Dies war, wie am 8. Februar 1963 offensichtlich wurde, nicht ausreichend gewesen, um den Putsch zu verhindern. Batatu, 1978, S. 972-73; siehe auch Interview mit dem ehemaligen Ba'th-Führer Hani al-Fukaiki, London 20. Oktober 1989.

173 Zwischen 1959 und 1969 fielen viele Kommunisten den von der Ba'th-Partei und anderen arabisch-nationalistischen Gruppen organisierten Attentaten zum Opfer. Allein in Mosul sollen 400 Kommunisten von den Todeskommandos getötet worden sein. Über 50.000 Kommunisten mußten aus den Provinzen in das sicherere Bagdad fliehen. Siehe hierzu: Batatu, 1978, S. 954; Dann, 1969, S. 289-90.

174 Vgl. Batatu, 1978, S. 972.

175 Einige kommunistische Kommandeure, wie der Chef der Luftwaffe General Jalal al-Awqati, fielen am Morgen des 8. Februar 1963, bevor sie ihre Einheiten erreichen konnten, den gutorganisierten Attentaten der Nationalgarde der Ba'th-Partei zum Opfer. Die Namen der kommunistischen Offiziere und Funktionäre erhielten die Putschisten nach Angaben des jordanischen Königs Husain von der CIA. Der König sagte bei einem Interview mit dem Chefredakteur der ägyptischen Zeitung *Al-ahram*, Muhammad Hasanain Haikal: "Permit me to tell you that I know for a certainty that what happened in Iraq on 8 February had the support of American Intelligence. Some of those who now rule in Baghdad do not know of this thing but I am aware of the truth. Numerous meetings were held between the Bath party and American Intelligence, the more importants in Kuwait. Do you know that ... on 8 February a secret radio beamed to Iraq was supplying the men who pulled

war sicherlich ein Grund für die zögernde Haltung der militärischen Organisation der KP, der Hauptgrund aber lag tiefer. Zum einen hatte die KP-Führung immer wieder eine Konfrontation mit Qasim und seinen Anhängern vermieden, so daß die KP-Offiziere die Initiative verloren hatten. Zum anderen hatte Qasim seit Ende 1959 alle KP-nahen hohen Offiziere aus der Kommandeursebene entfernt, abgesehen von dem Kommandeur der Luftwaffe, al-Auqati. Der Streit in der KP zwischen Befürwortern eines Konfrontationskurses gegen Qasim und Anhängern einer Abwartetaktik beraubte die KP der Initiative und paralysierte sie, so daß sie in der "Stunde Null" unfähig war, wirksamen Widerstand zu leisten.[176] Batatu hat vollkommen Recht, wenn er dazu schreibt: "The party had kept its hand on the trigger too long and when it finally pulled it, it didn't act."[177]

Die Widerstandsnester der KP wurden aber nach zwei Tagen von der Armee und den Ba`th-Milizen ausgehoben. Es war jedoch mit Sicherheit weder die Erklärung des KRR, die die Kommunisten praktisch für vogelfrei erklärte, noch die äußere Brutalität der Miliz der Ba`th-Partei, der sogenannten "Nationalgarde" *(al-haras al- qaumi)*, die den Widerstand der Kommunisten ausweglos machte, sondern vielmehr der Umstand, daß die Bevölkerung aus den marginalisierten Stadtvierteln den Widerstand aufgab, nachdem die Leiche Qasims im irakischen Fernsehen gezeigt worden war. Die Mehrheit der Bevölkerung dieser Stadtteile blieb loyal gegenüber der Person Qasim, der zweifellos eine überkonfessionelle Politik betrieben hatte und daher die Sympathien dieser Bevölkerungsschicht fand, die den sozialen Wohnungsbau und die Sozialgesetzgebung nach 1959 mit dem Namen Qasim assoziierte.[178] Die KP betrachtete wiederum mit Recht diese Stadtviertel als ihr Terrain. Sie hatte aber in den ersten Jahren nach der Revolution dazu beigetragen, daß Qasim für die marginalisierten Bevölkerungsschichten zu einem Mythos wurde. Nach dem Beginn der Differenzen mit Qasim konnte und wollte sie den Mythos nicht zerstören. Bis zum letzten Tag des Qasim-Regimes hörte die KP nicht auf, die Errungenschaften des Regimes hervorzuheben, zumal die KP in ihrer prekären Situation keine politische Alternative sah. Die Verbindungen mit der Ba`th-Partei scheiterten, weil - nach

---

the coup with the names and addresses of the Communists there so that they could be arrested and executed?" *Al-ahram* vom 27. September 1963, zitiert nach Batatu, 1978, S. 986. König Husain war sicherlich alles andere als ein Freund der Ba`th-Partei im Irak und in Syrien. Die "Kontakte mit dem Westen" vor dem Putsch wurden aber in den internen Diskussionen der Ba`th-Partei kritisiert. Interview mit Hani al-Fukaiki, 20. Oktober 1989.

176 Einige Wochen vor dem Putsch der Ba`th-Partei äußerte sich das Mitglied des Zentralkomitees `Abd al-Qadir Ismail, ein Befürworter der Konfrontation mit Qasim, auf der Sitzung des ZK: "For how long will we go on bearing this man [Qasim, F.I.] on our shoulders?" Zitiert nach Batatu, 1978, S. 977.

177 Batatu, 1978, S. 980.

178 Die Erklärung al-Fukaikis, die marginalisierte schiitische Bevölkerung hätte vor dem Hintergrund der Idee eines charismatischen Retters bei den Schiiten ihre Loyalität zu Qasim gezeigt, ist ziemlich problematisch, insofern er als einer der ihren galt und ihre soziale Situation materiell verbesserte. Vgl. al-Fukaiki, 1992, S. 242-43. Die Mobilisierung der marginalisierten Schichten wäre undenkbar gewesen ohne die großangelegte Kampagne der KP in den Jahren 1958/59 unter der Parole: "Es gibt keinen Führer außer Karim [Qasim] *(maku zaim ila Karim)*".

ba'thistischer Darstellung - die KP nicht mit dem Qasim-Regime brechen wollte.[179] Die KP lehnte auch den Vorschlag der DPK ab, ein Bündnis zu schließen und den Versuch zu unternehmen, die Macht in Bagdad zu übernehmen.[180] Auch wenn die KP wahrscheinlich in ihrem Urteil, daß sie und die Kurden kaum in der Lage wären, die Macht zu übernehmen, Recht hatte, hätte sie durch ein Bündnis mit den Kurden einerseits vor dem erwarteten Putsch der Ba'th-Partei ihre Organisation nach Kurdistan verlegen und andererseits die DPK davon abhalten können, dem Putsch-Plan der Ba'th-Partei zuzustimmen.[181]

Im Zusammenhang mit dem Putsch und dem Widerstand stellt Batatu die Frage, ob man den Konfessionalismus (*al-ta'ifiya*) als Bewertungskriterium für die Ereignisse in Bagdad zwischen dem 8. und 10. Februar 1963 nehmen kann. Dabei kommt er zu folgenden Ergebnissen: Der Widerstand machte sich nur in den Arbeitervierteln der Schiiten bemerkbar und in keinem Wohngebiet der Sunniten (abgesehen von der sozialen Struktur der sunnitischen Stadtviertel). Batatu ist dennoch der Auffassung, daß der Konfessionalismus als Kriterium nicht ausreicht, weil viele sunnitische Kommunisten nach dem Putsch Schutz in den schiitischen Stadtvierteln suchten, einige Ba'th-Führer selbst Schiiten waren und ein beachtlicher Teil der KP-Führung sunnitisch war.[182] Eine andere Einordnung der von Batatu genannten Fakten kann zumindest seine Meinung von der Unbrauchbarkeit des Konfessionalismus als Kriterium relativieren. Die Ba'th-Partei gehörte zu denjenigen Kräften, die den *shu'ubitischen* Charakter des Qasim-Regimes propagierten. Es stammte in der Tat die Hälfte der irakischen Ba'th-Führer aus den Reihen der Schiiten,[183] die Struktur des KRR zeigte aber wer wirklich die Ba'th- Partei kontrollierte.

---

179 Vgl. Batatu, 1978, S. 957. Die KP bestätigte später die Kontakte zur Ba'th-Partei. Sie war aber nicht bereit, einer "Konspiration" gegen Qasim zuzustimmen. Ebd.
180 Vgl. Batatu, 1978, S. 972.
181 Vgl. zu den Verhandlungen der Ba'th-Partei mit der DPK vor dem Putsch von 1963 Ibrahim, 1983, S. 551ff.
182 Es ist nicht unwichtig zu erwähnen, daß das 1963 von der Ba'th-Partei konstituierte "Spezielle Ermittlungsbüro" (*al-maktab al-tahqiqi al-khass*) Todesurteile vorwiegend gegen die schiitischen KP-Führer aussprach. Zu diesen gehörten u.a.: Husain al-Radi (Generalsekretär der KP), Muhammad Husain Abu al-'Is (ZK-Mitglied), Hamza Salman al-Juburi (ZK-Mitglied), Mundhir Abu al-'Is (Funktionär), Muhammad al-Chalabi (Funktionär), Kazim al-Musawi (Funktionär). Vgl. hierzu al-'Alawi, 1990, S. 226-27; Batatu, 1978, S. 989-90.
183 Folgende Mitglieder der Regionalen Führung der Ba'th-Partei im Irak waren Schiiten: Hani al-Fukaiki, Talib Shibib, Muhsin al-Shaikh Radi und Hazim Jawad. Salih 'Ali al-Sa'di war, anders als Batatu angibt, ein Sunnit; Batatu, 1978, S.968-9, Interview mit Hani al-Fukaiki, London 20.Oktober 1989.

Tabelle 13: Der ethnisch-konfessionelle Hintergrund der KRR-Mitglieder 1963

Gruppe	KRR-Mitglieder	in %	Zum Vergleich: Bevölkerungsanteile 1951
Arabische Schiiten	5	27,8	44,9
Arabische Sunniten	12	66,7	28,6
Arabisierte Kurden*	1	5,5	12,7
Turkmenen	-	-	3,4
Perser	-	-	3,3
Juden	-	-	0,3
Christen	-	-	6,4
Sabäer	-	-	0,3
Yazidis und Sabak	-	-	0,1
Zusammen	18	100,0	100,0

Quelle: Hanna Batatu, 1978, S. 1004-1007.
* Batatu bezieht sich hier auf `Ali Salih al-Sa`di, der allerdings bestritt, kurdischer Abstammung zu sein.

In diesem Zusammenhang soll hier erwähnt werden, daß sich die Dominanz der Schiiten in der Ba`th-Partei - sowohl in der Führung als auch an der Basis - in der zweiten Hälfte der fünfziger Jahre zugunsten einer paritätischen Zusammensetzung änderte. In dieser Hinsicht hatte die Ba`th-Partei, was die ethnisch-konfessionelle Zusammensetzung ihrer Führung betrifft, eine ähnliche Struktur wie die KP. Es kam aber nach der Revolution von 1958 und der Konfrontation mit Qasim und den Kommunisten zu einem weiteren Strukturwandel in der irakischen Ba`th-Partei, der große Ähnlichkeit mit der Entwicklung des syrischen Zweigs der Ba`th-Partei aufwies, nämlich die Dominanz der Offiziere und eine stärkere Mitgliedschaft aus den Reihen der sunnitischen Minderheit.[184] Während die Ba`th-Partei unter Führung Fuad al-Rikabis vor 1958 Mühe hatte, Anhänger innerhalb der Armee und der Polizei zu finden, liefen der Partei nach der Konfrontation mit Qasim reihenweise Offiziere zu. Der ehemalige schiitische Ba`th-Führer al-Fukaiki vertritt die Auffassung, daß die Unterstützung der Schiiten für Qasim zur Annäherung der arabisch- nationalistischen Offiziere an die Ba`th-Partei führte[185]. Hier lag aber das Problem, das nach dem Staatsstreich der Ba`th-Partei voll zum Ausbruch kam. Die schiitischen Mit-

---

184 In Syrien wurde die Ba`th-Partei zur Partei der Offiziere und der religiösen Gruppen *par excellence*. Siehe hierzu al-Jundi, Sami: *Al-Ba`th*. (Die Ba`th-Partei). Beirut 1970.
185 Al-Fukaiki, 1992, S. 218-19.

glieder der Ba'th-Führung waren, abgesehen davon, daß sie keine konfessionalistische Fraktion in der Partei bildeten, zivile Parteimitglieder und hatten wie ihre zivilen sunnitischen Kollegen in der Parteiführung nicht die reale Macht im Ba'th-Staat.[186] Die zahllosen Hinrichtungen von Kommunisten und hohen Offizieren der irakischen Armee, die seit dem 8. Februar 1963 ohne Konsultation der zivilen Mitglieder des KRR von den Offizieren ausgeführt wurden, war erst der Anfang eines sich anbahnenden Konflikts zwischen den ideologisierten zivilen Ba'th- Führern und den konservativ-nationalistisch orientierten Offizieren.[187] Die Annullierung des Personenstandsrechts von 1960, das Qasim die Feindschaft der schiitischen und sunnitischen Geistlichkeit eingebracht hatte, zeigte den Opportunismus des neuen Regimes, das seine säkularistische Ideologie zugunsten einer politischen Koalition mit den konservativen Offizieren um den Staatspräsidenten 'Abd al-Salam 'Arif aufgab.[188]

Tabelle 14: Die wichtigsten Ba'th-Offiziere 1963

Name	Konfession	Beitrittsjahr	Position nach 1963
Ahmad Hasan al-Bakr	Sunnit	1960	Ministerpräsident, Mitglied des KRR
Hardan al-Takriti	Sunnit	1960	Kommand. der Luftwaffe, Mitglied des KRR
Rashid Muslih	Sunnit	1961	Militärrichter
Salih Mahdi 'Ammas	Sunnit	1957	Verteidigungsminister, Mitglied des KRR
Tahir Yahiya	Sunnit	1962	Stabschef, Mitglied des KRR
Mundhir al-Windawi	Sunnit	1955 (?)	Kommand. der "Nationalgarde"
Khalid Maki al-Hashimi	Sunnit	1960	Stellvertretender Stabschef, Mitglied des KRR
Anwar 'Abd al-Qadir al-Hadithi	Sunnit	1962	Mitglied des KRR

---

186 Ebd., S. 254.
187 Ebd.
188 Die Ba'th-Partei übte in diesem Zusammenhang in einer vom 8. Nationalkongreß 1965 verfaßten Schrift unter dem Titel "Gründe für die Niederlage der Partei im Irak" Selbstkritik und machte die Regionale Führung von 1963 für die Allianz mit den Konservativen verantwortlich. Vgl. "Der Kampf der Ba'th" (*Nidal al-Ba'th*), Bd. 9, achter Nationalkongreß, Mai 1965. Beirut 1966, S. 33-61.

Das wichtigste Ereignis in der irakischen Ba'th-Partei, das den Einfluß, wenn nicht die Präsenz der Schiiten in der Führung der Partei beendete, war der Parteitag vom November 1963. Gleich am ersten Tag besetzten die Offiziere unter dem Vorwurf, die zivile Parteiführung sei unter den Einfluß des Kommunismus geraten, den Parteitagssaal.[189] Mit der Entmachtung der zivilen Fraktion verloren die Schiiten ihren Einfluß in der Partei, die 1952 auf Initiative des Schiiten Fuad al-Rikabi enstanden war.[190]

Der Umstand, daß die Rekrutierung der Offiziere im Irak seit 1921 aus den Reihen der arabischen Sunniten erfolgte, zeigte auch bei den Auseinandersetzungen in der irakischen Ba'th-Partei Wirkung. Der Versuch Qasims, die Offiziersschulen des Irak für Schiiten zugänglich zu machen, wurde nach dem Putsch von 1963 rückgängig gemacht und erst nach 1968 bedingt wieder ermöglicht.[191]

Die schiitische *marja'iya* mußte wie die schiitischen Ba'thisten die Erfahrung machen, daß der Sturz Qasims und die Verfolgung der Kommunisten keineswegs die Position ihrer Konfession begünstigten. Der Versuch Muhsin al-Hakims, mit der neuen Staatsführung in Kontakt zu kommen, war nach langem Zögern seitens derselben erfolgreich, seine Forderungen, die Verfolgung der Kommunisten zu beenden, das Personenstandsgesetz von 1960 außer Kraft zu setzen und die schiitisch-religiösen Einrichtungen über die Gelder des Ministeriums für religiöse Stiftungen (*wizarat al-awqaf*) zu fördern, wurden hingegen nur partiell erfüllt. Die Verfolgung der Kommunisten hätte ohnehin ein Ende gehabt, nachdem ca. 10.000 Personen zwischen Februar und November 1963 verhaftet und Hunderte durch Urteile des "Speziellen Vernehmungsbüros" (*al-maktab al-tahqiqi al-khass*) der Ba'th-Partei hingerichtet worden waren. Die Annullierung des Personenstandsgesetzes war, wie wir schon ausführten, eine Forderung des Staatspräsidenten 'Arif selbst. Es scheint, daß al-Hakim, nachdem das neue Regime den Kontakt zu ihm verweigert hatte, versucht hat, seinen Protest durch demonstrative "pastorale" Besuche in al- Kazimiya und Samarra im Sommer 1963 zu zeigen.[192]

---

189 Vgl. al-Fukaiki, 1992, S. 351.
190 In der neuen Führung vom November 1963 waren nur drei Schiiten vertreten, während die Sunniten 15 Sitze innehatten. Siehe hierzu al-Fukaiki, 1992, S. 352.
191 Nach Angaben al-Zaidis betrug die Zahl der schiitischen Offiziersanwärter 1963-1968 20%; die arabischen Sunniten waren dagegen mit 70% repräsentiert; die restlichen 10% waren auf Kurden, Christen und andere Minderheiten verteilt. Dieses "Proporzsystem" soll auch nach 1968 beibehalten worden sein. Die Zulassung an der Stabsoffiziersschule soll im wesentlichen auf die sunnitischen Offiziere beschränkt gewesen sein mit dem Ergebnis, daß seit der Gründung der irakischen Armee die Position des Stabschefs der Armee stets von einem sunnitischen Offizier besetzt wurde. Vgl. al-Zaidi, Ahmad: *Al-bina' al-ma'nawi li al-quuat al-musalaha al-'iraqiya.* (Die moralische Erbauung der irakischen Streitkräfte). Beirut 1990, S. 158-60.
192 Nach Angaben al-Fukaikis wurde ein Höflichkeitsbesuch des Staatspräsidenten bei al-Hakim in der Führung der Partei diskutiert. Der Vorsitzende des KRR 'Arif lehnte dies aber mit der Begründung ab, daß der Aufenthalt bei al-Hakim eine konfessionelle (*taifiya*) Demonstration gegen das Regime sei. Vgl. al-Fukaiki, 1992, S. 274. Die schiitischen Mitglieder des KRR, Hani al-Fukaiki, Hamid Khalkhal, Hazim Jawad und Muhsin al-Shaikh Radi, lehnten ebenfalls eine Einladung

Der Sturz des Ba'th-Regimes am 18. November 1963 durch den Putsch des Vorsitzenden des KRR, `Abd al-Salam `Arif, beendete die Gewaltspirale, die die Ba`th-Partei in ihrer neunmonatigen Herrschaft begonnen hatte. Der politische Konfessionalismus erhielt aber erneuten Auftrieb durch den schiitischen Islamismus, der seit der Einstellung der Tätigkeit der *da'wa*-Partei Ende 1959 abgeklungen war. Aber auch in dieser Phase konnte sich der schiitische Islamismus nicht von der Dominanz, die die *marja'iya* unter Muhsin al-Hakim seit 1959 über die schiitische Gemeinschaft im Irak hatte, befreien. Dieser begann sich aber erst nach der Niederlage der arabischen Armeen im Krieg von 1967 als selbständiger Akteur zu profilieren. Al-Hakim reagierte auf die Politik `Arifs zum ersten Mal, seitdem er 1961 *marja` al-a`la* der Schiiten geworden war, mit dem offenen Vorwurf des Konfessionalismus (*al-taifiya*). `Arif war in der Tat ein sunnitischer Konfessionalist, nicht weil er, wie Batatu meint, tief im sunnitischen Islam verwurzelt war,[193] sondern weil der sunnitische Konfessionalismus mit dem Machtmonopol durch die Sunniten gleichzusetzen war.[194] Wodurch konnte aber der politische Konfessionalismus `Arifs festgestellt werden? Die schiitischen Autoren beziehen sich in diesem Kontext auf drei Aspekte:[195] Die ethnisch-konfessionelle Zusammensetzung der politischen Elite unter `Arif, seine Wirtschaftspolitik und bestimmte rechtliche Maßnahmen, die als sunnitisch-konfessionalistisch und antischiitisch interpretiert werden.

Die Zusammensetzung der politischen Elite unter `Arif, die fast ausschließlich sunnitisch war, ist vor dem Hintergrund der Tatsache zu sehen, daß nach der Entmachtung der Ba`th-Partei nur Offiziere und pronasseristische Gruppen an der Macht beteiligt waren. Die Schiiten waren aber aus Gründen, die wir ausführten, im irakischen Offizierskorps nur marginal beteiligt, und der Nasserismus hat nie in den Reihen der Schiiten Fuß gefaßt, weil die Ba`th-Partei lange vor der Formierung des Nasserismus die Sympathien der panarabisch orientierten Schiiten gewinnen konnte. Dies erklärt auch, warum u.a. die Repräsentanz der Schiiten im Vergleich zur monarchischen Phase rapide sank.

---

al-Hakims ab. Al-Fukaiki begründet diese Ablehnung mit seiner Befürchtung, daß dies in der Partei als Konfessionalismus interpretiert werden könnte. Ebd.

193 Vgl. Batatu, 1978, S. 832ff. Zu einem ähnlichen Urteil kommt auch Khadduri: "Aref belonged to a traditionally religious family and his stress on Islam betrayed a Sunni bias which aroused the concern of Shii and non-Islamic Communities." Khadduri, 1969, S. 221.

194 Al-Fukaiki schreibt, `Arif habe während der Herrschaft der Ba`th-Partei mit viel Unbehagen den Aufstieg der schiitischen Ba`th-Führer vernommen. Vgl. al-Fukaiki, 1992, S. 273. Al-Fukaiki führte in einem Interview mit dem Verfasser den Konfessionalismus `Arifs auf die konservativ-islamische Sozialisation `Arifs, der aus einem kleinen sunnitischen Ort am Euphrat stammte, zurück. Interview mit al-Fukaiki, London 20. Oktober 1989.

195 Al-`Alawi, 1990; al-Uzri, 1991.

Tabelle 15: Der ethnisch-konfessionelle Hintergrund der politischen Elite im Irak 1948-1968

	Arabische Sunniten		Arabische Schiiten		Kurden		Andere		Total
1948-1958									
Höhere Ebene (a)	24	61 %	8	21 %	6	15 %	1	3 %	39
Untere Ebene (b)	17	31 %	23	43 %	12	22 %	2	4 %	54
Zusammen	41	44 %	31	33 %	18	19 %	3	3 %	93
1958-1968									
Höhere Ebene (a)	30	79 %	6	16 %	2	5 %	-	-	38
Untere Ebene (b)	57	46 %	43	35 %	16	13 %	8	6 %	124
Total	87	54 %	49	30 %	18	11 %	8	5 %	162

Quelle: Phebe Marr, 1985, S. 282.
a) Regent, Premierminister, Vize-Premier, Innenminister, Verteidigungsminister, Finanzminister, Außenminister.
b) Alle anderen Minister.

Dies bedeutet wiederum nicht, daß die gesamte politische Elite unter ʿArif aus nasseristisch orientierten Offizieren bestand. Zunächst soll an dieser Stelle erwähnt werden, daß ʿArif sich auf die Offiziere aus seinem Stamm al-Jumaila stützte, die die wichtigsten Positionen im Geheimdienst und im Verteidigungsministerium erhielten. Hiermit gab sein Regime das Vorbild für die Herrschaft der Takritis, die fünf Jahre später die Macht im Irak übernehmen sollten.[196] Neben den Offizieren seines Stammes versuchte ʿArif, die gesamten nasseristischen und konservativen arabisch-nationalistischen Strömungen um sein Regime zu scharen. Die 1964 nach dem Vorbild Ägyptens gegründete Arabische Sozialistische Union sollte organisatorisch alle diese Kräfte zusammenhalten. Die Schiiten blieben außerhalb dieses Spektrums. Der ehemalige "freie Offizier" Naji Talib, der 1966 Ministerpräsident werden sollte, gehörte zu den wenigen schiitischen Politikern, die unter ʿArif zur herrschenden politischen Elite zählten. Die ideologischen und politischen Grundsätze der Regierung ʿArif

---

196 Die wichtigsten al-Jumaila-Offiziere neben ʿArif waren sein Bruder ʿAbd al-Rahman ʿArif (Vize-Stabschef und Kommandeur der 5. Division), Saʿid Sulaibi (Kommandeur der Republikanischen Garde) und ʿAbd al-Razaq al-Naiyf (Geheimdienst).

waren nicht immer von großer Relevanz. Seine Haltung zu den islamistischen Gruppen war abhängig davon, zu welcher Konfession diese gehörten. Er hat, um ein Beispiel zu nennen, anders als es in Ägypten, dessen Modell er nachahmte, der Fall war, den Muslimbrüdern im Irak trotz Parteienverbot mehr Freiheiten gegeben, als sie jemals hatten. Diese Partei war jedoch ausschließlich eine sunnitische Partei.

Die schiitischen Autoren, aber auch die schiitischen Untergrundorganisationen, werfen `Arif vor, durch die Verstaatlichung des Handels und der Industrie 1964 das Ziel verfolgt zu haben, die Schiiten aus der Wirtschaft zu verdrängen.[197] Die Wirtschaft, insbesondere der Handel, war das Haupttätigkeitsfeld der schiitischen mittleren und reichen Schichten. Da Tätigkeiten im Staatsdienst sowohl im Osmanischen Reich als auch später im Irak fast ausschließlich den Sunniten vorbehalten waren, expandierten die Schiiten in der Privatwirtschaft. Auch wenn es nicht das Ziel der Verstaatlichungen war, die Schiiten aus der Privatwirtschaft zu verdrängen, so war dies doch deren Folge. Das Ergebnis war nicht nur die Verstaatlichung der Betriebe der schiitischen Unternehmer, sondern darüber hinaus die Auflösung der und Industrie- und Handelskammern, die stets eine Domäne der Schiiten waren, und die Gründung von spezialisierten Wirtschaftsinstitutionen unter Vorsitz von ernannten sunnitischen Politikern.[198]

Ein zusätzlicher Grund für die Verstaatlichungen von 1964 hing unmittelbar mit der Frage des politischen Konfessionalismus zusammen. Die arabischen Sunniten im Irak waren aus ihrem Minderheitenstatus und angesichts der Tatsache, daß sie das Land regierten und sich diese Position sichern wollten, stets bestrebt, alle panarabischen Strömungen zu unterstützen, denn die Fusion des Irak mit einem anderen arabischen Staat hätte die Schiiten zu einer verschwindend kleinen Minderheit gemacht. Nach seinem erfolgreichen Putsch vom November 1963 ging `Arif euphorisch daran, Irak mit Ägypten zu fusionieren. Die einzige Hürde war aber Nasser selbst, der aus seinen Erfahrungen aus der gescheiterten Union mit Syrien die Frage der arabischen Einheit mit Vorsicht verfolgte. Die Bedingung, die er dem Irak stellte, war die Anpassung der sozioökonomischen Strukturen an die Ägyptens. Irak mußte also sozialistische Maßnahmen durchführen. Wie Majid Khadduri mit Recht feststellt, waren nur wenige Politiker um `Arif Sozialisten, allerdings Sozialisten nasseristischer Provenienz.[199] Aber auch diese hatten von Sozialismus, abgesehen von den Verstaatlichungen, die sie 1964 durchführten, keine genauen Vorstellungen, so daß das Konzept des *"prudent socialism"*, den der konservativ-nationalistische Ministerpräsident `Abd al-Rahman al-Bazzaz zu realisieren versuchte, dieses Kapitel abschloß. Er definierte den Sozialismus in seinem Regierungsprogramm vom Mai 1965 folgendermaßen:

> The Socialism which is good for Iraq is the one that emanates from the Arab nature of the Iraqi people - a socialism that aims at raising the stan-

---

197 Vgl. al-Uzri, 1991, S. 273 ff; al-`Alawi, 1990, S. 227-30, 317ff.
198 Vgl. al-Uzri, 1991, S. 278.
199 Khadduri, 1969, S. 247ff.

dard of living of the individual and that realises social justice .... We believe in socialism as a means and not an end. We are not afraid to nationalise. The state had nationalised in the past. I do not say that we have an intention to nationalise in the future.[200]

`Arif entledigte sich, nachdem er sein Regime über mehrere politische und militärische Verträge mit Ägypten gesichert hatte, des Themas "Sozialismus im Irak", was den Weg zur Union mit Ägypten ebnen sollte.[201] Wenn die Verstaatlichungen von 1964 und der Sozialismus *à la* `Arif als Vehikel zur Erreichung der Union mit Ägypten bewertet und die Verdrängung der Schiiten aus der Privatwirtschaft als ein Nebenprodukt betrachtet werden, kann man aber in der Gesetzgebung der `Arif-Ära durchaus die Einflüsse des politischen Konfessionalismus beobachten. Wir möchten hier auf drei Beispiele näher eingehen.

Im Artikel 41 der provisorischen Verfassung, die `Arif 1964 verkündete, wurde festgelegt, daß der Staatspräsident aus einer irakischen Familie stammen müsse, die im Jahre 1900 die osmanische Staatsbürgerschaft hatte.[202] Im Jahre 1900 und später besaßen aber viele irakische Schiiten die persische Staatsbürgerschaft, weil sie sich entweder in den Schutz des schiitischen persischen Staates hatten stellen oder sich dem Militärdienst in der osmanischen Armee hatten entziehen wollen. Durch den Artikel wurde ein beachtlicher Teil der Schiiten, auch wenn dies eine theoretische Frage war, von der Bekleidung des Amtes des Staatspräsidenten ausgeschlossen. Diese Frage hatte aber im Vergleich zu dem neuen Staatsbürgerschaftsgesetz Nr. 43 von 1963 keine sehr große Bedeutung. Gemäß diesem Gesetz war der Innenminister befugt, eingebürgerten Personen die Staatsbürgerschaft zu entziehen, wenn ihre Illoyalität zur Irakischen Republik bewiesen sei. Dies galt auch für die Nachfahren der eingebürgerten Personen. Da es aber fast ausschließlich Schiiten waren, die ihre persische Staatsbürgerschaft nach der Verkündung des Staatsbürgergesetzes Nr. 42 vom 9. Oktober 1924 gegen die neue irakische Staatsbürgerschaft ausgetauscht hatten, galten die neuen Bestimmungen des Gesetzes von 1963 hauptsächlich für sie. Das Gesetz von 1924 betrachtete die osmanischen Staatsangehörigen im Irak als die ursprünglichen Staatsbürger, so daß diese nicht als eingebürgert klassifiziert wur-

---

200 Nach Khadduri, 1969, S. 256.
201 Nasser hatte nach dem Unionsdebakel mit Syrien (1958-1961) kein Interesse daran, voreiligen Unionsprojekten zuzustimmen. Die Forderung nach Anpassung des politischen und sozialen Systems im Irak an das System in Ägypten war vielmehr eine Rechtfertigung für seine zögernde Haltung. Zudem war es Nasser, wie Batatu feststellt, bewußt, daß das `Arif-Regime "a minority of a minority", also eine Minderheit unter den Sunniten des Irak, repräsentierte. Vgl. Batatu, 1978, S. 1032. Dennoch mußte er, vor dem Hintergrund der Konkurrenz zwischen dem Nasserismus und der Ba`th-Partei, `Arif im Irak unterstützen. Die 1964 proklamierte "Gemeinsame politische Führung Irak-VAR" hatte nur einen symbolischen Charakter und durfte kurz danach "die a quiet death", wie Batatu sich ausdrückt. Ebd. Die einzige konkrete Maßnahme war die Verlegung einer 6000 Mann starken ägyptischen Armee-Einheit in den Irak. Dies geschah aber erst infolge eines gescheiterten Putschversuchs der Ba`th-Partei am 4. September 1964. Ebd.
202 Vgl. hierzu Khadduri, 1969, S. 226.

den.[203] Die anderen Bewohner Iraks mußten Anträge auf Einbürgerung stellen, die aber nach dem Ermessen der zuständigen Behörde beschieden wurden.[204] Das Gesetz von 1963 hatte nach 1968, wie wir noch darzustellen haben, verheerende Auswirkungen auf die Position der Schiiten im Irak.

Eine für die schiitische Geistlichkeit besonders sensible Frage, die nach Auffassung der Schiiten unter ʿArif zu ihren Ungunsten geregelt wurde, war das Gesetz über die steuerliche Regelung der religiösen Stiftungen (al-awqaf). Die Gelder der religiösen Stiftungen wurden seit der Entstehung des irakischen Staates, wie schon unter der Herrschaft der Osmanen, zur Finanzierung der sunnitischen religiösen Einrichtungen verwendet. Die Schiiten schlugen stets vor, einen Teil der Erlöse auch für die schiitischen Einrichtungen zu verwenden; dies wurde aber, trotz langer Debatten, nie realisiert. Die Schiiten störte die Tatsache, daß viele Stiftungen in ihrem Gebiet lagen und daß diese durch den osmanischen Staat willkürlich zur *waqf* (Stiftung) erklärt worden waren.[205] Das Gesetz Nr. 130 von 1964 tastete die Grundsätze der Stiftungen nicht an, fügte aber folgende steuerliche Bestimmungen hinzu:

> Von den Steuern befreit werden jene Vermögen, die der Erblasser irakischen religiösen Stiftungen (Awqaf), wissenschaftlichen oder karitativen Einrichtungen vermacht. Die Höhe des Vermögens soll dabei einen Wert von fünf Tausend Irakischen Dinar nicht überschreiten. Die Werthöhe bei der Steuerbefreiung ist indes unbegrenzt, wenn der Erbberechtigte eine offizielle oder offiziöse Körperschaft ist.[206]

Von dieser steuerlichen Erleichterung konnten nur die sunnitischen Einrichtungen profitieren, nicht jedoch die schiitischen, da die schiitischen Stiftungen als solche offiziell nicht anerkannt waren und somit auch nicht unter der Aufsicht des *awqaf*-Ministeriums standen.

Bezüglich der Reaktion der Schiiten auf die Politik der ʿArifs, insbesondere auf das, was sie als gegen sie gerichtete *taʿifiya* (Konfessionalismus) bezeichnen, können zwei Phasen unterschieden werden, nämlich die Regierungszeit ʿAbd al-Salam ʿArifs (1963-66) und die seines Bruders und Nachfolgers im Präsidentenamt (1966-68), ʿAbd al-Rahman ʿArif. Unter der Herrschaft ʿAbd al-Salam ʿArifs hatte Muhsin al-Hakim immer noch die religiöse und politische Führung in der Hand, so daß der schiitische Islamismus sich kaum artikulieren konnte. Al-Hakim ging aber in dieser Phase offensiver gegen die konfessionalistisch orientierte Politik der Regierung vor; dies war auch nicht sonderlich

---

203 Vgl. hierzu al-Dauwdi, Ghalib ʿAli: *Al-qanun al-duwali al-khass. Al-nazariya al-ʿamma wa al-jinsiya al-ʿiraqiya* (Internationales Privatrecht. Allgemeine Theorie und die irakische Staatsbürgerschaft). Bagdad 1978, S. 247-48.
204 Vgl. al-Dauwdi, 1978, S. 253, 258.
205 Interview mit al-Uzri, London 20. April 1993. Al-Uzri versuchte, als er 1953 Finanzminister war, die al-Gailani-*awqaf* in dem schiitischen Distrikt mit staatlichen Mitteln zu erwerben und unter den Bauern zu verteilen. Er scheiterte aber, weil der Verwalter der al-Gailani-*awqaf*, Yusuf al-Gailani, gegen das Vorhaben der Regierung opponierte. Vgl. al-Uzri, 1982.
206 Zitiert nach al-Uzri, 1991, S. 33.

erstaunlich, denn 'Arif lieferte durch seine Politik Grund genug für den Protest der Schiiten. In einer Begegnung mit dem Ministerpräsidenten Tahir Yahiya 1964 ging al-Hakim in einer erstaunlichen Direktheit auf das Problem des politischen Konfessionalismus ein:

> Es ist die Pflicht der Regierung, verschiedene Nationalitäten und Konfessionen gleichwertig zu behandeln, damit alle das Gefühl haben, daß ihre Interessen berücksichtigt werden. Es schmerzt mich, daß eine Kluft zwischen dem Volk und der Regierung entstanden ist ... . Aufgrund dieser Tatsache und aufgrund der in der Regierung vorherrschenden Mentalität könnte vielleicht jemand behaupten, daß die Angelegenheiten 'Abd al-Qadir erledigt und die von 'Abd al-Husain[207] vertagt werden. Es sind auch enge kommunalistische Solidaritätsgefühle zu beobachten: Dieser ist ein Ani, der andere ist ein Takriti, Najafi oder Kufi. Es sind vielleicht, oberflächlich gesehen, einfache Phänomene, sie könnten durch einige Leute zur Erreichung von bedeutenden Zielen benutzt werden. Wie ich höre, erweckt diese Frage Animositäten und entfernt das Volk von der Regierung. Diese Staatsstreiche, die wir erlebten, sind Ergebnis der Vernachlässigung des Volkes.[208]

Nach dem erneuten Ausbruch des Kurdenkrieges im Sommer 1964 lehnte al-Hakim die Bitte der Regierung ab, den Krieg gegen die Kurden durch ein *fatwa* religiös zu legitimieren.[209] Diese Ablehnung war von großer politischer Relevanz. Al-Hakim erinnerte die Regierung in seiner Antwort daran, daß er als *marja' al-a'la* zwischen den Bevölkerungsgruppen keine Unterschiede machen könne.[210] Dies könnte so interpretiert werden, daß die Regierung Unterschiede machte. Die Haltung al-Hakims gegenüber der Regierung 'Arif reaktivierte auch die nach dem Sturz Qasims in Vergessenheit geratene "Gemeinschaft der *'ulama*". Sie forderte in einem Memorandum an den Staatspräsidenten 'Arif, die Gleichheit der Bürger zu berücksichtigen und die Auswirkungen der bis dahin praktizierten Benachteiligung von bestimmten Gruppen zu beseitigen.[211]

Unter dem schwachen Präsidenten 'Abd al-Rahman 'Arif,[212] der nur durch die Uneinigkeit der Offiziersfaktionen als Kompromißkandidat das Amt hatte übernehmen können, nutzten die schiitischen Islamisten das politische Vakuum und versuchten,

---

207 'Abd al-Qadir ist bei den Sunniten ein gebräuchlicher Name; 'Abd al-Husain hingegen ist ein schiitischer Name. Al-Hakim gebrauchte die Namen als Metapher für Sunniten und Schiiten.
208 Zitiert nach al-Shaikh Abu Maitham: *Marja'iyat al-Saiyd al-Hakim wa mauqifuha min al-taifiya wa al-qaumiya* (Die *marja'iya* von al-Saiyd al-Hakim und ihre Haltung gegenüber dem Konfessionalismus und dem Nationalismus). In: *Lua' al-Sadr*, Nr. 278, 3. Dezember 1986, S. 8.
209 Ebd. Vor dieser Entscheidung lancierte der Kurdenführer Mulla Mustafa Barzani einen Brief des Staatspräsidenten 'Arif an Muhsin al-Hakim, den er 1964 erhalten hatte. In diesem Brief versuchte 'Arif, den Kurdenführer zum Schulterschluß mit den arabischen Sunniten gegen die Schiiten zu bewegen. Vgl. al-Zaidi 1990, S. 85.
210 Vgl. al-Asadi, Muhammad u.a.: *Dima' al-'ulama fi tariq al-jihad* (Das Blut der 'Ulama auf dem Weg des Jihad). Teheran 1984, S. 47.
211 Ebd., S. 9.
212 Zu ausführlichen Angaben über 'Abd al-Rahman 'Arif siehe Batatu, 1978, S. 1062ff.

sich als eine politische Alternative gegenüber den anderen Untergrundparteien - den Kommunisten und der Ba`th-Partei - zu profilieren. Wer repräsentierte aber bis 1968 den schiitischen Islamismus? Diese Frage kann anhand der schiitischen Quellen kaum beantwortet werden. Während die Anhänger des von der Familie al-Hakim geführten "Obersten Rats der Islamischen Revolution im Irak" (ORIRI) Ayatullah Muhsin al-Hakim bis zu seinem Tode als den einzigen Repräsentanten der Schiiten betrachteten und daher die Existenz der schiitischen Parteien in den sechziger Jahren leugnen, versuchen politische Organisationen - auch die nachweislich erst in den siebziger Jahren entstandenen - wie die wahrscheinlich 1975 oder 1976 gegründete "Organisation der Islamischen Aktion" (*munazamat al-`amal al-islami*), ihr Gründungsdatum vorzuverlegen und sich retrospektiv eine Rolle bis in die sechziger Jahren hinein zuzuschreiben.[213] Nach Angaben der *da'wa*-Partei war sie in den sechziger Jahren die einzige tätige schiitisch-islamistische Gruppe im Irak.[214] Die *da`wa*-Partei der sechziger Jahre hatte aber eine andere soziale Struktur als die der fünfziger Jahre. Es scheint, daß die Geistlichkeit bei ihrer Reorganisation eine untergeordnete Rolle gespielt hat. Die Partei hat zwar weiter Ayatullah Muhammad Baqir al-Sadr als geistigen Führer betrachtet, al-Sadr selbst zog sich jedoch bis zur Machtübernahme durch die Ba`th-Partei 1968 aus dem aktiven politischen Leben zurück und widmete sich der Forschung und der Lehrtätigkeit in al-Najaf. Die Anerkennung der geistigen Führerschaft al-Sadrs, die allerdings von al-Sadr bis zu seiner Hinrichtung nie autorisiert wurde, bedeutete für die "neue" *da'wa*-Partei keine Verpflichtung, sich an der schiitischen *marja`iya* zu orientieren. Sie ist unter Führung Shaikh `Arif al-Basris, `Abd al-Sahib al-Dakhils und anderer *da'wa*-Führer in den sechziger Jahren[215] zu einer Laienbewegung geworden, die versuchte, in Bagdad und den schiitischen Städten des Südens die Arbeiterschaft und die anderen städtischen Schichten, vor allem aber die Studenten, zu organisieren. Es scheint jedoch, daß die *da'wa*-Partei lediglich unter den schiitischen Studenten Zuspruch fand. Die Partei konnte auch in den sechziger Jahren die KP nicht aus der Position, die diese bei den städtischen Schiiten einnahm, verdrängen. Die kommunistischen Gruppen - die KP Irak und nach 1967 die "KP - Zentrale Führung" - hatten immer noch einen großen Einfluß auf die marginalisierten schiitischen Schichten in den Städten. Die Islamisten konnten diese Verbundenheit in den sechziger Jahren nicht zerstören. Die traditionell orientierten Schichten waren gemäß dem *taqlid*-Prinzip eng mit al-Hakim und anderen Ayatullahs in al-Najaf, Karbala´ und al-Kazimiya verbunden. Die *marja`iya* hatte aber immer noch eine ablehnende Haltung gegenüber den politischen Organisationen, einschließlich den islamistischen Parteien, die die tradierte Ordnung hätten unterminieren können. Es scheint, daß Muhammad Baqir al-Sadr, obwohl die *da'wa*-Partei und die anderen schiitisch-islamistischen Parteien sich auf ihn berufen, eine dritte Linie verfolgen wollte, nämlich die Modernisierung und Politisierung der

---

213 Vgl. hierzu `Abd al-Jabbar, 1987, S. 163-64.
214 Interview mit al-Rubai`i, London, 10.3.1989. Die Angaben al-Rubai`is können auch anhand eines *fatwas* al-Hakims über die islamistischen Parteien bestätigt werden. Siehe Stichwortregister.
215 Zu den *dawa*-Führern al-Basri und al-Dakhil, Jalukhan und Tu`ma siehe *Qabdat al-huda* (Bund des rechten Weges). Teheran, 1403 h.

marja`iya, ein Projekt, das er bis zur iranischen Revolution nicht realisieren konnte. Ein Anhänger dieser Richtung schreibt im nachhinein:

> Eine Idee bewegte die aktive islamische Jugend, die die Unfähigkeit der *marja`iya* und das Führungsvakuum fühlte. Sie übernahm daher die Idee einer 'Partei' und gründete eine 'islamische Partei', ausgehend davon, daß der Islam über eine Partei genauso propagiert werden könne, wie der Unglaube von Parteien verbreitet würde. Es ist ihnen entgangen, daß das Parteiensystem [Untergrundparteien, F.I.] die Geheimhaltung der Namen der Mitglieder vorschreibt und die Führung durch ein 'Zentralkomitee' vorsieht. Dies ist aber nach den Grundsätzen des Islam nicht erlaubt.[216]

Dies war die traditionelle Haltung der schiitischen Geistlichkeit, die der *da'wa*- Partei auch hinreichend bekannt war. Die schiitischen Islamisten waren aber nicht die einzige politische Kraft, die in den sechziger Jahren eine aktive politische Rolle innerhalb der schiitischen Gesellschaft zu spielen versuchte. Parallel zu den schiitischen Islamisten versuchten die "schiitischen" Kommunisten nach der Spaltung der KP im schiitischen Hinterland eine Guerilla-Bewegung zu organisieren. Vorausgegangen war der Streit über den Kurs der Partei nach den verheerenden Verlusten von 1963 und über ihre Haltung gegenüber dem `Arif-Regime. Die KP bewertet das neue Regime in Bagdad als eine "reaktionäre Militärdiktatur". Nach den Verstaatlichungen von 1964 und der Verbesserung der irakisch-sowjetischen Beziehungen begann die KP in Anlehnung an die Theorie des "Nichtkapitalistischen Entwicklungsweges" ihre Bereitschaft zu signalisieren, mit den arabischen Nationalisten zu kooperieren. In einer Erklärung, die die Partei im August 1964 veröffentlichte und die in der Parteiliteratur als die "August-Linie" bezeichnet wurde, hieß es zu dieser Frage:

> We, the Communists, took up in the past isolationist attitudes towards the holders of the slogan of Arab unity. ... It is erroneous ... that the Communists should continue to cling to political democracy as a condition for the support of any Arab unity. The question of democracy, including the issue of party life, can be solved within the course of the operation of unity itself with mass struggle, persuasion, and the persistent influence of the socialist camp upon the Arab leader themselves.[217]

Die "August-Linie" war ein Canossa-Gang der Partei, die seit ihrer Gründung 1935 mit politischer Demokratie primär ihre Legalisierung meinte. Die "August-Linie" fand aber bald erbitterte Gegner, die im Oktober 1965 unter dem Slogan "Die entscheidende Tat" (*al-'amal al-hasim*) zum ersten Mal seit der Gründung der Partei die Diskussion über die Machtübernahme eröffneten. Die Anhänger der "Entscheidenden Tat" unter Führung des ZK-Mitglieds `Amir `Abdallah, der von dem 1963 hingerichteten Generalsekretär al-Radi für den

---

216 Al-Katib, 1981, S. 180.
217 Bericht des August-Plenums; zitiert nach Batatu, 1978, S. 1037.

unentschlossenen politischen Kurs 1959 mitverantwortlich gemacht worden war, glaubten, das schwache `Arif-Regime könnte von einer anderen politischen Kraft abgelöst werden, wenn die KP nicht versuchen würde, selbst die Macht zu übernehmen. Die Diskussionen auf der erweiterten Sitzung des Zentralkomitees im November 1965 zeigten, daß die Position `Abdallahs nicht der Versuch einer persönlichen Rehabilitation war. Die Gegner `Abdallahs, der Generalsekretär Aziz Muhammad und die anderen KP-Führer, die sich im Exil in den Ostblockstaaten befanden, kritisierten nicht das Ziel der Linie der "Entscheidenden Tat", sondern die These `Abdallahs, daß die Partei allein handeln müsse. Ein Aufstand der KP würde seinem Urteil zufolge nicht die Zustimmung anderer politischer Kräfte finden. Daher müsse die Organisation der Partei in der Armee, gestützt auf die "revolutionären Maßnahmen der Partei", das Regime stürzen. Die Protagonisten der moderaten Linie Aziz Muhammads kritisierten das Konzept der "Entscheidenden Tat" in zwei zentralen Punkten, zum einen die negative Haltung gegenüber der Möglichkeit eines Bündnisses mit anderen "patriotischen Kräften" und zum anderen die Nichtbeachtung der Möglichkeit eines Bürgerkrieges nach einem Aufstand der KP. Konsequenterweise schlugen die Protagonisten dieser Linie die Ausweitung des Bündnisses mit den Kurden vor, die nach gescheiterten Verhandlungen mit der Regierung ab 1965 wieder in Kampfhandlungen mit den irakischen Truppen verwickelt waren. Sie schlugen die Bewaffnung der KP-Anhängerschaft sowie den Ausbau der KP-Organisation in der Armee vor. Es stellt sich hier die Frage - abgesehen von den konzeptionellen Details der beiden Linien -, ob die 1963 stark angeschlagene Partei in der Lage gewesen wäre, einen Putsch zu initiieren und einen möglichen Bürgerkrieg erfolgreich auszufechten. Die KP war, wie sich später deutlich zeigte, weit davon entfernt, durch einen Putsch oder einen Guerilla-Krieg die Macht im Irak übernehmen zu können. Nach Angaben Batatus hatte die Partei 1965 etwa 5.000 Mitglieder und etwa 25.000 bis 30.000 Anhänger.[218] Dies ist zwar im Vergleich zur Ba`th- Partei, die 1968 bei der Machtergreifung etwa 400 Mitglieder hatte,[219] eine vergleichsweise beachtliche Zahl, die KP hatte jedoch in den wichtigsten Armee- Einheiten keinen Einfluß. Zudem hatte die Partei, anders als die Ba`th-Partei, keinen Einfluß im Staatsapparat. Die Spannungen in der KP führten nach der Niederlage der arabischen Armeen im Krieg von 1967 zur endgültigen Spaltung der Partei. Während der Generalsekretär Aziz Muhammad und die Mehrheit der Parteiführung mehr und mehr von den Konzepten eines Umsturzes Abstand nahmen, verfolgte die Gruppe, die die Spaltung betrieben hatte, nämlich die "KP Irak - Zentrale Führung" unter der Führung von Aziz al-Hajj Haidar, die radikale Linie, die die "Bewaffnung des Volkes" zur "Führung des Volkskampfes" und die Errichtung einer "revolutionären Ordnung unter Führung der Arbeiterklasse" zum Ziel hatte.[220] Die "KP-Zentrale Führung" konnte zwar die Parteiorganisation im schiitischen

---

218 Batatu, 1978, S. 1070.
219 Nach Angaben des ehemaligen führenden Publizisten der irakischen Ba`th-Partei, Hasan al-`Alawi, Interview mit al-`Alawi, London 10.10.1990.
220 Batatu, 1978, S. 1070.

Madinat al-Thawra und im schiitischen Süden unter ihre Kontrolle bringen, sie kann jedoch trotzdem kaum als eine "schiitische" Partei bezeichnet werden. Es war zwar kein Zufall, daß sie von Schiiten geführt wurde und auch ihre Anhänger mehrheitlich Schiiten waren,[221] die Partei hatte aber seit Jahrzehnten die gleiche ethnisch-konfessionelle Struktur. Die Repräsentanz der arabischen Sunniten in der Führung, vermutlich aber auch unter der Anhängerschaft, die stets gering war, sank Mitte der sechziger Jahre rapide, wie Tabelle 16 zeigt.

Tabelle 16: Der ethnisch-konfessionelle Hintergrund der KP-Führung 1965-1967

Ethnisch-konfessionelle Gruppe	KP-Führungsmitglieder	in %	Zum Vergleich: Bevölkerungsanteile (1951)
Arabische Schiiten	16	53,3	44,9
Arabische Sunniten	3	10,0	28,6
Kurden	7	23,4	12,7
Turkmenen	1	3,3	3,3
Perser	-	-	3,3
Juden	-	-	0,3
Christen	3	10,0	6,4
Sabäer	-	-	0,3
Yazidis und Shabak	-	-	0,1
Zusammen	30	100,0	100,0

Quelle: Batatu, 1978, S. 1046

In einem Aspekt war aber die "KP - Zentrale Führung" mit der spezifischen politischen Entwicklung der schiitischen Gemeinschaft im Irak eng verbunden. Die schiitischen Islamisten konnten, wie wir oben ausführten, u.a. wegen des Einflusses der schiitischen Geistlichkeit unter al-Hakim und wegen der starken Anziehungskraft der KP auf die marginalisierten Schichten der Schiiten in den schiitischen Arbeitervierteln noch keine große Anhängerschaft finden. Diese Situation änderte sich aber ein Jahrzehnt später; die Islamisten lösten die Kommunisten ab, die fast drei Dekaden lang die unangefochtene politische Kraft in den schiitischen Stadtvierteln von Bagdad und anderen schiitischen Städten im Süden gewesen waren.

---

[221] Dem Politbüro gehörten folgende Personen an: Aziz al-Hajj `Ali Haidar (Generalsekretär; Schiit), Hamid Hidir al-Safi (Schiit), Kazim Rida al-Saffar (Schiit), Matti Hindi Hindu (Christlich-Orthodox) und Amhamd Mahmud al-Hallaq (Sunnit).

DRITTER TEIL

DIE SCHIITEN IM BA`TH-STAAT

DER PUTSCH VON 1968
UND DIE ENTWICKLUNG DES BA`TH-STAATS

"Gewalt ist die Sprache der Politik im Irak, und Furcht ist ihr Zement. Kurz gesagt, die Baath-Partei zerstört, was Politikwissenschaftler eine zivile Gesellschaft nennen."

Samir al-Khalil, Die Zeit, 18.-26. April 1991

Am 17. Juli 1968 - fünf Jahre nach ihrer Entmachtung - gelang es der irakischen Ba`th-Partei, durch einen Staatsstreich erneut die Macht zu übernehmen. Anders als bei dem Putsch von 1963 war die Machtübernahme 1968 keine Überraschung. Staatschef `Arif selbst sondierte im Frühjahr 1968 bei Gesprächen mit den Führern der Ba`th-Partei die Möglichkeit ihrer Beteiligung an seiner Regierung. Die Verhandlungen scheiterten jedoch, weil keine Übereinstimmung über das Ausmaß der Beteiligung erzielt werden konnte.[1] Dies war wahrscheinlich eher eine Rechtfertigung für die Ablehnung der irakischen Ba`th-Partei, sich an der Regierung `Arif, die sie für die Niederlage im Krieg von 1967 mitverantwortlich machte, zu beteiligen. Auch wenn der Putsch von 1968 von Sluglett/Sluglett mit Recht als Resultat der "interfraktionelle(n) Auseinandersetzung" der arabisch-nationalistischen Kräfte bewertet wird,[2] hatte ein Bruch mit dem Regime `Arifs eine wichtige legitimatorische Funktion für die Ba`th-Partei.

Diese Funktion beruhte - wie später bei der Rechtfertigung des Staatsstreichs deutlich wurde - auf drei Elementen. Zum einen sei die "Revolution" notwendig gewesen, weil "Spaltungserscheinungen" in der Armee und eine desolate Lage der Wirtschaft und der Verwaltung einen Zusammenbruch des Regimes sehr wahrscheinlich machten. Die "Machtergreifung eines reaktionären Marionettenregimes oder die Errichtung einer grausamen Militärdiktatur" hätte die Unterdrückung der Ba`th-Partei zur Folge gehabt.[3] Zum anderen diente der Begriff "Revolution" nicht nur als Rechtfertigung und Symbolik für den Bruch mit dem `Arif-Regime und den Beginn einer neuen Ära, sondern darüber hinaus rechtfertigte er bis in die Gegenwart die gesamte Politik der Ba`th-Partei. Drittens: Das Ziel, den Irak aus der Rückständigkeit zu führen, wurde seit 1968 in fast allen Dokumenten der Partei als Legitimation für die Machtergreifung angeführt.

Neben der Ba`th-Partei hätte ein Staatsstreich im Jahre 1968 nur von einer der zahlreichen konkurrierenden Offiziersfaktionen, mit denen die Ba`th-Partei seit

---

1 Vgl. Farouk-Suglett; Suglett, 1991, S. 123
2 Ebd., S. 125
3 Arabische Sozialistische Bath Partei (ASBP), Irakische Region: Politischer Bericht, 1974, S. 35-36

Frühjahr 1968 in Kontakt stand, ausgehen können.[4] Die anderen politischen Kräfte - Kurden, Kommunisten und die schiitischen Islamisten - waren weit davon entfernt, die Macht übernehmen zu können. Die Kurden kontrollierten zwar beachtliche Teile des irakischen Kurdistans, sie waren aber als Minderheit weder in der Lage, die Macht zu übernehmen, noch strebten sie dies an. Die Kommunisten waren nach der Spaltung von 1967 eher mit internen Auseinandersetzungen beschäftigt, und die schiitischen Islamisten waren noch in der Phase der Reorganisation, so daß die Frage der Machtübernahme für sie in ferner Zukunft lag.[5] Alle diese Kräfte hatten eine große Gemeinsamkeit, nämlich ihren fehlenden Einfluß auf den Staatsapparat und insbesondere auf die Armee. Die Befürchtungen der Ba`th-Partei, daß eine der arabisch-nationalistischen Faktionen ihnen mit einem Putsch zuvorkäme, verleitete sie anscheinend dazu, innerhalb des engsten Kreises um `Arif Verbündete zu suchen. Die Ba`th-Partei hatte keine große Mühe, drei wichtige Offiziere, nämlich Ibrahim `Abd al-Rahman al-Dauwd, `Abd al-Razzaq al-Naiyf und Sa`dun Ghaidan, die `Arif bis zum Tage des Putsches für loyal hielt, auf ihre Seite zu bringen. Auch wenn diese unterschiedliche Motive hatten, die Fronten zu wechseln, ist anzunehmen, daß sie durch die Allianz mit der Ba`th-Partei sicher das sinkende Schiff zu verlassen versuchten. Al-Dauwd, Kommandeur der Republikanischen Garde, hatte, wie Batatu berichtet, vor dem Hintergrund seiner islamisch-konservativen Orientierung eine große Abneigung gegen den "arabischen Sozialismus", den die `Arif-Brüder als Konzession gegenüber Nasser im Irak einführten. Er war aus diesem Grund gegen die Rehabilitierung der nasseristischen Offiziere, die 1966 einen gescheiterten Putsch gegen `Arif initiiert hatten.[6]

Der ambitionierte stellvertretende Chef des Geheimdienstes, Al-Naiyf, wie `Arif ein Offizier aus dem al-Jumaila-Stamm, hatte anders als al-Dauwd keinen politischen oder ideologischen Standpunkt.[7] Die Tatsache, daß er einen Tag vor dem Putsch seine Beteiligung von dem Erhalt der Position des Ministerpräsidenten abhängig machte, zeugt von seinem politischen Opportunismus und seiner Machtbesessen-

---

4 Vgl. Mahmud, Najim: *Al-sira` fi al-hizb al-shuy`i wa qadaiya al-khilaf* (Der Kampf in der Kommunistischen Partei und die Streitfragen). O.O. 1980.
5 Der schiitische Autor al-Katib berichtet über ein Treffen der schiitischen Offiziere mit Muhsin al-Hakim 1967, bei dem sie seine Erlaubnis für einen Putsch erbeten haben sollen. Al-Hakim soll seine Erlaubnis verweigert haben, weil er der Meinung war, daß die Schiiten nicht in der Lage seien, die Macht zu übernehmen, und weil er befürchtet habe, daß die Kommunisten dann die Macht übernehmen könnten. Vgl. al-Katib, 1981, S. 184. Muhammad Bahr al-Ulum, einer der engsten Mitarbeiter al-Hakims, bestritt in einem Interview mit dem Verfasser dieser Studie kategorisch, daß die schiitischen Offiziere jemals mit al-Hakim ein Gespräch gesucht hätten. Interview mit Bahr al-Ulum, London 15. Februar 1990. Das Dementi Bahr al-Ulums ist glaubhaft, wenn man bedenkt, daß die wenigen schiitischen Offiziere der irakischen Armee, wie es der schiitische Offizier Ahmad al-Zaidi darstellt, nie eine Faktion in der Armee gebildet haben. Zudem hatten sie keine Kommandeurspositionen. Vgl. al-Zaidi, 1990, S. 157ff.
6 Arif erzählte in einem Interview mit Batatu, daß al-Dauwd einen erneuten nasseristischen Putsch befürchtet habe. Er soll dem Präsidenten öfter geraten haben: "Taking advantage of the goodness of your heart, they [die Nasseristen, F.I.] are penetrating more and more deeply into the army. One day they will take the power and send us to the gallows." Batatu, 1978, S. 1074
7 Arif glaubte, daß al-Naiyf von der Iraq Oil Company für seine Beteiligung an dem Putsch bezahlt wurde. Vgl. Batatu, 1978, S. 1074.

heit.[8] Der dritte Mann in der Clique der Palastoffiziere war Sa`dun Ghaidan, Panzer-Kommandeur der Republikanischen Garde, der der Ba`th-Partei zuzurechnen war und die Verbindungen zwischen den Offizieren und seiner Partei hergestellt hatte. In den ersten zwei Wochen nach dem erfolgreichen Putsch, der eher eine widerstandslose Machtübergabe von Seiten `Arifs war, und der Bildung der ersten Regierung versuchte die Ba`th-Partei, ihre Partner in der Regierung auszubooten und die Macht an sich zu reißen. Das Zweckbündnis, das von der Ba`th-Partei als Sprungbrett zur Macht benutzt wurde, war nicht mehr lebensfähig; zum einen, weil die Ba`th-Partei nach den negativen Erfahrungen von 1963 mit den nicht-ba`thistischen Offizieren fürchten mußte, die Macht wieder zu verlieren, wenn sie keine Vorkehrungen träfe, zum anderen, weil die Ba`thisten mit dem politischen Konglomerat, das in der Regierung vertreten war,[9] den Putsch nicht rechtfertigen konnten, auch wenn in jenen Tagen, wie Batatu feststellt, die Iraker dem "Kommuniqué Nr.1" und den gewöhnlichen Versprechungen, die nach jedem Putsch gemacht werden, also von der Wiederkehr des "demokratischen Lebens", der "Chancengleichheit" und der "Herrschaft des Rechts" keine Beachtung schenkten. Die Menschen waren einfach mit den vielen Problemen des Alltags beschäftigt und sahen in dem, was geschah, keinen Sinn.[10] Die Passivität der Bevölkerung ist nicht vor dem Hintergrund zu sehen, daß für sie das Auswechseln des alten Staatspräsidenten `Arif durch Ahmad Hasan al-Bakr und die Ablösung des Ministerpräsidenten Tahir Yahiya durch `Abd al-Razzaq al-Naiyf keine Bedeutung gehabt hätte, sondern es spielte darüber hinaus die Tatsache eine Rolle, daß nach 1958 die politische Opposition ihre Bedeutung zugunsten der rivalisierenden Offiziersgruppen verloren hatte. Unter den Voraussetzungen, die nach 1958 entstanden waren, konnte der politische Wandel nur durch einen Militärputsch erzielt werden. Es war daher kein Zufall, daß die KP, die seit ihrer Gründung nie ernsthaft die Frage der Machtübernahme in Erwägung gezogen hatte, Mitte der sechziger Jahre ebenfalls dazu überging, die Machtergreifung durch einen Staatsstreich zu debattieren.[11] Die KP war aber, wie wir schon dargelegt haben, weder theoretisch noch praktisch in der Lage, die Macht zu übernehmen. Im Gegensatz dazu war die Ba`th-Partei nicht nur wegen ihres Einflusses in der Armee dafür prädestiniert, die Macht zu ergreifen. Die Frage der gewaltsamen Machtergreifung und der Instrumentalisierung der Macht wurde schon in den vierziger und fünfziger Jahren von dem Gründer der Ba`th-Partei, Michel `Aflaq, formuliert. Die Idee der Gewalt als Vehikel der Umsetzung der Ideologie ist bei `Aflaq dadurch begründet, daß für

---

8   Über die Rolle al-Naiyfs im Putsch von 1968 steht im Bericht des achten Kongresses der Ba`th-Partei: "Al-Naef war der ASBP so suspekt, daß die Parteiführung bei dem Entwurf des Putschplans sogar die Entscheidung getroffen hatte, sein Haus unmittelbar nach dem Anlaufen der Aktion durch einen Trupp ziviler Parteigenossen umstellen und ihn liquidieren zu lassen, falls er versuchen sollte, Widerstand zu leisten oder das Haus zu verlassen." ASBP, Politischer Bericht, 1974, S. 37. Dies wurde jedoch, wie die Ba`th-Partei berichtet, dadurch unmöglich gemacht, daß al-Naiyf von der Konspiration erfuhr, so daß das Zurückweisen seines Wunsches, sich an dem Putsch zu beteiligen, das Scheitern des Putsches zur Folge hätte haben können. Ebd., S. 37.
9   An der ersten Regierung nach dem Putsch von 1968 waren neben den Ba`th-Vertretern und den "Palast-Offizieren" auch ein Vertreter der Muslimbrüder und vier Vertreter der Kurden beteiligt.
10 Vgl. Batatu, 1978, S. 1075.
11 Vgl. Mahmud, Najim: *Al-sira` fi al-hizb al-shuy`i wa qadaiya al-khilaf* (Der Kampf in der Kommunistischen Partei und die Streitfragen). O.O. 1980.

ihn die Anhänger der Ba`th-Partei als eine nationsbewußte Elite die Träger der "ewigen Mission" der Araber seien.[12] Der immanente, gesunde Kern der Nation, der auch in der Phase des Untergangs vorhanden ist, könne wiedererweckt werden, wenn die Ba`th-Partei eine klare Unterscheidung mache zwischen denjenigen, die sich mit den Zielen der Nation identifizieren, und denjenigen, die den Weg der Nation versperren: „Unser Glaube zwingt uns, die Teilung der Nation zu erklären, weil sie [die Nation, F.I.] die ideale Einheit nicht wiedergewinnen kann, die heute noch ein theoretisches Prinzip ist, wenn sie in sich nicht spaltet. Aber wir bewahren in diesem Kampf die Liebe für alle. Wenn wir zu den anderen grausam sind, wissen wir, daß unsere Grausamkeit der einzige Weg ist, um sie zu ihrem richtigen Weg, den sie ignorieren, zurückzubringen. Ihr potentieller Wille, der noch nicht klar geworden ist, ist mit uns, auch wenn ihre Schwerter gegen uns gezogen sind.[13] Je mehr sich das nationale Bewußtsein der Ba`th-Anhänger verdichte und die Bedingungen die Gewalt erfordern, müsse die Gewalt entschlossen gegen die Personen angewandt werden, die andere Ideen vertreten. In einer Schrift unter dem Titel "Erinnerung des arabischen Propheten", die 1941 erschien, schrieb `Aflaq:

> Die nationale Tat ist eine Arbeit mit den Menschen und nicht mit den Engeln; auf Erden und nicht im Himmel. Sie muß auf Erfolg abzielen. Um Erfolg zu haben, müssen andere Aktionen zum Scheitern gebracht werden. Diese Arbeit muß Blut und Nerven haben, sie muß lieben und extrem hassen. Die erfolgversprechende nationale Tat beruht nicht auf abstrakten Ideen, sondern auf Ideen, die in Personen verkörpert sind. Sie leben mit ihnen und sie [die Personen, F.I.] leben für sie bis zur Anbetung und vollkommenen Aufopferung. Es ist müßig und platt zu sagen: Wir scharen uns um Ideen und nicht um Personen. Die Idee und sie [die Personen, F.I.] existieren nicht für sich allein. Die Ideen existieren nur verkörpert in Personen. Die Identifikation mit Personen allein füllt die Bewegung mit der Seele, die ansonsten bloß eine Theorie bleibt ... Die erfolgversprechendste nationale Tat ist diejenige, die zum äußersten Haß bis zum Tode anstachelt gegen Personen, die die gegnerischen Ideen verkörpern. Es ist Unfug, wenn die Anhänger der Bewegung sich mit dem Kampf gegen die gegnerischen Theorien begnügen und wenn sie sagen: Warum sollen wir uns mit den Personen plagen. Die gegnerische Theorie existiert nicht allein, sondern sie erscheint verkörpert in Personen, die vernichtet werden müssen, damit sie [die Theorie] vernichtet werden kann. Die Existenz von Feinden unserer Idee füllt unsere Idee mit Geist und läßt unser Blut zirkulieren.[14]

Der von `Aflaq vorgezeichnete Weg zum Umgang mit den gegnerischen Ideen und ihren Anhängern ließ von Anfang an keinen Zweifel darüber, daß im Ba`th-Staat weder für tatsächliche noch für potentielle Opposition Platz sein würde. Nach dem Diktum "al-tarhib wa al-targhib" (Terror und Kooption) schaltete die Ba`th-

---

12 `Aflaq, 1959, S. 158.
13 Ebd., S. 103.
14 Ebd, S. 40-41.

Regierung eine oppositionelle Gruppe nach der anderen aus. Die wichtigste Bedingung war die Entfernung der konservativen Offiziere um al-Nayif und al-Dauwd von der Macht, was am 30. Juli 1968 geschah. Die Ba`th-Partei konnte so zum ersten Mal die Staatsmacht im Irak ohne Rücksicht auf Positionen von anderen an der Macht beteiligten Partnern in die Hand nehmen. Die Entfernung der Putsch-Partner war der Auftakt zum Kampf um die Legitimation des neuen Regimes. Als Grundlage der Legitimation diente ein ganzes Arsenal von schwammigen Begriffen, die `Aflaq in den vierziger und fünfziger Jahren formuliert hatte.[15] Sie bekamen aber durch den Begriff "Revolution", als Oberbegriff für die unantastbare Macht der Ba`th-Partei, eine konkrete Gestalt. Dieses Legitimationsinstrumentarium kam bei der sog. "Kampagne gegen die Spione" zur vollen Entfaltung. Diese Kampagne war zum einen die erste Etappe zur Erzeugung der Angst als Vehikel der Legitimation war, und zum anderen zeigte sie den tatsächlichen und potentiellen Gegnern, wie entschlossen die Ba`th-Partei war, die "Revolution" zu einem mächtigen Leviathan zu machen. Die gut initiierte Kampagne begann im Oktober 1968, als Staatspräsident al-Bakr in einer Rede die Entdeckung einer "fünften Kolonne" bekannt gab und versprach "... We shall strike mercilessly with a fist of steel at those exploiters and fifth columnists, the handmaidens of imperialism and Zionism."[16] Die zweite Szene begann mit den im irakischen Fernsehen ausgestrahlten Geständnissen von "Spionen", die ihre Zusammenarbeit mit Israel und Iran schilderten. Es folgten bald Schauprozesse von muslimischen, christlichen und jüdischen Bürgern, die in den Massenmedien gebührend vorbereitet wurden. Währenddessen wurden endlose Namenslisten von verhafteten "Spionen" veröffentlicht. Die öffentlichen Hinrichtungen als letzte Szene hatten nun ihre Wirkung. Die Bevölkerung, die 1968 völlig passiv das politische Geschehen ignoriert hatte, war aktiv geworden.[17] Hunderttausende von Irakern feierten, wie Samir al-Khalil formuliert, in "karnevalistischer Atmosphäre" die öffentliche Hinrichtung der "Spione".[18] Die Kampagne gegen die angeblichen Spione ließ keinen Zweifel darüber bestehen, daß jeder, der der Ba`th-Partei gefährlich erschien, als solcher betrachtet werden könnte. Daß der ehemalige Ministerpräsident `Abd al-Rahman al-Bazzaz[19] zusammen mit zwei jüdischen Bürgern vor Gericht gestellt

---

15 Siehe `Aflaq, 1959. Zu kritischen Studien zum ideologischen Werk `Aflaqs siehe: Tibi, 1972
16 *Kul shai' min ajl al-ma`raka* (Alles für die Schlacht). Bagdad 1970. S. 7; zitiert nach al-Khalil, 1989, S. 50.
17 Die Aktivierung der Bevölkerung wird im Bericht des achten Parteitags der Ba`th-Partei als Hauptziel der Prozesse und Hinrichtungen angesehen. Dort heißt es: "Die öffentliche Liquidierung der Spionagenetze glich einer großen patriotischen Demonstration und stellte die Befreiung der patriotischen Willenskraft von jeglicher Fesselung dar. Denn es schmerzte das Volk, daß es in seinem Land von Spionen und Agenten wimmelte. Aufgrund der Politik und des Zustands der vergangenen Regimes hatte das Volk nicht mehr daran geglaubt, daß die patriotische Willenskraft soviel an Freiheit und Fähigkeit besäße, daß sie in der Lage wäre, die Spionagenetze wirklich von Grund auf auszurotten." Politischer Bericht, 1974, S. 65.
18 Al-Khalil, 1989, S. 52.
19 Al-Bazzaz war der Vertreter eines islamisch orientierten arabischen Nationalismus. Er war bis 1956 Professor für Rechtswissenschaft an der Universität Bagdad, wurde jedoch 1956 infolge seines Protests gegen die prowestliche Politik Nuri al-Sa`ids vom Dienst suspendiert. 1958 wurde er Dekan der juristischen Fakultät, wurde aber kurz danach wegen seiner Kritik an der Regierung Qasim erneut vom Dienst suspendiert und verhaftet. Unter `Arif wurde er 1966 Ministerpräsident, dann jedoch wegen seines Versuchs, das parlamentarische System im Irak wieder einzuführen und die Kurdenfrage friedlich zu lösen, von den Of-

wurde, hatte eine tiefgreifende symbolische Funktion. Das Bild von al-Bazzaz mit den jüdischen Bürgern, die en bloc zu Spionen Israels gemacht wurden, sollte einerseits bildlich die Anschuldigung gegen al-Bazzaz veranschaulichen und andererseits deutlich zeigen, daß die islamistisch angehauchte arabisch-nationalistische Tendenz, die im Irak unter den Sunniten stets eine beachtliche Anhängerschaft fand,[20] im Ba`th-Staat keinen Platz hatte und, wie im Fall al-Bazzaz, mit Agententum gleichgesetzt würde.

War die Gewalt im ersten Jahr nach der Machtergreifung gegen die "Spione" gerichtet, wurde sie bald zum Prinzip des politischen Handelns in der Partei und im Umgang mit der noch vorhandenen Opposition. Darüber hinaus wurde ein Rechtssystem konstruiert, das der Gewalt Legalität gab. Im folgenden versuchen wir, auf diese Aspekte in ihrer Relevanz für den politischen Konfessionalismus näher einzugehen.

Mit Sicherheit ist die Frage nach den Gründen, die Gewaltanwendung und die Erzeugung von Furcht ermöglichten, in diesem Kontext zentral. Es waren primär nicht die Institutionen, die dies ermöglichten, sondern der Zustand der irakischen Gesellschaft in den zehn Jahren zwischen dem Putsch von 1958 und dem von 1968. Die Gruppen, die die "irakische Gesellschaft" ausmachten - Ethnien, Konfessionen, Stadtviertel[21] und Stämme - existierten auch in der genannten Phase. Die Eliten, die diese Gruppen unter der Monarchie im politischen System vertreten durften, verloren im postrevolutionären Irak die politische Macht. Der Staat unter Qasim und unter den `Arif-Brüdern tastete die gesellschaftlichen Gruppen nicht an, so daß die sozialen Formationen bis zur Machtübernahme durch die Ba`th-Partei weiterexistieren konnten.[22] Diese Formationen ersetzten in einer Gesellschaft, die höchst desintegriert war, die Funktion einer zivilen Gesellschaft.[23] *Al-ahali*[24] (die Bevölkerung)

---

fizieren entmachtet. Zwischen 1966 und seiner Verhaftung 1969 war er nicht politisch aktiv. Er wurde nach dem Schauprozeß 1969 zu lebenslanger Haft wegen angeblicher Spionage für Israel verurteilt und starb 1971 in einem Gefängnis in Bagdad.

20 *Hizb al-Istiqlal* war unter der Monarchie die Vertreterin dieser Tendenz. Sie hatte allerdings keinen Einfluß auf die Offiziere und löste sich daher nach 1958 auf.

21 Zur Bedeutung der Stadtviertel in der irakischen Gesellschaft siehe: al-Wardi, 1972.

22 Die Kurden bilden hier wegen des langanhaltenden Kurdenkriegs ab 1961 eine Ausnahme. Siehe hierzu: Ibrahim 1983; Jawad, Saad: Iraq and the Kurdish Question, 1958-1970. London 1981.

23 Samir al-Khalil wirft in seiner Studie, "The Republik of Fear" der Ba`th-Partei vor, die "*civil society*" im Irak gewaltsam durch die Parteiorganisation ersetzt zu haben. Der Begriff "*civil society*" im Zusammenhang mit der höchst desintegrierten irakischen Bevölkerung erscheint uns problematisch zu sein. Sowohl Edward Shils als auch Sad al-Din Ibrahim stimmen, trotz ihrer unterschiedlichen Positionen, überein, daß die traditionellen Formationen nicht zur "*civil society*" gehören. Shils, der das Bewußtsein und den Pluralismus als Grundlagen der "*civil society*" betrachtet, glaubt, daß die "ursprünglichen Gesellschaften", auch wenn sie pluralistisch sind, keine "*civil society*" sind. Er schreibt: "Ursprüngliche Gesellschaften stehen im Gegensatz zu einer *civil society*. In ihnen bestimmen Abstammung oder Sippenzugehörigkeit und Aufenthaltsort darüber, wer dazugehört und wer ein Außenseiter ist." Shils, 1989, S. 27. Dagegen ist eine "*civil society*" "... eine Gesellschaft mit einem kollektiven Selbstbewußtsein, das ebenso kognitiv wie normativ ist und von einem relativ großen Teil der Bevölkerung geteilt wird. ... Sie ist 'zivil', insofern sie eine normative Regulierungsfunktion gegenüber Wirtschaft und Staat und auch gegenüber den privaten Institutionen selbst ausübt, einschließlich ihrer urwüchsigen Institutionen." Ebd, S. 14. Für Ibrahim, der mehr von strukturellen und institutionellen Merkmalen als von normativen ausgeht, beruht die "*civil society*" auf nicht-staatlichen Institutionen. "Die Mitgliedschaft in diesen Institutio-

und *al-daula* (Staat) oder *al-hukuma* (Regierung) waren im Irak im Denken und Verhalten der Bevölkerung gegensätzliche Dinge.[25] Vor diesem Hintergrund scheint die Formierung einer neuen Gesellschaft das Hauptziel der irakischen Ba`th-Regierung gewesen zu sein. Für die Formierung einer "neuen Gesellschaft" oder von "neuen Menschen", wie es im Irak der siebziger Jahre hieß, im bathistischen Irak bedürfe es eines rechtlichen, institutionellen und ideologisch-politischen Rahmens, der keineswegs vorgefaßt war. Dieser entwickelte sich Schritt für Schritt und wurde von internen Auseinandersetzungen im System sowie von exogenen Faktoren - etwa von der Entwicklung der Erdölpreise und dem Wandel des regionalen Systems - beeinflußt. Die radikale Hervorhebung der Angst als modus operandi für die Ba`th-Regierung erscheint uns als zu verkürzt und gibt nur rudimentär die irakische Realität unter der Herrschaft der Ba`th-Partei wieder. Auch wenn wir in diesem Kontext mit Samir al-Khalil übereinstimmen, daß die irakische Ba`th-Regierung Ende der sechziger und Anfang der siebziger Jahre durch künstlich erzeugte Angst eine leviathanische Welt erzeugt und dadurch die Legitimation des Staats[26] durchgesetzt hat, bleibt das Resultat dieses Prozesses strittig. Al-Khalil geht offensichtlich davon aus, daß es der Ba`th-Regierung nicht gelungen war, die Gesellschaft oder die gesellschaftlichen Gruppen wirklich an sich zu binden. Stattdessen würden die Individuen Zuflucht in ihren sozusagen primordialen Gruppen suchen. Er vermittelt das Bild von Menschen mit gespaltener Identität; die eine Hälfte ergebe sich der Herrschaft des Staats und die andere sei an ethnische und konfessionelle Zugehörigkeit gebunden. Nun stellt sich die Frage, ob diese zugegebenermaßen vorhandene Spaltung ein Resultat der Angst war und ist. Läßt sich nicht ebenso behaupten, daß schon seit Jahrhunderten eine *hukuma-ahali* (Regierungs-Bevölkerungs)-Dichotomie im Vorderen Orient existiert? Wir nehmen eher an, daß im Irak die primordialen Gruppen weiterexistierten, weil sie den Individuen gegenüber dem Staat - schon zur Zeit der osmanischen Herrschaft - Schutz gaben. Erst der Ba`th-Staat mit seinem Anspruch, die Gesellschaft vollständig zu penetrieren, schaffte die Bedingungen für die Zerstörung der traditionellen Gesellschaft. Wir lesen im ersten bedeutenden Dokument der Ba`th-Partei, dem Bericht des achten Parteikongresses von 1973, zu diesem Thema:

> Wenn die Arabische Sozialistische Baath Partei die Hauptverantwortung für die Führung der Gesellschaft übernimmt, dann übernimmt sie auch die Verantwortung, die neuen Wervorstellungen und Prinzipien in der Gesellschaft durchzusetzen ... . Die Arabische Sozialistische Bath Partei war vom ersten

---

nen muß freiwillig und nicht erblich sein. ... Die voluntaristischen Organisationen sind die Kommunikationsinstrumente der Demokratie ...". Ibrahim, S.: *Al-tahauwl al-dimuqrati fi al-watan al-`arabi. Al-taqrir al-sanawi 1992*. Kairo 1992. S. 13-14

24 Nicht ohne Grund nannte sich die erste sozialdemokratisch orientierte politische Gruppe im Irak *"al-ahali"*. Siehe Kapitel I.3. dieser Arbeit.

25 Samir al-Khalil schreibt, daß die irakische Bevölkerung die Ägypter und Inder - anders als sich selbst - als vom Staat beherrscht betrachtete. Vgl. al-Khalil, 1989, S. 1.177

26 In den sechziger und siebziger Jahren wurde das, was die irakischen Medien als *"haiybat uldaula"* (Staatsräson) propagierten, exzessiv thematisiert. Die Ba`th-Regierung ging davon aus, daß unter `Abd al-Rahman `Arif der Staat seine Autorität verloren habe; diese mußte daher, um das politische und sozioökonomische Ba`th-Projekt durchzusetzen, wieder hergestellt werden. Interview mit Hasan al-Alawi, London, 20.10.90.

Tage ihrer Machtübernahme an aufgefordert, die neuen Wertvorstellungen und Praktiken in der revolutionären Gesellschaft zu verbreiten.[27]

Zudem kann die Intention der Ba`th-Partei, den nicht abgeschlossenen Prozeß der "nation-building" zu forcieren, nicht ganz in Abrede gestellt werden. Die von der Regierung propagierte "al-wataniya al-`iraqiya" (der irakische Patriotismus) sollte keinen Gegensatz zur arabischen Nation darstellen, die mehrere Regionen umfaßt, sondern den Partikularismus im Irak - die Loyalität zur Ethnie, Konfession und Stamm - beenden.[28] Der neunte Kongreß der irakischen Ba`th-Partei postulierte den Erfolg dieses Prozesses: "For the first time in many centuries, Iraqi nationalism became the prime bond for all the children of this people, and a symbol of which the Iraqi are so proud that they are ready even for martyrdom."[29]

Bevor wir auf die Position des neuen Regimes gegenüber den Schiiten eingehen, versuchen wir hier, die ethnisch-konfessionelle Zusammensetzung der herrschenden Elite nach 1968 zu skizzieren. Es ist darauf hinzuweisen, daß sich die ethnisch-konfessionelle Zusammensetzung der Führung der Ba`th-Partei zwischen 1963 und 1968 radikal verändert hat. Nach dem Machtverlust 1963 kam es durch die Spaltungen zu einer "Homogenisierung" im ethnisch-konfessionellen Sinn. Nach Angaben Batatus waren in der Führung der Partei zwischen 1963 und 1970 84,9% Sunniten, 7,5% Kurden und 5,7% Schiiten. Er vermutet, daß in den mittleren Positionen und unter den aktiven Mitgliedern eine ähnliche Zusammensetzung vorhanden war. Die "Sunnitisierung" der Partei ging, wie Batatu darstellt, damit einher, daß sie sich auf die Armeeoffiziere stützte, insbesondere auf jene aus der Stadt Takrit, der Geburtsstadt wichtiger Ba`th-Führer, die nach 1968 die Macht übernahmen. Die Offiziere verloren aber nach der Entmachtung des Innenministers Salih Mahdi Ammash und Hardan al-Takritis 1970-71 allmählich an Bedeutung zugunsten der Partei. Dennoch kam es in ethnisch-konfessioneller Hinsicht zu keiner wesentlichen Veränderung. Die sunnitische Dominanz und die große Bedeutung des Regionalismus innerhalb der Sunniten bildeten stets die Grundstruktur der Macht des Systems nach 1968. Hierzu bestätigen die Daten über die eigentlichen Machtapparate des Systems - KRR und "Regionale Führung der Ba`th-Partei" (RF) - beide Tendenzen, den Konfessionalismus wie den Regionalismus. Die Tabelle zeigt, daß bis 1977 der KRR eine Domäne der Sunniten war, so daß sich die Schiiten (einschließlich der schiitischen Ba`th-Mitglieder) angesichts der superioren Rolle des KRR in der Provisorischen Verfassung von 1970 fast ein Jahrzehnt nicht an den politischen Entscheidungen beteiligen konnten.

---

27 ASBP: Politischer Bericht, 1974, S. 152.
28 Vgl. hierzu Baram, 1983.
29 ASBP: The Central Report, 1983, S. 40.

Tabelle 17: Die ethnisch-konfessionelle Zusammensetzung des KRR 1968-1977

	KRR-Mitglieder	in %	Zum Vergleich: Bevölkerungsanteile (1951)
Arabische Schiiten	-	-	44,9
Arabische Sunniten	14	93,3	28,6
Kurden	1	6,7	12,7
Turkmenen	-	-	3,4
Perser	-	-	3,3
Juden	-	-	0,3
Christen	-	-	6,4
Sabäer	-	-	0,3
Yazids und Shabak	-	-	0,1
Zusammen	15	100,0	100,0

Quelle: Batatu, 1978, S. 1086-1089
* Batatu geht davon, aus, daß `Abd al-Karim al-Shaikhli kurdischer Abstammung war. Dies ließ sich durch meine Recherchen nicht bestätigen.

Nach 1977 änderte sich die ethnisch-konfessionelle Zusammensetzung des KRR; die Schiiten waren seitdem mit etwa 20 bis 40% beteiligt.[30] In der Regionalen Führung (RF) der Ba`th-Partei war die Partizipation der Schiiten schon 1974, nach dem achten Kongreß der Ba`th-Partei, ermöglicht worden. Sie erhielten hier ebenfalls etwa 20 bis 40% der Sitze. In diesem Zusammenhang taucht die Frage nach den Gründen für Ausschluß und Partizipation bestimmter konfessioneller und regionalistischer Gruppen auf. Das "Minderheitenparadigma" ergibt in der Tat nur eine verkürzte Erklärung und ein etwas nebulöses Bild vom politischen Geschehen in einer multiethnisch und multikonfessionellen Gesellschaft wie beispielsweise der irakischen. Es bedarf zumindest, um nicht zu einem nichtssagenden Klischee zu verkommen, einer näheren Differenzierung. Diese Differenzierung soll zum einen die sozioökonomischen Hintergründe der Partizipation bzw. Nichtpartizipation von bestimmten Gruppen im politischen System berücksichtigen und zum anderen den ethnisch-konfessionellen Hintergrund der herrschenden Elite im Kontext der politischen Entwicklung des Systems in Betracht ziehen. Diese beiden Faktoren wurden von Batatu bei seiner Befassung mit der besonderen Rolle der Takritis im ba`thistischen Irak berücksichtigt. Dabei versuchte er implizit, ein Raster für die besonderen Bedingungen, die den Aufstieg einer regionalistischen Gruppe er-

---

30 Vgl. hierzu Baram, Amatzia: The Ruling Political Elite in Bathi Iraq, 1968-1986: The Changing Features of a Collective Profile. In: International Journal of Middle East Studies, Vol. 21, No. 4, 1989, S. 447-93.

möglichen, aufzuzeigen. Seine Analysen beruhen auf dem empirischen Tatbestand, daß sich die ethnisch-konfessionelle Stratifikation unter der Herrschaft der Ba`th-Partei nicht gewandelt hat. Seine Daten, die bis 1977 reichen, beweisen eher eine Verschärfung zugunsten der arabischen Sunniten. Die Untersuchungen von Marr und Baram bestätigen diese Tendenz auch für die achtziger Jahren. Obwohl sich das Grundmuster der Stratifikation nicht verändert hat, so fanden doch innerhalb der einzelnen Gruppen Veränderungen statt, die sich in Form von um die Macht konkurrierenden kommunalistischen Gruppen manifestierten. Batatu, al-Khafaji und Salamé führen den Aufstieg solcher Gruppen wie der Takritis auf drei Hauptfaktoren zurück:

- Der Aufstieg der sunnitischen kommunalistischen Gruppen hängt mit dem Untergang des traditionellen Handwerks im sunnitischen Dreieck nordwestlich von Bagdad zusammen. In dieser Region war wegen der Begrenztheit der landwirtschaftlich nutzbaren Fläche kein Großgrundbesitz entstanden. Der Bevölkerungsüberschuß ließ sich in den kleinen Städten Ana, Dur, Hadita, Hit, Takrit usw. nieder, wo er im traditionellen Textilgewerbe und im Schiffsbau beschäftigt wurde. Die erdrückende Konkurrenz der industriell hergestellten Waren führte zum Niedergang des Gewerbes und zur Auswanderung eines beachtlichen Teils der Bevölkerung nach Bagdad.[31]

- Bauern und Handwerker des sunnitischen Dreiecks standen, anders als im schiitischen Süden, in festen Bindungen mit ihren Stammes*shaikhs* und den Politikern aus dieser Region. Die Stammes*shaikhs* und die aus dem Dreieck stammenden *"wujaha'"* (Notabeln) betrachteten die Immigranten in Bagdad als ihr Klientel. Die Immigranten erhielten durch die Klientelbeziehung die Möglichkeit, im öffentlichen Dienst Beschäftigung zu finden.[32] Mawlud Mukhlis Pascha, ein ex-scharifitischer Offizier und Politiker, galt unter der Monarchie als "Patron" der Takritis, die durch seine Vermittlung Zugang zum irakischen Offizierkorps fanden.

- Die arabischen Sunniten waren wegen der regen Beziehungen zu Syrien und wegen ihres Minderheitenstatus im Rahmen des neuen Staats Irak stets panarabisch orientiert. Die Gründung der Ba`th-Partei durch Fuad al-Rikabi kann darüber hinwegtäuschen, daß die Schiiten mehrheitlich den Panarabismus und die arabische Einheit nicht mit solchem Enthusiamus betrachteten wie die arabischen Sunniten.

Wenn auch diese Faktoren den Zugang der kommunalistischen Gruppen zu den staatlichen Institutionen erklären, verbleibt dennoch die Frage, ob die kommunalistische Solidarität im Fall der Takritis vor der Machtergreifung und besonders in der Folgezeit die Basis für die Stabilität des Ba`th-Regimes war. Der Aufstieg der Takritis begann in der Tat vier Jahre vor der Machtergreifung, als Ahmad Hasan al-Bakr und Saddam Husain die Führung der irakischen Ba`th-Partei übernahmen. Saddam Husain scheint als Leiter des Partei-Geheimdienstens *"al-jihaz al-khass"* (Spezialapparat) eine besondere Rolle gespielt zu haben. Die kommunalistische Solidarität

---

31   Vgl. al-Khafaji, `Isam: *Al-Dawla wa al-tatauwr sl-ra'smali fi al-`Iraq 1968-1978* (Der Staat und die kapitalistische Entwicklung im Irak 1968-1978). Kairo 1983. S. 173.
32   Ebd., S. 174-75.

war wahrscheinlich auch der Grund für die Reaktivierung und Rehabilitierung Hardan al-Takritis am Vorabend des Putsches, obwohl er 1963 den Putsch `Arifs gegen die Ba`th-Partei unterstützte und seitdem als Verräter galt. Das gleiche gilt für Hammad Sihab, der wahrscheinlich vor dem Putsch von 1968 kein Mitglied der Ba`th-Partei war, aber mit der Respektperson der Takritis, al-Bakr, verwandt und ihm ergeben war. Der Putsch von 1968 war dennoch mit Sicherheit kein Putsch der Takritis, dafür waren zu viele andere wichtige Personen beteiligt, die allerdings im Rahmen der internen Auseinandersetzungen 1970-1973 ihre Positionen verloren. Die überproportionale Repräsentanz der Takritis im Regime (vgl. Tabelle 18) kann in der Phase der Konsolidierung des Regimes bis zum Putschversuch des Chef des Generaldirektoriums für Sicherheit (*mudiriyat al-amn al-`amma*), Nazim Kazar, im Jahre 1973 aus den Erfordernissen der Loyalität gegenüber den beiden Hauptfiguren des Regimes, dem Staatspräsidenten und Vorsitzenden des KRR, Ahmad Hasan al-Bakr, und seinem Stellvertreter, Saddam Husain, erklärt werden.

Nach dem explosionsartigen Anstieg der Erdölpreise 1973 infolge der Energiekrise hatte der Staat die Möglichkeit, durch Wohlfahrtsmaßnahmen seine soziale Basis zu erweitern. Dies hatte wiederum nicht zur Folge, daß die Gewalt als Mittel der Legitimation ihre Bedeutung verloren hätte und daß die Rolle der Takritis völlig in den Hintergrund geriet. Ganz im Gegenteil, die für die Umsetzung der Gewalt zuständigen geheimdienstlichen Organisationen, die seit 1973 Saddam Husain persönlich unterstellt waren, erreichten in den siebziger Jahren einen hohen Grad an Perfektion.[33]

Tabelle 18: Die Repräsentation der Takritis im KRR 1969-1992

Konstituierungsjahr	KRR-Mitglieder insgesamt	darunter Takritis	in %
1969	5	3	60
1970	15	5	33,3
1977	5	2	40,0
1977-1979	22	5	22,7
1979-1982	16	4	25,0
1982-6	9	2	22,2
1992	9	2	22,2

Quelle: Baram, 1989, und eigene Recherche

---

33 Die technische und organisatorische Hilfe für die irakischen Geheimdienste wurde aufgrund eines Vertrags zwischen dem damaligen Chef des KGB, Andropow, und Saddam Husain 1973 von der Sowjetunion zur Verfügung gestellt. Siehe hierzu, al-Khalil, 1989, S. 12. Nach Angaben Hasan al-Alawis waren die DDR und Kuba in den siebziger Jahren ebenfalls am Aufbau der Geheimdienste im Irak beteiligt. Interview mit al-Alawi, London 10.10.1990.

Der Asubau der geheimdienstlichen Organisatione ging Hand in Hand mit dem Aufsteig Saddam Husains zum mächtigsten Mann des Ba`th-Staates; eine unaufhaltsame Entwicklung, die ihren Höhepunkt in der Ablösung Ahmad Hasan al-Bakrs im Juli 1979 fand. Saddam Husain war nun Staatspräsident, Vorsitzender des KRR und Generalsekretär der Nationalen und Regionalen Führung der Ba`th-Partei in einer Person. Es stellt sich hier die Frage, ob Saddam Husains Aufstieg vor dem Hintergrund seiner Kontrolle über die Geheimdienste und des Parteiapparats zu sehen ist, oder ob sich die Ba`th-Partei tatsächlich mit Hilfe der Erweiterung des Ölrentenzyklus, durch Wohlfahrtsmaßnahmen, durch die Nationalisierung und Verstaatlichung ausländischer Erdölfirmen und schließlich durch ihre Entwicklungs- und Reformpolitik die 1968 noch fehlende Legitimation verschafft hat. Wir gehen davon aus, daß eine Mischung beider Elemente den unaufhaltsamen Aufstieg von Saddam Husain verursachte.

Zunächst soll hier festgestellt werden, daß sich Saddam Husain mit der Kontrolle über die geheimdienstliche Organisation der Partei, *al-jihaz al-khass*, Einfluß im internen Leben der Partei verschaffte.[34] Es scheint aber, daß dieser nach der Machtübernahme die letzten potentiellen Konkurrenten in der Partei, den ehemaligen Innenminister Salih Mahdi Ammash und den Verteidigungsminister Hardan al-Takriti, entmachtet hat. 1971 übergab er die Führung der geheimdienstlichen Organisationen einem Ba`thisten der ersten Stunde, dem Schiiten Nazim Kazar. Er selbst leitete, wie im Bericht des neunten Kongresess der Partei offiziell berichtet wurde, das "Büro der Öffentlichen Angelegenheiten" (*maktab al-`alaqat al-`amma*), das laut Bericht die Kampagne gegen die Spione (1969-1970) und gegen die Freimaurer[35] (1973) vorbereitet hatte.[36] Kazar errichtete ein Terror-Regime und überschritt selbst die von der Ba`th-Partei abgesteckten Grenzen der als noch vertretbar bewerteten Gewalt gegen die "Feinde der Revolution". Wahrscheinlich um seine Entmachtung zu verhindern, inszenierte er am 1973 einen Putschversuch. Später kritisierte der Bericht des achten Parteikongresses die Verselbständigung und Kompetenzüberschreitung der Sicherheitsorgane:

> Viele Schandtaten und Verbrechen waren vom alten System begangen worden, so daß die Partei einen sehr schlechten Ruf bekam. Wir müssen zugeben, daß die Parteiführung hier einen großen Fehler begangen hat, indem sie nicht die vollständige Kontrolle über ein so gefährliches System ausgeübt hat. Sie verließ sich auf Vertrauenswürdigkeit der Parteimitglieder, die in diesem System Positionen innehatten.[37]

---

34 *Al-Jihaz al-khass*, bekannt unter dem Decknamen "*Hanin*" (Sehnsucht), war nach Angaben des ehemaligen Ba`thisten Hasan al-`Alawi auch mit der Durchführung von Attentaten beauftragt. Interview mit al-Alawi, London 10.10.1990. Siehe zur Rolle Saddam Husains im Zusammhang mit dem *Jihaz al-khass*: Amir Iskandar, 1980, S. 101.
35 Vgl. zur Verfolgung der Freimaurer: al-Khalil, 1989, S. 17, 135.
36 ASBP: Central Report, 1983, S. 30.
37 ASBP: Politischer Bericht, 1974, S. 133-34.

Da die Strukturen der Partei und der Sicherheitsorgane sowie die Beziehungen zwischen den verschiedenen Institutionen der Partei und des Staates undurchsichtig waren und sind, kann man die politische Entwicklung nur wie ein Puzzle rekonstruieren. Dies veranschaulichen zwei Beispiele - anhand des Verhältnisses zwischen Saddam Husain und Ahmad Hasan al-Bakr sowie den "Säuberungen" in der Partei im Juli 1979:

Der gescheiterte Putsch von Kazar gab Anlaß zu Spekulationen über das Verhältnis der beiden führenden Persönlichkeiten des Ba`th-Regimes, Saddam Husain und al-Bakr. War der Putsch das Ergebnis einer außer Kontrolle der Partei geratenen Institution? Wurde der Putsch von Saddam Husain, wie Samir al-Khalil mutmaßt, in der Vorbereitungsphase absichtlich nicht vereitelt, um nach der Zerschlagung seine Gegner in der Partei zu verdrängen, quasi um eine tabula rasa für die Veränderung der Machtstrukturen zu schaffen? Was verband den linken Ba`thisten `Abd al-Khaliq al-Samarrai mit Kazar, der sich einen Namen als radikaler Verfolger der Kommunisten gemacht hatte? Die Undurchschaubarkeit der internen Auseinandersetzungen in der Partei bis zum Putsch Kazars macht es schwierig, zu einem eindeutigen Ergebnis zu kommen. Während Batatu davon ausgeht, daß der von Kazar initiierte Putsch von Saddam Husain und al-Bakr zum Anlaß genommen wurde, al-Samarrai aus der Partei zu verdrängen, vertreten Khadduri[38] und Helms, die Auffassung, daß der Putsch politisch-ideologisch motiviert war. So schreibt Helms: "Kzar [Kazar, F.I.] had advocated active military engagement with Israel, harsh repression of Kurdish nationalists and Communist party members, and increased support for the Palestinian resistance movement, as well as more active manipulation of Ba'th party members."[39]

Auch wenn diese Annahme über die politischen Positionen Kazars stimmen würde, ist es sehr fraglich, ob al-Samarrai mit Kazar politisch über die von Helms erwähnten Fragen einig war. Al-Samarrai hatte eine völlig andere Position zur Kurdenfrage und zur Beteiligung der KP an der politischen Macht. Er gehörte 1969-1970 zu den Verfechtern einer friedlichen Lösung der Kurdenfrage und war kein Gegner einer Annäherung an die KP.[40] Die Entmachtung al-Samarrais infolge des gescheiterten Putsches von 1973 scheint eher das Ergebnis von Differenzen bezüglich der Position der irakischen Ba`th-Partei zu den Ereignissen in Jordanien 1970 gewesen zu sein. Die Position al-Samarrais bezüglich der Palästinenser - er verfocht eine Parteinahme für die Palästinenser durch die irakische Armee 1970 - und seine Haltung zur Kurdenfrage, verschafften ihm Popularität in der Partei, so daß er mit seinen Anhängern bis 1973 den Gegenpol zur Husain/al-Bakr-Gruppe bildete.[41] Der Putsch von Kazar hatte die Funktion eines *deus ex machina* für die Husain/al-Bakr-Gruppe, die sich so auch al-Samarrais entledigte. Nach den "Säuberungen" von 1973 sicher-

---

38 Vgl. Khadduri, Majid: The Socialist Iraq. A Study in Iraqi Politics since 1968. Washington 1978. S. 65-66.
39 Helms, Christin M.: Iraq: Eastern Flank of the Arab World. Washington, D.C. 1984. S. 171.
40 Vgl. Batatu, 1978, S.
41 Vgl. ebd., S.

ten sich Husain und al-Bakr unanfechtbare Positionen in Partei und Staat. Das Bündnis zwischen beiden war bis zum Rücktritt al-Bakrs vom Amt des Staatspräsidenten und Generalsekretärs der Ba'th-Partei die Grundlage für die Stabilität des Regimes. Es scheint, daß die Gegner Saddam Husains in der Parteiführung angesichts der Dominanz der Husain/al-Bakr-Gruppe in Staat und Partei keine Chance sahen, deren Macht in Frage zu stellen. Erst die Bekanntgabe der Absicht al-Bakrs, von seinen Ämtern zurückzutreten, schaffte die Voraussetzung für offene innerparteiliche Opposition gegen den bisherigen Partner al-Bakrs, Saddam Husain. Über die Motivation der Opponenten gegen Saddam Husain herrscht keine Klarheit. Sie gehörten dem zivilen Parteiflügel an, übernahmen ihre Ämter in der Partei und im Staat in der zweiten Hälfte der Siebziger und stammten, was ihren konfessionellen Hintergrund angeht, aus den Reihen der Sunniten und Schiiten. Sie waren, was ihre ideologische Orientierung betrifft, eher dem herrschenden pragmatischen Flügel der Partei zuzurechnen. Wichtige Saddam-Gegner, wie die beiden KRR-Mitglieder, Erdölminister Adnan al-Hamdani und Industrieminister Muhammad Aiys, waren seit 1975 Verfechter einer ökonomischen Liberalisierungspolitik (*infitah*-Politik). Ein Motiv könnte allerdings die Befürchtung gewesen sein, daß die Machtkonzentration in der Hand von Saddam Husain zu einer Umschichtung der Führung führen könnte. Jedenfalls traten die Opponenten als Verfechter einer syrisch-irakischen Annäherung auf, die sich nach der Unterzeichnung des Camp-David-Rahmenabkommens 1978 anbahnte. Sie traten vehement für die Fusion der beiden verfeindeten Flügel der Ba'th-Partei wie auch für die Fusion der beiden Staaten ein. Die offizielle Version der irakischen Partei, Syrien sei an der "Verschwörung" beteiligt gewesen, ist daher nicht ganz unberechtigt. Eine syrisch-irakische Union und die Fusion der konkurrierenden Ba'th-Parteien im Irak hätten möglicherweise zur Reduzierung des Einflusses von Saddam Husain geführt.[42] Als die Unionsverhandlungen mit Syrien 1979 keine Fortschritte machten und al-Bakr seine Ansicht in der Partei bekannt gab, am 17. Juli 1979 zugunsten von Saddam Husain zurückzutreten, versuchten dessen Gegner, al-Bakr zu überreden, seine Ämter zu behalten. Als diese Bemühungen scheiterten, versuchten die Opponenten, einen Parteikongreß einzuberufen und Saddam Husain vor der Präsidentschaftsübernahme aus seinen Ämtern zu entfernen.[43] Die Ereignisse nahmen jedoch einen anderen Lauf: Saddam Husain wurde schon früher, nämlich am 12. Juli 1979, zum Generalsekretär der RF der Ba'th-Partei gewählt.[44] Indes waren die Vorbereitungen für die Übernahme der Präsidentschaft und des Vorsitzes des KRR abgeschlossen, so daß der Rücktritt al-Bakrs am 17. Juli 1979 bekanntgegeben werden konnte. Am 18. Juli 1979 überraschte Saddam Husain seine Opponenten auf einer Parteiversammlung mit der Bekanntgabe der Entdeckung einer vom syrischen Präsidenten Hafiz al-Asad un-

---

42 Interview mit Hasan al-Alawi, London 10.10.1990. Al-Alawi war ein Anhänger des Saddam-Opponenten al-Hamdani; es gelang ihm 1980, nach Syrien zu fliehen.
43 Vgl. *Al-taiyar al-gadid* vom 8. August 1984.
44 Ein Vertrauter Saddam Husains, Izat Ibrahim (al-Duri), wurde zu seinem Stellvertreter gewählt. Vgl. *Al-thawra* vom 17.7.1979.

terstützten "Verschwörung" gegen die Partei und den Staat. [45] In der gemeinsamen Erklärung des KRR und der RF hieß es:

> Seit einigen Jahren hegten einige Personen eine bösartige Verschwörung, die darauf abzielt, die Partei, die Revolution und die sozialistischen und demokratischen Errungenschaften der Massen zu schädigen. Sie wollten den Irak dem amerikanisch-imperialistischen und zionistischen kapitulationistischen Plan unterordnen. Diese Leute standen mit einer externen Macht, die wir aus nationalen Interessen nicht bekannt geben wollen, in Verbindung ...[46]

Die "Verschwörer" wurden aus dem Tagungssaaal abgeführt und vor das Parteigericht gestellt. Mit der Verurteilung der Opponenten durch das Parteigericht und ihre Hinrichtung war der Weg frei zur Entstehung der Diktatur Saddam Husains. Die Ereignisse von 1979 zeigten erneut, daß im bathistischen Irak die Machtübernahme durch einen Putsch schwer durchführbar ist. Die Perfektionierung der Geheimdienstorgane, die Wirksamkeit der verwandtschaftlichen und kommunalistischen Bindungen sowie die Kontrolle der Partei über die Armee ermöglichten die Stabilität des Regimes.

Die Legitimität seiner Machtübernahme vom Juli 1979 zu unterstreichen versuchte Saddam Husain, indem er deren "historische Notwendigkeit" propagierte.[47] Die Idee eines Führers wurde schon in einem 1941 von Michel `Aflaq verfaßten Artikel formuliert:

> Das Volk ist überall unfähig, eine Idee wirklich und rasch zu verstehen. Aus diesem Grunde sucht es nach lebendigen Menschen, die die Idee verkörpern. An diesen Personen und nur an ihren Werten und an der moralischen Stärke ihrer Arbeit und ihrer Aktivitäten wird der Wert ihrer Ideen gemessen. Wenn sich eine Gruppe von gebildeten, aktiven und moralisch starken jungen Männern zusammentut und sich einer strengen und hierarchischen Ordnung unterwirft, wird diese ihren Einfluß auf das Volk garantieren. Die Heiligkeit, die diese Leute ihrem Führer zubilligen, wird in Wirklichkeit der Idee, die sie verbreiten wollen, dienen.[48]

---

45 Vgl. hierzu Khadduri, Majid: The Gulf War. The Origins and Implications of the Iraq-Iran Conflict. Oxford 1988. S. 75-78.
46 *Al-thawra* vom 29. Juli 1979. Daß Saddam Husain den "Plan" seiner Opponenten frühzeitig entdeckt habe, wie es in der Erklärung heißt, ist nicht gesichert. Bei den Beschlüssen der RF vom 12.7.1979 wurde ein Führer der Gegner Saddam Husains, Adnan Husain (al-Hamdani), zum Stellvertreter des Ministerpräsidenten befördert. Die anderen Opponenten behielten ihre Positionen im KRR und in der RF.
47 Der erste Artikel über die historische Notwendigkeit der Führung von Saddam Husain erschien zwei Wochen nach der Aufdeckung der "Verschwörung" in der irakischen Tageszeitung *Al-thawra* unter dem Titel: *Al-Qiyada al-fada bain al-darura al-tarihiya wa istimrar al-taamur* (Die einzigartige Führung zwischen der historischen Notwendigkeit und Fortsetzung der Verschwörung). Vgl. *Al-thawra* vom 31.7.1979.
48` Aflaq, 1959, S. 64.

Die Sprache und auch die Aufgabe des Führers veränderten sich im Irak der siebziger und achtziger Jahre; die Sprache war nicht mehr die blumige, romantische, wenig realitätsbezogene Sprache ʿAflaqs, und die Baʿth-Partei verkörperte nicht mehr eine isolierte Studentenbewegung. Der Führer der Partei war gleichzeitig der Führer eines der mächtigsten Staaten des Vorderen Orients. Nach Meinung der Baʿth-Partei ist seine Rolle historisch notwendig, da der "Endsieg der Revolution" ohne die "historische Führung" nicht zu erreichen sei.[49] Der Bericht des neunten Kongresses der Baʿth-Partei von 1982 geht auf dieses Thema sehr ausführlich ein. Es wird von dem "bitteren Experiment" der Partei 1963 gesprochen sowie von dem Verlust der Macht, der stattfand, weil kein fähiger Führer die Partei leitete. Durch Saddam Husain war nun aber der ersehnte Führer da:

> Amid those bitter, difficult and complex conditions ʿthe leader-necessity' had emerged. Comrade Saddam Hussein is not of the sort of leader who emerges all of a sudden as is the case with military coups; nor is he of the sort of leader who is built up throughout a very long process and gets known before assuming power, as is the case with parties and movements which operate in public or semi-public conditions.[50]

Das Konzept der *"Leader-Necessity"* (*al-qaʾid al-darura*) unterscheidet sich nach Überzeugung der Baʿth-Partei vom "Personenkult" in folgender Weise:

> Such a trend [Personenkult, F.I.], which is rejected by Comrade Saddam Hussein himself before other comrades and which is incompatible with the traditions of the Arab nation throughout history and with the psychological nature of the Iraqi people, is totaly different from the Leader-Necessity formula in terms of quality and living practice. The Leader-Necessity is the man who at a certain stage represents the aspirations and basic interests of the Party and people. Therefore it is in the interest of the Party and the people to preserve the (Necessity) and adhere to it in a sincere and genuine manner and within the context of democratic practice, collective leadership and sound and genuine Party-related and national relations.[51]

Der Bericht des neunten Kongresses warnte gleichzeitig vor der Ablehnung der *"Leader-Necessity formula"*:

> Rejecting such a (necessity) or leaving its strategic line is not an individual stance or a special interpretation. Rather, it is an act aiming at in-

---

49 Vgl. *Al-thawra* vom 31.7.1979.
50 ASBP: The Central Report, 1983, S. 25.
51 Ebd., S. 39.

flicting direct and deliberate damage on the basic aspirations and interests of the Party and the people.[52]

Mit der konzeptionellen Begründung seines Führungsanspruchs überschritt Saddam Husain alle bisherigen Führer-Modelle im Vorderen Orient. Andere arabische Führer, wie Nasser und insbesondere Asad, gingen zwar in der Praxis genauso weit wie Saddam Husain, der Führungsanspruch wurde jedoch nicht in solcher Klarheit formuliert und untermauert. Als Konsequenz des Führungsanspruchs Saddam Husains, wie in der "*Leader Necessity*" formuliert, entstand im Irak, insbesondere nach dem Ausbruch des irakisch-iranischen Krieges, ein maßloser Personenkult, der zu einer Art "Saddamismus" in Kunst, Literatur und Wissenschaft führte.

Hierdurch fand im Zusammenhang mit politischem Konfessionalismus und Ethnizität eine entscheidende Veränderung für das politische System statt. Die Sunniten behielten zwar auch unter dem "Saddamismus" alle Schlüsselposition der politischen Macht, aber nicht weil sie Takritis, Duris oder Anis waren, sondern weil sie traditionell arabisch-nationalistisch orientiert waren und sich nach 1968, vor allem aber nach dem Untergang der anderen panarabischen Bewegungen (Nasseristen und Arab Nationalist Movement) Anfang der siebziger Jahre, der Ba'th-Partei anschlossen. Das politische System im Irak ähnelte strukturell dem, was Raymond Hinnebusch im Fall Syriens unter Asad als "*Presidential Monarchy*" bezeichnet.[53] In diesem System wurde der Staat auf Kosten der "Revolution" konsolidiert und die kollektive Führung durch ein starkes Präsidialregime abgelöst.[54]

In diesen sozusagen post-revolutionären Regimen in Syrien und im Iraq stützten sich die Machthaber auf eine Mixtur von patrimonialen Bindungen und politischen Institutionen.[55] Der Partei kommt in so einem System nur noch eine mobilisierende Funktion zu; der politische und ideologische Diskurs in der Partei verliert an Bedeutung; ihre Rolle reduziert sich im allgemeinen auf die Begründung der Herrschaftslegitimation des Präsidenten. Gewerkschaften, Verbände und andere "Massenorganisationen" haben eine ähnliche Funktion.

Im Irak ging Saddam Husain seit der Übernahme der Präsidentschaft und nach den Säuberungen in der Partei- und Staatsführung 1979 dazu über, die Machtstruktur nach neo-patrimonialem Modell[56] durch ein Netz von persönlichen, teilweise auf verwandtschaftlichen Beziehungen basierenden Bindungen zu reorganisieren. Einerseits hat der politische Konfessionalismus in der Regel

---

52 Ebd., S. 40.
53 Hinnebusch, Raymond: Authoritarian Power and State Formation in Bat'hist Syria: Army, Party, and Peasant. Boulder, Col. 1990. S. 145ff.
54 Ebd.
55 Hinnebush, 1990, S. 149.
56 Wir beziehen uns lediglich auf die Stellung des Herrschers im politischen Beziehungsnetz und auf das Verhältnis der Politiker und Beamten zum Herrscher. Im ba'thistischen Irak hatten und haben die Eliten, abgesehen von der Elite um den Präsidenten, keine Möglichkeit zu einem Konkurrenzkampf. Vgl. zum Neopatrimonialismus im Vorderen Orient: Pawelka, 1985, S. 22ff; auch Pawelka, Peter: Der Vordere Orient und die internationale Politik. Stuttgart usw. 1993. S. 89-90, 99-100, 168-69.

keine unmittelbare Bedeutung für das System; Personen können aus allen Ethnien und Konfessionen rekrutiert werden, da die Loyalität dem Herrscher gegenüber entscheidend ist. Andererseits bleibt der politischen Konfessionalismus bestehen, weil zwei Faktoren einen Wandel des auf dem ungleichen Zugang zur Macht aufgebauten Systems verhindern. Der Herrscher, also Saddam Husain, verläßt sich auf verwandtschaftliche Beziehungen und einen Teil der Kampfgefährten in der Ba`th-Partei, die aus den Reihen der sunnitischen Minderheit stammen. Der zweite Faktor bezieht sich auf die Tatsache, daß eine Transformation des auf politischen Konfessionalismus basierenden Systems eine Revision des bisherigen politischen und sozialen Systems erfordert. Während des irakisch-iranischen Kriegs waren die Bedingungen ungünstig für einen Wandel. Saddam Husain, als neo-patrimonialer Herrscher, verließ sich mehr und mehr auf den engen Kreis von Verwandten und einen kleinen Kreis von Parteigefährten. Das von Hinnebusch beschriebene System der *"Presidential Monarchy"*, aber auch die Ba`th-Herrschaft vor der Führungsübernahme Saddam Husains waren, rechtlich gesehen, keine Willkürherrschaft. Streng genommen war und ist der Irak, wenn man die Überschreitung des Rechts durch die Sicherheitsorgane außer Acht läßt, ein "Rechtsstaat"; Rechtsstaat in dem Sinne, daß der Staat die Legalität stets beachtet hat. Daß die Inhalte der irakischen Gesetze und Verordnungen möglicherweise eine willkürliche Politik legalisieren, ist eine andere Frage. Das Problem in diesem Zusammenhang liegt in der Tat nicht im fehlenden rechtlichen Rahmen, sondern in der übermäßigen Menge von Gesetzen und Verordnungen, die das Leben der Bürger genau regeln.[57] Die Grundlage des irakischen Rechtssystems bilden die provisorische Verfassung von 1970[58] und die "Charta der Nationalen Aktion" von 1971.[59] Die provisorische Verfassung konzentriert die legislative und exekutive Macht in den Händen des KRR, so daß die anderen Verfassungsorgane, einschließlich der Nationalversammlung, die sich 1980 zum ersten Mal konstituierte, eine inferiore Stellung gegenüber dem KRR einnehmen. Ein Blick in das irakische Gesetz- und Verordnungsblatt *"Al-waqai'"* zeigt, daß die überwiegende Mehrheit der Gesetze und Verordnungen vom KRR verabschiedet werden. Die "Charta der Nationalen Aktion", die eine Art Satzung für die "Progressive Nationale Front" sein sollte, verpflichtet die Parteien auf die Prinzipien der Revolution von 1968 und räumt der Ba`th-Partei die führende Stellung in Staat und Gesellschaft ein.[60] Die durch die Verfassung und durch die "Charta der Nationalen Aktion" legitimierte Herrschaft versuchte - anders als in anderen Staaten des Vorderen Orients (etwa den Golfstaaten), in denen das Rechtssystem noch rudimentär ist -, u.a. durch das Rechtssystem die Gesellschaft radikal an den Staat zu binden. Im ba`thistischen Irak existieren keine rechtsfreien Räume. Dies ist aber nur eine

---

57 Vgl. zu dieser Frage: Mallat, Chibli: *Ifrat muhauus fi isdar al-qauanin* (Eine krankhafte Übertreibung in der Verabschiedung der Gesetze). In: *Al-hayat* vom 25.11.1992.
58 Vgl. die deutsche Übersetzung der irakischen Verfassung von 1970 in: Wimmer, Norbert: Irak - eine revolutionäre Demokratie. Das politische System der Baath-Partei. Innsbruck 1981. S. 56-72.
59 Vgl. zur Charta der Nationalen Aktion: Khadduri, 1978, S. 97ff.
60 Vgl. Khadduri, 1978, S. 98ff.

Seite der Medaille; die andere Seite zeigt die vom Staat nicht anerkannten und deshalb offiziell nicht existierenden Aktionen, wie etwa die Liquidierung von Oppositionellen im Irak oder im Ausland,[61] aber auch Maßnahmen wie die *Anfal*-Offensive[62] gegen die Kurden im Herbst 1988.

Zum Schluß versuchen wir, die Frage der politischen Organisation und der Herausbildung der Diktatur unter Saddam Husain zu erörtern. Es soll hier festgestellt werden, daß die Ba'th-Partei nach der zweiten Machtübernahme den Meinungspluralismus unterbunden hat.[63] Die äußerste Härte, mit der die Parteiführung unter al-Bakr/Husain gegen abweichende Meinungen in der Parteiführung vorging, ist u.a. vor diesem Hintergrund zu sehen.[64] Wie konnte aber die Parteiführung angesichts der Tatsache, daß Anfang der achtziger Jahre 1,5 Mio. Mitglieder zu zählen waren, die politischen Strömungen in der Partei kontrollieren? Neben dem wirksamen dichten Netz der geheimdienstlichen Organisationen ist hier die besondere Organisationsform der Ba'th-Partei hervorzuheben. Ebenso wie in der syrischen Ba'th-Partei[65] kennt die irakische zwei Arten der Mitgliedschaft. Eine einfache Mitgliedschaft, die die überwiegende Anzahl der Mitglieder besitzen, und eine aktive, die nur etwa 1,5% der Mitglieder in Anspruch nehmen dürfen.[66]

Das besondere Organisationsmuster der irakischen Ba'th-Partei schränkt zwar die innerparteiliche politische Partizipation ein. Dies ist aber nicht die Hauptfunktion dieser Art von Mitgliedschaft. Die breite Masse der Mitglieder

---

61 Die Liquidierung der politischen Gegner im Irak oder in Form von Auslandsoperationen durch die irakischen Sicherheitsorgane, wie die Ermordung Hardan al-Takriti in Kuwait 1971, die Ermordung des ehemaligen Ministerpräsidenten 'Abd al-Razzaq al-Naiyf in London 1978 und des schiitischen Führers Muhammad Mahdi al-Hakim im Sudan 1988 sowie vieler anderer Politiker werden von der irakischen Regierung stets geleugnet.

62 *Anfal* (Beute, in Anspielung auf Sura 8 des Qurans) war der Code-Name für die Offensive der irakischen Truppen gegen die kurdischen Guerilla nach dem Waffenstillstand im irakisch-iranischen Krieg. Nach der Beendigung der militärischen Operationen der *Anfal*-Offensive wurden nach verschiedenen Informationen ca. 180.000 Kurden verschleppt und nach ihrer Liquidierung in Massengräbern im Süden des Irak begraben. Siehe zur *Anfal*-Offensive und der anschließenden Deportation der Kurden: Middle East Watch: The Anfal Campaign in Iraqi Kurdistan, 1993; Gunter, Michael M.: The Kurds of Iraq: Tragedy and Hope. New York 1992. S. 37-48; Ibrahim, Ferhad: Die kurdische Widerstandsbewegung: Opfer der Realpolitik? In: Georg Stein: Nachgedanken zum Golfkrieg. Heidelberg 1991, S. 130-149.

63 Der Bericht des achten Parteikongresses hebt diese Erfahrungen besonders hervor. Siehe: ASBP: Politischer Bericht, 1974, S. 47ff.

64 Das ehemalige Mitglied des KRR und Ministerpräsident (1991) Sa'dun Hammadi äußerte sich gegenüber Helms zu diesem Kontext folgendermaßen: "We encourage an open, active debate over an issue, but once a vote has been taken it is expected that all members will accept the majority opinion as if it had been unanimous. No further public debate is allowed." Helms, 1984, S. 93. In der Praxis wurden aber abweichende Meinungen im KRR und RF nicht geduldet. Da die Diskussionen in den beiden Gremien streng geheim sind, können keine zuverlässigen Analysen gemacht werden. Die häufige Ablösung von Führungspersönlichkeiten in der Partei- und Staatsführung kann aber als Indikator gewertet werden.

65 Vgl. Hinnebusch, 1990, S. 167-70.

66 Vgl. Helms, 1984, S. 87. 25.000 hatten die Vollmitgliedschaft (*'udu*); die anderen waren entweder *muaiyidun* (Sympathisanten), *ansar* (Unterstützer), *murashah* (Kandidat) und *udu mutadarib* (ein sich in der Praxis befindendes Mitglied). Um den Rang eines *udu* zu erlangen, müssen die Mitglieder die Parteischule in Bagdad besuchen. Vgl. ebd.

fungiert vielmehr als Bindeglied zwischen der herrschenden politischen Gruppe, staatlichen Institutionen und der Gesellschaft. Erwartungsgemäß war die Armee 1968 das Hauptziel der "Ba`thisierung". Innerhalb von wenigen Jahren gelang es der Ba`th-Regierung, das irakische Offizierskorps weitestgehend durch Mitglieder der Partei zu ersetzen. Die Ba`th-Offiziere besetzten zumindest die Schlüsselpositionen in der Armee. Vor allem der militärische Nachrichtendienst (*mudiriyat al-istikhbarat al-`askariya*) leitete den Prozeß der "Ba`thisierung" der Armee.[67] Das gleiche galt für die Verwaltung, so daß unter der Ba`th-Herrschaft selten ein Angehöriger der Verwaltung nicht Mitglied der Ba`th-Partei oder einer ihrer Massenorganisationen ist.[68] Während die Mitgliedschaft in der Partei und in den Massenorganisationen Anfang der siebziger Jahre freiwillig war, trieb seit Ende der siebziger Jahre die "sanfte Gewalt" einen Teil der Bevölkerung in die Partei. Der folgende fiktive Dialog zwischen einem Parteifunktionär und einem Beamten, den al-Zaidi für den Irak Ende der siebziger Jahre als symptomatisch betrachtet, vermittelt in diesem Zusammenhang ein deutliches Bild:

Parteifunktionär: Du weißt, die Partei hat das Erdöl verstaatlicht, sie hat eine standhafte Position zur Palästinafrage, wir haben gute Beziehungen mit den fortschrittlichen Staaten und wir sind unverfälschbar Feinde des Imperialismus ...
Der Beamte: Ich weiß dies. ... Ich möchte aber keiner Partei angehören. Ich arbeite nach bestem Wissen und Gewissen, und dies ist für das Volk und die Partei gut; Der Herr Stellvertreter [Saddam Husain war bis 1979 Stellvertreter al-Bakrs] hat die Parole ausgegeben: `Ein guter Bürger ist ein guter Ba`thist'.
Der Parteifunktionär: Ja ... aber wir glauben, der gute Bürger ist derjenige, der bereit ist, Mitglied der Partei zu werden.
Der Beamte: Ich glaube, ich kann dies nicht tun; ich habe familiäre und soziale Verpflichtungen ... .
Parteifunktionär: Hör mal, ich habe Dich lange ertragen. Mein letztes Wort: Es ist Interesse, Mitglied der Partei zu werden. Ich rate es Dir; ansonsten wirst Du es bereuen ...[69]

---

67 Vgl. al-Zaidi, 1990, S. 274-75.
68 Waddah Sharrara geht davon aus, daß die sogenannten Massenorganisationen in den modernen arabischen autoritären Staaten als Ersatz für die Gesellschaft betrachtet werden. Siehe Sharrara, Waddah: *'Isti'naf al-bid'* (Die Wiederaufnahme des Beginns). Beirut 1981. S. 109. Zu den Massenorganisationen gehören die Nationale Studentenunion, die Frauenunion, die Jugendunion, die Bauernunion etc.
69 Al-Zaidi, 1990, S. 268.

DIE SCHIITEN ZWISCHEN DEM PUTSCH VON 1968 UND DEM AUSBRUCH DES IRAKISCH-IRANISCHEN KRIEGS 1980

"Jeder lebt bei seinen eigenen Vettern (sic!)"
Saddam Husain über die Vertreibung der persischstämmigen Bürger und schiitischen Oppositionellen aus dem Irak

Als die Ba`th-Partei 1968 die Macht übernahm, waren die Akteure, die sich offen oder faktisch als Fürsprecher der Schiiten verstanden, anders als die Kurden nicht in der Lage, ihre Interessen gegenüber dem neuen Regime zu artikulieren. Der schiitische Islamismus stellte immer noch eine Randerscheinung dar. Die andere "schiitische" Untergrundpartei, die "KP - Zentrale Führung", hatte keine bessere Position; die von ihr geführte Guerilla-Bewegung konnte ihre Focus-Theorie in der Realität nicht umsetzen und wurde vom neuen Regime nur wenige Monate nach dem Putsch im Sumpfgebiet (*al-ahwar*) des schiitischen Südens zerschlagen;[70] die schiitische *marja`iya* unter dem alternden Ayatullah Muhsin al-Hakim war nicht in der Lage, sich als Akteur gegenüber dem zu allem entschlossenen neuen Ba`th-Regime zu behaupten.
Nach dem "Terror und Kooptions"-Konzept scheint die Ba`th-Partei zunächst den Dialog mit *al-marja`* al-Hakim gesucht zu haben. Al-Hakim soll dies aber, wie einige der schiitischen Quellen berichten, abgelehnt haben.[71] Die Nachrichten über die Haltung der Ba`th-Partei und über die Reaktion al-Hakims bis zum Herbst 1969 sind sehr widersprüchlich. Einerseits wird über den Besuch des Staatspräsidenten Ahmad Hasan al-Bakr bei al-Hakim und über eine Begegnung zwischen dem Sohn des *marja`* und seines Vertreters in Bagdad, Muhammad Mahdi al-Hakim, und al-Bakr berichtet,[72] andererseits wird behauptet, daß al-Hakim den Dialog kategorisch abgelehnt haben soll.[73] Allem Anschein nach hatte al-Hakim bis zum Sommer 1969 noch keine eindeutige Haltung gegenüber

---

70 Der Untergang der KP-Zentrale Führung begann mit der für sie unerwarteten völligen Passivität der Bauern im schiitischen Süden, wo sich die Guerilla-Bewegung Anfang 1968 formiert hatte. Der Ba`th-Regierung war es Anfang 1969 durch die Verhaftung des Generalsekretärs der KP - Zentrale Führung Aziz al-Hajj gelungen, der Partei moralisch einen schmerzlichen Schlag zu versetzen und ihre Struktur in den Städten durch den Überläufer al-Hajj und seine Geständnisse aufzudecken. Bis Mitte 1969 war die KP - Zentrale Führung im Irak, abgesehen von Resten, die zu den Kurden übergelaufen waren, völlig dezimiert. Vgl. hierzu Kelidar, Abbas: Aziz Al-Haj: A Communist Radical. In: Ders.: The Integration of Modern Iraq. London 1979. S. 183-92.
71 Siehe *Al-majlis al-a`la: al-Mahdi al-Hakim.* Teheran o.J. S. 54-55; *Dima` al-ulama*, 1984, S. 52-53; *Al-shahada* vom 10.1.1989.
72 Vgl. *Al-shahada* (Zentralorgan des ORIRI) vom 2. Jamada al-Thani 1409h.
73 Ebd.

dem neuen Regime eingenommen.[74] Die Ba`th-Partei scheint ihrerseits kein Interesse an einer Konfrontation mit der schiitischen *marja`iya* gehabt zu haben. Ganz im Gegenteil, das Regime hatte aus innen- und außenpolitischen Gründen ein vitales Interesse daran, einen *modus vivendi* mit der schiitischen Geistlichkeit zu finden. Innenpolitisch sah sich das Regime in der Phase der Konsolidierung vielen politischen Kräften gegenüber, die wesentlich gefährlicher waren als die schiitische Geistlichkeit. Außenpolitisch erhoffte sich die Ba`th-Führung, daß al-Hakim, der stets gute Beziehungen zum Schah-Regime unterhalten hatte, zwischen ihr und dem Schah vermitteln könnte. Dies war notwendig geworden, nachdem der Schah den Schatt al-Arab-Vertrag von 1937 für null und nichtig erklärt hatte und die Unterstützung der kurdischen Guerilla-Bewegung im Irak forcierte.[75]

Die Kontakte zwischen der schiitischen Geistlichkeit und der Ba`th-Führung erbrachten jedoch kein positives Ergebnis. Auf beiden Seiten herrschte tiefes Mißtrauen und Skepsis. Auf der Seite der schiitischen Geistlichkeit gab es Kräfte, die eher für Widerstand als für Kooperation plädierten; die Ba`th-Partei ihrerseits schmiedete trotz der Kontakte mit der schiitischen Geistlichkeit Pläne gegen den politischen Islamismus beider Konfessionen.[76] Die Konfrontation ließ nicht lange auf sich warten. Im Sommer 1969 unternahm die Ba`th-Partei radikale Schritte gegen die Institutionen der schiitischen *marja`iya*. Dazu gehörte die Schließung der sich in Gründung befindenden schiitischen Universität von Kufa, die Deportation der iranischen schiitischen Studenten der theologischen Schulen von al-Najaf und Karbala´, das Verbot der einzigen zugelassenen Zeitschrift der Geistlichkeit, *Risalat al-Islam* (Botschaft des Islam) sowie die Einführung des Militärdienstes für die Studenten der theologischen Schulen.[77] Daß die heiligen schiitischen Stätten in al-Najaf und Karbala´ unter die Obhut des Ministeriums für religiösen Stiftungen (*al-awqaf*) gestellt wurden, kann politisch als deutlicher Affront gegen die auf ihre Autonomie bedachte schiitische Geistlichkeit gewertet werden.[78] Die Kommunikation zwischen al-Hakim und der Ba`th-Führung war aber damit noch nicht ganz unterbrochen. Bei einer erneuten Begegnung soll al-Hakim die Rücknahme der getroffenen Maßnahmen

---

74　Al-Katib glaubt, daß al-Hakim, ohne ihn namentlich zu nennen, in den ersten Monaten nach der Machtergreifung durch die Ba`th-Partei auf eine Verbesserung der Situation der Schiiten unter dem neuen Regime gehofft habe. Vgl. al-Katib, 1981, S. 186-87. Ibn al-Najaf berichtet, daß die Ba`th-Regierung in den ersten Monaten nach dem Putsch im Radio und Fernsehen religiös-schiitische Sendungen vervielfacht habe. Vgl. Ibn al-Najaf, 1981, S. 93.

75　Die Vermittlungen zwischen der irakischen Führung und dem Schah sollen Gegenstand des Gespräches zwischen al-Bakr und al-Hakim in al-Najaf gewesen sein. Vgl. Ibn al-Najaf, 1981, S. 94. Ibn al-Najaf berichtet darüber, daß al-Hakim eine Bedingung gestellt haben soll: Die Ba`th-Partei solle ihre Prinzipien aufgeben (sic!). Ebd.

76　Die fünfte Abteilung des irakischen Generaldirektorats für Sicherheit observierte seit 1968 die "Reaktionären Aktivitäten", eine Bezeichnung für die schiitische und sunnitische islamistische Bewegung. Vgl. hierzu al-Zaidi, 1990, S. 234.

77　Vgl. Hadi, 1408 h, S. 27-28.

78　Ebd. Die Schiiten hatten schon unter Faisal I. eine gerechte Verteilung der *awqaf*-Gelder gefordert. Sie wollten die Zuwendungen der *awqaf* erhalten, ohne jedoch unter die Obhut der *awqaf*-Behörde gestellt zu werden.

gefordert und als für die nationale Einheit unabdingbar erklärt haben.[79] Diese Begegnung scheint die letzte gewesen zu sein. Anfang Herbst 1969 soll al-Hakim zu einer großen Versammlung der wichtigsten Geistlichen in al-Najaf aufgerufen haben. Bei dieser gegen die Ba`th-Regierung gerichteten Versammlung sollen die folgenden Resolution von dem Sohn al-Hakims Hujjat al-Islam Muhammad Mahdi al-Hakim verlesen worden sein:

1. Dieses Land ist islamisch; aus diesem Grund sollen die Gesetze die Grundsätze des islamischen Rechtes berücksichtigen.
2. Die Verurteilung des Terrors und der Verhaftungen sowie des aggressiven Umgangs der Regierung mit der Bevölkerung.
3. Die heiligen schiitischen Stätten sind das Eigentum aller Muslime; die Regierung, welche auch immer, darf die Besucher nicht daran hindern, diese Stätten zu besuchen.
4. Die Städte al-Najaf, Karbala´, al-Kazimiya und Samarra sind Zentren der wissenschaftlichen religiösen Schulen und müssen für alle Studenten, ungeachtet ihrer Nationalität, offen bleiben.[80]

Zur Unterstreichung dieser Forderungen begab sich Muhsin al-Hakim nach Bagdad, eine wichtige, gegen die Ba`th-Partei gerichtete Geste, denn das Verlassen seiner Residenz kann als Protest eines *marja` al-a`la* gegen die politischen Verhältnisse interpretiert werden. Die Aktivitäten al-Hakims in Bagdad sollen die Ba`th-Regierung zur Drohung veranlaßt haben, seinen Sohn der Spionage zu bezichtigen, falls er nicht nach al-Najaf zurückkehre[81] - was auch bald geschah. Die im Rahmen der großen Spionage-Prozesse 1969 gegen den Sohn al-Hakims, Muhammad Mahdi al-Hakim, erhobene Anklage erhöhte die Feindseligkeit zwischen der Regierung und der *marja`iya*, weil al-Hakim sich als Ziel der Kampagne der Regierung gegen seinen Sohn betrachtete.[82] Die Verwicklung Muhammad Mahdi al-Hakims, der durch die Flucht ins Ausland der Verhaftung entkommen war, in einen gescheiterten Putsch gegen die Ba`th-Regierung trug nicht zur Verminderung der Spannungen zwischen der Regierung und der schiitischen Geistlichkeit bei.[83]

---

79 Ebd., S. 29.
80 Ebd., S. 30.
81 Ebd., S. 32-33.
82 Interview mit Abu Haidar al-Husaini (Vertreter des ORIRI), London 22.3.1989; siehe auch Batatu, 1981, S. 588.
83 Dieser Putschversuch wurde am 20. Januar 1970 vor dem Beginn der Aktionen von dem irakischen Geheimdienst entdeckt. Die Hauptfiguren des gescheiterten Putsches waren Sunniten und Schiiten, u.a. General `Abd al-Ghani al-Rawi (Sunnit und Anführer der Gruppe), Oberst Salih Mahdi al-Samarrai (Sunnit), Sad Salih Jabr (schiitischer Politiker), Oberst Gabr Hasan al-Haddad (Schiit), Salman Muhammad al-Tamimi ( Schiit, Rektor der ja`faritischen Schulen in Bagdad) Oberst Muhammad Faraj (Schiit), Rahi `Abd al-Wahid Sukkar (schiitischer Stammesshaikh) und Muhammad Mahdi al-Hakim. Die Putschisten sollen eng mit dem Iran zusammengearbeitet haben. Die irakische Regierung erklärte nach der Entdeckung des Putsches jedenfalls den iranischen Botschafter zur Persona non grata. Das Revolutionsgericht verhängte über die verhafteten beteiligten Personen Todesurteile. Vgl. hierzu Khadduri, Majid: The Socialist Iraq. A Study in Iraqi Politics

Der Tod al-Hakims 1970 erleichterte die Bemühungen der Ba`th-Partei, die schiitische *marja`iya* als politischen Faktor auszuschalten. Die Übernahme der *marja`iya* durch den iranisch-stämmigen Ayatullah Abu al-Qasim Musawi al-Khu`i (1899-1992), ein eher apolitischer, auf Ausgleich bedachter *marja`*, führte zur Entstehung eines politischen Vakuums an der Spitze der schiitischen Hierachie.

Zwar war der verstorbene *marja`* Muhsin al-Hakim ein Traditionalist, der, wie bei der Frage der religiösen Zulässigkeit politischer Parteien, die religiösen Lehren des Schiitentums nicht neu auslegen wollte; er verschloß sich aber dem Rat der Modernisten nicht ganz und mußte unter dem Druck der politischen Ereignisse zwischen 1959 und 1970 Stellung zu den wichtigsten Entwicklungen, die die *marja`iya* betreffen, oder zu essentiellen politischen und sozialen Fragen, die die schiitische Gemeinschaft tangierten, Stellung nehmen. Nach 1968 mußte er darüber hinaus die Herausforderung der Ba`th-Regierung annehmen. Wichtige politisierte *`ulama'*, wie etwa Muhammad Baqir al-Sadr, die zwar al-Hakim nicht ganz in der Lage sahen, effektiven Widerstand gegen die Ba`th-Regierung zu leisten, wollten aber wegen seiner Stellung als *marja` al-a`la*, also als Oberhaupt aller Schiiten, und seines Alters keine offene Kritik üben.[84]

Al-Khu`i, der nach dem traditionellen Verfahren, also indem die bekanntesten *`ulama'* seiner Zeit ihn als Groß*marja`* anerkannt hatten, *marja` al-a`la* geworden war, war zwar eine anerkannte Autorität und Verfasser wichtiger Schriften; zudem hatte seine Schule in al-Najaf einen ausgezeichneten Ruf. Er gehörte jedoch zu jenen großen Ayatullahs, die sich in der bis 1968 fast autonomen Welt der Gelehrsamkeit in al-Najaf kaum mit dem Diesseits beschäftigten. Dies war aber nicht der einzige Grund für seine Haltung. Al-Khu`i war kein Anhänger der Theorie des *wilayat al-faqih* (Herrschaft der Rechtsgelehrten) und hielt die Politisierung der Geistlichkeit nicht für richtig. Sein schärfster Kritiker war al-Sadr, der zwar als ehemaliger Schüler al-Khu`is dessen Wissen schätzte, seiner eben dargestellten Position aber nicht folgte. Nach dem schiitischen Prinzip der Nachahmung (*al-taqlid*) folgte jedoch die Masse der Schiiten innerhalb und außerhalb des Irak al-Khu`i,[85] während al-Sadr Anfang der siebziger Jahre nur von seinen Schülern in al-Najaf, der islamistisch orientierten schiitischen Intelligentsia-Gruppe und einem Teil der Mitglieder der *da`wa*-Partei nachgeahmt wurde.[86] Theoretisch hatte Muhammad Baqir al-Sadr zwei Optionen: entweder sich wieder den islamistischen Parteien im Untergrund anzu-

---

since 1968. Washington 1978. S. 53-57; auch Interview mit dem am Putsch beteiligten Sad Salih Jabr, London 10.3.1989.

84 Das Verhältnis zwischen dem Modernisten al-Sadr und al-Hakim wird von den schiitischen Autoren selten in seiner vollen Komplexität dargestellt. Zwischen den beiden Ayatullahs scheinen keine persönlichen Beziehungen existiert zu haben. Al-Sadr studierte u.a. bei dem konservativen, zum Quietismus neigenden Ayatullah al-Khu`i; er folgte der politischen Enthaltsamkeit al-Khu´is nicht. Zu al-Hakim scheint er unmittelbare Beziehungen über dessen Söhne, Muhammad Baqir al-Hakim und Muhammad Mahdi al-Hakim, unterhalten zu haben. Vgl. al-Qubanchi, 1404h, S. 35-37.
85 Vgl. Momen, 1985, S. 315.
86 Interview mit al-Rubai`i, London 10.3.1989; siehe auch Aziz, 1991, S. 298.

schließen oder den Versuch zu unternehmen, die schiitische *marja`iya* strukturell zu erneuern und zu politisieren. Er scheint den zweiten Weg gewählt zu haben, zumal er durch seine Abhandlungen in den sechziger Jahren den Ruf eines brillianten Theoretikers über die Grenzen des Irak hinaus erlangt hatte. Vor allem mit seinem Verwandten, dem Führer der libanesischen Schiiten Musa al-Sadr, stand er in enger Verbindung, die bald durch die Gründung der *harakat al-mahrumin* (Bewegung der Entrechteten) eine politische Relevanz bekam.[87] Die theoretische Grundlage der libanesischen "Bewegung der Entrechteten" lieferte Muhammad Baqir al-Sadr durch sein Konzept der *"marja`iya al-maudu'iya"* (objektive *marja`iya*).

Der Erfolg, den Musa al-Sadr im Libanon Ende der sechziger Jahre und bis zu seinem ungeklärten Verschwinden in Libyen 1978 hatte, wurde seinem Verwandten im Irak, Muhammad Baqir al-Sadr, nicht beschieden. Drei Hauptfaktoren verhinderten eine ähnliche Entwicklung wie im Libanon.

Im Libanon waren die Schiiten, sozioökonomisch betrachtet, benachteiligt. Aber im Gegensatz zum irakischen war das libanesische Modell auf der Anerkennung und Betonung der Vielfalt aufgebaut. Mit der Mobilisierung der schiitischen Bevölkerung und der Gründung des "Obersten Schiitischen Rats" 1969 waren die Schiiten dabei, ihren Platz im System zu erobern.[88] Im Irak aber, wo die geltende arabisch-nationalistische Staatsideologie den Pluralismus ablehnte, konnte jede Forderung nach Gleichberechtigung als spalterisch und reaktionär zum Verstummen gebracht werden.

Struktur und Einfluß der Geistlichkeit im Libanon unterschieden sich grundsätzlich von denen im Irak. Die heiligen Stätten al-Najaf und Karbala´ waren stets Residenz vieler wichtiger schiitischer *mujtahids* gewesen, auf die sich die Loyalität der Gläubigen verteilte. Kein einzelner *marja`* hatte je die Loyalität aller Schiiten auf sich vereinigen können. Nach der Tradition der Schiiten ist Meinungsvielfalt nicht verwerflich. Während es aber Musa al-Sadr gelang, sich gegenüber den konservativen Geistlichen durchzusetzen, blieb Muhammad Baqir al-Sadr im Irak ein *marja`* der Intelligentsia.

Die Persönlichkeit des nachdenklichen und zurückgezogenen Muhammad Baqir al-Sadr unterschied sich völlig von der Persönlichkeit des charismatischen und dynamischen Musa al-Sadr. Während sich Muhammad Baqir al-Sadr als Verfasser von theologischen und philosophischen Büchern auszeichnete, machte sich Musa al-Sadr einen Namen als Volkstribun. Muhammad Baqir al-Sadr hatte aber nie die Intention gehabt, Politiker oder gar Volksführer zu werden. Sein politisches Engagment vor allem nach der iranischen Revolution von 1979 war das Ergebnis von Ereignissen, die keinen Raum mehr für Zurückhaltung ließen. Er mußte, da al-Khu`i an der traditionellen *marja`iya* festhielt und

---

87 Siehe zur Entstehung der *harakat al-mahrumin* im Libanon: Norton, Augustus Richard: Amal and the Shia. Struggle for the Soul of Lebanon. Austin, Tex. 1987. S. 47ff.

88 Siehe zu dieser Frage, Ajami, Fuad: The Vanishd Imam, Musa al-Sadr and the Shi`i of Lebanon. Ithaca 1986; Hanf, Theodor: Koexistenz im Krieg. Staatszerfall und Entstehen einer Nation im Libanon. Baden-Baden 1990; Rieck, Andreas: Die Schiiten und der Kampf um den Libanon. Hamburg 1989.

kein anderer *marja*` für das Konzept von al-Sadr zu gewinnen war, der *marja*`
der "Objektiven *marja`iya*" werden, die aber realitätsfremd und nur ein theoretischer Entwurf war.

Der Biograph al-Sadrs, al-Qubanchi, ist der Auffassung, daß al-Sadr schon
frühzeitig die Meinung vertrat, die islamistische Bewegung müsse von der
marja`iya* ausgehen, was aber einen strukturellen Wandel der *marja`iya voraussetze.[89]

Wie hat er aber die "Objektive *marja`iya*" konzipiert und in Abgrenzung zur
traditionellen Form legitimiert?

Al-Sadr begründete die Rolle des *marja*` durch die göttliche Intervention im
irdischen Geschehen über den *shahid* (Zeugen).[90] Der *shahid* übermittle die
göttliche Botschaft und bewache sie.[91] Al-Sadr bezieht sich hier auf Sura 5,
Vers 44 des Quran. Dort heißt es:

> Wir haben (seinerzeit den Kindern Israels) die Thora herabgesandt, die
> (in sich) Rechtleitung und Licht enthält, damit die Propheten, die sich
> (Gott) ergeben haben, für diejenigen, die dem Judentum angehören, danach entscheiden, und (damit) die Rabbiner und Gelehrten nach der
> Schrift Gottes entscheiden, soweit sie ihrer Obhut anvertraut worden ist.
> Sie waren (ja) Zeugen darüber ...[92]

Nach al-Sadr bestimmte der Quran die Imame und nach ihnen die *`ulama'*
(oder *marja`s*), die Rolle der *shahids* zu übernehmen. Weil sich die *`ulama'* als
Rechtsgelehrte im Gottesgesetz auskennen, komme ihnen diese Rolle zu.[93] Die
Zuerkennung ist allerdings vor dem Hintergrund der *shahid*-Stufen bei al-Sadr
zu sehen. An erster Stelle kommen die Gottesgesandten, dann die Imame, die
nach dem schiitischen Glauben aufgrund göttlicher Entscheidung diese Rolle
übernehmen, und erst dann der *marja*`, dessen Rolle al-Sadr wie folgt definiert:

> ... who possesses, through his human efforts and long period of hard-work
> the comprehension ... of Islam from its original sources, as well as deep
> piety that disciplines him control himself and his conduct, and [also possesses] a suitable Islamic consciousness of his environment with all its
> overwhelming conditions and surrounding interactions.[94]

Die *marja*` sind zwar die Erben des Propheten und der Imame, wer aber
marja` wird, entscheidet seine Qualifikation, d.h. sein Wissen (*`ilm*), und sein
Sinn für Gerechtigkeit (*`adala*).[95] Die Rolle des *shahid* und die Definition des
marja`, wie sie al-Sadr auffaßte, waren nicht neu, seine Unterscheidung zwi-

---

89 Vgl. al-Qubanchi, 1404h, S. 30.
90 Mohamed Bakr al-Sadr: *Khilafat al-Insan*, o.O. o.J., S. 144, zitiert nach: Aziz,1991, S. 143.
91 Ebd.
92 Der Koran, Übersetzung von Rudi Paret, 1989, S. 84 (Klammerbemerkungen dort).
93 Sadr, Khilafat..., o.J., S. 288.
94 Ebd., S. 145.
95 Ebd.

schen "Objektiver *marja'iya*" (*al-marja'iya al-maudu'iya*) und "Individueller *marja'iya*" (*al-marja'iya al-dhatiya*) war aber eine bedeutende Erneuerung in der Zeit nach der Institutionalisierung der schiitischen *marja'iya* im 19. Jahrhundert. *Al-marja'iya al-dhatiya* ist diejenige *marja'iya*, die strukturell aus *al-marja'* und seinen Nachahmern besteht; dieser (*al-marja'*) wird durch informelle Anerkennung der anderen *'ulama'* als solcher inauguriert und trifft unter Berücksichtigung der Regeln und Tradition der Zwölfer-Shi'a seine Entscheidung. Er kann als *mujtahid* selbstverständlich neue Entscheidungen nach seinem Wissen und Ermessen treffen. Dies geschieht aber auf individueller Basis, d.h. kein Konzil, kein Gremium ist innerhalb dieser Struktur vorhanden.

Zunächst beschäftigte sich al-Sadr mit den Aufgaben der "Objektiven *marja'iya*", die auch den Grund für den nach seiner Meinung notwendigen Wandel darstellten:

1. The promulgation of the teaching of Islam as broadly as possible among the Muslims; and trying to give each individual a religious education which would safeguard his commitment to these teaching in his personal conduct.
2. Founding a wide-spread ideological movement within the ummah which embraces the right Islamic principles such as the fundamental principles which emphasis that Islam is a complete system comprehending the various sides of life; and using efficient means to consolidate such principles.
3. Sufficiently meeting the ideological needs of Islamic enterprise, which can be via facilitating enough Islamic studies in various economic and social fields, which would make ideological comparisons between Islam and other social doctrines; and expanding the field of Islamic fiqh [Jurisprudenz, F.I.] in a way to enable it to provide all aspects of life with legislation; as well as ameliorating the hawza [relig. Schule, F.I.] as a whole to the level of this great responsibility.
4. Taking the responsibility of guardianship of the Islamic movement; and supervising what the activists contribute to understanding the path of supporting every such proper move to maintain it, and rectifying what is improper.
5. Making sure the hierachy of authority of the ummah belong to the 'ulama', starting from marja to the lowest ranking jurist, through safeguarding its interests, being involved in the affairs of the people, and protecting the embracing the activists in the path of Islam.[96]

Um diese Aufgaben zu erfüllen, bedarf die *marja'iya* eines neuen institutionellen Rahmens; hier unterscheidet al-Sadr zwischen der zentralen Institution und ihren Repräsentanten. Die Zentrale sollte aus sechs Ausschüssen bestehen: 1. Ausschuß für die Regelung der Angelegenheiten der religiösen Schulen (*al-hwzat al-'ilmiya*); 2. Ausschuß für wissenschaftliche Forschung; 3. Ausschuß für

---

[96] Al-Sadr: *marja'iya al-saliha* (Die fromme *marja'iya*). In: al-Ha'iri: *Mahabith al-usul*. Teheran 1981. S. 92-93, zitiert nach Aziz, 1991, S. 290-91.

`ulama'-Angelegenheiten, der das Verhältnis der `ulama' zur Zentrale regelt; 4. Ausschuß für auswärtige Angelegenheiten, der die Kontakte der *marja`iya* mit der islamischen Welt und mit internationalen Akteuren herstellt; 5. Ausschuß für die Unterstützung der islamischen Bewegung; 6. Finanzausschuß, der die Finanzquellen kontrolliert und die Aktivitäten der *marja`iya* finanziert. [97]

Einen wichtigen Vorteil der "Objektiven *marja`iya*" sah al-Sadr in dem Umstand, daß diese - anders als die individuelle marja`iya, die an eine einzige Person gebunden ist - temporal und territorial nicht begrenzt sei.[98] Das Konzept al-Sadrs fand nicht die Unterstützung des Nachfolgers von al-Hakim, Ayatullah al-Khu`i. Die Kritiker al-Khu`is führen diese Ablehnung auf das "mangelhafte politische Bewußtsein" von al-Khu`i und seine Unfähigkeit, die schiitische Gemeinschaft im Irak zu führen, zurück.[99] Al-Sadr als Befürworter einer politisch aktiven *marja`iya* soll zunächst versucht haben, al-Khu`i zu einer entschlosseneren Führung zu bewegen und den Entscheidungen der Ba`th-Regierung, die die Situation der Schiiten betrafen, entgegenzuwirken. Al-Khu`i soll widerwillig und nur in einigen Fällen aktiv geworden sein. So konnte die Regierung 1971 ohne jeglichen Protest von Seiten al-Khu`is die 40.000 schiitisch-kurdischen *faili* aufgrund des Staatsbürgerschaftgesetzes von 1963 in den Iran deportieren. Lediglich bei der von der Regierung unternommenen Abschiebung der ausländischen Studenten der religiösen Schulen in al-Najaf wurde al-Khu`i unter dem Druck al-Sadrs aktiv.[100] Als al-Sadr von der Aktivierung der *marja`iya* von al-Khu`i nicht mehr überzeugt war, soll er, wie seine Anhänger es darstellen, selbst die Aufgabe eines *marja`* übernommen haben.[101] Damit fügte er sich nur bedingt der Autorität al-Khu`is in dessen Eigenschaft als Oberhaupt der Schiiten. Al-Qubanchi gibt aber zu, daß auch in dieser Phase, bis Mitte siebziger Jahre, al-Sadr der marja` der Intelligentsia war und die Massen (*'amat al-nas*) ihm nicht folgten.

Welche Strategie die schiitische Geistlichkeit auch immer debattierte, die Ba`th-Regierung war nach der Deportation der ausländischen Studenten der schiitischen Schulen in al-Najaf und Karbala´ und der Deportation der schiitischen *faili*-Kurden bemüht, eine dreifache Strategie gegen die Gefahr der schiitischen Opposition anzuwenden. Hierzu gehörten die Zerstörung der Finanzquellen der schiitischen Geistlichkeit, die Spaltung der Geistlichkeit und die Zerschlagung der schiitisch-islamistischen Untergrundbewegung. Diese Politik wurde unter sehr günstigen Voraussetzungen durchgeführt: Das März-Abkommen von 1970[102] hielt der Ba`th-Regierung für eine gewisse Zeit den Rücken frei; der Freundschaftsvertrag mit der Sowjetunion sicherte materiell und moralisch den Beistand der Ostblockstaaten; der Eintritt der KP in die von der Ba`th-Partei angeführte "Nationale und Progressive Front" verstärkte zu-

---

97   Al-Sadr, ebd., S. 94-95, nach Aziz, 1991, S. 294.
98   Vgl. al-Qubanchi, 1404h, S. 67.
99   Al-Katib, 1980, S.192, al-Qubanchi, 1404h, S. 72.
100 Al-Qubanchi, 1404h,S. 73-75.
101 Al-Qubanchi, 1404h, S. 76.
102 Zum März-Abkommen mit den Kurden 1970 siehe Ibrahim, 1983, Farouk-Sluglett/ Sluglett 1991.

sätzlich die Position der Ba'th-Partei gegenüber den innenpolitischen Gegnern, den Kurden und den schiitischen Islamisten; und schließlich stellte der Anstieg der Erdölpreise infolge der Energiekrise 1973 der Ba'th-Regierung enorme Summen zur Verfügung.

Die Zerstörung der Finanzquellen der schiitischen Geistlichkeit hatte über die finanzielle Frage hinaus den sehr wichtigen, auch von der Regierung hervorgehobenen ethnischen Aspekt. Es war bekannt, daß die schiitische *basari*-Schicht des *al-Shurja*-Viertels von Bagdad durch Zahlung von *al-khums* und *al-zakat* an die *marja'iya* die Aktivitäten al-Hakims in den sechziger Jahren weitgehend finanzierte und daß sie der Geistlichkeit ihre freiwilligen, religiös vorgeschriebenen Abgaben weiter zur Verfügung stellte.[103] Die Tatsachen, daß ein Teil der Händler iranischer Abstammung war und ein beachtlicher Teil der Händlerfamilien arabischer Herkunft aufgrund des Staatsbürgerschaftsgesetzes von 1924 "eingebürgert" worden war, nahm die Regierung zum Vorwand, sie in den Iran zu deportieren. Fadil al-Barrak, bis zu seiner Hinrichtung Anfang der neunziger Jahre Chef des irakischen "Generaldirektoriats für Sicherheit", bezifferte die Zahl der Perser und die sog. *al-tabaiya al-iraniya* (iranische Staatsbürgerschaft) in Handel und Industrie auf 3.245 Personen. In Karbala´ bezifferte er sie auf 1.160 Händler und in Basra auf 20 Großhändler.[104] Namen und Delikte der Personen, die al-Barrak in seinem Buch publizierte, zeigen, daß die Ba'th-Regierung primär ihre politischen Gegner deportierte:

> Der Iraner Salim Hasan Haidar, Inhaber des Internationalen Najaf-Fuhrunternehmens ... beteiligte sich mit seinem Bruder an der Unterstützung der *da'wa*-Parteiaktivitäten.
> Der Iraner Muhammad Taqi '`Abd al-Husain al-Shakarji, Inhaber der Fabrik Abu Munir, beteiligte sich an den Aktivitäten der *da'wa*-Partei.
> Der Iraner Mir Gulam Muhammad, Antiquitätenhändler in al-Shurja, Vater von Samir, der am 1.4.1980 eine Bombe in der Universität al-Mustansiriya legte. Er ist Mitglied der konfessionellen persischen (*al-ta'ifiya al-farisiya*) al-`Amal-Organisation.[105]

Die Deportation dieser Händler und die Konfiszierung ihrer Firmen verdeutlichen die großen finanziellen Einbußen der schiitischen *marja'iya*. Die schiitische Opposition spricht insofern mit Recht davon, daß die ethnisch-konfessionellen und sozioökonomischen Veränderungen in der irakischen Gesellschaft unter der Ba'th-Partei zu Lasten der Schiiten gingen.[106] Denn der

---

103 Fadil al-Barrak, ein Berater des irakischen Staatspräsidenten Saddam Husain, beziffert die Zahl der "iranischen" Großhändler vor der Deportation von 1970 und 1975, folgendermaßen: Shurja 53%, Taht al-takiya 25,4% und Khan al-Dajaj 21,1%. Die Zahl der Firmen der Großhändler iranischer Abstammung soll 1.177 betragen haben. Al-Barrak, 1984, S. 151.
104 Al-Barrak, 1984, S. 150-52.
105 Al-Barrak, 1984, S. 165.
106 Siehe al-`Abadi, Burair: *Buniyat al-mujtama' al-`Iraqi fi khatar*. In *Al-shahada*, 11.4.1989. Unmittelbar nach der iranischen Revolution setzte die irakische Regierung die Deportation der schiitischen Händler fort. 'Isam al-Khafaji vertritt die Auffassung, daß die irakische Ba'th-

Handel und die freie Wirtschaft waren, unter der Voraussetzung, daß Schiiten kaum in den Staatsdienst, vor allem in die Armee, aufgenommen wurden, die einzige Möglichkeit für ökonomische Aktivitäten. Der Handel war schon, wie oben erwähnt, unter der Monarchie und insbesondere nach der Auswanderung der irakischen Juden 1948-1950 eine Domäne der irakischen Schiiten gewesen, wobei nicht auszuschließen ist, daß sich einige Iraner wegen der regen Handelsbeziehungen mit dem Iran im Irak niederließen.

Die Strategie der Ba`th-Partei gegen die schiitische Opposition beschränkte sich keineswegs nur auf repressive Maßnahmen. Der erfolgreiche Versuch der Ba`th-Partei, innerhalb der *hawza al-'ilmiya*, der religiösen Schulen, eine Anhängerschaft zu finden, spaltete die *marja`iya* in drei Strömungen. Neben dem persischstämmigen *marja` ul-taqlid al-Khu`i*, der die Aufgabe der *marja`iya* vor allem auf religiöse Angelegenheiten beschränkt sah,[107] unterstützte der *`ulama'*-Kreis um al-Shaikh 'Ali Kashif al-Ghita´, `Ali al-Saghir und Husain al-Safi offen die Politik der regierenden Ba`th-Partei.[108] Die Gruppe um al-Sadr blieb, auch wenn sie von den Untergrundparteien, vor allem von der *da`wa*-Partei, unterstützt wurde, bis zur iranischen Revolution ohne große Unterstützung der schiitischen Bevölkerung.

Die politische und sozioökonomische Entwicklung im Irak mit ihrer extrem ethno-konfessionellen Ausrichtung zementierte zwar die Ungleichheit der Ethnien, ermöglichte dem schiitischen Islamismus jedoch, seine soziale Basis auch auf die schiitischen "Mittelschichten" auszudehnen.

Isam al-Khafaji stellt im Rahmen seiner Analyse der irakischen Gesellschaft in den siebziger Jahren fest, daß die sozioökonomischen Umwälzungen in dieser Phase, die durch die zunehmende Verfestigung der herrschenden Rolle der sunnitischen Gruppe der Takritis an der Spitze des Staats und der Wirtschaft gekennzeichnet war, zu einer positiven Haltung der Schiiten der schiitischen Opposition gegenüber führten.[109] Das Gros ihrer Anhänger rekrutierten die

---

Regierung die schiitischen Händler vertrieben habe, weil sie fürchtete, daß diese Gruppe eine ähnliche Rolle spielen könnte wie die iranischen Bazaris bei der iranischen Revolution. Die Tatsache aber, daß die irakischen schiitischen Händler der politischen Macht fernstanden, erleichterte ihre Vertreibung. Siehe al-Khafaji, `Isam: *Al-dawla wa al-tatauwr al-ra'smali fi al-`Iraq 1968-1978* (Der Staat und die kapitalistische Entwicklung im Irak 1968-1978). Kairo 1983, S. 182.

107 Trotz der passiven Haltung al-Khu`is stellte die schiitische Opposition seine Autorität nicht in Frage. Al-Khu`i soll von den enormen Summen der *khums* und *zakat* (die kuwaitische Familie al-Bahbahani soll jährlich 32 Mio. kuwaitische Dinar an al-Khu`i als *khums* vergeben) die deportierten irakischen Familien unterstützen. Siehe al-Khafaji, 1983, S. 112.

108 Die schiitische irakische Opposition bezeichnete die *`ulama'*, die sich nach der Revolte von 1920 und dem Fait accompli mit dem haschemitischen Regime arrangierten, als *`Ulama`al-Ufiz (Office-`Ulma`)*. Interview mit einem führenden Mitglied der *hizb al-da`wa*, London, 18.3.89.

109 Al-Khafaji, 1983, S. 184. Die Schiiten waren bis 1977 nicht im irakischen Revolutionsrat vertreten. Der schiitische Anteil an den Ministerposten ging unter der Ba`th-Partei zurück. Al-Khafaji (ebd. S.177-78) stellt den schiitischen Anteil an den Ministerposten seit der irakischen Revolution 1958 folgendermaßen dar:
Unter `Abd al-Karim Qasim (1958-63): 30%; Unter `Abd al-Salam `Arif (1963-66) : 29%; Unter `Abd al-Rahman `Arif (1966-68) : 35%; Unter der Ba´th-Partei (bis 1983) : 21% Der Anteil

schiitischen Untergrundparteien nach al-Khafaji aus den schiitischen "Mittelschichten", die "... wegen des Untergangs (*tadahur*) und der Peripherisierung (*tahmish*) der Landwirtschaft und durch den Untergang der Städte des Südens als Handelszentren nach Bagdad emigrierten." Khafaji fährt fort:

> Wegen des Rückzugs der schiitischen religiösen Institution aus der Politik, als Resultat ihrer Unfähigkeit, mit dem mächtigen Staat zu konkurrieren, war diese religiöse Institution keine Alternative für diese Schichten. Diese unsichere Kleinbourgeoisie, die unfähig war, das Niveau des Kapitalismus zu erreichen, zeigte keine Sympathie für die Pläne und Parolen der Regierung. ... So sehen wir neben den schon vorhandenen oppositionellen Bewegungen einen neuen Diskurs, der die Verschlechterung der Situation eines Bevölkerungsteils als die Konsequenz aus der Unterdrückung der Schiiten bewertet oder als eine atheistische Konspiration betrachtet, um gottlose Werte durchzusetzen; und daß sie [die Kleinbourgeoisie; F.I.] sich um die oppositionelle Bewegung scharen [schart]; und wir beobachten die Verstärkung einer neuen ideologischen Alternative, die die Verschlechterung der Lage dieser Gruppe als Konsequenz aus der Unterdrückung der Shi`a darstellt...[110]

An anderer Stelle vertritt al-Khafaji die Auffassung, daß die inferiore politische Rolle der Schiiten und ihre Unsicherheit hinsichtlich der staatlichen Politik ihnen gegenüber erst den "schiitischen Kapitalismus" zur Unterstützung der schiitischen Opposition veranlaßt hat.[111] Hier kann anhand des von der irakischen Regierung veröffentlichten Materials in der Tat davon ausgegangen werden, daß erstens aufgrund des politischen Konfessionalismus eine Rechtsunsicherheit vorherrschte, die vor allem für die schiitischen Händler, die sich keine Rückendeckung vom Regime erhoffen konnten, bestand. Zweitens unterstützten schiitische Großhändler die schiitische Opposition, weil sie ein essentielles Interesse an einem Wandel der ethnisch-konfessionellen Stratifikation hatten.[112] Die Rolle des Staats in der irakischen Wirtschaft nach 1968, vor allem aber nach dem rasanten Anstieg des Erdöleinkommens nach 1973, war dominierend. Der Irak war trotz der offiziellen sozialistischen Orientierung ein typischer "Rentierstaat" geworden. Über die Erdölrente konnte der Staat radikal in die soziale Schichtung und die Entwicklung der Gesellschaft eingreifen. Um an dem Rentenzyklus zu partizipieren, genügte aber nicht die politische Loyalität, wie es in anderen Rentierstaaten des Vorderen Orients der Fall war. Im Irak spielte zudem der ethnisch-konfessionelle Aspekt bei der Rentendistribution eine entscheidende Rolle. Diese Aussage wurde von al-Khafaji am Beispiel der irakischen Auftragnehmer, die durch die Zuteilung öffentlicher Großprojekte in

---

der schiitischen Unternehmer war nach der irakischen Infitah-Politik ab 1977 ebenfalls gering. Vgl. Khafaji, 1983, S. 80.
110 Al-Khafaji, 1983, S. 184.
111 Al-Khafaji, 1983, S. 182.
112 Zur letzten Frage siehe al-Barrak, 1984.

den siebziger Jahren eine dominierende Rolle in der irakischen Wirtschaft zu spielen begannen, getroffen. Bei einer Gruppe von 31 großen Auftragnehmern, die al-Khafaji befragte, ergab sich das folgende Bild: 23 Auftragnehmer (74,2%) stammten aus den Reihen der Sunniten, während nur 8 (26,8%) Schiiten waren.[113]

Die Frage, ob sich die schiitische Kleinbourgeoisie in den siebziger Jahren aus politisch-konfessionalistischen Gründen den Islamisten anschloß, bedarf einer näheren Betrachtung. Zuvor soll die Intention al-Khafajis bei der Behandlung des Staats und die Entwicklung der Wirtschaft und Gesellschaft im Irak unter der Herrschaft der Ba`th-Partei kurz skizziert werden. In seiner Studie versucht al-Khafaji den Beweis zu erbringen, daß unter der Herrschaft der Ba`th-Partei die Bedingungen für den Übergang des Irak zum Kapitalismus entstanden. Hierzu gehören die Bereitstellung von Kapital und der Aufbau eines rechtlichen Rahmens. Die herrschende Gruppe nennt er die "bürokratische Bourgeoisie", die die herrschende Gruppe im Staat sowie die bürokratische Führung im Staat und im öffentlichen Sektor umfaßt. Diese habe einen transitorischen Charakter, verfüge persönlich nicht über Produktionsmittel und vertrete im allgemeinen die Interessen der Bourgeoisie.[114]

Al-Khafaji lehnt die von Batatu und Stork[115] vertretene Meinung ab, daß nach 1968 die Kleinbourgeoisie die Macht im Irak übernommen habe. Der zentrale Begriff ist hier "Kleinbourgeoisie" bzw. Mittelschicht - beides wird von al-Khafaji synonym benutzt. Zum einen stellt er die soziologische Struktur der Mittelklasse bei Batatu in Frage; Batatu zählt in seiner Definition fast alle sozialen Klassen - abgesehen von den Arbeitern, Unternehmern und den armen Bauern - zur Mittelklasse.[116] Zum anderen stellt al-Khafaji die Frage, wer von der ökonomischen Entwicklung im Irak nach 1968 am meisten profitiert hat. Ohne zu leugnen, daß sich die Lage der mittleren sozialen Schichten im Irak in den siebziger Jahren - vor dem Hintergrund der Erhöhung der Erdölrente - verbessert hat, versucht al-Khafaji, durch Gegenüberstellung der Gewinne der Unternehmer und der Einkommensentwicklung der mittleren Schichten zu beweisen, daß die Unternehmer den Löwenanteil erhalten haben. Denn während Löhne und Gehälter Mitte der siebziger Jahre 18% des BIP ausmachten, stieg der Anteil des privaten Sektors auf 39,6 % des BIP.[117] Vor diesem Hintergrund stellt al-Khafaji die Frage, warum die Kleinbourgeoisie, wenn sie denn wirklich an der Macht wäre, den Interessen einer anderen Klasse dienen sollte.[118]

Wir versuchen nach diesen Ausführungen, den soziologischen Hintergrund der von al-Khafaji erwähnten schiitischen Kleinbourgeoisie und ihr Verhältnis zum Staat nach 1968 zu erörtern. Vorausgeschickt werden soll an dieser Stelle, daß die empirischen Daten über die schiitisch-islamistische Bewegung im Irak

---

113 Ebd., S. 80.
114 Ebd., S. 39.
115 Stork, Joe: Oil and the Penetration of Capitalism in Iraq: An Interpretation. In: Peuples Mediteranéens, No. 9, Oct.-Dec. 1979.
116 Vgl. Batatu, 1978, S. 1126.
117 Ebd, S. 162.
118 Ebd., S. 166-67.

äußerst rar sind. Die zur Verfügung stehenden Informationen sprechen für einen Wandel zugunsten der islamistischen Bewegung. Dabei müssen zwei Ebenen unterschieden werden, nämlich die soziale Zusammensetzung der Führung und die der Anhänger der islamistischen Bewegung. Wir gehen davon aus, daß die soziale Struktur der Führung mit der der Basis nicht identisch war. Die Führung und die Aktivisten der islamistischen Bewegung stammten in der Regel aus der städtischen Intelligentsia. Auch die schiitische Opposition gibt an, daß die gebildeten Schichten (*al-tabaqat al-muthaqafa*) die Mehrheit in der Anhängerschaft der schiitischen Untergrundparteien bildeten.[119] Diese Gruppe, die mit dem Begriff "schiitische moderne Intelligentsia" bezeichnet werden kann, hatte im ba'thistischen Irak in der Tat keine Aufstiegsmöglichkeit, zumal die soziale Mobilität abhängig war von der Loyalität zum herrschenden System, was nicht weniger als den Beitritt zur Ba'th-Partei bedeutete. Selbstverständlich gehörten nicht wenige Schiiten zu den 1,5 Mio. Mitgliedern der Ba'th-Partei. Was uns in diesem Zusammenhang interessiert, ist das islamistische Segment der schiitischen Intelligentsia. Die soziologischen Daten, die Joyce Wiley über die schiitischen Aktivisten aus den Reihen der Intelligentsia angibt, erweisen sich als übereinstimmend mit denen von Sad al-Din Ibrahim über die ägyptischen Islamisten.[120]

Wie in Ägypten stammten die schiitischen Aktivisten in ihrer Mehrheit aus ländlichen Gebieten, vor allem aus der Umgebung der beiden heiligen schiitischen Stätten Karbala´ und al-Najaf, und waren zur Zeit des Anschlusses Studenten. Im Unterschied zu Ägypten umfaßte die schiitisch-islamistische Bewegung von Anfang an eine große Anzahl von Geistlichen. Die Hinrichtung von ca. 50 schiitischen Geistlichen zwischen 1974 und 1985 zeigt den hohen Anteil der Geistlichkeit.[121] Dies liegt zum einen darin begründet, daß die schiitische Geistlichkeit nach 1968 die Führung der schiitischen Gemeinschaft beanspruchte, zum anderen war sie - anders als in Ägypten, wo die Geistlichen in der Regel Staatsbeamte sind - finanziell unabhängig. Diese Tendenz kann auch anhand der 1974-1985 hingerichteten und gefallenen `ulama' festgestellt werden (siehe Tabelle 20).

---

119 Interview mit al-Rubai`i, London, 18.3.1989.
120 S. Ibrahim, 1985.
121 Zu ausführlichen Angaben siehe Wiley, 1992, S. 160-61.

Tabelle 19: Sozialer Hintergrund der Aktivisten der islamistischen Bewegung

Geschlecht	Geburtsort	Beruf des Vaters	Alter z. Zt. d. An- schlusses	Position z. Zt. d. An- schlusses
M	Madinat al-Thawra	?	ca. 20	Student
M	?	?	20	Student
M	Karbala´	?	20	Student
M	Bagdad	Freiberufler	?	Student
M	Kazimiya	?	ca. 20	Student
M	Basra	?	22	Student
M	Suq al-Shuyukh	?	ca. 16	Schüler
M	al-Najaf	Geistlicher	?	Student
M	?	?	?	Student
M	al-Najaf	Geistlicher	16	Schüler
M	Karbala´	Geistlicher	18	Student
M	Provinz Mosul	Landwirt	19	Student
M	Südirak	Landwirt	ca. 40	Professor
M	Kirkuk	?	ca. 20	Soldat
F	al-Najaf	Geistlicher	?	Studentin

Quelle: Joyce N. Wiley: The Islamic Movement of Iraqi Shi`as. 1992, S. 89.

Tabelle 20: Anteil der schiitischen Intelligentsia an den Gefallenen und Hingerichteten (nach den in den Zeitungen *Al-shahada* und *Al-jihad* veröffentlichten Nachrufen 1982-1990)

Region/Stadt	Geistlichkeit	Akademiker	Offiziere
Bagdad/Kazimiya	2	7	1
al-Najaf	7	3	0
Sulaimaniya	1	2	0
Misan	0	3	0
Kirkuk	0	1	0
Karbala´	1	1	0
Basra	0	1	0
Balad	0	3	0
Al-Amara	1	0	0
Mandali	0	0	1
Wasit	1	0	0
Zusammen	13	21	2

Der ethnisch-kommunalistische Charakter der Ba`th-Regierung nach 1968, die politisch und ökonomisch omnipotente Position dieser Gruppe sowie die offene Konfrontation mit der schiitischen *marja`iya* unter al-Hakim stärkten die oppositionelle Haltung Muhammad Baqir al-Sadrs und der *hizb al-da'wa*. Auch wenn die "Gegen*marja`iya*" von al-Sadr bei den konservativen schiitischen *mujtahids* bis zur iranischen Revolution keinen Widerhall fand, bekam sie wegen der aufgeführten Entwicklung unter der Ba`th-Partei, aber auch weil diese *marja`iya* eine engagierte, politisierte und in ihrer Argumentation moderne *marja`iya* war, Zuspruch von den schiitischen urbanen Schichten. Die Unterstützung beschränkte sich nicht auf das schiitische Segment der Mittelschicht, wie al-Khafaji ausführt.[122] Die ehemaligen Hochburgen der KP in Bagdad, Bab al-Shaikh, 'Aqdat al-Akrad und Madinat al-Thawra sollen sich Anfang der siebziger Jahre zu Zentren der schiitischen Opposition entwickelt haben.[123] Bei unserer Auswertung aller Nachrufe von 266 schiitischen, bei Guerilla-Aktivitäten gefallenen oder von der irakischen Regierung hingerichteten (45 Personen) Aktivisten ergab sich, daß 77 aus Bagdad stammten.[124] Die "Übernahme" der ehemaligen Hochburgen der KP geschah jedoch am Ende eines Prozesses,

---
122 Al-Khafaji, 1983, S. 184.
123 Interviews mit verschiedenen Mitgliedern der *hizb al-da'wa* und *munazamat al-'amal* 1989-1993.
124 Die Nachrufe sind in den schiitischen Oppositionszeitungen *Al-shahada* (ORIRI) und *Al-jihad* (*da`wa*-Partei) zwischen 1982 und 1991 erschienen.

der, wie wir schon darstellten, Ende der sechziger Jahre begonnen hatte. Die Frage, wer zwischen 1969, dem Beginn der Konfrontation zwischen Staat und schiitischer *marja`iya*, und nach der iranischen Revolution 1979 die schiitische Gemeinschaft anzuführen glaubte, ist nicht nur aus historischen Gründen von großer Bedeutung. Die Klärung dieser Frage kann Antwort darauf geben, warum - wie wir noch darzustellen haben - die schiitische Opposition nach der iranischen Revolution im Keim erstickt wurde.

Anfang der siebziger Jahre war deutlich, daß zwei Kräfte um die politische Führung der schiitischen Gemeinschaft konkurrierten: Ayatullah Muhammad Baqir al-Sadr und die islamistische *da`wa*-Partei. Das Konzept der "Objektiven *marja`iya*" war, wie wir schon ausführten, sehr umfassend und ließ nicht viel Platz für eine politische Partei. Die Abkehr Ayatullah al-Sadrs vom Parteienprinzip erfolgte in drei Etappen. Sein Austritt aus der *da`wa*-Partei fand 1959 oder 1960 statt. Daraufhin entwickelte er das alternative, religiös und politisch umfassende Konzept der "Objektiven *marja`iya*" und verbot Mitte der siebziger Jahre seinen Anhängern ausdrücklich, einer politischen Partei, und sei es einer islamistischen, beizutreten. Nachträglich - nach dem Sieg der iranischen Revolution und nachdem politische Parteien in der irakisch-islamistischen Bewegung eine notwendige Realität geworden waren, versuchte einer der engsten Anhänger al-Sadrs, der in Qum lehrende Kazim al-Ha´iri, das von al-Sadr für seine Anhänger verhängte Verbot abzuschwächen. Auf die Frage des Zentralorgans der *hizb al-da`wa*, *Al-jihad*, ob al-Sadr das Verbot auf die Studenten der religiösen Schulen (*al-hauza al-`ilmiya*) beschränke oder ob sein Verbot einen allgemeinen Anspruch hätte, antwortete al-Ha`iri:

> Zu dieser Frage habe ich ... einen Brief an den Märtyrer al-Saiyd [al-Sadr] geschrieben. Ich habe im Zusammenhang mit dem bekannten Spruch über die Trennung des Gelehrtenkollegiums von den islamistischen Organisationen vier Möglichkeiten angedeutet. Ich habe gefragt: Meinen Sie mit dieser Meinung [Trennung zwischen dem Gelehrtenkollegium und der islamistischen Parteiorganisation; F.I.] das, was die islamischen Juristen als 'Das Gemeinwohl rechtfertigt die Tat' bezeichnen? Das heißt, gibt es ein Erfordernis, das Sie veranlaßt, so zu sprechen, ohne es wörtlich zu meinen? Die zweite Möglichkeit: Meinen Sie bei dieser Angelegenheit die Studenten, die mit Ihnen persönlich verbunden sind, damit diesen und Ihnen persönlich durch den Angriff der Ba`thisten kein Schaden zugefügt werde?
> Die dritte Möglichkeit: Hat dies [das Verbot, F.I.] zeitlich und lokal eine Begrenzung, d.h. beziehen Sie sich auf den Irak, in dem wegen der Herrschaft der Ba`th eine Gefährdung der Studenten und Gelehrten der religiösen Schulen besteht, falls sie der islamischen Partei (*al-hizb al-islami*) beitreten? Sind die anderen wissenschaftlichen Lehranstalten außerhalb des Irak nicht gemeint?

Die vierte Möglichkeit: Ist diese Angelegenheit eine prinzipielle Frage, d.h. Gelehrte oder Studenten [der islamischen Schulen, F.I.] dürfen einer Parteiorganisation nicht beitreten?
Welche von diesen vier Möglichkeiten haben Sie gemeint?
Seine schriftliche Antwort ... lautete: Ich habe die erste, die zweite und die dritte [Möglichkeit, F.I.] und nicht die vierte gemeint.[125]

Obwohl al-Sadr seinem Verbot nicht den Rang eines *fatwas* gab, ist anzunehmen, daß die einzige damals aktive schiitisch-islamistische Partei, die *hizb al-da'wa*, durch den Spruch al-Sadrs verdrängt wurde. Denn al-Sadr hatte als Modernist und politisierter Ayatullah große politische Bedeutung.

Eine allgemeine politische Enthaltung, die durch das schiitische "*al-taqiya*"-Prinzip hätte gerechtfertigt werden können, hatte al-Sadr nicht ausgesprochen. Einige Quellen sprechen von der Forderung al-Sadrs, die schiitischen religiösen Prozessionen (*al-mauakib*) zu politisieren. Die bis dahin zu dem Bereich des schiitischen "Volksislam" gehörenden Prozessionen sollten durch die Leitung der *mujtahids* größere politische und religiöse Bedeutung erlangen.[126]

Eine andere Begründung für das von al-Sadr für seine Anhänger verhängte Verbot darf hier nicht außer acht bleiben. Das Verbot wurde nach Angaben der *da`wa*-Partei nach der Hinrichtung von fünf führenden *da`wa*-Aktivisten in Bagdad unter Führung von *shaikh* `Arif al-Basri 1974 verhängt.[127] Es ist möglich, daß al-Sadr anders als die Führer der *da'wa*-Partei frühzeitig der Meinung war, daß primär die religiösen Institutionen und Traditionen politisiert werden sollten, weil damit der Angriff der Ba`th-Partei auf weitgefächerte Institutionen kommen mußte. Der Effekt wäre dann eine Aktivierung und Mobilisierung der Bevölkerung gewesen.[128] Diese Gelegenheit bot sich 1977, als die Ba`th-Regierung, wahrscheinlich in ihrer Sorge, die religiösen Prozessionen könnten von der politisierten Geistlichkeit und von den Untergrundgruppen infiltriert werden, den Bewohnern al-Najafs die traditionelle Pilgerfahrt zum Grab des dritten Imam al-Husain in Karbala´ zu verbieten suchte. Nach Konsultationen Muhammd Baqir al-Hakims mit al-Sadr wurde die Pilgerfahrt dann trotz des Verbots am 5. Februar unternommen. Die Regierung versuchte, durch den Einsatz der Armee den Einzug der Pilger nach Karbala´ zu verhindern. Die irakische Regierung hatte Grund genug, die Pilgerfahrt zu verhindern, denn schon bei den Vorbereitungen in al-Najaf wurden zum ersten Mal in der modernen Geschichte der Prozessionen vorwiegend politische Parolen gerufen.[129] Al-Sadr hatte mit seinem Konzept der Politisierung der Institutionen und Traditionen,

---

125 *Al-jihad* vom 9. April 1984, S. 5.
126 Ebd.
127 Die anderen hingerichteten *da`wa*-Mitglieder waren 'Imad al-Din Tabatabai, 'Izz al-Din Qubanchi, Husain Jaluhan, Nuri Tu'ma.
128 Interview mit al-Rubai'i, London, 18.3.1989.
129 Dazu gehörten die Parolen: "*Ya Sadam shil iydak sha`b al-`Iraq ma yiridak*" (O Saddam, nimm Deine Hand von uns, das irakische Volk will Dich nicht), "*Hala, hala ya 'l-Ba`th ya 'l-haqdin ma yinmihi dhikra al-Husain*" (Oh, oh ihr gehässigen Ba`thisten, die Erinnerung an [*Imam*] Husain kann nicht abgeschafft werden.) Siehe zu ausführlichen Angaben: *Al-jihad* vom 12. Oktober 1984.

wie die Ausschreitungen von 1977 zeigten, nicht ganz unrecht. Zwar konnten Armee und Sicherheitsorgane die Ausschreitungen unterdrücken, die Tatsache aber, daß im Ba`th-Staat gegen Partei- und Staatsführung gerichtete Protestaktionen möglich waren, irritierte die Führung. Es ist zwar nichts von den internen Debatten und Auseinandersetzungen an die Öffentlichkeit gedrungen, aber die Entlassung zweier Mitglieder des KRR, Hasan Ali al-Amiri und Fulaiyh Hasan al-Jasim, die als "Richter" des Sondergerichts, das zur Verurteilung der Organisatoren der Ausschreitungen gebildet worden war, war ein Indikator dafür, daß Auseinandersetzungen innerhalb der Führung stattfanden.[130] Die repressiven Maßnahmen bereiteten der Bewegung vorübergehend eine Niederlage, konnten sie aber nicht völlig zerschlagen.

Vor der Abreise Ayatullah Khumainis aus dem Irak 1978 lebte und arbeitete dieser in al-Najaf völlig isoliert vom Kreis der großen schiitischen Gelehrten im Irak. Die schiitische Untergrundpartei *hizb-al-da`wa* hat keine Verbindung zu Khumaini, der immerhin - ebenso wie die Islamisten - die Macht zu übernehmen versuchte. Die Gründe für die fast völlige Ignorierung Khumainis durch die irakische schiitische Geistlichkeit waren vielfältig. Ayatullah Muhsin al-Hakim stand bis zu seinem Tode 1970 Khumaini sehr skeptisch gegenüber, weil er glaubte, eine Veränderung des *status quo* im Iran könnte zur Machtübernahme durch die Linken führen.[131] Außerdem hatte er gute Beziehungen zum Iran, die durch Kontakte mit iranischen Oppositionellen beeinträchtigt werden konnten.[132] Für al-Hakim - und nach seinem Tode für andere große schiitischen Geistliche im Irak - und für die *da`wa*-Partei waren Khumainis Beziehungen zur Ba`th-Regierung, die finanzielle Unterstützung, Rundfunksendungen in Richtung Iran sowie militärische Ausbildung und Bewaffnung von Khumainis Anhängern einschlossen,[133] ein Grund dafür, von dem aus dem Iran zugereisten Ayatullah Abstand zu nehmen. Die Situation änderte sich abrupt, als Khumaini vom Exil aus - zunächst vom Irak und dann von Frankreich aus - die Führung der iranischen Revolution übernahm. In den achtzehn Monaten zwischen dem Sieg der iranischen Revolution und dem Ausbruch des irakisch-iranischen Krieges im September 1980 entwickelten sich die politischen Verhältnisse im Irak in einem dramatischen Tempo. Die Möglichkeit der Nachahmung des iranischen "Experiments" im Irak lag in der Luft. Die iranische Revolution versetzte die gesamte Region in eine sehr gespannte politische Situation. Nicht nur die islamistischen Parteien und Intellektuellen sahen in der iranischen Revoluti-

---

130 Die beiden KRR-Mitglieder wurden von der Führung entfernt, weil nur acht Todesurteile und einige lebenslängliche Haftstrafen vom Staatspräsidenten und seinem Stellvertreter Saddam Husain als zu milde bewertet worden waren. Vgl. hierzu Farouk-Sluglett/ Sluglett, 1991, S. 210; Ibn al-Najaf, 1981, S. 112-13.
131 Vgl. al-Katib, 1981, S. 184-85.
132 Al-Musawi schreibt hierzu: "In den ersten Jahren seines Aufenthalts in al-Najaf hatte Khumaini große Schwierigkeiten mit dem schiitischen Gelehrtenkollegium unter Führung des damaligen großen schiitischen *marja`* Imam al-Hakim, weil al-Hakim gute Verbindungen zum Schah unterhielt. Einige seiner Mitarbeiter und Verwandten waren bezahlte Agenten des Schahs. Sie arbeiteten mit dem Schah und der Savak zusammen." Al-Musawi, o.J., S. 40.
133 Ebd., S. 40.

on den Beginn eines Wandels, der die gesamte Region erfassen konnte. Auch die palästinensischen Guerilla-Organisationen sowie liberale und linke Schriftsteller und Intellektuelle - von Adonis, einem der bedeutendsten arabischen Dichter dieses Jahrhunderts, bis zum ehemaligen linken ägyptisch-koptischen Soziologen und Philosophen Anwar `Abd-al-Malak - teilten den Islamisten ihre Begeisterung über die erfolgreiche Revolution und über die neuen Dimensionen des "revolutionären" Wandels in der arabisch-islamischen Welt mit.[134] Auch wenn in Zeiten dramatischen Wandels häufig die objektiven Bedingungen kaum zum Tragen kommen, kann dies nicht für die gesamte schiitische Opposition im Irak verallgemeinert werden. Es scheint den Akteuren, die in dieser Zeit eine wichtige Rolle spielten, nämlich Muhammad Baqir al-Sadr und der *hizb al-da`wa*, deutlich gewesen zu sein, daß die iranische Revolution im Irak zumindest in dieser Form nicht wiederholbar war. Drei Gründe sollen vor allem die Position al-Sadrs und seine Schritte bis zu seiner Verhaftung und Hinrichtung im April 1980 mitbestimmt haben.[135] Der Tatsache, daß das Oberhaupt der irakischen Schiiten, Ayatullah al-Khu`i, auch nach der iranischen Revolution in seiner quietistischen Haltung beharrte, mußte Rechnung getragen werden. Die von den Islamisten propagierte Alternative, al-Sadr, mußte erst mit Unterstützung des Iran gegenüber al-Khu`i durchgesetzt werden. Die islamistischen Gruppen waren organisatorisch nicht in der Lage, die Bevölkerung zu mobilisieren und hatten keine einheitliche Strategie. Außerdem hatte der Irak eine andere ethnisch-konfessionelle Zusammensetzung der Bevölkerung, in der die Schiiten maximal 60% der Bevölkerung bildeten. Und schließlich wies die Ba`th-Herrschaft keineswegs Auflösungserscheinungen auf, wie es beim Schah-Regime im 1978 der Fall gewesen war.

Die *hizb-al-da`wa* und al-Sadr scheinen - auch wenn die Behauptung der Partei, al-Sadr sei zumindest ihr "geistiger Führer" gewesen, sehr fraglich ist - eine ähnliche Strategie verfolgt zu haben, nämlich eine offene Unterstützung der Islamischen Republik Iran, aber eine behutsame Opposition gegenüber der irakischen Regierung. Al-Sadr soll gewaltsame Aktionen nur als Selbstverteidigung erlaubt haben.[136] Entscheidend ist, ob seine Einschätzung der Situation für die anderen Geistlichen und die schiitischen Untergrundparteien bindend war. Es steht außer Zweifel, daß die *da`wa*-Partei al-Sadr als ihren Führer betrachtete und daher seine Linie verfolgte, unabhängig davon, ob dieser dies autorisierte oder nicht.

Muhammad Baqir al-Sadr war aber nach dem Beginn der Proteste im Iran 1978 nicht die einzige Autorität im Irak, die von den schiitischen Islamisten als Gegenautorität zum quietistischen *marja` al-a`la* al-Khu`i angesehen wurde. Die in Karbala´ residierenden *`ulama'* Ayatullah Muhammad Shirazi, Hasan Shirazi, Muhammad Taqi al-Mudarisi und Hadi al-Mudarisi vertraten eine radikalere Linie, die Gewalt als Mittel der Politik nicht ausschloß. Sie hatten ein

---

[134] Zur kritischen Auseinandersetzung mit den Positionen der arabischen Intellektuellen zur iranischen Revolution siehe Sadiq Jalal al-'Azm, 1992, S. 87-148.
[135] Vgl. al-Qubanchi, 1404h, S. 98ff.
[136] Interview mit al-Rubai`i, London, 18.3.1989; siehe auch al-Qubanchi, 1404h, S. 139.

Netz von Beziehungen zu kleineren Gruppen in Bahrain und Libanon aufgebaut. Ihre Anhänger gründeten nach der iranischen Revolution die *"munzamat al-`amal al-islami"* (Organisation der Islamischen Aktion), die die Auffassung vertrat, daß eine Elite durch ihren Aktivismus die Situation für sich enscheiden könne. Sie erteilte daher dem Konzept der "Bekehrung" der Muslime, die al-Sadr und *al-da`wa* als unabdingbare Voraussetzung für einen Sturz der Ba`th-Regierung ansahen, eine Absage.[137] Einer ihrer Führer, Ali al-Tamimi, stellt das Konzept der *al-da`wa* in Frage:

> La conception des dirigeants des mouvements islamiques qui croient que l'oumma ne se soulèvera pas tant que la majorité n'aura pas été réformée est totalement erronée. Ce concept, ajoute-t-il, va à l'encontre du Coran et du Hadith: Allah a dit que la majorité ne suit jamais la vérité. L'islam repose sur la qualité et l'excellence, non sur la quantité.[138]

Das behutsame Konzept von al-Sadr und der *al-da`wa* geriet unter die Macht des Faktischen, als al-Sadr die iranische Revolution in einem Brief an Khumaini begrüßte,[139] und zwar in einer Situation, in der die irakische Regierung sich zu den Veränderungen im Iran noch nicht äußern wollte. In diesem Brief hob al-Sadr die Verantwortung der *marja`iya* für die gesamte islamische Gemeinschaft hervor, was faktisch einer Anerkennung der Autorität Khumainis - auch für die irakischen Schiiten - gleichkam.[140] Die Darstellung al-Sadrs in den iranischen Massenmedien als Führer der irakischen Schiiten ließ diesem keine andere Wahl, als eine offensivere Oppositionspolitik zu betreiben. In einer Reihe von Erklärungen, die er bis zu seiner ersten Verhaftung im Juni 1979 abgab, fokussierte er drei Themen: Die Forderung nach Demokratisierung des Systems und Beendigung des Einparteienstaates, die Hervorhebung der islamistischen Alternative und die Darstellung der schiitisch-islamistischen Opposition und Alternative als überkonfessionell. So heißt es in der ersten Erklärung zum politischen System im Irak:

> Ich fordere in eurem Namen, die religiösen Sha`a´ir zuzulassen[141] ..., die Zwangsmitgliedschaft in der Ba`th-Partei abzuschaffen, die willkürlichen Verhaftungen zu beenden und die politischen Gefangenen freizulassen. Schließlich fordere ich in eurem Namen ... dem Volk das Recht zu geben, durch freie Wahlen seine Meinung zu äußern ... . Mir ist bewußt, daß diese Forderungen mir teuer zu stehen kommen werden. Sie könnten mich

---

137 Interview mit einem führenden Mitglied der munazamat al-`amal, London, den 23.3.89.
138 Kutschera, Chris: Nouveaux Espoirs pour l'Opposition Chiite Irakienne. In: Le Monde Diplomatique, April 1984.
139 Siehe den Text des Briefes in al-Qubanchi, 1404h, S. 151-56.
140 Ebd.
141 Nach den Ausschreitungen von 1977 mußten die schiitischen Prozessionen von den Sicherheitsbehörden genehmigt werden. Sie wurden auch nach der Genehmigung massiv überwacht.

mein Leben kosten; sie sind aber keine Forderungen eines einzigen Individuums, um mit ihm, wenn es stirbt, zu sterben ..."[142]

Eine andere Erklärung al-Sadrs richtete sich an alle Konfessionen und Ethnien Iraks. In ihr stritt er einerseits ab, daß das Ba`th-Regime den sunnitischen Islam repräsentiere, und versuchte andererseits, den überkonfessionellen Charakter der schiitisch-islamistischen Bewegung zu betonen. Durch die Anerkennung der Herrschaft der ersten Khalifen nach dem Tode Muhammads, überschritt er die Lehren des Schiitentums, in denen diese Herrschaft als despotisch und illegitim betrachtet wird:

Der Götze (*taghut*)[143] und seine Vertrauten versuchen, unseren treuen sunnitischen Söhnen zu vermitteln, daß das Problem in einem Gegensatz zwischen Schiiten und Sunniten liege. Sie versuchen hierdurch, die Sunniten daran zu hindern, sich an der Schlacht gegen den gemeinsamen Feind zu beteiligen. Ich möchte euch sagen, oh Söhne von Ali und Husain, Söhne von Abu Bakr und Umar[144]: Der Kampf wird nicht geführt zwischen Sunniten und Schiiten ... . Wir kämpfen alle unter dem Banner des Islam, gleich welche konfessionelle Farbe es auch hat ... . Die jetzige Herrschaft ist keine sunnitische Herrschaft, auch wenn die herrschende Gruppe zum Sunnitentum gehört. Die sunnitische Herrschaft bedeutet nicht, daß einer von sunnitischen Eltern stammt, sondern vielmehr so zu herrschen, wie Abu Bakr und Umar geherrscht haben ... . Die jetzigen Herrscher verletzen jeden Tag die Heiligkeit des Islam und die Heiligkeit von Umar und Ali.[145]

Al-Sadr ging in seinen Erklärungen so weit zu bestreiten, daß die herrschende Gruppe im Irak eine ba`thistische Legitimation habe: "Diese Herrschenden haben sogar die Würde der Arabischen Sozialistischen Ba`th-Partei verletzt, indem sie sie von einer ideologischen Partei zu einer Bande umgewandelt haben, die die Bevölkerung zur Mitgliedschaft zwingt."[146]

Im Frühjahr 1979 wurde bekannt, daß al-Sadr ein *fatwa* verabschiedet habe, das besagte, die Mitgliedschaft in der Ba`th-Partei sei unvereinbar mit den Grundsätzen des Islam.[147] Die Ba`th-Regierung reagierte darauf mit der Verhaftung von al-Sadr, der nach blutigen Demonstrationen in al-Najaf und anderen schiitischen Zentren unter Hausarrest gestellt wurde. Inzwischen bestärkte Khumaini die Position al-Sadrs und forderte diesen auf, den Irak nicht zu ver-

---

142 Al-Khafaji, o.J., S. 124.
143 Mit dem koranischen Wort *taghut* (Götze oder Verführer) bezeichnete Khumaini den Schah. Nach seinem Vorbild meinte al-Sadr mit dem Wort *taghut* den irakischen Staatspräsidenten Saddam Husain.
144 Mit Abu Bakr und Umar symbolisiert al-Sadr die Sunniten, während Ali und Husain als Symbole für die Schiiten benutzt werden.
145 Al-Khafaji, 1983, S. 128-29.
146 Ebd., S. 130.
147 Vgl. Aziz, 1991, S. 72.

lassen und in al-Najaf zu bleiben.[148] In seiner Antwort versicherte al-Sadr, daß er in al-Najaf bleiben würde. Inzwischen drehte sich die Gewaltspirale weiter, so daß die Sondergerichte der Ba'th-Partei bis zum Frühjahr 1980 in mehreren Verhandlungen Hunderte von Todesurteilen gegen Angehörige der schiitischen Opposition verkündeten.[149] Al-Sadr reagierte mit der Verabschiedung eines neuen *fatwas*, das den Kampf gegen die Ba'th-Regierung zur Pflicht für die gläubigen Muslime erhob. Es hieß in diesem *fatwa*: "Jeder Iraker in- und außerhalb Iraks hat die Kampfbedingungen zu ermöglichen, auch wenn dies sein Leben kostet, bis dieser Alpdruck beseitigt und der Irak von dieser inhumanen Bande befreit worden ist...".[150]

Die Ba'th-Partei wartete nun auf eine günstige Gelegenheit, um al-Sadr zu beseitigen. Ein Attentat auf den irakischen Minister Tariq Aziz am 1. April 1980 lieferte den Anlaß.[151] Am 5. April wurde al-Sadr mit seiner Schwester Amina al-Sadr[152] nach Bagdad abgeführt und am 8. April gemeinsam mit seiner Schwester hingerichtet. Diesem Schritt folgte am 21. April 1980 das vom KRR verabschiedete Gesetz Nr. 2769, das die Todesstrafe für die Mitgliedschaft in der *hizb al-da'wa* vorsah.[153]

Das Gesetz hatte allerdings keine große praktische Relevanz, weil die hohen Strafen für oppositionelle Tätigkeit - einschließlich der Todesstrafe - auch vor der Verabschiedung dieses Gesetzes im Irak Praxis waren. Dennoch hatte das Gesetz eine wichtige Funktion bei der Rechtfertigung der Hinrichtung von al-Sadr. Die Hinrichtung eines großen Ayatullah vom Range al-Sadrs konnte ohne die Bezichtigung, Mitglied der *da'wa*-Partei gewesen zu sein, als Angriff gegen die *marja'iya* interpretiert werden. Al-Sadr wurde aber offiziell und gemäß des *ex post facto* verabschiedeten Gesetzes wegen seiner Mitgliedschaft in der *da'wa*-Partei, was sehr wahrscheinlich nicht einmal den Tatsachen entsprach, hingerichtet.

---

148 Es hieß in dem Brief Khumainis: "Wir haben erfahren, daß Eure Eminenz wegen einiger Zwischenfälle den Irak verlassen wollen. Ich sehe nicht, daß es nützlich ist, wenn Sie al-Najaf, das Zentrum der islamischen Wissenschaften, verlassen werden ...". Al-Qubanchi, 1404h, S. 157.
149 Vgl. zu ausführlichen Angaben über die Sitzungen der Sondergerichte und die Namen der Verurteilten in *Al-jihad* vom 2. Mai 1983, S. 10.
150 Dieses *fatwa* wurde 1983, drei Jahre nach der Hinrichtung al-Sadrs, in der ersten Nummer der irakischen Oppositionszeitung *Al-shahada* publiziert.
151 Das Attentat wurde von der *munazamat al-'amal al-islami* (Organisation der Islamischen Aktion) durchgeführt.
152 Amina al-Sadr ist als Verfasserin vieler Schriften zur Position der Frau im Islam unter dem Pseudonym *Bint al-Huda* bekannt.
153 Es heißt in diesem Gesetz wörtlich: "As the events of investigations and trials have proved decisive proofs that the Da'wa party is an agent party related to foreigner and traitor to homeland, the goals and interests of Arab Nation and is endeavouring by all means to demolish the ruling system of the nation and confronting by arms the Revolutionary Command Council have decided to apply the provisions of Articel (156) of penal code against those who are related directly to said party or those who are working to achieve its agent goals under another fronts or names.This Resolution shall be executed against offences commited before issuance which no decision have been issued to refer thereof to the competent Court. Saddam Husain, Chairman of the Revolutionary Command Council", The Official Gazette, No. 24, Bagdad vom 11.6.1980, S. 6.

Die Ba`th-Partei hat mit ihrer Einschätzung, mit der Hinrichtung al-Sadrs würde die schiitische Opposition ihr Zentrum und ihre religiöse Legitimation verlieren, vollkommen Recht behalten. Die Frage nach der Rolle Khumainis bei dem Wandel der vorsichtigen Position al-Sadrs zu einer offensiven und angesichts der Kräfteverhältnisse sogar abenteuerlichen Haltung erscheint in diesem Kontext von großer Signifikanz zu sein. Khumaini glaubte - obgleich er über ein Jahrzehnt im Irak gewohnt hatte und deshalb die Verhältnisse kennen mußte - daß das iranische Revolutionsmodell im Irak wiederholbar sei. Er versuchte durch seine Briefe, die in den iranischen Massenmedien und vor allem in dem auf den Irak gerichteten Radiosender verbreitet worden, al-Sadrs Position gegenüber al-Khu`i, primär aber gegenüber der Ba`th-Regierung, zu stärken. Khumaini berücksichtigte nicht, daß immerhin 40% der Iraker keine Schiiten sind und die Ba`th-Regierung diese Frage politisch instrumentalisieren konnte. Die gravierendste Fehlkalkulation der iranischen Führung war jedoch die Unterschätzung der repressiven Apparate des ba`thistischen Staates sowie seines schlagkräftigen Parteiapparates. In seiner Ansprache Mitte April 1979 anläßlich des Todes von al-Sadr wird deutlich, daß Khumaini, trotz seines langen Aufenthalts im Irak, ein sehr archaisches Bild von diesem Land hatte:

> Es ist nicht verwunderlich, daß der seelige al-Sadr und seine Schwester den Rang von Märtyrern bekommen, es ist aber verwunderlich, daß die islamischen Völker, insbesonder das irakische Volk, die Stämme des Euphrats und Tigris und die mutige Jugend diese große Katastrophe, die den Islam heimgesucht hat, regungslos hinnehmen ...[154]

Es ist dem iranischen Revolutionsführer weder bewußt geworden, daß sich die Stämme seit Jahrzehnten in einem rapiden Auflösungsprozeß befanden, noch daß die islamistische Bewegung im Irak, zu der er allerdings während seines Aufenthalts dort keine Beziehungen unterhielt, eine urbane Erscheinung war. Das schiitische Hinterland hat weder nach der iranischen Revolution noch während des irakisch-iranischen Krieges eine Rolle gespielt.

Die schiitische Opposition machte sich, wie wir bereits ausführten, schon vor der iranischen Revolution bemerkbar. Die Bedingungen, unter denen diese Bewegung agierte, waren aber alles andere als günstig. Der Ba`th-Partei war es gelungen, die Kraft der säkularistischen Opposition weitgehend zu dezimieren. Nach der Eliminierung der anderen panarabischen Bewegungen in den ersten zwei Jahren nach dem Putsch brach die kurdische Opposition nach dem Vertrag von Algier 1975 zusammen. Die Kommunistische Partei, die 1973 in die "Patriotische Nationale Progressive Front" (*"al-jabha al-wataniya al-qawmiya*

---

[154] *Al-Imam al-Khumaini yuni Ayatullah al-shahid al-Saiyd Muhammad Baqir al-Sadr* (Imam Khumaini verkündet den Tod des Märtyrers Ayatullah Muhammad Baqir al-Sadr). In *Al-jihad* vom 17. Mai 1980.

al-taqadumiya") eintrat, wurde 1979 aus der Front entlassen und mußte - schwächer denn je - wieder in den Untergrund gehen.[155]

Andererseits ermöglichten die hohen Erdöleinnahmen dem Irak jedoch eine große ökonomische Prosperität. "Oil payments have," schreibt Batatu "by their immensity, really solved for Iraq the problem of `primitive accumulation': the regime does not have to extract out of the people the economic surplus needed to develop the country."[156]

Es mag stimmen, daß die ökonomische Entwicklung, wie al-Khafaji in seinen Studien über die Entwicklung des Irak unter der Ba`th-Partei beschreibt, eher zum Aufstieg einer neuen "kapitalistischen Klasse" aus dem sunnitischen Dreieck nordwestlich von Bagdad führte; aber mit der Entstehung einer breiten Mittelschicht näherte sich der Irak dem Lebensstandard der reichen Ölstaaten.[157] Es ist anzunehmen, daß die Schiiten von dem von der Ba`th-Partei im Irak beherrschten Erdölrentenzyklus ebenfalls profitiert haben.

Ein nicht unwesentlicher Punkt in der Strategie der Ba`th-Partei gegen die schiitische Opposition war deren Betonung, daß das System, das sie im Irak aufgebaut hatte, kein "ungläubiges System" sei, wie es in der Tat in vielen Schriften der Opposition zu lesen ist.[158]

Demgegenüber stand die schiitische Opposition vor schwerwiegenden Problemen:

Die *marja`iya* konnte die Autorität, die ihr unter Muhsin al-Hakim zugekommen war, nach dem Streit zwischen dem *marja` al-a`la* Abu al-Qasim al-Khu`i und Muhammad Baqir al-Sadr über die politische Rolle der *marja`iya* nicht wiedererlangen. Der Sieg der iranischen Revolution verstärkte den Konflikt zwischen den Anhängern al-Sadrs und al-Khu`is. Der schiitischen Opposition, insbesondere der mit al-Sadr verbundenen *hizb al-da`wa*, war es nicht gelungen, die "Gegen-*marja`iya*" al-Sadrs gegen al-Khu`i durchzusetzen. Al-Qubanchi schreibt über die Situation nach der iranischen Revolution:

> 1979 nach den großen Umwälzungen war al-Sadr nicht der erste *marja`*. Gewiß, das Verhältins der "*umma*" zu ihm hatte die Qualität einer Beziehung zu einem großen *marja`*, aber erst an zweiter Stelle nach Abu al-Qasim al-Khu`i ... . Dieser war einerseits den großen Ereignissen nicht adäquat: seine *marja`iya* war politisch nicht bewußt genug. Andererseits glaubte er weder damals noch später an die Richtigkeit der Etablierung einer islamischen Regierung.[159]

Abgesehen von dem polemischen Urteil über die Auffassung al-Khu`is steht fest, daß dieser sich weder auf eine oppositionelle Haltung gegen die Ba`th-

---

155 Nach dem Ausschluß der "schiitischen" Fraktion um 'Amir 'Abdallah aus der Partei 1988 nahm der Einfluß der kurdischen Kommunisten zu. Die Fraktion `Abdallahs spricht von der erneuten "Kurdisierung" der Partei. Interview mit Anonymus.
156 Batatu, 1978, S. 1133.
157 Al-Khafaji, 1983, S. 165ff.
158 Siehe Exkurs: Debatte über Religion in dieser Arbeit.
159 Al-Qubanchi, 1404h, S. 99.

Regierung einlassen, noch stillschweigend den Kreis um al-Sadr tolerieren wollte. Seine Haltung stand tief in der *taqiya*-Tradition der schiitischen *`ulama'* gegenüber dem ungerechten, aber allmächtigen Staat. Der Streit zwischen al-Sadr und al-Khu`i wurde in der Tat politisch brisant bei der Konfrontation al-Sadrs mit der Ba`th-Regierung. Die Mehrheit der schiitischen Gläubigen (*al-muqalidun*) mußte die *fatwas* al-Sadr nicht befolgen; die Existenz al-Khu`is befreite sie davon, den *jihad*-Aufrufen al-Sadrs gegen die Ba`th-Regierung Folge zu leisten.

Die Hauptkraft der schiitischen Opposition, die *hizb al-da`wa*, verlor nach den Verhaftungswellen 1974 und 1977 und durch die Deportationen schiitischer Aktivisten in den Iran ihre politischen Kader. Zudem war es den beiden schiitischen Oppositionsbewegungen, *hizb al-da`wa* und *munazamat al-`amal al-islami*, bis zur iranischen Revolution nicht gelungen, sich auf eine gemeinsame politische Linie zu einigen.[160]

Der Konflikt zwischen al-Sadr, der zumindest als geistiger Führer der *hizb-al-da`wa* fungierte, und der irakischen Ba`th-Regierung spitzte sich nach der iranischen Revolution zu. Unter dem Eindruck des sich anbahnenden Siegs der iranischen Revolution erklärte al-Sadr seine Solidarität mit Khumaini und erkannte dessen Führungsrolle an.[161] Obwohl al-Sadr und die *hizb al-da`wa* sich bewußt waren, daß die Bedingungen im Irak eine Wiederholung der iranischen Revolution nicht zulassen würden, verwarfen sie die *taqiya*-Linie al-Khu`is und der Mehrheit der konservativen *`ulama'* der *hauza al-`ilmiya* in Najaf und Karbala´. Zwei Entscheidungen al-Sadrs, nämlich die Begrüßung der iranischen Revolution, wie er sie in einem Schreiben an Khumaini zum Ausdruck brachte, und die Zustimmung zum Entwurf der Verfassung der Islamischen Republik, die er nach einer Anfrage der schiitischen *`ulama'* Libanons in Form eines *fatwas* verabschiedet hatte, machten die Ba`th-Partei auf die Brisanz der Person al-Sadr aufmerksam.[162] Angesichts des gespannten Verhältnisses der irakischen Regierung zum Iran konnten diese Schritte von der irakischen Regierung nicht anders als ein Zeichen der Illoyalität al-Sadrs gegenüber ihrer Politik bewertet

---

160 Die Konkurrenz zwischen al-Mudarisi und seiner Karbala´-Gruppe einerseits und der al-Sadr-Gruppe (Najaf) andererseits dürfte trotz der Dementies der *munazamat al-`amal* eine Rolle gespielt haben. *Munazamat al-`amal* sieht in der von der *hizb al-da`wa* bis 1979 praktizierten Opposition, die eine offene Konfrontation vermied, die Ursache. Interview mit einem führenden Mitglied der *munazamat al-`amal*, London 23.3.1989. Muhammad Taqi al-Mudarisi (*munazamat al-`amal*) macht auf einen Punkt aufmerksam, der die beiden Organisationen bis 1979 trennte. Er schreibt: "Die bewaffneten Aktionen allein stürzen das Regime nicht. Es sei denn, daß sie seinen Kopf treffen ... . Das Hauptziel der bewaffneten Aktionen ist der Versuch, der Bevölkerung die Furcht vor dem Regime zu nehmen ... . Das Regime setzte sich gewaltsam durch. Wir dürfen dies als *fait accompli* nicht zulassen...". Al-Shaikh, 1988, S. 31.

161 Diese Anerkennung wird bei den Schiiten als Novum betrachtet, weil die maraji' eher gegenseitige skeptische Haltung zeigen und weil in puncto *wilayat al-faqih* al-Sadr und Khumaini nicht übereinstimmten. Al-Sadr glaubte an eine eingeschränkte Kompetenz des *faqih*, weil dieser die Kompetenz des Imam nicht haben könne. Interview mit Bahr al-`Ulum, London, 24.3.89.

162 Siehe al-Sadr, Muhammad Baqir: *Lamha fiqhiya tamhidiya 'an mashru' dastur al-jamhuriya al-islamiya fi Iran*. (Ein juristischer Überblick über den Verfassungsentwurf der Islamischen Republik im Iran). Qum 1399h.

werden. Weitere Entscheidungen al-Sadrs, wie das im Sommer 1979 bekannt gewordene Verbot der Gebete hinter den Imamen, die mit der Ba`th-Partei verbunden waren, provozierten ein Eingreifen der Ba`th-Regierung gegen al-Sadr. Aus einer kurzen Haft entlassen,[163] verabschiedete al-Sadr ein *fatwa* gegen die Mitgliedschaft in der Ba`th-Partei. Diese Entscheidung wird von Rieck mit Recht als Selbstmordunternehmen bezeichnet.[164] Nach Angaben der *hizb al-da`wa* stellte die Ba`th-Regierung bei der erneuten Verhaftung al-Sadrs im April 1980 drei Forderungen für seine Freilassung, nämlich die Verwerfung seiner *fatwas* gegen die Mitgliedschaft in der Ba`th- Partei, die Verurteilung der *hizb al-da`wa* und die Unterlassung der Unterstützung Khumainis.[165] Die Ablehnung al-Sadrs führte zu dessen Hinrichtung.

Die Reaktion der irakischen Opposition nach der iranischen Revolution zeigt, daß al-Sadr, abgesehen von wenigen bewaffneten Aktionen, im Mittelpunkt der oppositionellen Tätigkeit gestanden hatte. Er wußte, daß der Irak ethnisch-religiös anders strukturiert war als der Iran, daß die Ba`th-Partei den Staat und die Gesellschaft vielfältigen Kontrollmechanismen unterzogen hatte und daß die schiitische oppositionelle Bewegung viel zu schwach war, um die allumfassende Macht der Ba`th-Regierung anzutasten, geschweige denn diese zu stürzen. Al-Sadr, soll sich von seinen Aktionen erhofft haben, die nach der Machtübernahme der Ba`th -Partei 1968 entstandene "Mauer der Angst" zu durchbrechen.[166] Dies war aber auch nach dem irakisch-iranischen Krieg noch nicht gelungen.

Die Verbindungen der schiitischen Opposition zum Iran, vor allem nach Kriegsausbruch, wurden im Zentralbericht des neunten Kongresses der Ba`th-Partei von 1982 folgendermaßen bewertet:

> Because of the confusion of opportunistic and tactical stances by certain regimes, parties and movements which tried to take advantage of the Iranian phenomenon and because of the superficial and over-excited stances of certain parties, movements and intellectuals, a tense atmosphere involved admiration, exaggeration and self-degradation. And there was a state of worry and even fear among certain reactionary and rightist circles. The conditions encouraged the religious-political circles in Iraq, especially, Al-Da`wa Party which had a close relations with Khumaini during his stay in Iraq,[167] to move to open confrontation against revolutionary state with overt and hysterical methods of violence and subversion.[168]

---

163 Khumaini soll nach der ersten Haft al-Sadr aufgefordert haben, den Irak nicht zu verlassen. Al-Sadr versicherte ihm in seiner Antwort, daß er beabsichtige, die Verantwortung für die Aufrechthaltung al-Najafs als religiöses Zentrum zu tragen. Zum vollen Text der Korrespondenz siehe al-Qubanchi, 1404h, S. 157-58.

164 Vgl. Rieck, 1984, S. 61.

165 *Al-jihad* vom 9.5.1984.

166 Interview mit einem führenden Mitglied der *hizb al-da`wa*, London, 18.3.1989. Al-Qubanchi vertritt ebenfalls diese Auffassung. Vgl. al-Qubanchi, 1404h, S. 106.

167 Nach Angaben des Führungsmitglieds der *da`wa*-Partei, al-Rubai`i, lehnte Khumaini Anfang der siebziger Jahre bei einem Besuch einer *da`wa*-Delegation in al-Najaf eine Zusammenarbeit oder

Zwischen der Hinrichtung Muhammad Baqir al-Sadrs im April 1980 und dem Kriegsausbruch im September 1980 forcierte die Ba`th-Regierung die Verfolgung der schiitischen Untergrundopposition. Hunderte von Aktivisten wanderten in die Gefängnisse oder mußten das Land verlassen. Dem Irak war es ohne jeden Zweifel gelungen, schon vor dem Ausbruch des irakisch-iranischen Krieg die schiitische Opposition radikal zu dezimieren, so daß die Auffassung der irakisch-schiitischen Opposition, Saddam Husain habe den internen Krieg nach außen getragen,[169] nicht ganz den Tatsachen entspricht.

Kontakte mit der Partei ab, weil er sich nur um die Entwicklung im Iran bemühe. Interview mit al-Rubai`i, London 18.3.1989.
168 Arab Ba`th Socialist Party Iraq: The Central Report of the Ninth Regional Congress, June 1982. Bagdad, 1983, S. 277.
169 Interview mit Bahr al-Ulum, London, 3. März 1989.

EXKURS: DIE DEBATTE DER BA`TH-PARTEI ÜBER RELIGION

"... [wir] müssen zu den Quellen unserer Doktrin zurückkehren und uns der Politisierung der Religion durch den Staat und in der Gesellschaft sowie auch dem Verquicken der Revolution mit Religionsfragen, entgegenstellen."

Saddam Husain[170]

Die unübersehbare Präsenz der schiitisch-islamistischen Bewegung seit Mitte der siebziger Jahre machte es der Ba`th-Partei unmöglich, das islamistische Phänomen länger zu ignorieren. Die Position der Ba`th-Partei wurde Ende der siebziger Jahre, vor allem aber nach der iranischen Revolution, in Reden Saddam Husains festgelegt. Diese Reden wurden später zu Richtlinien der Partei und des Staats. Bevor wir auf die Bewertung und die Strategie der Ba`th-Regierung gegenüber dem Phänomen des Islamismus eingehen, soll hier festgestellt werden, daß sich Saddam Husain in seiner Position an die Thesen des Ba`th-Gründers Michel `Aflaq, die dieser in seiner Schrift *"Fi sabil al-ba`th"* (für den Ba`th) formulierte, anlehnt. Werner Schmucker stellte in einem Beitrag zur Ideologie der Ba`th-Partei fest, daß "Islam, Nationalismus, Einheit, Freiheit, Sozialismus, Revolution" Bestandteile der Ideologie sind, wie `Aflaq sie formuliert hatte.[171] Diese Elemente seien Instrumente zur Verwirklichung der "ewigen Mission" (risala khalida) der arabischen Nation. Die "ewige Mission" bleibe allen Phasen der historischen Entwicklung - Vergangenheit, Gegenwart wie Zukunft - immanent. In einem sich wiederholenden Prozeß von Niedergang und Wiedergeburt (ba`th) komme die "ewige Mission" der Araber durch die Revolution (inqilab) zur Geltung.[172] Das erste Element, der Islam, habe in der Vergangenheit die "ewige Mission", die den Arabern immanent sei, ausgelöst. Der Islam sei somit eine arabische Revolution gewesen, die die ewige Mission der Araber, die nach `Aflaq schon vor dem Erscheinen des Islam existierte, wiedererweckt habe. `Aflaq kommt zum Ergebnis: "Der Islam zeigt die Neigung der arabischen Nation zu Unvergänglichkeit und Einheit. Er ist in seinem realen Tatbestand arabisch und in seinen idealistisch-spirituellen Zielen menschlich ...".[173]

`Aflaq macht somit den Islam zu einem Bestandteil des nationalen Erbes der arabischen Nation. In der Gegenwart sollten freilich nach `Aflaq die Ziele der Ba`th-Partei, "Einheit, Freiheit und Sozialismus", die ewige Mission der Araber zur Geltung bringen. Es ist evident, daß die Einordnung des Islam durch `Aflaq

---

170 Husain, Saddam: Blick auf Religion und Erbe. Lausanne 1977, S. 17.
171 Schmucker, 1973, S. 48.
172 Vgl. Schmucker, 1973, S. 49-50.
173 `Aflaq, Michel: *Fi sabil al-Ba`th, 1959.* S. 50, zitiert nach Schmucker, 1973, S. 76.

in krassem Widerspruch zur islamistischen Deutung des Islam als "Staat und Religion" (*din wa dawla*) steht.

Welchen Standpunkt nahm nun die Partei ein, nachdem der Islamismus eine Realität geworden war? Die Ba`th-Partei versuchte bis zum Ausbruch des irakisch-iranischen Kriegs 1980 vier Fragen zu thematisieren: Das islamistische Erbe in der Ideologie der Partei, die Suche nach den Ursachen des Islamismus, die Bewertung der islamistischen Politik und Perspektiven der islamistischen Bewegung sowie schließlich mögliche Strategien gegen die islamistische Bewegung.

In einer Rede einige Monate nach den schiitischen Ausschreitungen von 1977 versuchte Saddam Husain, die Religion als ein Element der Ba`th-Ideologie darzustellen. Die Partei, so Saddam Husain, nehme keine neutrale Haltung gegenüber dem Atheismus und dem Glauben ein; sie bekenne sich zum Glauben, allerdings ohne "eine religiöse Partei zu sein."[174]

Die Haltung der Ba`th-Partei zur Religion und zum Islamismus ist unterschiedlich, da sie diese als zwei völlig verschiedene Phänomene betrachtet. Die gegenwärtigen religiös-politischen Bewegungen werden als prinzipielle Gegner des arabischen Nationalismus verstanden.[175] Dabei versucht die Partei, erneut die Ideologie des arabischen Nationalismus - diesmal auch historisch - zu rechtfertigen. Der arabische Nationalismus ist gemäß der von `Aflaq formulierten Ideologie nicht als Reaktion auf den Kolonialismus entstanden, die Wiederauferstehung der Nation wurde jedoch durch die kolonialistische Herausforderung beschleunigt. Seitdem bestimme der "nationale Kampf" den ideologischen und politischen Diskurs in der arabischen Welt.[176] Die Gegenideologien, wie die marxistische und die religiöse, konnten sich erst nach der Niederlage von 1967 und der dadurch entstandenen "moralischen Krise" bemerkbar machen. Aber während die Welle der Linken nach kurzer Zeit abflaute, zog die "religiös-politische" Bewegung einen Teil der Bevölkerung auf ihre Seite.[177]

Die Entstehung der "religiös-politischen" Bewegung ist nach Auffassung der Ba`th-Partei historisch nicht gerechtfertigt, denn: "... it was an almost superficial reaction to the temporary setback in the progress of Arab revolution and an attempt to fill temporarily the vacuum arising from its temporary retreat."[178]

Neben der moralischen Krise nach 1967 zählt die Ba`th-Partei die Defizite in der nationalen Bewegung zu den Gründen, die die "religiös-politische" Bewegung für bestimmte Schichten der Jugend attraktiv machten.[179] Die Ba`th-Partei räumt in diesem Zusammenhang der religiösen Bewegung große Mobilisierungsfähigkeit ein, aber :

---

174 Saddam Husain, 1977, S. 12.
175 Vgl. Hammadi, Sa`dun: *Al-qawmiya al-`arabiya wa al-tahadiyat al-mu`asira.* (Der arabische Nationalismus und die gegenwärtigen Herausforderungen). Bagdad 1988, S. 19ff.
176 ASBP, Central Report, 1983, S. 252.
177 Ebd., S. 253.
178 Ebd.
179 Ebd., S. 254.

... the defect lies in the determination of the leaders of such movements, parties and trends to control political life, assume power and adjust all aspects and complex requirements of modern life along retrogressive religious lines and with pressure and coercion. This leads these parties eventually to deviation and to standing against the movement of history and the interests of the people.[180]

Die Kritik der Ba'th-Partei an den islamistischen Bewegungen beschränkt sich nicht auf die Vorstellung, daß diese anders als die nationale Bewegung von vorübergehender Natur seien, sondern sie macht diesen außerdem den Vorwurf, sie verbänden sich mit den "zionistischen und imperialistischen Plänen". Dabei betrachtet die Partei es als einen Fehler, die "religiös-politischen Bewegungen" in toto als ein Machwerk der "kolonialistischen und zionistischen Kreise" zu betrachten.[181] Es ist nach Auffassung der Ba'th-Partei vielmehr so, daß diese die Bewegungen, die ein Produkt der moralischen und sozialen Krise seien, für ihre eigenen Interessen ausnutzen. Die Instrumentalisierung der "religiös-politischen" Bewegungen sei möglich, weil diese Bewegungen mehr spalten und polarisieren als integrieren und vereinen:

The colonial circles are certainly aware of the sectarian nature of the religious- political movements. They know that, despite the harmful secondary effects which the movements activity may bring about sometimes, this will eventually lead to stirring religious and sectarian conflicts in the Arab society - which will certainly weaken this society and preoccupy it at the price of progress. Thus the colonial forces and circles take advantage of this phenomenon.[182]

Die "religiös-politische" Bewegung könnte nach Überzeugung der Ba'th-Partei darüber hinaus die Position Israels begünstigen, zum einen, weil die nicht-muslimischen Araber nicht gegen Israel mobilisiert werden könnten, und zum anderen, weil der religiös motivierte Kampf gegen den Zionismus für die Muslime kontraproduktiv sei; Israel würde dann mehr Unterstützung und Hilfe vom Westen erhalten.[183]

Von zentraler Bedeutung sind die Ansichten der Ba'th-Partei über die politischen Vorstellungen und Perspektiven der islamistischen Bewegung. Die Ba'th-Partei unterzieht die Parole der Islamisten, der Islam sei eine Religion und eine politische Ordnung, die für jede Gesellschaft, an jedem Ort und zu jeder Zeit geeignet sei, einer prinzipiellen Kritik. Sadun Hammadi, ehemaliges Mitglied des KRR und der jetzige Berater Saddam Husains, schreibt hierzu:

Ist es überhaupt vernünftig zu glauben, daß politische, ökonomische und soziale Ordnungsprinzipien, die das Leben in einer Gesellschaft regelten,

---

180 Ebd.
181 Ebd.
182 Ebd, S. 255.
183 Ebd, S. 257.

Jahrhunderte danach immer noch praktikabel sind? Ist das logisch möglich, und gibt es historisch Präzedenzfälle?
Die Antwort ist natürlich negativ. Es ist nicht möglich, daß die sozialen, politischen und ökonomischen Regeln, die vor vierzehnhundert Jahren angemessen waren, heute immer noch diesen Anspruch haben können.[184]

Hammadi zielt mit dieser Kritik darauf ab, die Hauptaussage der Islamisten, der Islam sei "Religion und Staat" (*din wa dawla*), ad absurdum zu führen. Die Quintessenz seiner Kritik geht dahin zu beweisen, daß, wenn die politische, soziale und ökonomische Ordnung des Islam heute nicht mehr praktikabel sei, eingeräumt werden müsse, daß der Islam nur eine Religion sei.[185] Die islamistische Bewegung - und insbesondere der Khomeinismus - sei, da diese den Islam politisiere, eine politische Bewegung, die primär gegen den Arabismus gerichtet sei.[186] Hammadi führt mit seinen Ansichten die Thesen weiter aus, die Saddam Husain seit Mitte der siebziger Jahre in seinen Schriften über Religion und Politik entwickelt hat.

In seiner Schrift "Blick auf Religion und Erbe" lehnt Saddam Husain noch die Instrumentalisierung der Religion ab und beschreibt die Haltung der Ba'th-Partei der religiösen Frage und dem "religiösen Fanatismus" gegenüber.[187] Hierbei werden zunächst drei mögliche Wege aufgezeigt: Ein Diskurs mit den "religiösen Fanatikern", um sie auf den "rechten Weg zurückzubringen"; eine klare Abgrenzung von ihnen und die Ermunterung der Parteimitglieder, "religiöse Riten nach den üblichen Sitten und Gebräuchen zu praktizieren".[188] Die Antwort auf diese suggestiven Fragen ist eindeutig:

> Wir können stolz auf unsere Religion sein, wollen sie jedoch von der Politik trennen. Denn sobald man sich zum religiösen Prediger aufschwingt und man den Leuten als offiziell Verantwortlicher oder Genosse anempfiehlt, ihren Glauben auszuüben, so muß man gleichzeitig auch angeben, in welcher Weise sie diesen Glauben mit allen sich daraus ergebenden Aufgaben auszuüben haben.[189]

An anderer Stelle wird die religiöse Legitimation der Politik der Partei und des Staates abgelehnt: "Wir haben unsererseits nicht die Absicht, unsere Doktrin und unsere theoretischen und politischen Analysen auf religiöse Beweise und Grundlagen zu stützen."[190]

Im Zusammenhang mit dem Thema Religion und Politik führt Husain ein Argument an, das bei den erwähnten Ausschreitungen von 1977 ein relevanter Faktor war: Der Staat solle in seinem Handeln die Religion nicht als Grundlage

---

184 Hammadi, 1988, S. 22.
185 Ebd.
186 Ebd., S. 22-24.
187 Saddam Husain, 1977, S. 14.
188 Ebd., S. 14-15.
189 Ebd., S. 17.
190 Ebd., S. 19.

nehmen, weil er dann die Religion nach bestimmten Rechtsschulen auslegen müsse und dadurch das Volk nach konfessioneller Zugehörigkeit spalte.[191] Mit seinen Ausführungen versuchte Saddam Husain zu unterstreichen, daß zum einen die Ba`th-Partei keine neutrale Haltung gegenüber der Religion habe, zum anderen die Trennung zwischen Religion und Politik geboten sei, weil die Ideologie der Ba`th-Partei die Religion als nicht- politisches Glaubenssystem betrachte und zudem im multikonfessionellen Irak eine auf Religion basierende Politik das Volk entlang konfessioneller Grenzen spalten würde. Diese Sicht der Religion und Politik legitimierte auch die Politik der Ba`th- Partei gegenüber den irakischen schiitischen Islamisten sowie auch den Krieg gegen Iran.

Während Saddam Husain in seiner zitierten Schrift von 1977 vor dem Hintergrund der noch isolierten schiitischen Ausschreitungen seine These über Religion und Politik formulierte, entstand das wichtigste Dokument der Ba`th–Partei zur Frage Politik und Religion - der Bericht des neunten Kongresses von 1982 - vor dem Hintergrund des irakisch-iranischen Kriegs und den Befürchtungen der Ba`th-Partei, die Entwicklung der kriegerischen Handlungen könnte die eher passive Haltung der Schiiten ändern. Auch wenn im Bericht des Parteikongresses der Konfessionalismus nur in einigen Passagen namentlich erwähnt wird, bildet dieser deutlich den Hintergrund der Analysen. Die religiösen Bewegungen wurden *sui generis* als konfessionalistisch im Sinne von *ta'ifiya* bewertet. Seit der Herausbildung der islamistischen Bewegungen waren einige sunnitisch orientiert, andere schiitisch.[192] Abgesehen davon, inwieweit die irakischen islamistischen Parteien konfessionalistisch orientiert waren, treffen die Einschätzungen der Ba`th-Partei im Kern zu. Die Muslimbrüder konnten, wie wir an anderer Stelle festgestellt haben, im Irak - anders als in Ägypten und Syrien - u.a. deshalb nicht zu einer politischen Kraft werden, weil sie unter den Schiiten keine Mitglieder rekrutieren konnten. Die Ausführungen der Ba`th–Partei treffen aber nur zum Teil zu. Bei den Schiiten konnten, wie wir schon dargestellt haben, neben der etablierten Institution der Geistlichkeit und wegen des Nachahmungsprinzips (*taqlid*) keine Parteien gedeihen, auch wenn sie islamistisch orientiert waren. Die Ba`th-Partei versuchte jedoch, mit oben erörterten Ansichten die gegenwärtigen irakisch-islamistischen Parteien als konfessionalistische desintegrative Bewegung zu präsentieren. Dies wird in der Darstellung der Position der Ba`th-Partei gegenüber den islamistischen Bewegungen im Irak seit 1958 deutlich. Der Bericht stellt fest, daß schon vor der Machtübernahme das religiös-politische Phänomen im Irak vorhanden gewesen sei; es sei aber wegen der Popularität der Ba`th-Partei, die von den Islamisten als Hauptfeind betrachtet wurde, kaum zum Tragen gekommen.[193] Nach der "Revolution" hätten diese Bewegungen, trotz der Schläge, die sie einstecken mußten, weiter existieren können; sie seien aber ziemlich isoliert gewesen. Die wichtigste Bewegung sei die "konfessionalistische" (*ta'ifiya*) da`wa-Partei gewesen. Aber "... this Party and other religious movements and trends had not posed a serious threat to the Party and Revolution at any time."[194]

191　Ebd., S. 20.
192　ASBP: The Central Report, 1983, S. 248.
193　Vgl. ebd., S. 271-72.
194　Ebd., S. 272.

Nach der iranischen Revolution hat sich laut Bericht die Situation gewandelt. Hier wird eine sehr wichtige Frage aufgeworfen und dann ausführlich beantwortet: Warum konnte das "religiös-politische-Phänomen" in der "neuen Gesellschaft", die die Ba`th-Partei aufbaute, gedeihen; wie konnte die Jugend gegen "Partei und Revolution" mobilisiert werden?[195]

Als Grund gibt der Bericht die folgenden vier Aspekte an:[196]

1. Das "religiös-politische Phänomen" ziehe religiöse Menschen an und gedeihe im religiösen Milieu, das als Tarnung diene. Die Apparate der Partei und des Staats könnten daher schwer zwischen der Religiosität und dem politisch motivierten Phänomen unterscheiden.

2. Die Interaktion innerhalb der islamischen Geistlichkeit sei sehr rege. Daher könne man kaum unterscheiden, wer die Interaktion politisch ausnutze und wer nicht. Im Falle der *hizb-al-da`wa* seien die Perser am Werk gewesen. Diese habe einen rassistisch-*shu`ubitischen* antiarabischen Hintergrund.[197]

3. Die Niederlagen der arabischen Nationalbewegung seit den sechziger Jahren sowie der rasante soziale und kulturelle Wandel hätten vor allem die Jugend in eine Identitätskrise getrieben, die von der *da`wa*-Partei ausgenutzt worden sei, um die Jugend für ihre konfessionellen Zwecke zu instrumentalisieren.

4. Als letzten Grund nennt der Bericht der Ba`th-Partei selbstkritisch, daß die Partei im Wandlungsprozeß nicht aufmerksam genug gewesen sei, den Prozeß im gesamten Irak zur Geltung zu bringen. Ein Teil der Bevölkerung habe sich benachteiligt gefühlt und sei dann der *hizb-al-da`wa* in die Falle gegangen.

Nach der Darlegung der Version der Ba`th-Partei über die Hintergründe des "religiös-politischen Phänomens" wurde in dem Bericht die Frage der Interdependenz zwischen Khomeinismus und schiitisch-irakischem Islamismus thematisiert, um dann eine Strategie gegen das "religiös-politische Phänomen" zu entwickeln. Die Ba`th-Partei stellt fest, daß religiös-politische Bewegungen im Vorderen Orient nach der iranischen Revolution allgemein einen Aufschwung erlebten. In vielen arabischen Staaten träumten die "religiös-politischen Strömungen" davon, nach dem iranischen Modell die Macht zu übernehmen.[198] Diese Ambitionen korrespondierten mit der Verwirrung in den Reihen der Intellektuellen und politischen Parteien wie auch mit der Furcht der rechten Kräfte gegenüber diesem Phänomen.[199] Der Bericht geht dann dazu über, die Einflüsse des "iranischen Phänomens" im Irak zu analysieren. *Hizb al-da`wa* sei das irakische Pendant zum "religiös-politischen Phänomen". Die Führung der Partei verlegte nach der Konfrontation mit dem "revolutionären Staat" im Irak ihren Sitz in den Iran und geriet dadurch vollkommen unter iranischen Einfluß.[200] Die Ba`th-Partei hat nach dem Bericht eine differenzierte Haltung gegenüber

---

195 Ebd., S. 272.
196 Ebd., S. 272-76.
197 Ebd., S. 273; siehe auch Exkurs: Die Debatte über *al-shu`ubiya*, Kapitel II.4 dieser Studie.
198 Ebd., S. 276.
199 Ebd., S. 277.
200 Ebd.

der *da'wa*-Partei und dem Iran eingenommen. Das Hauptziel sei die Vermeidung des Abgleitens in den Konfessionalismus gewesen. So heißt es wörtlich:

> The Party faced the attempts of this gang with a national position based on principles which frustrated the hope both of this gang and of Khomeini's regime, which stood behind it. Both this gang and Khomeini's regime had the illusion that the Party and Revolution could be dragged to a sectarian crisis given the fact that the elements of Al-Da'wa Party cover their suspicious nature with affiliation to a certain sect. The Party and Revolution showed a great concern based on principles to differentiate between the attitude towards Khomeini's regime and Al-Da'wa Party and the attitude towards religion and the religious people who are the base of the Party and Revolution in the first place.[201]

In der Tat, während die Ba'th-Partei mit äußerster Härte die *da'wa*-Partei verfolgte, versuchte sie gleichzeitig, nach völkerrechtlichen Normen und Gepflogenheiten der Diplomatie normale Beziehungen zum Iran herzustellen. Die religiösen schiitischen Einrichtungen im Irak, vor allem in Karbala und in al-Najaf, bekamen 1979 verstärkt staatliche Zuwendungen.[202] Dabei wiederholte Saddam Husain, was er schon 1977 nach den schiitischen Ausschreitungen gegen die Regierung betont hatte, daß er ein Nachfahre des ersten schiitischen *Imam* 'Ali bin Abi Talib sei.[203] Dennoch schätzte die Ba'th-Partei die Zukunft des - wie es in ihrer Terminologie heißt - "religiös-politischen Phänomens" realistisch ein. Dieses Phänomen werde, egal welche Maßnahmen getroffen würden, nie verschwinden. Eine Niederlage des "khumainistischen Experiments" würde aber diese Strömung empfindlich schwächen, und man sollte nicht den Fehler begehen, das Phänomen mit dem Schiitentum gleichzusetzen. Denn "... struggle against this phenomenon must continue wherever it exists in this or that sect ... because it expresses a hostile attitude towards the people, the Party, the Revolution and the national cause."[204]

Bei der Entwicklung ihrer Strategie gegenüber dem islamistischen Phänomen nimmt die Ba'th-Partei Rekurs auf ihre bisherige Politik. Dabei stellt sie fest, daß sie "substantielle" Fehler begangen habe. Einige Parteimitglieder seien dazu übergegangen, nach außen religiöse Inhalte zu demonstrieren. Das religiöse Denken habe begonnen, Vorrang vor den Prinzipien der Partei zu bekommen,[205] so daß die Religiosität in der Partei und im Verhalten der Parteimitglieder zu dominieren begonnen

---

201 Ebd., S. 277-78.
202 Vgl. Batatu, 1986, S. 196.
203 Am 14. Oktober 1977 in einer Rede in Karbala "Unser Herr Ali und unserer Herr Husain waren nicht nur hervorragende Führer der Muslime, sondern sie waren unsere Vorfahren." *Al-Jumhuriya* vom 14. Oktober 1977.
204 ASBP: The Central Report, 1983, S. 278.
205 Nach Angaben des ehemaligen führenden Publizisten der Ba'th-Partei, Hasan al-'Alawi, war diese versteckte Kritik gegen den ehemaligen Staatspräsidenten Ahmad Hasan al-Bakr gerichtet, der eher zu einem islamisch gefärbten Arabismus neigte als zum säkularistischen Konzept des Parteigründers Michel 'Aflaq. Interview mit Alawi, London 10.10.1990.

habe. Die Ursache war, in der Darstellung des Berichts, die nach außen getragene Religiosität einiger Parteiführer und die Nachahmung durch die Parteibasis mit dem Ergebnis, daß einige Parteimitglieder die Religiosität als Maßstab für "Party assessment" betrachteten.[206] Das Resultat dieser Entwicklung sei die ideologische Verwirrung der Parteimitglieder. Darüber hinaus macht der Bericht auf zwei weitere signifikante Aspekte aufmerksam. Der eine Aspekt bezieht sich auf die nachlassende Aufmerksamkeit gegenüber dem "religiös-politischen Phänomen", weil die Religiosität der Parteimitglieder sie den religiösen Bewegungen näher gebracht habe, so daß die Parteimitglieder die Grenzen, die sie von jenen trennten, nicht mehr sähen.[207] Der andere Aspekt bezieht sich auf die konfessionelle Konsequenz der Religiosität in der Partei. Die Religiosität würde dazu führen, daß Parteimitglieder religiöse Einrichtungen aufsuchten; die konfessionelle Spaltung im Irak würde eo ipso dazu führen, daß die Religiosität konfessionalistisch erschiene.[208] Das Verhalten der Parteimitglieder könnte zur konfessionellen Spaltung der Partei führen und darüber hinaus zur Spaltung des Volks entlang der konfessionellen Linien, die die Ba`th-Partei mit ihrem nationalen Konzept zu überwinden suche.[209]

Die vor diesem Hintergrund festgelegte Strategie der Ba`th-Partei nahm die Schrift Saddam Husains "Blick auf Religion und Erbe" als Grundlage. In der Quintessenz beinhalten die in dem Bericht zusammengefaßten Thesen drei Prinzipien: Die Ideologie der Ba`th-Partei sei trotz der positiven Haltung zum religiösen Erbe nicht mit diesem identisch: "It is an advanced and universal outlook on life, a comprehensive solution to its obstructions and complexes and means of advancing in a revolutionary way."[210] Dieser Ansicht folgend sollte die Religion durch den Staat nicht "politisiert" werden. Beide Sphären müßten deutlich getrennt bleiben; die Parteimitglieder dürften nicht die Rolle der "religiösen Prediger" spielen. Das dritte Prinzip ist die religiöse Freiheit, die aber, wie aus dem folgenden Zitat hervorgeht, nicht politisch werden dürfe:

> Let us allow everybody to practise their normal religious rites according to their choice and without interference provided that they avoid any contradition or conflict with our policy in transforming and building society according to the choices of the Arab Bath Socialist Party. We must also warn them that their use of religion as a guise for political activity or as a means of creating an atmosphere of contradition and conflict between the Revolution, its programm and its aims on the one hand and religious practices on the other, will only play into the hands of imperialists and their aims.[211]

Der Bericht des neunten Kongresses der Ba`th-Partei erweckt den Eindruck, daß die Haltung der Ba`th-Partei konsequent gewesen sei und daß nur Abwei-

---

206 ASBP: The Central Report, 1983, S. 280.
207 Ebd.
208 Ebd.
209 Ebd., S. 281.
210 Ebd., S. 282.
211 Ebd., S. 283.

chungen, vor denen Saddam Husain schon in seiner Schrift "Blick auf die Religion und Erbe" 1977 gewarnt habe, zur zeitweiligen Verwirrung in der Partei geführt hätten. Diese Ansicht ist nicht nur angesichts der Instrumentalisierung religiöser Symbole durch Saddam Husain während und nach der Kuwait-Krise problematisch. Die Haltung Saddam Husains gegenüber den Islamisten, die 1977 zur Strategie der Partei und des Staats wurde, beruhte auf zwei Säulen: der Ablehnung des politischen Islam und der Instrumentalisierung islamischer Symbole. Die offenen und verdeckten Hinweise auf die angebliche Abstammung von der Familie des Propheten, um ein Beispiel zu nennen, klingt auf den ersten Blick trivial und ohne politische Bedeutung. In der schiitischen Gesellschaft des Irak haben aber die Nachfahren der Familie des Propheten, die sogenannten *"sayids"*, ein hohes Prestige. Samir al-Khalil vertritt die Auffassung, daß der Hinweis Saddam Husains auf die angebliche Abstammung seiner Familie keineswegs darauf abzielte, sich bei den Schiiten anzubiedern. Er schreibt:

> On the contrary it signified total contempt for the populace, large numbers of whom he knew would accept this proof of ancestry, largely because there was no longer a soul in the length and breadth of the country who could be heard if they were prepared to deny it.[212]

Der Grund ist in Wirklichkeit viel einfacher: Saddam Husain wollte mit seinen ersten Äußerungen zu seiner Herkunft 1977, einige Monate nach den schiitischen Ausschreitungen und der heftigen Reaktion der Regierung, veranschaulichen, daß die Führung der Ba`th-Partei das Schiitentum als Konfession akzeptierte und daß sie lediglich aus Gründen, die Saddam Husain in seiner Schrift "Blick auf Religion und Erbe" erklärte, den politischen Islam nicht akzeptierte. Sein Rang als *"sayid"* sollte dies unterstreichen.

Die doppelte Strategie der Ba`th-Partei wurde auch während und nach der Kuwait-Krise evident. Die religiösen Appelle Saddam Husains vor und während des Kriegs und symbolische Signale, wie die Beschriftung der irakischen Staatsflage mit dem Spruch *"Allahu Akbar"* (Gott ist groß), wurden auch nach dem Krieg fortgesetzt. Während des Kriegs versuchte Saddam Husain, durch Instrumentalisierung religiöser Symbole die islamische Welle im Vorderen Orient auszunutzen. Nach dem Krieg und der Niederschlagung der Revolte der Schiiten im März 1991 konnte die Gefahr des schiitischen Islamismus nicht völlig beseitigt werden. Saddam Husain ist im allgemeinen den Prinzipien der Ba`th-Partei treu geblieben. Die vom Staat eingeleitete "Islamisierung" beschränkt sich auf Bereiche, wie die Ausweitung des Religionsunterrichts und die Abschaffung der Koedukation an den Schulen. Die Oszillation zwischen Erlaubnis und Verbot religiöser Symbole, Rückgriff auf Religion und Verbot des nicht vom Staat politisierten Islam wird wahrscheinlich solange ein Charakteristikum der Ba`th-Regierung bleiben, wie diese mit dem schiitischen Islamismus konfrontiert ist.

---

212 Al-Khalil, 1989, S. 115.

DER IRAKISCH-IRANISCHE KRIEG UND DIE SCHIITISCHE OPPOSITION

Die Haltung der irakischen Schiiten während des achtjährigen irakisch–iranischen Kriegs wurde von vielen Autoren[213] als Beweis dafür angeführt, daß die nationalen Bindungen stärker gewesen seien als die religiösen, denn die wiederholten Appelle des iranischen Revolutionsführers Ayatollah Khumaini an die Iraker, sich gegen das "gottlose System" (*nizam kafir*) im Irak zu erheben, blieben fast wirkungslos. Diese Argumentation vereinfacht jedoch äußerst komplexe Hintergründe und Erscheinungen, die mit Geschichte, Tradition und Grad des "ethnisch-konfessionellen" Bewußtseins innerhalb der schiitischen Gruppe, mit der Struktur und politisch-ideologischen Ausrichtung der schiitischen Elite unter der Ba`th-Partei, mit dem politischen System im Irak seit 1968 und schließlich mit dem politischen System im Iran zusammenhängen. Wir versuchen kurz auf diese Momente einzugehen. Beginnen wir mit Geschichte und Tradition der irakischen Schiiten sowie mit dem Grad ihres "ethnisch-konfessionellen" Bewußtseins. Wir haben in Anlehnung an Fuad Ishaq Khuri in der Einleitung zu dieser Studie schon erwähnt, daß *"taqiya"* (den wahren Glauben verstecken) und *"ta`bi'a"* (Mobilisierung) die Geschichte und Tradition der Schiiten bestimmten. Für die iranischen Schiiten, die seit der Entstehung des Safawiden-Reiches die überwiegende Mehrheit der Bevölkerung bilden, hat *taqiya* keine Bedeutung mehr. In Mesopotamien dagegen lag die revolutionäre Tradition weit zurück. In ihrem Dasein als Minderheit unter der Herrschaft der Sunniten neigten die mesopotamischen Schiiten zu *taqiya*. Trauer, die sich in symbolischer schwarzer Kleidung und in Selbstgeißelung manifestiert, drückt, wie es ein ehemaliger schiitischer Ba`th-Führer formuliert, die vor 1300 Jahren verlorene Macht aus.[214] Es kommt hinzu, daß die Schiiten ethnisch, geographisch und kulturell fragmentiert waren. Nicht unwichtig, auch im Zusammenhang mit dem irakisch-iranischen Krieg, ist die Frage, wer die Schiiten repräsentierte. Wie haben schon dargestellt, daß sich die Geistlichkeit während des Staatsbildungsprozesses als Repräsentant der Schiiten verstand. Die Politik König Faisals und der Briten sowie die partielle Modernisierung der irakischen Gesellschaft, die auch zur Formierung einer säkularen, aber politisch-konfessionalistischen, schiitischen Elite führte, machte den Geistlichen ihren führenden Platz streitig. Die schiitisch-islamistische Bewegung, die sich Ende der fünfziger Jahre bemerkbar machte, blieb eine periphere Erscheinung. Erst die Machtübernahme durch die Ba`th-Partei und die Verstärkung der Ethnizität, oder das Aufleben der "kleinen Loyalität", wie der schiitische Autor Hasan al-Alawi

---

213 Vgl. z.B. Farouk-Sluglett/ Sluglett, 1991, S. 265; Rasoul, 1987, S. 101-102; Johannes Reissner: Irak-Iran: Kriegsziele und Kriegsideologien. Zum Problem der Vermittlung. Ebenhausen 1987, S. 53.
214 Vgl. Hani al-Fukaiki in *Al-hayat* vom 10.11.1993

das Phänomen nennt,[215] zum *modus operandi* im ba'thistischen Irak gaben der schiitisch-islamistischen Bewegung eine politische Bedeutung. Während diese Bewegung bis in die siebziger Jahre fast ausschließlich eine Bewegung der Geistlichkeit war, schloß sich als Folge des Niedergangs der Kommunisten im Irak und aufgrund der erwähnten "kleinen Loyalität" die marginalisierte schiitische Stadtbevölkerung der islamistischen Bewegung an. Im Allgemeinen waren es die Bewohner der schiitischen Arbeiterviertel in Bagdad, ehemals Hochburgen der KP, und die Angehörigen der schiitischen Intelligentsia, denen deutliche "ethnische Grenzen" beim Aufstieg im ba'thistischen Staat gesetzt wurden.[216] Es ist in diesem Kontext von großer Relevanz zu erwähnen, daß die gesellschaftlichen Gruppen, die sich den Islamisten anschlossen, nur eine kleine Minderheit unter den Schiiten ausmachten.[217] Sie waren lediglich in al-Najaf, Karbala und Bagdad konzentriert, während im schiitischen Süden diese Bewegung unbekannt blieb.[218] Warum schlossen sich aber die erwähnten sozialen Segmente der islamistischen Bewegung an und versuchten nicht, ihr eigenes politisches Forum zu gründen? Wir nehmen an, daß der Hauptgrund in der Tatsache lag, daß die schiitisch-islamistische Bewegung mit ihrem universal-islamischen Anspruch die geeignetere Gegenstrategie gegen die Herrschaft der Sunniten bot - also islamischer Universalismus gegenüber der partikularistischen "kleinen Loyalität". Daß die Ba'th-Partei den islamisch-universalen Charakter der schiitisch-islamistischen Bewegung in Frage stellte und sie als eine konfessionalistische *(ta'ifiya)* Erscheinung betrachtete, ist eine andere Ebene des Streites zwischen der Ba'th-Partei und den Islamisten, denn die Ba'th-Führung, die sich auf "kleine Loyalität" und unter Saddam Husain mehr und mehr auf *"kinship-loyalty"* stützte, mußte und konnte nichts anderes als eine andere überkonfessionelle Ideologie gegen den schiitischen Universalismus setzen: den arabischen Nationalismus.[219] Abgesehen von der Auseinandersetzung mit der Ba'th-Partei konnte der Islamismus nicht für alle Schiiten Identifikationsmoment sein, auch wenn sie Anhänger des schiitischen politischen Konfessionalismus waren. Aus diesem Grund kam es nach der Konfrontation der Islamisten mit der Ba'th-Regierung und während des irakisch-iranischen Kriegs zu einer Situation, die der schiitischen Opposition nicht gerade förderlich war. Säkular orientierte Segmente der schiitischen Elite konnten sich, auch wenn sie hinsichtlich ihrer Beurteilung des Kriegs und ihrer Position gegenüber der Regierung Saddam Husain mit der islamistischen Bewegung einig waren, mit dem Slogan "Islamische Revolution im Irak" und mit der unkritischen Haltung zum

---

215 Vgl. Hasan al-'Alawi, 1990, S. 245f.
216 Vgl. al-Khafaji, 1983, S. 184.
217 Das Zentralorgan des ORIRI, *Al-shahada*, schreibt hierzu: "Die islamische Bewegung konnte nicht alle Gruppen der Gemeinschaft *(umma)* erreichen; sie konzentrierte ihre Aktivitäten daher auf die Elite und die Studenten der Universität, mit dem Ergebnis, daß die islamische Bewegung ein Segment der Gesellschaft und nicht die Gesellschaft als Ganzes repräsentierte." *Al-shahada* vom 21. Mai 1985.
218 Als Grund führt Batatu an, daß die Bewohner des Südens als ehemalige Beduinen keine große Neigung zur Religiosität haben und daß die schiitische Geistlichkeit ihre Position durch den Bau von Moscheen und anderen religiösen Einrichtungen im Süden nicht ausgebaut habe. Vgl. Batatu, 1981, 1986.
219 Vgl. Salamé, 1987, S. 84.

Iran nicht identifizieren.[220] Der letzte wichtige Aspekt im Zusammenhang mit der Haltung der irakischen Schiiten während des Kriegs ist die Frage nach Möglichkeiten und Grenzen der Opposition im Irak. Der gut funktionierende Sicherheitsapparat der Ba`th-Regierung ist in diesem Zusammenhang nur ein Teil der Problematik. Die durch den Sicherheitsapparat erzeugte Angst im Irak konnte unter der Voraussetzung der Stabilität des Regimes, das anders als bei dem zweiten Golfkrieg fast jede erdenkliche Hilfe von der Mehrheit der Staaten der Region und von internationalen Akteuren bekam, nicht durchbrochen werden. Auch wenn man die Stabilität der Ba`th-Regierung nicht allein auf die Angst der Bevölkerung reduzieren sollte, trieb doch u.a. diese Angst Hunderttausende von Menschen in die "Volksarmee", die im irakisch-iranischen Krieg an der Heimatfront und in Kampfhandlungen gegen Iran eine nicht zu unterschätzende Rolle spielte. Die Loyalität zum Regime ist natürlich in einem solchen System wie dem des Irak unter der Herrschaft der Ba`th-Partei nicht meßbar; aber auch wenn wir im großen und ganzen von einer relativen Stabilität reden, wissen wir nichts über den Widerstand der Bevölkerung während des Kriegs. Waren die Anschläge und Sabotageakte in den Jahren des Krieges autonom, oder standen sie mit der schiitischen Opposition im Iran in Verbindung? Zu welchem Ergebnis man auch kommt, eines steht fest: Offene Opposition gegen Saddam Husain war, gemessen an grundlegenden politischen und militärischen Entscheidungen, peripher und äußerst selten. Dabei wollen wir die Lage im irakischen Kurdistan, die durch Guerilla-Krieg und 1982 durch Massendemonstrationen gekennzeichnet war, wegen der peripheren Stellung des irakischen Kurdistan und weil die Kurdenfrage in einem anderen Kontext steht, in diesem Zusammenhang nicht miteinbeziehen.

Um ein Beispiel über die Grenzen der Opposition im Irak während des irakisch-iranischen Kriegs anzuführen, versuchen wir kurz, die Aktivitäten der schiitischen Islamisten in der Armee darzustellen.

Die irakische Armee konnte mit zunehmendem quantitativen und qualititativen Wandel die seit 1921 praktizierte Nichtrekrutierung von Schiiten in das irakische Offizierkorps nicht beibehalten. Unter der Ba`th-Partei absolvierten Tausende von Schiiten die Militärakademien. Sie wurden insbesondere in technischen und medizinischen Bereichen eingesetzt.[221] Nach Angaben al-Zaidis formierte sich in der irakischen Armee Ende der siebziger Jahre eine schiitische Geheimorganisation.[222] Nach Kriegsausbruch gelang es den Sicherheitsorganen nach und nach, die schiitisch-oppositionellen Offiziere zu enttarnen, so daß kurz danach die oppositionellen Offiziere keine Gefahr mehr darstellten.[223]

Al-Zaidi führt den schnellen Erfolg der Ba`th-Regierung, die schiitische Opposition in der Armee zu beseitigen, auf folgende Faktoren zurück. Erstens: Die Organisation der schiitischen Opposition in der Armee hatte keine höheren und

---

220 Die von dem schiitisch-konservativen Politiker Sa`ad Salih Jabr von 1980 bis 1990 geführte *hizb al-umma al-jadid* (die neue Partei der Nation) hatte eine reservierte Position gegenüber den Islamisten und Iran.
221 Vgl. al-Zaidi, 1990, S. 166-68.
222 Ebd., S. 216.
223 Ebd., S. 217-18. Die Führer der schiitischen Offiziersgruppe waren `Abd al-Amir Mansuri (Marine), Hamid al-Bandar (Heer) und Ghalib al-Zaidi (Luftwaffe). Vgl. ebd.

erfahrenen Offiziere als Mitglieder. Zweitens: Die hohen schiitischen Offiziere wurden über Privilegien kooptiert und korrumpiert, so daß sie kein Interesse für die schiitische Opposition in der Armee hatten. Drittens: Die Organisation soll aus Sicherheitsgründen dezentral gearbeitet haben. Dies verhinderte eine gemeinsame Aktion und konnte dennoch nicht dem Zugriff der hochentwickelten Sicherheitsorgane der irakischen Armee entgehen.[224]

Angesichts der dargestellten Bedingungen konnte sich im Irak selbst kaum eine oppositionelle Bewegung etablieren. Die schiitisch-irakische Opposition im Iran erschwerte, wie wir noch darstellen werden, durch ihre Politik die Bedingungen noch zusätzlich.

Lange vor dem Kriegsausbruch am 22. September 1980 wurde die schiitische Opposition im Irak zu einem Faktor in den gespannten bilateralen Beziehungen zwischen Iran und Irak. Einerseits machten die neuen Machthaber im Iran keinen Hehl daraus, daß sie die islamistisch-schiitische Bewegung im Irak unterstützten, andererseits betrachtete der Irak diese Haltung als einen deutlichen Hinweis dafür, daß der Iran sich in die inneren Angelegenheiten des Irak einmischte und dadurch den Wortlaut und den Geist des irakisch-iranischen Abkommens von 1975 verletzte.[225] Bevor wir darauf eingehen, wie sich die schiitische Opposition während des irakisch-iranischen Kriegs entwickelte, versuchen wir die außenpolitischen Konzepte der beiden Staaten, die für diese Entwicklung eine essentielle Bedeutung hatten, zu skizzieren. Der Irak insistierte vor dem Ausbruch des Krieges mit seiner Haltung auf völkerrechtlichen Normen, die den Vorstellungen der Revolutionsregierung im Iran diametral entgegengesetzt waren. Der Revolutionsführer Ayatullah Khumaini stellte schon Mitte der vierziger Jahre fest, daß die Nationalstaaten "the product of man's limited ideas"[226] seien. Die Welt dagegen sei "the home of all the masses of people under the law of God."[227] Diese Vorstellung erhielt mit dem Sieg der Revolution den Charakter einer außenpolitischen Doktrin und wurde von Khumaini klar umrissen:

> We will export our Revolution throughout the world because it is an Islamic revolution. The struggle will continue until the calls `there is no god but God' and `Muhammad is the messenger of God' are echoed all

---

224 Ebd., S. 219. Der irakische militärische Nachrichtendienst (*al-mukhabarat*) verfügte über die folgenden Sicherheitsorgane: Abteilung für geheime Entwicklung, Abteilung für elektronische Entwicklung, Abteilung für biologische Entwicklung, Vernehmungsabteilung, Beobachtungsabteilung, Abteilung für politische Studien, Abteilung für außenpolitische Studien, Antispionage-Abteilung, Abteilung zur Bekämpfung politischer Bewegungen, Abteilung für Waffenentwicklung, Abteilung für psychologische Kriegsführung. Ebd., S. 274.
225 Vgl. hierzu "Rede des Staatspräsidenten der Republik Irak, Saddam Husain, auf der Islamischen Gipfelkonferenz" (Ende Januar 1981 in Taif, Saudi Arabien). Hrsg. Presseabteilung der Botschaft der Republik Irak in Bonn, 1981a, S. 18-19.
226 Khumaini, Ruhollah Mussavi: *Kashf-e assrar*. Teheran 1944. S. 267.
227 Ebd.

over the world. The struggle will continue as long as the oppressors subjugate people in every corner of the world.[228]

Khumaini drückte mit dieser Aussage im Kern nichts anderes aus als die ursprüngliche Botschaft des Islam, allerdings in einer Welt, die souveräne Staaten kennt, und mit spezifischen schiitischen Überzeugungen, die in der mehrheitlich sunnitischen islamischen Welt trotz anfänglicher Unterstützung der iranischen Revolution durch die sunnitischen Islamisten auf Widerspruch stoßen mußte.[229] Das Prinzip der Herrschaft der Rechtsgelehrten (*wilayat al-faqih*) und das Endziel, die Bedingungen für die Errichtung der Regierung des Mahdi vorzubereiten,[230] waren selbst bei den Schiiten nicht unumstritten. Der "Islamische Internationalismus" Ayatollah Khumainis enthielt mit seiner Unterteilung der Menschheit in Unterdrückte (*mustad'ifun*) und Unterdrücker (*mustakbirun*) eine, wie Reissner sich ausdrückt, "Drittwelt-Konnotation".[231] Die Frage des "Revolutionsexports" wurde in den folgenden Jahren abgeschwächt. So stellte der iranische Außenminister Ali Akbar Velayati fest, daß der "Export der Revolution" nichts mit dem "Export von Panzern und Soldaten" zu tun habe.[232] Der ehemalige Staatspräsident Khamenei hingegen insistierte im Fall des Irak zwei Jahre nach Kriegsausbruch immer noch auf dem Export des iranischen Staatsmodells:

The future government of Iraq should be an Islamic and popular one. The policy of *velayat-e faqih* will be Iraq's future policy, and the leader of the Islamic nation is Imam Khumaini. There is no difference between the two nations of Iran and Iraq in accepting the Imam as the leader, and following the Imam and his line. Government and state officials are limited to international borders, but the Imam is not limited by geographical frontiers.[233]

Im Gegensatz zur Außenpolitik der iranischen Revolutionsregierung versuchte die irakische Regierung, wie aus dem Bericht des neunten Kongresses der Ba`th-Partei hervorgeht, unmittelbar nach der Ausrufung der Islamischen Republik normale Beziehungen zum Iran herzustellen. Die ablehnende Haltung des Iran und wiederholte Äußerungen iranischer Politiker über den "Export der Revolution" in einer Phase, in der die islamistischen Gruppen im Irak aktiv wurden, führten zu erhöhten Spannungen.[234] Der Irak setzte in dieser Phase das Prinzip der Souveränität und Nichteinmischung in die inneren Angelegenheiten kombiniert mit seinem Anspruch,

---

228 Farhang Rajaee: Islamic Values and World View on Man, the State and International Politics. New York usw. 1983, S. 83; zitiert nach Reissner, 1988, S. 64-65.
229 Zur Reaktion der sunnitischen Islamisten auf die iranische Revolution siehe: Ende, Werner: Sunni Polemical Writings on the Shia and Iranian Revolution. In: David Menashiri (Hrsg.): The Iranian Revolution and the Muslim World. Boulder usw. 1990a, S. 219-34.
230 Vgl. hierzu Menashri, David: Khumaini's Vision: Nationalism or World Order. In: Ders. 1990, S. 49.
231 Reissner, 1987, S. 66.
232 Menashri, 1990, S. 49.
233 Bakhash, Shaul: The Reign of the Ayatullahs: Iran and the Islamic Revolution. New York 1986, S. 234.
234 Vgl. hierzu, Khadduri, 1988, S. 81ff.

die Interessen der arabischen Golfstaaten gegen die iranische Expansion zu vertreten,[235] als Gegenstrategie gegenüber dem iranischen Konzept des "Revolutionsexports" ein.[236] Gleich mit Beginn des irakischen Angriffs am 22. September 1980 versuchte die irakische Regierung zum einen, völkerrechtlich die Bedrohung, die vom "Export der Revolution" ausging, in den Mittelpunkt ihrer Argumentation zu stellen, und zum anderen propagandistisch den angeblichen "ewigen Kampf" zwischen Arabern und Persern hervorzuheben. So hieß es im Bericht des neunten Kongresses der Ba`th-Partei:

> The Persian expansionists are quite aware that their plan of expansionism cannot be implemented while Iraq is free, independent, powerful and led by a national leadership. Therefore, the first task of any Persian expansionist plan is to seek to weaken Iraq, overthrow its national government and set up Shuubite (advocating fragmentation of Arabs) rulers as an inevitable step, not only to controlling Iraq, but also to realising expansionist designs on the Arab Gulf and Arabian Peninsula.[237]

Der Gebrauch des Begriffs der *shu`ubiyun*, die nach Auffassung der irakischen Ba`th-Partei mit iranischer Unterstützung die Machtübernahme anstrebten, ist ein Hinweis auf die schiitische Opposition im Irak selbst. Der Irak hat in der Tat die Rolle der irakischen Opposition im Rahmen seiner Strategie gegenüber dem Iran kräftig instrumentalisiert. Die schiitische Opposition kommt einerseits namentlich nur als *"hizb al-da`wa"* vor und die anderen Gruppen werden erst gar nicht erwähnt.[238] Andererseits werden die schiitischen Oppositionellen "iranische Agenten" genannt. So heißt es in einer Rede Saddam Husains: "Die Verschwörung gegen Irak eskalierte in Form von Terror- und Sabotageaktionen durch iranische Elemente, die mit Hilfe der iranischen Behörden in den Irak eingeschleust wurden und durch im Irak wohnhafte Iraner bzw. Personen iranischer Abstammung unterstützt wurden."[239]

Der irakisch-schiitischen Opposition, namentlich der *hizb al-da`wa*, wird in einem anderen Dokument vorgeworfen, den Iran zur Konfrontation mit dem Irak ermuntert zu haben.[240]

Welche Bedeutung hatte die schiitische Opposition vor und nach Kriegsausbruch gehabt? Wir haben an anderer Stelle die Entwicklung der schii-

---

235 Die irakische Presse thematisierte seit Herbst 1979 die Frage der iranischen Besetzung der arabischen Inseln im Golf 1971. In einem Kommentar unter dem Titel "Die drei arabischen Inseln im Golf und der iranische Persifizierungsplan" hieß es in der irakischen Tageszeitung *Al-jumhuriya*: "Es scheint, daß das iranische Regime unter den Ayatullahs auf der Fortführung der Okkupation der arabischen Inseln genauso wie das Schah-Regime beharrt. Die Anzeichen zeigen, daß das Khumaini-Regime das zionistische Beispiel nachahmt ...". *Al-jumhuriya* vom 28. Februar 1980.
236 Vgl. Husain, "Rede des irakischen Staatspräsidenten...", 1981a, S. 20-22.
237 ASBP: The Central Report, 1983, S. 175 (Klammerbemerkung dort).
238 *Hizb al-da`wa* tauchte namentlich zum erstenmal bei ihrem Verbot im April 1980 in den irakischen Dokumenten auf. Davor wurde lediglich von "Agenten" des Iran berichtet.
239 Husain, "Rede des irakischen Staatspräsidenten...", 1981a, S. 22.
240 ASBP: The Central Report, 1983, S. 176.

tisch-islamistischen Bewegung vor dem Ausbruch des irakisch-iranischen Krieges dargestellt. Hier bleibt festzustellen, daß die bewaffneten Anschläge der schiitischen Opposition gegen staatliche Einrichtungen im Irak sowie der Attentatsversuch gegen den irakischen Außenminister Tariq ʿAziz eher der irakischen Führung Argumente dafür lieferten, daß die schiitische Opposition auf Geheiß Irans handele, als daß diese das Regime in Bagdad destabilisierten.[241] Es ist nicht auszuschließen, daß die Revolutionsregierung im Iran davon ausging, daß die bewaffneten Aktionen der Islamisten im Irak eine mobilisierende Wirkung auf die Schiiten haben würden und daß es nach iranischem Muster zu Massenprotestbewegungen gegen die Baʿth-Regierung kommen könnte. Es ist nicht ganz ersichtlich, inwieweit die *daʿwa*-Partei, die bis zum Herbst 1979 stets Abstand von bewaffneten Aktionen genommen hatte, ihre Strategie möglicherweise durch iranische Beeinflussung änderte, als sie Ende 1979 zum bewaffneten Widerstand überging.[242] Wahrscheinlich spielte die Konkurrenz zwischen den beiden islamistischen Gruppen *hizb al-daʿwa* und *munazamat al-ʿamal al-islami* ebenso eine Rolle bei den Anschlägen gegen Baʿth-Funktionäre. Jedenfalls mußte die *daʿwa*-Partei einen hohen Preis für ihre Aktionen zahlen.

Mit der Verhaftungs- und Hinrichtungswelle im Frühjahr 1980 erstickte die irakische Regierung den Widerstand im Keim, und dies führte zur Flucht zahlreicher schiitischer Oppositioneller in den Iran.[243] Es ist vor dem Kriegsausbruch deutlich geworden - wie Chubin und Tapper mit Recht feststellen - daß die Tatsache, daß etwa 60% der Iraker Schiiten sind, nicht bedeuten muß, daß diese sich mit dem Schiitentum und den Zielen der schiitisch-islamistischen Opposition identifizieren.[244] Aber auch nach dem Kriegsbeginn 1980 verhielten sich die irakischen Schiiten, im Unterschied zu den Kurden, die in der ersten Phase des Kriegs weite Teile des irakischen Kurdistan unter ihre Kontrolle brachten, anders als es sich der Iran oder die schiitische Opposition vorstellten. Die wiederholten Aufrufe Khumainis an die Iraker, sich gegen das "ungläubige Regime" in Bagdad zu erheben, zeigten bei den irakischen Schiiten kaum Wirkung.[245] Es scheint, daß Saddam Husain und die irakische Führung selbst über die Haltung der schiitischen Bevölkerung ziemlich überrascht waren. Bei einem Besuch in al-Najaf im Februar 1982 äußerte sich Saddam Husain zur Frage der Loyalität der Bewohner der Stadt folgendermaßen: "Man beschwere sich, da die Loyalität in al-Najaf nicht sehr groß sei. Diese Äußerung wurde vor vier oder fünf Jahren gemacht. ... Ich erwiderte, wenn die Bewohner al-Najafs ihre Loyalität erklären, dann es ist unwiderruflich. Ich vertraue ihnen, weil sie Araber und Iraker sind."[246] In der gleichen Rede benutzte Saddam Husain in seiner

---

241 Zu detaillierten Angaben über die Anschläge siehe: Wiley, 1992, S. 55-58.
242 Die bewaffneten Verbände der *hizb al-daʿwa*, die nach der Hinrichtung Muhammad Baqir al-Sadrs "Quwat al-shahid al-Sadr" (Streitkräfte des Märtyrers al-Sadr) hießen, wurden Ende 1979 gegründet. Vgl. Wiley, 1992, S. 55.
243 Der irakische Revolutionsrat verabschiedete 1980 einen Erlaß, der die Todesstrafe für jede Verbindung mit der *hizb al-daʿwa* vorsah. Siehe U. Zaher, 1986, S. 166.
244 Vgl. Chubin/ Tripp, 1988, S. 98-99.
245 Siehe den Aufruf Khumainis an die Iraker in Luaʾ al-Sadr vom 4. August 1984.
246 *Al-thawra*, 4.3.1982.

Polemik gegen das iranische Regime schiitische Symbole: "Ihr habt mit dem Schwert Alis die Unterdrückung bekämpft, und ihr habt die Unterdrücker besiegt wie zuvor eure Vorfahren...".[247]

Sicherlich spielte mehr als ein Faktor eine Rolle bei der Loyalität der schiitischen Bevölkerung während des Kriegs. Das kollektive Bewußtsein der Schiiten machte sich lediglich, wie wir an anderer Stelle gezeigt haben, bei einem Teil der städtischen Schiiten, vor allem bei der schiitischen Intelligentsia, und bei einem Teil der schiitischen Geistlichkeit bemerkbar. Dieser Punkt bedarf einer näheren Differenzierung. Das "ethnische" Bewußtsein bei den Schiiten wird durch ihre Haltung zum Schiitentum als Religion erklärt. So versucht Hanna Batatu, die Gründe für die politische Haltung der Schiiten vor und nach dem Ausbruch des irakisch-iranischen Krieges mit dem Grad der Verbreitung der Religiosität bei verschiedenen schiitischen sozialen Gruppen und mit der Wirksamkeit des Netzes schiitischer Institutionen zu erklären. Dabei kommt er zu dem Ergebnis, daß ein Teil der Schiiten, insbesondere die ehemaligen Beduinen, vor nicht allzu langer Zeit zum Schiitentum konvertiert sind, und die Beduinen neigten traditionell nicht zu Religiosität. Zudem war das Netz religöser Institutionen im Irak nur in den heiligen schiitischen Stätten wirksam.[248] Was erklären aber diese Aussagen? Sie vermitteln den Eindruck, daß die Religiosität bei der politischen Haltung der Angehörigen einer Konfession unabdingbar ist. Ist dies nur möglich, jedoch keine *conditio sine qua non* für den politischen Konfessionalismus, oder ist jeder politische Konfessionalist der libanesischen ethnisch-konfessionellen Gruppen ein religiöser Gläubiger? Batatu versucht nicht, auf die Frage des nicht-religiösen Konfessionalismus einzugehen. Er kommt aber zu dem Ergebnis:

> In fact, the most telling thing about the Iraqi-Iran War is that the Shii soldiers, who from the bulk of the rank and file of Iraq army, have so far not shown any inclination to sacrifice their country to their religion, which suggests that national bonds may be stronger and sectarian ties weaker than is often imagined.[249]

Dieser Einschätzung, die in der Tat im irakisch-iranischen Krieg ihre Bestätigung zu finden schien, ist nicht zuzustimmen und widerspricht unserer Kritik an Batatu hinsichtlich seiner stringenten Kausalität zwischen Religiosität und Konfessionalismus. Ein schiitisch-politischer Konfessionalist kann in einer bestimmten Situation seine nationale Identät höher bewerten als seinen politischen Konfessionalismus. Schließlich muß nicht jeder irakische schiitische politische Konfessionalist Loyalität zum Iran zeigen. Dies war in der Tat genau das Dilemma der aus dem Iran agierenden irakisch-schiitischen Opposition während

---

247 Ebd.
248 Vgl. Batatu, Hanna: Shii Organizations in Iraq: al-da'wah al-Islamiya and Mujahidin. In: Cole, Juan R.I. and Keddie, Nikki R. (Hrsg.): Shiism and Social Protest. New Haven, Conn. 1986a, S. 179-200.
249 Ebd., S. 200.

des Kriegs. Die Flucht und die Anwesenheit der schiitischen Oppositionsgruppen wirkte sich in doppelter Hinsicht negativ auf die schiitische Opposition insgesamt aus. Zum einen bestimmte der Iran die politische und ideologische sowie die organisatorische Struktur der Oppositionsgruppen, zum anderen stellte die irakische Regierung die schiitische Opposition im Exil, insbesondere nachdem sie sich ab 1983 an der Seite Irans aktiv am kriegerischen Geschehen beteiligte, als Verräter dar.

Wir haben schon dargestellt, daß die *da`wa*-Partei bis in die siebziger Jahre hinein die einzige schiitisch-islamistische Bewegung war. Nach dem Sieg der iranischen Revolution tauchten Namen von anderen Organisationen auf, die ihr Gründungsdatum aus Konkurrenz- und Legitimationsgründen zurückdatierten.

Im iranischen Exil bestimmte der Grad der Identifikation mit der "Linie des Imam", also der Linie Ayatullah Khumainis, den Platz, den die einzelnen Gruppen erhielten. Die Anpassung der einzelnen Gruppen an die "Linie des Imam" war unterschiedlich. Die älteste schiitische Gruppe, *hizb al-da`wa*, hatte aus mehr als einem Grund Schwierigkeiten, sich völlig anzupassen. Sie hatte, anders als die Ba`th-Partei vor und nach Kriegsausbruch behauptete, eine arabisch-nationalistische Ausrichtung, die sich nach dem Waffenstillstand Anfang der neunziger Jahre in Form von Spaltungen zeigte. Im Zusammenhang mit dem Prinzip des *wilayat al-faqih*, das im Iran eine hochpolitische Frage war, stellte es die *da`wa*-Partei nach der iranischen Revolution und der Emigration in den Iran 1980 ihren Mitgliedern frei, das Prinzip anzunehmen oder abzulehnen.[250] Sie konnte auch nicht anders handeln, weil sie zwischen die iranische Regierung einerseits und die Tradition Muhammad Baqir al-Sadrs andererseits geraten war. Al-Sadr war bekanntlich kein Anhänger der von Khumaini propagierten *"al-wilaiya al-`amma"* (allumfassende Herrschaft) in weltlichen und religiösen Fragen.[251] Für ihn kam die *"al-wilaiya al-`amma"* nur den ersten 12 schiitischen Imamen zu. *Wilaiyat al-faqih* erstreckte sich bei al-Sadr ebenfalls wie bei Khumaini auf die religiösen und weltlichen Lebensbereiche der *umma*. Bei al-Sadr sind Kompetenzen der Imame nicht übertragbar. Der *faqih* soll soviel Macht und Befugnisse haben, wie für das Regeln der Angelegenheiten der *umma* nötig sind.[252]

Bald änderte sich jedoch die Situation. Die führenden Persönlichkeiten der *da`wa*-Partei bekannten sich nach und nach zu diesem Prinzip.[253] Da vor allem nach der Auflösung der Islamischen Republikanischen Partei im Iran die Frage der Gründung einer *hizb ul-allah* auch für die Exiliraker im Iran debattiert wurde und diese Frage mit dem Prinzip der Herrschaft der Rechtsgelehrten zusammenhing, mußte die Partei ihre Loyalität der iranischen Führung gegenüber deutlich zum Ausdruck bringen.

---

250 Verschiedene Interviews mit al-Rubai`i (Führung der *da`wa*-Partei), 1989-1993.
251 Interview mit Shaikh Abu Haidar al-Husaini, London 22.3.1989.
252 Interview mit Bahr al-`Ulum, London, 24.3.1989.
253 Auf Betreiben Irans übernahmen die Anhänger des Prinzips der Herrschaft der Rechtsgelehrten die Führung in der Partei. Interview mit al-Rubai`i, London 20. Februar 1989.

Tabelle 21: Die irakischen schiitischen Organisationen Ende 1980

Organisation	Gründungsjahr nach Angaben der Organisation	Führende Persönlichkeit
Hizb al-Da`wa al-Islamiya	1957	Muhammad Mahdi al-Asifi
Munazamat al-`Amal al-Islamiya	1965	Muhammad Taqi al-Mudarisi
Harakat Jund al-Imam	ca. 1970	Sami Badri
Harakat al-Jamahir al-Muslima	1980	Muhammad al-Shirazi
Harakat al-Mujahidin al-`Iraqiyin	Mitte der 70er Jahre	`Abd al-`Aziz al-Hakim
Mit dem ORIRI assoziierte kurdische Organisationen 1980-1988:		
Harakat al-Muslimin al-Failiyin *	Anfang der 80er Jahre	`Abd al-Razzaq al-Faili
Hizb ul-Allah Kurdistan	Mitte der 80er Jahre	Muhammad Halid Barzani
Jama`at `Ulama' Kurdistan	Anfang der 80er Jahre	Uthman `Abd al-`Aziz
al-Jaish al-Islami al-Kurdi	Anfang der 80er Jahre	Abbas Shabak

* nach dem kurdisch-schiitischen *faili*-Stamm

Ohne die Probleme direkt beim Namen zu nennen, äußerte sich der Sprecher der *da`wa*-Partei, Muhammad Mahdi al-Asifi, zu diesem Kontext folgendermaßen:

> Die *da`wa* stützt sich in der islamischen Ordnung auf *wilayat al-faqih*. ... Die Partei bildet keine neue Führung für die Gemeinschaft. Und sie betrachtet sich nicht als eine Gemeinschaft in der Gemeinschaft. Sie ist ein organisierter Block innerhalb der Gemeinschaft, der für die Errichtung des islamischen Staats arbeitet. Sie wird danach den Staat verteidigen, und sie wird loyal sein gegenüber den Imamen der Gemeinschaft.[254]

Politisch hatte die *da`wa*-Partei nach den bitteren Erfahrungen 1979-1980 Interesse daran, mit den anderen politischen Kräften der irakischen Opposition zusammenzuarbeiten. In einer Art Manifest unter dem Titel *"Baiyan al-tafahum"* (Verständigungserklärung) erklärte sich die Partei bereit, mit den

[254] *Al-jihad* vom 17. Dezember 1984.

oppositionellen Gruppen - von den arabischen und kurdischen Nationalisten bis zu den Kommunisten - zusammenzuarbeiten.[255] Die *da`wa*-Partei unternahm in der Tat einige Schritte in Richtung Zusammenarbeit mit der von den kurdischen Parteien und den Kommunisten gegründeten "Patriotischen Demokratischen Front" (*al-Jabha al-wataniya al-dimuqratiya - JUD*).[256] Die Auflösung der iranischen "Islamischen Republikanischen Partei" war ein Signal auch für die *da`wa*-Partei, daß auch in der Struktur der schiitisch-irakischen Opposition eine von der iranischen Führung verordnete Veränderung kommen könnte. Die anderen schiitisch-islamistischen Bewegungen zeigten allerdings weniger Profil gegenüber der iranischen Führung und der "Linie des Imam". Die Organisation der Islamischen Aktion (*munazamat al-`amal al-islami*) und ihr ("geistiger"[257]) Führer Muhammad Taqi al-Mudarisi stimmten nahtlos mit der "Linie des Imam" und der iranischen Politik überein.

Einige Gruppen wurden kurz nach dem Ausbruch des irakisch-iranischen Krieges gegründet, weil sich der Iran dadurch bessere Lenkungsmöglichkeiten erhoffte. Eine dieser Gruppen war die "Bewegung der Gemeinschaft der kämpferischen *`ulama'* im Irak" (*harakat jama`at al-`ulama' al-mujahidin fi al-`Iraq*) unter Führung Muhammad Baqir al-Hakims, der bald von der iranischen Regierung der irakischen schiitischen Opposition als Führer oktroyiert wurde. In ihrer Gründungserklärung stellte die Bewegung die "Verpflichtung auf die Linie der religiösen rechtgeleiteten *marja`iya*, vertreten durch den Führer der Nation, Imam Ruhallah Khumaini" fest.[258] Andere eher obskure Gruppen wie die *harakat jund al-imam*[259] hatten auch im iranischen Exil keine praktische politische Bedeutung. Eine Wende in der Haltung der iranischen Führung zur irakischen Opposition im Iran ergab sich nach den iranischen militärischen Erfolgen Ende

---

255 Demgegenüber sagte Sheikhmous, daß die *da`wa*-Partei nicht bereit war, mit den Kommunisten zusammenzuarbeiten. Interview mit Omar Sheikhmous (ehemaliges Mitglied des Politbüros der Patriotischen Union Kurdistan), Berlin 13.11.1993.

256 Mitglieder der 1981 gegründeten JUD waren die Demokratische Partei Kurdistan, die KP Irak und die Sozialistische Partei Kurdistans. Initiator der JUD war die Demokratische Partei Kurdistans, die bei der Gründung der *"al-jabha al-wataniya al-qaumiya al-dimuqratiya - JAUQD"* (nationale, demokratische und patriotische Front) 1981 in Damaskus durch die Patriotische Union Kurdistan, die prosyrische irakische Ba`th-Partei, die KP Irak und kleinere linke und nationale Gruppen ausgeschlossen wurde. Die *da`wa*-Partei wurde aber niemals Mitglied der JUD, weil sie, wie in der vorherigen Anmerkung erwähnt, nicht bereit war, mit den Kommunisten in einer Front zusammenzuarbeiten. Sie koordinierte sich aber dennoch mit der JUD. Interview mit Sheikhmous, ebd.

257 Muhammad Taqi al-Mudarisi betrachtete sich lediglich als geistiger Führer der *munazamat al-`amal al-islami*. In Wirklichkeit führte er gemeinsam mit seinem Bruder Hadi al-Mudarisi die Organisation im Irak und ähnliche Organisationen in Bahrain an.

258 *Al-jihad* vom Mai 7. Mai 1981.

259 *Harakat jund al-islam* wurde von Sami al-Badri 1974 gegründet. Sie hieß bis zur iranischen Revolution *"Harakat jund al-Imam"*. Al-Badri leitete bis 1974 den Zweig der *hizb al-da`wa* im Karada-Stadtviertel von Bagdad. Er trennte sich von *al-da`wa* und vertrat extrem schiitische Ansichten, die darauf hindeuteten, daß alle islamischen Rechtsschulen (*madhab*), ausgenommen die *shi'a*, unislamisch seien. Die *gund al-Imam* haben die Aufgabe, die Muslime vorzubereiten, damit der zwölfte verborgene Imam (*al-Imam al-hujja*) erscheint. Nach der iranischen Revolution nannte sich diese Gruppe, die im Iran tätig ist, *"jund al-islam"*. Interview mit Muhammad Bahr al-`Ulum, London, 24.3.1989.

1982. Die iranische Regierung war, um im Falle einer irakischen Niederlage im Irak für alle Eventualitäten, einschließlich der Einsetzung einer proiranischen Regierung, gewappnet zu sein, zur Gründung des Obersten Rats der Islamischen Revolution im Irak (al-majlis al-a`la li al-thawra al-islamiya fi al-`Iraq), einer Dachorganisation für die schiitischen und kurdisch-islamistischen Gruppen im Iran, entschlossen. In der Gründungserklärung des am 17. November 1982 etablierten Rats betrachteten sich die Gründer als legitime Vertreter der islamischen Bewegung im Irak, die ihre Wurzeln in der antibritischen Revolte von 1920 habe. Diese Bewegung befände sich seit der Machtergreifung durch die Ba`th-Partei in einer umfassenden Konfrontation mit derselben, die sich in folgenden Aspekten manifestiere:[260] Feindselige Haltung gegenüber dem Islam und den religiösen, kulturellen und sozialen Werten der islamischen Gesellschaft; Mißachtung der Menschenrechte und Praktizierung von Gewalt zum Machterhalt; Etablierung einer tribalen, terroristischen (`asha'iri wa irhabi) Herrschaft und Spaltung der Bevölkerung nach ethnischer und konfessioneller Zugehörigkeit. Die "islamische Revolution im Irak" soll laut Gründungserklärung folgende Ziele verfolgen: Fortführung des Widerstands aufgrund des islamischen Glaubens bis zum Sturz der Ba`th-Regierung; Mobilisierung aller islamistischen Kräfte; Verbrüderung aller irakischen Ethnien und Konfessionen; Betrachtung der Islamischen Republik Iran als den natürlichen und prinzipiellen Verbündeten der irakischen Islamisten.[261] Da der Rat nach dem ursprünglichen Konzept von keiner bestimmten Gruppe dominiert werden sollte, wurden alle irakisch-islamistischen Gruppen an der Führung des Rates beteiligt (vgl. Tabelle 22).

Die bei der Gründung des Rates intendierten Ziele konnten - abgesehen von der vom Iran zum Zwecke einer besseren Kontrolle über die irakischen Gruppen aufge zwungenen Zentralisierung - kaum verwirklicht werden.[262] Bis zum Waffenstillstand im irakisch-iranischen Krieg 1988 konnte weder die eigentliche Aufgabe des Rats, nämlich eine Dachorganisation für die verschiedenen Gruppen zu werden, noch eine Kooperation mit den säkularen Oppositionsgruppen erreicht werden. Zudem konnte der Rat keine positive Rolle bezüglich der bis 1988 fehlenden Zusammenarbeit zwischen den verschiedenen irakischen Oppositionsgruppen übernehmen. Der Führer der Organisation der Islamischen Aktion, al-Mudarisi, versuchte, die Hintergründe für das Scheitern des Rats zu untersuchen. Zum einen führte er an

---

260 Zum vollständigen Text der Erklärung siehe das Zentralorgan des Rates Al-shahada vom 5. Januar 1988.
261 Ebd., siehe auch Supreme Council of the Islamic Revolution in Iraq. O.O. 1985, S. 25-28.
262 Eine Aufwertung des Rats 1986 durch die Beteiligung der wichtigsten politischen Gruppen war nur vorübergehend. Bei der sechsten ordentlichen Versammlung Anfang Januar 1986 wurde ein da`wa-Führer, Shaikh Muhammad Baqir al-Nasiri, zum Vorsitzenden der Allgemeinen Versammlung gewählt. Muhammad Baqir al-Sadr behielt seine Position als Vorsitzender des Rats, während die hizb al-da`wa und die Organisation der Islamischen Aktion mit je einem Mitglied im Exekutivrat vertreten waren. Zwei Wochen danach begann das Zentralorgan des Rats mit der Kritik an den schiitischen Gruppierungen, die die politische Tätigkeit mit der Arbeit für den Islam verwechselte. Burir al-Ibadi: Al-`amal al-islami baina al-wajib al-dini wa al-maksab al-diniyawi (Die islamische Arbeit zwischen der religiösen Pflicht und dem weltlichen Gewinn). In: Al-shahada vom 28. Januar 1986.

- ohne Iran zu nennen -, daß die Gründung des Rats von oben angeordnet wurde; die Gruppen selbst wollten ihre Selbständigkeit bewahren und verteidigten diese Position innerhalb des Rats. Zudem versuchten die einflußreichen politischen Kräfte im Rat, diesen zu einer Alternative zu den existierenden politischen Gruppen zu entwikkeln.[263] Mit diesem Hinweis macht al-Mudarisi auf die Tatsache aufmerksam, daß Muhammad Baqir al-Hakim und seine Anhänger vor dem Hintergrund ihrer unkritischen Haltung dem Iran gegenüber bestrebt waren, die anderen Organisationen zu dominieren.[264]

Tabelle 22: Mitglieder des Obersten Rats der Islamischen Revolution im Irak (ORIRI)

Name und Position	Organisation	Konfession
Muhammad Baqir al-Hakim (Präsident)	Bewegung der `ulama'	Schiit
Mahmud al-Hashimi	Bewegung der `ulama'	Schiit
Muhammad Baqir al-Nasiri	hizb al-da`wa	Schiit
Abu Tair al-Hasan	-	Schiit
Muhammad Khalid Barzani	hizbullah Kurdistans	Sunnit
Muhammad Mahdi al-Asifi	hizb al-da`wa	Schiit
Muhammad al-Haidari	Organisation der Islamischen Aktion	Schiit
Shaikh Abu Zahir	-	Schiit
Abu Maitham al-Khafaji	-	Schiit
`Abd al-`Aziz al-Hakim	harakat al-mujahidin	Schiit
Abbas al-Muhri	-	Schiit
Muhammad al-Barzinji (ab 1986)	Armee des Qurans	Sunnit
Muhammad Taqi al-Mudarisi	Organisation der Islamischen Aktion	Schiit

---

263 Vgl. al-Shaikh, Tawfiq: An al-`Iraq wa al-haraka al-islamiya. Hiwrat ma`a al-`allama Muhammad Taqi al-Mudarisi (Über den Iraq und die islamische Bewegung im Irak. Dialoge mit dem Gelehrten Muhammad Taqi al-Mudarisi). London 1988, S. 53-56.
264 Die irakische Regierung reagierte 1983 auf die Übernahme des Vorsitzes des Rats durch Muhammad Baqir al-Hakim mit der Hinrichtung von 16 Angehörigen der Familie al-Hakim, darunter viele politisch nicht aktive Geistliche. Siehe für detaillierte Angaben: Al-shahada vom 16. April 1985; auch die Berichte von amnesty international 1982-1988.

Der Rat entwickelte sich nach dem Waffenstillstand im irakisch-iranischen Krieg 1988 zu einer selbständigen politischen Kraft, so daß die anderen Organisationen ihre Mitgliedschaft im Rat "einfrieren" mußten.[265] Ebenso wie bei dem nicht realisierten Zusammenschluß der islamistischen Gruppen konnte der Rat zu keiner selbständigen militärischen Kraft im Iran werden. Die Erfolge des Rats und der einzelnen schiitischen Organisationen im Iran, eine bewaffnete Kraft zu organisieren und sich vom Iran aus am Krieg gegen den Irak zu beteiligen, waren fast unbedeutend. Die vom Rat aufgestellte Division "al-badr", die sich zum Teil aus zum Iran und zu den schiitischen Oppositionsgruppen übergelaufenen irakischen Offizieren und Soldaten zusammensetzte, beteiligte sich seit 1983 im wesentlichen als Unterstützung der iranischen Armee in den Kämpfen gegen die irakischen Einheiten im irakischen Kurdistan.[266] Hier stellt sich die Frage nach der ideologischen und politischen Legitimation des Kampfs an der Seite Irans, denn anders als die kurdischen Gruppen, die aus geopolitischen Gründen im Guerilla-Krieg ohne ideologische Rechtfertigung zur Zusammenarbeit mit den internationalen und regionalen Akteuren bereit waren, versuchten sich die irakischen Schiiten gegen den irakischen Vorwurf der Kollaboration mit dem Feind zu rechtfertigen. Zwei Hauptaspekte bestimmten die Argumentation, die die irakisch-schiitische Opposition anführte: zum einen das Befolgen der erwähnten "Linie des Imam" und zum anderen der internationale Charakter der islamischen Revolution. Ein Sprecher des ORIRI definierte die "Linie des Imam" folgendermaßen: "Diese Linie, die Linie des Imam, ist in Wirklichkeit die Substanz des Islam. In ihr sind die Führung, die klaren Ideen und die harten Prinzipien des Imam (Khumaini) verkörpert ...".[267] Die Elemente dieser Linie seien die Führerschaft durch die `ulama´, der revolutionäre Weg zum Wandel und antiimperialistische Politik nach dem Prinzip des "Weder West noch Ost".[268] Es ist evident, daß die irakisch-schiitische Opposition ohne dieses Bekenntnis kaum im Iran aktiv wurde. Das Befolgen der "Linie des Imam" wurde aber vom Iran selbst relativiert, als die Grenzen der Zumutbarkeit gegenüber den irakisch-schiitischen Gruppen sichtbar wurden. So wurde der Ruf nach der Gründung einer irakischen *hizb ul-allah* nicht weiterverfolgt, in der Annahme, daß die irakischen Gruppen dem nicht geneigt seien und daß die Oktroyierung des iranischen Modells zu weiteren Spaltungen und damit zu völliger Ineffizienz führen würden.[269]

---

265 Interview mit al-Rubai`i, London 22. April 1993.
266 Über den militärischen Verlauf des irakisch-iranischen Krieges und die Beteiligung der irakischen Opposition in den Kämpfen siehe O'Ballance, Edgar: The Gulf War. London 1988.
267 Al-Muhandis, Abu Ahmad: Ma`alim khat al-Imam (Zeichen der Linie des Imam). In: *Al-shahada* vom 23. April 1985.
268 Ebd.
269 Der Ruf nach einer irakischen *hizb ul-Allah* wurde im Zentralorgan der ORIRI, *Al-shahada*, vom 21. Januar 1986 publiziert. Es heißt in der Begründung für die Etablierung einer irakischen *hizb ul-Allah*: "Die Betrachtung aller für den Islam tätigen Falangen im Rahmen des *hizb ul-Allah* mit all ihren ehrenhaften Inhalten und das Profitieren von den Erfahrungen des Imam [Linie des Imam; F.I.] bewahrt uns vor all dem, was die Arbeit für Gott verhindern könnte ...". Ebd.

Die Nachahmung der iranischen Revolution und die Gefolgschaft des Revolutionsführers Khumaini wird wesentlich mit dem Internationalismus der islamischen Revolution legitimiert. So steht in der Satzung der ORIRI zu diesem Thema: "Wir betrachten die islamische Republik Iran als Basis und Ausgangspunkt der internationalen islamischen Revolution (*li l`-thawra al-islamiya al-`alamiya*) ...".[270]

Das Bündnis mit dem Iran ist demnach kein Zweckbündnis, sondern ergibt sich aus der Notwendigkeit einer Zentralisierung der internationalen islamischen Revolution. Der Zentralismus wird aber im Unterschied zu anderen Modellen so beschrieben:

> Der Zentralismus im Islam ist ein prägendes Merkmal. Er beginnt mit dem Ruf nach Monotheismus und Ausrichtung der Gebete in Richtung Makka. ... Um zwischen Zentralisierung und Dezentralisierung zu vergleichen, nennen wir das Beispiel des Kommunismus und des Kapitalismus. Im Islam genießen die Massen die Freiheit, ihren Weg zum islamischen Zentralismus zu finden. Der Islam hat die Meinungsvielfalt erlaubt; es ist aber Pflicht, den am meisten Wissenden nachzuahmen (*taqlid al-a`lam*).[271]

Die islamische Revolution im Iran wurde nicht nur als Beginn einer Erneuerung in der islamischen Welt, sondern darüber hinaus als Alternative (*badil*) zu den kapitalistischen und kommunistischen Systemen in der gegenwärtigen Weltordnung betrachtet.[272] Dabei wurden die kulturellen und ökonomischen Krisen im Westen und im "kommunistischen Machtbereich" als Beweis für die Unglaubwürdigkeit (*al-lamisdaqiya*) dieser Systeme angeführt.[273] Der Islam fühle sich wegen seiner an die gesamte Menschheit gerichteten Botschaft (*risala*) dazu verpflichtet, die Welt auf den richtigen Weg (*al-huda*) zu leiten.[274] Die islamische Revolution im Iran schuf neue Bedingungen für die Zentralisierung der islamischen Bewegung und für die Aufhebung der Zwistigkeiten, die nach dem Verbergen des Mahdi (*ghaibat ul-Mahdi*) entstanden waren.[275] Denn "... der Islam wird heute durch einen authentischen islamischen Staat repräsentiert. Das Gebot des Zentralismus ist daher nicht nur religiöse Pflicht, sondern darüber hinaus eine zivilisatorische Notwendigkeit (*darura hadariya*).[276]

Daß dem Iran nach dem Selbstverständnis des Regimes die Führungsrolle der islamischen Revolution zukomme, sei auch durch die Verpflichtung der

---

270 Siehe die Satzung des *majlis*: The High Majlis (Supreme Council) of the Islamic Revolution in Iraq. Teheran 1983, S. 23.
271 Anwar Ali: *Iran muntalaq quwa islamiya uzma* (Iran ist Ausgangspunkt einer islamischen Großmacht). In: *Al-shahada* vom 20. August 1985.
272 Ebd.
273 Ebd.
274 Anwar Ali: *Al-mustaqbal li- l'-badil al-islami*. In: *Al-shahada* vom 3. August 1985.
275 Ebd.
276 Ebd.

islamischen Republik zu erklären, die *mustad`ifin* (Entrechteten) weltweit gegen die Kräfte der *mustakbarin* (Unterdrücker) zu unterstützen.[277]

Schließlich bedürfe die islamische Revolution eines "Führers", eines "Imam", der die Weisheit und die Erfahrung besitze, den Islam zum Sieg zu führen. Diese Rolle komme dem Imam Khumaini zu, weil der historische Prozeß, der zur Führerschaft Khumainis geführt habe, immer noch nicht abgeschlossen sei.[278]

Al-Mudarisi, Führer der *munazamat al-`amal al-islami*, bringt einen für ihn zentralen Aspekt in die Diskussion. Die iranische Revolution sei eine Fortführung der islamistischen Bewegung von Jamal al-Din Al-Afghani, Muhammad `Abdu, Rashid Rida und den Muslimbrüdern.[279] Da `Abdu und Rida Sunniten waren und die Muslimbrüder eine sunnitische Bewegung sind, versucht al-Mudarisi, den überkonfessionellen Charakter der Revolution im Iran zu unterstreichen. Die Betonung des islamistischen Internationalismus und die Unterstreichung der panislamischen Prinzipien des schiitischen Islamismus hatten zweifellos eine wichtige Bedeutung als Gegenstrategie zur irakischen Kriegspropaganda, die gerade den Konfessionalismus des "Mullah-Regimes" in Teheran herausstellte. Für das Verhältnis der schiitischen Islamisten zu den Gruppen der irakischen Opposition, die - abgesehen von den kurdischen islamistischen Gruppen - nur säkulare Kräfte umfaßte, hatte der islamische Internationalismus keine praktische Relevanz.

Das Verhältnis der schiitischen Oppositionsgruppen zu den säkular orientierten blieb bis zu den anhaltenden iranischen militärischen Erfolgen 1986 gestört. Die Beziehungen der schiitisch-islamistischen Opposition mit den nichtislamistischen Gruppen blieb auf die Demokratische Partei Kurdistan, die seit dem Ausbruch des irakisch-iranischen Kriegs mit dem Iran verbündet war, beschränkt. Das gestörte Verhältnis kann aber nicht nur durch die Imperative des Iran erklärt werden. Die Islamisten stellten auch für die säkulare irakische Opposition - u.a. für die KP Irak, die Patriotische Union Kurdistan und die arabisch-nationalistischen Parteien[280] - wegen ihrer Vorstellungen von einer islamischen Republik Irak zunächst kein möglicher Bündnispartner dar.[281]

Ein Hauptstreitpunkt zwischen den schiitischen Islamisten und den säkularistischen Kräften waren die unterschiedlichen Vorstellungen über die zuküftige politische Ordnung im Irak nach dem Sturz des Ba`th-Regimes sowie über den Weg zum politischen Wandel. Alle schiitisch-islamistischen Organisationen des Irak gingen, - anders als die kurdischen Organisationen und die Kommunisten -

---

277 Ebd., Ali bezieht sich in diesem Punkt auf Artikel 154 der iranischen Verfassung.
278 Ebd.
279 Al-Mudarisi, Muhammad Taqi: `Alamiyat al-thawra al-islamiya. (Der Globalismus der islamischen Revolution). O.O, o. J. S. 3-4.
280 Die von Syrien unterstützten arabisch-nationalistischen irakischen Oppositionsparteien umfaßten die prosyrische Ba`th-Partei, die Sozialistische Partei, die Arabische Sozialistische Bewegung, die Unabhängigen Demokraten und die Irakische Volksbefreiungsarmee. Vgl. *Mithaq al-jabha al-wataniya al-qawmiya fi al-`Irak* (Satzung der Patriotischen Nationalen Demokratischen Front im Irak). Damaskus 1981, S. 32.
281 Nur die Demokratische Partei Kurdistan - Irak schloß 1981 mit der *hizb al-da`wa* ein Bündnis.

davon aus, daß ein friedlicher Wandel im Irak nicht vorstellbar sei.[282] Die Basis für diese Haltung war der grundlegende Widerspruch zwischen der Ideologie der Ba'th-Partei und der des schiitischen Islamismus sowie die realistische Einschätzung, daß Saddam Husain unter keinen Umständen bereit wäre, die islamistischen Organisationen zu legalisieren.[283] Die politischen Vorstellungen der schiitischen Organisationen über den zukünftigen Irak beziehen sich daher auf die Phase nach der Entmachtung der regierenden Ba'th-Partei. Wie sollte aber der Wandel stattfinden? Für die *da'wa*-Partei äußerte sich das Mitglied der Führung, al-Asifi, 1982 folgendermaßen: "Über die Regierung und den Staat hat das irakische Volk zu entscheiden. Es ist verantwortlich für die politische Zukunft des Irak. ... Die Iraker müssen aber ihre legitimen Rechte bei der Etablierung eines islamischen Staates mit Mut und Kompetenz durchsetzen."[284]

Das 1992 verabschiedete Programm der *hizb al-da'wa* geht ziemlich ausführlich auf die Frage des politischen Wandels in der Ära nach Saddam Husain ein. Vor der Entscheidung über die politische Ordnung soll eine Übergangsregierung innerhalb von zwei Jahren folgende Maßnahmen treffen: Die Beseitigung aller repressiven Staatsapparate, die Annullierung aller Gesetze, die zu den international anerkannten Normen der Menschenrechte im Widerspruch stehen, die Zulassung von politischen Parteien und das Gewähren von Meinungsfreiheit.[285] Hinsichtlich der politischen Ordnung nach der Übergangsphase setzte sich die Partei von den Vorstellungen al-Asifis nur in der Wahl der Begriffe ab. So heißt es: "Das Prinzip der *shura* und die direkte Wahl sind die Eckpfeiler beim Aufbau des politischen Systems. ... Innerhalb des Prinzips der *shura* beteiligt sich das ganze Volk an der Formulierung einer Verfassung, die auf den Prinzipien des Islam und den Werten der irakischen Gesellschaft basieren muß."[286]

Der Bezug auf die islamischen Prinzipien wird im Zusammenhang mit der Freiheit der Kunst und der Meinungsfreiheit wiederholt.[287] Das Programm der *hizb al-da'wa* legt sich nicht auf das von Asifi formulierte Ziel der Etablierung eines "islamischen Staates" fest. Die nicht spezifizierten "islamischen Prinzipien" und "Werte der irakischen Gesellschaft" können allerdings eine deutliche Einschränkung der im Programm postulierten Gewaltenteilung und Gewährung bürgerlicher Rechte bedeuten.

Der Führer der Organisation der Islamischen Aktion, al-Mudarisi, antwortete 1982 auf die Frage, ob nach dem Sturz Saddam Husains freie Wahlen stattfinden würden: "Hinsichtlich der Wahlen ich bin sehr dafür, zumal diese Wahlen Schicksalswahlen sein können. Wir sollten dem irakischen Volk die Chance ge-

---

282 Sporadische Verhandlungen zwischen den kurdischen Parteien und der irakischen Regierung zeigten, daß die Kurden - anders als die schiitischen Islamisten - prinzipiell bereit waren, den Kurdenkonflikt durch Verhandlungen mit der irakischen Regierung beizulegen.
283 Interview mit al-Rubai'i, London 20. Februar 1989.
284 Zitiert nach 'Abd al-Jabbar, 1987, S. 53.
285 *Hizb al-da'wa: Birnamajuna* (Unser Programm). London 1992, S. 44-45.
286 Ebd., S. 49.
287 Ebd., S. 54, 61.

ben, die politische Ordnung zu bestimmen, sei es religiös, demokratisch oder liberal."[288]

Diese Haltung erklärt allerdings nicht die politische Ordnung, die al-Mudarisi anstrebt. Kurz vor dem Waffenstillstand im irakisch-iranischen Krieg machte er deutlich, daß seine Organisation ein Ordnung nach dem Vorbild des Iran anstrebe: "Im Iran glaubte das Volk die Theorie der Herrschaft der Rechtsgelehrten nicht, bis es die Wahrheit über sie erfuhr. Wenn das irakische Volk die Wahrheit über diese Theorie erfährt und weiß, daß diese Theorie nicht im Widerspruch zu den individuellen Freiheiten und allgemeinen Wahlen sowie der Wahl des Staatspräsidenten und der Mitglieder des *shura*-Rats steht, wird es an die Theorie glauben."[289]

Die Auffassung der "Bewegung der islamischen Massen" (*harakat al-jamahir al-muslima*) war jener ähnlich, die wir schon bei al-Asifi und al-Mudarisi vernommen haben: "Wir glauben, daß die Nation (*umma*) über eine Volksbefragung ihre Meinung über die politische Ordnung äußern sollte, um einen *faqih* (Rechtsgelehrten) zum Führer zu wählen. ... Sollte sie mit der Wahl des *faqih* nicht einverstanden sein, so ist das der freie Wille der Nation. Der Islam kennt keinen Zwang. Da aber die überwiegende Mehrheit des irakischen Volkes Muslime sind, gehen wir davon aus, daß die Regierungsordnung mit dem Glauben der Nation nicht im Widerspruch stehen wird."[290]

Der Führer der letztgenannten Organisation, Ayatollah al-Uzma Muhammad Shirazi, nimmt in seiner Schrift *"Min auualiyat al-daula al-islamiya"*[291] (Über Elemente des islamischen Staats) ausführlich Stellung zu diesem Thema. Prinzipiell soll ihm zufolge der Staat "islamischer Staat" heißen, weil nur ein Staat, der die Grundsätze des Islam praktiziert, legitim sei.[292] Dieser Staat soll der Staat aller Muslime sein, d.h. die existierenden islamischen "Nationalstaaten" seien illegitim, weil die Nationalstaaten ein Abgleiten (*inhiraf*) vom rechten Weg des Islam, der zur Einheit ruft, darstellten.[293] In der angestrebten islamischen Ordnung sollen "freie islamische Parteien" vorhanden sein, weil der Islam die Meinungsfreiheit im *shura*-Prinzip garantiere.[294] Al-Shirazi macht jedoch hier, wie die Formulierung "freie islamische Parteien" zeigt, eine prinzipielle Einschränkung. Er erläuterte seine Meinung folgendermaßen:

> Im Islam sind Parteien nicht verboten. Verboten sind jedoch die ungläubigen Parteien (*al-ahzab al-kafira*), die nach nicht-islamischen Prinzipien regieren und nicht-islamische Gesetze verabschieden. Dies haben wir am Beispiel der nationalen, kommunistischen, ba`thistischen und demokratischen Parteien in den islamischen Ländern gesehen. Die islamischen

---

288 Zitiert nach `Abd al-Jabbar, 1987, S. 53.
289 Al-Shaikh, 1988, S. 64.
290 Zitiert nach `Abd Al-Jabbar, 1987, S. 54.
291 Al-Shirazi, Muhammad: *Min auwaliyat al-dawla al-islamiya*. (Über Elemente des islamischen Staates). Qum 1405 h.
292 Ebd., S. 19.
293 Ebd., S. 25-31.
294 Ebd., S. 32-33.

Parteien, die mit den *maraji al-taqlid* verbunden sind, sind notwendig. Eine Partei ist nicht anders als eine kulturelle Gruppe (*tajamu` thaqafi*), die die Rolle übernommen hat, die vorher die Stämme spielten. Die Menschen müssen in Gruppen (*tajamu`at*) organisiert werden, um dann einen Staat zu bilden. Die Gruppen können primitiv sein, wie bei den Stämmen, oder zivilisiert, wie bei den Parteien in diesem Zeitalter ... Einheitsparteien sind unzulässig.[295]

Al-Shirazi begründet die Unzulässigkeit der Einheitsparteien mit drei Aspekten, die seiner Ansicht nach im islamischen Recht verankert sind: Erstens, die Einheitspartei führe zur Unterdrückung, so daß die Menschen ihre Meinung nicht äußern könnten; zweitens, es fehle in einem Einparteiensystem an Konkurrenz, so daß der Fortschritt gehemmt werde; und drittens, der Parteienpluralismus fördere die gegenseitige Kontrolle. Beim letzten Aspekt führt al-Shirazi das Beispiel des monarchischen Irak an. Unter der Monarchie führte der Parteienpluralismus - auch wenn die Parteien nicht islamistisch und der britische Einfluß deutlich waren - zur gegenseitigen Kontrolle und Meinungsfreiheit.[296]

Der ORIRI vertrat in seinem 1982 verabschiedeten Programm ähnliche Ansichten wie die *hizb al-da`wa* und die Organisation der Islamischen Aktion. Es heißt in der Gründungserklärung: "Das irakische Volk bestimmt nach dem Sturz des Despoten die Form der politischen Ordnung. Wir glauben aber unsererseits, daß das Volk nichts anderes als die islamische Ordnung und die islamische Führung wählen wird."[297]

Alle diese Positionen und Äußerungen von Vertretern der irakischen schiitisch-islamischen Bewegung enthalten grundsätzliche Widersprüche. Sie postulieren das Recht der irakischen Bevölkerung, über Wahlen oder Volksbefragung die politische Ordnung bestimmen zu können, schränken aber dieses Recht ein, wenn sie die nicht näher spezifizierten "islamischen Prinzipien" zur Grundlage der politischen Ordnung erklären. Auch wenn die islamistischen Bewegungen sich in diesem Punkt einig sind, zeigen sich dennoch wesentliche Unterschiede. Die Position al-Mudarisis und al-Shirazis zeigt fundamentale Unterschiede zur Position der *da`wa*-Partei. Während bei den ersteren die Verpflichtung auf einen islamischen Staat mit den Rechtsgelehrten als Führer der Gemeinschaft deutlich betont wird, ähnelt die Position der *hizb al-da`wa* der des islamischen Reformers Muhammad `Abdu, der vor fast einem Jahrhundert verkündete: "Der Herrscher in der islamischen Gesellschaft ist in allen Gesichtspunkten ein ziviler Herrscher (*hakim madani*). ... Seine Wahl und Abwahl unterliegen der Meinung der Menschen und nicht einem göttlichen Recht, das der Herrscher Kraft der Religion in Anspruch nimmt."[298]

---

295 Ebd., S. 34-35.
296 Ebd., S. 34-36.
297 *Liwa `al-Sadr* vom 24. November 1982.
298 `Abdu, Muhammad: *Al-`amal al-kamila* (Die gesammelten Werke), Kairo, 1985, Bd.1, S. 104-105.

Die Position der *hizb al-da`wa*, die schon 1980 in der "Einverständniserklärung" deutlich wurde, bildete auch den Hintergrund für den iranischen Druck auf diese Partei und die daraus resultierenden Spaltungen.[299] Nach der iranischen Eroberung der Halbinsel Fao im Jahre 1986 versuchte die iranische Regierung, eine Annäherung zwischen der schiitischen und der säkularen irakischen Opposition zu erzielen. Vor allem die bewaffnete kurdische Opposition hatte für den Iran eine relativ große Bedeutung, denn die Eroberungen an der Nordfront 1986 und 1987 wären ohne Zusammenarbeit mit der kurdischen Guerilla nur schwer vorstellbar gewesen.[300] Diese Tatsache korrespondierte mit den Diskussionen über die Etablierung einer irakischen provisorischen Regierung in Basra, wenn den Iranern die Eroberung der Stadt gelänge.[301] Das Forum für die Annäherungsversuche der irakischen schiitischen Opposition und der iranischen Regierung an die säkulare irakische Opposition bildete der vom Iran im Dezember 1986 organisierte "Kongreß zur Solidarität mit dem irakischen Volk".[302] Obwohl das gesamte Spektrum der irakischen Opposition an diesem Kongreß teilnahm, führte er zu keinen greifbaren Ergebnissen, weil die islamistischen Gruppierungen und Iran über das "Bündnis auf dem Schlachtfeld" hinaus keine Partner für eine politische Zusammenarbeit mit den säkularen Kräften darstellten. Da neben den Islamisten lediglich die kurdischen Guerilla–Gruppen in den Krieg involviert waren, hatte das Angebot nur einen theoretischen Charakter.

Die Kurdenfrage und die Beziehungen mit den kurdischen Gruppen rückten, nachdem alle kurdischen Organisationen 1987 ein *de facto*-Bündnis mit dem Iran geschlossen hatten, in den Vordergrund. Die Beziehungen der irakischen schiitischen Opposition zu den kurdischen Gruppen waren bis dahin von mehreren, teilweise widersprüchlichen Faktoren determiniert. Einerseits betonte die schiitische Opposition die positive Haltung der schiitischen *marja`iya* zur Kurdenfrage unter *marja` ul-taqlid* Muhsin al-Hakim - vor allem in Form seines *Fatwas* in den sechziger Jahren gegen den Kurdenkrieg[303] -, andererseits muß-

---

299 Neben der *hizb al-da`wa al-islamiya*, die ein liberales Programm vertritt, beansprucht eine pro-iranische Gruppe unter der Bezeichnung *hizb al-da`wa*, die legitime Partei, die 1958 gegründet wurde, zu sein.
300 Zur Rolle der irakischen Kurden im irakisch-iranischen Krieg siehe O'Ballance, 1988; Ibrahim, 1991; Gunter, 1992.
301 Die Debatte über die Gründung einer provisorischen "Islamischen Republik Irak" wurde in einem Artikel im Zentralorgan des ORIRI unter dem Titel "Die provisorische Regierung des Irak - eine notwendige Forderung" von dem außenpolitischen Sprecher des Rats, Abu Ahmad al-Muhandis, publiziert. Der Verfasser ging davon aus, daß die Gründung der Regierung durch den Rat die anderen politischen Kräfte der Opposition zwingen würde, diesen Schritt als *fait accompli* anzuerkennen. Außerdem könnte der Staat durch Iran, Libyen und Syrien anerkannt werden. Das Ratsmitglied und Vertreter der *hizb al-da`wa*, Shaikh Muhammad Baqir al-Nasiri, lehnte in einer Erwiderung die Gründung der Regierung ab, weil der Rat die Iraker vor dem Sturz Saddam Husains nicht zwingen sollte, eine nicht gewählte Regierung hinzunehmen. Zudem würde eine provisorische Regierung unter den herrschenden Umständen den Konfessionalismus unter den Irakern schüren. Vgl. *Al-shahada* vom 11.3.1986.
302 Vgl. *Al-shahada* vom 9. Dezember 1986.
303 Zur Haltung al-Hakims in der Kurdenfrage siehe *As-Sayid al-Hakim fi dhikra wafatihi*. In: *Al-shahada* vom 2.12.1986.

ten die schiitischen Gruppen Rücksicht auf die Position der iranischen Führung nehmen, die selbst seit 1980 gewaltsam gegen die kurdischen Gruppen im Iran vorging und kein Interesse daran hatte, der Kurdenfrage politische Relevanz zukommen zu lassen. Es scheint, daß der Iran und die schiitischen Gruppen des Irak versucht haben - da sie zunächst nicht bereit waren, mit den säkularen kurdischen Gruppen zusammenzuarbeiten[304] -, islamistische kurdische Gruppen zu stärken.[305] Dabei verfolgten sie zwei Ziele, nämlich eine Alternative zu den nationalistischen kurdischen Gruppen aufzubauen und durch das Bündnis mit den sunnitisch-islamistischen kurdischen Parteien den interkonfessionellen Charakter der islamistischen Bewegung zu betonen. Die kurdischen islamistischen Parteien als ein neues Phänomen konnten die Rolle der nationalistischen kurdischen Parteien trotz der iranischen Unterstützung nicht relativieren.[306]

Obwohl der oben erwähnte Solidaritätskongreß zu einer Annäherung zwischen der kurdischen und der schiitischen Opposition führte, blieb die Haltung der schiitischen Opposition im Zusammenhang mit der Lösung der Kurdenfrage offen. Die Schiiten beschränkten sich hinsichtlich der Zukunft Iraks - da die iranische Führung die von den Kurden geforderte nationale Autonomie, die auch von den iranischen Kurden gefordert wird, ablehnte - auf unpräzise Vorstellungen, wie die von der Abschaffung der Auswüchse des Rassismus (*'unsuriya*) und des Konfessionalismus (*ta'ifiya*) im Irak nach dem Sturz der Ba'th-Partei.[307]

Diese Haltung und der Versuch der schiitischen Opposition, mit Unterstützung der *jama'at 'ulama' Kurdistan* sowie der 1985 gegründeten *hizb ul-allah Kurdistan* die säkulare kurdische Opposition zu schwächen, verhinderten eine engere Zusammenarbeit zwischen den Schiiten und den kurdischen Parteien. Die Intensität der Kämpfe im irakischen Kurdistan im Winter 1987/88 führte zu einer Wende in den Beziehungen zwischen den kurdischen Guerilla-Gruppen und Iran. Das pragmatische militärische Bündnis zwischen den beiden Parteien führte auch zu einer stärkeren Annährung der schiitischen Gruppen an die kurdischen. Dennoch hatte diese Annäherung keine politischen Konsequenzen. Die Kurden, die schon vor Kriegsausbruch mit dem Irak in einen langwierigen Konflikt geraten waren, hatten, als Iran 1987 die Kampfhandlungen im irakischen Kurdistan intensivierte, keine andere Option, als sich mit den Iranern zu verbünden, zumal eine Reihe von Verhandlungen mit der irakischen Regierung scheiterten. Die Kurden konnten sich eine neutrale Option aus militärischen

---

304 Eine Ausnahme machte jedoch die Demokratische Partei Kurdistan unter Führung von Idris und Masud Barzani. Sie verbündete sich wegen politischer Differenzen mit der Demokratischen Partei Kurdistan - Iran (DPK-Iran) und mit der irakischen Patriotischen Union Kurdistan mit dem Iran und beteiligte sich 1980-81 an der Seite Irans am Krieg der iranischen Regierung gegen die DPK-Iran und andere linke Gruppen. Vgl. Gunter, 1992; Ibrahim, 1983.
305 Vgl. *Al-shahada* vom 19.3.1985.
306 Die folgenden kurdischen islamistischen Parteien waren bis 1988 im Iran tätig: *hizb ul-allah-i Kurdistan* (Führer: Shaikh Muhammad Halid al-Barzani); *jama'at 'ulama' Kurdistan* (Führer: Shaikh Uthman 'Abd al-'Aziz); *al-islami al-kurdi* (Führer: 'Abbas Shabak); *harakat al-muslimin al-failiyin* (Führer: 'Abd al-Razzaq al-Faili).
307 Siehe *Al-shahada* vom 30.1.1987.

Gründen nicht leisten.[308] Die schiitische Opposition ihrerseits sah in den Kämpfen im irakischen Kurdistan ihre Chance, sich auf irakischem Boden politische Legitimation zu verschaffen. Im Vertrauen auf die iranische Position, den Kampf bis zum Saddam Husains Sturz zu führen, betrachtete die schiitische Opposition noch im Oktober 1987 die Resolution 598 des UNO-Sicherheitsrats als eine westliche Verschwörung, die darauf abzielte, den Sturz Saddam Husains zu verhindern.[309] Die Annahme der Resolution durch Ayatullah Khumaini im Juli 1988 überraschte daher die Gruppen der schiitischen Opposition um so mehr.

Obwohl die Führerschaft Khumainis bis zu seinem Tode 1989 von keiner schiitischen irakischen Gruppe in Zweifel gezogen wurde, zeichnete sich in den letzten drei Jahren vor dem Waffenstillstand eine kritischere Betrachtung der eigenen Position sowie eine versteckte Kritik an der iranischen Irak-Politik ab. Denn trotz der politischen, finanziellen und militärischen Unterstützung Irans gelang es der schiitischen Bewegung nicht - abgesehen von begrenzten Aktionen in Najaf, Karbala und Bagdad - ihrer Vorstellung vom gewaltsamen Sturz der Ba`th-Regierung näherzukommen. Der Führer der Organisation der Islamischen Aktion, Muhammad Taqi al-Mudarisi, führt das Scheitern der schiitischen Opposition, sich zu einem maßgeblichen Akteur zu entwickeln, auf die fehlenden Erfahrungen bezüglich politischer Organisation und auf ihre Zerworfenheit zurück.[310] Seit dem Waffenstillstand zwischen Irak und Iran versuchte die schiitische Opposition, ihre eigene Rolle kritisch zu betrachten.[311] Die Kritik bezieht sich vor allem auf die Tatsache, daß die irakische schiitische Opposition in den ersten Kriegsjahren ihre Selbständigkeit aufgegeben und allein auf den Sieg des Iran gehofft hatte.[312] Dies erleichterte es dem Irak, die schiitische Opposition als "Handlanger des iranischen Feindes" zu brandmarken.[313] In der Tat versuchte die irakische Regierung von Anfang an, die schiitische Opposition als "Instrument des iranischen Regimes" zu diskreditieren.[314] Die Vorwürfe

---

308 Interview mit Nushirwan Mustafa (Führung der Patriotischen Union Kurdistan), Berlin 10.10.1991.
309 Vgl. *Al-shahada* vom 6.10.1987.
310 Siehe al-Shaikh, 1988, S. 60-61.
311 Muhammad Bahr al-Ulum vertritt die Auffassung, daß sich die oppositionellen schiitischen Bewegungen nach Kriegsbeginn völlig auf den Iran verlassen hätten. Sie verloren dadurch an Initiative. Interview mit Bahr al-`Ulum, London 24.3.1989.
312 Siehe al-Shaikh, 1988, S. 69.
313 Siehe ebd., S. 95.
314 Mazin 'Abd al-Majid al-Samarra`i beschreibt die *hizb al-da`wa* folgendermaßen: "Sie ist eine persische Partei (*hizb farisi*). Ihre Wurzeln reichen bis in die Tiefe der arabisch-islamischen Geschichte. Sie begann ihre Aktivitäten im Jahre 125 h (744 n.Ch.) und verbarg ihre Arbeit zu Anfang unter dem Vorwand, für das Haus des Propheten (*ahl al-bait*) zu wirken. ... Die persische antiarabische und antiislamische Strömung (*tiyar*) wurde seit langem zurückgewiesen. Die eifrigen Söhne des Arabismus ('*uruba*) wiesen sie (die Perser) in ihre Schranken. So legte der Umaiyaden-Wali von Khorasan die Ziele der Perser offen, als ob er hier und heute Khumaini und seine persische *hizb al-da`wa* meint: 'Leute, die einer Religion dienen, einer Religion, die der Prophet und die Bücher nicht verkündet haben. Denjenigen, die mich nach ihrer Religion fragen, sage ich: ihre Religion hat das Ziel, die Araber zu vernichten'." Siehe al-Samarra`i, Mazin `Abd al-Majid: *Watha'iq an al-sira` al-`iraqi al-farisi*. (Dokumente über den irakisch-persischen Kampf). Bagdad 1987. S. 95-96

des Irak gegen die Opposition unter der Voraussetzung des Kriegs konnte, wie al-Mudarisi feststellt, nicht ohne Auswirkungen auf die Iraker bleiben.[315]

Neben der kritischen Betrachtung der eigenen Rolle bemängelt die irakische schiitische Opposition Irans Einschätzung der politischen Verhältnisse im Irak. Khumainis Aufruf an die Iraker, zivilen Ungehorsam zu leisten, verkannte nach Ansicht der irakischen Opposition die realen Verhältnisse im Irak.[316]

Im Hinblick auf die Geschichte der Beziehungen zwischen den schiitischen Gemeinschaften im Iran und Irak und auf die Bedingungen, die die islamische Revolution schaffte, erscheint das Bündnis der irakischen Schiiten mit dem Iran verständlich. Die irakische Opposition stand aber dennoch vor einem Dilemma. Einerseits wußte sie, daß sie mit ihrer Anwesenheit im Iran und mit der Anerkennung Khumainis als Führer der Muslime, dem diese zum Gehorsam verpflichtet waren, dem Irak geradezu das Argument lieferte, sie zu bezichtigen, sich mit einer ausländischen Macht gegen ihre Heimat verbündet zu haben. Andererseits war eine Distanz zum Iran nicht möglich, weil die Islamische Republik ihr als Modell für den zukünftigen Irak diente.[317]

Nach dem Waffenstillstand begann in der schiitischen Opposition eine neue Diskussionsrunde über die Strategie der islamistischen Bewegung unter den neuen Bedingungen. Der ORIRI, der quasi vom Iran mit der Führung der schiitischen Gruppen beauftragt wurde, unterbreitete selbst Vorschläge über "die Einheit der islamistischen Opposition".[318] Danach darf keine islamistische Gruppe allein den Anspruch auf die Führung erheben; die Ziele der Bewegung müssen realistisch sein, keiner soll von einem baldigen Sieg und der Rückkehr in den Irak reden; und schließlich sei ein effektives Zusammenrücken der islamistischen Bewegungen anzustreben.[319] Für die Zusammenarbeit mit den nicht-islamistischen Gruppen schlug der Rat die folgende Plattform vor: Wiederherstellung der bürgerlichen Rechte, einschließlich konfessioneller Freiheiten, und Rücknahme der Auswüchse der konfessionellen und nationalen Diskriminierungen.[320] Die Frage nach dem künftigen Staatssystem blieb allerdings offen.[321]

Hintergrund dieser Vorschläge war die anhaltende Kritik der *hizb al-da'wa* und der *munazamat al-'amal al-islami* am ORIRI und seinen Führer, Muham-

---

315 Siehe al-Shaikh, 1988, S. 95.
316 Interview mit al-Rubai'i, London, 10.3.1989.
317 Al-Mudarisi trat sogar während des Kriegs dafür ein, für die Zeit nach dem "Sieg" Irans eine Union zwischen den beiden Republiken zu gründen. Siehe Shaikh, 1988, S. 25.
318 Vgl. *Al-shahada* vom 18.10.1988.
319 Ebd.
320 *Al-shahada*, 13.12.1988. Bei den Verhandlungen der oppositionellen irakischen Gruppen im September 1988 hatte die schiitische Opposition Vorbehalte bezüglich der Beteiligung der KP Irak an der irakischen Opposition. Ein weiterer Streitpunkt war die Festlegung der Vorstellungen der Front über die Lösung der Kurdenfrage. Siehe *Al-sharrara* (Zentralorgan der Patriotischen Union Kurdistan), Vol. 14., Nov. 1988.
321 Die Verhandlungen zwischen der säkularen Opposition (kurdische Parteien, KP Irak, prosyrische Ba'th-Partei etc.) und der schiitischen Opposition im Frühjahr 1989 mußten scheitern, weil die schiitische Opposition der Forderung der Säkularen nach einer pluralistisch-parlamentarischen Demokratie im Irak nicht zustimmte.

mad Baqir al-Hakim. Nach dem Waffenstillstand sei der Rat nicht im Stande gewesen, sich an die neuen Gegebenheiten anzupassen und die Arbeit der islamistischen Gruppen effektiv zu koordinieren.[322] Die radikalste Kritik kam wohl von der *hizb al-da'wa*, die nach dem Waffenstillstand im irakisch-iranischen Krieg ein neues Parteiprogramm zur Diskussion stellte, das eher liberal als islamistisch war.[323] Die *hizb al-da'wa* kritisierte den Ruf nach einem islamistischen Staat nach iranischem Vorbild als politisch kurzsichtig und wegen der ethnischen und konfessionellen Zusammensetzung als realpolitisch undurchführbar.[324] Die Kritik richtete sich unmittelbar an den Iran, der nach Auffassung der *da'wa*-Partei ohne Rücksicht auf die historische Entwicklung der islamistischen Bewegung im Irak den Versuch unternahm, dieser bestimmte organisatorische Formen und politische Inhalte aufzuzwingen.[325] Im Klartext meinte die *da'wa*-Partei die Gründung des ORIRI, die Oktroyierung des iranischen Modells als Ziel für die irakische schiitische Opposition und die Verfolgung iranisch-nationalistischer Ziele.

Abgesehen von den Auseinandersetzungen innerhalb der schiitischen irakischen Opposition hatte diese, gleich welche Strategie sie verfolgt hätte, keine große Möglichkeit, den Kriegsverlauf und -ausgang zu bestimmen. Die Haltung der irakischen schiitischen Opposition spielte u.E. auch beim Kriegsausbruch keine wesentliche Rolle. Schon zuvor hatte Saddam Husain mit äußerster Härte eine *tabula-rasa*-Situation geschaffen. Die Frage, ob die schiitische Opposition, falls der Krieg nicht ausgebrochen wäre, zu einer Gefahr für das Ba'th-Regime geworden wäre, ist sehr spekulativ. Die ethnisch-konfessionelle Zusammensetzung des Irak und das Gewicht der politischen Kräfte stellten keine günstige Voraussetzung für die Entstehung einer "Islamischen Republik im Irak" dar.

---

322 Vgl. *Al-'amal al-islami* (Zentralorgan der Organisation Islamischer Aktion) vom 4. März 1990.
323 Das Programm wurde erst 1992 offiziell verabschiedet. Vgl. Hizb al-Da'wa 1992.
324 Interview mit al-Rubai'i, London 10. Dezember 1992.
325 Ebd.

DIE REVOLTE DER SCHIITEN 1991

"Oh du Komödie des blutigen Schwertes,
um dich trieft die Dummheit"

der irakische Dichter
Muhammad Mahdi al-Jawhiri
zum irakischen Überfall auf Kuwait

Der Aufstand der Schiiten und der Kurden unmittelbar nach dem Waffenstillstand im zweiten Golfkrieg und seine Niederschlagung durch die irakische Armee legten mehr als einen Aspekt des politischen Konfessionalismus und des ethnischen Konflikts im Irak offen. Es ist zum einen ersichtlich geworden, daß die Frage des politischen Machtwechsels an die Veränderung der konfessionellen und ethnischen Stratifikation gekoppelt ist. Zum anderen wurde deutlich, daß diese Frage eine regionale und eine internationale Dimension hat. Eine Veränderung des Status quo, die die Veränderung der konfessionellen und ethnischen Stratifikation zum Ziel hat, berührt unmittelbar die Interessen der Außenakteure, so daß die interne Entwicklung im Irak in einer reziproken Relation zur Außenpolitik steht. Diese beide Faktoren zeigten auch nach dem Beginn der Kuwait-Krise, daß politischer Konfessionalismus und Ethnizität den politischen Diskurs in und um den Irak determinierten. Wir versuchen im folgenden vor dem Hintergrund des Aufstands von 1991 darzustellen, warum trotz der integrativen und überkonfessionellen Konzepte der irakischen Ba`th-Regierung und der Opposition partikularistische Momente[326] die politischen Auseinandersetzungen zwischen den Kontrahenten im Irak bestimmten. Das Hauptproblem lag und liegt u.E. in dem Widerspruch - sowohl bei der Ba`th-Regierung als auch bei der schiitischen Opposition - zwischen der ideologischen Legitimation und den ethnischen und konfessionellen Partikularismen. Dieser Widerspruch hat, wenn auch nicht immer mit der gleichen Schärfe, seit der Gründung des Staats Irak eine politische Relevanz gehabt. Arabischer Nationalismus, irakischer Patriotismus und Islam waren mit unterschiedlicher Nuancierung Legitimationsvehikel unter der Monarchie und in der Republik.[327]

Die drei erwähnten Elemente der politischen und ideologischen Legitimation fanden Zugang zu den politischen und ideologischen Konzepten sowohl der Ba`th-Partei als auch der schiitischen Opposition. Die Gewichtung der einzelnen Elemente in der ideologischen Legitimation war abhängig von dem Modus der internen und externen Konflikte sowie vom Paradigmenwechsel in der Re-

---

326 Die Kurden, vor allem die PUK und die DPK, verstehen ihr Nationalismus-Konzept nicht als partikularistisch. Die freiwillige Einheit (*al-wahda al-ikhtiyaria*) soll die erzwungene Einheit ablösen und Vielfalt in Einheit ermöglichen.
327 Vgl. hierzu: Baram, 1991a, S. 1-8.

gion des Nahen und Mittleren Osten durch das Aufkommen des Islamismus. Die Beobachtung des politischen Systems im Irak seit 1968 zeigt, daß die Ba'th-Führung diese drei Elemente, die schon in den Schriften des Ba'th-Gründers, Michel Aflaq, thematisiert worden waren,[328] je nach Typus des Konflikts oder der Herausforderung in den Mittelpunkt stellte. Während in den sechziger und siebziger Jahren das linke arabisch-nationalistische Element der Ideologie hervorgehoben wurde,[329] rückten Ende der achtziger Jahre als Reaktion auf das Erstarken des Islamismus, vor allem nach der iranischen Revolution, der irakische Patriotismus (al-wataniya al-'iraqiya) und der Islam in den Vordergrund.[330] Der neue irakische Patriotismus, der unter der Monarchie, wie Khadduri konstatiert, ein schwammiger Begriff blieb,[331] nahm in der von Saddam Husain postulierten Version Bezug auf die mesopotamische Zivilisation. Der moderne Staat Irak hatte, gemäß dem neuen Konzept der Ba'th-Partei, dadurch eine fünftausendjährige historische Legitimation.[332] Der Bericht des neunten Kongresses der Ba'th-Partei zog eine positive Bilanz über den Erfolg der integrativen Momente, die von der Ba'th-Partei ausgingen. Zum erstenmal seit Jahrhunderten habe sich der irakische Patriotismus zu einer primären Bindung der Iraker entwickelt.[333]

Die vielfältigen Facetten der Ba'th-Ideologie unter der Herrschaft Saddam Husains boten zum einen eine Legitimation für die ethnische Zusammensetzung des Regimes, das Fragmentierung und partikulare Loyalitäten ablehnte; und zum anderen wurden sie als Waffe gegen die schiitische und kurdische Opposition eingesetzt, die aufgrund einer anderen Legitimation (Islamismus und kurdischer Nationalismus) während des irakisch-iranischen Kriegs mit dem Feind kooperierten.[334] Wie glaubwürdig die Position der irakischen Ba'th-Führung auch immer war, das Patriotismus-Konzept und die Tatsache, daß die Opposition an der Seite Irans kämpfte, scheint nicht ohne Konsequenzen innerhalb der Opposition selbst geblieben zu sein. Während der ORIRI auch nach dem irakisch-iranischen Krieg an der "Linie des Imam" und damit an der Position Irans

---

328 Arabismus (uruba), Islam und Patriotismus (wataniya) wurden in dem Hauptwerk Aflaqs "Fi sabil al-Ba'th" (Für den Ba'th) behandelt. (In den frühen vierziger Jahren waren diese Beiträge als Reden und Vorträge gehalten worden.) Das Buch erschien 1959 unter dem oben genannten Titel.

329 Siehe z.B. den Bericht des achten Kongresses der irakischen Ba'th-Partei von 1974.

330 Vgl. hierzu Baram, Amatzia: Qawmiyya in Bathi Iraq: the Search for a New Balance. In: Middle East Studies, Vol. XIX, Nr. 2, 1983b, S. 180-200.

331 Khadduri, 1969, S. 3-5.

332 In einer Rede 1979 brachte Saddam Husain das, was er unter irakischem Nationalismus versteht, auf den Punkt: "Iraqi history teaches us that your grandfathers were always the source of the right ideas and of science, and this is how they were before ... [the rise of] Islam. It is well known that long before Islam, Hammurabi's laws set an example to others, and that the civilizations of Babylon, Assyria and Sumer were the cradle of world civilization. This is how you Iraqis were five thousand years ago. Today you are called upon to revitalize this eternal heritage by establishing a new civilization ... for Iraq ... the Arab nation and world large." In: Wa'i al-'ummal vom 17. Februar 1979; zitiert nach Baram, Amatzia: Culture, History and Ideology in the Formation of Bathist Iraq, 1968-89. New York 1991a, S. 109.

333 ASBP: Central Report, 1983, S. 40.

334 Zur Bewertung der irakischen Opposition durch die Ba'th-Partei siehe: ebd., S. 52-84, 271-84.

festhielt, begannen andere Bewegungen, vor allem *hizb al-da`wa*, mit einer kritischen Bewertung ihrer Position.[335] Die nahtlose Anpassung des ORIRI unter Führung Muhammad Baqir al-Hakims an die iranische Position wurde vor allem in zwei wesentlichen Aspekten kritisiert. Zum einen konnten die Gruppen der irakischen schiitischen Opposition eine vor allem nach Meinung der *hizb al-da`wa*[336] notwendige Front mit den säkularen und nationalistischen Gruppen der Opposition nicht aufbauen. Diese Front hätte aber die Aufgabe der Errichtung einer islamischen Republik im Irak - eines der erklärten Ziele des ORIRI - als Konsequenz gehabt. Der zweite strittige Punkt bezog sich auf die von der *da`wa*-Partei und von der Organisation der Islamischen Aktion geforderte Anerkennung der pluralistischen Struktur der schiitischen Opposition. Zwar zwang der Iran formell die schiitischen irakischen Parteien nicht, sich während des Kriegs aufzulösen, sie verloren aber faktisch angesichts der iranischen Haltung, nämlich daß nur der ORIRI institutionell und politisch die irakische schiitische Opposition vertrete, an Bedeutung. Die Organisation der Islamischen Aktion machte allerdings die Führung der ORIRI mitverantwortlich für die Unselbständigkeit der schiitischen Opposition. Das "*tawakul*-Phänomen", also sich passiv auf jemanden zu verlassen,[337] resultierte ihrer Meinung nach aus der Tatsache, daß der ORIRI nicht gewillt war, den Widerstand im Irak zu aktivieren. Das *tawakul*-Phänomen war aber durch die Richtung, die der Iran für die schiitische Opposition für adäquat hielt, vorbestimmt. Die Politik der schiitisch-islamistischen Opposition gegenüber der irakischen Regierung, den regionalen und internationalen Mächten sowie gegenüber den anderen Gruppen der irakischen Opposition wurde durch die von den Schiiten vertretene "Linie des Imam" negativ beeinflußt. Diese Imperative ließen der schiitischen Opposition, vertreten durch ORIRI, während des irakisch-iranischen Kriegs keine Alternati-

---

335 Muhammad Baqir al-Hakim vertrat, nachdem der Iran die Resolution 598 des Sicherheitsrats der UNO akzeptiert hatte, die Ansicht, daß die Verteidigung der Islamischen Republik Iran das Hauptanliegen aller islamistischen Bewegungen sei. Denn der Iran habe die "Verantwortung für die islamische Sache im Irak und in der ganzen Welt". "Interview mit Muhammad Baqir al-Hakim". In: *Al-shahada* 6. September 1988.

336 Diese Position wurde schon 1980 deutlich, als die *hizb al-da`wa* die "Verständigungserklärung" (*baiyan al-tafahum*) für die Zusammenarbeit der Opposition veröffentlichte. In den ersten vier Jahren nach dem Ausbruch des irakisch-iranischen Kriegs übernahm ein pro-iranischer Flügel die Führung der *da`wa*-Partei. In einer Schrift unter dem Titel "*Taqafat al-da`wa al-islamiya*" (Bildung des islamischen Aufrufs) revidierte die neue Führungsgruppe die Ideen, die in der oben erwähnten Erklärung von 1980 propagiert worden waren. In der Schrift "Bildung des islamischen Aufrufs" stellte die neue Führung u.a. fest: "Die islamische *da`wa*-Partei ... stellt fest, daß alle, die die Parolen des Islam nicht befolgen, Agenten sind, gleich, ob sie mit einer ausländischen Macht verbunden sind oder nicht. Einfach deshalb, weil sie objektiv die Interessen der unterdrückenden Kräfte und ihre Werte - Demokratie, Sozialismus, Nationalismus und Kommunismus - vertreten. Sie sind somit ein Teil des vom Imperialismus konzipierten Plans." "*Taqafat al-da`wa al-islamiya*". Teheran 1984, S. 77. Nach dem Waffenstillstand gelang es dem gemäßigten Flügel der Partei, nach der Abspaltung des proiranischen Flügels die Führung der Partei zu übernehmen.

337 Schon 1986 zeigte die Organisation eine kritische Haltung. So schreibt das Zentralorgan der Organisation *al-`amal al-islami* (Islamische Aktion): "Wir leiden an einer gefährlichen Krankheit, an *tawakul*. Wir übertragen die schwere Verantwortung auf andere. Diese Situation muß geändert werden. Wir müssen die Verantwortung tragen." *Al-`amal al-islami*, 18. Mai 1986.

ve, zumal die Opposition vom Iran aus agierte und materiell von diesem abhängig war.

Nach dem Waffenstillstand kam es zu einem offenen Ausbruch der unter den Kriegsbedingungen und wegen der Dominanz der iranischen Position verdeckten und unterdrückten Kritik. Die Organisation der Islamischen Aktion und die *hizb al-da`wa* nahmen in dieser Kritik deutlich Abstand von dem Konzept einer "islamischen Republik". Das zukünftige System im Irak sollte nach Meinung des Führers der Organisation der Islamischen Aktion *(Munzamat al-`Amal al-Islami)*, al-Mudarisi, demokratisch sein; das Volk solle die Gelegenheit haben, selbst zu entscheiden.[338] Al-Mudarisi machte allerdings keinen Hehl daraus, daß eine Übergangsregierung von einem "Revolutionären Islamischen Rat" geführt werden sollte.[339] *Hizb al-da`wa* war allerdings in ihrer Kritik viel radikaler. Sie ging davon aus, daß die Bedingungen für eine islamische Herrschaft im Irak noch nicht gegeben seien und daß sie strikt gegen jede Form von Zwang sei.[340] Die islamische Herrschaft unter Khumaini sei aufgezwungen; das Ergebnis sei eine Diktatur und die Entfremdung der iranischen Bevölkerung vom Islam.[341] Die Position der *hizb al-da`wa* hatte zur Konsequenz, daß ein Teil ihrer Führer und Funktionäre Ende 1988 Iran verlassen mußte und sich ein Teil von der Partei abspaltete.[342]

In diesem Kontext stellt sich die Frage, weshalb die schiitische Opposition in den beiden Jahren zwischen dem Waffenstillstand im irakisch-iranischen Krieg und der irakischen Okkupation Kuwaits im Irak selbst nicht aktiv werden konnte, zumal der Irak in der Nachkriegszeit mit massiven sozialen, ökonomischen und legitimatorischen Herausforderungen konfrontiert war. Vorweg soll hier erwähnt werden, daß die Legalisierung der schiitischen Opposition im Irak, auch nachdem Saddam Husain 1989 die Demokratisierung des politischen Systems und Parteienpluralismus versprochen hatte, nicht in Erwägung gezogen wurde.[343] Der 1980 verabschiedete Erlaß des KRR über Todesstrafe für die Mitgliedschaft in der *da`wa*-Partei blieb in Kraft, und ein Dialog mit der schiiti-

---

338 Vgl. Al-Shaikh, 1988, S. 43.
339 Ebd.
340 Vgl. Baram, 1991, S. 43.
341 Interview mit Muwaffaq al-Rubai`i, London 10.3.1989; siehe auch Baram, 1991, S. 43.
342 Die Funktionäre der *da`wa*-Partei ließen sich vorwiegend in Syrien nieder. Nach dem zweiten Golfkrieg traten sie als *"kawadir hizb al-da`wa al-islamiya"* auf. Ihr Programm, das Ende 1991 veröffentlicht wurde, zeigt keine wesentlichen Unterschiede zu dem Programm der *da`wa*-Partei, das Anfang 1992 publiziert wurde. Beide Gruppen pochen auf die "Selbständigkeit" der islamistischen Bewegung im Irak. Siehe Iraqi File, Nr. 3, 1992, S. 11-13.
343 In einem Interview mit der saudischen Tageszeitung *Al-sharq al-awsat* am 8.3.1989 erklärte Saddam Husain, daß lediglich die "irakischen Gruppen", die sich im Ausland befänden, aufgrund der einmonatigen Amnestie vom 7.3.1989 nach Irak kommen dürften. Zum Problem der in den Iran deportierten Bevölkerungsgruppen sagte er: "Ein Grund für die iranische Aggression war die Vorstellung des iranischen Regimes, daß die im Irak lebenden iranischen Bürger die politische Situation im Irak destabilisieren werden. ... Wenn es zu bewaffneten Auseinandersetzungen kommt, erhöht sich die Sensibilität jedes Staats in der Frage der inneren Sicherheit. Als wir sahen, daß einige Leute nicht loyal zum Irak waren, war es unsere Pflicht, sie zu ihren Verwandten zu schicken. ... In der Vergangenheit, wenn zwei Stämme gegeneinander kämpften, nahm jeder Partei für seinen Stamm. Sie [die Deportierten, F.I.] gingen eben zu ihren Verwandten ...". Ebd.

schen Opposition wurde von Saddam Husain, der durch mehrere Amnestiegesetze Signale für einen Dialog mit den kurdischen Gruppen gab, strikt abgelehnt.[344] Es steht außer Zweifel, daß die Kontrollapparate des Ba`th-Staates für die Aktivierung der schiitischen Opposition hinderlich waren. Dies kann aber nicht der einzige Grund dafür gewesen sein, daß die schiitischen Gruppen die Situation im Irak nicht auszunutzen vermochten. Wahrscheinlich war das System im Iran, das für fast ein Jahrzehnt von den schiitisch-islamistischen Bewegungen des Irak als anzustrebendes Staatsmodell dargestellt wurde, für die Iraker, einschließlich der Schiiten, angesichts der autoritären Struktur des Regimes weniger attraktiv. Daß es innerhalb der schiitisch-islamistischen Bewegung zu einem Differenzierungsprozeß gekommen war, konnte aus zwei Gründen keine unmittelbaren Auswirkungen haben. Einerseits hatten die Gruppen, die eine kritische Position zum Iran einnahmen, aus ersichtlichen Gründen keine Möglichkeit, über die iranischen Massenmedien ihre Position bekannt zu machen. Andererseits hatten Gruppen wie die *da`wa*-Partei kaum noch Kontakt zur irakischen Bevölkerung.[345]

Obwohl einige Oppositionsgruppen im Exil die Bereitschaft zu einer "umfassenden nationalen Versöhnung" zeigten,[346] wurde bei den internen Diskussionen in der Regionalen Führung der Ba`th-Partei und im KRR deutlich, daß die Öffnung des politischen Systems die Opposition im Exil ausschloß.[347] Das Mitglied des KRR, Taha Yasin Ramdan, faßt in einem Beitrag zu dieser Debatte die Position der Ba`th-Partei über die diskutierte Frage des Parteienpluralismus zusammen:

> Ich will nicht über die vorher existierenden Parteien, wie die Kommunistische Partei und *al-da`wa* sprechen, weil sie verräterische Parteien waren. ... Wir dürfen diese Parteien nicht in die nationale politische Arena zurückholen. Wir sind nicht berechtigt, kraft unserer Autorität eine neue Partei zu gründen. Wir haben 1,5 Mio. Ba`th-Mitglieder. Jedes Mitglied hat Einfluß, sagen wir auf 10 Personen in seiner Familie und in der Verwandtschaft. Wir haben so 15 Mio. Ba`th-Anhänger. ... Wir dürfen einfach keine Leute beauftragen, die nicht an unsere Grundsätze glauben, Parteien zu gründen. ... Wir werden uns, wenn wir neue Parteien zulas-

---

344 Vgl. *Al-sharq al-awsat* vom 8.3.1989, *Al-thawra* vom 12.3.1990.
345 Interview mit Muwaffaq al-Rubai`i, London 10.12.1992.
346 Vgl. die Beschlüsse des zehnten Kongresses der DPK, in: *Al-qararat al-siyasiya wa al-balagh al-khitami li al-mutamar al-asir li al-hizb al-dimuqrati al-Kurdistani- al-`Iraq* (Die Beschlüsse und die Abschlußerklärung des zehnten Kongresses der Demokratischen Partei Kurdistan). Dezember 1989, S. 14. In der KP Irak wurde ebenfalls eine Debatte über die Möglichkeit einer Demokratisierung des politischen Systems im Irak geführt. Schon während des irakisch-iranischen Kriegs kam es in der KP im Zusammenhang mit der Haltung zum Krieg und der Möglichkeit der Versöhnung mit der Ba`th-Partei zu Spaltungen. Siehe hierzu Naji, 1986.
347 Die internen Diskussionen über die Öffnung des Systems wurden von der in Paris erscheinenden proirakischen Wochenzeitung *Al-yaum al-sabi`* vom 22. Januar 1990 publiziert.

sen, gezwungen sehen, die Mitglieder der Ba'th-Partei aufzufordern, dies zu tun. Ich glaube nicht, daß dies in unserem Interesse ist.[348]

Diese Sicht über die Grenzen einer Öffnung des Systems war keine Einzelmeinung. In der irakischen Parteipresse wurde im Frühjahr 1990 der Ba'th-Partei als "Partei des Volkes" (*hizb al-sha'b*) eine umfassende Rolle zugeschrieben, die die Einführung von Oppositionsparteien überflüssig machte.[349]

Die lange versprochene neue Verfassung des Irak, die als Entwurf am Vorabend des Überfalls auf Kuwait publiziert wurde, ließ die Gründung von politischen Parteien zu, aber nur unter der Voraussetzung, daß sie sich bereit erklärten, die "Prinzipien der Juli-Revolution" von 1968 zu akzeptieren.[350] Kurzum: Eine Partizipation der Oppositionsgruppen des Exils wurde von der irakischen Führung kategorisch abgelehnt, und die Möglichkeit einer Partizipation von Parteien im allgemeinen durch das Vorschreiben der politischen Orientierung stark eingeschränkt.

Die beschriebene Situation der schiitischen Opposition bis zum Beginn der Kuwait-Krise war keine Ausnahme. Die kurdische Opposition, auch wenn sie sich organisatorisch und politisch durch die Gründung der Kurdistan-Front 1988 zusammenschließen konnte, wurde durch die Anfal-Offensive der irakischen Armee gegen die Kurden im Herbst 1988 stark angeschlagen und baute auf Demokratisierung des politischen Systems und Achtung der Menschenrechte im Nahen Osten, einschließlich des Irak, als eine mögliche Option für die Lösung der Kurdenfrage.[351]

Die arabisch-nationalistischen Gruppen, die prosyrische ASBP und die nasseristischen Gruppen verloren in den Kriegsjahren ihre Bedeutung als eine politische Kraft.[352] Die einst mächtige KP des Irak hatte nur eine politische Bedeutung, weil ein Zweig im irakischen Kurdistan ihre Existenz sicherte.[353]

In dieser Situation der Auswegslosigkeit hatte die Besetzung Kuwaits durch die Truppen Saddam Husains für die irakische Opposition tatsächlich die Funktion eines *deus ex machina*. Die Position der verschiedenen Oppositionsgruppen zwischen der Besetzung Kuwaits und dem zweiten Golfkrieg bestimmte u.a. die Haltung der regionalen und internationalen Akteure zum Irak und den Ausgang des Krieges nach der Beendigung der Kampfhandlungen zwischen dem Irak und den Truppen des von den Vereinigten Staaten angeführten Bündnisses. Die Position der Gruppen der schiitischen Opposition war durch drei Aspekte de-

---

348 *Al-yaum al-sabi'* vom 22.1.1990.
349 Vgl. z.B. Yasin, Sabah: *Al-hizb al-hakim wa al-hizb al-mu'aradha* (Die regierende Partei und die Partei der Opposition). In: *Al-thawra* vom 17.5.1990.
350 Siehe den Text des Entwurfs in der irakischen Ba'th-Parteizeitung *Al-thawra* vom 30. Juli 1990.
351 Interview mit dem Vorstandsmitglied der Kurdistan-Front und Führer der Patriotischen Union Kurdistan, Jalal Talabani, Berlin 10. April 1989.
352 Einige dieser Gruppierungen, die ihren Sitz in Damaskus hatten, bestanden lediglich aus den Führungsmitgliedern.
353 Die Partei wurde nach 1979 zunehmend kurdisiert. Kurdische Kommunisten übernahmen die wichtigsten Positionen in der Partei, die *de facto* aus dem Kurdistan-Zweig bestand.

terminiert: Die Haltung Irans, die Position zu den anderen oppositionellen, nicht-islamistischen Gruppen und die Zukunft des irakischen Staatsverbands.

Die Briefwechsel zwischen Saddam Husain und dem iranischen Staatspräsidenten Rafsanjani im April 1990 waren der Anfang einer Entspannung in den irakisch-iranischen Beziehungen nach dem achtjährigen Krieg. Diese Entwicklung scheint selbst den eng mit dem Iran kooperierenden ORIRI irritiert zu haben. In einer Erklärung machte der Rat darauf aufmerksam, daß er vor dem Hintergrund langjähriger Erfahrung nicht an die friedlichen Absichten Saddam Husains glaube.[354] Diese eher kritische Haltung gegenüber dem Iran änderte sich nach dem Ausbruch der Kuwait-Krise. Die Position der schiitischen Gruppen stimmt fast nahtlos mit der Position der iranischen Führung überein: Ablehnung der irakischen Besetzung Kuwaits sowie auch der westlichen Intervention.[355] Eine Erklärung der Organisation der Islamischen Aktion bringt beide Aspekte deutlich zum Ausdruck:

> Wir glauben, daß das Bagdad-Regime den Preis für seine Aggression gegen das kuwaitische Volk zahlen muß; es muß genauso den Preis für die zuvor begangene Aggression gegen die islamische Revolution im Iran zahlen. Wir sollten Schluß machen mit diesem aggressiven Regime, das mehr als einmal die Region in Kriege stürzte. Gleichzeitig warnen wir die internationalen Unterdrückungsmächte (Europa, die Vereinigten Staaten und die Sowjetunion) davor, die Situation auszunutzen, um eine Aggression gegen das irakische Volk und die Völker der Region zu begehen.[356]

Der dritte Aspekt, das Festhalten an der Weiterexistenz des irakischen Staatsverbands, wurde von der schiitischen Opposition in dieser Phase besonders hervorgehoben. Zum einen, um die Auffassung zu negieren, daß der Sturz Saddam Husains zur "Libanisierung" des Irak und möglicherweise zum Zusammenbruch des Staatsverbands entlang ethnisch-konfessioneller Grenzen führen könnte; und zum anderen, um den Iran dahingehend zu beruhigen, daß die irakischen Schiiten an den Grenzen des Irak festhalten und der Verselbständigung der Kurden, eine für den Iran besonders brisante Frage, nicht zustimmen würden.[357]

Die bisherigen de facto-Verbündeten der irakischen Schiiten, die Kurden, zeigten in den beiden ersten Punkten eine entgegengesetzte Position.[358] Die Kurden mußten anders als die Schiiten keine Rücksicht auf die politischen und ideologischen Grundsätze des Iran nehmen. Politisch zeigte sich eine zunehmende Distanzierung des Iran von seinen Verbündeten im irakisch-iranischen

---

354 Vgl. *Al-shahada* vom 24. Juli 1990.
355 Vgl. *Al-shahada* vom 14. August 1990.
356 *Al-shahada* vom 7. August 1990. Der Sprecher der *da'wa*-Partei, al-Asifi, zeigte eine ähnliche Position. Vgl. Baram, 1991, S. 38-39.
357 Vgl. Äußerungen des Vorsitzenden des ORIRI zu diesem Problem in *Al-shahada* vom 23. Oktober 1990.
358 Schon 1987 erklärte ein Führer der PUK, daß die Kurden nicht abgeneigt seien, wenn der von den Briten mit Gewalt gegründete Staat Irak in drei Einzelstaaten zerfiele. Vgl. Baram, 1991a, S. 127.

Krieg, nämlich den irakischen Kurden. Dies war offensichtlich ein Schritt im Rahmen der Vorbereitung eines Friedens mit dem Irak, der durch die irakische Okkupation Kuwaits vorübergehend unterbrochen wurde.[359] Die Kurden waren hinsichtlich der ausländischen Intervention und der Vorbereitung des Angriffs auf den Irak, wenn nicht offen zustimmend, dann doch neutral geblieben. Die kurdische Führung war überzeugt, daß nur im Rahmen einer internationalen Isolierung des Irak, die die Mitwirkung der westlichen Mächte einschloß, die irakische Opposition eine Chance haben könnte, eine Alternative zum Regime Saddam Husain zu werden.[360] Einen Alleingang in Form einer Kooperation mit den regionalen und internationalen Akteuren lehnten die Kurden ab. Der Führer der PUK, Jalal Talabani, äußerte sich nach der irakischen Besetzung Kuwaits zu diesem Problem: "We have been deceived many times by foreigners. We are determined not to make the same mistakes again."[361] Die unterschiedlichen Positionen der irakischen Schiiten und der Kurden über die Kuwait-Krise und die Haltung gegenüber den regionalen und internationalen Akteuren korrespondiert mit der Forderung aller nicht-islamistischen Kräfte an die schiitische Opposition, ihre Haltung zum zukünftigen politischen System offenzulegen. Diese Forderung hatte zum einen eine innenpolitische Dimension, nämlich das Erreichen eines Konsenses über die Zukunft des politischen Systems im Irak, sowie auch eine internationale Dimension.

Die schiitische Opposition war, trotz ihrer zunehmenden Bedeutung infolge der irakischen Okkupation Kuwaits, in einem politischen und legitimatorischen Dilemma. Die Haltung Irans war eine der Ursachen der schwierigen Situation, in der sich die irakische schiitische Opposition befand. Aus strategischen Erwägungen heraus lehnte der Iran die irakische Okkupation ab. Die iranische Führung konnte aus ideologischen und politischen Gründen,[362] auch wenn ein militärischer Schlag gegen den Irak durchaus in ihrem Interesse war, die westliche Intervention nicht bejahen. Im Zusammenhang mit ihrer Position zum Iran mußte die schiitische Opposition, um für die nicht-schiitischen Iraker und für die regionalen und internationalen Akteure ein akzeptabler Partner zu werden, einige ihre Positionen modifizieren bzw. "richtigstellen". Dazu gehörte die Frage einer Fusion des Irak mit dem Iran, die zwischen 1980 und 1988 von einigen Führern der irakischen schiitischen Opposition offen zur Sprache gebracht worden war.[363]

---

359 Interview mit dem Politbüro-Mitglied der PUK, Nushirwan Mustafa, Berlin 9. Oktober 1991. Der Iran hat nach Angaben Mustafas ab April 1990 die materielle Unterstützung für die kurdische Guerilla und die kurdischen Flüchtlinge im Iran eingestellt.
360 Verschiedene Gespräche mit dem Politbüro-Mitglied der PUK, Kamal Fuad, August-Dezember 1990.
361 *The Guardian* vom 27. November 1990.
362 Zur Position von radikalen und gemäßigten Strömungen in der iranischen Führung zur Kuwait-Krise vgl. Schirazi, Asghar: "Oh Gott, laß die Tyrannen sich gegenseitig bekämpfen" - Iran, Islam und Golfkrieg. In: Ibrahim, Ferhad; Ferdowsi, Mir A. (Hrsg.) : Die Kuwait-Krise und das regionale Umfeld. Hintergründe, Interessen, Ziele. Berlin 1992, S. 163-175; auch Arjomand, Said Amir 1991.
363 Vgl. z.B. al-Shirazi, Muhammad: *Min auwaliyat al-dawla al-islamiya*. (Aus Elementen des islamischen Staates). Qum 1405 h. S. 19ff; al-Mudarisi, Muhammad Taqi: *Al-fikr al-islami, mujabaha hadhariya*. (Das islamische Denken, eine zivilisatorische Begegnung). 5. Aufl. Beirut 1988. S. 25.

Die Debatten über die Position der schiitischen Opposition verhinderten nach 1988 einen Zusammenschluß der Oppositionsgruppen. Dieser Umstand wurde auch nach dem Beginn der Kuwait-Krise deutlich. Allerdings waren nach der Kuwait-Krise die schiitisch-islamistischen Parteien nicht das einzige Hindernis. Die regionalen Mächte, allen voran Syrien und Saudi-Arabien, versuchten, die von ihnen abhängigen Gruppen der irakischen Opposition als Partner zu oktroyieren, um die Orientierung der irakischen Opposition mitzubestimmen. Nach langwierigen Verhandlungen einigten sich die Gruppen, unter Einbeziehung der mit ihnen verbündeten Regionalmächte, auf einen Kompromiß.[364] Am 28. Dezember 1990 wurde ein gemeinsames Programm verabschiedet.[365] Die Erklärung erwähnte die ausländische Intervention und den bevorstehenden Krieg nicht, appellierte aber an die irakische Armee, eine bevorstehende Katastrophe, die die Souveränität des Irak gefährden könnte, durch den Sturz Saddam Husains abzuwenden. Das Programm sah die Beendigung des von der Regierung praktizierten Konfessionalismus, von nationaler Diskriminierung, sowie die Einführung von Parteienpluralismus und Meinungsfreiheit, die Bewahrung der Einheit des Irak und die Abhaltung von Wahlen zu einer konstituierenden Versammlung, die die Zukunft des Irak bestimmen sollte, vor. Der nächste Schritt für die Oppositionsgruppen war ein Kongreß zwei Wochen nach Beendigung der Kampfhandlungen im zweiten Golfkrieg und nach Beginn des schiitischen Aufstands im Süden des Irak. Der in Beirut vom 11. bis 13. März 1991 abgehaltene Kongreß mit mehr als 30 Organisationen, vorwiegend Exilorganisationen ohne Basis im Irak, spiegelte in seinen Diskussionen und Resolutionen das Dilemma der irakischen Opposition wider und zeigte, warum sie keine Alternative zum bestehenden Regime im Irak werden konnte. In allen zentralen Fragen - Etablierung einer gemeinsamen Führung, das politische System im zukünftigen Irak, Lösung der Kurdenfrage und Haltung gegenüber internationalen Akteuren - zeigte sich ein einschneidender Dissens. Die Etablierung einer gemeinsamen Führung war abhängig von dem Erzielen eines Konsenses in anderen Fragen, was nicht möglich war. Über das zukünftige politische System waren sich die Gruppen nicht einig. Die Islamisten waren, abgesehen von der *da'wa*-Partei und der Organisation der Islamischen Aktion, nicht bereit, den von der Kurdistan-Front und den anderen säkularen Kräften geforderten Parteienpluralismus und die Einführung eines parlamentarisch-demokratischen Systems zu akzeptieren; sie waren aber zu freien Wahlen im Irak bereit.[366] Sie akzeptierten nach langen Diskussionen die Erklärung vom Dezember 1990, was darauf

---

364 Einige Gruppen, wie der von dem konservativen schiitischen Politiker Sad Salih Jabr geführte "Freie Irakische Rat" standen mit der saudischen Führung in enger Beziehung.
365 Vgl. den Text in *Al-sharq al-awsat* vom 29.12.1990. Beteiligt waren folgende Gruppen: ORIRI, *da'wa*-Partei, Organisation der Islamischen Aktion, die irakische Kurdistan-Front und die prosyrische Ba'th-Partei sowie einige unabhängige Personen.
366 Interview mit Kamal Fuad, Berlin 10. Januar 1993. Der Führer des ORIRI, Muhammad Baqir al-Hakim, antwortete auf die Frage des Nachrichtenmagazins *Der Spiegel*, ob nach seinen Vorstellungen im Irak nach dem Sturz Saddam Husains eine "Islamische Republik Irak" entstehen sollte: "... Welche künftige Regierungsform entstehen wird, soll das irakische Volk entscheiden, durch freie und demokratische Wahlen." *Der Spiegel* 14/1991.

hindeutet, daß die schiitische Opposition hinsichtlich der Kurdenfrage zunächst die von den Kurden vorgeschlagene Autonomie (auf der Grundlage der 1970 zwischen der Regierung und der DPK ausgehandelten Autonomie) ablehnte, weil nach ihrer Meinung jede nationale Unterscheidung die islamische Gemeinschaft (*umma*) spalte.[367] Im Zusammenhang mit der Position zu den im Krieg involvierten internationalen Akteuren konnte kein Ergebnis erreicht werden. Die mit dem Iran verbündeten Kräfte, vor allem der ORIRI, zeigten schon vor dem Ausbruch des *Desert Storm* eine Position, die von den anderen politischen Kräften nicht mitgetragen werden konnte. Der Vorsitzende des ORIRI erklärte am 15. Januar 1991 die Bereitschaft seiner im Iran stationierten Streitkräfte, die westlichen "Invasionskräfte" abzuwehren. Abgesehen davon, daß diese Äußerung keine praktische Bedeutung hatte,[368] konnten die Befürchtungen der regionalen Mächte, insbesondere der Golfstaaten, bestätigt werden, daß ein Machtwechsel im Irak nicht im Interesse ihrer Stabilität liege, wenn die Schiiten die Führung im Irak übernehmen würden.[369]

Was im Irak unmittelbar nach der Beendigung der Kampfhandlungen im zweiten Golfkrieg geschah, stand nicht im entferntesten mit den Diskussionen der oppositionellen Gruppen im Exil im Zusammenhang. Drei Tage nachdem Saddam Husain die Resolutionen des Sicherheitsrates der UNO akzeptiert hatte, fanden spontane Demonstrationen und Ausschreitungen gegen die Polizei und das Parteigebäude in al-Basra statt, die sich in wenigen Tagen auf alle schiitischen Städte des Südens ausdehnten. Sie waren die ersehnte Erhebung (*intifada*), auf die die schiitische Opposition in den langen Jahren des Kriegs vergeblich gewartet hatte. Der Aufstand wurde aber - anders als die schiitische Opposition im Ausland es sich erhofft hatte - nicht von ihr angeführt. Er begann, als infolge des Golfkriegs die "Barriere der Angst" (*hajjiz al-khawf*)[370] durchbrochen wurde. Es stimmt zwar, daß in al-Najaf der *marja` al-a`la*, Ayatullah Abu Al-Qasim al-Khu`i - der bis dahin von der schiitischen Opposition als politisch unfähig und quietistisch verschmäht worden war - in das Geschehen intervenierte, nachdem die staatliche Präsenz sich Anfang März 1991 infolge der Revolte zurückgezogen hatte. Al-Khu`i war nicht und wollte wahrscheinlich auch nicht der Anführer des Aufstandes sein. Das folgende an die Aufständischen gerichtete *fatwa* zeugt von seiner eher zurückhaltenden Position: "There is no doubt that preserving the heart of Islam and safeguarding its sanctity is the duty of every Muslim. For my part, I pray to God Almighty to bestow success upon you in upholding all that is good for Islamic Umma."[371]

Als aber die irakischen Truppen in ihrer Offensive gegen die Aufständischen auch den heiligen schiitischen Schrein in al-Najaf unter Beschuß nahmen, wurde sogar der eher gemäßigte Ayatullah al-Khu`i aktiv. Sein Appell an Präsident

---

367 Interview mit dem Politbüromitglied der PUK, Kamal Fuad, Berlin 10. Januar 1993.
368 Diese mit leichten Waffen ausgerüsteten Kräfte, die höchstens Drei- bis Viertausend Kämpfer hatten, hätten nicht einmal im Aufstand der Schiiten eine nennenswerte Rolle spielen können.
369 Zu Äußerungen Muhammad Baqir al-Hakims siehe: *Al-shahada* vom 15. und 22. Januar 1991.
370 Makiya, Kanan: Cruelty & Silence. London 1993, S. 62.
371 Zitiert nach Makiya, 1993, S. 74-75.

Bush zeugt von der Aussichtslosigkeit der Situation im schiitischen Süden und der Brutalität des Bürgerkriegs: "Herr Präsident," schrieb al-Khu`i, "das irakische Volk wurde ermutigt, sich gegen seinen Führer zu erheben. Das hat es getan. Es hat Saddams Elitetruppen Widerstand geleistet. Eine Tragödie spielt sich ab. Werden Sie als Führer der alliierten Streitkräfte diese Tragödie zulassen? Werden die Führer der Welt ihre Augen davor verschließen?"[372]

Welche Motive die amerikanische Administration auch immer für die Nichteinmischungspolitik hatte, Tatsache ist, daß der Aufstand im schiitischen Süden bei den sunnitischen Arabern im Irak, in den Golfstaaten und bei den beteiligten westlichen Mächten Befürchtungen weckte, daß eine Veränderung des Status quo im Irak eine destabilisierende Wirkung haben könnte.

Die ethnisch-konfessionelle Struktur des Irak wirkte sich in doppelter Hinsicht negativ auf den Ausgang der Revolte aus. Zum einen beteiligten sich die sunnitischen arabischen Gebiete nicht, zum anderen wurde der konfessionelle Charakter des Aufstands im Süden u.a. durch den Anspruch des vom Iran infiltrierten ORIRI, die Führung der Revolution zu sein, eher bestätigt. Der konfessionelle Charakter konnte durch das Leugnen der schiitischen Oppositionsgruppen nicht verändert werden.[373] Muhammad Baqir al-Hakim deutete in einem Brief an den erwähnten Kongreß der irakischen Opposition an, warum der ORIRI seiner Ansicht nach die Führung des Aufstands übernehmen müsse: "Die Ereignisse sind mehr ein Volksaufstand als ein organisierter Widerstand. Diesem dikatorischen Regime sollte aber mit einer organisierten Widerstandsbewegung begegnet werden."[374] Ähnliche Äußerungen machte ein Vertreter der da`wa-Partei: "Members of all the Islamic opposition groups are involved in coordinating events. We are trying to trigger and maintain the revolution."[375]

Die Aufstände im schiitischen Süden und im kurdischen Norden, abgesehen von den Inhalten dieser Aufstände und davon, ob die Sunniten gegenüber Saddam Husain und der Ba`th-Partei loyal waren, erweckten Ängste und Befürchtungen, die die Reaktion der sunnitischen Bevölkerungsgruppe und ihre politische Haltung bestimmten. Ein Aufstand im Süden - ganz zu schweigen davon, wenn gleichzeitig im Norden und im Süden Aufstände ausbrechen, wie es im Jahre 1991 tatsächlich der Fall war, - wird ipso facto von den Sunniten und anderen Bevölkerungsgruppen[376] als konfessionalistisch verstanden.[377]

372 Zitiert nach Samir al-Khalil: Wo selbst die Hoffnung stirbt. In: *Die Zeit* vom 18.-26. April 1991.
373 So erklärte einer der Führer der da`wa-Partei, Ibrahim al-Jafar, in einem Interview, daß der Aufstand ein Aufstand des gesamten Volks sei. Vgl. *Al-majalla* vom 27. März 1991.
374 *Al-shahada* vom 19.3.1991.
375 *Middle East International* vom 8. März 1991.
376 Die Yaziden kämpften 1991 an der Seite der Armee und der sunnitischen Stämme gegen die schiitischen Aufständischen. Vgl. die Tageszeitung *Al-hayat* vom 25. April 1993.
377 Es ist tatsächlich von Seiten der Schiiten zu konfessionell motivierten Racheakten gekommen. Ein sunnitischer Offizier aus dem Stamm al-Jubbur, der sich 1992 mit Saddam überworfen hatte, schreibt darüber: "Ich glaube, der größte Fehler des Aufstands im Süden lag in der Tatsache, daß seine Parolen konfessionell waren. Viele Soldaten und Offiziere, die aus Kuwait kamen und desertierten, wurden von den Aufständischen angegriffen, wenn sie (die Aufständischen) erfuhren, daß sie aus Takrit, Sirqat oder Bigi [sunnitische Orte, F.I.] stammten. ... Die Racheaktionen führten dazu, daß die Jubbur [einer der größten sunnitischen Stämme des Irak, F.I.] sich freiwillig zum

Die spärlichen Nachrichten, die uns Auskunft über die Haltung und die Parolen der Aufständischen geben, bestätigen die bewußte oder unbewußte konfessionalistische Ausrichtung des Aufstands. Parolen, die vor allem von den vom Iran infiltrierten ORIRI ausgerufen wurden, wie "Kein Herrscher außer Ali [der erste Imam der Schiiten], wir wollen den *ja`faritischen* [schiitischen] al-Hakim",[378] konnten nicht gerade das Vertrauen der Sunniten erwecken. Der Konfessionalismus wurde von der irakischen Führung unter Saddam nicht entdeckt, ist jedoch eine feste Säule des Systems und kann in Krisenzeiten gegen seine Gegner aktiviert und instrumentalisiert werden. Mit Sicherheit hatte die irakische Führung nach dem verlorenen Krieg und dem Ausbruch der Aufstände im Norden und Süden nicht viele Optionen, um an der Macht zu bleiben, außer vielfältige Machtinstrumentarien - wie u.a. den Konfessionalismus gegen die Schiiten und den arabischen Nationalismus gegen die Kurden - einzusetzen. Die Gründe dafür, daß Saddam Husain nach dem zweiten Golfkrieg nicht gestürzt wurde, liegen in der seit Jahrzehnten bestehenden Atmosphäre von gegenseitigem Mißtrauen der Konfessionen und Ethnien, in ihrer Angst ums Überleben. Diese Gründe waren die eigentlichen Ursachen für das Scheitern der Aufstände. Es ist evident, daß die Ba`th-Führung die Armee und die arabischen sunnitischen Stämme im eigenen Interesse gegen die schiitischen und kurdischen Aufständischen eingesetzt hat; es ist aber höchst wahrscheinlich, daß es - ganz unabhängig von den Anstrengungen der Regierung - die Bereitschaft gab, in der bürgerkriegsähnlichen Situation die eigene Position in der ethnischen Stratifikation und das eigene Überleben zu verteidigen.

In den wenigen publizierten Analysen[379] über die Aufstände im Süden und im Norden geht die Ba`th-Regierung indirekt auf die Frage des Konfessionalismus ein, ein Thema, das bis zum Aufstand nur im Zusammenhang mit der *da`wa*-Partei und den anderen schiitisch-islamistischen Bewegungen angeschnitten wurde.[380] Die an den Aufständen Beteiligten, die der Autor der Serie "die schmutzige ausländische Verschwörung" nennt, werden als "Fremde in Identität und Staatsbürgerschaft und Fremde im Denken und Gefühl" bezeichnet.[381] Der Autor führt den Aufstand auf die vielfältigen Fragmentierungen der

---

Kampf meldeten, weil sie glaubten, daß die vom Iran unterstützte konfessionalistische Erhebung ihr Leben gefährden könnte. ... Wir haben im Süden gekämpft, nicht weil wir Saddam lieben, sondern weil wir unser Leben verteidigten. Der Damin-Klan, dessen Mitglied ich bin, verlor während des Kampfs im Süden 21 Personen. Ich habe bei einer Begegnung mit Muhammad Baqir al-Hakim zugegeben, daß wir gegen die Erhebung gekämpft haben. Ich teilte ihm mit, daß wir erneut gegen eine Erhebung kämpfen würden, wenn sie konfessionell orientiert sein sollte." *Al-hayat* vom 25. April 1993.

378 Vgl. Makiya, 1993, S. 78.
379 Saddam Husain ging in seinem Bericht auf dem zehnten Kongreß der irakischen Ba`th-Partei mit keinem Wort auf die Ereignisse vom März/April 1991 ein. Vgl. *Al-taqrir...*, 1991.
380 Diese Publikation erschien in Form einer Artikelserie in der irakischen Zeitung *Al-thawra* im April 1991 unter dem Titel "*Madha hasal fi awakhir 1990 wa hadihi al-ashur min 1991...wa limadha hasala ma hasal*" (Was ist Ende 1990 und in diese Monaten [den ersten Monaten, F.I.] des Jahres 1991 geschehen ...und warum geschah, was geschah?).
381 *Al-thawra* vom 3. April 1991.

irakischen Gesellschaft zurück. Selbst innerhalb der arabischen Gruppe seien vor dem Hintergrund der anhaltenden Einwanderungen nach Mesopotamien und des Einflusses benachbarter Kulturen und Völker keine einheitlichen kulturellen Normen zu bemerken. Die Gruppen konnten sich, auch wenn sie alle aus dem Arabischen abgeleitete Dialekte sprachen, nur mit Mühe verständigen. Die Intensität der Einwanderungen überstieg die Möglichkeit des irakischen Volkes, die neuen Einwanderer zu assimilieren. Der Autor faßt in diesem Kontext seine Betrachtungen zusammen: "Gefährlicher als das Besagte war die Tatsache, daß das irakische Volk in einigen Fällen die Gewohnheiten und die Tradition der fremden Einwanderer übernahm. Seine eigene Tradition, seine Gewohnheiten und sein Lebensstil, ja sogar die Gewohnheiten des Alltags wurden dadurch erschüttert."[382]

Bei der Gewichtung des ausländischen Kultureinflusses auf die verschiedenen Regionen stellt der Autor fest, daß die isolierten Gebiete im Norden und Süden am ehesten betroffen waren, während die Gebiete am Rande der arabischen Halbinsel resistent gegenüber dem Einfluß der Ausländer blieben.

Im zweiten und dritten Teil der Serie beschäftigt sich der Autor explizit mit den konfessionellen Hintergründen des Aufstands im Süden. Er beginnt den Artikel mit der Bemerkung, daß die ethnisch-konfessionelle Fragmentierung der irakischen Gesellschaft die Menschen dazu verleitet habe, die Vorstellung zu vertreten, daß die Angehörigen der jeweiligen Ethnien, Konfessionen und kommunalistischen Gruppen glauben, daß sie allein das Recht hätten, zu herrschen oder bestimmte Privilegien in Anspruch zu nehmen. Dies sei politisch zerstörerisch, weil dadurch der Aufbau eines einheitlichen Staates gefährdet sei. In diesem Kontext rechtfertigt der Autor die Kontinuität des Machtmonopols durch die sunnitische Gruppe folgendermaßen: "Die [konfessionelle, F.I.] Zusammensetzung der Führung der Revolution von 1968 und der Parteiführung war nicht absichtlich; sie war das Ergebnis einer zufälligen historischen Entwicklung. Denn die Partei wählt ihre Führung im Geheimverfahren ... die Führer der Partei, die aufgrund ihrer Fähigkeiten die Positionen übernahmen, stammten zufällig aus Familien, die ein und derselben Konfession angehörten. Sie, die Führer, vertraten aber keine bestimmte Konfession oder Region, sie vertraten den Irak als Ganzes."[383]

Das konfessionalistische Denken im Irak führt der Autor auf die Einflüsse der benachbarten Völker zurück. So bewirkten der Anspruch des Iran, die Schutzmacht der irakischen Schiiten zu sein, und die Tatsache, daß es bei den schiitisch-religiösen Institutionen nicht zum Bruch zwischen dem, was "irakisch-arabisch", und dem, was "ausländisch" ist, gekommen war, daß der iranische Einfluß groß blieb.[384] Der Autor geht dann zu einer für Schiiten sehr sensiblen Frage über, die die Grundsätze des Glaubens und ihre Haltung gegenüber dem Iran berührte. Die irakischen Schiiten waren seiner Meinung nach gemäß der schiitischen Lehre der Meinung, daß die "islamische Ordnung"

---

382 Ebd.
383 *Al-thawra* vom 4. April 1991.
384 Ebd.

(*al-hukm al-islami*) mit dem Erscheinen des Mahdi wiederhergestellt werde. Diese Frage veränderte sich, als Khomeini die Lehre anders interpretierte. Der Autor schreibt: "Die Iraker übernehmen gedanklich und psychologisch - dies war nicht ersichtlich und nicht fühlbar - diese Lehre ... dies kann sie dazu führen, falls die iranische Geistlichkeit es wünscht, sich vom eigenen Herrschaftssystem (*al-hukm*) und vom eigenen Herrscher (*al-hakim*) zu entfernen und zu entfremden. Andererseits ist der Herrscher, mit dem sie seit Jahrhunderten verkehren, der *sayid* [nach dem schiitischen Glauben Nachkommen des Propheten, F.I.]. ... Diese [*al-sada*, F.I.] waren vor der Revolution von 1968 in der Regel Iraner; sie eigneten sich *al-khums*[385] an und ließen die Bauern ihre Hände und Füsse küssen."[386]

Im dritten Teil der Serie geht der Autor auf die antisunnitischen und extrem konfessionalistischen Praktiken der irakischen Schiiten ein. Diese Praktiken wurden seiner Meinung nach von den Persern übernommen.[387] Aber abgesehen von der Haltung der Schiiten zum Sunnitentum kritisiert der Autor den *modus vivendi*, den die schiitische Geistlichkeit mit den ehemaligen Großgrundbesitzern vereinbart hatte. Dieses Bündnis war seiner Ansicht nach einer der Gründe für die unerträgliche Situation der irakischen Bauern vor 1958. Der Einfluß der iranischen Geistlichkeit und die Isolation und Rückständigkeit der Bewohner des Südens habe zur Entstehung eines besonderen Verhaltensmusters geführt. Diese Menschen, insbesondere die Bewohner der Sumpfgebiete (*al-ahwar*), hätten durch die harten Lebensumstände und aufgrund der von den iranischen Geistlichen verursachten Unterwürfigkeit eine besondere Psyche entwickelt, der die arabischen Moralvorstellungen fremd seien.[388] "Dieses Verhaltensmuster und die Primitivität dieser Menschen", schreibt der Autor, "sowie der von einigen Mullas und von den Iranern geschürte Haß und die Feindseligkeit waren der Funke für Morde und Plünderungen, die den Süden erfaßten."[389]

Obwohl die Artikelserie der Parteizeitung *Al-thawra* das Thema der Fragmentierung der irakischen Gesellschaft, das im Kontext der Beziehungen zwischen den arabischen Sunniten und den Schiiten lange tabuisiert war, offen zur Sprache brachte, gingen die Ausführungen nicht über die Unterstellungen von sozialen und anthropologischen Merkmalen hinaus, die der Tradition der Schiiten und dem Einfluß der Iraner zugeordnet wurden. Offen blieb, wenn man dem Haupttenor der Ausführungen folgt, die Frage, weshalb siebzig Jahre nach der Staatsgründung eine Kohäsion der Bevölkerungsgruppen nicht erreicht worden war. Warum blieb der von Saddam Husain postulierte irakische Patriotismus wirkungslos?

Zudem kann die Einteilung der irakischen Kulturen in authentisch arabische und von Ausländern beeinflußte, wie sie in den Ausführungen angedeutet wird,

---

385 *Al-khums* (arabisch: Fünftel) ist die von gläubigen Schiiten zu entrichtende Abgabe an die Nachkommen des Propheten.
386 Ebd.
387 *Al-thawra* vom 5. April 1991.
388 Ebd.
389 Ebd.

nicht die Basis für eine integrative Politik sein. Die Einteilung der Kulturen innerhalb der "arabischen Nation" widerspricht deutlich auch dem Konzept von Michel `Aflaq. Die Ba`th-Ideologie hatte aber im irakischen Ba`th-Staat eine Legitimationsfunktion für die Aufrechterhaltung der ethnisch-konfessionellen Stratifikation.

Der konfessionalistische Aspekt wirkte sich, um Rekurs auf unsere Ausgangsposition zu nehmen, auch außenpolitisch negativ auf den Aufstand aus. Die Tatsache, daß die Staaten der Region, vor allem Saudi-Arabien mit seiner schiitischen Minderheit, nicht wünschten, daß die Schiiten im Irak Saddam Husain ablösten, könnte ebenfalls ein Grund für das Scheitern der Revolte gewesen sein. Das faktische Bündnis Saudi-Arabiens mit dem Irak während des irakisch-iranischen Kriegs und die antisaudische Haltung der schiitischen Opposition wirkten sich nicht gerade positiv auf die Haltung Saudi-Arabiens gegenüber der schiitischen Opposition aus. Die saudische Haltung gegenüber der schiitischen Opposition vor dem Aufstand und auch danach war von der Sorge bestimmt, daß sowohl ein Auseinanderbrechen des irakischen Staatsverbands infolge eines Bürgerkriegs als auch die Übernahme der politischen Macht durch die Schiiten seine Sicherheit gefährden würden. In beiden Fällen würde an den Grenzen Saudi-Arabiens ein schiitischer Staat entstehen. Zudem entfiele die Funktion des Irak als "Pufferzone" zwischen Saudi-Arabien und Iran.[390] Es ist nicht unwahrscheinlich, daß die saudische Regierung die amerikanische "*No Contact Policy*", aufgrund der jeder offizielle Kontakt der amerikanischen Administration mit der irakischen Opposition zwischen August 1990 und Februar 1991 unterbunden wurde, übernahm.[391] In einem Bericht für das "Committee on Foreign Relations" des amerikanischen Senats heißt es zu diesem Thema: "One reason suggested for U.S. reluctance to aid the anti-Saddam rebels was Saudi fear over the subversive impact of Shia or democratic success in Iraq."[392]

Die Versicherungen der schiitischen Opposition während des Aufstands, daß eine Einmischung in die inneren Angelegenheiten Saudi-Arabiens nicht stattfinden werde, konnten die saudischen Bedenken nicht beseitigen.[393] Als der von den Vereinigten Staaten und Saudi-Arabien erhoffte Putsch der sunnitischen Offiziere im Irak nicht stattfand, erwogen die Saudis, die schiitischen Rebellen mit Waffen zu versorgen. Aber es war, wie aus dem Bericht des amerikanischen Senats hervorgeht, bereits zu spät. Saddam Husain hatte den Aufstand schon niedergeschlagen.[394]

Ironischerweise hatte die iranische Regierung, die im Verdacht stand, mit den irakischen Schiiten einen dominanten schiitischen Staat bilden zu wollen,

---

390 Zur saudischen Haltung gegenüber den irakischen Schiiten siehe: Saif al-Din Ghunaim: *Al-Mu`arada al-`iraqiya mutakhawifa min al-ruiya al-ru`iya al-mu`athira `ala al-mawqif al-sa`udi* (Die irakische Opposition ist beängstigt über den Einfluß des Konfessionalismus auf die saudische Position). In: Iraqi File, Nr. 16, 1993, S. 26-28.
391 Vgl. Civil War in Iraq. A Staff Report to the Committee on Foreign Relations, United States Senate, May 1991, S. 13.
392 Ebd., S. 16.
393 Ebd.
394 Ebd., S. 16-17.

der für die Sicherheit des Nahen Ostens eine Gefahr darstellen könnte, die schiitische Opposition während des Aufstands nur sehr zurückhaltend unterstützt.[395] Die iranische Position war durch den Antiamerikanismus beeinflußt, und durch die Furcht vor einem Zusammenbruch des irakischen Staats, der möglicherweise zur Gründung eines kurdischen Staats hätte führen können. Zudem war die neutrale Haltung der iranischen Regierung innerhalb der iranischen Führung umstritten.[396] Es ist anzunehmen, daß das Primat der antiwestlichen Politik u.a. die Solidarität mit den irakischen Schiiten verhinderte. Die vehemente Kritik der *hizb al-da`wa* an der iranischen Politik während und nach dem Aufstand läßt kaum den Verdacht aufkommen, daß die irakischen Schiiten und der Iran aus taktischem Kalkül verschiedene Haltungen zum Aufstand eingenommen haben. Es heißt in dem Programm der *da`wa*-Partei zu diesem Thema, allerdings ohne den Iran mit Namen zu nennen: "Unser Volk erhoffte sich, daß einige Staaten, die selbst das Opfer der Politik und der kriminellen Taten des Regimes wurden, ihm während der Erhebung gegen das barbarische Regime helfen würden. Diese nahmen aber ihre Verpflichtungen nicht wahr ...".[397]

---

[395] Der Vorsitzende des ORIRI, al-Hakim, antwortete während des Aufstands auf die Frage, ob der Iran seine Organisation gegen die irakischen Truppen militärisch unterstütze: "Ich wünschte, wir würden von Iran militärische Unterstützung erhalten, wir würden sie dringend benötigen. ... Aber Iran schickt uns keine Waffen und hält sich streng an internationale Abkommen." Vgl. *Der Spiegel* 14/1991.
[396] Vgl. Asghar Schirazi, 1991.
[397] *Hizb al-da`wa al-islamiya: Birnamajuna* (Unser Programm), 1992, S. 39.

SCHLUSS

SCHLUSSBEMERKUNGEN

Der moderne irakische Staat ist 1920 nach einer Revolte entstanden; er wurde 70 Jahre später durch eine andere Revolte (1991) in seiner seit 1920 unveränderten ethnisch-stratifizierten Struktur in Frage gestellt. Der Irak überlebte aber diese Revolte wie zuvor den achtjährigen Krieg gegen den Iran und den Zweiten Golfkrieg. Abgesehen davon war der Irak fast dreißig Jahre in einen blutigen Kurden-Konflikt verwickelt und mußte sich seit Ende der siebziger Jahre in gewaltsamen Konflikten mit schiitischen Gruppen auseinandersetzen.

War der Prozeß des *nation-building* im Irak, der von einem seiner großen Dichter, Ma`ruf al-Rasafi (1875-1945), in den zwanziger Jahren mit dem Spruch "ein Staat, der nur aus einem Namen und einer Flagge besteht", charakterisiert worden war, doch erfolgreich? Hatte sein erster Herrscher, König Faisal I., unrecht, als er 1932 die Iraker als "ein Konglomerat von identitätslosen Menschenmassen" beschrieb? Hat der "eiserne Besen" Saddam Husains die Fragmentierung und den Partikularismus zugunsten des von ihm angekündigten "irakischen Patriotismus" (*al-wataniya al-`iraqiya*) doch beseitigt? Oder hält die Angst der Bevölkerung vor einer "Libanisierung" - ein Begriff, der während des Bürgerkriegs von 1991 aktualisiert wurde - den Staatsverband zusammen? Bevor wir auf die Ergebnisse der vorliegenden Studie zu sprechen kommen, sei hier bemerkt, daß unabhängig von dem Grad der gesellschaftlichen Integration der irakischen Bevölkerung die siebzigjährige Geschichte doch gewisse Gemeinsamkeiten erzeugt hat.[1]

Aber trotz dieser Gemeinsamkeiten trennt die konfessionelle Grenzziehung die irakische Bevölkerung. Diese hätte wahrscheinlich auch dann eine große politische Bedeutung gehabt, wenn die politische Macht nach der Staatsgründung nicht an die sunnitisch-arabische Minorität delegiert worden wäre. Schließlich wurde der Konfessionalismus auch in den ethnisch-konfessionell pluralen arabischen Gesellschaften, in denen Mehrheiten regieren, im Verlauf der historischen Entwicklung nach der Gründung der neuen Staaten zu einem politischen Problem. Diese zentrale Frage, die wir in dieser Arbeit am Beispiel der irakischen Schiiten zu beantworten versuchten, beruht, wie wir im Verlauf der Arbeit darstellten, abgesehen von den Besonderheiten der irakischen Gesellschaft auf drei wesentlichen Elementen: Auf den historischen Bedingungen, die die Prozesse des *state-building* umrahmten, der sozialen Differenzierung in den post-kolonialen Staaten und auf der sozialen und politischen Organisation der einzelnen Gruppen selbst. Wir versuchen, diese drei Elemente zusammenzufas-

---

1   Es ist unstrittig, daß in den letzten 70 Jahren die Bindungen der Iraker an den Staat stärker geworden sind und daß sich eine irakische Literatur und Kunst mit spezifischen irakischen Besonderheiten entwickelt haben.

sen, um am Beispiel des Irak die Ursachen des politischen Konfessionalismus in den gegenwärtigen arabischen Gesellschaften zu veranschaulichen.

Erstens: Die periphere Stellung der Schiiten im Rahmen des Osmanischen Reichs hatte zur Folge, daß sie, anders als die arabischen Sunniten, von den Reformen des Osmanischen Reichs in der zweiten Hälfte des 19. Jahrhunderts nicht profitieren konnten. Nach der Gründung des Staats Irak, in dem sie die Mehrheit der Bevölkerung bildeten, verfügten sie nicht über eine moderne Elite, die die Staatsführung hätte übernehmen können, selbst wenn die eigentlichen *state-builder*, die Briten, ihnen gegenüber eine wohlwollende Position gezeigt hätten. Diese Tatsache wurde deutlich, als König Faisal I. Ende der zwanziger Jahre gewillt war, die Schiiten besonders zu fördern. Er mußte sich - wie die Briten nach der Staatsgründung 1920 - auch auf die sunnitische Elite stützen. Hinzu kam, daß die dominante sunnitische Gruppe, d.h. die verschiedenen Faktionen der ex-scharifischen Offiziere, nach dem Tode Faisals 1933 und aufgrund des darauf folgenden Machtkampfs das Land in eine schwere Krise stürzte. Die Schiiten wurden im Schatten dieser Krisen mehr und mehr ins Abseits gedrängt. Erst nach dem Sturz der arabisch-nationalistisch orientierten Regierung al-Gailani durch die britischen Truppen 1941 waren die Bedingungen für eine stärkere Partizipation der Schiiten im politischen System gegeben. Die haschemitische Monarchie unter dem Regenten `Abd al-Ilah verbündete sich, vor dem Hintergrund der Intervention der Armee in die Politik, mit den mächtigen Stammes*shaikhs* des schiitischen Südens. Diese politisch-soziale Koalition hatte wegen ihres beharrlichen Festhaltens am sozialen *status quo* verheerende Konsequenzen für die schiitischen Bauern des Südens und für die sozioökonomische Entwicklung des monarchischen Irak insgesamt. Die Zusammenarbeit der schiitischen Stammes*shaikhs* mit dem Staat vergrößerte zwar durch die Inanspruchnahme von Parlamentssitzen den Anteil der Schiiten in dieser eher repräsentativen Institution; sie konnten aber durch die Allianz mit der sunnitischen politischen Elite die Frage der Bodenbesitzverhältnisse zu ihren Gunsten entscheiden. Die anhaltende Migration schiitischer Bauern in die Großstädte kann vor diesem Hintergrund gesehen werden. Sozialpolitisch war diese Entwicklung für das politische System eher negativ. Die Landflüchtigen bildeten in Bagdad und Basra eine feste Basis für die KP des Irak. Die sozialen und politischen Protestbewegungen von 1948 und 1952 wurden vorwiegend von diesen marginalisierten Schichten getragen.

Die Politik der herrschenden Gruppe in der letzten Dekade der Monarchie beschränkte sich jedoch nicht auf das Bündnis mit den schiitischen Stammes*shaikhs*. Nach dem Zweiten Weltkrieg versuchte die Monarchie durch Heranziehen einer schiitischen Bildungselite und deren Teilhabe an Führungspositionen, die Macht zu stabilisieren. Die *ex officio* betriebene Integration der schiitischen Elite konnte aber nicht zum Zusammenhalt dieser schmalen Elite führen. Zum einen war das politisch-konfessionelle Bewußtsein der Elite noch nicht sehr ausgeprägt, zum anderen fürchtete sie, wenn sie einen geschlossenen politischen Block gebildet hätte, mit dem Vorwurf des Konfessionalismus (*ta'ifiya*) konfrontiert zu werden. Vor diesem Hintergrund kann das Scheitern der Versuche, schiitische Parteien zu gründen, erklärt werden. Dennoch war eine stetige Tendenz in der letzten Dekade der Monarchie zu beobachten, die darauf abzielte, die Schiiten in den politischen Institutionen des Staates gemäß ihrem Anteil an der Bevölkerung zu beteiligen. Diese Tendenz wurde durch die Revolution von 1958 unterbrochen. Unter der Monarchie war auch die *Schiitisierung* der Untergrundopposition zu beobachten, nicht weil die schiitische Elite die schiitische Bevölkerung im politischen System nicht repräsentierte - dies galt auch für die Elitensegmente aus anderen ethnisch-konfessionellen Gruppen - sondern weil die ungelöste Agrarfrage im Süden zur anhaltenden Migration der Schiiten in die Städte führte. Im städtischen Milieu bildeten die Migranten aus dem Süden die Basis für die linken Bewegungen, insbesondere für die KP. Parallel dazu beteiligten sich seit den fünfziger Jahren Angehörige der schiitischen Mittelschicht aktiv an säkularen Bewegungen. Sie hatten eher Grund, gegen das von Sunniten und schiitischen Großgrundbesitzern dominierte System zu opponieren. Das schiitische Segment der Mittelschicht war aber, anders als sein sunnitisches Pendant, in der eigentlichen staatlichen Machtinstitution, der Armee, nicht repräsentiert. Dies war eine Konsequenz der von den sunnitischen Offizieren verfolgten Praxis der Nicht-Rekrutierung der Schiiten, aber auch eine Folge der tradierten schiitischen Einstellung, die die Armee als Stütze des sunnitischen Staats betrachtete.

Zweitens: Der erhoffte politische Wandel im Irak kam nicht durch die oppositionellen Untergrundparteien, in denen die Schiiten stark vertreten waren. Die Revolution von 1958 hatte in vielfacher Hinsicht zur Stabilisierung der Herrschaft der sunnitischen Gruppe beigetragen, denn sie löste die alte politische Elite, einschließlich des schiitischen Segments ab, was zur Folge hatte, daß die in der letzten Dekade der Monarchie begonnene politische Partizipation der schiitischen Elite ein Ende haben mußte. Die neue politische Peripherisierung der Schiiten nach 1958 war unter anderem eine Konsequenz des Umstandes, daß das irakische Offizierskorps seit der Gründung der Armee 1923 eine Domäne der arabischen Sunniten geblieben war.

In den sechziger Jahren erlebte der Irak vielfach grundlegende politische und soziale Veränderungen, die die Fragilität der Gesellschaft veranschaulichen. Die politische Polarisierung im Offizierskorps nach 1958 war primär eine Konsequenz der Fragmentierung des militärischen Segments der sunnitisch-arabischen Mittelschicht, die die alte politische Elite und ihre Verbündeten, die Großgrundbesitzer und Handelsbourgeoisie, ablöste. Sie war aber sozial und politisch nicht kohärent genug, um als soziale Schicht eine stabile Basis für die politische Macht zu sein. Der Tribalismus und Kommunalismus, also Identitäten, die man "*little tradition*" nennen kann, gewannen Oberhand und waren Grundlage für die Bildung von Faktionen. Die tribalistische Segmentierung offenbarte sich, unmittelbar nachdem Qasim durch den ersten *Coup d`état* der Ba`th–Partei gestürzt worden war. Die wichtigsten ba`thistischen Offiziere brachten die Partei unter ihre Kontrolle und verdrängten die schiitischen Ba`th-

Führer, die nicht zufällig Zivilisten waren, und andere kommunalistische Gruppen aus der Partei. Sie wurden wiederum von Arif, gestützt von den Offizieren aus seinem Stamm, *al-Jumaila*, abgelöst. Die Ba`th-Partei kam 1968, wiederum mit Unterstützung der Takriti-Offiziere, an die Macht. Welche Bedeutung hatten aber die Schiiten in dieser *"Khaldunschen* Welt"[2], die durch Aufstieg und Ablösung von kommunalistischen Gruppen gekennzeichnet war? Es ist evident, daß die Schiiten, anders als die sunnitisch-kommunalistischen Gruppen, da sie im Offizierskorps auch nach der Revolution nur marginal vertreten waren, keine Möglichkeit hatten, die Macht zu übernehmen. Die erwähnte Verdrängung der schiitischen Ba`th-Führer aus der Partei 1963 ist ebenfalls vor diesem Hintergrund zu verstehen. In diesem Zusammenhang soll die Bedeutung der Kontrolle über den Staat nach 1958 betont werden. In dieser Studie wurde aufgezeigt, daß sich der monarchische Staat auf die Koalition der Großgrundbesitzer mit der politischen Elite stützte. Diese soziale und politische Basis war für die Aufrechterhaltung der Monarchie unabdingbar, zumindest bis zur Zunahme der Erdöleinnahmen seit Anfang der fünfziger Jahre. In der Republik entwickelte sich der Irak zu einem Rentierstaat mit der Konsequenz, daß der Staat über von außen zufließende finanzielle Mittel über die soziale Schichtung und den Platz der Ethnien und Konfessionen stärker als zuvor entscheiden konnte. Die Kontrolle über den Staat hatte daher eine größere Bedeutung als unter der Monarchie.

Drittens: Die Frage, wer die Schiiten politisch vertritt, ist von immenser Bedeutung für die politische Partizipation. Mit dieser Frage korrelieren drei weitere Fragen: die Frage nach den sozialen Schichten, die sich mit dem Schiitentum identifizieren; die Frage nach Möglichkeiten und Grenzen der Artikulation von konfessionellen Interessen und die Frage nach dem spezifischen Verhältnis zwischen dem politischen und dem religiösen Konfessionalismus. Ein wesentliches Hemmnis für die Entwicklung des politischen Konfessionalismus bei den irakischen Schiiten war die Tatsache, daß die Ablösung des schiitischen Segments der monarchischen Elite das Ende des semi-organisierten politischen Konfessionalismus bei den irakischen Schiiten bedeutete. Semi-organisiert, weil keine schiitische politische Partei existierte und weil die schiitischen Politiker der Monarchie, wenn auch nicht alle, innerhalb der monarchischen Elite eine Art Faktion bildeten. Nach der Revolution von 1958 ergab sich in dieser Hinsicht ein gewichtiges Problem. Die schmale Schicht der schiitischen Intelligentsia, die eine oppositionelle Haltung zur Monarchie zeigte, war auf linke und nationalistische Parteien verteilt. Die islamistischen Schiiten füllten das Führungs-

---

2   Der islamische Historiker `Abd al-Rahman Ibn Khaldun (1332-1406) betrachtete die Geschichte als einen ständigen Zyklus von Aufstieg und Niedergang von Gruppen, die durch die Gruppensolidarität (`asabiya) die Macht übernehmen, um nach der Schwächung der Gruppensolidarität von anderen Gruppen abgelöst zu werden; vgl. *al-Muqaddima* (Prolegomena) *(Kitab al-`ibar wa diwan al-mubtada' wa al-khabar fi aiyam al`arab wa al-`ajam wa al-barbar wa man `asrahum min dhawyi al-sultan al-akbar)*, Kairo, o.J., bzw. deren vollständige englische Übersetzung: Franz Rosenthal: The Muaqaddimah, an Introduction to history, 3 Bde. New York 1958

vakuum; sie konnten allerdings wegen ihrer religösen Legitimation, wie wir noch im letzten Punkt darlegen werden, erst viel später zu einer Art "strategischen Gruppe" werden, die die ethnisch-konfessionelle Grenzziehung politisieren konnte.

Wir haben in dieser Studie versucht darzulegen, daß im politischen System des Irak - sowohl unter der Monarchie als auch nach der Revolution von 1958 unter der Ägide der *jakobinischen* Staatsauffassung - die Konflikte des Konfessionalismus nicht offen ausgetragen werden konnten. *Ta'ifiya* und *shu`ubiya* standen und stehen in der arabischen politischen Kultur synonym für Partikularismus und für feindselige Haltung gegenüber der arabischen Nation und der islamischen Gemeinschaft. Dies war der eigentliche Hintergrund, warum sich nie eine schiitische politische Bewegung als solche legitimierte. Eine konfessionalistische oder ethnisch orientierte politische Bewegung muß sich nicht zwangsläufig als solche bekennen. Vor diesem Hintergrund wurde die irakische KP als eine *de facto* schiitische Partei betrachtet. In den fünfziger und sechziger Jahren wurde die KP in der Tat schiitisiert; dies ist aber vor dem Hintergrund der sozialen Struktur der Schiiten zu sehen. Die KP hatte der konfessionellen Frage niemals eine besondere politische Bedeutung gegeben. Sie verbot ihren Mitgliedern Mitte der fünfziger Jahre, den schiitischen Konfessionalismus politisch zu instrumentalisieren, weil nach ihrem Diktum keine Religion wirklich revolutionär sein kann. Nicht einmal die schiitisch-islamistische Bewegung, die sich in den fünfziger Jahren formierte, konnte und (wahrscheinlich) wollte als eine schiitische Bewegung betrachtet werden. Die politische Legitimation gegenüber der arabisch-nationalistischen Staatsideologie der herrschenden sunnitisch-kommunalistischen Gruppen konnte aber nur durch die islamistische Ideologie herausgefordert werden. Dies war aber nicht das Hauptproblem der islamistisch schiitischen Bewegung. Zwei andere Probleme verlangsamten ihre Entwicklung: Sie mußte sich gegenüber der bereits existierenden religiösen und weltlichen Institution der Schiiten, der *Marja`iya*, durchsetzen und die Unterstützung der politisierten schiitischen städtischen Schichten, die bis Anfang der siebziger Jahre in der KP, aber auch in der Ba`th-Partei aktiv waren, gewinnen. Die erste Frage konnte, wie wir am Beispiel der Haltung des Oberhaupts der Schiiten, Muhsin al-Hakim, zur Da`wa-Partei darstellten, bis zur iranischen Revolution kaum gelöst werden. Die Entstehung einer religös legitimierten politischen Bewegung mußte auf Kosten der weltlichen Kompetenz der Geistlichkeit gehen. Daß die *Da`wa*-Partei dennoch entstanden ist, zeigt, daß diese weltliche Kompetenz nicht das Hauptproblem des irakisch-schiitischen Islamismus war. Der Islamismus war im Irak der sechziger Jahre noch keine politische Alternative für die Schiiten. Erst die Verbreitung des Islamismus in der ganzen Region Ende der sechziger Jahre und der zweite Putsch der Ba`th-Partei brachten die *Hizb al-Da`wa* in den Vordergrund; nicht weil die neuen Machthaber Sunniten waren, auch nicht wegen der säkularen Ausrichtung des neuen Regimes, sondern weil die Ba'th-Partei die "Autonomie" der religiösen Institution nicht beachtete. Die bis dahin politisch eher enthaltsame schiitische Geistlichkeit wurde zum Teil politisiert. Im autoritären Ba'th-Staat durften keine gesellschaftlichen Gruppen außerhalb staatlicher Kontrolle bleiben. Damit war der Konflikt mit der schiitischen Geistlichkeit vorprogrammiert. Dieser Umstand korrelierte mit der Tatsache, daß sich die neuen Machthaber bis Mitte der siebziger Jahre auf die Sunniten und auf ihre kommunalistischen Bindungen stützten. Dies war mit Sicherheit einer der Gründe, warum die schiitischen Untergrundorganisationen, vor allem *Hizb al-Da`wa*, im städtischen Milieu von Bagdad, in den ehemaligen Hochburgen der KP, ihre Anhängerschaft finden konnten. Die Angehörigen der schiitischen Mittelschicht, vor allem die Intelligentsia, schlossen sich in den siebziger Jahren den schiitischen Islamisten an, primär nicht aus religiösen, sondern aus politisch-konfessionalistischen Gründen. Dadurch veränderte sich die Struktur der schiitisch-islamistischen Bewegung grundlegend. Sie wurde durch die soziale Diversifikation ihrer Struktur eine politische Partei mit religiöser Legitimation. Die neuen Schichten, die sich den Islamisten anschlossen, legitimierten sich durch den Islam und waren in dieser Hinsicht nicht anders als die herrschenden Sunniten, die den arabischen Nationalismus als Legitimationsinstrumentarium benutzten. In diesem Zusammenhang darf die Rolle eines herausragenden Denkers des irakisch-schiitischen Islamismus, Muhammad Baqir al-Sadr, nicht ungewürdigt bleiben. Der schiitische Islamismus, aber auch die traditionelle schiitische *Marja`iya*, hatten für die säkularisierten schiitischen Mittelschichten und auch für die schiitische Arbeiterschaft in Bagdad und in anderen Städten keine besonders große Ausstrahlung. Religiosität war bei den irakischen Schiiten ein rurales Phänomen. Muhammad Baqir al-Sadr, der Anfang der sechziger Jahre eine Reihe von Schriften als Antwort auf die kommunistische Herausforderung schrieb, wurde bald über die Grenzen seiner Konfession und über die Grenzen des Irak hinaus berühmt. Seine Bedeutung ergab sich aus zwei wesentlichen Gründen: Seine Auseinandersetzung mit den anderen politischen Überzeugungen und Theorien wiesen die Elemente eines Diskurses auf; zudem verließ er in seiner Auseinandersetzung mit den modernen Wirtschaftstheorien und mit philosophischen und sozialen Fragen den tradierten Themenkreis der islamischen `Ulama'. Gerade die politischen Konfessionalisten konnten ihn als eine Art Leitfigur akzeptieren. Dennoch hingen Erfolg und Mißerfolg des schitiischen Islamismus, vor allem nach der Konfrontation mit der Ba'th-Regierung 1979, davon ab, inwieweit er sich als eine nicht-konfessionalistische Bewegung präsentieren konnte. Diese Frage war insofern von enormer Relevanz, als die Ba'th-Partei, gewappnet durch die jakobinische Ideologie des arabischen Nationalismus, gegen diese zu Felde zog. Die schiitischen Islamisten konnten aber den Vorwurf des Regimes, sie seien Konfessionalisten (*ta'ifiyiun*), nicht restlos aus der Welt schaffen. Dies führte zu einem Dilemma, weil die Regierung in Zeiten politischer Krisen - wie z.B. nach der iranischen Revolution - durch Betonung der konfessionalistischen Struktur des schiitischen Islamismus die Sunniten wie auch die anderen Konfessionen und Ethnien für sich mobilisieren konnte. Dies wurde vor allem nach dem Ausbruch des irakisch-iranischen Kriegs deutlich. Die schiitische Opposition wurde von der irakischen Führung nicht nur als konfessionalistisch gebrandmarkt, sondern darüber hinaus auch als Handlanger des iranischen Feindes dargestellt. Der Umstand, daß die schiitischen Untergrundparteien nach der Konfrontation mit der Regierung 1980 im Iran Zuflucht suchen mußten, wirkte sich nicht nur im Zusammenhang mit der Propaganda der irakischen Führung negativ aus; darüber hinaus konnten sie sich gegen die von der iranischen Führung vorgenommenen organisatorischen und politischen Umgestaltungen nicht wehren. Der unter dem Einfluß der iranischen Führung gegründete "Oberste Rat der Irakischen Revolution" bestimmte von nun an, welche Haltung die schiitische irakische Opposition einnehmen sollte. Sie geriet dadurch zunehmend in politische Abhängigkeit vom Iran. Dies könnte als ein Grund für das Unvermögen der schiitischen Opposition, die schiitischen Iraker gegen das Regime von Saddam Husain zu mobilisieren, angesehen werden. Zudem war der Iran im Grunde genommen ebenfalls ein autoritärer Staat, der für die Iraker, die mit dem Regime Saddam Husains unzufrieden waren, keine Alternative darstellen konnte. Daß die siebzigjährige Geschichte des Irak nicht ohne integrative Auswirkungen auf die Bevölkerung geblieben war, könnte ein anderer Grund dafür gewesen sein, daß die Schiiten während des irakisch-iranischen Krieges von der schiitischen Opposition nicht gegen die irakische Führung mobilisiert werden konnten. Die vielfältigen Kontrollmechanismen des Ba'th-Staates waren sicherlich auch ein nicht zu unterschätzender Grund.

Dies wurde vor allem nach dem zweiten Golfkrieg deutlich. Der spontane Aufstand der Schiiten unmittelbar nach der Einstellung der kriegerischen Handlungen wurde weder vom Iran noch von der schiitischen Opposition im Exil beeinflußt. Ganz im Gegenteil, die Rückkehr von Anhängern des ORIRI in den Irak einige Tage nach dem Ausbruch der Revolte wirkte sich negativ aus. Zum einen hoben diese politisch-konfessionalistische Ziele hervor, zum anderen konnte die irakische Führung dadurch die sunnitische Bevölkerung mobilisieren, die Grund zu der Annahme hatte, daß der Aufstand im Süden nicht wegen der Aufrechterhaltung der ethnischen Stratifikation, sondern um ihre eigene physische Sicherheit zu gewährleisten, unterdrückt werden müsse. In einer konfessionalistisch fragmentierten Gesellschaft kann es immer wieder zur Aktivierung und Politisierung der ethnischen und konfessionellen Grenzen kommen. Integrative Momente, die überkonfessionelle Inhalte haben, wie etwa der seit der Krönung Faisals im Irak postulierte irakische Patriotismus, können Erfolge haben, vorausgesetzt, daß sie die Vielfalt der Bevölkerung akzeptieren.

Nachtrag: Einheit versus Vielfalt

Nachdem die Endfassung dieser Studie vorlag, überschattete ein Ereignis, nämlich die Pläne des *Ibn Khaldun Center for Development Studies* zur Abhaltung einer Tagung über die Minderheiten in der arabischen Welt und die negative Reaktion der arabischen Publizisten, Wissenschaftler und religiösen Würdenträger darauf sogar die Berichterstattung in der arabischen Presse über die Nahostfriedensverhandlungen.

Selten wurde in der arabischen Welt einer wissenschaftlichen Tagung solche politische Relevanz beigemessen wie der Minderheiten-Tagung. Eine Koalition von politischen, religiösen und sozialer Akteuren, die ansonsten antagonistische Kräfte sind, formierte sich rasch. Die Koalition umfaßte den ehemaligen mächtigen publizistischen Paladin der nasseristischen Ära und heutigen Polit-Bestseller Muhammad Hasanin Haikal, die ehemals liberale *Wafd*-Partei und das Oberhaupt der koptischen Kirche Ägyptens, Papst Schanuda.[3] Mit von der Partie waren Repräsentanten der immer noch illegalen Gesellschaft der Muslimbrüder, aber auch die islamistische Sozialistische Arbeitspartei und ihr Sprachrohr, die Zeitung *al-Sha`b*. Die Vorwürfe gegen das *Ibn Khaldun Center* und deren Präsidenten, den führenden arabischen Soziologen Saad Eddin Ibrahim, reichten von nationalen Verrat bis zum Agententum.[4] Die Kontroverse reduzierte sich in Ägypten im allgemeinen auf die Betrachtung der ägytischen Kopten als eine Minderheit. Die Kopten, so der Tenor der Gegner der Tagung, seien keine Minderheit oder Konfession, sondern sie seien verwoben in der nationalen ägypischen Einheit (*al-nasij al-qaumi*). Die Ablehnung des Begriffes Minderheit (*aqaliya*) zielt nicht auf die numerische Relation Mehrheit/-Minderheit, sondern will die Existenz einer Gruppenidentifikation bei den ägyptischen Kopten vehement in Frage stellen. Diese Attitüde in der arabischen Welt beschränkt sich nicht auf die von oben verordnete Nicht-Existenz von Gruppenidentifikation, so z.B. im Irak und in Syrien, sondern darüber hinaus wurde diese Haltung von den oppositionellen Gruppen, die nicht davor zurückschrecken, selbst den Konfessionalismus zu thematisieren, übernommen.[5] Sollte das Ziel die Integration der verschiedenen Gruppen in einem Staat sein, so kann diese Haltung als konsequent und folgerichtig angesehen werden; ein genauere Betrachtung zeigt aber das Paradoxon dieser Attitüde. Aus der jüngsten Geschichte des Vorderen Orients wissen wir, daß Konfessionalismus und Kommunalismus das Verhalten der Akteure dominieren, die sich durch überkonfessionelle Ideologien legtimieren, so z.B. in Syrien und Irak seit den sechziger Jahren. Machtgruppen mit konfessionalistischen, regionalistischen und ethnischen Hintergrund legitimieren ihren Machtanspruch durch einen radikalen Panarabismus oder Islamismus, der jedweden kulturellen, politischen und regionalen Pluralismus ablehnt. Ethnische und konfessionelle Vielfalt sind, um nochmals das Beispiel Irak und Syrien zu nennen, tabuisiert, weil die Herrschaft der `Alawiten und der Takritis als Teil des politischen Diskurses thematisiert werden mußte.

---

3   Die Debatte über die Tagung ist in Nr. 29/1994 der Zeitschrift *al-Mugtama al-Madani* (Zivilgesellschaft) erschienen.
4   So z.B. der Präsident des Al-Ahram Center for Political and Strategic Studies, Saiyd Yasin, in einem Artikel mit dem Titel *Himaiyat al-aqaliyat fi asr al-fauda al-duualiya* (Schutz der Minderheiten im Zeitalter der internationalen Unordnung). Siehe al-Ahram vom 2. Mai 1994. Yasin bewertet in diesem Artikel den Diskurs über die Minderheiten in der arabischen Welt als gegen die arabischen Einheit (sic!) gerichtet.
5   So z. B. die syrischen Muslimbrüder in ihrer Polemik gegen die von den Alawiten dominiertes Ba`th-Partei-Regimes in Syrien. Teilweise machte das Untergrundblatt *al-Nadhir* dieser Gruppe die Alawiten en bloc für das brutale Vorgehen der syrischen Regierung verantwortlich.

Dieses Phänomen, das in den Sozialwissenschaften seit den siebziger Jahre unter dem Stichwort *Ethnizität* debattiert wird,[6] ist zweifellos keine spezifische nahöstliche Erscheinung. Es sind daher sowohl die radikale Ansicht, daß die Gesellschaften des Nahen Ostens aus segmentierten *Mosaik*-Strukturen bestehen,[7] als auch die undifferenzierte Ablehnung der Ethnizität als Paradigma zur Analyse der ethnischen, konfessionellen und regionalistischen Konflikte des Nahen Ostens als wenig produktiv zu bezeichnen. Die Ereignisse in Osteuropa nach dem Zusammenbruch des Ostblocks zeigten, daß die längst integriert geglaubten Gesellschaften unter bestimmten Voraussetzungen zu einer Mosaikstruktur zurückkehren können. Gerade diese Erkenntnis über die Nationenbildung und das Auseinanderfallen von Nationen wurde von Karl W. Deutsch, anders als von den auf *nation-builiding* fixierten Modernisierungstheoretikern, frühzeitig sehr differenziert gesehen.[8] Mosaikstrukturen sind insofern nicht naturwüchsig oder resistent gegen integrative Momente. Vor allem im Nahen und Mittleren Osten kann der Einfluß der integrativen Momente seit der Stiftung des Islam beobachtet werden. Wiederum zeigt die Existenz von religiösen nicht- islamischen, aber auch heterodoxen islamischen Gruppen das Ausmaß der Toleranz der islamischen Zivilisation hinsichtlich der Behandlung dieser Gruppen.

Burhan Ghaliun stellt daher mit Recht fest, daß der Konfessionalismus in der arabischen Welt sich erst im kolonialen und postkolonialen säkularen Staat bemerkbar gemacht hat.[9] Nur im Rahmen des modernen arabischen Staats mit seiner desintegrierten pluralistischen Gesellschaft konnte der politische Konfessionalismus gedeihen. Dies war auch folgerichtig, weil der Staat, anders als der traditionelle islamische Staat, keine Möglichkeit der politischen Partizipation bietet. Die traditionellen religiösen Institutionen boten immerhin ein Minimum für die politische Partizipation der Gemeinschaft.[10]

In dieser Studie versuchten wir einen mittleren Weg einzuschlagen. Sicherlich ist die Mosaikstruktur eine Dramatisierung der Beschreibung der Geschichte und Gegenwart der Gesellschaften des Vorderen Orients. Die Integration und Desintegration von Gruppen ist abhängig von allgemeinen Bedingungen, u.a. dem Grad der Kommunikation unter den Gruppen und dem Urbanisierungsgrad, die in ihrem Wirkungsbereich nicht kulturell bedingt sind. Dies bedeutet aber nicht, daß die Ethnizität in den Gesellschaften der Peripherie als Ansatz für die Analyse von sozialen und politischen Konflikten unbrauchbar ist. Wir wollen hier nicht erneut das *"Aufwachen"* der Völker und die ethnischen Konflikte in Osteuropa nach dem Zusammenbruch des Ostblocks als Beweis vorführen. Der Bürgerkrieg im Libanon, die Auseinandersetzungen in Syrien

6   Vgl. hierzu Pierre L. van den Berghe: The Ethnic Phenomenon. New York usw. 1981.
7   Vgl. z. B. D.F. Eickelman: The Middle East: An Anthropological Approach. Englewood Cliffs, N.J. 1981.
8   Vgl. Karl W. Deutsch: Nationalism and Social Communication. Cambridge 1953.
9   Vgl. Burhan Ghaliun: *al-Mas'ala al-ta'ifiya wa mushkilat al-aqliyat* (Die konfessionelle Frage und das Problem der Minderheiten). Beirut 1979.
10 Ebd., S.28-29.

seit 1963 und der Fall des Irak zeigen die Brisanz des Problems in der nahöstlichen Region.

Insofern war die vehemente Ablehnung der Minderheiten-Tagung in Kairo eher kontraproduktiv. Die Tagung, die angesichts der Ablehnung nach Nikosia ausweichen mußte, könnte eine Chance bieten, die Probleme in der arabischen Welt zu benennen und nach Lösungen für ethnische und konfessionalistische Konflikte suchen. Eine Chance wurde unseres Erachtens vertan, weil die herrschenden Kräfte Konflikte durch Tabuisierung unterdrücken wollen. Diese Studie versteht sich angesichts der Tabusierung einer existenten Problematik als ein bescheidener Beitrag zur Transparenz dieser Thematik.

Amman/Jordanien im Dezember 1994

ANHANG

ABKÜRZUNGEN

ASBP	Arabische Sozialistische Ba`th-Partei
ASU	Arabische Sozialistische Union
DPK	Demokratische Partei Kurdistan
F.I.	Ferhad Ibrahim
IBRD	International Bank for Reconstruction and Development
ID	Irakischer Dinar
JAWQAD	al-Jabha a-Wataniya al-Qawmiya a-Dimuqratiya fi al-Iraq (Die Patriotische Nationale Demokratische Front im Irak)
JWD	al-Jabha al-Wataniya al-Dimuqratiya fi al-Iraq (Die Patriotische Demokratische Front im Irak)
KKR	Kommandorat der Revolution
KP	Kommunistische Partei
KPdSU	Kommunistische Partei der Sowjetunion
KPI	Kommunistische Partei des Irak
NDP	National Demokratische Partei
ORIRI	Der Oberste Rat der Islamischen Revolution im Irak
PUK	Patriotische Union Kurdistan
RF	Regionale Führung
UNO	United Nations Organization
VAR	Vereinigte Arabische Republik
ZK	Zentralkomitee

NAMENS- UND ORTSREGISTER

A

`Abdallah,`Amir 209-212, 234 f., 282
Ägypten 8, 21, 164, 179, 184 f., 193, 206, 216, 229 f., 271, 343 f.
`Aflaq, Michel 161, 241-243, 253 f., 286, 320, 333
al-Aiyubi, Ali Jaudat 85, 89, 91 f., 94, 97-99, 119, 127
al-`Alawi, Hasan 65, 101, 235, 245, 252, 294
`Ali bin Abi Talib 14, 27, 218, 279, 292, 330, (siehe auch "*mauakib*, Prozession")
al-`Amara 54, 104, 143-145, 168, 178, 190
Arif, `Abd al-Salam 149, 183, 185-187, 211, 219, 225-231
Arif, `Abd al-Rahman 183, 228, 231 f., 239-241, 245
al-Askari, Ja`far 59, 66, 71, 80, 88 f., 108, 114, 116, 127
al-Askari, Murtada 191-194
Assyrer 108, 113, 188
Aziz, Tariq 280, 300

B

Baban, Ahmad Mukhtar 133
Bagdad 16, 36 f., 41, 47-49, 86, 103, 142, 145, 148-152, 156, 164, 168, 177 f., 203, 205, 220, 248, 269, 273, 296
- Madinat al-Thawra 152, 203, 212, 220 f., 236
- Al-Shurja 50, 149 f., 220, 267

Bakdash, Khalid 185

Bakir, Abu 30, 132
al-Bakr, Ahmad Hasan 225, 241, 243, 248-259
Barzani, Mustafa 232
Basra 36-38, 47-49, 54, 69, 103, 133, 145, 149, 156, 164, 168, 196, 314, 328
Batatu, Hanna 18, 35, 74, 83 f., 107 f., 124, 135-137, 144 ff., 155 f., 161, 165, 180, 188, 198, 210, 222, 224, 227, 240 f., 247 f., 270, 282, 296, 302
al-Bazzaz, `Abd al-Rahman 216, 229, 243 f.

C

al-Chadirchi, Kamil 112-114, 119, 136-139, 161, 210 f.
al-Chalabi, `Abd al-Muhsin 102, 139, 151
al-Charchafchi, Amin 70, 86-88, 93-97, 99, 129, 141
Christen 17, 163, 166, 188, 224, 226
Churchill, Sir Winston 68, 71
Cox, Sir Percey 65-74, 130

D

Deutschland 100, 105-107, 117, 120 f., 169, 206
al-Duri, `Abd al-`Aziz 215-219

F

faili-Kurden 50, 152, 266, 304
Faisal I. 8, 52, 57-60, 68-76, 79-89, 91-93, 96, 100, 105, 109, 118 f., 294, 337 f.
al-Fukaiki, Hani 162 f., 186, 223, 226 f., 294

G

al-Gailani, `Abd al-Rahman 60, 65 f., 70 f., 77, 90 f., 98 f., 109, 120 f.
al-Gailani, Rashid Ali 89, 91, 98, 107, 114, 121, 123, 206, 211
Ghawahiri, Muhammad Mahdi 103
Ghazi 91, 109 f., 115-117
al-Ghita, Kashif Muhammad Husain 57, 86, 93-99, 169-173, 190, 193, 198
Großbritannien 42, 52-91, 106, 117, 120 f., 130, 132, 135, 148, 154-160, 169 f., 179 f., 295, 338
Gökalb, Ziya 100 f.

H

Hadid, Muhammad 111, 136 f., 205, 208-211
Haidar, Rustam 91, 117-119, 139
al-Hajj (Haidar), Aziz 235 f., 259
al-Hakim, Muhammad Baqir 198, 201, 305-307, 317 f., 321, 327, 329, 334, 342
al-Hakim, Muhammad Mahdi 192, 201, 257, 261
al-Hakim, Muhsin 51, 190, 194 f., 198, 201-203, 226 f., 231-233, 240, 259-262, 314
al-Hamdani, Adnan 252 f.
Hammadi, Sa`dun 162, 257, 287-289
al-Hashimi, Taha 94, 107 f., 115, 121, 123, 160 f.
al-Hashimi, Yasin 59, 77 f., 80, 85, 89-91, 94, 97 f., 107-110, 112, 120
Hilla 36, 103, 162, 168
al-Husain bin `Ali bin Abi Talib 27 f., 32, 152, 171 f., 279 (siehe auch "*mauakib*, Prozession" im Stichwortverzeichnis)

Husain, Saddam 8, 248ff (passim)
al-Husri, Sati 100-106

I

Inder 50, 57, 67, 236, 245
Iran 8, 27 ff., 39 ff., 47-51, 55 f., 86, 102 f., 110, 112, 115, 122, 149 f., 190, 260 f., 266 f., 276 f., 284, 291 f., 295-317, 321 f., 325, 333 f., 343
al-Is, Muhammad Husain Abu 209, 212, 223
Isfahani, Shaikh ul-Sharia Fath ul-Allah 55, 58, 61, 67, 69, 72
Israel 8, 148, 163, 243 f., 251 f., 288
al-Ilah, `Abd 117, 120 f., 123, 125, 130-136, 144, 151, 153, 159 f.

J

Jabr, Saad Salih 261, 297, 327
Jabr, Salih 91, 120, 130-139, 261
al-Jamali, Fadil 134, 137 f., 139, 153
Juden 66, 148-150, 163, 166, 224, 243, 265
al-Jumaila 228, 240, 340

K

Karbala 27-31, 36, 39-41, 58, 67, 86, 168, 189 f., 260 f., 266 f., 296 (siehe auch "*al-hauza al-`ilmiya*, religiöse Schulen")
Kazimiya 9, 36, 40 f., 50, 61, 86, 189, 220, 226, 260 f.
al-Khafaji, `Isam 49, 142, 152 f., 157, 248, 268-270, 282
Ibn-Khaldun, `Abd Rahman 340, 343 f.
Khalisi, Mahdi al-Shaikh 52 f., 69, 72 f., 75, 86
al-Khui, Abu al-Qasim 196, 262 f., 266, 268, 277, 282 f., 328 f.
Khumaini (Chomeini), Ruhallah 217 f., 276-284, 295, 298-301, 303, 305, 308-310, 316, 322

Kirkuk 97, 168, 207-210
Kuba, Muhammad Hasan 70, 141
Kuba, Muhammad Mahdi 130, 132, 139, 163, 184
Kurdistan 36, 39, 108, 167 f., 235, 240, 257, 297, 301, 308, 314-316, 319, 324, 329 f., 334
Kurden 40, 87, 103, 135, 163, 182-185, 188, 209-213, 224, 226, 228, 232, 241, 244, 246 f., 251, 257, 259, 266 f., 281, 314-316, 319, 325-328
Kut 86, 91, 104, 143-145, 168, 171, 190
Kuwait 8, 221, 257, 268, 294, 319, 324 ff.

L
Libanon 8, 10, 17, 24, 45, 103 f., 164, 170, 199, 263, 277

M
Mamluken 32, 36-39, 156
al-Midfa`i, Jamil 89, 91 f., 94-98, 110, 115 f., 133
Mirjan, `Abd al-Wahhab 131, 134, 136-139, 164
Mosul 36, 41, 47 f., 72, 103, 108, 117, 152, 156, 168, 187 f., 207, 221
al-Mudarisi, Muhammad Taqi 277, 283, 305-307, 310-313, 316 f., 322
Mukhlis, Maulud Pascha al-Takriti 59, 70, 152, 249

N
al-Najaf 9, 28-36, 39-41, 48, 51, 55, 67, 86, 95 f., 189 f., 202, 260 f., 266, 271, 276, 279 f., 296, 301, 328 f. (siehe auch "*al-hauza al-`ilmiya*, religiöse Schulen")
Nasser, Gamal Abdel 21, 179, 181 f., 184 f., 188, 227-229, 240, 255, 324

Nazmi, Wamid Jamal `Umar 56 f., 59-61, 63, 68, 78

O
Osmanisches Reich 9, 35-40, 45-57, 62 f f., 74, 78-81, 100 ff., 118, 126, 229-231, 245, 338
Qajaren 32, 40, 42, 53
Qasim, `Abd al-Karim 181, 183, 185-187, 195 f., 202 f., 204-214, 221 f.
Qutb, Sayid 21

R
al-Radi, Husain Ahmad 167, 207-213, 223, 234
al-Rikabi, Fuad 161 f., 184, 187, 224, 226, 248
al-Rubai`i, Muwaffaq 191, 284, 303

S
al-Sabbagh, Salah al-Din 114-116, 119, 181
al-Sadr, Amina 199, 280
al-Sadr, Baquir Muhammad 17, 192, 195 f., 199-201, 233, 262 f., 273-285, 303, 309, 342
al-Sadr, Muhammad 69, 134, 139
al-Sadr, Muhammad Mahdi 58, 69, 86, 263
al-Sa`di, `Ali Salih 223 f.
al-Sa`dun, Abd al-Muhsin 71-75, 77 f., 85, 87 f., 103, 107
Safawiden 27-30, 37-40, 50, 295
al-Sa`id, Nuri 59, 77, 85, 89-91, 99, 108-110, 114-122, 125, 128, 130, 135-138, 154-159, 177-179
al-Samarrai, `Abd al-Khaliq 251
Saudi-Arabien 8, 34, 322, 327, 333
Sauwaf, Muhammad Mahmud 172 f., 189
Schammar 33 f., 37

Shabibi, Muhammad Baqir 55, 58 f., 88, 89, 98, 166
Shaukat, Naji 80, 109, 118, 120 f., 127
al-Shauwaf, `Abd al Wahhab 183, 187, 206
Sidqi, Bakr 107 f., 113-116, 118
Sluglett ⇨ Farouk-Sluglett
Sowjetunion 181 f., 184, 211 f., 234, 249, 266, 325
Sulaiman, `Ali Haiydar 111, 131
Sulaiman, Hikmat 41, 60, 91, 107, 112-114
Sulaimaniya 166, 168, 273
al-Suwaidi, Naji 59 f., 77, 80, 83, 92, 119, 124
al-Suwaidi, Taufiq 127-130, 133
Syrien 8, 21, 24, 33 f., 45, 59, 103, 142, 164, 179, 184 f., 216, 224, 248, 252-255, 310, 314, 322, 327, 344

T
Tabaqjali, Nazim 206
Takrit (Stadt, Gegend) 36, 152, 186, 246, 248, 329
Takrit, Hardan 225, 246, 249 f., 257
Takritis (Familie) 228, 232, 246-249, 255, 268, 340, 344
Talib, Naji 183 f., 228
al-Timman, Ja`far Abu 41, 55, 58 f., 70 f., 89, 91, 112, 141, 149
Türkei 8, 73, 100-113, 161 (siehe auch "Osmanisches Reich")
Turkmenen 137, 166, 209 f., 224

U
al-Ulum, Muhammad Bahr 35, 49, 57, 66 f., 191, 240, 284, 305, 316
Umaiyaden 27, 48, 104
USA 169 f., 220 f., 253, 324 f., 329, 333

al-Uzri, `Abd al-Karim 128, 131, 136-140, 153, 157, 164, 178, 231
al-Uzri, `Abd al-Razaq 70, 83, 102

W
Wahhabiten 34, 40
al-Wardi, `Ali 28, 30-32, 39, 50, 58, 147
Wilson, Sir Arnold 55-58, 63, 78

Y
Yazdi, Kazim 47, 51-57, 67
Yaziden (Yezidis) 108, 166, 188, 224, 329
Yusuf, Salman Yusuf 166

REGISTER DER PARTEIEN, ORGANISATIONEN UND STAATSORGANE

al-ahali-Gruppe (*saut ahali:* Stimme der Bevölkerung) 107, 110-114, 129, 165, 243-245
ahzab al-balat ("Hofparteien") 130
al-ahzab al-kafira (ungläubige Parteien) 312
ansar al-salam (Partisanen des Friedens) 160, 187, 206 f.

Ba`th-Partei 148, 161-164, 178 ff., 186 f., 198, 203f; 210 ff. und passim

Demokratische Partei Kurdistan (DPK) 103, 185, 223, 232, 305, 310 f., 315-319, 323
**al-Da`wa:** *al-hizb al-da`wa al-islamiya* (Partei der islamischen Mission) 52, 191-193, 196, 201 f., 227, 233 f., 267 f., 273-278, 280, 283 f., 290-292, 300 f., 303-306, 311, 317 f., 321-323, 329, 334, 341 f.
haras al-istiqlal (Wächter der Unabhängigkeit) 57-60, 64
harakat al-mujahidin al-`Iraqiyin 304, 307
harakat jama`at al-`ulama' al-muhajahidin fi al-Iraq (Bewegung der Gemeinschaft der `ulama' im Irak) 305, 307
harakat jund al-islam 305
Hizbullah: *al-hizb ul-allah* (Partei Gottes) 199, 303, 308
al-hizb ul-Allah Kurdistan 304, 307, 315
al-hizb al-hur al-ladini (antireligiöse Partei) 169
al-hizb al-ikha' al-watani (Partei der nationalen Verbrüderung) 90 f.
al-hizb al-islami (Islamische Partei) 197 f.
al-hizb al-nahda (Renaissance-Partei) 70 f., 76, 86-88, 130
al-hizb al-tahrir (Befreiungspartei) 191
al-hizb al-tahrir al-islami (Partei der islamischen Befreiung) 173
al-hizb al-umma al-istiraki ("Nationale Sozialistische Partei") 136 f.
al-hizb al-watani al-`iraqi (Nationale Partei) 70 f., 76, 130
hukumat al-difa` al-watani (Regierung der Nationalen Verteidigung) 121

India Office 54, 57, 69 f., 78 f.
al-Istiqlal: *al-hizb al-istiqlal* (Unabhängigkeitspartei) 130-132, 160 f., 163 f., 173, 179, 181 f., 186, 244
al-itihad wa al-taraqi (Komitee für Einheit und Fortschritt) 48 f., 108

al-jabha al-watania al-dimuqratiya, JUD (Patriotische Demokratische Front) 305

REGISTER DER PARTEIEN, ORGANISATIONEN UND STAATSORGANE

al-jabha al-watania al-qaumiya al-dimuqratiya, JAUQD (Nationale, demokratische und Patriotische Front) 304 f.
al-jabha al-watania al-qaumiya al-taqadumiya (Patriotische Nationale Progressive Front) 281
jama`at al-`ulama' Kurdistan (Gemeinschaft der `ulama') 305, 315
al-jihaz al-khass (Spezialapparat; Geheimdienst) 248, 250

Kommunistische Partei 129, 132, 145, 160, 163-173, 179-189, 191, 195 f., 198, 202-214, 216, 221-223, 233-235, 241, 251, 266, 281, 310, 317, 323 f., 338 f.

lijan al-difa` `an al-jumhuriya (Räte zur Verteidigung der Republik) 207

majlis al-aiyan (Senat) 79, 127, 132 (Staatsrat 66, 68)
majlis al-idara (osman. Verwaltungsrat) 46
majlis qiyadat al-thawra (Kommandorat der Revolution, KRR) 220, 223-227, 246, 249 ff., 276, 280, 322 f.
majlis al-siyada (Souveränitätsrat) 182, 184
al-maktab al-a`alaqat al-`amma (Büro für Öffentliche Angelegenheiten) 250
al-maktab al-tahqiqi al-khass (Spezielles Ermittlungsbüro) 223, 226
mudiriyat al-amn al-`amma (Generaldirektion für Sicherheit) 249, 260, 267
mudiriyat al-istikhbarat al-`askariya (militär. Nachrichtendienst) 259, 298
murashah al-hukuma (Regierungskandidat) 128
Muslimbrüder 164, 173, 189-193, 196-200, 229, 241, 290, 310, 344

nahda-Bewegung (Erneuerungsbewegung, Renaissance) 45-49, 55, 129, 214
Nationale Demokratische Partei (NDP): *al-hizb al-watani al-dimuqrati* 129, 130 f., 136, 160-164, 178-187, 205, 208, 210 f.

ORIRI: *al-majlis al-a`la li al-thawra al-islamiya fi al-Iraq* (Oberster Rat der Islamischen Revolution im Irak, ORIRI) 195, 223, 296, 304-308, 313, 317 f., 320, 327-329, 334
Organisation der Islamischen Aktion: *munazamat al-`amal al-islami* 233, 273, 277 f., 290, 283, 296, 300, 304-307, 310, 316-318, 321 f., 325

Patriotische Union Kurdistan (PUK) 305, 310 f., 315-317, 319, 325

al-shabab al-`aqa`idi (Gläubige Jugend), *al-shabab al-muslim* (Islamische Jugend) 190

`udu (Vollmitgliedschaft), *udu mutadarib* (aktive Mitgliedschaft) 257

STICHWORTREGISTER UND GLOSSAR DER BEGRIFFE

Religion und Konfessionalismus

ajanib (Fremde) 75
`ajam (Ausländer) 216, 331
Al al-Bait: die engsten Verwandten des Propheten Muhammad
`alim (Singular) ⇨ `ulama'
aqaliya; aqalliyat diniya (Minderheit; religiöse Minderheit) 344; 15
`asabiya (Gruppensolidarität) 340
awqaf (Plural) ⇨ waqf

bida` (Neuerung, Glaubensvorstellungen und Handlungsweisen, für welche die *sunna* keinen Beleg liefert und die daher wie Häresie bewertet werden) 31, 40, 46 f., 218

dukhala' (Fremdlinge) 52, 74f.

fatwa (rel. Rechtsgutachten) 30, 42, 54, 56-58, 61, 72-74, 93, 194, 198, 202 f., 232 f., 274 f., 279 f., 282-284, 314, 328
fiqh: islamische Rechtswissenschaft 27
firqatin (Gruppen) 31
al-furatiun (Anwohner des Euphrat, Bewohner der Euphrat-Region) 94

al-Gailaniya (sunnit. Orden) 29
al-ghulat (extreme Sekten und Gruppen) 15, 214, 217
al-ghuraba' ul-wutahauassin (verblendete Fremde) 75

Hanafiten: Anhänger einer sunnitischen Rechtsschule, genannt nach ihrem Gründer Abu Hanifa 29
Haschimiten: von Banu Haschim (der Stamm des Propheten)
al-hizbiya (Prinzip der Parteien oder Parteibildungen) 193, 262

al-`idqa al-farisiya ("persischer Komplex") 217
ijtihad (eigene Urteilsbildung zu theologisch-rechtlichen Fragen) 46
imam: Vorbeter in einer Moschee; in der Schia der Leiter der Gemeinschaft (siehe dort: *mahdi*)
istirsal (absolute Hingabe) 194 f.

jama`at al-`ulama' fi al-Najaf (Gemeinschaft der `ulama' von Najaf) 195 f.
jihad (wörtl. Anstrengung, Mühe; auch Heiliger Krieg) 53 f., 57, 60, 191, 283

kuttal (Blöcke) 81

STICHWORTREGISTER UND GLOSSAR DER BEGRIFFE 357

madhab, madhahib (islamische Rechtsschulen) 15, 31, 197
mithaq al-Najaf (Pakt von Najaf) 95

qizilbash 30 f.
qudat (religiöse Richter) 197
quran (Koran) 193 f., 197, 213 f., 257, 264, 278

al-rafid (Ablehner des Konsenses der islam. Gemeinschaft) 29 f., 132
rafid, rauafid (Ablehnung, Ablehner) 29 f.

sani`at al-furs (Machwerk der Perser) 52
shari`a: islamisches Recht

taba`iya iraniya (angebl. Staatsbürger aus Iran) 74, 150, 250 f., 267
ta'ifa, tawa`ifa (Sekten) 15, 49, 216
ta`ifiya; ta'ifi* (plural *ta`ifyun) (Konfessionalismus, "secterianism"; Konfessionalist) 17, 24, 63, 86, 106, 118, 132 f., 136, 150, 153, 223, 226 f., 231, 267, 290, 296, 315, 338-342
tajamu` 'thaqafi (kulturelle Gruppe) 313
takfir (ungläubig) 44, 195
taqrib (Annäherung) 31

`ulama'* (sing. *`alim): islamische Religionsgelehrte
`ulama' al-Ufiz (Office-Ulama) 268
al-umma al-islamiya (islamische Gemeinschaft, Gemeinschaft der Muslime) 200, 213, 296, 312

waqf (religiöse Stiftung) 46, 67, 82, 96, 190, 226, 231, 260

al-zandaqa, zanadiq (häretische Bewegungen, Sekten) 214, 217

Die Schia

amir al-hajj (Pilgerführer) 31
akhbari-Schule 42-44
al-`atabat al-muqadasa (Heilige Stätten) 50, 261-263
ayatullah (hoher religiöser Rang) 190, 193 f., 201

al-hauza al-`ilmiya (religiöse Schulen) 43, 47, 54, 58, 61, 66, 96, 189 f., 195, 202, 233, 260-268, 274, 283 (siehe auch *al-Najaf* und *Karbala* im Ortsregister)

al-Ja`fariya (Idee einer fünften islamischen, "jafaritischen" Rechtsschule) 30 f., 173, 197

khums: ursprünglich Abgabe der Schiiten an den Imam, dann Abgaben der schiitischen Gläubigen zum Unterhalt der Geistlichkeit (siehe auch oben: *wqaf*) 50, 332

al-madrasa al-ja`fariya (jafaritische Schule) 41 f., 261f.

mahdi: Rechtsgeleiteter - im Glauben der Schiiten kehrt der zwölfte, entrückte Imam, *huga* oder *madi* genannt, zurück, um das Reich der Gerechtigkeit zu errichten 14, 27 ff.

al-marja`iya* (*marja*: Quelle des Wissens; religiöse Autorität); *marja` al-taqlid (Quelle der Nachahmung; Titel eines Großayatullahs) 10, 42-47, 51, 53 f., 56 f., 67, 71, 93, 148, 198 f., 193-195, 202, 221, 227, 233, 259-265, 273, 278, 341 f.

marj`al-a`la (die oberste Quelle; die oberste religiöse Instanz bei den Schiiten) 42, 51, 57, 61, 202, 232, 261, 277, 282

majalis ta'ziya (Kondolenzversammlung) 32, 39

mauakib (Prozession) 32, 39, 50, 152, 171 f., 189, 275 f., 278

mujtahid (ein hoher Grad der Gelehrsamkeit) 9, 30, 41 ff., 46-54, 58 f., 69-74, 97, 104, 182, 201 f., 265

mujaddid (Erneuerer) 44, 195, 265

muman (Wanderprediger) 35

muqalid, al-muqalidun (Nachahmer, Gläubige) 194, 282

sayid (bei Schiiten): Nachkomme des Propheten 294

al-ta`bi'a (Mobilisierung) 16 f., 56, 295

al-taqiya (Glaubensverleugnung) 16 f., 55-57, 275, 282 f., 295

al-taqlid (Nachahmungstradition und -prinzip) 10, 42 f., 67, 193-195, 201, 233, 262, 265, 290, 309

usuli-Schule 42-44, 46

wukala' (örtl. Stellvertreter e. Ayatullahs) 190, 202

Politik und Gesellschaft

agha (kurd. Stammeschef) 77

anfal ("Die Beute"; Name einer Militäroffensive gegen Kurden) 257, 324

ashraf (sing. *sharif*) ⇨ *sada*

bai`a (Treueeid) 72

basaris (Basarhändler) 50, 148-151, 220, 229, 267

ex-scharifische Offiziere (arabische Offiziere der osmanischen Armee, die sich 1916-1919 dem Sharif Husain von Mekka anschlossen) 41, 77-81, 107-110, 114, 125, 159, 248

ghazua (trad. Stammeskrieg) 54

hashuwiyun (Saisonlandarbeiter) 143

hushiya (Kriegerverband, private bewaffnete Trupps) 143

Iraq Development Board 157-160

infitah (Öffnung; Bezeichnung einer Politik der wirtschaftlichen Liberalisierung) 252, 269 *intifada* (Aufstand) 159 f., 178 f., 328

miri sirf (Staatseigentum) 92
mukhassis (Pächter) 143
mulk (Privateigentum, privates Land) 92
al-muqauma al-sha`biya (Volkswiderstand) 204-209, 212

*al-qada' al-shar`i* (Gerichtsbarkeit aufgrund der Schari`a) 95, 196
qanun al-ahwal al-shakhsiya (Personenstandsgesetz) 74, 196 f., 202, 225, 230 f.
al-qanun al-asli (Grundgesetz; irak. Verfassung) 84, 95, 124, 127; vgl.256
qanun al-istihlak (Konsumgesetz; Mehrwertsteuergesetz) 157

sada (sing. *sayid*: Herr) (trad. sunnit. Elite, Notabeln) 46 f., 60, 71, 77-79, 244
sarifas; saraifs (primitive Behausungen; Elendsviertel) 146 f., 156-158, 203, 212
sirkal (Vertreter des Stammesscheichs, öfter Chef eines Clans) 92
shaikhs (Ältester, Stammesführer, religiöser Würdenträger), Stammesscheichs 33, 43, 45 f., 49, 60-63, 73 f., 77-86, 92 f., 96, 124-127, 136, 142 f., 153, 156 f., 178, 188, 203, 338
shrugis (Landflüchtige) 142-147, 152 f., 220, 338

al-tabaqat al-muthaqafa (gebildete Schichten) 151, 158 f., 268-271, 338 f.
al-ta`ifiya (Vetternwirtschaft) 153
tapu (Landbesitzurkunde), *tapu*-Gesetz (Landbesitzgesetz) 62 f., 73, 79, 92, 142, 212

wathba (Erhebung) 132, 136, 159

Weltanschauungen und Debatten
Islamismus, Kommunismus, Nationalismus
(zu Konfessionalismus siehe auch oben)

al-afkar al-maufuda (von außen kommende Ideen) 202

badil (Alternative) 309
ba`th (Auferstehung) 215, 286

din wa dawla (Religion und Staat) 24, 192, 287, 289
du`at (islamische Avantgarde) 193, 199-201

al-garb al-kafir (westliche Ungläubige) 53
al-hadhara (Zivilisation); *darura hadariya* 198; 309

haiybat ul-daula (Staatsräson) 245
hakim madani (ziviler Herrscher) 313
al-hall al-islami (islamische Lösung) 21
hajjz al-khawf (Mauer der Angst) 7, 205, 242 f., 284, 328-330
al-hitab al-lama`qul (irrationaler Diskurs) 215

al-ikhuua al-islamiya (islamische Verbrüderung) 189
al-istiqlal al-tamm (vollständige Unabhängigkeit) 65, 67, 69
ittihad al-sha`b (Volkseinheit) 205, 207

al-mabda' al-salih (das gute Prinzip) 199
al-madd al-shiu`i (die kommunistische Flut) 196, 204 f.
al-mantiq al-`arabi (arabische Logik) 215 f.
al-mashaha al-`amma (Interessen der Allgemeinheit) 94
al-mashriq al-`arabi (arabischer Osten) 37, 45
mashrutiyat (konstitutionelle Revolution im Iran) 42, 44, 55

nizam al-hukm (Herrschaftssystem) 191
nizam kafir ("gottloses System") 296

al-qadiya al-arabiya (arabische Sache) 75

sawt al-ahrar (Stimme der Freien) 207
al-sha`biya (Populismus) 111
al-shu`ubiya* (*shu`ub: Völker) (ursprünglich: Bewegung innerhalb der frühen islamischen Völkergemeinschaft, vor allem bei Persern, die den Vorrang der Araber nicht anerkannte) 213-219, 223, 291, 300, 341

al-tarhib wa al-targhib (Terror und Kooptation) 242, 259

al-uruba (Arabismus) 214 f., 217, 316, 320

al-wataniya al-`iraqiya (irakischer Patriotismus) 246, 320, 331 f., 337-343
al-wahda al-ikhtiyaria (freiwillige Einheit) 319
wilayat al-faqih (Herrschaft der Rechtsgelehrten) 218, 262, 283, 299, 303 f., 312
al-wilayat al-`amma (allumfassende Herrschaft) 303

al-zaim al-awhad (einzigartiger Führer) 210, 212, 222

LITERATURVERZEICHNIS

Abaza, Faruq `Uthman: *Mustaqbal al-janib al-sharqi min al-dawla al-`uthmaniya fi nazar hukumat al-hind al-britaniya fi bidaiyat al-harb al-`alamiya al-ula* (Die Zukunft des Ostteils des osmanischen Staats aus der Sicht der britischen Regierung von Indien am Anfang des Ersten Weltkriegs). Kairo 1986.

`Abd al-Jabbar, Falih: *Al-madiya wa al-fikr al-dini al-mu`asir. Nazra naqdiya* (Der Materialismus und das zeitgenössische religiöse Denken. Eine kritischer Überblick). 2. Aufl. Beirut 1987.

`Abdallah, Lutfi Ja`far Faraj: *`Abd al-Muhsin al-Sa`dun wa dauruhu fi tarikh al-`Iraq al-siyasi al-mu`asir* (Abd al-Muhsin al-Sa`dun und seine Rolle in der modernen Geschichte des Irak). Bagdad 1988.

Abdu, Muhammad: *Al-`amal al-kamila* (Die gesammelten Werke), Bd. 1. Kairo 1985.

Abu Jaber, Kamil S.: The Arab Bath Socialist Party. Syracuse, N.Y. 1966.

Abu Maitham: *Qadiyat al al-hakim* (Die Frage des Herrschers). Teheran 1405 h.

Affendi, Abdelwahab El-: Who Needs an Islamic State? London 1991.

`Aflaq, Michel: *Fi sabil al-ba`th* (Für den Ba`th). Beirut 1959.

Ahmad, Akbar S./Hart, David M (Hrsg.): Islam in Tribal Societies. London 1984.

Aiyubi, Nazih Nasif: *Al-`arab wa mushkilat al-dawla* (Die Araber und das Problem des Staats). London 1992.

Ajami, Fuad: The Vanishd Imam, Musa al-Sadr and the Shi`i of Lebanon. Ithaca 1986.

Akhavi, Shahrough: Religion and Politics in Contemporary Iran. Albany usw. 1980.

Al Far`un, Fariq al-Muzhir: *Al-haqaiq al-nasi`a fi al-thawra al-`iraqiya sanat 1920* (Die leuchtenden Wahrheiten über die irakische Revolution von 1920). Bagdad 1952.

`Alawi, Hadi al-: *Fi al-siyasa al-islamiya* (Zur islamischen Politik). 2. Aufl. Budapest 1991.

`Alawi, Hasan al-: *Al-ta'thirat al-turkiya fi al-mashru` al-qawmi al-`arabi fi al-`Iraq* (Die türkischen Einflüsse auf das arabisch-nationale Projekt im Irak). London 1988.

`Alawi, Hasan al-: *Al-Shi`a wa al-dawla al-qaumiya fi al-Iraq* (Die Schiiten und der Nationalstaat im Irak). Paris 1989.

`Alawi, Hasan al-: *`Abd al-Karim Qasim ru'iya ba`da al-`ishrin* (`Abd al-Karim Qasim: Eine Sicht nach zwanzig Jahren). London 1983.

Allouche, Adel: The Origins and Development of the Ottoman-Safavid Conflict (906-962 /1500-1555). Berlin 1983.

Almond, Harry J.: Iraqi Statesman. A Portrait of Mohammed Fadhel Jamali. London 1993.

Amin, Ahmad: *Duha al-Islam* (Vormittag des Islam). Bd. 1-3, 10. Aufl. Beirut 1980.

Amin, Samir: The Arab Nation. London 1978.

Amiri, `Isam Fahim Jawad al-: *Al-di`aiya al-iraniya wa al-di`aiya al-israiliya* (Die iranische und die israelische Propaganda). Bagdad 1987.

Anderson, Norman: A Law of Personal Status for Iraq. In: International and Comparative Law Quarterly, 1960, S. 542-63.

Anis, Muhammad/al-Zubaidi, Muhammad Husain (Hrsg.): *Awraq Naji Shaukat. Rasa'il wa watha'iq. Dirasa fi tarikh al-`Iraq al-mu`asir* (Der Nachlaß Naji Shaukat. Briefe und Dokumente: Eine Studie über die zeitgenössische irakische Geschichte). Bagdad 1977.

Arendt, Hannah: Elemente und Ursprünge totaler Herrschaft. München 1986.

Arjomand, Said Amir (Hrsg.): Authority and Political Culture in Shiism. New York 1988.

Arjomand, Said Amir: A Victory for the Pragmatists: The Islamic Fundamentalist in Iran. In: James Piscatori (Hrsg.): Islam Fundamentalisms and the Gulf Crisis. Chicago, Ill. 1991, S. 52-69.

Arkun, Muhammad: *Al-`almana wa al-din* (Der Säkularismus und die Religion). London 1993.

Asad, Faiz `Aziz: *Inhiraf al-nizam al-barlamani fi al-`Iraq* (Abweichung vom parlamentarischen System im Irak). 2. Aufl. Bagdad 1984.

Asadi, Hasan: *Thwrat al-Najaf dida al-ingliz* (Die Revolution von al-Nagaf gegen die Briten). Bagdad 1974.

Asadi, Muhammad al- u.a.: *Dima' al-`ulama fi tariq al-jihad* (Das Blut der Ulama auf dem Weg des *Jihad*). Teheran 1984.

Aswad, Abd al-Razzaq Muhammad: *Mausu`at Iraq al-siyasiya* (Die politische Enzyklopädie des Irak). Bagdad 1982.

Attiya, Ghassan R.: Iraq 1908-1921: A Political Study. Beirut 1973.

Attiya, Ghassan: *Al-tanzim al-hizbi fi al-`Iraq qabla al-harab al-`almiya al-ula* (Die Parteienorganisation im Irak vor dem Ersten Weltkrieg). In: *Dirasat `Arabiya*, Jg. 8, Nr. 12, 1972.

Axlgard, Fredrick (Hrsg.): Iraq in Transition: A Political, Economic, and Strategic Perspective. Boulder, Col. 1986.

Azhary, M. S. (Hrsg.): The Iran-Iraq War. An Historical, Economic and Political Analysis. London 1984.

Aziz, Talib: The Islamic Political Theory of Muhammad Baqir al-Sadr of Iraq. Salt Lake City, Uh. 1991.

Azm, Sadiq Jalal al-: Dhihniyat al-Tahrim (Die Mentalität der Tabuisierung). London 1992.

Azma, `Aziz al-: *Al-`ilmaniya min manzur mukhtalif* (Der Säkularismus aus einer anderen Sicht). Beirut 1992.

Azzawi, `Abbas al-: *Tarikh al-`Iraq baina ihtilalain* (Die Geschichte Iraks zwischen zwei Besetzungen). Bagdad 1955.

Azzawi, Jasim Kazim al-: *Thawrat 14 tammuz, asrarruha, ahdathuha, rijaluha hata nihayat `Abd al-Karim Qasim* (Die Revolution von 1958, ihre Geheimnisse, ihre Ereignisse und ihre Männer bis zum Ende [des Regimes] Abd al-Karim Qasims). Bagdad 1990.

Bakhash, Shaul: The Reign of the Ayatullahs. New York 1984.

Balandier, Georges: Politische Anthropologie. München 1976.

Balibar, Etienne /Wallerstein, Immanuel: Rasse - Klasse - Nation: Ambivalente Identitäten. 2. Aufl. Hamburg 1988.

Balta, Paul: Iran-Irak. Une guerre de 5000 ans. Paris 1987.

Baram, Amatzia: From Radicalism to Radical Pragmatism: The Shiite Fundamentalist Opposition Movements of Iraq. In: Piscatori, James (Hrsg.): Islamic Fundamentalism and the Gulf Crisis. Chicago, Ill. 1991b, S. 28-51.

Baram, Amatzia: Culture in the Service of Wtaniyya: The Treatment of Mesopotamian-Inspired Art in Bathi Iraq. In: Asian and African Studies, Vol. XVII, 1983a, S. 265-313.

Baram, Amatzia: The Ruling Political Elite in Bathi Iraq, 1968-1986: The Changing Featurs of a Collctive Profile. In: International Journal of Middle East Studies, Vol. 21, No. 4, 1989, S. 447-493.

Baram, Amatzia: Qawmiyya and Wtaniyya in Bathi Iraq. The Search for a New Balance. In: Middle Eastern Studies, Vol. XIX, 2, 1983b, S. 188-200.

Baram, Amatzia: The Radical Shiite Opposition Movements in Iraq. In: Sivan, Emmanuel /Friedman, Menachem (Hrsg.): Religious Radicalism and Politics in the Middle East. New York 1990, S.95-126.

Baram, Amatzia: Saddam Husayn: A Political Profile. In: The Jerusalem Quarterly, No. 17, 1980, S. 115-144.

Baram, Amatzia: Mesopotamian Identity in Ba`thi Iraq. In: Middle Eastern Studies, Vol. 19, Nr. 4, 1983.

Baram, Amatzia: Culture, History, and Ideology in the Formation of Bathist Iraq, 1968-89. New York 1991a.

Barrak, Fadil al-: *Al-madaris al-yahudiya wa al-iraniya fi al-`Iraq. Dirasa muqarina* (Die jüdischen und die iranischen Schulen im Irak: Eine vergleichende Studie). Bagdad 1984.

Basir, Muhammad Mahdi al-: *Tarikh al-qadiya al-`iraqiya* (Die Geschichte der irakischen Frage). 2.Aufl., London 1990.

Basri, Mahdi Husain al-: *Al-mauqif al-qanuni al-tarikhi iza' al-tahaddi al-farisi* (Die historische nationale Haltung gegenüber der persischen Herausforderung). Bagdad 1981.

Basri, Mir: *A`lam al-siyasa fi al-`Iraq* (Nomenklatur der Politik im modernen Irak). London 1987.

Batatu, Hanna: State and Capitalism in Iraq: A Comment. In: Middle East Report, September-October 1986, S. 10-12.

Batatu, Hanna: Iraqi's Shia, their Political Role, and the Integration into Society. In: Stowasser, Barbara F (Hrsg.): The Islamic Impulse. London usw. 1987. S. 204- 216.

Batatu, Hanna: The Old Social Classes and the Revolutionary Movements in Iraq. Princeton, N.J. 1978.

Batatu, Hanna: The Old Social Classes Revisited. In: Fernea, Robert A./Louis, Roger Wm (Hrsg.): The Iraqi Revolution of 1958. The Old Social Classes Revisited. London 1991, S. 211-223.

Batatu, Hanna: Iraqi Underground Shi`a Movements: Characteristics, Causes and Prospects. In: Middle East Journal, Vol. 35, Nr. 4, 1981, S. 578-594.

Bayat, Mangol: Mysticism and Dissent. Socioreligious Thought in Qajar Iran. Syracuse, N.Y. 1982.

Bazirgan, `Ali al-: *Al-waqai al-haqiqiya fi al-thawra al-`iraqiya* (Die wahren Ereignisse der irakischen Revolution). Bagdad 1954.

Bazzaz, `Abd al-Rahman: *Al-`Iraq min al-ihtilal hata al-istiqlal* (Der Irak von der Besetzung bis zur Unabhängigkeit). Bagdad 1967.

Bell, Gertrude: Ich war eine Tochter Arabiens. Bern usw. 1993.

Bengio, Ofra: Shii and Politics in Bathi Iraq. In: Middle Eastern Studies, 1985, S. 2-11.

Berberoglu, Berch (Hrsg.): Power and Stability in the Middle East. London 1989.

Berg-Schlosser, Dirk (Hrsg.): Die politischen Probleme der Dritten Welt. Hamburg 1972.

Berger, Peter L.: Zur Dialektik von Religion und Gesellschaft. 2. Aufl. Frankfurt am Main 1988.

Binder, Leonard: Islamic Liberalism. A Critique of Development Ideologies. Chicago, Ill. 1988.

Birken, Andreas: Die Provinzen des Osmanischen Reiches. Wiesbaden 1976.

Blaschke, Jochen: Volk, Nation, interner Kolonialismus, Ethnizität. Berlin 1984.

Boullata, Issa J.: Trends and Issues in Contemporary Arab Thought. New York 1990.

Brittain, Victoria (Hrsg.): The Gulf Between Us. The Gulf War and Beyond. London 1991.

Bulloch, John/Morris, Harvey: Saddams Krieg. Reinbek bei Hamburg 1991.

Burgoyne, Elizabeth (Hrsg.): Gertrude Bell, from her personal papers. London 1961.

Busse, Heribert: Chalif und Grosskönig. Die Buyiden im Iraq (945-1055). Beirut 1969.

CARDRI (Commmittee Against Repression and for Democratic Rights in Iraq): Saddam's Iraq, Revolution or Reaction. London 1986.

Chadirchi, Kamil al-: *Min awraq Kamil al-Chadirchi* (Aus dem Nachlaß Kamil al-Chadirchis). Beirut 1971.

Chadirchi, Kamil al-: *Mudhakkirat Kamil al-Chadirchi wa tarikh al-hizb al-watani al-dimuqrati* (Memoiren Kamil al-Chadirchis und die Geschichte der Nationalen Demokratischen Partei). Beirut 1970.

Chadirchi, Rif'at al-: *Surat ab. Al-haiyt al-yaumiya fi dar al-siyasi Kamil al-Chadirchi* (Das Bild eines Vaters. Das Alltagsleben im Hause des Politikers Kamil al-Chadirchi). Beirut 1985.

Chubin, Shahram/Tripp, Charles: Iran and Iraq at War. London 1988.

Cleveland, William L.: The Making of an Arab Nationalist: Ottomanism and Arabism in the Life and Thought Sati al-Husri. Princeton, N.J. 1971.

Cole, Juan R.I.: Rival Empires of Trade and Imami Shiism in Eastern Arabia, 1300-1800. In: International Journal Middle East. Stud., Vol. 19, 1987, S. 177-204.

Cole, Juan R.I.: Shi`i Clerics in Iraq and Iran, 1722-1780: The Akhbari-Usuli Conflict Reconsidered. In: Iranian Studies, Vol. XVIII, No. 1, 1985.

Cole, Juan, R.I.: Roots of North Indian Shi`ism in Iran and Iraq. Religion and State in Awadh, 1722-1659. Berkeley, Cal., usw. 1988.

Cole, Juan R.I.: "Indian Money" and the Shi`i Shrine Cities of Iraq, 1986-1850. In: Middle Eastern Studies, Vol. 22, No. 4, 1986, S. 461-480.

Cook, Michael: Max Weber und islamische Sekten. In: Schluchter, Wolfgang (Hrsg.) Max Webers Sicht des Islams. Frankfurt a.M. 1987, S. 334-341.

Dahir, Mas`ud: *Al-dawla wa al-mujtama` fi al-mashriq al-`arabi, 1840-1990* (Der Staat und die Gesellschaft im arabischen Osten, 1840-1990). Beirut 1991.

Dam, Nikolaos van: Middle Eastern political clichés: "Takriti" and "Sunni rule" in Iraq; "Alawi rule" in Syria. A critical appraisal. In: Orient, Jg. XX, H. 1, 1980, S. 42-57.

Daniel, Norman: Contemporary Perception of the Revolution in Iraq on 14 July 1958. In: Fernea, Robert A./Louis, Roger Wm (Hrsg.) The Old Social Classes Revisited. London 1991, S. 1-30.

Dann, Uriel: Iraq Under Qasim: A Political History, 1958-1963. Jerusalem 1969.

Darraji, Abd al-Latif al-: *Ja`far Abu Timan wa daurahu fi al-harka al-wataniya fi al-`Iraq* (Jafar Abu Timan und seine Rolle in der nationalen Bewegung im Irak). Bagdad 1980.

Darwish, Adel/Alexander, Gregory: Unholy Babylon. The Secret History of Saddam's War. London 1991.

Dasuqi Shata, Ibrahim al-: *Al-thawra al-iraniya* (Die iranische Revolution). Kairo 1986.

Dauwdi, Ghalib `Ali al-: *Al-qanun al-dauwli al-khass. Al-nazariya al-`amma wa al-jinsiya al-`iraqiya* (Internationales Privatrecht. Allgemeine Theorie und die irakische Staatsbürgerschaft). 2. rev. Aufl. Bagdad 1978.

Dawisha, Adeed (Hrsg.): Islam in Foreign Policy. Cambridge 1983.

Despres, Leo A. Hrsg.): Ethnicity and Resource Competition in Plural Societies. The Hague usw. 1975.

Deutsch, Karl W.: Nationalism and Social Communikation. Cambridge 1953.

Didden, Horst: Irak. Eine sozioökonomische Betrachtung. Opladen 1969.

Dima' al-`Ulama' fi tariq al-Jihad (Das Blut der `Ulama' auf dem Weg des Jihad). Teheran 1984.

Donaldson, Dwight M.: The Shiite Religion: A History of Islam in Persia and Irak. London 1933.

Dozy, Reinhart Pieter A.: Essai sur l'histoire de l'islamisme. Leyden 1879.

Dringil, Selim: The Struggle against Shiism in Hamidian Iraq. A Study in Ottoman Counter-Propaganda. In: Die Welt des Islams, Jg. XXX, 1990, S. 45-62.

Duri, `Abd al-`Aziz al-: Al-Judhur al-tarikhiya li al-shu`ubiya (Die historischen Wurzeln der Shu`ubiya). Beirut 1962.

Durrah, Mahmud al-: Al-Harb al-`iraqiya al-britaniya (Der irakisch-britische Krieg). Beirut 1969.

Eberhard, Elke: Osmanische Polemik gegen die Safawiden im 16. Jahrhundert; nach arabischen Handschriften. Freiburg/Brsg. 1970.

Eickelman, D.F.: The Middle East: An Anthropological Approach. Englewood Cliffs, N.J. 1981.

Eisenstadt, Samuel N.: Tradition, Wandel und Modernität. Frankfurt a. M. 1979.

Elwert, Georg: Nationalismus und Ethnizität. Über die Bildung von Wir-Gruppen. Berlin (Ethnizität und Gesellschaft: Occasional Papers; Nr. 22), 1989.

Ende, Werner: Arabische Nation und islamische Geschichte. Die Umayyaden im Urteil arabischer Autoren des 20. Jahrhunderts. Beirut 1977.

Ende, Werner: Sunni Polemical Writings on the Shia and Iranian Revolution. In: David Menashiri (Hrsg.): The Iranian Revolution and the Muslim World. Boulder, Col., usw. 1990a, S. 219-34.

Ende, Werner: Sunniten und Schiiten im 20. Jahrhundert. In: Saeculum, Vol. XXXVI, Heft 2-3, 1985, S.187-200.

Esman, Milton J. : The Management of Communal Conflict. In: Public Policy, Vol. 21, 1973, S. 49-78.

Evers, Hans-Dieter/Schiel, Tilman: Strategische Gruppen. Vergleichende Studien zu Staat, Bürokratie und Klassenbildung in der Dritten Welt. Berlin 1988.

Fadlallah, Muhammad Husain: Taqdim (Einführung). In: Muhammad Baqir al-Sadr: Risalatuna (Unsere Botschaft). Teheran 1982, S. 9-19

Faisal bin Husain: *Faisal bin al-Husain fi khutubihi wa aqualihi* (Faisal bin al-Husain in seinen Reden und Äußerungen). Bagdad 1945.

Falaturi, Abdoldjavad: Die Zwölfer-Schia aus der Sicht eines Schiiten: Problem ihrer Untersuchung. In: Festschrift für W. Caskel. Leiden 1968.

Farouk-Sluglett, Marion/Sluglett, Peter: From Gang to Elite: The Iraqi Baath Party's Consolidation of Power, 1968-1975. In: L'Irak, le pétrole et la guerre. In: Peuples Méditerranéens, No. 40, Juli.-Sept. 1987, S. 89-113.

Farouk-Sluglett, Marion/Sluglett, Peter: Irak. Frankfurt a.M. 1991.

Fathallah, Jirjis: *Al-`Iraq fi `ahd Qasim, ara' wa khauatir, 1958-1988* (Der Irak in der Ära Qasims, Meinungen und Gedanken, 1958-1988). Stockholm 1989.

Fernea, Robert A./Louis. Roger Wm (Hrsg.): The Iraqi Revolution of 1958. The Old Social Classes Revisited. London 1991.

Fragner, Bert G.: Von den Staatstheologen zum Theologenstaat: Religiöse Führung und historischer Wandel im schiitischen Persien. In: Wiener Zeitschrift für die Kunde des Morgenlandes, Jg. 75, 1983, S. 73-98.

Fukaiki, Hadi al-: *Al-Shu`ubiya wa al-qawmiya al-`arabiya* (Shu`ubiya und der arabische Nationalismus). Beirut 1961.

Fukaiki, Hani al-: *Aukar al-hazima* (Die Schlupflöcher der Niederlage). London 1992.

Fürstenberg, Friedrich (Hrsg.): Religionssoziologie. Neuwied 1964.

Gabbay, Rony: Communism and Agrarian Reform in Iraq. London 1978.

Geertz, Clifford. Dichte Beschreibungen. Beiträge zum Verstehen kultureller Systeme. 2. Aufl. Frankfurt a. M. 1991.

Geertz, Clifford: Old Societies and new States. The Quest for Modernity in Asia and Africa. London usw. 1963.

Gellner, Ernest/Waterbury, John (Hrsg.): Patrons and Clients in Mediterranean Society. London 1977.

Gellner, Ernest: Der Islam als Gesellschaftsordnung. München 1992.

Ghafuri Khalil, `Adil: *Al-Ahzab al-mu`arada al-`alaniya fi al-`Iraq, 1946-1954* (Die legalen Oppositionsparteien im Irak, 1946-1954). Bagdad 1984.

Ghaliun, Burhan: *Al-Mas'ala al-ta'ifiya wa mushkilat al-aqaliyat* (Die Konfessionalismusfrage und das Minderheitenproblem). Beirut 1979.

Ghaliun, Burhan: *Naqd siyasat al-dawla wa al-din* (Kritik an der staatlichen und der islamistischen Politik). Beirut 1991.

Göbel, Karl-Heinrich: Moderne schiitische Politik und Staatsidee. Opladen 1984.

Goldzieher, Ignaz: Muhammedanische Studien. Hildesheim 1961.

Gorawantschy, Beatrice: Der Golfkrieg zwischen Iran und Irak, 1980-88. Eine konflikttheoretische Analyse. Frankfurt a. M. 1993.

Gordon, Milton: Assimilation in American Life. New York, 1964.

Grobba, Fritz: Männer und Mächte im Orient. 25 Jahre diplomatische Tätigkeit im Orient. Göttingen 1967.

Grunebaum, Gustave E. von: Der Islam II. Die islamischen Reiche nach dem Fall von Konstantinopel. Frankfurt a. M. (Fischer Weltgeschichte, Bd. 15), 1976.

Gunter, Michael M.: The Kurds of Iraq: Tragedy and Hope. New York 1992.

Gunter, Michael M.: The Kurds in Turkey. Boulder, Col., usw. 1990.

Hadi, Akram (Red.): *Jara'im nizam Saddam* (Die kriminellen Taten des Saddam-Regimes). Teheran 1984.

Hadi, Muhammad: *Al-Imam al-Hakim. Dirasa tahliliya li al-muaqifihi al-siyasiya* (Al-Imam al-Hakim: Eine analytische Studie zu seinen politischen Positionen). Teheran (unveröffentl. Manuskript), 1989.

Hadi, Muhammad: *Al-Imam al-Hakim. Lamha mujaza an marja`iyatihi wa jihadihi* (Al-Imam [Muhsin, F.I.] al-Hakim. Ein Überblick über seine *marja`iya* und seinen Kampf). Teheran 1408 h.

Haidar, Karrar: `*Udwan al-nizam al-`iraqi* (Die Aggression des irakischen Regimes). Teheran 1984.

Haidari, Ibrahim al-: Zur Soziologie des schiitischen Chiliasmus. Ein Beitrag zur Erforschung der irakischen Passionsspiele. Freiburg im Breisgau 1975.

Haider, Salih: Land Problems of Iraq. London (Diss.) 1942.

Ha'iri, Kazim: *Binian-i hukumat dar Islam* (Der Aufbau des Staats im Islam). Teheran 1364 h.

Heikal, Mohammed: Das Kairo-Dossier. Aus Geheimpapieren des Gamal Abdel Nasser. Wien usw. 1972.

Haikal, Muhammad Hasanain: *Harb al-khalij: Auham al-quwa wa al-nasr* (Der Golfkrieg: Ilusionen der Macht und des Siegs). Kairo 1992.

Halm, Heinz: Die Shia. Darmstadt 1988.

Hammadi, Sa`dun: *Al-Qawmiya al-`arabiya wa al-tahadiyat al-mu`asira* (Der arabische Nationalismus und die gegenwärtigen Herausforderungen). Bagdad 1988.

Hamza, Muhammad: *Al-ta'aluf baina al-firaq al-islamiya* (Die Annäherung zwischen den islamischen Gruppen). Kairo 1985.

Hanf, Theodor: Koexistenz im Krieg. Staatszerfall und Entstehen einer Nation im Libanon. Baden-Baden 1990.

Hanna, Sami A./Gardner, George H.: Al-Shuubiyyah Up-Dated. A Study of the 20th Century Revival of Eighth Century Concept. In: Middle East Journal, Vol. XX, 1966, S. 335-351.

Hasani, `Abd al-Razzaq al-: *Tarikh al-wizarat al-`iraqiya* (Geschichte der irakischen Regierungen). Bd. 1-10. Bagdad 1988.

Hashimi, Taha al-: *Mudhakkirat Taha al-Hashimi* (Memoiren). Beirut 1967.

Hassu, Nizar Tawfiq al-: *Al-Sira` `ala al-sulta fi al-`Iraq al-malaki. Dirasa tahliliya fi al-idara wa al-siyasa* (Der Kampf um die Herrschaft im monarchistischen Irak. Eine analytische Studie in den Fächern Politik und Verwaltung). Bagdad 1984.

Heine, Peter/Stipek, Reinhold: Ethnizität und Islam: Differenzierung und Integration muslimischer Bevölkerung. Gelsenkirchen (Reihe Islam & Ethnologie 1.), 1984.

Helms, Christin M.: Iraq: Eastern Flank of the Arab World. Washington, D.C. 1984.

Herzog, Dietrich: Politische Führungsgruppen. Darmstadt 1982.

Hilali, `Abd al-Razzaq al-: *Tarikh al-ta`lim fi al-`Iraq* (Geschichte der Schulerziehung im Irak). Bagdad 1975.

Hilmi, Mustafa: *Nizam al-khalifa baina ahl al-sunna wa al-shi`a* (Das Khalifat zwischen Sunna und Shi`a). Kairo 1988.

Hinnebusch, Raymond: Authoritarian Power and State Formation in Ba`thist Syria: Army, Party, and Peasant. Boulder, Col. 1990

Hiro, Dilip: Desert Shield to Desert Storm. The Second Gulf War. London 1992.

Hizb al-Ba`th al-`Arabi al-Ishtiraki al- (Die Arabische Sozialistische Ba`th-Partei): *Al-baiyan al-siyasi al-sadir an al-mu'tamar al-qutri al-`asir. Mu'tamar al-jihad wa al-bina'* (Die politische Erklärung des zehnten Kongresses. Der Kongreß des *jihad* und des Wiederaufbaus). Bagdad 1991.

*Hizb al-Ba`th al-`Arabi al-Ishtiraki: Nidal al-Ba`th* (ASBP: Kampf der Ba`th-Partei). Bd. 1-6. Beirut 1972.

*Hizb al-Da`wa al-Islamiya: Qabdat al-huda* (Die Islamische Da`wa-Partei: Der Bund des rechten Weges). Teheran 1403 h.

Hizb al-Da`wa: Birnamajuna (Unser Programm). London 1992.

Hobbes, Thomas: Leviathan oder Stoff, Form und Gewalt eines kirchlichen und bürgerlichen Staats. Frankfurt a. M. 1984.

Hourani, Albert: Arabic Thought in the Liberal Age 1789-1939. Cambridge 1962.

Huaidi, Amin: *Kuntu safiran fi al-`Iraq, 1963-1965* (Ich war Botschafter im Irak, 1963-1965). Kairo 1983.

Hübner, Peter: Herrschende Klasse und Elite. Eine Strukturanalyse Moscas und Paretos. Berlin 1967.

Hukumat dar islam (Regierung im Islam). Teheran 1397 h.

Husain, Fadil: *Suqut al-hukm al-malaki fi al-`Iraq* (Sturz der Monarchie im Irak). Kairo 1974.

Husain, Jasim Muhawi: *Dirasa fi nasha't al-ahzan al-jamaiya wa tatauuruha `inda al-imamiya* (Entstehung der Kollektivtrauer und ihre Entwicklung bei den Schiiten). In: Al-Majala al-Tarikhiya (Historische Zeitschrift), Nr. 3, 1974.

Husain, Saddam: "Rede des Staatspräsidenten der Republik Irak, Saddam Husain, auf der Islamischen Gipfelkonferenz" (Ende Januar 1981 in Taif, Saudi Arabien). Hrsg. Presseabteilung der Botschaft der Republik Irak. Bonn, 1981a.

Husain, Saddam: *Tariq al-salam* (Der Friedensweg). Bagdad 1986.

Husain, Saddam: *Haula kitabat al-tarikh* (Über die Geschichtsschreibung). 2. Aufl. Bagdad 1980.

Husain, Saddam: Religiös-politische und religiös verschleierte Bewegungen. Bagdad 1987.

Husain, Saddam: Unser Kampf und die internationale Politik. Lausanne, o.J.

Husain, Saddam: Vertiefung der islamischen Solidarität. Eröffnungsrede des Präsidenten Saddam Husain auf der Außenministerkonferenz in Bagdad. Bagdad 1981.

Husain, Saddam: Reden des Präsidenten Saddam Husain zum irakischen Nationalfeiertag 1983. Bagdad 1983.

Husain, Saddam: Über die Geschichtsschreibung. Lausanne 1977.

Husain, Saddam: Blick auf Religion und Erbe. Lausanne 1977.

Husain, Saddam: *Khitab al-Saiyd al-Ra'is fi al-dhikra al-thalitha wa al-sitin li Ta'sis al-jaish al-`Iraqi* (Die Rede des Präsidenten Saddam Husain anläßlich des 63. Gründungsjahrs der irakischen Armee). Bagdad 1984.

Husri, Sati`: *Mudhakkirati fi al-`Iraq* (Meine Erinnerungen im Irak). Bd.1-2. Beirut 1967-1968.

Ibn al-Najaf, al-Khatib: *Tarikh al-hraka al-islamiya al-mu`asira fi al-`Iraq* (Geschichte der gegenwärtigen islamischen Bewegung im Irak). Damaskus 1981.

Ibn Sanad, Shaikh Uthman al-Basri al-Wa'ili: *Matali` al-su`ud bitayibi akhbar al-wali Dauud* (Die glücklichen Nachrichten der Regierung des Wali Dauud). Kairo 1951.

Ibrahim, Ferhad/Ferdowsi, Mir A (Hrsg.): Die Golf-Krise und das regionale Umfeld. Berlin 1992.

Ibrahim, Ferhad: Iraq. In: Dieter Nohlen/Franz Nuscheler (Hrsg.): Handbuch der Dritten Welt. 3. Aufl. Bd. 6. 1993. 310-339.

Ibrahim, Ferhad: Die kurdische Widerstandsbewegung: Opfer der Realpolitik? In: Georg Stein: Nachgedanken zum Golfkrieg. Heidelberg 1991, S.130-149.

Ibrahim, Ferhad: Staat und Gesellschaft im Irak unter der Baath-Partei. In: Peripherie, Nr. 42, 1991, S. 18-42.

Ibrahim, Ferhad: Kurden. In: Wörterbuch der internationalen Politik. 2.Aufl. München 1993.

Ibrahim, Saad Eddin: *Ta'amulat fi mas'alat al-aqaliyat* (Betrachtungen über die Frage der Minderheiten). Kairo 1992.

Ibrahim, Saad Eddin: *Al-tahauwl al-dimuqrati fi al-watan al-`arabi. Al-taqrir al-sanawi 1992* (Der demokratische Wandel in der arabischen Welt. Jahresbericht 1992). Kairo 1992.

Ibrahim, Saad Eddin: Egypt's Islamic Militants. In: Hopkins, Nicolas S./Ibrahim, Saad Eddin: Arab Society, Social Science Perspectives. Kairo 1987, S. 494-507.

International Bank for Reconstruction and Development: The Economic Development of Iraq. Baltimore, Md. 1952.

Ireland, Phillip: Iraq. New York 1937 (Reprint 1970, 1971)

Iskandar, Amir: *Saddam Husain, munadilan wa muffakiran wa insanan* (Saddam Husain: Der Kämpfer, der Denker und der Mensch). Paris 1981.

Ismael, Tariq: Iraq-Iran. Roots of Conflict. Syracuse, N.Y. 1982.

Izz al-Din, Yusuf: *Dawud Pascha wa nihaiyat al-Mamalik fi al-`Iraq* (Dawud Pascha und das Ende der Mamluken im Irak). Bagdad 1964.

Izz al-Din, Yusuf: *Tatauwr al-fikr al-qawmi* (Die Entwicklung des nationalen Denkens). Bagdad 1976.

Jabiri, Muhammad ʿAbid al-: *Takuin al-ʿaql al-ʿarabi* (Die Bildung der arabischen Vernunft). 3. Aufl. Beirut 1988.

Jabiri, Muhammad ʿAbid al-: *Al-Khitab al-ʿarabi al-muʿasir* (Der gegenwärtige arabische Diskurs). 2.Aufl. Beirut 1985.

Jabiri, Muhammad ʿAbid al-: *Al-khitab al-ʿarabi al-muʿasir, dirasa tahliliya naqdiya* (Der gegenwärtige arabische Diskurs, eine analytische, kritische Studie). 2. Aufl. Beirut 1985.

Jamali, Fadil: The Theological Colleges of Najaf. In: The Muslim World, Vol. 50, No 1, 1960, S. 15-22.

Jamil, Husain: *Al-ʿIraq, shahada siyasiya, 1908-1930* (Der Irak: Ein politisches Zeugnis, 1908-1930). London 1987.

Jamil, Subhi Muhammad u.a.: *Al-Shuʿubiya wa dauruha al-takhribi fi al-fikr al-ʿarabi al-islami* (Die zerstörerische Rolle der *shuʿubiya* im arabisch-islamischen Denken). Bagdad 1988.

Jawad, Saad: Iraq and the Kurdish Question, 1958-1970. London 1981.

Jawahiri, Muhammad Mahdi al-: *Dhikraiyati. Al-juz' al-ʿauwal* (Meine Erinnerungen). Bd. 1. Beirut 1988.

Jiauwak, Maʿruf: *Niyabati, 1928-1930* (Meine Abgeordnetenzeit). Bagdad 1937.

Jawdat, Ali: *Mudhakkirat Ali Jawdat* (Die Memoiren Ali Jawdats). Beirut 1967.

Jomard, Atheel al-: Internal Migration in Iraq. In: Kelidar, Abbas (Hrsg.): The Integration of Modern Iraq. London 1979, S. 111-122.

Jubburi, Abd al-Jabbar Hasan al-: *Al-Hzab wa al-jamʿiyat fi al-qutr al-ʿiraqi, 1908-1958* (Die politischen Parteien und Vereine im Irak, 1908-1958). Bagdad 1977.

Jundi, Sami al-: *Al-Baʿth* (Die Baʿth-Partei). Beirut 1970.

Kaefer, Herbert: Religion und Kirche als soziale Systeme. Niklas Luhmanns soziologische Theorien und die Pastoraltheologie. Freiburg usw. 1977.

Kalidar, Abbas (Hrsg.): The Integration of Modern Iraq. London 1979.

Karkukli, Rasul al-: *Dawhat al-warra' fi tarikh waqaʿiʿ Baghdad al-al-zaura'* (Der versteckte Stammbaum in der Geschichte des am Tigris liegenden Bagdad) . Beirut o.J.

Karsh, Efraim: The Iran-Iraq War. London 1988.

Kasab, Nafi Nasser al-: Die Nomadensiedlung in der irakischen Jezira. Tübingen 1966.

Kashif al-Ghita', Muhammad al-Husain al-: *Asl al-shi`a wa usuluha. Muqarana ma`a al-madahib al-ukhra* (Der Ursprung des Schiitentums und seine Wurzeln. Ein Vergleich mit den anderen vier [sunnitischen, F.I.] Rechtsschulen). Beirut 1990.

Kashif al-Ghita', Muhammad al-Husain al-: *Al-Muthul al-`uliya fi al-Islam la fi Bahamdun* (Die idealen Werte sind im Islam und nicht in Bahamdun [liban. Stadt]). 5. Aufl. Beirut 1980.

Katib, Ahmad al-: *Tajribat al-thawra al-islamiya fi al-`Iraq mindhu 1920 hata 1980* (Die Erfahrung der islamischen Revolution im Irak von 1920 bis 1980). Teheran 1981.

Kawtharani, Wajih: *Al-Faqih wa al-sultan* (Der Rechtsgelehrte und der Herrscher [Sultan]). Beirut 1990.

Kazim, `Abbas Muhammad: *Al-Haraka al-islamiya fi al-`Iraq, thwarat al-`ishrin* (Die islamische Bewegung im Irak, die Revolution von 1920). London o.J.

Kazimi Moussavi, Ahmad: The Establishment of the Position of Marja`iyyat-i Taqlid in the Twelver-Shi`i Community. In: Iranian Studies, Vol. 18, No. 1, Winter 1985.

Keddie, Nikki R. /Cole, Juan R. I.: Shiism and Social Protest. New Haven, Conn. 1986.

Kedourie, Elie: Anti-Shiism in Iraq under the Monarchy. In: Middle Eastern Studies, Vol. 24, No. 2, 1988, S.249-253.

Kedourie, Elie: The Iraqi Shiis and Their Fate. In: Kramer, Martin (Hrsg.): Shiism, Resistance, and Revolution. Boulder, Col. 1987, S. 135-157.

Kedourie, Elie: The Kingdom of Iraq: A Retrospect. In: The Chatham House Version. London 1970.

Kedourie, Elie: England and the Middle East. 2.Aufl. London 1978.

Kehl-Bodrogi, Krisztina: Die "Wiederfindung" des Alevitums in der Türkei. In: Orient, 37. Jg., H. 2, 1993, S. 267-282.

Kehrer, Günter: Einführung in die Religionssoziologie. Darmstadt 1988.

Kelidar, Abbas (Hrsg.): The Integration of Modern Iraq. London 1979.

Kelidar, Abbas: Aziz al-Haj: A Communist Radical. In: Ders.: The Integration of Modern Iraq. London 1979, S. 183-192.

Kepel, Gilles: Die Rache Gottes. Radikale Moslems, Christen und Juden auf dem Vormarsch. München 1991.

Khadduri, Majid: The Republican Iraq. London 1969.

Khadduri, Majid: The Independent Iraq. London 1962.

Khadduri, Majid: The Gulf War. The Origins and Implications of the Iraq-Iran Conflict. Oxford 1988.

Khadduri, Majid: The Socialist Iraq. A Study in Iraqi Politics since 1968. Washington 1978.

Khafaji, `Isam al-: State Incubation of Iraqi Capitalism. In: Middle East Report, September-October 1986, S. 4-9.

Khafaji, `Isam al-: *Al-Dawla wa al-tatauur al-ra´smali fi al-`Iraq 1968-1978* (Der Staat und die kapitalistische Entwicklung im Irak 1968-1978). Kairo 1983.

Khafaji, Abd al-Latif al-: *Al-Shahid al-Sadr: Thawrat shab wa masir umma* (Der Märtyrer al-Sadr: Die Revolution eines Volkes, das Schicksal einer Gemeinschaft). O.O, o.J.

Khaldun, `Abd al-Rahman Ibn: *Al-Muqaddima* (Prolegomena) *(Kitab al-`ibar wa diwan al-mubtada' wa al-khabar fi aiyam al`arab wa al-`ajam wa al-barbar wa man `asrahum min dhawyi al-sultan al-akbar).* Kairo, o.J.

Khalidi, Zuhair Sadiq Rida al-: *Saddam Husain wa haqiqat al-tarikh al-`arabi* (Saddam Husain und die Wahrheit über die arabische Geschichte). Bagdad 1989.

Khalil, Samir al-: The Republic of Fear. The Politics of Modern Iraq. London 1989.

Khalil, Samir al-: *Al-Harb al-lati lam tuktamal, al-dimuqratiya fi al-`Iraq wa mas'uliyat al-tahaluf* (Der unvollendete Krieg, die Demokratie im Irak und die Verantwortung der Alliierten). London 1991.

Kharufa, `Ala al-Din: *Qanun al-ahwal al-shakhsiya* (Personenstandsgesetz), 2 Bde. Bagdad 1962-1963.

Khuli, Basiuni Muhammad al-: *Al-Sira` al-`iraqi al-irani* (Der irakisch-iranische Kampf). Kairo 1986.

Khuri, Fuad Ishaq: Imams and Emirs. State, Religion and Sects in Islam. London 1990.

Khuri, Fuad Ishaq al-: *Imamat al-shahid wa imamat al-batal. Al-tanzim al-dini lada al-tauwa'if wa al-'aqaliyat fi al-`alam al-`arabi* (Das Imamat des Märtyrers und das Imamat des Helden. Zur religiösen Organisation der Sekten und Minderheiten in der arabischen Welt). Jounieh 1989.

Khuri, Fuad Ishaq al-: *Al-`Askar wa al-hukm fi al-buldan al-`arabiya* (Die Militärs und die Herrschaft in den arabischen Staaten). London 1990.

Kohlberg, Etan: Aspects of Akhbari Thought in the Seventeenth and Eighteenth Centuries. In: Levtzion, Nehmia/Voll, John O.: Eighteenth-Century Renewal and Reform in Islam. Syracuse, N.Y. 1987, S.133-160.

Koran, der, Übersetzung von Rudi Paret, 5.Aufl. Stuttgart usw. 1989.

Kramer, Martin (Hrsg.): Shiism, Resistance and Revolution. Boulder, Col. 1987.

Kuba, Muhammad Mahdi: *Mudhakkirati, fi samim al-ahdath 1918-1958* (Meine Erinnerung: Inmitten der Ereignisse). Beirut 1965.

Kubba, Ibrahim: *Hadha huwa tariq tammuz* (Dies ist der Weg der Juli [-Revolution]. Beirut 1969.

Kutlov, L. N.: *Thawrat al-`ishrin al-wataniya al-tahrruriya fi al-`Iraq* (Die nationale Befreiungsrevolution von 1920 im Irak). Bagdad 1985 (Aus dem Russischen übersetzt).

Laithi, Samira Mukhtar al-: *Al-Zandaqa wa al-shu`ubiya wa intisar al-islam wa al-`uruba `alihuma* (Ketzerei, *shu`ubiya* und die Siege des Islam und des Arabismus über diese). Kairo 1968

Lambton, Ann K. S.: A Reconsideration of the Position of Marja al-Taqlid and their Religious Institution. In: Studia Islamica, Vol. 20, 1964, S. 115-35.

Levtzion, Nehmia/Voll, John O (Hrsg.): Eighteenth-Century Renewal and Reform in Islam. Syracuse, N.Y. 1987.

Litvak, Meir: The Shi`i Ulama of Najaf and Karbala, 1791-1904: A Sociopolitical Analysis. Cambridge, Mass. (Diss.), 1991.

Lobmeyer, Hans Günter: Islamismus und sozialer Konflikt in Syrien. Berlin (Ethnizität und Gesellschaft: Occasional Papers; Nr. 26), 1990.

Lobmeyer, Hans Günter: Islamic Ideology and Secular Discourse: The Islamists of Syria. In: Orient, Jg. 32, Nr.3, 1991, S.395-418.

Lockhart, L.: Nadir Shah. A Critical Study Based Mainly Upon Contemporary Sources. London 1938.

Longrigg, S. H.: Iraq 1900 to 1950. A Political, Social and Economic History. London 1953.

Longrigg, S. H.: Four Centuries of Modern Iraq. Oxford 1925.

Louis, Wm. Roger: The British and the Origins of the Iraqi Revolution. In: Robert A. Fernea and Wm. Roger Louis (Hrsg.): The Iraqi Revolution of 1958. The Old Social Class Revisited. London & New York 1991, S. 31-61.

Luhmann, Niklas: Funktion der Religion. Frankfurt a. M. 1982.

Luhmann, Niklas: Zweckbegriff und Systemrationalität. 5. Aufl. Frankfurt a. M. 1991.

Ma`ruf, Khaldun Naji: *Al-aqaliya al-yahudiya fi al-`Iraq baina sanat 1921 wa 1952.* Jiz`. 1-2. (Die jüdische Minderheit im Irak zwischen 1921 und 1952), Bd. 1-2. Bagdad *(Jamiat Bagdad: Markaz al-dirasat al-filastiniya: Silsilat dirasat filastiniya. 7* - Universität von Bagdad: Zentrum für palästinensische Studien. Palästinensische Studienreihe. 7), 1975.

Mahbuba, Ja`far: *Mahdi al-Najaf wa hadiruha* (Vergangenheit und Gegenwart Najafs), Bd. I, Najaf 1958.

Mahmud, Najim: *Al-Sira` fi al-hizb al-shiuu`i wa qadaiya al-khilaf* (Der Kampf in der Kommunistischen Partei und die Streitfragen). O.O. 1980.

Majlis al-A`la li al-Thawra al-Islamiya fi al-`Iraq: Al-tahjir jarimat al-`asr (Der Oberste Rat der Islamischen Revolution im Irak [ORIRI]: Die Vertreibung, die kriminelle Tat unserer Zeit). Teheran 1984.

Makiya, Kanan [Samir al-Khalil]: Cruelty & Silence. London 1993.

Mallat, Chibli: Religious Militancy in Contemporary Iraq: Muhammad Baqer al-Sadr and the Sunni-Shia Paradigm. In: The Third World Quarterly, Vol 10, No. 2, 1988, S. 699-729.

Mallat, Chibli: The Renewal of Islamic Law. Muhammad Baqer al-Sadr, Najaf and the Shii International. London 1993.

Marr, Phebe: The Modern History of Iraq. Boulder, Col. 1985.

Marr, Phebe: Iraq's Leadership Dilemma: A Study in Leadership Trends, 1946-1968. In: The Middle East Journal, Summer 1970.

Marr, Phebe: Yasin al-Hashimi: The Rise and Fall of a Nationalist. Cambridge, Mass. (Diss.), 1968.

Martin, Pierre: Les Chiites d'Irak: Une majorité dominée. À la recherche de son destin. In: L'Irak, le pétrole et la guerre. Peuples Méditerranéens, No. 40, Jul.-Spt. 1987, S. 127-169.

Matuz, Josef. Das Osmanische Reich. Grundlinien seiner Geschichte. Darmstadt 1985.

Melson, Robert/Wolpe, Harald: Modernisierung und die Politik von "Gemeinschaften". In: Dirk Berg-Schlosser (Hrsg.): Die politischen Probleme der Dritten Welt. Hamburg 1972,

Menashri, David (Hrsg.): The Iranian Revolution and the Muslim World. - Boulder, Col. 1984.

Middle East Watch: The Anfal Campaign in Iraqi Kurdistan. New York 1993.

Mitchell, Richard P.: The Society of the Muslim Brothers. London 1969.

Momen, Moojan: An Introduction to Shi`i Islam. New Haven, Conn. 1985.

Moosa, Matti: Extremist Shiites. The Ghulat Sects. Syracuse, N.Y. 1987.

Mosca, Gaetano: Die Herrschende Klasse. München 1950.

Mudarisi, Hadi al-: *La li'l-ra'smaliya, la li'-marksiya* (Nein zum Kapitalismus, nein zum Marxismus). Beirut 1978.

Mudarisi, Muhammad Taqi al-: *`Alamiyat al-thawra al-islamiya* (Der Globalismus der islamischen Revolution). O.O. o. J.

Mudarisi, Muhammad Taqi al-: *Al-Fikr al-islami, mujabaha hadariya* (Das islamische Denken, eine zivilisatorische Begegnung). 5. Aufl. Beirut 1988.

Mudarisi, Murtada: *Tarikh-i rauabit-i Iran va `Iraq* (Die Geschichte der irakisch-iranischen Beziehungen). Teheran 1972.

Mukhlis, Held der Schlacht von Wadi Musa, während der großen arabischen Revolution). Bagdad 1990.

Munazamt al-`Amal al-Islami (Organisation der Islamischen Aktion): *Al-qiyada al-islamiya* (Die islamische Führung). 2. Aufl. o.O. 1980.

Musa a-Musawi: *al-Ustadh al-Khumaini fi al-Mizan* (Khumaini auf der Waagschale). Lahore o.J.

Mushtaq, Talib: *Awraq aiyami* (Dokumente meiner Tage). Beirut 1968.

Nafisi, Abdallah Fahd al-: *Dawr al-shi`a fi tatauwr al-`Iraq al-siyasi al-hadith* (Die Rolle der Schiiten in der neuen politischen Entwicklung im Irak). Beirut 1973.

Nagel, Tilman: Staat und Glaubensgemeinschaft im Islam. Geschichte der politischen Ordnungsvorstellungen der Muslime. Bd. II. München 1981.

Naji, Muhammad Abd: *Al-Hizb al-shiuu`i al-`Iraqi: Azmat al-muwatana wa al-tanzim* (Die Kommunistische Partei des Irak: Krise der Staatsbürgerschaft und der Organisation). Nicosia 1986.

Najjar, Jamil Musa al-: *Al-idara al-uthmaniya fi wilaiyat Bagdad min `ahd Midhat Pascha hata nihaiyat al-hukm al-uthmani, 1869-1917* (Die osmanische Verwaltung in Bagdad von der Regierungszeit Midhat Paschas bis zum Ende der osmanischen Herrschaft, 1869-1917). Kairo 1991.

Nasiri, Abd al-Razzaq Ahmad al-: *Nuri al-Sa`id wa dauruhu fi al-siyasa al-`iraqiya hata `am 1932* (Nuri al-Said und seine Rolle in der irakischen Politik bis 1932). Bagdad 1988.

Nasr, Seyyd Hossein u.a (Hrsg.): Shiism, Doctrines, Thought, and Sprituality. New York 1988.

Nawar, ʿAbd al-ʿAziz Sulaiman al-: *Tarikh al-ʿIraq al-hadith min nihaiyat hukm Dauwd Pascha ila nihaiyat hukm Midhat Pascha* (Die neue irakische Geschichte von der Regierungszeit Dawud Paschas bis zur Regierungszeit Midhat Paschas). Kairo 1968.

Nawras, Musa Kazim: *Hukum al-Mamalik fi al-ʿIraq*, 1750-1831 (Die Herrschaft der Mamluken im Irak, 1750-1831). Bagdad 1975.

Nazimiyan, Rida: *Jiriyanaha-i siyasi muaʿsir-i ʿiraq* (Strömungen in der gegenwärtigen Geschichte des Irak). Serie in der iranischen Tageszeitung *Kayhan* 1992.

Nazmi, Wamid Jamal ʿUmar: *Al-Judhur al-siyasiya wa al-fikriya wa al-ijtimaʿiya li al-haraka al-qawmiya al-ʿarabiya al-istiqlaliya fi al-ʿIraq* (Die politischen, intellektuellen und sozialen Wurzeln der arabisch-nationalen Befreiungsbewegung im Irak). Beirut 1984.

Nazmi, Wamid Jamal ʿUmar: *Shiʿat al-ʿIraq wa al-qawmiya al-ʿarabiya* (Die irakischen Schiiten und der arabische Nationalismus). In: *Al-Mustaqbal al-ʿArabi*, Nr. 42-44.

Nazmi, Wamid Jamal ʿUmar u.a.: *Al-Tatauwr al-siyasi al-muʿasir fi al-ʿIraq* (Die gegenwärtige politische Entwicklung im Irak). Bagdad o. J.

Niʿma, Kazim: *Al-Malak Faisal al-auwal wa al-Ingliz wa al-istiqlal* (König Faisal I., die Briten und die Unabhängigkeit). Bagdad 1988.

Niblock, Tim (Hrsg.): Iraq: The Contemporary State. London 1982.

Nicholson, Reynold: A Literatur History of Arabs. London 1969.

Niebuhr, H. Richard: Kingdom of God in America. Hamden, Conn. 1965.

Niebuhr, H. Richard: The Social Sources of Denominationalism. New York 1929.

Nieuwenhuis, Tomas: Politics and Society in Early Modern Iraq. Mamluk Pashas, Tribal Shaykhs and Local Rule between 1802 and 1831. The Hague 1981.

Nöldeke, Theodor: Zur Ausbreitung des Schiismus. In: Der Islam, Bd. 13, 1923, S. 70-81.

Norton, Augustus R.: Amal and the Shia. Struggle for the Soul of Lebanon. Austin, Tex. 1987.

Nusuli, Anis Zakariya: *Al-Dawla al-Umawiya fi al-Sham* (Der Umaiyaden-Staat in Syrien). Bagdad 1927.

O'Ballance, Edgar: The Gulf War. London usw. 1988.

Omar Farouk-Sluglett, Marion: Der Wandel der Produktionsweise und Machtverhältnisse auf dem Lande im Irak unter der britischen Kolonialherrschaft. Berlin (Diss.) 1974.

Oppenheim, Max Freiherr von: Die Beduinen., Bd. I. Leipzig 1939; Bd. III. Wiesbaden 1952.

Oppenheim, Max Freiherr von: Vom Mittelmeer zum Persischen Golf, Bd. I, Berlin 1900.

Owen, Roger: Class and Class Politics in Iraq before 1958: The Colonial and Post-Colonial State. In: Fernea, Robert A./Louis, Roger Wm (Hrsg.): The Old Social Classes Revisited. London 1991, S. 154-171.

Owen, Roger: State, Power and Politics in the Making of the Modern Middle East. London 1992.

Pareto, Vilfredo: Algemeine Soziologie. Tübingen 1955.

Pawelka, Peter: Herrschaft und Entwicklung im Nahen Osten: Ägypten. Heidelberg 1985.

Pawelka, Peter: Der Vordere Orient und die internationale Politik. Stuttgart usw. 1993.

Penrose, Edith/Penrose E.F.: Iraq: International Relations and National Development. London 1978.

Phillips, D.G.: Rural to Urban Migration in Iraq. In: Economic Development and Cultural Change. July 1959.

Piscatori, James (Hrsg.): Islamic Fundamentalism and the Gulf Crisis. Chicago, Ill. 1991.

Pool, David: The Politics of Patronage: Elites and Social Structure in Iraq (Diss.). Princeton, N.J. 1972.

Pool, David: From Elite to Class: The Transformation of Iraqi Political Leadership. In: Kelidar, Abbas (Hrsg.): The Integration of Modern Iraq. London 1979, S. 63-87.

Qaisi, Sami `Abd al-Hafiz al-: *Yasin al-Hashimi wa dauruhu fi al-siyasa al-`iraqiya bin `amai 1922-1936* (Yasin al-Hashimi und seine Rolle in der irakischen Politik 1922-1936). Bd. 1-2, Bagdad 1975.

Qasab, `Abd al-`Aziz al-: *Min dhikraiyati* (Aus meinen Erinnerungen). Beirut 1962.

Qasab, `Abd al-Muhsin al-: *Dhikra al-Afghani fi al-`Irak* (Gedenken an den Aufenthalt von [Jamal al-Din] al-Afghani im Irak). Bagdad 1945.

Qubain, Fahim al-: The Reconstruction of Iraq. New York 1958.

Qubanchi, Sadr al-Din al-: *Al-Jihad al-siyasi li al-Saiyd al-Shahid al-Sadr* (Der politische Kampf al-Sadrs). Teheran 1404 h.

Qutb, Saiyd. *Ma`alim fi al-tariq* (Zeichen auf demWeg). Kairo 1989.

Ra'uuf Shir Muhammad, Su`ad: *Nuri al-Sa`id wa dauruhu fi al-siysa al-iraqiya hata `am 1945* (Nuri al-Sa`id und seine Rolle in der irakischen Politik bis zum Jahr 1945). Bagdad 1988.

Rahimi, `Abd al-Halim al-: *Al-Haraka al-islamiya fi al-`Iraq. Al-judur al-fikriya wa al-waqi` al-tarikhi, 1900-1924* (Die islamische Bewegung im Irak: Historische Wurzeln und historische Realität 1900-1924). Beirut 1985.

Rasoul, Fadil: Irak-Iran: Ursachen und Dimensionen eines Konflikts. Wien 1987.

Rassam, Amal: `Al-Tabaiyya: Power, Patronage and Marginal Groups in Northern Iraq. In: Gellner, Ernest/Waterbury, John (Hrsg.): Patrons and Clients in Mediterranean Society. London 1977, S. 157-166.

Reissner, Johannes: Irak-Iran. Ebenhausen 1988.

Republic of Iraq, Ministry of Culture and Information, Department of Foreign Affairs and Information: Tripartite Alliance (US-Israel-Iran). The Beginning and Disclosure of Scandal. Bagdad 1987.

Richards, Alan/Waterbury, John: A Political Economy of the Middle East. Boulder, Col. 1990.

Rieck, Andreas: "Unsere Wirtschaft": Eine gekürzte kommentierte Übersetzung des Buches "Iqtisaduna" von Muhammad Baqir as-Sadr. Berlin 1984.

Rieck, Andreas: Die Schiiten und der Kampf um den Libanon. Hamburg 1989.

Riesebrodt, Martin: Fundamentalismus als patriarchalische Protestbewegung: Amerikanische Protestanten (1910-28) und iranische Schiiten (1961-79) im Vergleich. Tübingen 1990.

Rizq, Jabir: *Al-Dawla wa al-siysa fi fikr Hasan al-Banna* (Der Staat und die Politik im Denken von Hasan al-Banna). Kairo 1985.

Robertson, Roland: Einführung in die Religionssoziologie. München 1973.

Rosenthal, Franz: The Muaqaddimah, an Introduction to history, 3 Bde. New York 1958.

Sabbagh, Salah al-Din al-: *Fursan al-`uruba* (Ritter des Arabismus). Damaskus 1956.

Sadr, Muhammad Baqir al-: *Durus fi `ilm al-usul* (Lektionen in der Methodenlehre des islamischen Rechts), Bd. 1-3. Beirut 1980.

Sadr, Muhammad Baqir al-: *Risalatuna* (Unsere Botschaft). Teheran 1982.

Sadr, Muhammad Sadiq al-: *Al-Shi`a al-imamiya* (Die imamitischen Schiiten). Kairo 1982

Sadr, Muhammad Baqir al-: *Lamha fiqhiya tamhidiya an mashru` dastur al-jamhuriya al-islamiya fi Iran* (Ein juristischer Überblick über den Verfassungsentwurf der Islamischen Republik im Iran). Qum 1399 h.

Sadr, Muhammad Baqir al-: *Al-Fatawi al-wadiha* (Die klaren Fatwas [religiöse Rechtsgutachten]). 8. Aufl. Beirut 1983.

Sadr, Muhammad Baqir al-: *Bahth hawla al-mahdi* (Eine Studie über den Mahdi). 3. Aufl. Beirut 1981.

Sadr, Muhammad Baqir al-: The Revealer, the Messenger, the Message. Teheran 1980.

Sadr, Muhammad Baqir al-: Our Philosophy. London 1987.

Said, Muhammad al-Saiyd: *Mustaqbal al-nizam al-`arabi ba`da 'azmat al-Khalij* (Die Zukunft des arabischen Systems nach der Golfkrise). Kuwait 1992.

Saiyd, Radwan al-: *Al-Umma, al-jama` a wa al-sulta. Dirasat fi al-fikr al-siyasi al-`arabi al-islami* (Gemeinschaft, Gruppe und Herrschaft. Studien zum islamisch-arabischen politischen Denken). Beirut 1986.

Salama (Salamé), Ghassan: *Al-Mujtama` wa al-daula fi al-mashriq al-`arabi* (Die Gesellschaft und der Staat im arabischen Osten). Beirut 1987.

Salum, Abdallah: *Al-Shu`ubiya haraka mudada li al-islam wa al-`uruba* (al-shu`ubiya, eine gegen den Islam und den Arabismus gerichtete Bewegung). Bagdad 1981.

Samarra'i, Mazin Abd al-Majid: *Watha'iq `an al-sira` al-`iraqi al-farisi* (Dokumente über den irakisch-persischen Kampf). Bagdad 1987.

Sasson, Yosef: Economic Policy in Iraq, 1932-1950. London 1987.

Sassoon, David: A history of the Jews in Bagdad. Letchworth 1949.

Sauwaf, Muhammad Mahmud al-: *Min sijil dhikraiyati* (Aus dem Aufzeichnungen meiner Erinnerungen). Kairo 1987.

Schirazi, Asghar: "Oh Gott, laß die Tyrannen sich gegenseitig bekämpfen" - Iran, Islam und Golfkrieg. In: Ibrahim, Ferhad, Ferdowsi, Mir A (Hrsg.): Die Kuwait-Krise und das regionale Umfeld. Hintergründe, Interessen, Ziele. Berlin 1982, 163-175.

Schluchter, Wolfgang (Hrsg.): Max Webers Sicht des Islams. Frankfurt a. M. 1987.

Schmucker, Werner: Studien zur Baath-Ideologie (I. Teil). In: Die Welt des Islam, Vol. XIV, 1973, S. 47-80.

Seale, Patrick: Struggle for Syria: A Study in Post-War Arab Politics 1945-1958. London 1965.

Seale, Patrick: Asad of Syria: The Struggle for the Middle East. London 1988.

Shadli, Ahmad Abd al-Qadir al-: *Harakat al-ghulu wa al-tataruf fi al-islam* (Radikale und extremistische Bewegungen im Islam). Kairo 1987.

Shaikh `Utman bin Sanad al-Basri al-Wa'ili: *Matali` al-su`uud bi-tibi akhbari al-wali Dauud* (Die glücklichen Nachrichten der Regierung Wali Dauud). Kairo 1951.

Shaikh, Tawfiq al-: *`An al-`Iraq wa al-haraka al-islamiya. Hiwarat ma`a al-`allama Muhamad Taqi al-Mudarisi* (Über den Irak und die islamische Bewegung. Dialoge mit dem Gelehrten Muhammad Taqi al-Mudarisi). London 1988.

Shakir `Ali, `Ali: *Tarikh al-`Iraq fi al-`Ahd al-`Uthmani 1638-1750. Dirasa fi Ahwaqlihi al-siyasiya* (Geschichte des Irak in der osmanischen Periode. Eine Studie über seine politischen Zustände). Bagdad 1985.

Shams al-Din, Muhammad Mahdi: *Thawrat al-Husain* (Die Revolution des al-Husain). Beirut 1981.

Sharrara, Waddah: *'Isti'naf al-bid'* (Die Wiederaufnahme des Beginns). Beirut 1981.

Shaukat, Naji: *Mudhakkirat Naji Shaukat* (Meine Erinnerungen). Beirut 1977.

Shaukat, Naji: *Sira` wa dhikraiyat thamanin sana, 1894-1974* (Geschichte von und Erinnerungen aus 80 Jahren, 1894-1974). Bagdad 1977.

Shils, Edward. Was ist eine Civil Society? In: Krysztof Michalski (Hg.) Europa und die Civil Society. Stuttgart 1989.

Shils, Edward: Center and Periphery. Essay in Macrosociology. Chicago, Ill., usw. 1975.

Shirazi, Muhammad al-: *Min auwaliyat al-dawla al-islamiya* (Über Elemente des islamischen Staats). Qum 1405 h.

Shubbar, Hasan: *Al-`Amal al-hizbi fi al-`Iraq* (Die Parteientätigkeit im Irak). Beirut 1989.

Simon, Reeva S.: Iraq Between the Two World Wars. The Creation and Implementation of a Nationalist Ideology. New York 1986.

Sivan, Emmanuel: Sunni Radicalism in the Middle East and the Iranian Revolution. In: International Journal of the Middle East Studies, Vol. 21, 1989, S.1-30.

Sluglett, Peter: Britain in Iraq: 1914-1932. London 1976.

Soeterik, Robert: The Islamic Movement of Iraq (1958-1980). Amsterdam (Occasional Paper No. 12, Middle East Research Associates, MERA), 1991.

Sprinborg, Robert: The Gulf War and Political Stability in Iraq. In: Peuples méditerranéens, No. 40, Juli-Sept. 1987, S. 17-35.

Stein, Lothar: Die Sammar Gerba, Beduinen im Übergang vom Nomadentum zur Seßhaftigkeit. Berlin 1967.

Steinhaus, Kurt: Soziologie der türkischen Revolution. Frankfurt a. M. 1969.

Stivers, William: Supremacy and Oil: Iraq, Turkey and Anglo-American World Order, 1918-1930. Ithaca, N.Y. 1982.

Stork, Joe: The State Power and Economic Structure: Class Determination and State Formation in Contemporary Iraq. In: Tim Niblock (Hrsg.): Iraq: The Contemporary State. London usw. 1982, S. 27-44.

Stork, Joe: Oil and the Penetration of Capitalism in Iraq: An Interpretation. In: Peuples Méditerranéens. No. 9, Oct.-Dec. 1979.

Strothmann, Rudolph: Die Zwölfer-Schia. Zwei religionsgeschichtliche Charakterbilder aus der Mongolenzeit. Leipzig 1926.

Suad, Rauuf Shir Muhammad: *Nuri al-Sa`id wa daurahu fi al-siyasa al-`iraqiya* (Nuri al-Sa`id und seine Rolle in der irakischen Politik), Bd. II. Bagdad 1988.

Supreme Council of the Islamic Revolution in Iraq. O.O. 1985.

Suwaidi, Abdullah al-: *Al-hijjaj al-qat`iyya li itifaq al-firaq al-islamiyya* (Die entscheidenden Beweisführungen beim Übereinkommen der islamischen Gruppen). Kairo 1903.

Suwaidi, Taufiq al-: *Wujuh `iraqiya `ibra al-tarikh* (Irakische Profile durch die Geschichte). London 1987.

Suwaidi, Tawfiq: *Mudhakkirat nisf qirn min tarikh al-`Iraq wa al-qadiya al-`arabiya* (Memoiren eines halben Jahrhunderts irakischer Geschichte und der arabischen Frage). Beirut 1969.

Tabatabai, Muhammad Husain al-: *Al-Shi`a fi al-islam* (Die Schiiten im Islam). Beirut o.J.

Takriti, Salim Taha al-: *Maulud Mukhlis. Batal ma`rakat Wadi Musa fi al-thawra al-`arabiya al-kubra* (Maulud Mukhlis, Held der Schlacht von Wadi Musa, während der großen arabischen Revolution). Bagdad 1990.

Tapper, Richard: Holier Than Thou: Islam in Three Tribal Societies. In: Ahmad, Akbar S./Hart, Daivd M. (Hrsg.): Islam in Tribal Societies. London 1984, S. 244-265.

Tarbush, Mohammad A.: The Role of the Military in Politics: A Case Study to 1941. London 1982.

Thompson, Richard H.: Theories of Ethnicity. A Critical Appraisal. New York usw. 1989.

Tibi, Bassam: Die Krise des modernen Islam. Eine vorindustrielle Kultur im wissenschaftlich-technischen Zeitalter. Erw. Ausgabe. Frankfurt a. Main 1991.

Tibi, Bassam: Islamischer Fundamentalismus, moderne Wissenschaft und Technologie. Frankfurt a. Main. 1992.

Tibi, Bassam: Der Islam und das Problem der kulturellen Bewältigung sozialen Wandels. Frankfurt a. Main 1985.

Tibi, Bassam: Die Verschwörung: Das Trauma arabischer Politik. Hamburg 1993.

Tibi, Bassam: Nationalismus in der Dritten Welt am arabischen Beispiel. Frankfurt a. Main 1971.

Troeltsch, Ernst: Kirche und Sekte. In: Fürstenberg, Friedrich (Hrsg.): Religionssoziologie. Neuwied 1964, S.267-278.

Tulfah, Khair al-Din: *A`da' al-`arab al-taqlidiun* (Die traditionellen Feinde der Araber). Bagdad 1981.

U.S. Senate, Committee on Foreign Relations, A Staff Report: Civil War in Iraq. Washington, D.C., May 1991.

Uzri, `Abd al-Karim al-: *Tarikh fi dhikraiyat al-`Iraq, 1930-1958* (Geschichte in den Erinnerungen des Irak, 1930-1958). Beirut 1982.

Uzri, `Abd al-Karim al-: *Mushkilat al-`Iraq* (Das Problem des Irak). London 1991.

Van den Berghe, Pierre L.: Ethnicity and Class in Highland Peru. In: Leo A. Despres (Hrsg.): Ethnicity and Resource Competition in Plural Societies. The Hague 1975, S. 71-86.

Van den Berghe, Pierre L.: The Ethnic Phenomenon. New York usw. 1981.

Verfassung der islamischen Republik Iran, Die. Aachen 1980.

Vinogradow, Amal: The 1920 Revolt in Iraq Reconsiderd: The Role of Tribes in National Politics. In: International Journal of Middle East Studies, Vol. 3, Nr. 2, 1972, S. 123-139.

Wakil, Fuad Husain al-: *Jama`at al-ahali fi al-`Iraq* (Die Ahali-Gruppe im Irak). Bagdad 1979.

Wardi, Ali al-: Soziologie des Nomadentums. Neuwied 1972.

Wardi, Ali al-: *Lamahat ijtima`iya min tarikh al-`Iraq al-hadith* (Soziale Aspekte der neueren irakischen Geschichte). Bd. 1-5. Bagdad 1969-1984.

Waterbury, John: Twilight of the State Bourgeoisie? In: International Journal of Middle East Studies, Vol. 23, No.1, 1991, S. 1-17.

Weber, Max: Die Protestantische Ethik, Bd. 1-2, 6. durchges. Aufl. Tübingen 1981.

Weber, Max: Wirtschaft und Gesellschaft, 5. rev. Aufl. Tübingen 1980.

Wiley, Joyce N.: The Islamic Movement of Iraqi Shi`as. Boulder, Col. 1992.

Wilson, Arnold T.: Mesopotamia 1917-1920: A Clash of Loyalties. Oxford 1931.

Wilson, Arnold T.: Loyalties: Mesopotamia 1914-1917. Oxford 1930.

Wimmer, Norbert: Irak - eine revolutionäre Demokratie. Das politische System der Baath-Partei. Innsbruck 1981.

Wirth, Eugen: Agrargeographie des Irak. Hamburg 1962.

Wright, Robin: Die Schiiten: Allahs fanatische Krieger. Reinbek b. Hamburg 1985.

Yalcin-Heckmann, Lale: Tribe and Kinship among the Kurds. Frankfurt a. Main 1991.

Yann, Richard: Der verborgene Imam. Die Geschichte des Schiismus in Iran. Aus dem Französischen von Beate Seel. Berlin 1980.

Yinger, C.K.: Religion, Society and the Individual. New York 1957.

Yinger, John Milton u.a. Religion und sozialer Wandel. Opladen 1971.

Zaher, U.: Political Development in Iraq 1963-1980. In: CARDRI (Committee Against Repression and for Democratic Rights in Iraq): Saddam's Iraq: Revolution or Reaction? London 1986, S. 30-53.

Zaidi, Ahmad al-: *Azmat al-qiyada fi al-`Iraq. Dirasa `askariya* (Die Führungskrise im Irak. Eine militärische Untersuchung). London 1993.

Zaidi, Ahmad al-: *Al-Bina' al-ma'nawi li al-quwat al-musalaha al-`iraqiya* (Die moralische Erbauung der irakischen Streitkräfte). Beirut 1990.

Zubaida, Sami: Community, Class and Minorities in Iraqi Politics. In: Fernea, Robert A./Louis, Roger Wm.: The Old Social Classes Revisited. London 1991, S. 197-210.

INTERVIEWS

- Agha Ja`far, `Abd al-Latif (Abgeordneter unter der Monarchie): 1989

- Ahmad, Ibrahim: 1989

- `Alawi, Hasan al- (ehemaliger Funktionär der Ba`th-Partei): 1990

- `Attiya, Ghassan (Prof. für Politikwissenschaft an der Universität von Bagdad, bis 1990 Berater der irakischen Verhandlungsdelegation mit dem Iran in Genf, Herausgeber von Iraqi File): 1993

- `Attiya, Sadiq (schiitisches Stammesoberhaupt und Exilpolitiker): 1989

- Barzani, Mas`ud (Präsident der Demokratischen Partei Kurdistan): 1992

- Ein Vertreter der Munzamat al-`Amal al-Islami 1989

- Ein Vertreter des Obersten Rates der Islamischen Revolution im Irak, 1989

- Fukaiki, Hani al- (ehemaliges Führungsmitglied der Ba`th-Partei): 1989

- Fuad, Kamal (Mitglied der Führung der Patriotischen Union Kurdistan (PUK) und Fraktionsvorsitzender der PUK im kurdischen Regionalparlament): 1988-1993

- Mustafa, Nushirwan (Mitglied der Führung der PUK): 1990, 1991

- Rubai`i, Muwaffaq al- (Führung der Hizb al-Da'wa al-Islmiya): 1989, 1992, 1993

- Salih al-Jabr, Sa`d (Vorsitzender des Freien Irakischen Rates): 1989, 1993

- Talabani, Jalal (Generalsekretär der PUK): 1989, 1992

- `Ulum, Bahr Muhammad al- (schiitischer Politiker): 1989, 1990

- Uzri, `Abd al-Karim al- (Minister und Parlamentsabgeordneter unter der Monarchie): 1993

Konfrontation und Kooperation im Vorderen Orient
herausgegeben von PD Dr. Ferhad Ibrahim (Freie Universität Berlin) und Dr. Sabine Hofmann (Humboldt-Universität zu Berlin)

Ferhad Ibrahim; Abraham Ashkenasi (Hrsg.)
Der Friedensprozeß im Nahen Osten – Eine Revision
Bd. 1, 1997, 448 S., 58,80 DM, br.,
ISBN 3-8258-3341-0

Ferhad Ibrahim
Konfessionalismus und Politik in der arabischen Welt
Die Schiiten im Irak
Bd. 2, 1997, 392 S., 68,80 DM, gb.,
ISBN 3-8258-3350-x

Studien zur Volkswirtschaft des Vorderen Orients
herausgegeben von Prof. Dr. Dieter Weiss (Freie Universität Berlin)

Jochen Böhmer
Zwischen Exportboom und Re-Islamisierung: Stabilisierungs- und Strukturanpassungspolitik in der Türkei 1980–1987
Eine Analyse des wirtschaftspolitischen Managements, der Außenorientierung des Industriesektors und des Einflusses soziokultureller Bedingungen
Bd. 1, 1990, 256 S., 58,80 DM, br.,
ISBN 3-88660-673-2

Helmut Fischer
Bank Miṣr und ökonomischer Nationalismus in Ägypten (1811 – 1939)
Nur selten sind eigenständige Wirtschaftsunternehmen der ehemaligen Kolonialgebiete bisher in den Blickpunkt des europäischen Wissenschaftsinteresses gerückt. Bis tief ins 19. Jahrhundert reichen jedoch im ägyptischen Fall die autochthonen Bemühungen, dem eindringenden britischen Einfluß durch die Mobilisierung nationaler Wirtschaftskräfte Widerpart zu bieten.
In diesem Buch zeigt Helmut Fischer die Herausbildung nationaler Wirtschaftsprojekte als Reaktion auf die koloniale Wirtschaftspolitik in ihren politischen und sozialen Zusammenhängen auf.
Im Geleit der ägyptischen Unabhängigkeitsbewegung entstand 1920 aus diesen geistigen Wurzeln Bank Miṣr, die sich innerhalb kürzester Zeit zum zweitgrößten Kreditinstitut des Landes entwickeln sollte. Mit dem Aufbau eines für die Region einzigartigen, weitgefächerten Industrieimperiums begründete sie ihre bis heute unbestrittene Ausnahmestellung in der ägyptischen Wirtschaftsgeschichte. Auf dem Höhepunkt ihres Erfolges umfaßte der Aktionsradius von Bank Miṣr sämtliche Länder des Nahen Ostens wie auch alle größeren europäischen Staaten.
Auf Grundlage neu erschlossener unternehmensinterner Unterlagen und einer Fülle diplomatischen Archivmaterials wird in diesem Fall nicht nur erstmals eine betriebswirtschaftliche Gesamtanalyse von Bank Miṣr, sondern gleichzeitig ein Panorama der ägyptischen Sozial- und Wirtschaftsgeschichte der Zwischenkriegszeit vorgelegt. Aus diesem Zusammenhang heraus wird der plötzliche Zusammenbruch von Bank Miṣr im Jahre 1939 von den ihn umgebenden Mythen entkleidet und als das Ergebnis eines sich neu formierenden Gesellschaftsgefüges und einer sich kontinuierlich emanzipierenden nationalen Wirtschaftspolitik verständlich.
Bd. 2, 1994, 336 S., 68,80 DM, br.,
ISBN 3-89473-554-6

Thomas Haile
Die Ökonomie der Intifada
Fallstudie in einem palästinensischen Dorf in der Westbank
Bd. 3, 1992, 98 S., 38,80 DM, br., ISBN 3-8258-2051-3

Friederike E. J. Sandt
Ägyptens weißes Gold?
Struktur und Potential der öffentlichen und privaten Baumwolltextil- und Baumwollbekleidungsindustrie
Die Verfasserin legt eine kritische Analyse des ägyptischen Baumwolltextil- und Baumwollbekleidungssektors vor und verdeutlicht, daß aufgrund falsch gesetzter Preis- und Anreizsignale die hochwertigen langfaserigen ägyptischen Baumwollsorten zu minderwertigen Tuchen versponnen, komparative Vorteile also verschenkt werden. Anhand von empirischen Erhebungen im staatlichen und privaten Sektor zeigt sie die Managementdefizite auf, die dafür verantwortlich sind, daß in zahlreichen Unternehmen kostengünstige, hochwertige und exportfähige Produkte nicht entstehen. Vor dem Hintergrund einschlägiger Marketing-Erfahrungen entwickelt die Verfasserin strategische Ansatzpunkte für den Export von Garnen, Tuchen, Strickwaren und Bekleidung und zeigt die dafür erforderlichen organisatorischen Innovationen seitens der Unternehmen und der staatlichen Stellen auf.
Bd. 4, 1994, 115 S., 39,80 DM, br.,
ISBN 3-89473-996-7

LIT Verlag Münster – Hamburg – London
Bestellungen über: Dieckstr. 73 48145 Münster Tel.: 0251 – 23 50 91 Fax: 0251 – 23 19 72

Steffen Wippel
Gott, Geld und Staat
Aufstieg und Niedergang der Islamischen Investmentgesellschaften in Ägypten im Spannungsfeld von Ökonomie, Politik und Religion
In der ersten Hälfte der 80er Jahre tauchten in Ägypten die "Islamischen Investmentgesellschaften" auf, die angaben, islamischen Vorschriften gemäß zu wirtschaften. Sie sammelten Einlagen in der Bevölkerung, auf die sie "Gewinnbeteiligungen" ausschütteten, die weit über den offiziell festgelegten Zinssätzen der Banken lagen. Die hohen Erträge sollten aus der investiven Verwendung der Finanzmittel stammen, es wurde jedoch bald über ihre Herkunft spekuliert: so sollen die Investmentgesellschaften ihren Gewinn vor allem aus dem Transfer von Gastarbeiterersparnissen über den Schwarzmarkt bezogen und einen großen Teil des Geldes in Spekulationsgeschäften auf internationalen Märkten verwendet haben; auch wurden ihnen die Monopolisierung wichtiger Sektoren der ägyptischen Wirtschaft vorgeworfen. Dem rapiden Aufstieg folgte ein ebenso rasanter Fall, als die Regierung 1988 nach langem Zögern eine gesetzliche Regelung erließ. Es zeigte sich nun, daß die hohen Ausschüttungen vorwiegend auf dem Bau von "Pyramiden" beruhten, nämlich auf der Entnahme aus den zuströmenden Neueinlagen. Im Interessenkonflikt zwischen "Gott, Geld und Staat" konnte keine handhabbare "Lösung" dieses für die aktuellen Transformationsprozesse in Ägypten durchaus typischen, wenn auch akzentuierten Phänomens gefunden werden. Bei der Auflösung und dem Verkauf der Gesellschaften, die 1993 noch andauerten, kam es zu zahlreichen neuen Skandalen.
Bd. 5, 1994, 140 S., 39,80 DM, br.,
ISBN 3–89473–781–6

Stefan Bantle
Schattenhandel als sozialpolitischer Kompromiß: die "Libyschen Märkte" in Tunesien
Informelle Kleinimporte, Wirtschaftsliberalisierung und Transformation
Nichtregistrierter Importhandel mit Schmuggelanteilen entzieht sich in vielen Ländern staatlichen Reglementierungen. Seit Mitte der achtziger Jahre sind solche informellen Märkte auch in Tunesien spontan entstanden. Den Händlern bieten sie Möglichkeiten zur Existenzgründung mit vergleichsweise geringem Startkapital, den Verbrauchern ein breites Warenangebot zu attraktiven Preisen. Diese empirische Untersuchung verwendet institutionenökonomische Ansätze und zeigt, wie spezifische Erträge der Informalität erzielt werden: die Schattenwirtschaft vermag Behinderungen von Produzenten und Konsumenten durch den staatlichen Ordnungsrahmen (Marktzutrittsbeschränkungen, Importrestriktionen) wirksam zu unterlaufen. Trotz des Drucks der etablierten Unternehmer im formellen Sektor toleriert die tunesische Verwaltung diese Märkte, weil sie im Prozeß des Strukturanpassungsprogramms sozioökonomische Kosten der Deregulierung senken. Selbstorganisationspotentiale informeller Wirtschaft unterstützen durch Kleinbetriebsgründung, Arbeitsplatzschaffung und billige Güterversorgung die sozialpolitischen Ziele der Regierung und befriedigen gleichzeitig effizient die veränderten Kaufbedürfnisse einer sich herausbildenden Konsumgesellschaft.
Bd. 6, 1994, 132 S., 39,80 DM, br.,
ISBN 3–8258–2332–6

Elsaied Nour
Ländliche Ökonomie im Schatten der interarabischen Arbeitsmigration am Beispiel eines ägyptischen Dorfes am Nildelta
Bd. 7, 1995, 184 S., 48,80 DM, br.,
ISBN 3–8258–2522–1

Ulrich G. Wurzel; Henk Knaupe
Entwicklung der Entlastungsstadt Tenth of Ramadan in Ägypten
Erfolge und Fehlschläge in Industrie, Wohnungswesen und Infrastruktur
Bd. 8, 1996, 128 S., 38,80 DM, br.,
ISBN 3–8258–2801–8

LIT Verlag Münster–Hamburg–London
Bestellungen über: Dieckstr. 73 48145 Münster Tel.: 0251–23 50 91 Fax: 0251–23 19 72